DIE GROSSEN SCHLACHTEN DER KELTEN

VON DEN ANFÄNGEN DER
GESCHICHTSSCHREIBUNG
BIS ZUM TOD DES
LETZTEN KELTISCHEN HERRSCHERS
MAC BETHAD MAC FINDLAÍCH (MACBETH)
IN DER SCHLACHT VON LUMPHANAN IM JAHRE 1057

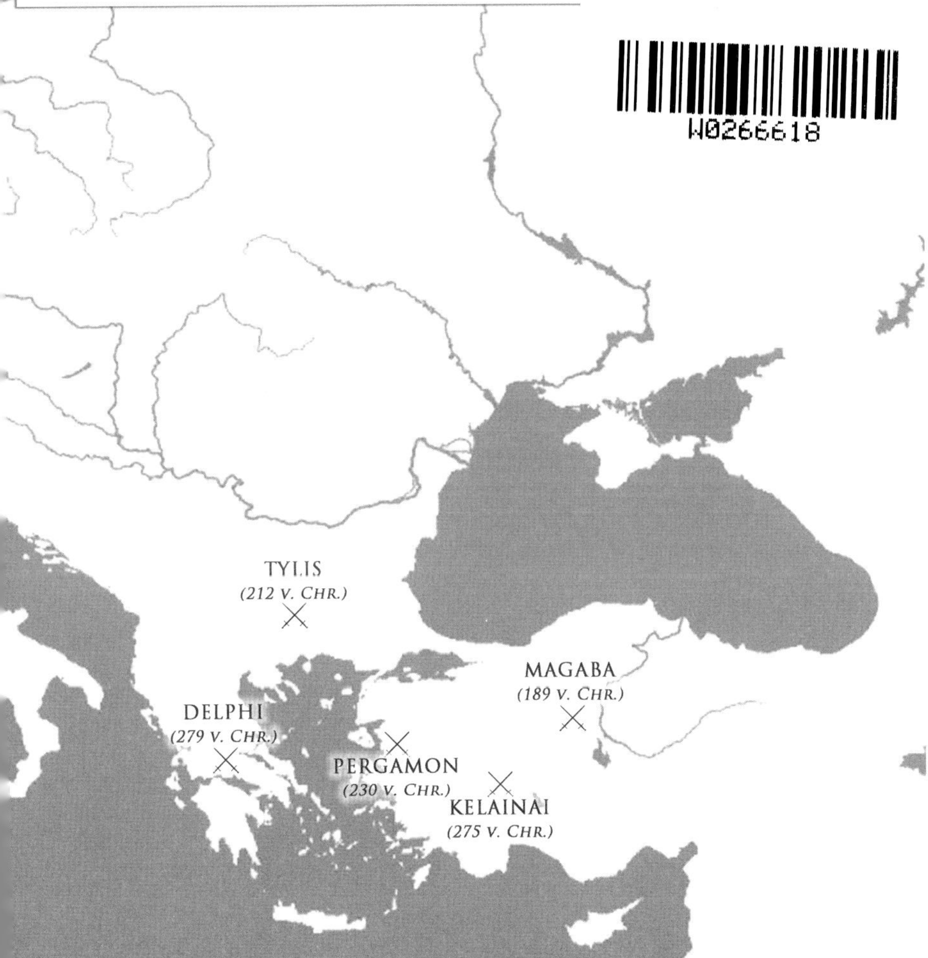

Ralph Hauptmann

Herrscher der Eisenzeit

Ralph Hauptmann

Herrscher der Eisenzeit

Die Kelten – auf den Spuren
einer geheimnisvollen Kultur

HEYNE

Für Nadja

FSC
www.fsc.org
MIX
Papier aus verantwortungsvollen Quellen
FSC® C014496

Verlagsgruppe Random House FSC-DEU-0100
Das für dieses Buch verwendete FSC-zertifizierte Papier
EOS liefert Salzer Papier, St. Pölten, Austria.

Redaktion: Sabine vom Bruch

Umschlaggestaltung: Nele Schütz Design, München
Satz: EDV-Fotosatz Huber/Verlagsservice G. Pfeifer, Germering
Druck und Bindung: GGP Media GmbH, Pößneck
Printed in Germany 2012
ISBN 978-3-453-12047-1

www.heyne.de

Inhaltsverzeichnis

Am Anfang war …

Auf der Suche nach dem Ursprung der Kelten

Prolog

Begegnungen

Die Schläge seines Herzens dröhnen wie Kriegstrommeln in seinen Ohren, so laut, dass sie jedes Geräusch seiner Umgebung übertönen. Seine Tunika ist trotz der Kühle des halbdunklen Eichenwalds schweißnass. Ein verstohlener Blick in die Runde sagt ihm, dass es den Kriegern, die ihn auf seiner Mission begleiten, nicht viel anders geht. Ihre Hände umklammern krampfhaft die Griffe der locker an den Schultergurten hängenden Schwerter, sodass die Fingerknöchel weiß hervortreten. Die runden Schilde haben sie sich auf den Rücken geschnallt, wie bei jedem Marsch durch unsicheres Gebiet, wo man hinter jedem Baum oder Felsen einen Hinterhalt vermutet. Sie sind nervös und ängstlich, zucken bei jedem Geräusch zusammen. Ihre Köpfe drehen sich hin und her, während sie spähend Ausschau halten. Demetros atmet tief ein und spürt, wie die Angst ihm die Kehle zuschnürt. Ja, die Krieger, die seine Stadtherren zu seinem Schutz abgestellt haben, fürchten sich vor dem, was vor ihnen liegt, genauso wie er selbst. Kein wirklich beruhigender Anblick.

Doch er hat keine Wahl. Die Anweisungen, die er von seinen Herren, den Obersten der Stadt Massalia erhalten hat, sind eindeutig. Genauso eindeutig haben sie klargemacht, dass sie eine Ablehnung seinerseits nicht akzeptieren würden. Sie sähen keine andere Möglichkeit, hatten sie ihm erklärt. Sicher, Massalia sei eine Hafenstadt, doch seit die Karthager den Seeweg durch die Straße von Gibraltar nach Tartessos, dem bis dahin wichtigsten Umschlaghafen für das wertvolle Zinnerz, versperrten, wurde es nötig, die bislang unbeachtet gelassenen Landhandelswege zu erschließen. Die Stadtherren hatten vom griechischen Mutterland den Auftrag erhalten, Kontakt mit den Stämmen aufzunehmen, die im Norden an den wichtigsten Knotenpunkten der Zinnhandelslinien lebten, und sich mit diesen gut zu stellen. ›Was immer es kosten möge!‹ Dieser Satz klingt Demetros immer noch in den Ohren.

Er schüttelt den Kopf. ›Was immer es kosten möge!‹ Und wenn dieses ›was immer‹ nun sein Leben ist? Für die Massalioten, die sich jahrzehntelang ausschließlich auf den Seehandel konzentriert hatten, ist das Gebiet, durch das sie sich seit mehreren Tagen bewegen, völliges Neuland. Besiedelt, wenn man den Erzählungen einzelner Reisender glauben darf, von wilden Stämmen, die nackt kämpfen! Die ihren Feinden die Köpfe abschlagen und als Schmuck in ihren Häusern aufbewahren! Und die Unmengen Wein trinken. Unverdünnt! Was für Barbaren!

Letzteres ist zumindest ein Ansatzpunkt. Und so hat Demetros vor acht Tagen mit fünf von Ochsen gezogenen Wagen voller Weinamphoren die hellen, sauberen Straßen und vor allem die schützenden Mauern Massalias verlassen, um mit eben diesen Barbaren über die Teilnahme an dem über Land und die Flüsse stattfindenden Zinnhandel zu verhandeln. Schon nach zwei Tagen hörten die schönen, ausgefahrenen Wege auf. Von da an ging es weiter über etwas, was kaum den Namen Feldweg verdiente; wenig benutzte Pfade, die oft völlig im Gras verschwanden. Niemandsland! Nein, schlimmer noch, Barbarenland! Ganze zehn Krieger hatten ihm die Stadtherren bewilligt! Zehn Krieger gegen eine unbekannte Zahl von Kopfjägern! Unbewusst wendet Demetros sein Gesicht gen Himmel. Doch selbst die Götter scheinen ihm das Mitleid versagen zu wollen. Dicke Wolken ziehen bedrohlich tief über die Wipfel der riesigen Eichen hinweg. Seinem Schicksal ergeben senkt er den Blick und trottet weiter.

Ein Schrei reißt ihn aus seinem wohligen Selbstmitleid. Blitzschnell dreht Demetros sich um und sieht gerade noch, wie einer seiner Krieger mit einem Pfeil in der Brust zu Boden fällt. Ein weiterer stirbt mit einem Pfeil im Hals, noch ehe er das Schwert ziehen kann. Und dann sind sie da. Zwanzig, dreißig! Von allen Seiten kommen sie!

›Das ist das Ende!‹, durchzuckt es Demetros. Ohnmächtig sieht er, wie noch zwei seiner Kämpfer unter den Lanzenstichen der Angreifer fallen.

Er schließt die Augen.

Die Schreie um ihn herum werden lauter. Kommen näher. Er presst die Augen noch fester zusammen in Erwartung der Schmerzen, die ihn in die ewige Dunkelheit reißen werden. Demetros ist kein mutiger Mann. Er ist fast 50 Jahre alt, klein und etwas beleibt, ein wohlhabender Händler eben, dem man den Wohlstand ansieht, und für den schon die Reise als solche eine unsägliche Strapaze bedeutet. Selbst wenn er seinen Dolch zöge, er hätte keine Chance.

Plötzlich verstummen die Schreie. Demetros wartet, doch nichts passiert. Dann hört er Gemurmel. Ganz vorsichtig öffnet er die Augen.

Um die Wagen herum liegen etwa 15 tote Männer. Sechs davon sind seine eigenen, die anderen gehören zu den Angreifern. Aber wie …?

Dann sieht er sie. Sie stehen da, auf ihre fast mannshohen Schilde gestützt, unterhalten sich in kehligen Lauten oder sehen ihn einfach nur an. Einer kniet neben einem von Demetros' Männern, der verletzt auf dem Boden liegt.

Demetros schreckt zusammen, als ein großer – wirklich großer! – Krieger der Fremden auf ihn zutritt. Der sieht die Angst in Demetros' Augen und hebt schnell die Hand zu einer beruhigenden Geste. Demetros schaut ihn verständnislos an, dann begreift er: Die toten Angreifer sind in schmutzige, zum Teil zerrissene Hemden gekleidet. Ihre Waffen sind grobe, selbst gebaute Lanzen, Steinschleudern. Hier und da liegen vereinzelt Pfeilköcher und Bogen herum. Die Krieger, die hier vor ihm stehen, tragen dagegen wertvolle Schwerter und Dolche, Waffen für den Kampf Mann gegen Mann. Ihre Kleidung ist grellbunt, wirkt gepflegt und sauber. Den Kopf des

Kriegers, der jetzt direkt vor Demetros steht, bedeckt ein metallener Helm mit seitlich angesetzten großen Hörnern. Und seine Augen sehen Demetros keineswegs unfreundlich an.

Er nimmt seinen ganzen Mut zusammen. »Danke!«, sagt er, in dem er auf die am Boden liegenden Räuber zeigt. Dann legt er seine Hand auf die Brust. »Demetros«, sagt er.

Sein Gegenüber zeigt auch auf die toten Männer und sagt dabei ein Wort, das bei Demetros nur als Gurgeln ankommt, dessen Tonfall jedoch keinen Zweifel an der mangelnden Wertschätzung gegenüber den toten Gegnern lässt. Dann legt er ebenfalls die Hand auf die Brust. »Bolg.«

»Bolg«, wiederholt Demetros.

Der andere nickt. Dann hebt er den rechten Arm und deutet einen Kreis an, der sowohl Demetros als auch seine umstehenden Krieger einschließt. Dann deutet er in die Richtung, in die Demetros' Reise weitergegangen wäre. Noch einmal zeigt er auf alle Männer, dieses Mal schließt er auch die Wagen mit den Weinamphoren ein. Jetzt hat Demetros verstanden. Die einsame Reise seiner kleinen Gruppe hat ein Ende gefunden. Die fremden Krieger werden sie leiten. Demetros macht erst die umfassende Bewegung des Anführers, zeigt dann auch in die Richtung, hebt fragend die Schultern und kehrt die Handflächen nach oben. »Wohin?«

Sein Gegenüber versteht. Er wiederholt die Bewegung und sagt dann ein Wort, das in Demetros Ohren so ähnlich klingt wie *Kelti* …

Fragen über Fragen

Ob die ersten Begegnungen griechischer Händler mit den Kelten tatsächlich so verlaufen sind, sei einmal dahingestellt. Belegt ist jedoch der Name des Volkes … Oder doch nicht …?

Historisch berichtet wird über die Kelten relativ spät. Um 700 v. Chr. spricht der griechische Dichter Hesiod von den »Hyperboreern«, dem »unbekannten Volk jenseits des Nordwinds« (womit er vermutlich die Alpen meint). Um 450 v. Chr., ca. 90 Jahre nach der fiktiven Begegnung von Demetros, dem Händler aus Massalia – dem heutigen Marseille – und Bolg, dem keltischen Krieger, berichtete der griechische Reisende und Geschichtsschreiber Herodot als Erster von den Kelten, die hinter den Säulen des Herkules (der Meeresenge von Gibraltar) leben. Zu diesem Zeitpunkt waren die Kelten für den externen Beobachter (in diesem Fall Herodot) also bereits als Volk erkennbar, das sich offensichtlich auch selbst so bezeichnete. Und wenn es das tat, dann sicher nicht erst ab dem Tag, an dem Herodot bei ihnen auftauchte. Stellt sich die Frage: Ab wann nannten sie sich »Kelten«?

Die Kelten hatten keine Schrift und haben daher ihre Geschichte nicht schriftlich niedergelegt. Schriftliche Berichte über Begegnungen mit Kelten sind von den griechischen und römischen Autoren Herodot und Plinius dem Älteren überliefert. Allerdings fließen die Erkenntnisse anderer Wissenschaften, wie Archäologie, Linguistik und vergleichende Völkerkunde in unser Wissen über die Kelten ein. Daraus ergeben sich Theorien mit einem hohen Wahrscheinlichkeitsgrad – mit allen Defiziten.

Wissen wir denn, ob uns die Archäologie ziemlich viel oder eher relativ wenig über die Lebensweise dieses Volkes eröffnet hat? Wie viel wurde von Grabräubern und Schatzjägern zum Teil unwiederbringlich zerstört?

Und verursacht nicht der Drang, alles zu systematisieren, Zeitepochen und Kulturkreisen zuzuordnen, ebenfalls Verständnisprobleme und Irrtümer? Schulbücher sprechen von Stein-, Bronze- und Eisenzeit und geben dazu ungefähre Jahreszahlen an. Aber: Die Entwicklung der menschlichen Zivilisation ist ein fließender Prozess. Es gibt kaum einen Teil dieses Prozesses, der nicht mit den anderen Elementen interagiert. Wenn ich am Knoten eines Netzes ziehe, bewegt sich nicht nur dieser Knoten, sondern alle angrenzenden ebenfalls. Je stärker der Zug, also je einschneidender das historische Ereignis, desto weitreichender die Folgen. Natürlich kann ich aus einem Zeitstrahl ein Stück herausschneiden und ihm einen Namen geben. Aber ist das – außerhalb von Gliederungsschemen für Museen und Kapitelunterteilungen von Lehr- und Sachbüchern – wirklich sinnvoll?

Also noch einmal: Ab wann nannten sich die Kelten ›Kelten‹?

Oder besser: Ab wann *waren* sie wirklich Kelten? Und: Was hat sie dazu gemacht? Also letzten Endes: Wie weit müssen wir wirklich zurückgehen, um den Ursprung der Kelten zu finden? 3000 Jahre? 5000? Oder noch weiter?

Beginnt ihre Geschichte schon, als um 4500 v. Chr. Kenntnisse über die Methoden der Landwirtschaft entlang der Donau nach Europa gelangen und die Lebensweise der Jäger und Sammler verdrängen? Die Donau verbindet wie eine »prähistorische Fernverkehrsstraße« über eine Strecke von 2850 Kilometern hinweg die ukrainische Schwarzmeerküste mit Süddeutschland, Österreich und der Schweiz. Ihr Name (zum Beispiel in der Form *Danu*) taucht dementsprechend als weiblicher Gottheitenname in vielen Agrarkulten des nordalpinen Europa auf.

Liegt der Ursprung der Kelten vielleicht bei den Erbauern von Stonehenge in Südengland oder an der Megalithenstraße von Carnac am Golf von Biscaya in Frankreich oder auch in den Grabanlagen von Newgrange in Irland in der Zeit zwischen 3500 und 2500 v. Chr.? Bei diesen jungsteinzeitlichen Bauern, die nicht nur Ackerbau und Viehzucht beherrschten, sondern auch über umfangreiche Kenntnisse der Astronomie verfügten?

Kann man vielleicht von Kelten sprechen, als um 1700 v. Chr. die Streitaxtkrieger aus dem Kaukasus nach einer mehrere Jahrhunderte währenden Reise in Europa anlangen und dort auf entwickelte landwirtschaftliche Gemeinschaften treffen und mit ihnen verschmelzen? Als Symbiose aus einer Nahrungsmittel produzierenden Basis und kriegerischem Überbau? Jene Krieger, deren hervorstechendes Merkmal die steinerne oder kupferne Streitaxt ist? Denselben, denen es gelingt, über ein riesiges Gebiet ein einheitliches Wirtschafts- und Wertesystem zu erschaffen, auf dessen Grundlage wiederum ein einheitliches Sprachsystem entsteht? Eine Art »Ursprache«, von der sich alle großen Kultursprachen ableiten: das Altindische (Sanskrit), das Persische, das Griechische, das Italische, das Slawische, das Germanische und nicht zuletzt auch das Keltische?

Oder verdankt das nordalpine Europa seine eigene (keltische?) Identität sogar gänzlich externen Einflüssen? Wie dem Zusammenbrechen der großen Bronzezeitkultur Mykenes Mitte des 12. vorchristlichen Jahrhunderts? Als die Gemeinschaften des Nordens aufhören, reine Rohstofflieferanten für den Mittelmeerraum zu sein und stattdessen gezwungen sind – in Ermangelung der Impulse von außen – mehr Energie auf die Entwicklung eigener Techniken, Methoden, Muster, Ornamente und Formen zu verwenden?

Ist es am Ende der Beginn der ersten großen Völkerwanderung in der ungarischen Tiefebene, die nur wenig später neue landwirtschaftliche »Spezialisten« in die Region um die obere Donau herum bringt, in die Gegend um die Schweizer Seen und in die Täler des oberen und mittleren Rheins? Die sich dort auf der Grundlage einer neuen, leistungsstarken Landwirtschaft niederlassen und die Entwicklung neuer komplexer Gesellschaftsstrukturen ermöglichen und Europa damit ein neues Gesicht geben?

Die Wahrheit ist: Keines dieser Ereignisse kann natürlich für sich allein in Anspruch nehmen, den Beginn eines »keltischen Zeitalters« zu markieren. Erst in der Summe führen sie dazu, dass im nordalpinen Europa bis zum Ende des 12. vorchristlichen Jahrhunderts weitverbreitete Gemeinschaften entstehen, die so viele Gemeinsamkeiten aufweisen, dass sie als miteinander verwandt und als Kerngebiet des keltischen Siedlungsraumes gelten können. Es ist wie ein Puzzle, das über etliche Jahrhunderte aus vielen kleinen und großen Teilen zusammengesetzt wird. Ende des 12. Jahrhunderts v. Chr. liegen schließlich die wichtigsten großen Teile als eine Art Grobmatrix vor: eine effektive Landwirtschaft, die Überschüsse erwirtschaftet und Spezialisten wie Handwerker, Priester und nicht zuletzt auch Krieger ernähren kann, einheitliche Handelskonventionen und eine durch das zeitweilige Wegbrechen

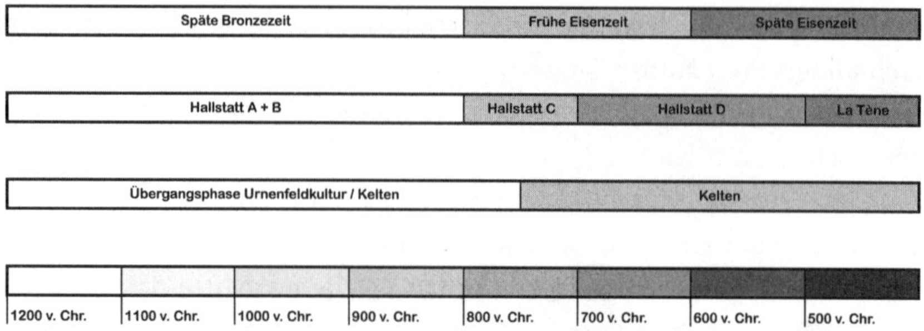

Der Zeitenfluss in der Geschichte. Verschiedene Sachverhalte erfordern verschiedene Zeitrechnungen bzw. Epocheneinteilungen. Diese Darstellung soll die im Buch verwendeten Begriffe in einen zeitlichen Zusammenhang bringen. Oben: Die Epochenbegriffe entsprechend der hauptsächlich für Werkzeuge und Waffen verwendeten Materialien. Mitte: Die Kulturepochen im Zusammenhang mit den Kelten, vor allem basierend auf Kunststilen. Unten: Die Zivilisationsstufen in der Betrachtung des gesamtgesellschaftlichen Bildes.

der Mittelmeereinflüsse entstandene gemeinsame geistige Identität, die nicht zuletzt auch Ausdruck in einer gemeinsamen Sprache findet.

Der grobe Rahmen ist gesteckt. Jetzt gilt es kleine »Puzzleteile« zu suchen, die noch vorhandenen Lücken zu füllen und zu prüfen, ob dem Gebilde aus immer noch lose verbundenen Gemeinschaften ein unverwechselbarer Charakter verliehen werden kann. Das eine oder andere dieser »Puzzleteile« werden wir jedoch wahrscheinlich nie entdecken.

Noch ein Wort, bevor wir in die geheimnisvolle Welt der Kelten eintauchen. Kein einzelnes Buch kann es leisten, dieses Thema mit all seinen Facetten ausreichend zu beleuchten. Ich konnte hier nur Schwerpunkte setzen, dieses zwangsläufig zulasten der Tiefe an anderen Stellen. Hier kann ich nur auf die umfangreichen Literaturempfehlungen und Quellenangaben im Anhang verweisen. Für diejenigen, die noch tiefer eintauchen möchten, habe ich in einem weiteren Anhang eine Übersicht über Museen, Ausstellungen und archäologische Stätten beigefügt, die in jedem Fall einen Besuch wert sind.

Der Anfang

Das Bild fügt sich zusammen

Um 1200 v. Chr. bricht mit der mykenischen Palastkultur eines der mächtigsten Zentren der Bronzeverarbeitung im Mittelmeerraum, zusammen. Über die Gründe wurde viel spekuliert; im Endeffekt liegt die Wahrheit wohl in der Summe verschiedener Faktoren, angefangen bei Wirtschaftskrisen wegen des Wegbrechens bedeutender Handelspartner in einer sich ständig verändernden Welt, über interne Zwiste bei den mykenischen Dynastien bis hin zu Naturkatastrophen wie Erdbeben. Im Ergebnis kommt Mykenes Seehandelsnetz im Mittelmeer annähernd zum Erliegen, als die Straße von Gibraltar in den Machtbereich der Karthager fällt. Das ändert jedoch nichts am Rohstoffbedarf im Mittelmeerraum. Als Alternative zu den unterbrochenen Seehandelswegen entstehen neue Handelsstraßen, und zwar über Land. Schon bald gibt es eine »Zinnstraße« vom Mittelmeer zur Atlantikküste und von dort aus weiter nach Cornwall und eine »Bernsteinstraße« von der Adria bis zur Ostsee.

Das Entstehen dieser Handelswege hat drastische Folgen. Das Hinterland der ehemals lebendigen Hafenstädte gewinnt auch abseits der Rohstofflagerstätten an Bedeutung. Die gesellschaftlichen Strukturen festigen sich und werden komplexer, jetzt, da man nicht mehr nur auf die Rolle des reinen Rohstofflieferanten reduziert ist. Die neuen Handelsreisenden aus dem Süden müssen feststellen, dass die Bevölkerung entlang der Handelswege nicht mehr aus einfachen bäuerlichen Gemeinschaften ohne Ansprüche besteht. Die fortgeschrittenen landwirtschaftlichen Methoden ernähren inzwischen auch Künstler, Priester sowie professionelle Krieger und erlauben damit also eine Spezialisierung in andere Berufe als der selbstversorgenden Landwirtschaft. Dazu kommt, dass die Territorien nördlich der Alpen nicht wirklich das sind, was man als uneingeschränkt sicher für Händler bezeichnen möchte. Im Nordwesten, dem Gebiet der heutigen Benelux-Staaten, geht die Ausbreitung der neu entstehenden Kultur (die man aufgrund ihres Begräbnisrituals »Urnenfeldkultur« nennt) weiter. Das geschieht nicht immer friedlich und hält das Land in Bewegung. Und im Norden und Nordosten hausen unberechenbare wilde Völker, die später einmal Germanen genannt werden. Ob den Händlern nun wirklich eine akute Gefahr droht, ist aus heutiger Sicht kaum abzuschätzen. Zumindest jedoch muss sich ein Reisender aus dem Süden auf eine Vielzahl nur schwer kalkulierbarer Risiken einstellen.

Nun ist ein funktionierender Fernhandel über mehrere Tausend Kilometer aber auf geregelte Verhältnisse angewiesen. Man stelle sich Folgendes vor:

Ab 1100 v. Chr. gibt es bei den Urnenfeldgemeinschaften, die die Regionen entlang der alten und neuen Handelsrouten bevölkern, bereits Ansätze eines strukturierten Gemeinwesens: Bauern, die die Lebensgrundlage erwirtschaften, Händler, die Dinge beschaffen, die der Stamm nicht selbst herstellt, und Krieger, die dafür sorgen, dass all dies ungestört geschehen kann. Wahrscheinlich hat man frühzeitig erkannt, dass es ein recht einträgliches Geschäft ist, Händlern aus dem Süden den freien Durchzug durch das Stammesterritorium nicht einfach nur zu gestatten, sondern ihnen im Gegenteil sogar Schutz anzutragen. Das ganze natürlich gegen ein gewisses Entgelt in Form von Gütern, die es im nordalpinen Europa nicht gibt, wie Wein und Keramik. Vielleicht kann man ja – gegen Provision natürlich – sogar als Vermittler für Geschäfte mit Regionen auftreten (dem wilden Norden zum Beispiel), in die sich die Händler aus dem Süden ohnehin nur sehr ungern höchstselbst begeben möchten?

Dieses Geschäftsmodell erweist sich für die Stämme entlang der nordalpinen Handelsrouten als extrem lukrativ. In der Zeit zwischen 1100 und 800 v. Chr. entwickelt sich aus den Anfängen der spätbronzezeitlichen Urnenfeldkultur eine interessante gesellschaftliche Struktur: An der Spitze der lokalen Gemeinschaften stehen einzelne reiche Handelsherren, die die Handelswege kontrollieren, dieses mit Hilfe professioneller Kriegergruppen, deren Anführer sie am Luxus teilhaben lassen. Es entsteht ein Geflecht von Abhängigkeiten und neuen Verhaltens- sowie Verteilungsregeln. Völlig neue Gegenstände und Sachverhalte tauchen im täglichen Leben auf. Das hat zur Folge, dass sich die Sprache der Menschen in diesem neuen Wirtschaftsraum, die man bereits gegen Ende des 13. vorchristlichen Jahrhunderts als rudimentäre keltische »Ursprache« betrachten kann, noch deutlicher von der anderer Regionen abzugrenzen beginnt. Zwischen dem 11. und 8. Jahrhundert v. Chr. wird diese lokale Weiterentwicklung der indogermanischen Ursprache zu etwas, was man in der modernen Linguistik als Handels- oder Verkehrssprache, als *Lingua franca* bezeichnet. Diese Handelssprache durchdringt allmählich alle Bereiche des Lebens und wird schließlich zur Alltags-, zur Umgangssprache.

Der Wohlstand, den die Handelsherren anhäufen, vielmehr jedoch der Teil davon, den sie verteilen, hebt ihren Status. Ab dem 9. vorchristlichen Jahrhundert entstehen neue Siedlungen, und in diesen erstmals Häuser, die von hoch angesehenen, wohlhabenden Führern bewohnt werden. Auffällig ist ebenfalls, dass genau diese Siedlungen nicht nur mit Gräben, Palisaden, Holz- und Steinmauern befestigt, sondern meist auch auf Hügeln gelegen sind. Die stadtbasierte Handelskultur der Frühkelten entsteht.

Die neue Gesellschaft wächst, gar nicht einmal so sehr territorial und zahlenmäßig, sondern vor allem in ihrer Geisteswelt und ihren Wertvorstellungen. Der Zufluss von Luxusgütern aus dem Süden und Südosten stabilisiert sich. Nach der Sperrung der Straße von Gibraltar durch die Karthager brauchen die Griechen die Landwege mehr denn je. Und nicht nur die Griechen. Das 8. vorchristliche

Jahrhundert ist die Zeit des Erstarkens der Etrusker, die zu dankbaren Rohstoffabnehmern werden. Gleichzeitig entstehen bei den Frühkelten eigene spezialisierte Produktionszentren, die sich jeweils auf die Herstellung von Waffen, Dekorationen, Schmuck, Haushaltsgegenständen sowie Blattbronze zur Weiterverarbeitung oder für den Verkauf konzentrieren. Nach außen hin vermittelt diese Gemeinschaft durch ihre einheitlichen Handelskonventionen, und nicht zuletzt die einheitliche Sprache, den Eindruck einer geschlossenen Gesellschaft.

In diesem Gemeinwesen nennen sich die Handelsherren selbst »die Hohen, die Erhabenen«, ein Wort, das in der gemeinsamen Sprache dieser Gemeinschaften lautmalerisch *kelti* heißt. Es soll sie abgrenzen, vor allem von denen, deren Dienste sie in Anspruch nehmen, um ihre Position zu sichern und ihren Wohlstand zu mehren: den Kriegern.

In ihrer Sprache: *galli*.

Kelten oder Gallier? Oder was? – eine Theorie

Das Wort »Kelten« stammt höchstwahrscheinlich direkt aus dem Indogermanischen, und zwar von dem Wort *quel* = »erhöht« (im Altkeltischen *celtos* = der Hohe, Mehrzahl *celti*). Im Lateinischen, ebenfalls eine Sprache der indogermanischen Familie, existiert zwar das Wort *celtae*. Es ist jedoch erst später, vermutlich über das Altgriechische, die Sprache der damaligen Reisebeschreibungen, in den lateinischen Wortschatz gelangt und hat keine eigene sachliche Bedeutung, sondern bezeichnet die Kelten als Völkerschaft. Daneben gibt es im Lateinischen das phonetisch ähnliche *celsus* bzw. *celsi*, was ebenfalls »erhöht« bedeutet. Dieser herleitbare gemeinsame Ursprung im Indogermanischen legt die Vermutung nahe, dass *keltoi* in der Tat nicht der Name einer Völkerschaft, sondern die eingebürgerte Bezeichnung für die Oberschicht gewesen ist.

Etwas anders liegt die Sache mit den *galli*. Weder im Altgriechischen noch im Lateinischen taucht ein anderes, ähnlich klingendes Wort auf, außer dem Eigennamen, mit dem eben diese Völkerschaft bezeichnet wird (also *galli* bei den Römern und *galatae* bei den Griechen). Die Wurzel »gal-« scheint also eine rein »keltische« Wortschöpfung aus der Zeit nach dem Auseinanderfallen der »Ursprache« in die einzelnen Sprachfamilien zu sein. In den modernen keltischen Sprachen finden wir *gal* sowohl im Walisischen mit der Bedeutung »grimmig«, »wild«, als auch im irischen Gälisch, wo es direkt »kriegerisch« bedeutet.

Und warum nannten die Römer sie nun *galli* und die Griechen *keltoi*?

Die in diesem Kapitel beschriebene Entwicklung mag eine Erklärung bieten. Die Ansprechpartner der Griechen in der Phase der Kontaktaufnahme waren die *keltoi*, die Herren der Handelsrouten. Der Erstkontakt mit den Römern dagegen kam erst wesentlich später zustande. Hier waren es im 4. vorchristlichen Jahrhundert auch keine Händler, die über die Alpen gestürmt kamen, um Geschäfte zu machen, sondern die Kriegerhorden – *galli* – unter ihrem Fürsten Brenn, latinisiert Brennus, derselbe, der dem bekannten Alpenpass seinen Namen gegeben hat.

Auch die Griechen gingen im 3. Jahrhundert v. Chr. dazu über, verstärkt den martialischen Terminus *galatae* zu verwenden. Angesichts der keltischen Kriegerhorden, die plündernd und brandschatzend über Makedonien, Thrakien und Griechenland herfielen und später diese – den nachbarschaftlichen Gemeinschaftssinn nicht gerade fördernde – Lebensweise unter anderem als Söldnerheere im Dienste regionaler einheimischer Fürsten in Kleinasien fortsetzten, ist dieser Wandel nicht wirklich verwunderlich.

Krieg der Welten anno 750 v. Chr.

Die wohlhabende frühkeltische Handelsgesellschaft wächst und gedeiht über mehrere Jahrhunderte hinweg. Doch gegen Ende des 8. Jahrhunderts v. Chr. geschehen seltsame Dinge. Es sind Ereignisse, die unauslöschbare Spuren hinterlassen, ohne dabei jedoch wirklich drastische Veränderungen zu bewirken. Über das, was da im 8. vorchristlichen Jahrhundert geschah, kann heute nur spekuliert werden. Fakt ist, dass es (was immer ›es‹ letzten Endes war) den Menschen solche Angst einjagte, dass viele ihre Siedlungen verließen und sich in entlegenere Gebiete zurückzogen. Bedingt mag hierfür ein Klimasturz verantwortlich sein, der mit viel Regen einherging. Gehöfte wurden oft an Gewässern errichtet, durch den Regen stiegen die Pegel und die Ufer wurden überschwemmt. Verstärkt wird jetzt auch um den Beistand der Götter gebeten. Die Tieropfer nehmen zu, doch nehmen die Götter sie anscheinend nicht wahr. Angesichts der Gefahr, die den Gemeinschaften droht, müssen die Opfer offenbar größer und wertvoller werden. Daher bieten die Menschen in ihrer Not das Wertvollste an, das sie besitzen: sich selbst. In Böhmen stießen Archäologen 1950 auf eine Höhle mit Tierknochen und den Überresten von 40 meist jungen enthaupteten Menschen. Dass es sich um den Schauplatz eines Rituals und nicht etwa das Entsorgen der Leichen von Ausgestoßenen handelt, beweist ein weiblicher Schädel, der zu einem Trinkgefäß umgearbeitet worden war.

Doch stellen das vereinzelte Verlassen angestammter Wohnsitze und das nachweisliche Ansteigen der Opferhandlungen nicht die einzigen Entwicklungen im 8. Jahrhundert v. Chr. dar. Mehr oder weniger unvermittelt halten einige neue Sitten bei den Frühkelten Einzug.

Eine der auffälligsten Veränderungen tritt bei der Fortbewegung ein: Die wohlhabenden Anführer der Kriegergruppen beginnen auf Pferden zu reiten, und zwar nicht nur von A nach B, sondern auch und vor allem im Kampf. In Gräbern aus dieser Periode findet man später vereinzelt neuartige Gebisstrensen, die ihren Ursprung definitiv außerhalb des keltischen Siedlungsgebietes haben.

Etwas später taucht eine lang vergessene Tradition im Zusammenhang mit Begräbnisritualen wieder auf: der Grabhügel, der mehr als 500 Jahre vorher der Urnenbestattung gewichen war. Allerdings gibt es eine kleine Veränderung. Wer etwas auf sich hält (und es sich leisten kann), der tritt seine Reise in die Andere Welt auf einem Wagen aufgebahrt an, dies in den Variationen »Wagen vollständig zusammengebaut«, »Wagen zerlegt« und »Wagen nur angedeutet«.

Es gibt keinen Zweifel. Hier waren fremde Einflüsse am Werk, denn speziell die Veränderungen im Begräbnisritual geschehen nicht von ungefähr, sondern stehen im Zusammenhang mit neuem religiösen Gedankengut.

Besonders das drastische Ansteigen der Opfertätigkeit in Verbindung mit dem Befestigen oder Verlassen von Siedlungen spricht für eine massive Bedrohung, der die Menschen sich ausgesetzt sehen. Doch wie ist in diesem Zusammenhang die Tatsache zu werten, dass man bis heute keinerlei Spuren ausgedehnter kriegerischer Auseinandersetzungen gefunden hat?

Ist es möglich, dass große Bevölkerungsgruppen aufgrund irgendwelcher böser Vorzeichen oder von Gerüchten in kollektive Panik verfallen?

1898 schrieb H.G. Wells den Roman *Krieg der Welten*, der erste Roman, der den Angriff außerirdischer, technologisch weit überlegener Wesen auf die Erde zum Thema hat. Vierzig Jahre später nahm Orson Welles diesen Roman zur Vorlage für ein Hörspiel, welches in den USA am Halloweenabend landesweit ausgestrahlt wurde. Die Reaktionen: Menschen flohen in Panik schreiend, weinend und betend aus den Städten, in der festen Überzeugung, dass das Ende der menschlichen Zivilisation unmittelbar bevorstünde. Dieses, wie gesagt, nicht im Mittelalter, sondern 1938; nicht bei einem Naturvolk in Südamerika, sondern in den USA. Und vor allem: nicht als Gag für eine Sendung mit versteckter Kamera, sondern explizit als Hörspiel angekündigt.

Nun stellen wir uns eine relativ friedliche Gesellschaft vor, in deren Gebiet eines Tages kleine Gruppen exotisch aussehender Reiter auftauchten. Diese berichten gar beunruhigende Dinge: Sie sind Angehörige der Kimmerer, einem mächtigen Kriegervolk, das lange Zeit in den Steppen nördlich und östlich des Schwarzen Meers gelebt hatte, die riesiger waren als alles, was die Kelten sich selbst je vorstellen konnten. Von dort seien sie von einem noch mächtigeren Volk, den Skythen, geschlagen und vertrieben worden. Die Skythen, ein Volk, das für seine Grausamkeit bekannt ist, würden sich aber nicht mit dem neu erstrittenen Territorium begnügen, sondern wären nun ebenfalls auf dem Weg nach Westen.

Der Reiseschriftsteller Herodot gibt uns ein farbenfrohes Bild der Skythen – und spart dabei auch nicht mit unappetitlichen Einzelheiten:

»Was den Krieg angeht, so sind ihre Sitten die Folgenden. Der skythische Krieger trinkt das Blut des ersten Mannes, den er im Kampf besiegt. Wie viele er auch erschlägt, er schneidet allen den Kopf ab und trägt sie zu seinem König, was ihm seinen Teil an der Kriegsbeute verdient, während er alle Ansprüche verlieren würde, käme er ohne Kopf ... Die Schädel ihrer Feinde, bei Weitem nicht alle, sondern nur die, die sie am meisten verabscheuen, behandeln sie folgendermaßen: Nachdem sie den Teil unterhalb der Augenbrauen abgesägt und das Innere gereinigt haben, überziehen sie die Außenseite mit Leder. Wenn ein Mann arm ist, bleibt es dabei, doch wenn er reich ist, dann kleidet er das Innere mit Gold aus: In beiden Fällen wird der Schädel als Trinkgefäß verwendet. Sie tun das auch mit ihrer eigenen Verwandtschaft, wenn sie mit dieser eine Fehde ausgetragen und sie in Gegenwart des Königs besiegt haben. Wenn Fremde kommen, denen sie Hochachtung entgegenbringen, dann werden diese Schädel herumgereicht, und der Gastgeber erzählt, dass das seine Verwandten wären, die gegen ihm im Krieg gelegen hätten, und wie er sie besiegt habe. Das alles wird als Beweis der Tapferkeit angesehen.«

Nun sind die, die die Kunde von den herannahenden Skythen verbreiten und damit den »Krieg der Welten anno 750 v. Chr.« kreieren, nicht irgendwelche Händler, die sich interessant machen wollen. Es sind, wie gesagt, Angehörige eben jener Kimmerer, die von den Skythen vertrieben worden sind.

Der andere Grund, der für die tief greifenden Veränderungen bei den Stämmen im nordalpinen Europa genannt wird, ist der bereits erwähnte Klimasturz. Es regnet mehr, wird düsterer, kälter. Die Menschen in der späten Bronzezeit leben in einer tiefreligiösen Gesellschaft, unterhalten Priester, um mit den Göttern kommunizieren zu können. Für sie sind die Zeichen klar: Die Natur hat sich gegen sie verschworen und aus dem Osten nahen wilde, mordende und brandschatzende Horden. Das Ende ihrer Gesellschaft muss unmittelbar bevorstehen.

Ob und in welcher Zahlenstärke die Kimmerer wirklich nach Mitteleuropa gekommen sind, und welchen Einfluss sie tatsächlich ausgeübt haben, darüber streiten die Experten noch immer. Fakt ist: Sie waren ausgezeichnete Reiter, sie beerdigten ihre Obersten in Grabhügeln, und auch die Aufbahrung auf Leichenwagen ist für die Völker der Schwarzmeersteppen belegt.

Eher unwahrscheinlich ist, dass sich riesige Heeresverbände der Kimmerer in das Gebiet der spätbronzezeitlichen Frühkelten ergossen haben. Dazu wurden zum einen zu wenige Gebisstrensen kimmerischer Bauart gefunden, zum anderen wäre diese Einwanderung nicht ohne massive kriegerische Auseinandersetzung verlaufen. Diese hätten den Fernhandel mit dem Mittelmeerraum empfindlich gestört, was jedoch nicht der Fall ist.

Ein Szenario mit einem höheren Wahrscheinlichkeitsgrad ist dieses: Kleine Trupps von kimmerischen Reiterkriegern erreichen auf ihrer Flucht vor den Skythen Mitteleuropa und finden Zuflucht und später auch ihre letzte Ruhestätte bei den aufstrebenden Handelsherren, die – wie auch ihre Krieger – durchaus Gefallen an dem einen oder anderen Aspekt der kimmerischen Lebens- und Kampfesweise finden.

Es ist durchaus möglich, dass diese kimmerischen Krieger – nachdem sie den Frühkelten von der skythischen Bedrohung erzählt haben – von diesen nicht nur Asyl erhalten, sondern auch in die Dienste der Handelsherren eintreten, sozusagen als »militärische Berater«. Das würde auch die plötzliche Wiedereinführung des Grabhügels als Beerdigungsmethode für höhergestellte Krieger und wohlhabende Handelsherren und vor allem des Pferdes nicht nur als Lasttier, sondern vor allem als wirkungsvolle Angriffswaffe erklären. Dabei sind die Kimmerer noch nicht einmal Angehörige der Aristokratie ihres eigenen Volkes, da keines der Gräber, in denen man später die bewussten Gebisstrensen findet, die typischen Merkmale der letzten Ruhestätten von wohlhabenden oder hochgestellten kimmerischen Persönlichkeiten aufweist.

Noch einmal zurück zum »Krieg der Welten«. Die Skythen haben sich im 8. Jahrhundert v. Chr. tatsächlich in einer Westwärtsbewegung befunden und wurden 200 Jahre später sogar direkte Nachbarn der Kelten. Einen Versuch, diese ernsthaft anzugreifen, hat es jedoch nicht gegeben. Die Skythen selbst wurden später von den ebenfalls nach Westen drängenden Sarmatianern zerschlagen, einem rätselhaften Volk, das behauptete, von den Amazonen abzustammen.

Doch selbst, wenn die Bemühungen der kimmerischen Flüchtlinge ihren eigentlichen Zweck – die frühkeltischen mitteleuropäischen Gemeinschaften vor dem bevorstehenden Angriff der Skythen zu warnen – nicht erfüllen, haben sie unbewusst ein weiteres Element zu dem beigetragen, was wir die keltische Identität nennen.

Er spürt, wie der Weg unter seinen Füßen wieder ansteigt und bleibt stehen, legt den Kopf in den Nacken und atmet tief durch. Feiner Nieselregen fällt aus dem verhangenen Himmel auf sein Gesicht. Zu lange darf er sich nicht ausruhen, wenn er vor Einbruch der Dunkelheit wieder zu Hause sein will. Auch, wenn er den Berg kennt – immerhin ist er seit 15 Jahren Betriebsleiter des Bergwerks –, so merkt er doch gerade bei dieser Witterung immer öfter, dass er keine 20, sondern inzwischen ansehnliche 51 Jahre zählt.

Er blinzelt in das diffuse Licht, das die Septembersonne des Jahres 1846 durch die Nebelschleier wirft, und setzt sich wieder in Bewegung. Nach eineinhalb Stunden hat er sein Ziel erreicht. Prüfend lässt er seinen Blick über das vor ihm liegende Kiesfeld schweifen. Das sieht schon einmal vielversprechend aus, aber Genaueres kann natürlich nur eine nähere Untersuchung hinsichtlich der Ausdehnung und vor allem der Tiefe der Kiesschicht ergeben. Erst dann wird er entscheiden können, ob sich ein groß angelegter Abbau des von der Bauwirtschaft der Umgebung benötigten Materials lohnt.

Jetzt steht er am anderen Ende des Kiesfeldes, oder dem, was auf den ersten Blick wie das Ende aussieht. Beim näheren Hinschauen jedoch drängt sich ihm der Eindruck auf, dass der Kies hier nicht endet, sondern eher von dem vom Hang abgerutschten Erdreich bedeckt ist. Nun, das herauszufinden ist nicht sonderlich schwer. Er wird morgen mit Isidor, seinem Gehilfen, hier heraufsteigen und einige Meter hangaufwärts eine Probegrabung vornehmen. Oder sollte er vielleicht heute schon selbst einmal …?

Natürlich ist er neugierig. Man muss ja nicht so weit in den Hang steigen; einfach nur schauen, ob der Kies unter dem Erdreich weitergeht. Dazu setzt er den Rucksack ab, öffnet ihn und holt zunächst seine Metallflasche mit dem kalten, ungesüßten Tee heraus. Während er trinkt, suchen seine Augen nach einem geeigneten Platz zum Graben. Dort hinten, ja, das sieht gut aus. Er verstaut die Flasche wieder im Rucksack und löst den Riemen, mit dem er seinen kleinen Spaten außen aufgebunden hat. Seine dicke Bergjacke breitet er über den Rucksack aus. Die kühle, feuchte Septemberluft jagt ihm einen Kälteschauer über den jetzt schon schweißnassen Rücken. Dagegen hilft nur Bewegung. Energisch stößt er den Spaten in den Boden.

Das Graben bereitet Mühe. Das Erdreich ist nass und schwer und backt in Klumpen zusammen. Wieder und wieder muss er in die Knie gehen, um den Spaten wieder herauszubekommen. Er flucht, als das Spatenblatt sich erneut verfängt. Mit einem heftigen Schnaufer hebt er ihn an – und flucht erneut herzhaft, als der unförmige

Erdklumpen von dem viel zu kleinen Blatt wieder in das Loch zurückplumpst. Wütend wirft er den Spaten zu Boden und kniet nieder, um den Klumpen mit den Händen herauszuheben. Er ist erstaunlich leicht. Aber was ist das? »Heilige Maria und Josef!«, entfährt es ihm. Ungläubig starrt er den Schädel an, den er in seinen Händen hält. Sein erster Gedanke: Ein Fall für die Gendarmerie. Doch dann siegt die Neugier. Er beugt sich in das Loch hinab und beginnt, mit den Händen vorsichtig das Erdreich zur Seite zu schieben. Fast gleichzeitig sieht er den Oberarmknochen und einen anderen festen Gegenstand, der offensichtlich nicht zum Skelett gehört. Es ist ein verkrusteter, fast gleichmäßig runder Ring mit einem Durchmesser von etwas mehr als einer Handlänge.

Johann Georg Ramsauer richtet sich auf. Was immer er hier gefunden hat, es ist genauso wenig ein Fall für die Gendarmerie wie die Mumie des Bergmannes, die man 1734, also vor mehr als einhundert Jahren, oben im Salz gefunden hat. Deshalb kann er auch nicht einfach so weiterbuddeln. Hier muss man mit System herangehen. Er steht auf und geht zurück zu seinem Rucksack. Diesmal greift er nicht zum Tee, sondern holt die kleine flache Metallflasche mit dem Obstler aus der Seitentasche. Und während die Wärme nach unten in den Magen wandert, ruht sein gedankenverlorener Blick auf der nebligen Oberfläche des unter ihm liegenden Sees ...

Im Jahr 1846 findet der damals 51-jährige Bergmeister Johann Georg Ramsauer ungefähr 450 Meter oberhalb des steilen Westufers des Hallstätter Sees auf der Suche nach einem abbauwürdigen Kieslager zwei Skelette, ein bronzenes Schmuckband und eine Urne. Bereits im nächsten Jahr beginnt er – mit kaiserlicher Hilfe und der unermüdlichen Unterstützung von Isidor Franz Engl – das auszugraben, was sich als eine gigantische Nekropole aus der Zeit zwischen 800 und 450 v. Chr. entpuppt. Zwischen 1847 und 1863 findet Ramsauer 980 Gräber mit ungefähr 20 000 Artefakten, die er minutiös protokolliert und grafisch festhält. Der Fund dieses Gräberfeldes, das, wie inzwischen bekannt ist, insgesamt zirka 2000 bis 2500

Grabstätten umfasst, wird von der Fachwelt als so bedeutend angesehen, dass der schwedische Forscher Hans Hildebrand im Jahr 1874, dem Todesjahr Ramsauers, erstmals den Namen des Fundortes zum Gattungsbegriff zur Beschreibung dessen erhebt, was damals noch als Abbild einer in sich geschlossenen Kultur gilt: Hallstatt.

Die Herren der Burgen und der Handelswege

Die »Hallstattkelten«

Der Reichtum des Berges

Ein Ort wird zum Gattungsbegriff

Er zuckt zurück, als nach seinem heftigen Schlag das lockere Gestein auf ihn herunterbricht. Beim Zurückfahren stößt er gegen eine der Holzstangen, die die Decke des Stollens abstützen sollen. Das knirschende Geräusch ist alles andere als vertrauenerweckend. Er wäre auch nicht der Erste, den der Berg erschlagen, zerquetschen oder ersticken würde.

Connog wartet einen Augenblick, doch da ist nichts außer dem metallischen Hämmern der anderen Arbeiter, die mit ihren bronzenen Pickeln den Berg bearbeiten. Er atmet tief die stickige, staubige Luft ein. Seine Augen brennen, und er spürt, wie die Salzkristalle unter seinen Achselhöhlen und in den Kniekehlen die Haut wund reiben. Das ist etwas, woran er sich nie gewöhnen wird. Doch die Zahl der hungrigen Mäuler zu Hause steigt, ganz im Gegensatz zum Ertrag der Felder unten im Flachland. Und so hat er keine andere Wahl, als jedes Jahr aufs Neue hierherzukommen. Hierher ins Salz. Nur so kann er seine Familie daheim entlasten und auch noch etwas mit nach Hause bringen, was man gegen zusätzliches Getreide oder Werkzeuge eintauschen kann. Aber die Zeit hier ist auch schon wieder fast vorüber. Bald wird es zu kalt und zu eisig sein, um noch in den Berg gehen zu können.

Stöhnend lässt er sich auf die Knie nieder, spürt, wie kleine scharfkantige Brocken schmerzhaft durch seine Hose dringen. Wenigstens einmal den Rücken durchdrücken! Er ist jetzt 30 Jahre alt, lange wird er diese Arbeit in halb gebückter Stellung nicht mehr machen können.

Und was dann?

Connog legt den Pickel zur Seite, zieht den ledernen Eimer näher zu sich heran und hebt mit rissigen Händen den größten der Steinsalzbrocken hinein. Diese Butte noch, und vielleicht noch die nächste, dann muss er erst einmal etwas essen. Oder vielleicht doch schon jetzt ein paar Happen …? Die Sonne draußen ist bestimmt schon über ihren höchsten Punkt hinweg. Verstohlen schielt er in Richtung seines kleinen Holzeimers, den er gleich neben seiner Fackel aus gerollter, in Harz getauchter Baumrinde in einer Felsnische abgestellt hat. Der Brei aus Buchweizen und Bohnen wird wie immer etwas salzig schmecken, von dem Staub, der selbst durch die kleinsten Ritzen dringt, aber wenigstens macht er satt bis zum Abend. Vielleicht gibt es ja dann wieder ein Stück Fleisch wie vor ein paar Tagen. Da hat der Herr, für den er und die fünf anderen das Salz schlagen, ihnen ein kleines Schaf gebracht …

Gewaltsam reißt er sich aus seinen Gedanken, nimmt noch einen Schluck Wasser aus dem Lederschlauch und beginnt, den schweren Ledereimer Richtung Stollenausgang zu zerren. Als er das erste Tageslicht sieht, zieht er in Erwartung der kalten Luft seine Kutte enger um sich, wischt sich den Schweiß von der Stirn und drückt sich seine Zipfelmütze über die Ohren. Am Stollenausgang muss er im ersten Moment seine Augen gegen das helle Licht des eigentlich trüben Tages schließen. Dann beginnt er den Abstieg zu der Stelle, an der das gebrochene Salz gesammelt wird. Über dem See unten im Tal bilden sich schon die ersten Nebel. Oder sind es noch die Schwaden vom Morgen? Aber wer von den Bergleuten hier im Salz hat schon Zeit, sich Gedanken um **Nebel zu machen?**

Connog ist einer von bis zu 500 Bergleuten, die jedes Jahr, solange es die Witterung zulässt, in den Berg steigen und das Steinsalz herausholen, dem die Region ihren Wohlstand verdankt. Salz ist über die letzten Jahre hinweg ein begehrtes Handelsgut geworden. Die Viehzucht hat im Vergleich zum Ackerbau an Bedeutung gewonnen; Fleisch ist nicht nur Grundnahrungsmittel, sondern auch Handelsgut. Und außer dem Räuchern ist Salz die einzige Möglichkeit, Fleisch zur Aufbewahrung und für den Transport auch über längere Strecken hinweg haltbar zu machen. Gepökelt wird bereits seit ungefähr 1300 v. Chr., für den Eigenbedarf. Für den Handel mit Fleisch sind jetzt jedoch ganz andere Salzmengen notwendig.

Diesen Schatz zu bergen ist in der ausgehenden Bronzezeit allerdings kein leichtes Unterfangen. Nur selten liegt das Salz an der Oberfläche, und so müssen Stollen in den Berg getrieben werden. Bis ca. 800 v. Chr. erfolgt der Abbau ausschließlich über vertikale Schächte. Ab da entsteht ein elaboriertes Schachtsystem, um den neuen Fördermengen gerecht zu werden. Der erste Teil des Stollens ist schräg angelegt, wegen der Be- und Entlüftung. Wo das Gefälle zu steil ist, wird die Neigung mit Baumstämmen überbrückt, in die Stufen eingeschlagen sind. Nach etlichen Metern geht der schräge Stollen dann in einen waagerechten über. Mit Bronzepickeln arbeiten sich die Männer in einem breiten Gang in den Berg vor, mit einer Geschwindigkeit von gerade einmal einem Meter pro Monat. Man arbeitet meist zu zweit; einer hält den Bronzepickel in Position, während der zweite mit einem schweren Hammer daraufschlägt. Das Salz wird dabei in großen Brocken mit einem Gewicht von bis zu 30 Kilo aus der Stollendecke geschlagen und in Butten aus Tierhäuten an die Oberfläche gebracht. Wobei spekuliert wird, dass aufgrund der Enge der Gänge vor allem Frauen und Kinder als Träger eingesetzt werden. Eine Weiterbearbeitung vor Ort gibt es nicht; die Steinsalzbrocken werden unbehandelt weiterverkauft.

Doch die Mühe lohnt sich, denn Salz macht reich. Speziell die Region um Hallstatt am gleichnamigen See in Oberösterreich blüht auf. Als einziger Salzanbieter im Umkreis von 300 Kilometern entwickelt sich Hallstatt nicht nur zu einem der Haupthandelszentren für Steinsalz, sondern auch zu einem Ort, an dem mit den Handelsstraßen auch technisches Know-how sowie verschiedenste kulturelle, soziale und religiöse Gedanken zusammentreffen. »Hall« ist übrigens nicht wie weithin angenommen (und vermarktet) das altkeltische Wort für »Salz« (dieses lautete *saleino*), sondern stammt aus dem Urgermanischen. Wenn es seinen Ursprung nicht sogar in der indogermanischen Ursprache hat, denn immerhin finden wir neben dem urgermanischen *hallan* »Salzkruste« das lateinische *callum* »harte, verkrustete Stelle«.

Hauptlieferant aller Informationen ist der zwischen 1847 und 1863 von Bergmeister Johann Georg Ramsauer planmäßig ausgegrabene Friedhof von Hallstatt. Ungeachtet aller Schwierigkeiten bei der Zuordnung und Interpretation der Funde, konnte inzwischen ein recht genaues Bild von den Arbeitsbedingungen derer gezeichnet werden, die den Wohlstand mit ihren Händen erschaffen haben.

Der erste nennenswerte Abbau beginnt schon um 1350 v. Chr.; aus dieser Zeit stammt auch die älteste erhaltene Holztreppe. Ab 800 v. Chr. ist er »im großen Stil« organisiert. Die bronzenen Pickel, mit denen das Salz geschlagen wird, sind da bereits durchdachte Weiterentwicklungen primitiver Urformen. Der Metallkopf sitzt auf einem Holzstiel, in den eine Verjüngung eingearbeitet ist. Das lässt das Werkzeug beim Aufschlag federn und vermindert somit den Gelenk schädigenden Rückschlag. Die Nahrung der Arbeiter ist eiweißreich, um der schweren körperlichen Arbeit Rechnung zu tragen. Hülsenfrüchte – speziell Bohnen – erfreuen sich dabei großer Beliebtheit. Aufgrund der Hochlage des Abbaugebietes müssen fast alle Lebensmittel aus dem Flachland auf den Berg gebracht werden. Eine einheitliche Kleidung für die Bergleute gibt es nicht, es wird alles verwendet, was in irgendeiner Weise praktikabel erscheint. Man trägt Leder, Felle und Wollstoffe, Letztere gelegentlich mit Rinder- oder Pferdehaar verstärkt. Eine Art Einheitskleidung stellen lediglich die ledernen Zipfelmützen dar, die man mit dem Fell nach innen trägt, sowie die Schuhe, die aus einem einzigen Stück Leder bestehen, an der Ferse zusammengenäht und vorn zu einem Zipfel gelegt und zusammengebunden sind.

Was wir über die Arbeiter wissen, haben uns in erster Linie die Unglücklichen überliefert, die im Berg vom Tod überrascht wurden und nie ein Grab gefunden haben. Die letzten Ruhestätten jedoch, die Ramsauer ausgegraben hat, sind die der Reichen, die, für die der weißgraue Schatz abgebaut wird. Sie berichten von einem anderen Leben, in Glamour und Wohlstand.

Hallstatt – Metropole der Frühkelten

Seit der Entdeckung des Friedhofs taucht immer wieder der Begriff »Hallstattkelten« auf. Er impliziert, dass sich anhand der Funde in Hallstatt die Lebensweise der Kelten ab dem 8. vorchristlichen Jahrhundert als geschlossenes Gesellschaftsbild zeichnen lässt.

Das kann aus verschiedenen Gründen nicht funktionieren.

Zunächst einmal sind die Salzbergwerke von Hallstatt Saisonbetriebe, die nach völlig eigenen Regeln funktionieren. Hier leben während der Abbauzeit nur die Arbeiter und die Handelsherren. Dazu kommen dann noch einige Kriegsherren, die den reibungslosen Ablauf des Handels in Hallstatt sichern. Die Familien bleiben zu Hause, das (und hier widerspricht der Friedhof der Annahme, dass als Träger vor allem Frauen und Kinder eingesetzt werden) verrät die unterdurchschnittlich geringe Anzahl an Frauengräbern. Die Gräber erzählen auch, dass viele der Händler zum Teil von weit her kommen, auch von deutlich außerhalb des hallstättischen Kulturkreises, denn in Hallstatt werden völlig verschiedene Begräbnisrituale parallel praktiziert.

Auch der Charakter Hallstatts selbst ist geeignet, das Bild zu verfälschen. Es ist Förderstätte eines international gefragten Rohstoffes und Drehscheibe des Handels zwischen Nord und Süd, Ost und West. Es ist ziemlich sicher genauso wenig typisch frühkeltisch wie heute London als typisch englisch und Berlin als typisch deutsch zu bezeichnen ist. Hallstatt ist ein Ort, an dem die Einflüsse der Kulturen zusammenfließen, ein spätbronzezeitliches bzw. früheisenzeitliches multikulturelles Wirtschaftszentrum. Dazu kommt, dass das unumstößliche Gesetz einer Wohlstandsgesellschaft auch schon in der Früheisenzeit funktioniert: Luxus kennt keine Grenzen. Das

Handelsnetz ist weit entwickelt. So wie heute die besser Betuchten zum Shopping nach London oder New York fliegen, genauso werden in der Hallstattzeit Händler und Agenten von den Wohlhabenden beauftragt, bestimmte begehrte Dinge zu beschaffen. Will bedeuten: Bei Weitem nicht alles, was in Hallstatt gefunden wird, stammt auch von dort.

Wenn man alles zusammennimmt, ist das Bild, das die Funde von Hallstatt zeichnen, wohl eher eine Momentaufnahme des Wirtschaftslebens im Großraum Europa. Bei allen Verdiensten Ramsauers ist zu berücksichtigen, dass – wie man heute weiß – das von ihm entworfene Bild ungenau und unvollständig ist. Die Dokumentation Raumsauers ist unvollständig überliefert und hat außerdem Defizite. Zum einen hat der Bergmeister, der für seine Ausgrabungen ja sogar kaiserliche Hilfe in Anspruch nehmen durfte, das eine oder andere Artefakt an prominente Besucher verschenkt, um sich deren Gunst zu versichern. Zum anderen waren die Fundskizzen, die er, beziehungsweise Isidor Engl, angefertigt hatte, nicht alle eindeutig, sodass es in Museen immer wieder zu Verwechslungen kam. Ein besonders spektakulärer Fall wurde 1975 aufgedeckt. In einem Münchner Antiquariat tauchten originale Abschriften von einigen Grabungsprotokollen Ramsauers auf, die von den Inventarlisten einiger österreichischer Museen komplett abwichen.

Was die Abgrenzung darüber hinaus erschwert: Die »typischen« Artefakte, Muster und Ornamente sind nicht auf die »Hallstattkelten« begrenzt; auch sind nicht alle Bewohner der Hallstattregion automatisch Anhänger des Hallstattstils. Insofern ist »Hallstattzeit« eher ein Synonym für »europäische Früheisenzeit«, ohne an eine bestimmte Region gebunden zu sein. Die Archäologie unterscheidet zwischen einem östlichen und einem westlichen Hallstattkreis, wobei das Zentrum des östlichen Hallstattkreises Slowenien ist. Und bei allen Übereinstimmungen in Gesellschaftsstrukturen und Kulturmerkmalen sind die Osthallstätter nicht einmal annähernd Kelten, sondern Illyrer.

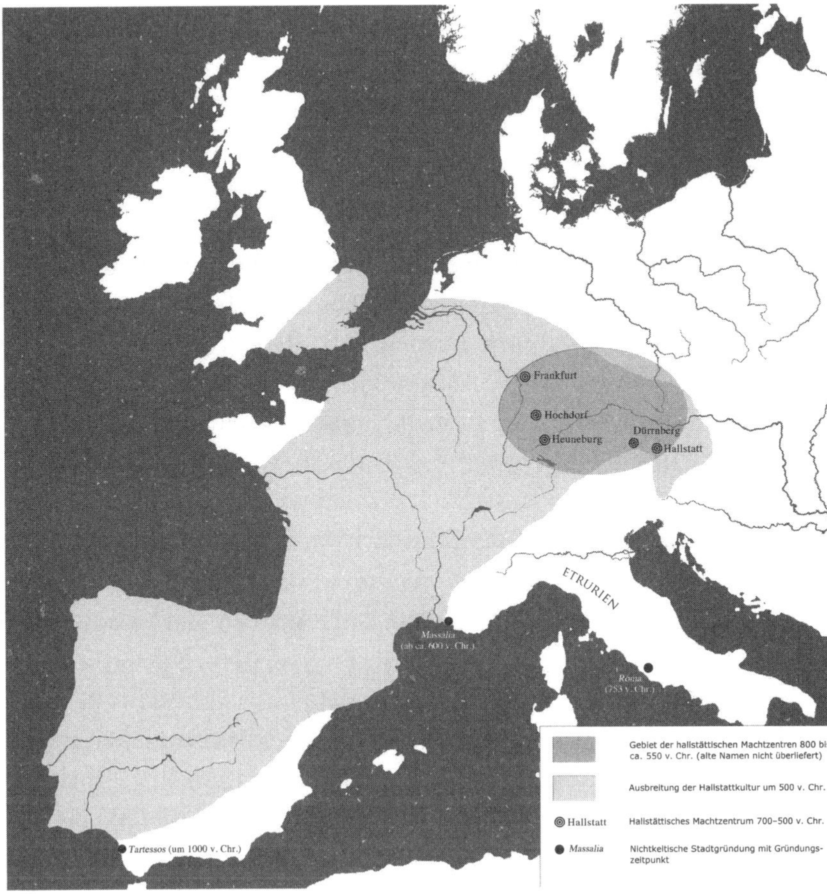

Ausbreitung der Hallstattkultur. Von ihrem Kerngebiet in Süddeutschland und der Alpenregion aus verbreitete sich ab dem späten 7. vorchristlichen Jahrhundert die Hallstattkultur, bis sie etwa 500 v. Chr. ihre größte Ausdehnung erreichte.

Hallstatt mag über viele Hundert Jahre eine Monopolstellung einnehmen; konkurrenzlos bleibt es nicht. Um 550 v. Chr. entsteht bei Dürrnberg ein weiteres Zentrum der Steinsalzförderung, das Hallstatt nach und nach den Rang abläuft. Kein Wunder: Durch den Fluss, der heute bezeichnenderweise Salzach heißt, verfügt Dürrnberg über die bessere Infrastruktur; die Bergleute verwenden bereits Eisenwerkzeuge und der Anteil an Kindern als Arbeitskräfte ist überdurchschnittlich hoch (Eisenwerkzeug s. im Farbbildteil Abb. 9). Die Konkurrenz findet nach 150 Jahren fast zeitgleich ein Ende, als in Hallstatt der Berg einbricht und in Dürrnberg ein Wassereinbruch die Stollen flutet.

Wie wenig eine Kultur an Menschen, sondern an wirtschaftlichen und gesellschaftlichen Strukturen hängt, zeigt eine Gemeinschaft südlich der Alpen, am Comer See in Norditalien. Größere Wanderungen über die Alpenpässe während der Hallstattzeit sind archäologisch nicht nachgewiesen, ganz im Gegensatz zu einer kontinuierlichen Besiedlung der Region bis zurück in 13. Jahrhundert v. Chr. Doch offenbar reichen auch kleine Gruppen, vielleicht auch nur Händler, die im 6. Jahrhundert v. Chr. hallstättische Einflüsse in die dort lebenden Gemeinschaften tragen dafür, dass sich am Fuß der Alpen, im Tessin, unmittelbar an den Zugängen zu den Pässen in die Schweiz, eine Gesellschaft entwickelt, die kulturell eindeutig keltische Züge trägt. Der vielleicht schlagendste Beweis sind in Stein gemeißelte Inschriften aus dem 6. und 5. vorchristlichen Jahrhundert in der Nähe des heutigen Como, die eine in etruskischen Buchstaben geschriebene keltische Sprachvariante dokumentieren: Lepontisch. Diese keltische Verkehrssprache für den Handel war durch die festen Handelskontakte im Tessin, in der Region nördlich der Alpen und in den Seengebieten südlich der Alpen bekannt. Die Gemeinschaften, die diese Sprache benutzten, werden in der Fachwelt »Golasecca-Kelten« genannt. Dass sie im Gegensatz zu allen anderen Kelten überhaupt eine Schriftsprache verwenden, verdanken sie aller Wahrscheinlichkeit nach dem engen Kontakt zu ihren etruskischen Nachbarn.

Das letzte Element

Das Eisen kommt!

Mit schnellen Schritten eilt er den steilen Weg zum Eingang der Hügelsiedlung hinauf. Ungeduldig trampelt er auf der Stelle, als ihm ein Ochsengespann den Weg durch das Tor versperrt. Nach einer schier endlos erscheinenden Zeit lassen die Torwachen das Gespann passieren, und kaum dass der Weg frei ist, hastet auch er weiter. Ist der Weg zur Schmiede schon immer so lang gewesen? Oder ist es nur die Neugier auf die angelieferte Ware, die jeden Augenblick so viel länger erscheinen lässt?

So lange hat er darauf gewartet, so viele Monate lang gebangt, ob sein Vorhaben wirklich gelingt. Vorhin ist nun endlich die Nachricht gekommen, an die er beinahe schon nicht mehr geglaubt hätte: Es ist da! Seine Lieferung ist angekommen! Endlich!

Tarog biegt um die letzte Ecke, kann gerade noch einem der zahllosen freilaufenden Schweine ausweichen – und sieht in die erstaunten Gesichter des Schmiedes und seines Gehilfen. So schnell hatten sie ihn nicht erwartet!

Doch er lässt ihnen keine Zeit, herumzustehen und ihm beim Keuchen zuzusehen. »Wo ist es?«, fragt er mit heiserer Stimme.

Der Schmied bedeutet ihm zu folgen und verschwindet im Halbdunkel des Hauses. Da liegt es, ein eher unauffälliges, aber stattliches Bündel, wertvoller als das ganze Haus mit all seiner Einrichtung. Mit fliegenden Fingern löst er die Verschnürung; seine vor Aufregung feuchten Hände zerren an den Lederbahnen, in die das kostbare Gut eingeschlagen ist, mehrfach, versteht sich, und natürlich mit Fett eingerieben, damit ja keine Feuchtigkeit eindringen kann. Endlich rutscht die letzte Bahn zur Seite, und seine Hände streichen ehrfurchtsvoll über die kühle raue Oberfläche der grob geschlagenen grauen Stäbe.

Eisen!

Genug für 20 Schwerter!

Er hat es damals nicht glauben wollen. Das Eisen aus dem Süden war immer so unglaublich teuer gewesen, dass selbst er immer nur kleine Mengen hatte kaufen können. Diese winzigen Mengen wurden dann viel bewunderte und beneidete Verzierungen für Bronzewaffen. Nie wäre ihm in den Sinn gekommen, daraus irgendeinen Gebrauchsgegenstand machen zu lassen! Doch das könnte sich heute ändern. Angeblich holen sie dort im Süden inzwischen so viel Eisen aus dem Berg, dass sie es nun in großen Mengen verkaufen können. Und das zu einem Preis, der zwar immer noch stolz, aber doch erschwinglich ist! Wenn ... ja, wenn die Qualität wirklich hält, was ihm sein Handelspartner versprochen hat. Und der Schmied nichts von dem vergessen hat, was sie ihm im Süden über die Bearbeitung von Eisen beigebracht haben.

Tarog weiß, dass ihn sein Instinkt für ein gutes Geschäft noch nie getäuscht hat. Und so betrachtet er das Angebot seines Freundes aus dem Süden, als Zwischenhändler für Roheisen für die nördlichen Stämme zu fungieren und dabei guten Profit zu machen, nur als den Anfang. Er will mehr als Profit. Er will Macht. Und Macht kauft man nicht mit Roheisenstäben, sondern mit wertvollen Schwertern und Dolchen.

Tarog braucht nicht nur das Roheisen, sondern auch das Wissen, es zu bearbeiten. So gesehen war es eine Investition in die Zukunft, den Schmied über die Berge zur Quelle des Eisens reisen und ihn mehrere Monate lang das Handwerk der Eisenbearbeitung erlernen zu lassen.

Und heute wird sich zeigen, ob sich das alles gelohnt hat.

Der Schmied und sein Gehilfe haben inzwischen das Schmiedefeuer angefacht. Der große, kräftige Mann drückt seinem jungen Helfer ein Stück Leder in die Hand, das auf einem Holzrahmen befestigt ist. Sofort beginnt der Gehilfe, mit diesem eigenartigen Gestell Luft in das Feuer zu fächeln, sodass die Holzkohlestücke rot aufglühen und die Funken tanzen. Dann greift der Schmied nach unten und nimmt einen der Eisenstäbe in die Hand. Bevor er weitermacht, wirft er Tarog noch einen fragenden Blick zu. Soll er wirklich? Der andere nickt. Der Schmied nickt zurück, dann stößt er den Eisenstab tief in die Glut hinein.

Neugierig tritt Tarog näher. Gebannt starrt er das Eisen an, sieht, wie es allmählich selbst zu glühen anfängt. Er schrickt zusammen, als der Schmied plötzlich mit einer lederumwickelten Zange in der linken Hand neben ihn tritt. Mit dieser packt er das rot glühende Eisen und hebt es mit einer schnellen Bewegung auf die nur zwei Schritte entfernte steinerne Arbeitsbank. Mit der rechten Hand ergreift er den bereitliegenden Hammer. Auch wenn Tarog bei jedem Schlag zusammenzuckt, so hängen seine Augen doch fasziniert an dem Funken sprühenden Stab, der sich unter den Schlägen langsam zu verändern beginnt. Nach einigen Schlägen legt der Schmied den Hammer wieder zur Seite, hebt das Eisenstück von der Arbeitsplatte und taucht es in den Zuber, in dem das Wasser wild zu zischen und zu brodeln beginnt. Als er das Eisen wieder heraushebt, bedeutet ihm Tarog einen Moment zu warten. Erstaunt beäugt er das Eisen, auf dem die Spuren des Hammers zwar deutlich zu sehen sind, das aber weit davon entfernt ist, auch nur annähernd die Form eines Schwertes anzunehmen. Ein unglaubliches Material! Die Waffen daraus werden unbesiegbar sein! Cranntos, der Kriegsherr, wird ihn dafür lieben! Und wenn er erst einmal so weit ist, fertig geschmiedete Waffen zu *verkaufen* … Oh, ihr Götter! Dieser Reichtum! Diese unglaubliche Macht in seinen Händen …!

Es dauert letztlich den ganzen Nachmittag, und viele, viele Male des Aufglühens und des Schlagens mit dem schweren Hammer, bis aus dem rohen Eisenstab der Rohling für ein Schwert geworden ist. Es hat noch nicht viel gemein mit den kostbaren Waffen, die Tarog von seinen Reisen in den Süden kennt. Aber Tarog weiß auch, dass der Schmied die nächsten Tage damit zubringen wird, seine Technik zu verfeinern, dass er nicht eher ruhen wird, bis er ihm, Tarog, ein Schwert geschmiedet hat, das ihm zeigt, dass all die Mühen und das Warten nicht umsonst gewesen sind.

Müde, aber erleichtert und unendlich zufrieden mit sich selbst macht sich Tarog am Ende des Tages auf den Heimweg.

Der Anfang ist gemacht.

Ungefähr um 700 v. Chr. bricht das Eisenmonopol der anatolischen Hethiter zusammen. Knapp 100 Jahre später erreichen die Fähigkeiten, Eisen zu verhütten und zu bearbeiten, Südosteuropa. Die ersten Hochburgen der Eisenzeit südlich der Alpen entstehen dort, wo die notwendigen Rohstoffe vorhanden sind, in Slowenien und im nördlichen Kroatien. Es dauert weitere lange 100 Jahre, bis auch nördlich der Alpen die Rohstoffe und vor allem die Kenntnisse zu ihrer Bearbeitung so weit verbreitet sind, dass man wirklich von einer europäischen Eisenzeit sprechen kann.

Etwa zeitgleich wird der Mittelmeerraum von Veränderungen erfasst. Die Phönizier und die griechischen Phoker beginnen damit, entlang der Mittelmeerküste Koloniestädte zu errichten, Hafenstädte, die dem Mittelmeerhandel zu neuer Blüte verhelfen. Das Hinterland dieser Koloniestädte bleibt dabei über viele Jahrzehnte fast völlig unbeachtet. Eine der wichtigsten griechischen Stadtgründungen ist das um 600 v. Chr. entstandene Massalia – das heutige Marseille – an der Mündung der Rhône, einem der bedeutendsten Flüsse der Region.

Ein wenig weiter östlich, in Mittelitalien, entwickelt sich die aufstrebende Kultur der Etrusker zu ihrer Blüte und beginnt, die ersten zaghaften Handelskontakte in die nordalpine Region aufzubauen. Mittelmeerraum, Mittelitalien sowie der Balkan rücken zu einem kompakten, anfangs noch mehr oder weniger in sich geschlossenen Handelsnetz zusammen, das sich allmählich nach Norden hin öffnet.

Hauptlieferanten des begehrten – und teuren! – Rohmetalls bleiben über viele Jahre hinweg Slowenien, Kroatien und das erstarkende Etrurien. Langsam aber stetig werden die Routen, auf denen die Roheisenbarren zu ihren immer weiter entfernten Abnehmern reisen, jetzt zu Adern, durch die nicht nur ein neuer Werkstoff und das

Wissen um seine Verarbeitung, sondern noch vieles mehr in das nordalpine Europa fließt.

Ohne dass es den Händlern bewusst ist, bringen sie den Gemeinschaften das Element, das ihnen letztlich zu ihrem Namen verhilft: »Herren der Eisenzeit«. Dies trifft umso mehr zu, als einige nordalpine Fürsten entdecken, dass sie selbst direkt auf bedeutenden Eisenerzvorkommen sitzen.

Der Luxus der Hallstattfürsten

Eines der markantesten Gräber der Hallstattzeit ist das des Fürsten von Hochdorf aus der Zeit um 530 v. Chr. Der etwa 40-jährige Mann hatte sich unter dem 60 Meter im Durchmesser messenden, acht Meter hohen Grabhügel eine hölzerne Grabkammer einrichten lassen, die darauf schließen lässt, dass der Fürst auch nach dem Tod auf ganz und gar nichts hatte verzichten wollen. Die Liste der Grabbeigaben liest sich wie eine Kolumne der eisenzeitlichen »Besser Leben« unter der Überschrift »So genießt der Mann von Welt seine letzte Ruhe«: ein vierrädriger Wagen, vollständig mit wertvollen Eisenbeschlägen versehen, dazugehöriges Pferdegeschirr, ein breiter Halsring aus dünnem Goldblech (das Zeichen der Fürstenwürde), ein Goldarmband mit getriebenen Verzierungen, ein mit Goldblech überzogener Dolch, Schnabelschuhe mit Goldblechbesatz (wobei das Gold auf dem Dolch und auf den Schuhen erst zum Begräbnis appliziert wurde), ein kegelförmiger Hut aus Birkenrinde, ein Köcher mit Pfeilen (ein dazugehöriger Bogen war sicher vorhanden, hat aber die Zeit nicht überdauert), Ess- und Trinkgeschirr für eine Tafelrunde von neun Personen sowie ein im damals griechischen Unteritalien hergestellter Bronzekessel mit goldenem Schöpfgefäß. Der mit 1,87 Meter selbst für keltische Verhältnisse recht stattliche Tote ruhte auf einem Bronzesofa und, um dem Ganzen ein wenig Gemütlichkeit zu verleihen, waren die Wände der gesamten Grabkammer mit Stoff bespannt. Bemerkenswert ist auch seine wertvolle

Kleidung, die auf den ersten Blick wie ein Import aus dem Mittelmeerraum erscheint; sie wurde mit großer Meisterschaft in seinen eigenen keltischen Werkstätten gefertigt. Weiteres Zeichen für den hohen Stand keltischer Handwerkskunst: Ein Grab, das in Bezug auf den Drang zur Selbstdarstellung seinesgleichen sucht (s. Farbbildteil Abb. 4). In Hochdorf wird die erste Feinwaage nördlich der Alpen gefunden.

Und durchaus auch findet. Eine DNS-Analyse belegt, dass der Fürst mit vier weiteren in Baden-Württemberg gefundenen, ebenfalls aufwändig bestatteten Personen verwandt war. Eine Dynastie? Gab es tatsächlich so etwas wie eine »Führungskaste«, ein »Adelsgeschlecht«, die ein Gebiet beherrschen, deren nördlichster, aus dem 7. vorchristlichen Jahrhundert stammender Posten am Main bei Frankfurt identifiziert wurde? Kann es sein, dass das hallstattzeitliche Europa gar nicht so primitiv war, wie uns das die klassischen Berichterstatter glauben machen wollen? Was die Fürstengräber der Hallstattzeit zeichnen, ist lediglich ein Bild von unglaublicher Geltungs- und Prunksucht.

Wirklich? Ist das Leben eines Hallstattfürsten tatsächlich nur darauf ausgelegt, Luxus anzuhäufen und sich über den Tod hinaus in Szene zu setzen? Oder muss man die Frage vielleicht ganz anders stellen, nämlich: Wie definiert sich Erfolg in einer Gesellschaft wie der der Hallstattkultur?

CSI Hallstatt: Warum die ersten Kelten keine Krieger waren

In Kriegergesellschaften war das Prinzip des Machtgewinns und -Erhalts – ein einfaches: Viel Feind – viel Ehr'. Allerdings ist im Gegensatz zu dem weitverbreiteten Bild von sich ständig bekriegenden Stämmen die nordalpine Hallstattzeit eine vergleichsweise friedliche Epoche. Wichtigstes Anzeichen hierfür ist: Der Fernhandel vom Baltikum und den Britischen Inseln bis Italien und Griechenland funktioniert reibungslos. Mit Ausnahme gelegentlicher Meinungsverschiedenheiten über die Familienzugehörigkeit von Frauen oder über Vieh, das der eine gefunden hatte, ohne dass es dem anderen weggelaufen war, sprechen jedoch auch noch andere Faktoren gegen größere kriegerische Auseinandersetzungen. So weisen nur etwa ein Viertel aller bislang entdeckten Gräber der Hallstattzeit einen Bezug zu berittenen Kriegsherren auf. Zwar lassen sich einige der Fürsten des mittleren und späten 6. Jahrhunderts v. Chr. im Tode als Schwertkrieger darstellen, doch ist das vermutlich eine Modeerscheinung und sollte nicht überbewertet werden. Das Schwert ist lediglich Accessoire. Der Beweis: Die gefundenen Schwerter aus Eisen oder Bronze sind völlig unbenutzt – reine Prunkwaffen, deren Klingen nachweislich nie Bekanntschaft mit anderen Schwertern gemacht haben. Außerdem hätten sie ihrem Besitzer – hätte er denn kämpfen wollen – erhebliche Schmerzen zugefügt. Die aufgefundenen Schwerter dieser Zeit verfügten sämtlichst über einen Knauf in der Form eines Pilzes, der zwar nett anzusehen war, jedoch bei jedem Schlag heftig in das Handgelenk eingeschnitten hätte. Nicht zuletzt sprechen auch die wertvollen und empfindlichen Verzierungen aus Gold, Elfenbein und Bernstein eher für die Prunkwaffentheorie. In der späten Hallstattzeit wird das Schwert als Grabbeigabe seltener und macht Platz für die bekannten, weniger martialischen Objekte. Ähnlich verhält es sich mit Pfeil und Bogen. Man kann nicht auf kriegerische Ambitionen schließen, auch wenn es zunächst den Anschein haben mag. Es handelt sich bei den gefundenen Waffen um reine Jagdwaffen, vor allem geeignet für die Jagd zu Pferde. Tatsächlich findet man Köcher mit Deckel, die höchstens 25 bis 30 Pfeile mit einer Länge von maximal 60 Zentimetern fassen, was für einen Einsatz im Kampf viel zu wenig wäre. Dazu kommt, dass die in den Gräbern entdeckten Pfeilspitzen, wie es in der Fachsprache heißt, breitschneidend sind und Widerhaken haben. Solche Geschosse wurden durch alle Zeiten hindurch ausschließlich für die Jagd von Wildschweinen und Rotwild verwendet. Und selbst, wenn man das schmückende Beiwerk weglässt und sich auf die Toten selbst beschränkt: Kein Skelett aus den bislang gefundenen Prunkgräbern der Hallstattherren weist darauf hin, dass irgendwelche Verletzungen durch Hieb- und Stichwaffen die Todesursache waren. Auch wenn man unterstellt, dass im Kampf gefallene Krieger mit einem abweichenden Ritus beerdigt wurden (wofür es keine Beweise gibt), so sollten die sterblichen Überreste von hohen Fürsten, die sich ernsthaft an Kampfhandlungen beteiligt und diese überlebt haben, zumindest Spuren von verheilten Wunden aufweisen.

Fazit: Krieg war offenbar kein Mittel, um sich in der Hallstattzeit eine Machtposition und Einfluss zu verschaffen.

Was dann?

Auffallen um wirklich jeden Preis

Die Fürsten der Hallstattzeit sind also keine Krieger im Sinne von waffenschwingenden, wilden Gesellen. Genau genommen ist ihr täglicher Kampf jedoch viel härter als der auf dem Schlachtfeld. Sie stehen unter einem ungeheuren Leistungsdruck. Außer im ständigen Konkurrenzkampf untereinander leben sie in einer sich immer weiter nach oben schraubenden Spirale: Man braucht Wohlstand, um Macht zu erringen, und Macht, um an Wohlstand zu gelangen. Dieser Druck lässt keinen Raum für subtile, dezente Symbolik.

Macht ist ein einfaches System, das ebenso einfachen Regeln folgt. Versetzen wir uns in die Lage eines solchen Fürsten: Ich bin mächtig, wenn ich Menschen von mir abhängig machen kann, die meine Position stärken. Und am besten funktioniert das Erzeugen von Abhängigkeiten nun einmal auf der materiellen Ebene. Auslöser für den Machtgewinn der Hallstattfürsten ist, dass für die Händler aus dem Mittelmeerraum die Landhandelsrouten interessant werden. Für diese ist das nordalpine Europa eine *terra incognita,* also unbekanntes Land voller Gefahren und Unwägbarkeiten. Allerdings sind die Waren, die sie mit sich führen, die Keramik und vor allem der Wein, in dieser *terra incognita* der reine Luxus. Luxus, mit dem sich ein Hallstattfürst Macht kaufen kann. Als Hallstattfürst muss ich jetzt nur noch dafür sorgen, dass ich in den Augen der Händler als der ideale Partner erscheine, der ihre Sicherheit gewährleisten kann. Da der Sicherheitsaspekt eine wesentliche Rolle spielt, wirke ich mächtig, wenn ich mich mit einer großen Zahl wehrhafter Krieger umgebe. Nun rekrutiere ich als Handelsfürst nicht jeden Krieger einzeln, sondern nutze aus, dass es einige wohlhabende Kriegsherren gibt, die ein eigenes Gefolge aus abhängigen oder freiwilligen Männern haben. Das sind in der Regel seine eigenen Familienmitglieder und die Männer, die auf den weit verstreuten Gehöften leben, die Felder bewirtschaften und das Vieh züchten. Da der Kriegsherr also mit Lebensmitteln versorgt sein dürfte, muss ich ihm etwas anderes bieten, um mich seiner Loyalität zu versichern: Ich lasse ihn an den Luxusartikeln teilhaben, die ich selbst durch den Handel erworben habe.

Ein schönes Beispiel dafür, welche Formen dieses »Teilhabenlassen am Luxus« angenommen hat, ist ein Ritual, welches bis in unsere Tage erhalten geblieben ist. Wein ist durch die gesamte keltische Epoche hindurch nicht einfach nur teuer. Dadurch, dass die Fürsten ihn schlichtweg für sich behalten, bleibt er selbst für den wohlhabenden Kriegsherrn ohne eigene Handelsbeziehungen unerreichbar. Für den Fürsten mit den entsprechenden Mitteln und vor allem guten Handelsverbindungen wird Wein dadurch viel mehr als nur ein berauschendes Getränk zur eigenen Erbauung. Weingenuss ist ein Privileg, das er verteilen kann, an Männer, die ihm nützlich sein können. Und das tut er nicht etwa, in dem er dem einen oder anderen unauffällig eine Amphore zukommen lässt. Nein, das Verteilen von Privilegien will gut inszeniert sein. Diejenigen, die sie erhalten, müssen sich erhöht fühlen, was nur funktioniert, wenn auch diejenigen davon erfahren, die von diesen Privilegien ausgeschlossen sind. Also zelebriert man das Verteilen des Weins als Gelage, als Trinkritual, bei dem die Auserwählten das Privileg direkt aus den Händen des Fürsten empfangen, in teurem importiertem Geschirr, im Kreise einer begrenzten Anzahl von Gästen.

Um diese Trinkrituale richtig zu feiern, übernimmt man vieles aus der Heimat des Weines. Jedoch nicht alles. Das griechische Trinkgelage, das *symposion*, ist ein feststehender, elaborierter Ablauf, bestehend aus dem Bereitstellen des Weines und des Wassers, dem Vorgang des Mischens beider miteinander, dem Schöpfen, dem Seien (denn der Wein der Antike ist mit Gewürzen versetzt, die sich unschön an den Zähnen und im Mundraum festsetzen) und schließlich dem Ausschenken als Höhepunkt. Zumindest die Geschichte mit dem Zusammenmischen scheint bei den Kelten irgendwie verloren gegangen zu sein, da sich Griechen wie auch Römer wiederholt darüber exaltieren, dass diese Barbaren den Wein unverdünnt trinken.

Die Vermutung, dass die Kelten diesen Vorläufer unseres heutigen Brauches, mal einen auszugeben, aus Griechenland übernommen haben, wird auch bestätigt, wenn man sich noch einmal die Liste der Grabbeigaben des Fürsten von Hochdorf ansieht: Die Essgeschirre und Trinkhörner waren für eine Runde von neun Gästen ausgelegt, entsprechend der griechischen Sitte die ideale Anzahl von Teilnehmern an einem *symposion*. Der Fürst von Hochdorf war also bestens auf seine Rolle in der Anderen Welt[1] vorbereitet. Allerdings zeigen die Rückstände in den Gefäßen, dass er den einheimischen Met dem importierten Rotwein vorzog.

Macht und Wohlstand zu haben ist also das eine; mindestens genauso wichtig – wenn nicht noch wichtiger – ist es, diese Macht und Wohlstand zu zeigen. Und dieses Bestreben, sich von anderen Handelsfürsten, den »Wettbewerbern«, abzuheben, nimmt gelegentlich Formen an, die heute fast unbegreiflich erscheinen.

Ein zentrales Merkmal der Macht in der Hallstattzeit ist die befestigte Hügelsiedlung. Sie ist zentraler Handelsplatz der Umgebung sowie sicherer Lagerplatz für die Rohstoffe Kupfer, Zinn, Silber, später auch Roheisen. Hier arbeiten die Handwerker der Region und

1 Zum Verständnis der Kelten vom Leben nach dem Tod s. S. 138–141.

stellen die Dinge her, die die meist autarken Gehöfte nicht selbst herstellen können, zum Beispiel Metallwerkzeuge und Waffen. Über diese fließt auch ein Großteil der Lebensmittel in die Vorratshäuser der Handelsherren. Für den fremdländischen Handelsherrn aus dem Mittelmeerraum erscheinen diese Städte zu dieser Zeit in dieser unbekannten Region wie ein Symbol der Zivilisation, ein Ort, an dem er sich sicher fühlen kann.

Eine hallstattzeitliche Hügelfestung folgte üblicherweise nachstehendem Schema: Innerhalb eines abgegrenzten erhöhten Areals standen einzelne große, in der Regel aus mehreren rechteckigen Häusern bestehende Gehöfte, die ihrerseits mit Zäunen umgeben waren. Das Areal selbst war dann auch noch einmal komplett befestigt, mit Gräben, Erdwällen, hölzernen Palisaden und groben Steinmauern (s. ein Gehöft im Farbbildteil Abb. 6).

In der Region um Herbertingen-Hundersingen, 60 Kilometer nördlich des Bodensees, stießen Archäologen, die die alte keltische Hügelfestung mit der Bezeichnung Heuneburg ausgegraben haben, auf Seltsames wie Sensationelles. In der Besiedlungsgeschichte dieser Festung scheint es um 600 v. Chr. eine Phase gegeben zu haben, in der die Hügelfestung von einer 750 Meter langen, kalkweiß verputzten Mauer aus luftgetrockneten Lehmziegeln umbaut war. Und zwar nicht einfach nur irgendeiner Mauer, sondern einer ausgereiften Verteidigungsanlage mit hölzernem Wehrgang, Türmen, Bastionen und Schießscharten. Der betriebene Aufwand war gigantisch. Die Kalksteinblöcke, die das feuchtigkeitshemmende Fundament der Mauer bilden, stammen aus der mehr als fünf Kilometer entfernten Schwäbischen Alb. Die Mauer selbst bestand aus fast 500 000 Ziegeln, jeder einzelne 40 x 40 x 10 Zentimeter groß, geformt aus Donauschlamm, Häcksel und Steinstaub. Zudem entsprach in dieser Phase der gesamte Grundriss eher dem einer regelmäßig angelegten griechischen Siedlung mit einem rechtwinkligen Straßengitter, als dem einer typisch hallstättischen. Definitiv war hier ein vom Fürsten angeheuerter griechischer Baumeister am Werk gewesen. Auch die Größe der Siedlung war beachtlich. Zeitweise dürften

Die Heuneburg in Herbertingen-Hundersingen. Die Bauweise dieses einzigen und ältesten massiven Lehmziegelbaus nördlich der Alpen ist Sensation und Rätsel zugleich. Hier lebten etwa 5000 Menschen. 80 Meter der ursprünglich 750 Meter langen Siedlungsmauer wurden rekonstruiert.

auf der Heuneburg und in ihrer Umgebung mehr als 5000 Menschen gewohnt haben. Muss der Anblick einer solchen Stadt einem griechischen oder etruskischen Handelsreisenden nicht wie das sprichwörtliche Licht im Dschungel erschienen sein? War die Heuneburg gar das von Herodot erwähnte Pyrene? Beweise dafür gibt es nicht …

Die Heuneburg ist die einzige Festung dieser Bauweise, die bislang im nordalpinen Europa entdeckt wurde. Warum der Mauerbau, der der vorherrschenden keltischen schon allein von der Materialauswahl her weit überlegen war, keine Vorbildwirkung entfaltet hat, wird ein Rätsel bleiben. Der wirtschaftliche Aufschwung in dieser Phase beweist, dass das Konzept erfolgreich war. In dieser Zeit entsteht in unmittelbarer Nähe zu der oben beschriebenen Hügelfestung noch eine große Außensiedlung, von der man inzwischen weiß, dass sie an Größe die Hügelfestung noch deutlich übertrifft. Aber bei allem Geltungszwang: Die Fürsten der Heuneburg wussten, was der auch heute noch wichtigste Faktor für den Erfolg eines Unternehmens ist, das sich nicht die Vorteile des Versandhandels zunutze machen kann: der Standort. Im Falle der Heuneburg hat man den Vorteil recht früh erkannt. Die ersten Besiedlungsspuren stammen bereits aus dem 15. bis 13. vorchristlichen Jahrhundert. Schon die frühkeltische Heuneburg ist von einem sechs Meter tiefen Graben umgeben. Auch ein Großfeuer, das um 550 v. Chr. sowohl die Hügelfestung als auch die Außensiedlung in Schutt und Asche legt, bedeutet noch lange nicht das Ende der Heuneburg. Man wendet sich zwar komplett vom mediterranen Baustil ab, doch wird der Platz (ohne die Außensiedlung) nach dem alten keltischen Besiedlungsschema wieder aufgebaut und erlebt sogar einen neuen Aufschwung als Handelszentrum. Eine Auswahl der gefundenen Handelsgüter belegt die Bedeutung der Burg: attische Gefäße mit (damals) hochmodernen schwarzfigürlichen Verzierungen, Keramikgegenstände aus Südfrankreich, Transportamphoren für Wein aus Massalia sowie exotische Stoffe. Die Heuneburg ist der Ort, an dem die ältesten Funde chinesischer Seide in Europa entdeckt wurden. Zudem kommt hier eine relativ spät nach Mitteleuropa vorgedrungene Erfindung zum Einsatz: die schnell rotierende Töpferscheibe. Auf ihr lässt der Fürst hochwertige Keramik speziell für diejenigen fertigen, die der Oberschicht angehören oder ihr nahestehen.

Etwa 350 Kilometer weiter nordwestlich, am Glauberg, stößt man auf eine weitere Besonderheit. Die Funde lassen selbst nach nur oberflächlichen Grabungen darauf schließen, dass man hier einen Beweis mehr für die Komplexität der keltischen – angeblich primitiven, barbarischen – Gesellschaft entdeckt hat. Der Glauberg weicht schon in seiner länglichen Form von den üblichen kegelförmigen Hügelfestungen ab. Man vermutet, dass man hier auf die Überreste eines überregionalen Heroenkultzentrums gestoßen ist, wie die Statuen und vor allem die Anlage, komplett mit Mausoleum und Prozessionsstraße, selbst unter Beweis stellen.

Kunst und Veränderungen

Die Spur der Rhomben und Kreise

Die Kunst der Hallstattzeit ist nicht aus dem Nichts entstanden. Sie ist eine Fortführung dessen, was bereits zu Zeiten der Urnenfeldkultur und davor vorhanden war. Durch die intensiven Handelskontakte mit dem Mittelmeerraum noch aus der Zeit vor dem Zusammenbruch von Mykene sind viele Formen des dort herrschenden Ornamentstils nach Mitteleuropa gelangt. Doch hält sich das Bestreben, daraus etwas Eigenes zu schaffen, in Grenzen. Die Grundelemente der Hallstattornamentik sind vorrangig starre, trockene, beinahe leblos wirkende geometrische Figuren. Neben Rhomben, Dreiecken und Linien nimmt eine Form eine ganz besondere Stellung ein, wird zum dekorativen Grundelement: der Kreis. Er symbolisiert das Rad, den wiederkehrenden Lauf der Jahreszeiten und wird, im Gegensatz zu den meisten anderen Elementen, den Umschwung in der Ornamentik nicht nur überleben. Er wird in dem neuen, lebendigen Stil der sich an die Hallstattperiode anschließenden La-Tène-Zeit eine dominierende Rolle spielen.

Aber auch figürliche, wenngleich stark abstrahierte Tierdarstellungen finden sich in der Hallstattkunst. Es entstehen Bildnisse von Kreaturen, mit denen der Mensch tagtäglich Kontakt hat, von denen sein Leben oder sein Status abhängt: Pferde, Schweine und Schafe. Dementsprechend seltener wurden Bilder von wilden Tieren, etwa von Wildschweinen und Bären, gefunden. Rein lineare und geometrische Formen finden sich vor allem auf Keramikobjekten wieder. Figürliche Kunstgegenstände sind dagegen meist aus Bronze.

Es ist ein eigenwilliger Stil, und ganz offensichtlich betrachten ihn die Künstler und ihre Auftraggeber, die Fürsten dieser Zeitepoche, als Bestandteil ihrer geistigen Welt und als ein Symbol eigener Identität. Sie verteidigen ihn gegen äußere Einflüsse, halten an den alten Ornamenten und Mustern fest, selbst noch zu einer Zeit, wo diese über den Handel in direkte Konkurrenz zu den überreichen lebendigen und figürlichen Stilrichtungen aus dem Orient und Griechenland geraten.

Genau diese Stiltreue macht die Ausbreitung der westlichen Hallstattkultur für uns nachvollziehbar. Der Begriff »Ausbreitung« ist hier nicht gleichzusetzen mit »Wanderung« oder »Landnahme«. Es sind nicht vorrangig Menschen, die neues Land suchen, sondern Produkte erschließen neue Märkte. Auf der Suche nach neuen Abnehmern wandern die Produkte nicht allein. Mit ihnen reisen neue Wertvorstellungen, Lebensweisen und nicht zuletzt auch handwerkliche Fertigkeiten über das Kernland der Hallstattkultur hinaus. Diese Ausbreitung verläuft schnell und vermutlich fast ohne Widerstände. Das ist deshalb nicht verwunderlich, weil die Hallstattkultur ursprünglich aus der in Mitteleuropa viel weiter verbreiteten Urnenfeldkultur hervorgegangen ist.

Ausgehend von ihrem Ursprungsland im heutigen Süddeutschland und der Schweiz hatte sich die Urnenfeldkultur ab der späten Bronzezeit in zwei Hauptrichtungen ausgebreitet: nach Nordwesten an die nordfranzösische Küste und von dort aus weiter auf die Britischen Inseln, und nach Südwesten, über das Rhônetal nach Südfrankreich und in Richtung der Iberischen Halbinsel. Es war ein langsamer Prozess gewesen, so wie er für eine mehr oder weniger friedlich Land gewinnende Gesellschaft charakteristisch ist. Er ist so langsam, dass die Urnenfeldkultur von der sich viel schneller ausbreitenden Hallstattkultur quasi von hinten aufgerollt wird. Zu Beginn des 7. vorchristlichen Jahrhunderts kommt die Südwestbewegung der Urnenfeldkultur auf dem Gebiet des heutigen Katalonien zum Stillstand. Gerade so, als ob auch diese letzten Ausläufer der »älteren Zeit« die Ankunft der neuen, hallstättischen Lebensqualität abwarten wollten. Der eigentliche Vorstoß in den Süden und Westen der Iberischen Halbinsel – diesmal allerdings nicht als reine Übernahme der Werte, sondern in der Form einer realen Wanderung – erfolgt bereits als (und hier ist der Begriff gerechtfertigt) Hallstatt*kelten*. Zeichen dieser Wanderung hat man allerdings bis heute nicht gefunden. Es gibt keine Nachweise für kriegerische Auseinandersetzungen mit der iberischen Urbevölkerung, obwohl diese sicher stattgefunden haben. Und doch bietet diese Konstellation die einzige logische Erklärung für das Auftreten definitiv keltischer Ortsnamen auf der Iberischen Halbinsel bis tief hinunter in das Gebiet der heutigen Algarve.

Die vordringenden Hallstattkelten verschmelzen schneller mit der einheimischen Bevölkerung, als es die moderne Archäologie wahrnehmen kann. Bis 550 v. Chr. nehmen die zahlenmäßig unterlegenen Kelten so viele Einflüsse ihrer iberischen Umwelt in sich auf, dass das hallstättische keltische Element fast völlig untergeht. Aber eben nur fast.

Die größten Geschichts- und Geschichtenerzähler sind über die Jahrhunderte und Jahrtausende hinweg immer die Gräber der Schönen und Reichen gewesen. Im Bezug auf die Hallstattzeit erzählen sie uns von einer blühenden, organisierten und wohlhabenden Gesellschaft, die in einer weitestgehend friedlichen Zeit prosperiert, ihre Einflusssphäre ausdehnt, die Werte und Vorstellungen erschafft, die als erstrebenswert erscheinen und dementsprechend rasche Verbreitung finden.

Doch auch das erzählen die Gräber: Das Bild der Kontinuität täuscht …

Die ersten Zeichen

Es fällt ihr schwer, sich ihre Genugtuung nicht anmerken zu lassen. Sie sieht den Unglauben auf den Gesichtern, sieht, wie sie mit ihrem Stolz und um ihre Fassung kämpfen und ihren Hochmut herunterschlucken. ›Eine Frau!‹, liest sie in den aufgerissenen Augen. ›Wir sollen vor einer Frau in die Knie gehen!‹ Und sie glaubt jedes der entsetzten oder auch abfälligen Worte zu verstehen, die die Gesandten sich zumurmeln.

Sollen sie flüstern? Sollen sie entgeistert dreinschauen? Am Ende werden sie entscheiden müssen, was ihnen wichtiger ist: ihr Stolz oder ihr Auftrag. Und sie weiß, dass sie richtig entscheiden werden. Sie ist zu mächtig, als dass sie anders entscheiden könnten. Sie kann warten. Sie hat Zeit.

Die Abgesandten offensichtlich nicht. Ihnen ist klar, was ihnen blüht, wenn sie unverrichteter Dinge zu ihrem Herrn zurückkehren. Ein letztes Nicken, dann wenden sie sich ihr zu. Für den Bruchteil eines Augenblicks zögern sie noch, dann sinken sie auf die Knie, senken kurz den Kopf und schauen dann mit ausdruckslosen Augen zu ihr auf.

Der Älteste hält ihr auf offenen Händen einen in Leinwand eingeschlagenen runden Gegenstand entgegen. Wie es die Sitte verlangt, senken sie den Blick, als sie das Geschenk gnädig entgegennimmt. Sie schält den Stoff von dem schweren Gegenstand – und kann sich gerade noch ein lautes Lachen verkneifen. Ein massiver goldener

Halsreifen, mit großen goldenen Kugeln als Abschluss, die von filigran gearbeiteten geflügelten Pferden gehalten werden. Ein Zeichen der Fürstenwürde. Sie haben sich gut über die Sitten ihres Volkes informiert, diese Gesandten.

Aber nicht gut genug. Dieser Halsreifen ist für einen Mann bestimmt.

Nun, sie sollen schauen und lernen.

Sie winkt einen ihrer Krieger heran und übergibt ihm das Geschenk. Der Mann versteht ohne Worte. Mit kräftigen Händen biegt er den Reifen so weit auf, dass er ihn seiner Herrin um den Hals legen kann. Sie spürt sofort das unglaubliche Gewicht des Metalls, dessen Kühle durch den Stoff ihres Kleides dringt. Und sie bemerkt, dass die Augen der vor ihr knienden Männer nicht mehr auf den Boden gerichtet sind. Sie starren sie an, starren auf den Halsreif und kämpfen erneut darum, die Fassung nicht zu verlieren. Und sie sind stark genug. Sie erfüllen eine Pflicht.

Nur die Augen der Männer verraten ihr, dass sie hassen, was sie tun müssen. Sie widersteht der Versuchung, die Gesandten länger vor ihr knien zu lassen, als es normalerweise üblich wäre und bedeutet ihnen mit einer Handbewegung, sich zu erheben.

Die Männer in den fremdartigen Gewändern beeilen sich, dieser Aufforderung nachzukommen. Einer von ihnen wendet sich um und geht auf den Ausgang zu, vorbei an den Wachen, die durch ihre hohen bronzenen Helme noch riesiger erscheinen, als sie ohnehin schon sind. Die Wachen verziehen keine Miene, als er kurz in dem hohen Durchgang stehen bleibt, um den Trägern zu winken. Diese nehmen ihre schwere Last auf und folgen ihm in den Saal, in dem die Herrin dieser Region wartet.

Den anderen Gesandten ist die Erleichterung über das Ende der peinlichen Stille anzusehen. Sie treten zur Seite, um eine Gasse für die Träger frei zu machen.

Sie lehnt sich neugierig nach vorn. Natürlich, jetzt kommt die Übergabe der eigentlichen Geschenke, doch die Anzahl der großen und offenbar schweren Bündel überrascht sie doch. Ächzend setzen die Männer die schweren Packen ab und beginnen, die Umwicklung zu entfernen. Sie spürt die lauernden Blicke der Fremden. Die letzten Stoffbahnen fallen, und große, zum Teil mit reichen Reliefen verzierte Bronzestücke mit eigenartiger Form und undefinierbarem Zweck kommen zum Vorschein.

Der Anführer der Gesandtschaft bemerkt ihren verständnislosen Gesichtsausdruck. Schnell tritt er vor und gibt ein paar kurze Anweisungen. Mit einem unterdrückten Stöhnen bücken sich die Träger, nehmen die am Boden liegenden Teile wieder auf und schieben sie aufrecht zu einer Form zusammen.

Ihre Augen werden weit. Ein Weinkrater! Aber was für einer! Sie besitzt für ihre Empfänge selbst zwei, die sie bis jetzt für recht ansehnlich gehalten hat. Doch sie sind nichts gegen den, der hier für sie zusammengehalten wird. Dieser hier ist riesig! Größer als sie selbst!

Sie kämpft gegen das Verlangen aufzustehen und sich neben den Weinkrater zu stellen. Doch sie beherrscht sich. Sie hat Angst davor, neben diesem mächtigen Gefäß klein zu wirken, und weiß doch gleichzeitig, dass diese Angst lächerlich ist. Sie ist groß, und dieses Geschenk macht sie noch größer, noch bedeutender.

Und vor ihrem inneren Auge erscheinen die Bilder von **ihrem nächsten Empfang …**

Anfang des Jahres 1953 macht der Archäologe René Joffroy in Frankreich, genauer in Vix, Burgund, am Mont Lassois, eine sensationelle Entdeckung. Er findet eine unberührte, überreich gefüllte Grabkammer, welche nach ersten Untersuchungen auf das Ende des 6., Anfang des 5. vorchristlichen Jahrhunderts datiert werden kann. Dabei entdeckte er den 42 Meter im Durchmesser messenden Grabhügel eher zufällig auf der Suche nach römischen Spuren, nachdem der Ort bereits im April 1930 durch Jean Lagorgette als archäologischer Fundort identifiziert worden war.

Es sind zwei Dinge, die diesen Fund so einzigartig machen. Zum einen wird die großzügig dimensionierte Grabkammer dominiert von einem gigantischen Weinmischgefäß, 1,64 Meter hoch, 208 Kilogramm schwer, mit einem Fassungsvermögen von 1200 Litern. Es ist der größte bislang gefundene Weinkrater des klassischen Altertums. Er hat seine weite Reise nach Burgund in Einzelteilen gemacht und wurde vor Ort von mitgereisten Handwerkern zusammengesetzt. Ob in seiner vermuteten Heimat, dem zu dieser Zeit griechische Unteritalien, jemals tatsächlich Wein darin gemischt wurde, wird bezweifelt. Man geht eher davon aus, dass es als Gefäß für rituelle Anlässe gedient hat, was seinen Wert als diplomatisches Geschenk noch erhöht. Auch der Halsreif hat es in sich. Er wiegt 500 Gramm und besteht aus 40 Einzelteilen. Vor allem jedoch überrascht die Archäologen das Geschlecht des mit so viel Ehren beigesetzten Verblichenen. Oder besser: der Verblichenen, denn es ist eine Frau, die in die Fachwelt als die »Prinzessin von Vix« eingeht. Welchen Eindruck müssen ihr Wohlstand und ihre Macht zu ihren Lebzeiten auf Gesandte aus den ausschließlich von Männern dominierten klassischen Zivilisationen gemacht haben? Welche Überwindung muss es sie gekostet haben, diese Macht anzuerkennen?

Doch diese Macht hatte ihren Preis: Die »Prinzessin« ist schwer krank, als sie mit 35 Jahren stirbt. Bereits bei der Geburt erlitt sie durch einen Fehler eine Wirbelverschiebung am Hals; auch ihre Hüftgelenke wiesen Fehlbildungen auf. Schon einfaches Gehen muss ihr höllische Schmerzen bereitet haben.

Ein Blick auf die Landkarte zeigt, dass die Macht und der Reichtum des Fürstensitzes Vix vorprogrammiert waren. Besiedelt war der Ort bereits seit der Spätbronzezeit. Der Mont Lassois liegt am Oberlauf der Seine, eine der wichtigsten Teilstrecken auf dem Handelsweg von der Provence zur Atlantikküste und damit zu den begehrten Zinnvorkommen im Südwesten Englands. Der Berg thront wie eine Bastion über dem Flusstal. Wie dominant sie war, kann man heute nur erahnen, da erst in den letzten Jahren die Ausgrabung der vermutlich zugehörigen Außensiedlung auf dem Mont St. Marcel vorangetrieben werden konnte. Einer der herausragendsten

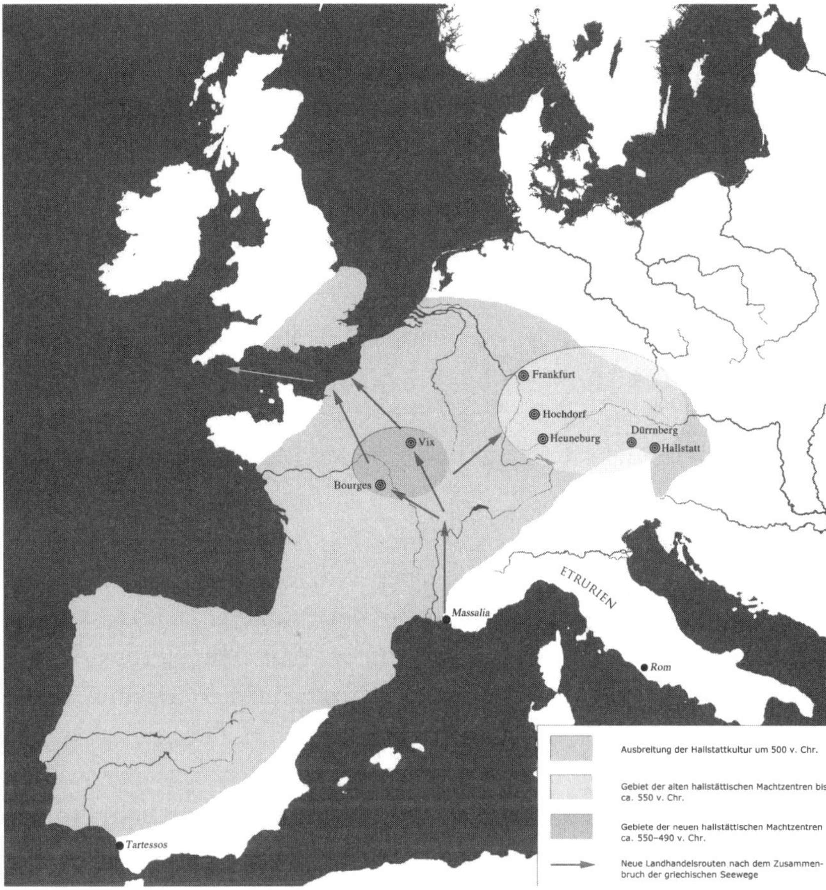

Neue Handelsrouten und Machtzentren der Hallstattkultur. Die alten Hallstattzentren des 7. und 6. vorchristlichen Jahrhunderts verlieren an Bedeutung, als die Griechen den Seehandelsweg nach Tartessos verlieren. Von ihrer Kolonie Massalia aus erschließen sie nun Landhandelsrouten, um zu den Zinnlagerstätten in Südwestbritannien zu gelangen.

Funde bislang ist der Grundriss eines monumentalen Gebäudes in griechischer Bauweise.

Niemand kam an der Hügelfestung und ihren Herren (respektive Herrinnen) vorbei, ohne teuer dafür bezahlen zu müssen.

Cernunnos, der Gehörnte. Zeichnung nach einer 2,30 Meter hohen Steinskulptur aus dem 6. vorchristlichen Jahrhundert, die in Holzgerlingen, Württemberg, gefunden wurde und heute im Württembergischen Landesmuseum zu Stuttgart zu sehen ist. Man vermutet den gehörnten Gott Cernunnos, der auch als Gottvater bezeichnet wurde. Abbilder von ihm wurden vorrangig in Gallien und Britannien gefunden.

Doch einzigartig ist der Fund des Grabes der Prinzessin vom Mont Lassois nicht: Alle Hügelgräber dieser Region und Epoche sind die letzten Ruhestätten von Frauen. Man vermutet, dass es sich um eine Priesterinnendynastie handelt, dafür spricht auch der hohe Anteil an Frauenschmuck aus der Zeit zwischen 600 bis 400 v. Chr. in der unmittelbaren Nähe. Die dominierende Rolle von Frauen dieser Periode ist auch aus Süddeutschland belegt. Am Heidentor auf der Schwäbischen Alb, auf dem Heuberg bei Tuttlingen, ergibt die Ausgrabung des Opferplatzes fast ausschließlich Schmuckstücke für Frauen; ebenso die reichen Frauengräber vom Ipf, Bad Dürkheim, Kleinaspergle und Schöckingen. Letztere stand in enger Verbindung zum Fürsten vom Hohenasperg. Für die Priesterinnentheorie spricht auch die Tatsache, dass die »Prinzessin« von Vix trotz oder vielleicht gerade wegen ihrer offensichtlichen Behinderungen eine unglaubliche Machtposition innehatte.

All diese Funde runden das Bild ab, das sich ergibt, wenn man sich die Lage der Machtzentren entlang der hallstättischen Zeitlinie ansieht. Noch zu Beginn der Hallstattzeit konzentrieren sich diese Zentren um die obere Donau herum, auf das Gebiet des heutigen Böhmen, Oberösterreich und Bayern. Ab dem mittleren 6. vorchristlichen Jahrhundert verschiebt sich das Machtgefüge. Die wohlhabenden Fürstensitze erscheinen nunmehr verstärkt in Württemberg, der Schweiz, am Oberrhein und im östlichen bis nordöstlichen Frankreich.

Die Suche nach dem Grund für diese Verschiebung führt uns nicht nur zurück zu der Eingangsgeschichte, zu der ersten Begegnung des Griechen Demetros mit dem keltischen Kriegsherrn Bolg, sondern in Gebiete ganz außerhalb des Hallstattkreises …

Machtkämpfe im Mittelmeer – Teil I

Bereits im 7. Jahrhundert v. Chr. beginnen die griechischen Staaten, außerhalb des griechischen Mutterlandes Koloniestädte zu errichten, um Handelsstützpunkte in der Nähe der wichtigsten Handelsrouten und Rohstoffquellen zu haben. Dass sich diese Städte wie Perlen einer Halskette an der Mittelmeerküste aufreihen, liegt dabei in der Natur der Sache: Die Griechen sind eine Seefahrernation. Dass sich diese Koloniestädte in den ersten Jahrzehnten nach ihrer Gründung fast ausschließlich als dem Meer zugewandte Hafenstädte verstehen, ist auch nachvollziehbar. Doch Mitte des 6. vorchristlichen Jahrhunderts treffen verschiedene Ereignisse zusammen, die das Gleichgewicht im Mittelmeerraum komplett kippen.

Im Jahr 546 v. Chr. greift der Perserkönig Kyros das Reich des legendären König Kroisos von Lydien an und unterwirft bei dieser Gelegenheit auch die griechischen Koloniestädte an der westanatolischen (= kleinasiatischen) Küste. Deren Einwohner verlassen Kleinasien in großer Zahl. Etliche Händler siedeln sich in ihrer Kolonie Alalia an, auf der Insel, die heute den Namen Korsika trägt.

Etwa zur selben Zeit bilden die inzwischen in Norditalien ansässigen Etrusker eine Allianz mit den aufstrebenden Karthagern Nordafrikas. Zwar können die Griechen (konkret die Phoker) 539 v. Chr. in einer heftigen Seeschlacht letzten Endes ihre Stellung behaupten, doch fällt ihre Kolonie Alalia an die etruskisch-karthagische Allianz. Die Phoker ziehen sich daraufhin ins südliche Italien zurück. Ihre Seehandelswege in den westlichen Mittelmeerraum, nach jenseits der Balearen, brechen zusammen, als die Straße von Gibraltar besetzt und gesperrt wird. Dadurch sind sie von Tartessos abgeschnitten, dem wichtigsten Seeumschlagplatz für Zinn an der Mündung des Guadalquivir in den Atlantik. Erst jetzt, in der Not, richten die Einwohner der fast isolierten Koloniestadt Massalia im heutigen Südfrankreich ihr Interesse vom Meer weg auf das Hinterland ihrer Kolonie. Dumm nur, dass sich über etliche Kilometer landeinwärts kein Mensch für griechischen Wein und kostbare Keramik interessiert. Das ändert sich jedoch, als sie weiter nördlich in das Herrschaftsgebiet kleinerer Fürsten vorstoßen. Diese kämpfen etwas abseits der eingefahrenen Handelsrouten (genauer: etwa 200 bis 300 Kilometer westlich der alten, mächtigen, »etablierten« Hügelfestungen) mit einem ernsthaften Problem. Sie müssen sich teuer das erkaufen, was den Fürsten weiter östlich quasi in den Schoß fällt: Luxusgüter, die Macht verheißen. Und da Letztere diese Güter eifersüchtig hüten, weil sie ihnen ihre eigene Machtposition garantieren, sind sie nicht nur annähernd unerschwinglich, sondern oft genug auch gar nicht erhältlich.

Doch was dem einen sein Uhl ist dem anderen sein Nachtigall. Die verzweifelten Massalioten sind begierig darauf, ihre neuen Landhandelswege auszubauen, und das lassen sie sich etwas kosten. So entstehen zwischen dem Oberlauf der Rhône, der Saône und östlich und westlich des Rheins einschließlich des Donauquellgebiets nicht nur Handelszentren, die denen im Osten gleichwertig sind. Es findet eine reale Verschiebung der Machtverhältnisse statt.

Massalia pumpt über mehr als 40 Jahre hinweg nicht nur unglaublich viel Wohlstand im Sinne von reinen Warenmengen über das Rhônetal flussaufwärts in die Region. Der Wein, die Keramik, vor allem aber die Metallwerkzeuge und Waffen übertreffen die im Osten deutlich, sodass man schon von einer neuen Generation von Luxusgütern sprechen kann. Der Mechanismus, der den Hallstattfürsten im Osten ihre Macht sichert, funktioniert im Westen sogar noch besser. Er funktioniert so gut, dass er die Macht der östlichen Zentren buchstäblich aufsaugt.

Diese Verschiebung geschieht nicht von heute auf morgen, sondern zieht sich über Jahre, Jahrzehnte hin. Es ist auch nicht so, dass die östlicheren Regionen nun völlig verwaist zurückbleiben. Wahrscheinlich ist für den einfachen Bauern oder Viehzüchter die Veränderung noch nicht einmal wahrnehmbar. Dass es jedoch eine reale Verschiebung der Macht und vor allem des Wohlstands ist, davon zeugen die Gräber der neuen Herrscher der Hallstattzeit. Sie sind reicher als alles, was aus den östlichen Zentren bislang bekannt ist.

Das Ende des 6. vorchristlichen Jahrhunderts bringt noch eine weitere Veränderung. Nach dem Zusammenbrechen ihres Mittelmeerhandels beginnen die Griechen, ihre keltischen Handelspartner mit anderen, aufmerksameren Augen zu sehen. Sie erwähnen sie ab jetzt verstärkt in ihren Schriften, und das sogar recht detailliert. So beschreibt der Reiseschriftsteller Hekataios von Milet um 500 v. Chr. zwei keltische Städte, die er mit Namen kennen will: Narbo (das heutige Narbonne in Südfrankreich) und Nyrax (vermutlich Nyons in Südostfrankreich, im Département Drôme).

Ohne es zu bemerken, haben die Kelten die Aufmerksamkeit der Geschichtsschreibung auf sich gelenkt und sind damit in das geschichtliche Zeitalter eingetreten.

Die »alten« Hallstattfürsten hatten mehr als 500 Jahre Zeit, ihre Macht und ihren Wohlstand zu mehren – und natürlich auch zu geließen. Den »neuen« Herren der Hügelfestungen bleiben dagegen nur wenige Jahrzehnte. Dann sehen sie sich plötzlich mit neuen Einflüssen und Ereignissen konfrontiert, die so schnell so stark werden, dass sie alles umstoßen, was bis dahin die Grundpfeiler der keltischen Gesellschaft dargestellt hat. Tatsächlich gehören unsere Prinzessin von Vix sowie der Fürst von Hochdorf zu den Letzten, die noch in der Epoche von der Macht kosten dürfen, die wir die Hallstattzeit nennen.

Der Konflikt bricht aus

Dass sich die Zeiten ändern, merken die Hallstattfürsten daran, dass ihnen plötzlich die Luxusgüter knapp werden, mit denen sie sich Macht und Einfluss erkauft haben. Die Gründe dafür verstehen sie selbst als gestandene Geschäftsleute jedoch nicht sofort, was man ihnen auch nachsehen muss. Sie leben in einer Zeit, in der die Erzählungen von Reisenden und Händlern die einzigen Informationsquellen sind, und haben realistisch betrachtet keine Chance zu erfassen, welche Kräfte da außerhalb ihrer Einflussgebiete am Werke sind. Diese sind so komplex, dass viele Aspekte noch heute im Dunkeln liegen und die Beantwortung vieler Fragen selbst für die moderne Wissenschaft nach wie vor der Spekulation unterworfen ist.

Fakt ist: Zwischen 500 und 480 v. Chr. brechen die Machtzentren der Handelsfürsten komplett zusammen. Die Burgen und größeren Siedlungen werden größtenteils verlassen, einige dieser Hügelfestungen, wie zum Beispiel die Heuneburg, gehen gar in Flammen auf.

Aber warum?

Um 490 v. Chr. herum wird der bis dahin blühende Handel der Kelten mit Massalia quasi von heute auf morgen unterbrochen. Nicht nur, dass wie gesagt die Luxusgüter, durch deren Verteilung sie bislang ihre Macht gesichert hatten, knapp werden. Schlimmer noch: Die neuen »Gegner« bringen neue, bessere Waffen und attraktivere Keramik- und Bronzegefäße in Umlauf.

Das Zusammenbrechen der Hallstattstrukturen bedeutet jedoch keineswegs das Ende der keltischen Gesellschaft der Früheisenzeit. Zeitgleich mit dem Untergang der alten Machtzentren entstehen nördlich davon, in den Gebieten um die Flüsse Marne und Moselle sowie am mittleren Rhein, sehr wohlhabende, wohl organisierte Gemeinschaften, die sich von ihrem inneren Aufbau her durch ein wesentliches Kriterium von den Hallstattkommunen unterscheiden: Die Herren dieser neuen Gemeinschaften sind keine Händler.

Es sind Krieger.

Galli.

Werden die Hallstattfürsten zu Beginn des 5. vorchristlichen Jahrhunderts quasi über Nacht von einem Umsturz überrascht? Oder haben sie einfach die Zeichen nicht erkannt? Nicht erkennen wollen?

Dabei sind diese Zeichen deutlich. Und sie weisen untrüglich auf einen weiteren Mitspieler um die Macht in Südeuropa hin.

Die Grabbeigaben in den Hallstattgräbern der letzten Jahrzehnte des 6. vorchristlichen Jahrhunderts unterscheiden sich in einigen Details von ihren älteren Vorgängern. Hat man dem Toten für seine Gelage im nächsten Leben vorher noch Keramikgeschirr mitgegeben, so wird jetzt allmählich auf Bronze umgestellt. Das lässt auf einen Einfluss aus einem Kulturkreis schließen, bei dem die Metallverarbeitung hoch im Kurs steht. Von unserem Hochdorf-Fürsten wissen wir, dass er vorhatte, in der Anderen Welt Schnabelschuhe mit Goldbesatz zu tragen. Diese kamen zwar aus einheimischer Fabrikation. Das Design stammte jedoch aus Etrurien, wo sie über mehrere Jahrhunderte lang der letzte Schrei bei der Fußbekleidung der Reichen und Schönen waren. Ebenfalls von südlich der Alpen kommen zwei neue Accessoires der Kleidung. Bislang hat man lose Kleidungsstücke wie Umhänge, weite Mäntel, Kopf- und Schultertücher mit Gewandnadeln zusammengehalten. Diese werden jetzt durch deutlich aufwändiger herzustellende Fibeln (dem Vorläufer unserer Broschen und Sicherheitsnadeln) ersetzt. Darüber hinaus tauchen prächtig verzierte Gürtelbleche auf. Und neue Waffen, sogenannte Antennendolche.

Diese Fibeln, Gürtelbleche und Dolche sind nicht etruskisch, wenn auch von jenseits der Alpen, sondern stammen aus keltischen Werkstätten, nämlich denen der Region um den Comer See und den Lago Maggiore. Hier liegt das Siedlungsgebiet der »Golasecca-Kelten«, die die Alpenpässe in die Schweiz kontrollieren.

Ab Mitte des 6. Jahrhunderts v. Chr. verstärken sich die Handelsbeziehungen mit dem Norden und Nordosten Italiens über die Alpenpässe spürbar. Ist diese Konkurrenz der Auslöser für das abrupte Ende des Handels der Kelten mit Massalia, der griechischen Koloniestadt an der Rhône, das für die Hallstattfürsten so fatale Folgen hat? Nein, es ist Massalia selbst, das plötzlich seine Geschäftstätigkeit einstellt. Aber was musste passieren, dass die Griechen eine ihrer wichtigsten Koloniestädte aufgeben?

Machtkämpfe im Mittelmeer – Teil II

Karthago schließt im Jahre 509 v. Chr. einen Vertrag mit der Macht, die 245 Jahre zuvor als kleines Dorf auf einer Ansammlung von Hügeln begonnen hat und inzwischen zu einem beachtlichen Staatswesen herangewachsen ist: Rom. Es hat just in diesem Jahr seinen letzten, im Übrigen etruskischen, König mit Namen Tarquinius Superbus vertrieben und die Staatsführung zu einer »Sache des Volkes«, einer *res publica* gemacht. Dieses Bündnis verschafft den Karthagern einen weiteren Sicherheitsfaktor an der Mittelmeerküste. Durch weitere außenpolitische Niederlagen kommt der ohnehin schon schwächelnde Handel der Griechen mit Südetrurien schließlich völlig zum Erliegen. Sie geraten im Mittelmeerraum immer mehr ins Hintertreffen und verlagern ihren Handel mehr und mehr zu ihren Faktoreien Adria und Spina an der nördlichen Adriaküste. Das für die Griechen über den Seeweg nur noch schwer zu erreichende Massalia versinkt von da an für viele Jahre buchstäblich in der Bedeutungslosigkeit.

Nun liefert der Niedergang von Massalia zwar die Gründe für den Machtverlust der westlichen hallstattzeitlichen Fürsten, die vom Handel mit der Koloniestadt abhängig waren, erklärt jedoch nicht das gleichzeitige Erstarken der keltischen Kriegeraristokratie. Die Suche nach den Quellen ihres neuen Wohlstands führt uns ein weiteres Mal über die Alpen, zu den Etruskern.

In der Zeit der Entstehung der alten hallstättischen Machtzentren ist bei diesen eine ganz ähnliche Entwicklung zu beobachten. Zwischen 720 und 620 v. Chr. bildet sich auf der Grundlage von Bergbau, Handel und einer hoch entwickelten Landwirtschaft eine wohlhabende Oberschicht heraus. Und diese Oberschicht weiß ihre Macht zu schützen, und zwar mit Hilfe schwer bewaffneter Fußkämpfer nach griechischem Vorbild, den Hopliten, die fortan einen der Pfeiler der Herrschaftsstrukturen bilden. Doch sind diese Hopliten nicht das Einzige, was die Etrusker von den Griechen übernehmen. Ihre gesamte Ornamentik, ihr Hausbaustil, ja, sogar die Grundrisse ihrer Städte spiegeln eine tiefe Verinnerlichung der griechischen Einflüsse wider. Ab dem 6. vorchristlichen Jahrhundert blüht der etruskische Norden als Zentrum der Metallverarbeitung auf. Auf der Suche nach neuen Siedlungsgebieten stoßen sie in den folgenden Jahrzehnten allmählich bis in die Poebene vor und gründen quasi an der Grenze des von den »Golasecca-Kelten« bewohnten Territoriums die Festung Felsina.

Ist das der Punkt, an dem der sporadische Handel mit etruskischen Produkten über die Alpenpässe nach Norden aufhört, sporadisch zu sein? Entsteht hier das Tor für einen steten Strom nicht nur an Waren, sondern auch für direkten nachbarschaftlichen Kontakt mit den Golasecca-Kelten für Austausch an geistigen Gütern und technologischem Wissen? Ist dieses Heranrücken der Etrusker an die Kelten die direkte Ursache für den Umsturz bei den Hallstattkelten nördlich der Alpen?

Viel spricht dafür, und doch bleiben einige Fragen unbeantwortet.

Warum führen die etruskischen Handelsherren nicht die erprobten Kontakte mit den Hallstattfürsten weiter? Wie sehen ihre Kontakte ins nordalpine Europa im täglichen Geschäft aus? Reisen die Etrusker selbst nach jenseits der Alpen, um Handel zu treiben, oder (was wahrscheinlicher ist) fungieren die südalpinen Kelten als Vermittler und Zwischenhändler? Im letzteren Fall: Wie intensiv sind die Kontakte der Golasecca-Kelten mit ihren Verwandten jenseits der Alpen wirklich? Wir wissen, dass die Kelten die Sitte der Gelage als soziale Funktion der Hierarchiemanifestation recht frühzeitig übernommen haben. Ein Vergleich der Gefäße, vor allem derjenigen, die zum Weinmischen verwendet wurden, ergibt: Während man im Norden und Westen ausschließlich importierte Keramik findet, dominieren im unmittelbaren Umkreis des Siedlungsgebietes der Golasecca-Kelten Bronzesitulen (Eimer), die in ihren Ornamenten zwar von den Griechen und Etruskern inspiriert, aber keineswegs Kopien sind. Es sind im Gegenteil hoch entwickelte keltische Adaptionen aus eigenen Werkstätten.

Eine Frage, die die Archäologie nicht beantworten kann: Warum sind auf einmal die Kriegsherren die neuen Ansprechpartner in der Gesellschaft nördlich der Alpen, und nicht die Handels erfahrenen Herrscher der Hügelburgen? Ist die gedankliche Welt, die mit den überreichen, lebendigen Formen und Ornamenten der Etrusker verbunden ist, vielleicht nicht vereinbar mit der starren, konservativen Denkweise der Hallstattfürsten? Wenn nicht, warum ist sie es dann mit der der Krieger? Oder hängt es vielleicht damit zusammen, dass die germanischen Stämme nördlich des hallstattkeltischen Territoriums ebenfalls erstarkt sind und somit eine Bedrohung für den Handel darstellen? Dass man es deshalb in Etrurien als opportun ansieht, sich lieber mit denjenigen zu einigen, die ohnehin militärisch sicherstellen, dass alles funktioniert? Ist es (in moderner Diktion) eine »unternehmerische, Profit orientierte Entscheidung«, die Zwischenhändler nördlich der Alpen auszuschalten, und das Geschäft mit den Schutzgaranten direkt zu machen? Oder sind die Etrusker einfach selbst etwas kriegerischer gestrickt, sodass sie deswegen den Kontakt zu ihresgleichen suchen? Zumindest scheinen die kriegerischen Elemente der Etrusker bei den keltischen Kriegsherren gut anzukommen. In den Gräbern der neuen keltischen Herrscher wird zu Beginn des 5. vorchristlichen Jahrhunderts der vierrädrige Leichenwagen durch den zweirädrigen Kampfwagen nach etruskischem Vorbild abgelöst.

Den besten Beweis für die Machtverschiebung von Handelsherren zu Kriegsfürsten liefert der Ort, der der gesamten neuen Epoche ihren Namen verliehen hat: La Tène. Die Nekropole in Hallstatt war eindeutig der Friedhof einer Handelsgemeinschaft. In der Fundstätte im See von Neuchâtel in der Schweiz dagegen deckte man 2500 Fundstücke auf, davon waren 846 Waffen oder Waffenreste und 90 Teile von Pferdegeschirren. Definitiv ein Ort der Krieger.

Wie müssen wir uns diesen Umsturz nun in der Realität vorstellen? Wurden die Hügelfestungen gestürmt? Hat am Ende so etwas wie eine Revolution stattgefunden?

Die kurzen Abstände zwischen den beschriebenen aufeinanderfolgenden oder auch parallel laufenden Ereignissen lassen die Geschichte sicher deutlich dramatischer erscheinen, als sie letzten Endes abgelaufen ist. Vielfach wird der Machtverlust schleichend gewesen sein. Meist wird der Zufluss an attraktiven Gütern aus Griechenland über einen Zeitraum von Jahren, wenn nicht sogar Jahrzehnten allmählich nachgelassen haben. Die Heuneburg ging sogar erst 40 bis 50 Jahre nach den beschriebenen Ereignissen endgültig unter, Hochdorf, wie die Funde der 425 v. Chr. in Athen gefertigten Trinkschalen beweisen, sogar erst 100 Jahre später. Das schließt jedoch nicht aus, dass es hier und da nicht auch gewaltsame Umstürze gegeben hat. Eifersüchtige Fürsten und ungeduldige Kriegsherren mögen schon lange auf die Macht und die Gelegenheit, sie zu ergreifen, gewartet haben. An anderen Orten wiederum vollzog sich der Übergang friedlich, oder aber es fand gar kein Übergang statt, denn nachweislich haben einige hallstättische Zentren wie zum Beispiel in Asperg bei Stuttgart noch lange in die La-Tène-Zeit hinein existiert.

Und doch treten gravierende Veränderungen ein. Ab 480 v. Chr. tauchen in der Metallverarbeitung Technologien auf, die nicht nur eine Weiterentwicklung des bisher Vorhandenen, sondern eine völlig neue Entwicklungsstufe darstellen. Dazu gehören das Verzinnen, die Herstellung großer Gefäße durch Treiben des Metalls, das Hart- und Weichlöten, das Nieten, Metalldrehen, Ausbohren, komplizierte Durchbrucharbeiten mit Eisen und Bronze. Auf Waffen und Schmuck finden sich filigrane Gravuren sowie Ein- und Auflagen, kurz, alles was man benötigt, um einen völlig neuen Kunststil ausleben zu können.

Die Kunst ist letztlich auch der Bereich, in dem man tatsächlich von so etwas wie einer Revolution sprechen kann, und zwar sowohl in der Formgebung selbst, als auch im Umgang mit den neuen Einflüssen. In der Hallstattzeit dominierte ein starrer geometrischer Stil, von dem man nicht abwich. Gleichzeitig waren von der Lebendigkeit des Orients beeinflusste Formen und Ornamente bekannt. Allerdings wurden sie als exotisch betrachtet und existierten lediglich in der Gestalt wertvoller Importgüter. Das ändert sich jetzt schlagartig. Der lebendige Stil der etruskischen Kunst wird nicht nur akzeptiert, sondern zur Vorlage für einen eigenen, unverwechselbaren Stil gemacht, derselbe, den wir heute den »typisch keltischen« nennen. Die Bilder und Ornamente, die in ihrer etruskischen Heimat strengen religiösen Regeln und Beschränkungen unterliegen, verlieren, kaum dass sie – bildlich gesprochen – keltischen Boden berühren, jegliche Regel- und Zweckbindung und reifen jenseits der Alpen zu einer neuer Blüte heran.

Krieger, Erfinder, Heilige und Gelehrte

Die Kelten der La-Tène-Zeit

La Tène – Die »wahren Kelten«

Im Jahre 1857 entdeckte der Hobbyarchäologe Hans Kopp in der Schweiz am Nord- und Ostufer des Lac de Neuchâtel, Kanton Neuenburg, in der Nähe der als »La Tène« bezeichneten Untiefe Spuren einer keltischen Besiedlung. Die mehr als 2500 Objekte, die bis zur Einstellung der Ausgrabungen im Jahr 1917 gefunden wurden, zeichnen ein komplexes Bild der keltischen Gesellschaft der Zeit des 5. bis zum 1. vorchristlichen Jahrhundert. Lange Zeit wurde La Tène für eine Pfahlbausiedlung gehalten, doch dann fiel auf, dass viele der gefundenen Waffen absichtlich – wahrscheinlich im Rahmen eines Opferrituals – zerstört worden waren. Damit stand fest: La Tène ist eine für die keltische Epoche charakteristische Wasseropferstelle.

La Tène war als Opferstätte über mehr als 400 Jahre in Gebrauch. Die gefundenen Artefakte zeigen den Übergang von den alten Hallstattmustern, die noch sehr stark dem geometrischen Stil folgen, bis hin zum blühenden, fließenden, lebendigen Stil, den wir heute als den »typisch keltischen« bezeichnen. Sie zeigen auch die fortschreitende handwerkliche Meisterschaft der Künstler sowie die Möglichkeiten der zur Verfügung stehenden Technologien. Und sie zeigen, dass die Welt der La-Tène-Kelten von Kriegern beherrscht wird.

La Tène – Das Zeitalter der »wahren« Kelten hat begonnen.

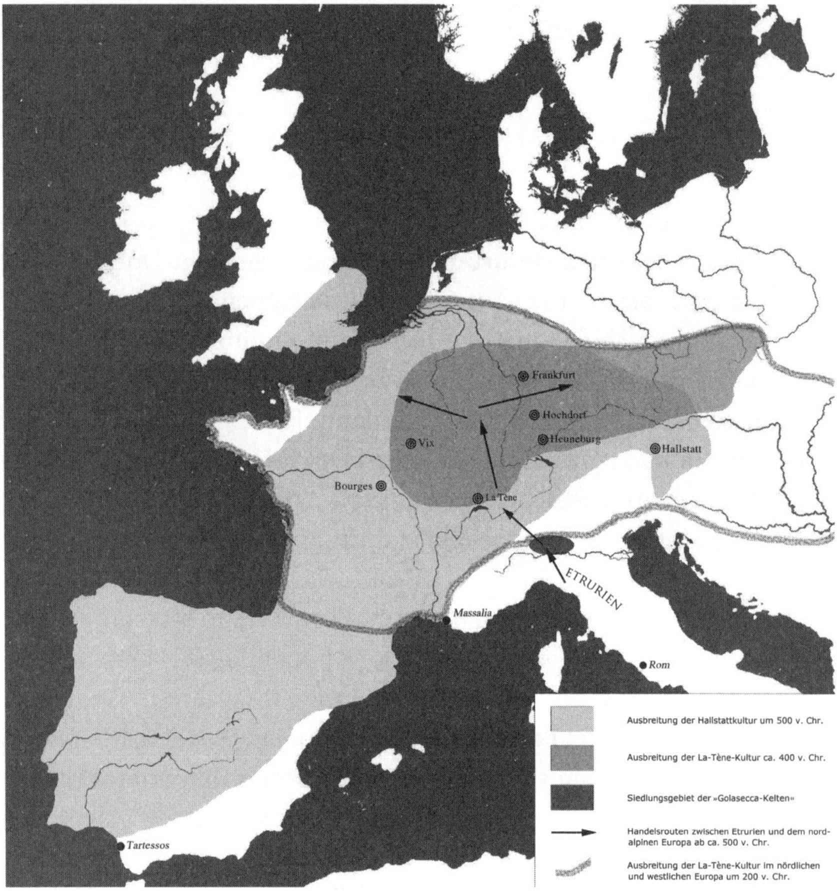

Ausbreitung der La-Tène-Kultur 500–200 v. Chr. Anfang des 5. vorchristlichen Jahrhunderts geben die Griechen ihre Küstenstädte im Mittelmeer auf und beschränken sich auf einige wenige Faktoreien an der nördlichen Adria. Gleichzeitig gehen die Etrusker eine Art »Handelsallianz« mit den »Golasecca-Kelten« ein.

Ein Leben für den Krieg

Vom Kind zum Krieger

›Nein, noch nicht!‹ Aleso kämpft gegen das Erwachen, presst die Augen so fest zu, dass ihm die Lider schmerzen. Doch er kann die immer lauter werdenden Geräusche der Wachwelt nicht daran hindern, sich in seine Ohren, seinen Kopf hineinzudrängen.

Er spürt mit Verzweiflung, wie ihm der Traum entgleitet. Ein Traum von seinem ersten richtigen Kampf.

Er träumt ihn immer wieder, und manchmal ist er so wirklich, dass er das Beben des Bodens unter den Hufen der Pferde und das Rumpeln der Räder der Kampfwagen spüren kann. Dann hört er auch das Geschrei der Krieger und das Klirren der aufeinanderschlagenden Schwerter. Und er riecht den Schweiß und das Blut, den Geruch, den sein Vater immer an sich hat, wenn er von einer Schlacht zurückkehrt.

Als ihn der Traum das letzte Mal gefangen gehalten hatte, hatte er unter dem Jubel seiner Gefährten einen riesigen Krieger in einem langen, gefährlichen und wechselvollen Einzelkampf besiegt. Am Ende lag der Gegner am Boden. Alesos linke Hand hatte schon den Haarschopf des Gefallenen gepackt, das Schwert in seiner erhobenen Rechten, bereit, dem Geschlagenen den Kopf zu nehmen. In diesem Augenblick erwachte er plötzlich, in Schweiß gebadet, mit rasendem Herzen – und einem großen Grasbüschel in seiner linken Hand.

Aleso öffnet die Augen. Seine Hand geht unbewusst zum Kopf, seine Finger fahren durch sein halblanges blondes Haar, nur um zu fühlen, was sein Kopf ihm bereits gesagt hat:

Keine Spur von der harten weißen Kruste, die das Haar eines Kriegers aufrecht stehen lässt, nur weiche, leicht fettige Haarsträhnen.

Wieder war es nur ein Traum. Aber irgendwann wird es kein Traum mehr sein. Irgendwann wird auch er sich mit den Händen das milchig weiße Wasser auf sein Haar klatschen, es mit den Fingern steil nach oben kämmen und so trocknen lassen.

So, wie sein Vater es immer tut, wenn er in den Kampf zieht.

Sein Vater, der Krieger.

Das Leben ist hart für einen heranwachsenden keltischen Jungen des 4. bis 1. vorchristlichen Jahrhunderts. Zu gerne würde er einmal die Waffen des Vaters tragen. Ganz Vermessene, die das Glück haben, Sohn eines berittenen Kriegers zu sein, träumen gar davon, einmal auf dessen Tier zu sitzen. Und natürlich sollen alle seine Freunde sehen, wie er das Schwert in die Höhe reckt und dem Pferd die Fersen in die Weichen stößt.

Die Wirklichkeit sieht jedoch ganz anders aus. In der keltischen Gesellschaft ist der erfolgreiche Krieger das erstrebenswerte Idealbild schlechthin. Er ist jemand, der sich wieder und wieder in mutigen Einzelkämpfen beweist, der seinen Wohlstand in zahlreichen wagemutigen Überfällen erworben hat und eine große Anhängerschaft sein Eigen nennt, die ihn, den Kriegsherrn, anhimmelt. Er ist jemand, von dem sogar vielleicht einmal die Geschichtsbewahrer des Stammes singen.

In dieser Gesellschaft haben diejenigen, die noch nicht einmal Waffen tragen dürfen, nicht viel zu sagen.

Außerhalb der heimischen vier Lehm- und Flechtwerkwände führt der Sohn eines Kriegers ein Leben, das bisweilen an das eines Ausgestoßenen erinnert. Bis zu seiner Kriegerweihe darf er die Waffen des Vaters vielleicht putzen – wenn er Glück hat! – im Haus natürlich, denn sich als Ungeweihter draußen mit einer Waffe blicken zu lassen, gilt als Vergehen. Es ist bereits ungehörig, sich als Ungeweihter in der Öffentlichkeit seinem Vater zu nähern, ihn gar anzusprechen. Und wer sich bei Stammesversammlungen oder Festen (so er denn überhaupt daran teilnehmen darf) in Anwesenheit des Vaters niedersetzt, der riskiert wahrscheinlich nicht nur böse Blicke, sondern eher handfeste Argumente, sich wieder zu erheben und zu entfernen.

Doch irgendwann im Alter zwischen 15 und 17 naht der Tag der Kriegerweihe. Diese Weihe ist ein sich über mehrere Tage hinziehendes Ereignis, bestehend aus rituellen Reinigungen, Weissagungen, Mutproben, Ausdauer-, Kraft- und Geschicklichkeitstests und nicht zuletzt Waffenübungen. Allerdings ist der Tag der Kriegerweihe natürlich nicht der erste Tag, an dem die zukünftigen Kämpfer des Stammes eine Waffe in die Hand nehmen. Einige Zeit vor dem Fest der Kriegerweihe findet sich die angehende Kriegerjugend regelmäßig in Gemeinschaften zusammen, um unter der Anleitung gestandener Stammeskrieger an den Waffen unterwiesen zu werden und mit den Gepflogenheiten des Kriegerdaseins bekannt gemacht zu werden. Ab hier widmen sich die Väter verstärkt ihren Söhnen, denn natürlich reichen die allgemeinen Waffenübungen bei Weitem nicht aus, um wirkliche Meisterschaft zu erlangen. Und natürlich kann es nicht angehen, dass sich der Sohn eines Kriegers vor aller Augen bei der Kriegerweihe blamiert! Da nimmt man sich als Vater gern die Zeit, ihm das in vielen Kämpfen Erlernte an Schwert, Speer und Schild höchst selbst beizubringen.

Wichtiger Bestandteil der Vorbereitung auf die Kriegerweihe ist auch die Einführung in diejenigen heiligen Rituale, die bislang ausschließlich den erwachsenen Kriegern vorbehalten sind. Wie bitte ich die Götter um genug Kraft und Ausdauer im Kampf, um die Fähigkeit, den Schmerz einer Verletzung zu ertragen? Wie bedanke ich mich, wenn die Götter mir den Sieg geschenkt haben? Was erwartet mich in der Anderen Welt, wenn ich als ruhmreicher Krieger im Kampf falle? Was droht mir, wenn ich mich ergebe, obwohl ich noch kämpfen kann? Wenn ich gar weglaufe?

Diese Unterweisungen sind für die Heranwachsenden eine hoch spannende Angelegenheit. Zum einen werden sie von den heiligen Männern des Stammes (ab dem 3. vorchristlichen Jahrhundert den Druiden) abgehalten, Männern, in deren Nähe sie sich bislang kaum gewagt hatten. Zum anderen findet der Unterricht weit außerhalb der Siedlungen, an abgelegenen Orten statt, wahrscheinlich auf einer kleinen Waldlichtung, fernab der täglichen Geschäftigkeit der

Dekoration eines Helmes der Donaukelten. Zeichnung nach einem Fund aus dem 4. Jahrhundert v. Chr., gefunden 1965 bei Ciumesti in Rumänien.
Der kunstvoll gearbeitete Raubvogel mit beweglichen Flügeln ist aus Bronze. Seine Augen waren aus farbigem Glas, die Pupille aus roter Emaille. Die Flügelspannweite beträgt 23 cm, die Länge 33 cm. Diese im realen Kampf extrem hinderliche Dekoration bestätigt die keltische Kampfweise als feststehendes Ritual aus Showelementen.

Gemeinschaft. In dieser Zeit fühlen sie sich als etwas Besonderes, als verschworene Gruppe, mit denen die heiligen Männer des Stammes Geheimnisse teilen. Was daraus erwächst ist ein intensives Zusammengehörigkeitsgefühl innerhalb dieser Gruppen. Ein Zusammengehörigkeitsgefühl, das weit über den Tag der Kriegerweihe hinausreicht und durch gemeinsame Kampferfahrungen noch vertieft wird. Und so verwundert es kaum, dass griechische und römische Berichterstatter mit Entrüstung von keltischen Kriegern berichten, die sich abends an den Kriegerfeuern in den Armen liegen – und es mit Blick auf ihre eigene Zivilisation als homosexuelle Praktiken interpretieren.

Außer, dass die Jungen von nun an anerkannte, gleichberechtigte Mitglieder der Stammesgemeinschaft sind, bringt der Tag der Kriegerweihe noch zwei wichtige Veränderungen mit sich. Die Namen und Taten ihrer Väter und Großväter werden natürlich ihr ganzes Leben lang Bestandteil ihrer eigenen Identität bleiben, und sie werden sie mit Stolz jedem Feind entgegenschleudern. Ihre Umwelt wird jedoch nach und nach aufhören, die jungen Männer über ihre Abstammung zu definieren, wird sie bald nicht mehr als »Sohn des …« bezeichnen. Im Gegenteil, die Kriegergemeinschaft erwartet von den jungen Kämpfern, dass sie beginnen, ihren eigenen Namen mit einer Geschichte zu füllen, die gleichzeitig Bestandteil der Geschichte des Stammes ist.

Die zweite Veränderung für die frisch geweihten Krieger ist eher praktischer Natur. Der Tag der Kriegerweihe ist für sie nämlich auch der Tag, an dem ihnen – in der Regel von ihren Vätern – ihre ersten eigenen Waffen übergeben werden.

Lanzen, Schwerter, Kettenhemden – kleine keltische Waffenkunde

Das Tragen von Waffen ist das Symbol des freien Mannes. Wie diese Bewaffnung aussieht, richtet sich unter Berücksichtigung regionaler Verschieden- und Besonderheiten einzig und allein danach, was man sich leisten oder in Kämpfen erbeuten kann. Sobald möglich investiert man auch gern etwas mehr, und das durchaus in Waffen, die noch nicht einmal zum Kämpfen taugen, sondern vielmehr als Schaustücke dem Auge schmeicheln und Neid generieren sollen. Diese auf den ersten Blick eigenwillig erscheinende Setzung der Prioritäten zieht sich durch fast alle Waffen- und Rüstungstypen.

Das absolute Minimum an Kriegsausrüstung sind ein Speer und ein Schild. Erstere reichen von handlichen Wurfgeschossen (meist für die Jagd) über etwas längere Modelle, die als Lanze fungieren, bis hin zu Exemplaren von 2,50 Metern Länge. Es sind vergleichsweise preiswerte Waffen. Doch hier geht es auch mehr um die Symbolik. Eine Waffe, egal welche, ist ein Zeichen: Ich bin ein freier Mann.

Schilde sind meist nichts anderes als mit Leder überzogene Bretter, oval oder in der Form eines großen Rechtecks mit abgerundeten oder abgeschrägten Ecken, 1,10 Meter bis 1,40 Meter groß (Schild s. Farbbildteil Abb. 10). Auf der Rückseite eines Schilds befindet sich ein einziger, waagerecht angebrachter Holzgriff, der breit genug ist, dass man den Schild auch mit beiden Händen packen und damit auf den Gegner einschlagen kann. Ein Unterarmriemen, wie er bei fast allen Langschilden von der Antike bis hin zu den modernen Schutzschilden der Polizei zu finden ist, fehlt. Das setzt eine gut entwickelte Arm- und Schultermuskulatur voraus, verhindert auf der anderen Seite jedoch auch, dass sich der Kämpfer beim Fallen im Schild verfängt und damit praktisch wehrlos ist. Zum Schutz der Hand ist auf der Außenseite mittig ein Buckel aus Holz oder Eisen aufgebracht.

Wie auch in anderen Kriegerkulturen ist der Schild natürlich nicht nur Schutzwaffe, sondern auch eine exzellente Möglichkeit der Selbstdarstellung. Die Schilde, die real im Kampf zum Einsatz kommen, sind zumindest farbenprächtig bemalt. Kann man es sich leisten, seine Waffe regelmäßig warten zu lassen, dann trägt man auch aufwändige Metallbeschläge in die Schlacht. Die prachtvollsten Schilde, mit wertvollen filigranen Beschlägen und Einlegearbeiten, mit Bronze überzogen oder gar ganz aus Bronze bestehende Ausführungen, sind dagegen ausschließlich als Prunkwaffen gedacht (s. Farbbildteil Abb. 12). Man kann sich vorstellen, mit welchem Unverständnis die im 3. vorchristlichen Jahrhundert nach Makedonien und Griechenland vordringenden Kelten die einheimischen Soldaten beobachten, die ihre prächtigen Schilde nicht nur bis zur Schlacht in Leinwände hüllen, sondern sich diese Waffen auch noch von Sklaven bis auf das Schlachtfeld tragen lassen. Welcher keltische Krieger würde zulassen, dass seine Waffen von einem Angehörigen der niedrigsten Gesellschaftsschicht auch nur berührt werden?

Im 5. Jahrhundert v. Chr. ist das Eisenschwert noch Luxus. Doch schon bald gehört es zur Standardausrüstung eines keltischen Kriegers. Zu Anfang sind die Klingen noch kurz, im Durchschnitt 40 bis 50 Zentimeter lang. Das gefürchtete eiserne Langschwert mit einer Klingenlänge von 70 bis 80 Zentimetern kommt erst ab Mitte des 3. vorchristlichen Jahrhunderts in Gebrauch. Erst zu dieser Zeit ist die Technologie der Eisenbearbeitung so weit fortgeschritten, dass das Material dem modernen Stahl mit all seinen guten Eigenschaften schon sehr nahe kommt. Zwar beschreibt der griechische Geschichtsschreiber Polybius Schlachtszenen, in denen die Schwerter der Kelten angeblich so schlecht waren, dass sie beim ersten Schlag bereits verbogen und die Krieger gezwungen waren, den Kampf zu unterbrechen, das Schwert mit der Spitze in den Boden zu stemmen und mit den Füßen wieder gerade zu biegen. Die gefundenen keltischen Langschwerter der mittleren bis späten La-Tène-Zeit sind jedoch von ausgezeichneter Qualität und denen der Griechen und Römer durchaus ebenbürtig, wenn nicht sogar überlegen. Handwerklich betrachtet sind einige dieser Schwerter Meisterleistungen der Waffenschmiedekunst, die zum Teil aus mehr als 70 Einzelteilen bestehen (s. die Rekonstruktion eines Schwerts im Farbbildteil Abb. 11).

Auf den ersten Blick schwer nachvollziehbar, in der Praxis dagegen erfolgreich getestet: Der keltische Krieger trägt sein Schwert auf der rechten Seite und zieht es auch mit der rechten Hand. Es steckt dabei meist in einer kunstvoll verarbeiteten Scheide und hängt entweder an einem Hüftgürtel oder in einem Schultergehänge (s. keltische Krieger im Farbbildteil Abb. 13).

Das Schwert stellt in der Kriegergesellschaft einen Gebrauchsgegenstand des täglichen Bedarfs dar, und so entstehen bald unzählige lokale Werkstätten und damit unendlich viele Variationen desselben Grundmodells. Die Waffenschmiede sind begehrte Handwerker und erlangen bald einen Status, der sie einem unteren Rang des heiligen Standes gleichsetzt. Sie nehmen auch an heiligen Riten der Stämme (wie zum Beispiel einer Kriegerweihe) teil. Diejenigen, die die höchsten Sphären der Meisterschaft erreicht haben, erhalten die Erlaubnis, die Schwerter (außer mit Verzierungen und magischen Symbolen) auch mit einem eigenen Kennzeichen, quasi einem Logo, zu versehen.

Eine Besonderheit sei hervorgehoben. Bei den Keltiberern im heutigen Spanien entwickeln die Handwerker eine Schwertvariante, die die Römer im 2. Jahrhundert v. Chr. unter dem Namen *falcata* kennen- und vor allem fürchten lernen. Diese extrem schwere Hiebwaffe hat die Form einer leicht gebogenen Machete mit breiter, gebogener Klinge, ist etwa einen halben Meter lang und zerschmetterte den Erzählungen zufolge alles, was ihr in den Weg kam: Helme, Rüstungen und Schilde. Einzelne Berichte, nach denen mit einem einzigen Hieb der Arm eines Legionärs samt Schulter abgetrennt wurde, dürfen dabei durchaus als glaubwürdig eingestuft werden.

Die meisten keltischen Krieger kämpfen ohne Rüstungen. Erst ungefähr um 300 v. Chr. macht ein keltischer Schmied eine bahnbrechende Erfindung, die über viele Jahrhunderte hinweg das Bild der Kriegerschaft prägen wird und aus dem Klischeebild eines Kreuzritters nicht mehr wegzudenken ist: das Kettenhemd. Die aufwändige Machart lässt es annähernd unerschwinglich werden, und so wird das gute Stück gehütet, gepflegt und von Generation zu Generation weitervererbt. Trotz seiner 15 Kilogramm Gewicht erweist es sich im Kampf als derart praktisch, dass es von vielen späteren Heeren übernommen wird, allen voran den Römern.

Der einfache Krieger zieht barhäuptig in die Schlacht, was auch sein steil aufgekämmtes, mit Gipswasser gehärtetes Haar besser zur Geltung bringt. Bei den Bessergestellten erfreuen sich ab dem 4. vorchristlichen Jahrhundert dagegen Eisenhelme wachsender Beliebtheit. Kaum eine keltische Waffe oder ein keltisches Rüstungsteil hat sich über die Jahrhunderte derart verändert. Dabei spielt bei den frühen Formen der kriegerische Nutzen eine eher untergeordnete Rolle. Meist sind es reine Showelemente, deren praktischer Nutzen in der Schlacht aufgrund des Gewichts und des Trageverhaltens besonders bei schnellen Bewegungen eher zweifelhaft ist. Die schönsten Exemplare sind kunstvoll dekoriert, haben Auflagen aus Gold und Koralle und lassen ihren Träger durch hohe Kämme oder gar Tierfiguren noch größer von Statur erscheinen. Eines der bekanntesten Beispiele ist der Prunkhelm aus dem rumänischen Ciumesti, den ein großer Adler mit beweglichen Schwingen ziert (s. Abb. auf Seite 86). Andere Modelle verfügen über einen nur angedeuteten oder voll ausgearbeiteten Nackenschutz und/oder (ab dem 3. Jahrhundert v. Chr.) auch über bewegliche Wangenschutzstücke. Im 1. vorchristlichen Jahrhundert setzt sich schließlich eine Form durch, die der Funktionalität als Bestandteil der Rüstung so umfassend Rechnung trägt, dass sie als Vorläufer der Helme der römischen Legionen betrachtet wird. Es sind einfache, schnörkellose Ausführungen ohne Kämme oder figürliche Aufsätze, dafür mit Wangen- und Nackenschutz und Schirm.

Der große Tag: die erste Schlacht

Von dem Tag an, an dem Aleso und seine Gefährten ihre Kriegerweihe überstanden und ihre ersten Waffen erhalten haben, sind sie vollwertige Krieger des Stammes. Theoretisch müssen sie also täglich damit rechnen, in den Kampf zu ziehen. Doch praktisch laufen sie weder Gefahr, aufgrund ihrer Unerfahrenheit schon in der ersten Auseinandersetzung den Weg in die Andere Welt antreten zu müssen, noch werden sie am Tag ihrer ersten Schlacht schon beim misstönenden Klang der *carnyxe*, der keltischen Kriegstrompeten, zusammenzucken oder gar davonlaufen. Genauso wenig sind herzzerreißende, tränenreiche Abschiedsszenen von Müttern zu befürchten, die mit schwerem Gemüt ihren gerade erwachsen gewordenen Söhnen hinterherwinken, wenn diese in ihren ersten Kampf ziehen.

Bei den Kelten ist Krieg keine ausschließliche Angelegenheit einer herrschenden Kaste, die Kämpfer aus den Reihen der unteren Schichten durch Zwang oder gegen Sold verpflichtet und dementsprechende Ressentiments beim Rest der Bevölkerung verursacht. Krieg hat hier vielmehr den Charakter einer allgemeinen Volksbelustigung. Man muss sich das in etwa so vorstellen: Kaum dass im Frühjahr die Wege trocken genug sind, dass die Räder der Kampfwagen nicht mehr im Schlamm stecken bleiben und größere Gruppen von Menschen auf ihnen marschieren können, wird in einer Siedlung ein berittener Kriegsherr auftauchen. Er wird vielleicht eine Geschichte über eine Beleidigung seines Clans erzählen oder schlichtweg nur verkünden, dass er seinen Viehbestand zu vergrößern beabsichtigt und ihm hierzu die Tiere eines benachbarten Herrn außerordentlich gelegen kämen. Dann wird er fragen, ob ihn jemand auf seiner Mission begleiten möchte.

Diese Frage wird in der Regel nur rhetorischen Charakter haben. Viele der angesprochenen Männer sind dem Kriegsherrn vermutlich ohnehin auf die eine oder andere Art verpflichtet, sodass eine Weigerung ernsthafte Konsequenzen nach sich ziehen würde. Aber einmal unabhängig davon: Niemand, der eine Lanze, ein Schild oder gar ein Schwert sein Eigen nennt, wird ernsthaft auch nur einen Augenblick zögern, wenn es darum geht, gegenüber dem Herrn seine Loyalität, und gegenüber allen anderen seine eigenen Fähigkeiten zu beweisen. Und der vorhin im Zusammenhang mit dem Krieg verwendete Begriff ›Volksbelustigung‹ ist durchaus wörtlich zu nehmen. Es sind nämlich mitnichten nur die Männer, die ihre Sachen und Waffen packen, sondern oft genug nutzt man die Gelegenheit zu einem ausgedehnten Familienausflug mit Frau, Kindern und Vorratswagen. Entsprechend undiszipliniert verläuft der Marsch, von der Geschwindigkeit einmal ganz zu schweigen. Während der eigentlichen Kampfhandlungen sitzen die Familien dann irgendwo im Hintergrund, um ihre Männer, Väter und Söhne anzufeuern.

Wenn Aleso zu seiner ersten Schlacht auszieht, ist er also weder allein, noch ist ihm der Anblick eines Schlachtfelds völlig fremd. Das Einzige, was sich für ihn verändert hat, ist, dass er nun nicht mehr zu den Zuschauern, sondern zu den Akteuren gehört. Auch ist es

Keltische Kriegstrompeten – *carnyx* genannt. Zeichnung nach einer Darstellung auf dem Gundestrup-Kessel, Dänemark. Diese bis zu zwei Meter langen, meist in Wildschweinköpfen endenden, Trompeten wurden sowohl in Schlachten als auch auf dem Marsch zum und vom Schlachtfeld geblasen. Ihr Klang wird von antiken Autoren als rau und misstönend beschrieben.

nicht so, dass die Familien mit ihren Männern ausziehen, um einem wüsten und grausamen Gemetzel zuzusehen. Im Gegenteil, zwischen dem 5. und dem 3. vorchristlichen Jahrhundert sind ausgedehnte Schlachten zwischen den Stämmen und Clans ausgesprochen selten. Sie erinnern im wahrsten Sinne des Wortes eher an moderne Sportveranstaltungen mit festen Regeln, was den Ablauf angeht. Der Kampf ist ein feststehendes Ritual, eine inszenierte Show, bei der alle Akteure wissen, was sie zu tun haben und wo ihr Platz ist.

Das Gras ist noch feucht, als sie die Hügelkuppe erreichen und ihren Abstieg in das Tal beginnen. Freudig erregte Rufe ertönen, als die vorn Marschierenden entdecken, dass sie unten bereits von den gegnerischen Kriegern erwartet werden. Es wird einen guten Kampf geben heute.

Alesos Herz hämmert in seinen Ohren. Er ist da, sein Tag. Heute wird er kämpfen. Heute wird er ein richtiger Krieger werden.

Als sie den halben Weg hügelabwärts zurückgelegt haben, bleiben die Frauen mit den Kindern und Wagen zurück. Von hier aus lässt sich das weitere Geschehen gut verfolgen: weit genug entfernt, um den Überblick zu behalten, und nahe genug, um auch die Einzelheiten eines Kampfes beobachten zu können.

Auf der anderen Seite haben die Krieger inzwischen begonnen, sich in einer langen Reihe aufzustellen. Es mögen 50, vielleicht 60 Kämpfer sein, und für einen Augenblick durchzuckt Aleso der Gedanke, dass es vielleicht gar keine so schlechte Idee war, dass der Bruder seines Vaters noch einen Boten zu der Familie seiner Frau geschickt hat – und sich ungefähr 15 Männer spontan bereit erklärt haben, sie in ihrem Kampf zu unterstützen. Auf der anderen Seite, was sind schon Zahlen, wenn man in den eigenen Reihen die besten Krieger aller Kriegerstämme der Umgebung hat?

Ohne Eile laufen sie in ihrer Kampfordnung auf. Die Krieger der anderen Seite stehen auf ihre langen Schilde gestützt, unterhalten sich und machen abwertende Handbewegungen in ihre Richtung. Schließlich hat auch bei Alesos Clan jeder seinen Platz gefunden. Fast jeder. Allgemeines Gelächter ertönt, als Belorix, ihr Stammesführer, sich zwei Strohballen bringen lässt, seinen Schild darüber legt und auf dieser Bank Platz nimmt. Es kann losgehen. Alesos Gruppe steht an der rechten Flanke der Schlachtordnung. Eine ganze Weile passiert gar nichts. Es ist offensichtlich, dass man abwartet, welche Seite den ersten Schritt tun wird.

Plötzlich kommt Bewegung in die eigenen Reihen. Aleso kann nicht gleich erkennen, was diese Unruhe verursacht hat, doch als er sich ein wenig nach vorn lehnt, sieht er einen einzelnen Krieger zu

Pferde, der langsam auf die gegnerischen Linien zureitet. Etwa auf halbem Weg bleibt er stehen, vollführt eine halbe Kehrtwendung und richtet sich in seinem Sattel auf.

»Ihr Götter, ich liebe euch! Noch letzte Nacht träumte ich davon, dass ich, Epos, der von den Göttern Verwöhnte, reiten würde, mit vielen Köpfen an meinem Gürtel und am Zaumzeug meines Pferdes, und schon heute schickt ihr mir die Männer, die mir eben diese Köpfe bringen werden. Es hätte wirklich nicht so viel Eile gehabt!«

Brüllendes Gelächter und Anfeuerungsrufe branden auf, begleitet vom rhythmischen Schlagen auf hölzerne Schilde und die Seitenwände der Kampfwagen. Aleso starrt nach vorn. Sein wilder Blick hängt fest an dem Mann zwischen den beiden Linien.

Die Prahlerei des Kriegers bleibt nicht lange unbeantwortet. Aus den Reihen der gegnerischen Truppen löst sich ebenfalls eine berittene Gestalt und kommt in einigem Abstand vor dem Herausforderer zum Stehen. Er rückt seinen Helm zurecht und legt eine Hand an den Griff seines Langschwertes. Dann beginnt er zu sprechen, so laut, dass man ihn selbst bei den Frauen und Kindern hinten auf dem Hang noch gut versteht.

»Ich freue mich, dich so guter Laune zu sehen. Man sollte seine Reise in die Andere Welt nicht trübsinnig oder mit schweren Gedanken beladen antreten, das würde die Götter erzürnen. Aber vielleicht reist du ja auch ganz woanders hin, gemeinsam mit mir nach Hause zum Beispiel? Ich hoffe nur, dir wird nicht übel von der Schaukelei, wenn dein Kopf während des Ritts an meinem Gürtel hängt, dem Gürtel von Cunuanos!« Diesmal kommt das Lachen von der anderen Seite.

Jetzt zieht der Herausforderer sein Schwert und schreit: »Wenn für jeden getöteten Feind ein Grashalm stünde, dann würden die Wiesen dieser Ebene nicht ausreichen für die Feinde, die mein Vater und ich besiegt haben. Doch was würde es mir bringen, jemanden wie dich, dessen Namen ich noch nie gehört habe, zu töten? Der Sieg über dich würde mir nicht einmal das Recht erstreiten, mir heute Abend beim Siegesmahl ein Stück Fleisch aus dem Topf zu nehmen!«

Mit einem Wutschrei zieht nun auch der andere sein Schwert. Das Vorspiel ist beendet. Die Rufe nach Blut werden lauter, fordernder.

Die beiden Männer springen von ihren Pferden. Sofort eilen von beiden Seiten Krieger der unteren Ränge herbei und führen die Reittiere hinter die jeweiligen Linien. Die beiden Kämpfer sehen nur noch sich. Der Rest der Welt existiert nicht mehr. Sie umkreisen, belauern sich. Anfeuerungsrufe begleiten jeden geführten Schlag. Aleso spürt die Hitze in sich aufsteigen, er will nach vorn, will mitkämpfen. Ein Aufschrei geht durch die feindlichen Reihen, als ihr Kämpfer beim Ausweichen strauchelt und zu Boden stürzt. Unwillkürlich hebt Aleso den Arm, als er sieht, wie der Krieger von seinem Clan ohne zu zögern über den Gefallenen tritt, mit beiden Händen das Schwert mit nach unten gekehrter Spitze erhebt und mit so viel Kraft nach unten rammt, dass die Klinge durch den sich aufbäumenden Körper hindurch in den Boden dringt. Einen Moment lang verharrt der Sieger so, aufgestützt auf die Waffe, die aus seinem Gegner ragt. Dann reißt er mit einem mächtigen Ruck das Schwert aus dem Liegenden, der noch einen erstickten Schrei von sich gibt und dann reglos zusammensinkt.

Sein Besieger tritt zur Seite. Triumphierend sieht er sich um und hebt das Schwert. Als es wie das Feuer des Gottes Taranis niederschießt, trifft die Klinge sicher den Hals des Toten. Er stößt das Schwert wieder in den Boden, greift nach unten und reckt den Kopf des Geschlagenen am ausgestreckten Arm in die Luft.

Einen Augenblick lang herrscht Stille. Dann mischen sich Jubel von der einen und Wutschreie von der anderen Seite in das einsetzenden Dröhnen der Kriegstrompeten. Alle Krieger schlagen jetzt mit den Schwertknäufen, den Speeren oder auch einfach nur mit den bloßen Fäusten auf ihre Schilde ein. Aleso wird von dem Rhythmus gefangen. Er hat das Gefühl, dass eine Macht von ihm Besitz ergriffen hat, die so stark ist, dass sie den Körper vom Geist trennen kann. Gleich, gleich wird etwas passieren! Gleich *muss* etwas passieren!

Ein Schrei schaffte es, den Lärm zu übertönen. Aleso schliesst die Augen …

Was als Nächstes geschieht, ist rein spekulativ. Ziemlich sicher wird es noch ein oder zwei solcher Einzelkämpfe geben, denn nur selten lässt ein Clan oder Stamm eine Niederlage einfach auf sich beruhen. In der Regel haben sich danach die Gemüter wieder so weit abgekühlt, dass man die Auseinandersetzung als erledigt betrachtet und wieder seiner Wege zieht. Manchmal jedoch befinden sich die Männer auf dem Schlachtfeld derart tief in einer Art Rausch, in den sie sich – mit Hilfe einer entsprechenden Menge Bier und Wein – hineingesteigert haben, dass die Einzelkämpfe gerade einmal der Auftakt für die eigentliche Schlacht sind. Dann werden zunächst die Reiter vor den eigenen Linien hin und her preschen, und die Kampfwagenfahrer werden sich darin überbieten, halsbrecherische Kunststücke auf ihren Vehikeln zu vollführen, alles, um den Gegner zu beeindrucken und einzuschüchtern.

Kommt es wirklich einmal zu einer Schlacht im klassischen Sinne, dann dauert diese nur wenige Stunden, höchstens einen Tag. Meist endet sie damit, dass sich eine Seite nach angemessenem Widerstand geschlagen gibt oder die Flucht ergreift. Im ersten Fall gerät der Stamm oder Clan der Unterlegenen oft in die Abhängigkeit der Sieger. Er muss von nun an Abgaben in Form von Getreide und Vieh leisten, und die Männer müssen in den nächsten Schlachten für diesen kämpfen. Um diese Verpflichtung auch nicht zu vergessen, haben die höhergestellten Familien des unterlegenen Stammes Geiseln zu stellen.

Wer sich für die Flucht entscheidet, der sollte schnell laufen können. Vor dem Feind fliehen, obwohl man noch seine Waffen hat und nicht verletzt ist, gilt als der Inbegriff der Schande und wird entsprechend geahndet. Reitereinheiten des Siegers schwärmen aus und metzeln jeden nieder, den sie erwischen können. Dabei haben diejenigen, die auf der Flucht getötet werden, nach modernen Maßstäben noch Glück. Weniger erfreulich verläuft die Angelegenheit für diejenigen, die sich lebend gefangen nehmen lassen. Auf sie wartet ein unwürdiges, sklavenähnliches Leben, mit der Möglichkeit, an Händler aus dem Süden verkauft zu werden. Dieses, um das unwürdige, sklavenähnliche Leben in Etrurien, Italien oder Griechenland bis zum Tode fortzusetzen. Eine andere Alternative in der Behandlung der Gefangenen gilt bei klassischen Berichterstattern, allen voran Gaius Iulius Caesar, immer wieder als Beweis dafür, wie primitiv und barbarisch diese furchtbaren Kelten sind: die rituelle Opferung, bei denen Kriegsgefangene die bevorzugten Objekte sind. Aus keltischer Sicht stellt die Opferung dagegen fast so etwas wie eine zweite Chance dar, um diesen Männern eine letzte Gelegenheit zu geben, als aufrechte Krieger in die Andere Welt einzuziehen. Es ist die schmerzhafteste aller bekannten Todesarten: Die Opfer werden in einen großen Flechtwerkkorb gesperrt und bei lebendigem Leib verbrannt. Diejenigen, die nicht einmal dieses Todes würdig sind, werden erdolcht oder erhängt.

Keltische Kriegführung – strukturiertes Chaos?

Das uralte Schachspiel (das sich übrigens unter dem Namen *gwyddbwyll* – »hölzerne Weisheit« bei Druiden und keltischen Aristokraten großer Beliebtheit erfreut) ist ja bekanntlich nichts anderes als Kriegführung mit Figuren auf einem Brett nach festen Regeln. Frage: Wer ist für einen ambitionierten Schachspieler, der 1000 bewährte Strategien nebst unzähligen Partien im Kopf hat und in Gedanken immer schon mehrere Züge weiter ist, der schlimmste Gegner? Antwort: Derjenige, der mit wenig theoretischem Wissen, großen Lücken im Regelwerk, dafür aber mit viel Leidenschaft spontan von Zug zu Zug entscheidet, scheinbar sinnlose Opfer riskiert und damit unberechenbar wird.

Das dürfte in etwa der Eindruck sein, den die Heere Makedoniens, Griechenlands und Roms von den keltischen Heerscharen gewinnen, als diese ab dem 4. Jahrhundert v. Chr. beginnen, über die Alpen hinweg und die Donau entlang ihr Einflussgebiet zu erweitern. Für diese streng strukturierten militärischen Systeme erschließt sich die Art und Weise, wie keltische Heere funktionieren, nur sehr langsam, und es sind Lektionen, die sie teuer bezahlen müssen. Es dauert mehrere Jahrzehnte, teilweise sogar Jahrhunderte, bis es ihnen gelingt, diese Eigenheiten zu ihrem Vorteil umzukehren.

Einer der grundlegenden Unterschiede zwischen Heeren der klassischen Kulturen der Antike und den Kelten ist, dass Letztere noch nicht einmal ein einheitliches Heer darstellen. Nur wenige Männer in der keltischen Militärgeschichte haben es geschafft, größere Heeresverbände unter einem Kommando zu vereinen, wie Vercingetorix in Gallien oder Ortiagon in Kleinasien. Und immer waren dazu zwei Faktoren notwendig: das Charisma der Führungspersönlichkeit und ein gemeinsamer mächtiger Feind.

Um es einmal in direktem Vergleich zu zeigen: Wenn Rom beschließt in den Krieg zu ziehen, dann geschieht das in Zeiten der Republik auf der Grundlage eines Senatsbeschlusses. Der Senat befindet auch darüber, dass Soldaten rekrutiert, ausgebildet und dann unter die Führerschaft einer militärischen Hierarchie gestellt werden. Im Kampf folgen sie streng der Befehlskette. Befehlsmissachtung oder gar -verweigerung haben ernste Folgen, die über körperliche Züchtigung bis zur Hinrichtung reichen. Für einen Römer ist das Dasein als Legionär eine Arbeit wie die eines Handwerkers, mit dem Unterschied, dass er regelmäßig bezahlt wird und am Ende seiner Dienstzeit eine Gratifikation meist in Form von Land erwarten kann. Aufgrund dieser sozialen Absicherung ist der Legionärsberuf in der Regel sehr begehrt. Allerdings verringert sich die Begeisterung zeitweise spürbar, wenn Rom gegen einen unpopulären weil renitenten Feind zieht. So geschehen im Falle der spanischen Keltiberer des 2. vorchristlichen Jahrhunderts, der die Römer Tausende von Legionäre kostet. Eine persönliche Beziehung zum Feind haben die Truppen nicht, was auch nicht verwundert. Ihr größter Angstfaktor ist oft genug nicht der Gegner im Felde, sondern der hinter ihnen stehende römische Offizier. Dieser ist meist der Einzige, der irgendwelche militärischen Ambitionen hat und der – wenn er sie nicht sogar selbst schreibt – in militärwissenschaftlichen Abhandlungen Strategie und Taktik eines Heeres studiert. Dieses festgeschriebene Regelwerk basiert einzig und allein auf zwei Säulen: den militärischen Fähigkeiten eines Feldherrn und dem bedingungslosen Gehorsam aller anderen, die in der Nahrungskette unterhalb desselben stehen. Persönliches Engagement über einen gegebenen Befehl hinaus ist nicht nur nicht erwünscht, sondern unter Androhung von Strafe verboten.

Bei den Kelten ist Krieg dagegen eine persönliche Angelegenheit. Man zieht in den Kampf, weil man den anderen nicht leiden kann, oder weil man sich selbst etwas Gutes tun möchte, sei es durch Leistungen auf dem Schlachtfeld, die das Ansehen im eigenen Stamm erhöhen, oder durch Kriegsbeute. Wenn beide Aspekte zusammentreffen, dann ist das umso besser.

Auf dieser Grundeinstellung aufbauend ist ein keltisches Heer auch weit von einer pyramidenartigen Hierarchie entfernt. Genau genommen erinnert die Struktur eines keltischen Heerhaufens auch eher an Patchwork. In der Praxis muss man sich das ungefähr so vorstellen: Ein höherer Kriegsherr A möchte aus welchen Gründen auch immer gegen einen anderen (B) in den Kampf ziehen. Begleitet wird er dabei mindestens von den waffenfähigen Männern seiner eigenen Familie sowie denjenigen, die in einem Abhängigkeitsverhältnis zu ihm stehen. Nun kann es passieren, dass ein anderer Kriegsherr (C) entdeckt, dass er eigentlich auch schon immer mal gegen B ziehen wollte, und wird sich dem ersten Herrn (A) anschließen, allerdings nicht unter dessen Kommando, sondern als gleichberechtigter Feldherr. Gleichberechtigt bedeutet jedoch nicht, dass beide Kriegsherren gemeinsam ein zusammengeschlossenes Heer befehligen, sondern jeder bleibt ausschließlich der Herr derjenigen, die er in die Schlacht geführt hat. Und auf die eigene Familien- oder Stammesidentität wird größter Wert gelegt! Selbst im Angesicht des Feindes stellt man sich so auf, dass die Abgrenzung zwischen den Clans und Stämmen sichtbar ist. Um daran auch keinen Zweifel zu lassen, tragen die einzelnen Gruppen Clan- und Stammeszeichen vor sich her, meist Tierfiguren an langen Stangen.

Aus der Sicht des geordneten klassischen Heeres wird das Bild eines nicht beherrschbaren Chaos dadurch abgerundet, dass neben den einzelnen Clans und Stämmen sich auf dem Schlachtfeld auch einzelne Krieger einfinden, die zu keiner der Gruppierungen gehören. Dementsprechend haben sie auch keinen Herrn, auf den sie hören müssen. Meist sind es freie Krieger, die sich einfach die Gelegenheit zum Kämpfen oder die Chance auf Beute nicht entgehen lassen wollen.

Wenn man also die Abwesenheit von (im klassischen Sinn) geordneten Führungsstrukturen als eine Eigenheit der keltischen Kampfweise betrachtet, so sind zumindest noch zwei weitere Elemente erwähnenswert, die als typisch keltisch gelten können.

Das ist zum einen die Reiterei. Die Kelten, vor allem in Gallien und Spanien, sind exzellente Kämpfer zu Pferd. Sie sind so gut, dass sie beginnend im 2. und 1. vorchristlichen Jahrhundert für die berittenen römischen Hilfstruppen angeworben werden und einen Großteil der berittenen römischen Streitmacht in den Provinzen ausmachen. Das eigentlich keltische Element ist jedoch nicht die Fähigkeit zu reiten, sondern die Art und Weise, mit der der berittene keltische Krieger in den Kampf zieht. Er tut das nämlich nicht allein, sondern wird von zwei Bediensteten begleitet, in der Regel von zwei untergebenen abhängigen Kriegern. Dieses Dreigespann heißt auf keltisch *trimarcisia* (nach altkeltisch *tri* = ›drei‹ und *marca* = ›Pferd‹) und funktioniert folgendermaßen: Der Herr reitet in Begleitung seiner ihn zu Fuß begleitenden beiden Bediensteten langsam vor die eigenen Linien und auf den Feind zu. Je nach dem ob er plant, den Kampf zu Pferde mit der Lanze zu führen, oder lieber zu Fuß mit dem Schwert zu kämpfen gedenkt, reitet er entweder weiter, während die Diener zurückbleiben, oder er steigt ab und lässt das Pferd bei seinen beiden Begleitern zurück. Wird der Herr verwundet, bringt ihn einer der Diener ins Lager zurück, während der andere seinen Platz im Kampf – und gegebenenfalls auch auf dem Pferd – einnimmt. Kämpft ein besonders wohlhabender Herr zu Pferde und das Tier wird verwundet oder getötet, dann halten die Begleiter auch schon einmal ein Reservepferd parat. Werden Reiter und Ross getötet, dann wird einer der Bediensteten den Kampf seines Herrn auf dem Reservepferd fortsetzen. In jedem Fall ist also der Kampf des Kriegers erst beendet, wenn auch der letzte seiner Bediensteten besiegt ist. Diesen wiederum kann gar keine größere Ehre widerfahren, als im Kampf für ihren Herrn ihr Leben in dieser Welt zu verlieren.

Bis sich die Kavallerie ab dem späten 3. vorchristlichen Jahrhundert zur taktisch ausgereiften Waffe keltischer Heere entwickelt, dominiert eine andere, wesentlich repräsentativere Fortbewegungsart keltischer Kriegsherren das Geschehen auf dem Schlachtfeld: der Kampfwagen. Das einachsige, von zwei stämmigen Ponys gezogene, oft reich verzierte Gefährt wird von einem Fahrer gelenkt, während der eigentliche Kämpfer zunächst aus voller Fahrt aus kurzer Distanz Speere gegen den Gegner schleudert. Er wird dann abspringen und den Kampf mit dem Schwert fortsetzen, dessen Scheide innen an der Seitenwand des Kampfwagens befestigt ist. Der Wagenlenker bringt das Gefährt inzwischen in einiger Entfernung in Warteposition, um schnell herbeizueilen und den Krieger wieder aufzunehmen. Dies ist meist dann der Fall, wenn die Lage für ihn bedrohlich wird, er seinen Kampf erfolgreich beendet hat oder an einer anderen Stelle des Schlachtgeschehens benötigt wird. Der unübersehbare Vorteil dieser Waffe ist die Vereinigung der Beweglichkeit einer Reitereinheit mit der Standhaftigkeit von Fußkämpfern (s. ein Kampfwagen im Farbbildteil Abb. 14). In Europa werden Kampfwagen als Waffe im 2. Jahrhundert v. Chr. endgültig von der Reiterei abgelöst, bleiben aber als repräsentatives Transportmittel der Oberschicht erhalten. Auf den Britischen Inseln dagegen müssen sich die römischen Legionen noch im ersten Jahrhundert n. Chr. mit dieser Kampftaktik auseinandersetzen.

Der den Kelten innewohnende Drang, sich im Kampf in den Augen der anderen hervorzutun, also eher auf das eigene Ansehen im Kampf als auf den Gegner zu achten, zieht sich durch alle Aspekte ihrer Kriegführung. Das fängt im Kleinen an. Aus Historienfilmen über Rom und Griechenland kennen wir das Bild von aufeinanderprallenden, kompakten Heeresmassen, in denen die Männer so eng stehen, dass die Toten kaum umfallen können. Keltische Kampfaufstellungen wirken dagegen eher wie aufgelockerte Versammlungen von Kriegern. Und was auch immer an Struktur in einer Aufstellung vorhanden gewesen sein mag, es verschwindet in dem Augenblick, wenn der Sturm losbricht. Man achtet vor allem darauf, seinem Nachbarn nicht zu nahe zu kommen, denn wie soll man sonst seine Kampfeskünste entfalten – und die anderen dabei zusehen lassen –, wenn man keinen Platz hat?

Hier liegt auch die Erklärung für die keltische Abneigung gegen Fernwaffen: einen Speer zu werfen, hat im Vergleich zum Schwertkampf nicht wirklich etwas Effektvolles an sich, außer man tut es von einem sich mit hoher Geschwindigkeit bewegenden Kampfwagen aus. Die eher praktisch veranlagten Römer und Griechen nutzen diese Eigenheit später unbarmherzig aus. Mit Speeren, Ballisten und Pfeilen werden die Angriffswellen der Kelten aufgebrochen. Oft müssen die keltischen Krieger im Laufen ihre Schilde wegwerfen, weil diese durch die darin stecken gebliebenen Geschosse zu schwer geworden sind. Und bei den weit ausholenden Bewegungen beim Kampf mit dem Langschwert ist es den Römern ein Leichtes, mit den bei den Legionen üblichen Kurzschwertern die ungeschützten Achselhöhlen oder den Unterleib des Gegners zu treffen.

Vor allem Pfeile machen den Kelten psychologisch arg zu schaffen. In ihren Köpfen existiert eine einfache Kausalität: nur große Wunden sind gefährlich. Umso irritierender ist es für sie, von Pfeilen getroffen zu werden, die relativ kleine Wunden verursachen, ihnen jedoch spürbar die Kraft nehmen oder sie sogar töten. Man liest in Berichten von keltischen Kriegern, die von Pfeilen getroffen wurden, und sich verzweifelt weinend auf den Boden warfen und laut klagend herumwälzten, weil sie es für unwürdig hielten, von so einer kleinen Verletzung niedergestreckt worden zu sein.

Eine besondere Form des keltischen Individualismus im Kampf lernen die Römer im 2. Jahrhundert in Spanien kennen. Die Keltiberer im spanischen Hochland gehen über Jahrzehnte hinweg einer offenen Feldschlacht mit einer Sturheit aus dem Weg, die die römischen Oberfeldherrn reihenweise verzweifeln lässt. Rom verliert in seiner den Karthagern abgetrotzten neuen Provinz in 60 Jahren mehr als 80 000 Legionäre, denn die Kelten des spanischen Hochlands sind wahre Meister der Guerillakriegführung. Kleine berittene Einheiten führen blitzschnelle Angriffe mit dem Ziel, möglichst viele Männer zu töten oder den Tross mit den Vorräten zu plündern. Die Anführer solcher Blitzattacken sind erwartungsgemäß die Stars ihrer Stämme.

Für den keltischen Krieger ist also nichts schlimmer, als das Gesicht zu verlieren, und zwar noch nicht einmal gegenüber dem Feind, sondern vor allem in den Augen der eigenen Leute. Ist die Lage aussichtslos, stürzen sie sich in die Waffen des Feindes oder wählen den Freitod. Eine Begebenheit aus dem Krieg der Römer in Spanien zeigt, dass dabei auch der Tod von eigener Hand etwas ist, was dramatisch inszeniert werden kann. Als die Belagerung der letzten keltiberischen Bastion, der Hügelfestung Numantia durch die Römer bereits dem Ende zugeht, und die einzigen zur Disposition stehenden Alternativen die bedingungslose Kapitulation oder der Tod durch Verhungern sind, veranstaltet einer der hohen Kriegsherren Kampfspiele der besonderen Art. Die Krieger der Numantiner treten im Zweikampf gegeneinander an und die Besiegten empfangen nach ehrenvollem Kampf dankbar den Tod aus den Händen ihrer Kameraden. Die Überlebenden, die nach dem anstrengenden Kampf zu schwach sind, um weiter gegen die Römer zu streiten, finden letztlich ihr Ende, indem sie sich in die Flammen der brennenden Häuser ihrer sterbenden Bergstadt stürzen.

Zu guter Letzt soll nicht unerwähnt bleiben, dass sich die Kelten im Krieg nicht durch übertriebene Geduld auszeichnen. Klappt ein Angriff nicht gleich beim ersten Anlauf, dann ist es nicht selten, dass die Herren Krieger die Lust verlieren und den Kampf aufgeben.

Was in den Kämpfen der keltischen Stämme untereinander von eher untergeordneter Bedeutung ist, wird im Krieg gegen die organisierte Militärmaschinerie Roms zu einem wesentlichen Schwachpunkt: In Heeren, in denen der Individualismus in Reinkultur regiert, sind Aktionen, die die Zusammenarbeit aller Akteure bedingen, faktisch nicht umsetzbar. Flüsse stellen für ein keltisches Heer auf dem Marsch unüberwindbare Hindernisse dar, da ihnen die Logistik zum Brückenbau fehlt. Wahrscheinlich dauern die Feldzüge gegen andere Stämme auch deshalb meist nur einen Tag, weil es die Kelten schon vor schier unlösbare Probleme stellt, ihre eigene Versorgung und den entsprechenden Nachschub zu organisieren. Gelegentlich berichten römische und griechische Feldherren sogar von Begebenheiten, wo sie bei Auseinandersetzungen mit den Kelten einfach nur gewartet haben, bis diese Hunger bekamen, zusammenpackten und nach Hause gingen.

Belagerungen von befestigten Siedlungen widersprechen der Kriegerehre. Was ist schon ehrenvoll daran, um ein Dorf herumzusitzen und zu warten bis die anderen herauskommen um zu kämpfen oder sich zu ergeben? Belagerungen sind wider die Natur von derart ungeduldigen Kriegern wie den keltischen. Rein praktisch betrachtet wäre es keltischen Heeren aufgrund ihrer internen Struktur (oder besser: der weitestgehenden Abwesenheit einer solchen) auch völlig unmöglich, einen solchen logistischen Kraftakt wie eine Belagerung zu bewältigen. Dennoch hält das viele keltische Stämme nicht davon ab, die Hügelfestungen mit massiven, strategisch ausgefeilten und großzügig dimensionierten Verteidigungsanlagen, aufwändigen Torkonstruktionen und der selbst für römische Belagerungsmaschinen hart zu knackenden *murus gallicus* (eine massive Mauer aus Holzbalken, Erdreich und Steinblöcken) auszustatten. Sie erfüllen denselben Zweck, wie die Mauer griechischer Bauart der hallstättischen Heuneburg mehr als 200 Jahre zuvor: Show – reine Selbstdarstellung.

Noch einmal zurück zu dem jungen keltischen Krieger Aleso und seiner ersten Schlacht. Er hat während der Einzelkämpfe sehnsüchtig nach vorn gestarrt, hat neuen Stoff für seine Kriegerträume gesammelt, und genießt das neue, große Gefühl, zur Kriegergemeinschaft des Stammes zu zählen. Dass er nicht zum Kämpfen gekommen ist, muss ihn nicht weiter bekümmern. Er ist in bester Gesellschaft, denn bei dieser Veranstaltung gibt es nur wenige, die mitspielen dürfen. Und so befremdlich diese Kriege und die damit verbundenen Rituale auf den Beobachter auch wirken mögen, so erfüllen sie doch wichtige Funktionen im Stammesleben. Für die Jugendlichen sind sie Lehrvorführung und Schutzmechanismus zugleich, denn sie legen fest, dass nur diejenigen ernsthaft kämpfen, die genug Erfahrung haben. Man wird sie langsam heranführen, vielleicht im Rahmen von Frauen- oder Viehdiebstählen. Im Laufe der Jahre werden die gemeinsamen Kampferfahrungen sie mit ihren Kameraden zusammenschweißen, und wenn sie später eigenständig sind, selbst Familien haben, Land bewirtschaften oder Viehherden ihr Eigen nennen, dann regeln diese Schlachten die Fragen des Status, der Hierarchie, betonen und festigen alte Bündnisse, lösen sie auf, initiieren neue Allianzen. Vitale Funktionen in einer Gesellschaft, in der es keine zentrale Führung gibt.

Doch nicht immer findet der Leitsatz »Dabei sein ist alles« uneingeschränkten Zuspruch. Wenn es in Zeiten des Wohlstands immer mehr Krieger gibt, von denen immer weniger zum Kämpfen kommen, entstehen Spannungen. Früher oder später öffnet sich dann ein Ventil, damit die überschüssigen Energien abfließen können. Viele Krieger verdingen sich auf »freiberuflicher Basis« als Kämpfer bei anderen Stämmen. Oder gar anderen Völkern. Bereits 368 v. Chr. kämpfen keltische Söldner für Sparta gegen das verfeindete Theben. Dieser »Mangel an Gelegenheit« ist auch der Hintergrund für eine Gruppierung, die unter dem Namen »Gaesaten« in den Erzählungen klassischer Berichterstatter auftaucht. Ursprünglich wurden sie für eine eigene keltische Volksgruppe gehalten, dabei handelt es sich wohl eher um einen Zusammenschluss solcher »freiberuflichen« Krieger, die sich als Gruppe eine eigene Identität geschaffen haben, ähnlich, um den hinkenden Vergleich einmal heranzuziehen, der französischen Fremdenlegion, die sich aus Söldnern verschiedener Nationalitäten zusammensetzen, die ihre eigene Identität zugunsten »der Legion« aufgeben. Berüchtigt sind die Gaesaten vor allem für zwei Besonderheiten: Zum einen sind sie außerordentlich gute Speerwerfer, ihr Name heißt übersetzt »Speermänner« (von *gae*, dem altkeltischen Wort für »Speer«). Zum anderen kämpfen sie grundsätzlich nackt. Letzteres hat vor allem religiöse Gründe. Nacktheit gefällt den Göttern, also ist nackt kämpfen eine heilige Handlung. Es würde aber auch durchaus dem militärischen Elitetruppen innewohnenden Hang zur praktischen Sachlichkeit entsprechen. Im Falle einer Verletzung kann kein verschmutzter Stoff in die Wunde geraten, der dort zu Infektionen und Entzündungen führt. Im Übrigen beschränkt sich diese Eigenheit nachweislich nicht auf die Gaesaten, noch nicht einmal auf die Kelten, denn Nacktkämpfen war auch im antiken Griechenland üblich.

Auf den ersten Blick scheint es, als würden auf militärischer Ebene zwei völlig verschiedene Welten aufeinanderprallen. Aber das stimmt so nur bedingt. Auch in Rom gibt es durch alle Epochen hindurch hoch ambitionierte Feldherren, die im Kriegshandwerk mehr als nur einen Beruf sehen und die von ihrer Grundeinstellung den Kelten näherstehen, als ihnen vielleicht bewusst oder auch lieb ist. An dieser Stelle sei nur das Beispiel der für die Kelten typischen Einzelkämpfe genannt. Diese üben offensichtlich als Symbol des Kriegerideals eine solche Faszination aus, dass zumindest drei Fälle überliefert sind, in denen römische Feldherrn die Herausforderungen ihrer keltischen Gegner angenommen und sich auf den Einzelkampf eingelassen haben: Manlius Torquatus im Jahre 367 v. Chr., Marcus Valerius Corvinus 348 v. Chr. (beide in Norditalien im Kampf gegen die Anfang des 4. Jahrhunderts v. Chr. über die Alpen gekommenen Kelten) und 151 v. Chr. der spätere Bezwinger Karthagos Publius Cornelius Scipio Aemilianus vor der Einnahme der Stadt Intercantia in Spanien.

Und dies sind nicht die einzigen Gemeinsamkeiten zwischen Kelten und Römern.

Primitive Gesellschaften am Rande der Zivilisation?

Von Riten und Symbolen

»Die Kelten sitzen auf getrocknetem Gras und erhalten ihre Mahlzeiten auf niedrigen Holztischen serviert. Ihr Essen besteht aus einer kleinen Anzahl von Brotlaiben und einer großen Menge an Fleisch, entweder gekocht oder auf Holzkohle oder am Spieß gebraten. Sie beißen davon auf eine saubere, nichtsdestoweniger raubtierartige Weise ab, indem sie ganze Gliedmaßen mit beiden Händen hochheben und davon das Fleisch abbeißen, während sie alle Stücke, die sich schwer lösen, mit einem kleinen Dolch abschneiden, der an der Schwertscheide in einer eigenen kleinen Scheide befestigt ist … Das Getränk der Wohlhabenden ist Wein, der aus Italien oder Massilia importiert wird. Dieser ist unverdünnt, nur manchmal wird ein wenig Wasser beigemengt. Die niederen Schichten trinken Weizenbier mit Honig; wobei die meisten es jedoch pur trinken. Es wird *corma* genannt. Sie verwenden einen normalen Becher, trinken in kleinen Schlucken, doch dieses ziemlich häufig« (Poseidonius, Anfang des 1. Jahrhunderts v. Chr.).

»Wenn sie speisen, dann sitzen sie alle auf dem Boden. Als Kissen verwenden sie die Felle von Wölfen oder Hunden. Die Mahlzeiten werden von den jüngsten Kindern – männlichen wie weiblichen – serviert, die entsprechenden Alters sind. Gleich nebenan sind ihre Feuerstellen … und auf diesen sind die Kessel und Spieße mit ganzen Fleischstücken … Sie laden Fremde zu ihren Gelagen ein, und fragen sie nicht eher nach ihrer Herkunft und ihrem Begehr, ehe das Essen nicht beendet ist« (Diodorus Siculus, 1. Jahrhundert v. Chr.).

Mindestens genauso wichtig wie der Kampf ist eine andere Institution, die mitsamt ihrer Funktion und Bedeutung das Ende der Hallstattzeit nicht nur überlebt, sondern in der La-Tène-Zeit eine neue

Qualität erreicht hat: das Trinkgelage. Es hat von der Ausgestaltung her im Vergleich zu denen der Hallstattperiode einen etwas martialischeren Charakter angenommen; die damit verbundenen Rituale lassen jetzt nur noch ansatzweise den griechischen Ursprung erkennen. Doch bestimmte Aspekte unterliegen auch hier einer gewissen Kontinuität: Frauen sind bei diesen Festivitäten nicht erwünscht.

Andere Dinge ändern sich. War es in der Hallstattzeit ausreichend, eingeladen zu werden, so bestimmte sich der Status eines Mannes der Kriegergesellschaft der La-Tène-Zeit in feinen Abstufungen innerhalb des Rituals selbst. Man will Privilegierter unter Privilegierten sein.

Da ist zunächst der Gastgeber. Er wird an der Ausstattung der Feste gemessen; hier ist Großzügigkeit eine hochgeschätzte Tugend. Essen und Trinken im Überfluss sind unabdingbar, aber nicht alles. Der perfekte Gastgeber sorgt auch für die entsprechende Unterhaltung, und so sind die Feste auch willkommene Gelegenheit für die erzählende und singende Zunft des Stammes. Das Repertoire besteht in erster Linie aus Erzählungen aus der Geschichte des Stammes und vor allem Lobliedern auf den Gastgeber und andere Anwesende. Aber Sänger sind auch gefürchtet, denn wer kann sich schon sicher sein, dass so ein Barde seinen Lohn nicht für ein Loblied erhält, sondern dafür, dass er einen anderen Festteilnehmer in aller Öffentlichkeit lächerlich macht? Die Macht der Barden ist mit der der Medien unserer Tage durchaus vergleichbar. Da Barden dem heiligen Stand angehören, genießen sie im Prinzip Immunität und haben dementsprechend nichts zu befürchten. Im Gegenteil, ihre in Lieder gekleidete Kritik und Satire ist so gefürchtet, dass sie praktisch alles fordern können, was sie wollen. Der »Chefsänger« eines Stammes kann dabei durchaus einen königähnlichen Status erlangen. Doch gelegentlich sind der Macht der Barden auch Grenzen gesetzt. Offenkundige Lügen, falsche Voraussagen, Wucherpreise oder auch schlichtweg nur schlechte Lieder bezahlt hin und wieder auch ein Sänger mit der Aufhebung seiner Immunität durch den Stammesherrscher und dem Verlust der Freiheit.

Auch der Ort der Festivität ist nicht ohne Bedeutung. Vielfach muss eine einfache Waldlichtung in der Nähe der jeweiligen Siedlung herhalten. Wer als Gastgeber etwas auf sich hält, hat jedoch einen speziell dafür errichteten Festplatz, meist eine durch Erdwälle begrenzte Einfriedung, eine Bauform, die sich in der Form der Halle auch im nordischen Kulturkreis, bei den Germanen und Wikingern, wiederfindet.

Wir sind wieder beim Verteilen von Privilegien, und je teurer diese Privilegien sind, umso besser. Und wenn sie nicht teuer genug sind, dann muss man eben nachhelfen …

Schnaufend wischt sich Sotírios mit einem Stück seines Umhangs den Schweiß von der Stirn. Er stemmt die Hände in die Seiten, drückt den schmerzenden Rücken durch und kann ein lautes Stöhnen nicht unterdrücken. Besorgt eilt Nikólaos, sein junger Gehilfe, herbei. Auch seine Tunika ist schweißnass.

»Ist alles in Ordnung, Herr?«, fragt er.

Sotírios nickt. »Ich habe nur das Gefühl, dass der Weg hier herauf jedes Mal steiler wird.« ›Oder ich älter und mein Bauch dicker‹, denkt er. Insgeheim muss er jedoch grinsen, wenn er an Nikólaos' entsetztes Gesicht zurückdenkt, als sie vorhin am Fuß der Hügelfestung angelangt waren und Sotírios mit geheimnisvollem Blick auf das weit oben sichtbare Tor gezeigt hatte.

»Sagt, Herr«, lässt sich Nikólaos vernehmen. »Die Frage mag euch dumm erscheinen, aber fließen hier im Land der Galli die Flüsse bergauf? Ich weiß, dass es meine erste Reise mit euch ist … vielleicht habe ich auch nicht richtig zugehört, oder mein Gedächtnis lässt mich im Stich … aber sagtet ihr nicht, dieser Orestorios wohnt in einem Anwesen in der Nähe eines Flusses?«

»Du hast richtig verstanden, Nikólaos. Genau dort wohnt er.«

»Und warum bringen wir unseren Wein dann hier hoch in die Hügelfestung?«

»Das tun wir nicht. Wir verkaufen ihn nur hier oben.«

»Und dann?«

»Bringen wir ihn zu Orestorios' Anwesen.«

Abrupt bleibt Nikólaos stehen und starrt Sotírios entsetzt an. »Wir müssen alle fünf Gespanne wieder nach unten bringen?« Ratlos wirft er die Arme in die Luft. »Wozu dieser Wahnsinn?«

›Warte bis wir oben sind!‹, denkt Sotírios. ›Dann wirst du erleben, wie Wahnsinn wirklich aussieht ...‹

Laut sagt er: »Das muss dich jetzt nicht kümmern. Aber wenn du schon mal dort bei unserem Wagen stehst, kannst du mir einmal mein Kleiderbündel herausgeben. Ich muss mich umziehen.«

Auch das ist Teil des Schauspiels, das beginnen wird, sobald ihr Wagenzug das Innere der Hügelfestung erreicht hat: Sotírios zieht die Verschnürung auf, mit dem sein praktischer Reiseumhang über seinen Schultern gehalten wird und tauscht diesen gegen einen prächtigen Ornat, mit leuchtenden Stickereien; ein Kleidungsstück, das er nur für diesen Anlass besitzt. Zu Hause würde er sich als Händler mit solch einem Mantel lächerlich machen. Aus dem Augenwinkel kann er sehen, wie Nikólaos abwinkt, sich umwendet und wieder zu den Wagen am Anfang des Trosses geht.

Nun durchqueren sie das riesige Holztor. Mit sicherem Schritt dirigiert Sotírios den Zug über den kleinen Vorplatz auf die Stelle zu, an der er hinter den ersten Häusern das Zentrum der Siedlung weiß. Es wird schwer werden, die Wagen nachher dort hinten zu wenden, aber zu diesem Zeitpunkt wird Nikólaos in seinem Kopf mit anderen Dingen beschäftigt sein, als sich darüber zu beschweren.

»Und was ist, wenn Orestorios gar nicht hier ist?«, fragt Nikólaos, wobei er mit mäßigem Erfolg versucht, den mürrischen Ton in seiner Stimme zu verbergen.

Sotírios setzt ein wissendes Lächeln auf. »Er ist hier, verlass dich drauf. Er weiß seit mindestens zwei Tagen, dass wir heute hier ankommen.«

Sie haben den kleinen mit Werkstätten gesäumten Marktplatz erreicht. Nikólaos manövriert die fünf schweren Gespanne an eine Stelle, wo sie zumindest nicht den ganzen Weg blockieren. Von Orestorios noch immer keine Spur. Dafür füllt sich der Platz mit Menschen, die mit offener Neugier Sotírios in seinem prächtigen Mantel anstarren. Der spürt, wie ihm heiß wird. Das ist der Teil, den er am wenigsten mag.

»Sotírios! Alter Freund!«

Die Menge teilt sich und ein riesiger Mann mit rötlichem Schnauzbart, grauen Hosen, einem Kettenhemd über einer roten Tunika, einem überlangen Schwert in prächtig verzierter Scheide an der rechten Seite und einem hohen eisernen Helm mit fein gearbeiteten Wangenteilen und einem spitz zulaufenden Knauf kommt mit großen Schritten auf den Händler zugeeilt. Kurz vor Sotírios bleibt er stehen und strahlt ihn aus tiefblauen Augen an. »Hätte ich nur gewusst, dass du kommst, so hätte ich dir doch den beschwerlichen Weg hierherauf erspart!«

Sotírios glaubt, Nikólaos vernichtenden Blick in seinem Rücken zu spüren. Nun, der Junge muss noch viel lernen.

»Orestorios, für einen guten Freund und Handelspartner nimmt man doch gern die eine oder andere Beschwerlichkeit auf sich.« Er verneigt sich leicht vor dem keltischen Kriegsherrn. Nicht zu tief, das wäre gegen die Regeln. Ein Orestorios redet nicht mit Unterwürfigen. Es würde ihn selbst kleiner machen.

»Und ich sehe, dass du mir den Wein für mein nächstes Fest gebracht hast, das ich für die ehrenwerten Krieger unseres Stammes zu geben gedenke.« Orestorios' Stimme dröhnt über den Platz. »Nun, dann lass uns schnell das Geschäftliche regeln, damit wir uns danach ganz und gar unbelastet deinem Wohlergehen in meinem Hause widmen können.«

Sotírios neigt den Kopf in Zustimmung. Der Hauptteil des Schauspiels hat begonnen.

Gemeinsam treten sie zu dem am nächsten stehenden Wagen, und Demetros bedeutet Nikólaos, dass er die Leinwand von der Ladung herunterziehen soll, damit Orestorios einen Blick auf die Ware werfen kann.

Fein aufgereiht stehen die Amphoren auf der Ladefläche. Mit geheimnisvollem Gesicht winkt Sotírios Orestorios zum hinteren Teil des Wagens und zieht die Plane von den letzten vier Gefäßen, die geheimnisvolle rote Symbole tragen. Die beiden Männer blicken sich an und nicken. Überlaut sagt Sotírios: »Allein diese vier Amphoren sind mehr wert, als alle anderen Wagen zusammengenommen.«

Wissend wiegt Orestorios den Kopf. Genauso laut fragt er zurück: »Und was wäre wohl der Preis für diese Spezialität?«

Sotírios wendet sich zur Seite, sieht in die verständnislosen Augen Nikólaos, dann neigt er sich nach vorn und flüstert Orestorios etwas ins Ohr. Der tritt überrascht einen Schritt zurück. »Einen Mann für jede dieser vier Amphoren?«, brüllt er. »Zusätzlich zu den Silberbarren für die anderen?«

Ein Raunen geht durch die Menge, und auch Nikólaos fällt die Kinnlade runter. Dieser Preis ist horrend! Ist Sotírios verrückt geworden? Dieser riesige Krieger wird sie vermutlich einfach töten lassen und den Wein behalten! Gehetzt dreht er sich um. Wo war gleich noch mal der Weg zum Tor?

Sotírios steht ungerührt da und hebt bedauernd die Schultern. Ergeben senkt Orestorios den Kopf. »Nun, wenn ich meinen Kriegern diese Besonderheit nicht vorenthalten will, werde ich diesen Preis wohl bezahlen müssen. Unserer Freundschaft soll das keinen Abbruch tun; also lass uns über den Preis nicht mehr reden.«

Anerkennendes Murmeln wird laut. Vereinzelt hört man die Rufe »Hoch Orestorios!« und »Die Götter mögen ihm seine Großzügigkeit vergelten!«

Nikólaos steht immer noch erstarrt mit offenem Mund da. Doch Sotírios und Orestorios sehen sich zufrieden an. Zufrieden und wissend. Natürlich weiß Sotírios, dass in den vier Amphoren derselbe Wein ist, wie in all den anderen auch. Natürlich weiß er, dass die Amphoren nur deshalb die seltsamen roten Symbole tragen, weil er sie selbst vor vier Tagen daraufgemalt hat. Natürlich weiß Sotírios auch, dass es auf der ganzen bekannten Welt keinen Wein gibt, der einen derart hohen Preis rechtfertigt. Und vor allem weiß er, dass auch Orestorios all das weiß …

Orestorios, der Grosszügige …

Es sei einmal dahingestellt, ob Sotírios die vier Sklaven nachher wirklich erhalten wird. Er hat das Spiel mitgespielt und kann sich weiterer guter Geschäfte mit Orestorios sicher sein. Und selbst, wenn Orestorios diesen Preis tatsächlich bezahlen sollte, so wird er ihn keineswegs als zu hoch erachten. Er kauft damit ja keinen Wein (zumindest nicht in erster Linie), sondern viel wichtiger als der Wein ist das Verkaufsgespräch auf dem Markt gewesen. Denn jeder, der diesem Gespräch beigewohnt hat, wird es jetzt für das Begehrenswerteste überhaupt halten, zu diesem Fest eingeladen zu werden.

Gehört man schließlich zu den auserwählten Gästen, dann ist ein weiteres wichtiges Element die Sitzordnung. Man sitzt in einem Kreis mit dem bedeutendsten Mann der Runde in der Mitte. Sind hochrangige Gäste anwesend, so ist deren Platz neben dem Führer des gastgebenden Stammes. Das bringt zum Ausdruck: ›Seht her, ich bin so bedeutend, dass mich Gesandte anderer Stämme aufsuchen!‹ Großzügig gewährte Gastfreundschaft erhöht jedoch nicht nur den Status im eigenen Stamm. Auf der Basis von Besuchen und Gegenbesuchen, gewährter und empfangener Gastfreundschaft, entstehen stammesübergreifende Bindungen, die die Form weitverzweigter Netzwerke annehmen. Mit zunehmender Entfernung vom Stammesführer folgen in der Sitzordnung dann die anderen Rangabstufungen. Hinter den geladenen Kriegsherren stehen die jeweiligen Schild- und diesen gegenüber die Speerträger.

Die Regel ist, dass bei einem Gelage jeder seinen Platz kennt und dementsprechend auch einnimmt. Theoretisch kann ein Krieger jedoch auch einen Platz einnehmen, der an und für sich einem Mann mit einem höheren Status zusteht. Das ist dann eine klare Herausforderung. An dieser Stelle gibt es zwei Möglichkeiten: Er bleibt unangefochten sitzen, was bedeutet, dass er sich offenbar zwischen dem letzten und diesem Gelage eine Autorität erworben hat, mit der er sich den Platz und den damit verbundenen höheren Status verdient hat. Oder ein anderer steht auf und macht ihm den Platz streitig. Das beginnt mit dem Heruntererzählen der eigenen Taten und der seiner

Vorfahren mit dem Ziel, den anderen klein aussehen zu lassen, geht dann in der Regel ziemlich schnell in direkte Beleidigungen über, und hört oft genug auch bei schlagkräftigen Argumenten noch nicht auf. Das muss man verstehen. Der Status eines Mannes wird durch die Zahl der Männer bestimmt, die ihm in den Kampf folgen, die ihm, dafür dass er ihnen einen Gefallen tut, Teile ihrer landwirtschaftlichen Erträge geben. Ein Mann wird alles daransetzen diesen Status zu verteidigen beziehungsweise auch zu erhöhen. Und ›alles‹ heißt in diesem Fall auch ›alles‹. Es ist völlig legitim, einen unbelehrbaren Gegner in einer derartigen Auseinandersetzung mit Waffen zu verletzen oder gar zu töten – solange es im fairen Zweikampf geschieht. Demjenigen, der den ehrenvollsten Platz erfolgreich beansprucht oder verteidigt, winkt dann auch die entsprechende Belohnung: das sogenannte ›Heldenstück‹, das beste Stück Fleisch aus dem Kessel oder vom Bratspieß. Dieses unangefochten in der Anwesenheit der anderen Krieger des Stammes verzehren zu dürfen, ist das Symbol der uneingeschränkten Autorität schlechthin.

Bei Kriegerfesten wird die Rangordnung der Männer öffentlich bezeugt oder neu festgelegt. Hier werden auch auf höchster Ebene formelle Kampfbündnisse geschlossen, die sich dann in der Praxis bewähren müssen.

Eine hochkomplexe Gesellschaftsstruktur. Dabei handelt es sich nach modernen Maßstäben nicht einmal um eine einheitliche Gesellschaft.

Stämme, Clans, Allianzen und Wechselspiele

Um 60 v. Chr., vor dem Einmarsch der Römer, liegt die Bevölkerungszahl in dem Gebiet, das die Römer als »Land des Kriegervolkes« – »Gallien« bezeichneten, bei etwa sechs bis acht Millionen. Ein Stamm, das ist eine Bevölkerungsgruppe in der Größenordnung 50 000 bis 200 000 Menschen. Ein Stamm besteht aus erweiterten

Familienverbänden, am ehesten vergleichbar mit den schottischen Clans. Diese Familienverbände können theoretisch auch außerhalb der Stämme existieren, aber allein sind sie selten überlebensfähig. So suchen sie entweder den Anschluss an größere Stämme oder schließen sich auch untereinander zu stammesähnlichen Verbänden zusammen. Es entsteht ein Geflecht von Abhängigkeiten, wobei sehr darauf geachtet wird, dass die ursprüngliche Stammesidentität gewahrt bleibt. Dieser Drang nach Eigenständigkeit – selbst im Verbund mit anderen – kommt nicht von ungefähr. So schnell, wie Allianzen geschlossen werden, werden sie auch wieder gelöst, wenn es in der jeweiligen Situation ratsam erscheint. Eine gewisse »Vertragssicherheit« bietet die gegenseitige Gestellung von Geiseln der Bündnispartner, und zwar nicht nur im Falle der Unterwerfung, sondern auch zur Bekräftigung von Zusammenschlüssen.

Aus heutiger Sicht muss man sich auch von dem modernen Begriff der Stammesterritorien verabschieden. Die sich zusammenschließenden und auflösenden Gruppen haben natürlich, jede für sich, eigene feste Siedlungsgebiete. Das bedeutet, dass sich durch dieses ständige Wechseln der Allianzen die territorialen Grenzen der Stammesgruppen und -verbände permanent verändern. Man identifiziert sich über Verwandtschaft und gewählte oder bestehende Gemeinschaften. Status muss überall repräsentiert werden können. Deswegen achtet man bei der Anhäufung von Wohlstand auch darauf, dass es Dinge sind, die man im Zweifelsfall auch mitnehmen kann, also wertvolle Waffen, Gold und Vieh. Land mag die Basis für die Ernährung der Krieger bilden; Statussymbol ist Landbesitz nicht.

In den Clans gibt es ein Familienoberhaupt mit einer darunterliegenden Hierarchie, die sich an den männlichen Verwandtschaftslinien ausrichtet. Brüder, Söhne und Enkel und deren Familien erweitern nach und nach das Beziehungsgeflecht.

Innerhalb eines größeren Stammes ist die Struktur etwas ausgefeilter. An der Spitze steht ein einzelner Anführer, der gleichzeitig oberster Kriegsherr der Region ist. Er hat sich diese Position zusammen mit dem Status, bester Krieger des Stammes zu sein, durch außerordentlichen Mut im Kampf erworben. Darüber hinaus ist er ein großer Rhetoriker, da es nicht ausreicht, Taten einfach nur zu vollbringen. Man muss auch effektvoll darüber berichten können. Eloquenz steht hoch im Kurs bei den Kelten. Neben Kämpfen und Feiern gehört jede Art von Rats- und sonstigen Versammlungen zu ihren Lieblingsbeschäftigungen. Das effektvolle Reden wird derart kultiviert, dass später wohlhabende Römer keltische Aristokraten als Rhetoriklehrer beschäftigen.

Der ideale Anführer eines Stammes oder Clans ist ein charismatischer Mann von hoher Statur in den besten Jahren, Anfang bis Mitte 30, kerngesund und ohne ernsthafte Blessuren wie fehlende Gliedmaßen oder Entstellungen. Die ungeschriebenen Regeln sind strikt. Der Herrscher muss der stärkste Krieger des Volkes sein. Eine altirische Erzählung berichtet, dass der Anführer einer der Parteien in einer Schlacht seine Hand verliert, die durch eine perfekte silberne Prothese ersetzt wird. Obwohl ein großer Anführer, darf er aufgrund dieser Verletzung nicht mehr Oberster seines Stammes sein. Manchmal geht die keltische Kriegergesellschaft noch drastischere Wege. Ist ein Herrscher auf der einen Seite zu alt oder zu krank, um in den Augen der Gemeinschaft noch Anführer sein zu können, auf der anderen Seite aber zu starrsinnig, um von sich aus zurückzutreten, dann fühlt sich die Gemeinschaft in ihrem Fortbestand bedroht. Wenn die heiligen Männer des Stammes, die Druiden, die Sache genauso sehen, dann ist das Schicksal des renitenten Führers besiegelt. Die Krieger des Stammes werden ihn mit Hilfe der Druiden im Rahmen einer rituellen Hinrichtung beseitigen. Danach wird ein neuer Anführer gewählt. Eine erbliche Thronfolge gibt es nicht.

Stammesführer ist jedoch keine Position, auf der man sich ausruhen kann, wenn man sie einmal innehat. Das Machtgefüge des Stammes ist ständig in Bewegung. Die Krieger stehen im permanenten Konkurrenzkampf untereinander, stets auf der Suche nach Möglichkeit, sich zu bestätigen. Man zieht in die Schlacht, um besondere Taten zu vollbringen – oder auch Schwächen bei den anderen zu beobachten. Das Ansehen, das man sich erwirbt, bringt Anhänger aus den niederen Rängen, die durch Abgaben aus ihrer landwirtschaftlichen Produktion die materielle Grundlage des Kriegsherrn sicherstellen und die Zahl derjenigen vergrößern, die ihm in die nächste Schlacht folgen werden. Ein Kriegsherr, der Abgaben von vielen erhält und somit zum Teil recht beachtliche Vorräte ansammeln kann, ist auch derjenige, den freie Bauern im Falle von Missernten um Hilfe bitten. Das lässt sie ebenfalls zu Abhängigen werden, die seine Gefolgschaft vergrößern. Auf der anderen Seite ermöglichen ihm die Überschüsse aus den Abgaben sowie die Beute aus seinen Schlachten, Handwerker zu unterhalten, die exklusive Güter zum Zeigen und Verteilen für ihn produzieren: prächtige Kleidung, hochqualitative Waffen, goldene Halsringe, und relativ früh auch schon goldene Münzen. Was er nicht selbst herstellen lassen kann (wie guten Wein), kauft er ein. Mit diesen Luxusgütern bindet er andere hohe Krieger an sich, die wiederum ihr eigenes Gefolge, ihre eigenen Beziehungsgeflechte haben. Nicht zu vergessen sind auch Bündnisse, die man durch Zweckehen eingeht, oder Söhne, die man zum Zwecke einer gediegenen Kriegerausbildung und zur Aufwertung der eigenen Linie in Familien höhergestellter Krieger aufziehen lässt.

Nach der Pflicht kommt die Kür. Am Ende dieser ständigen Jagd nach Wohlstand und Ansehen steht das oben beschriebene Gelage, das er entweder selbst ausrichtet oder zu dem er aufgrund seines Ansehens eingeladen wird, und auf dem man von ihm erwartet, dass er seinen Platz in der Rangordnung des Stammes einnimmt, verteidigt oder verbessert, indem er mit seinen Taten, seiner großen Gefolgschaft, seinem Wohlstand oder seinen neuen Bündnissen protzt.

Ab dem späten 2. vorchristlichen Jahrhundert nimmt in Gallien die Macht der Kriegeraristokratie als Gruppe einen formellen Charakter an. Der Anführer herrscht nicht mehr allein. In großen Stammesgemeinschaften entstehen Strukturen, die auf frappierende Art und Weise an das Herrschaftssystem in Rom erinnern. Bei dem

Stamm der Aedui gibt es einen *vergobret*, einen Magistrat, der für den Zeitraum eines Jahres gewählt wird und in dieser Zeit das Stammesterritorium selbst im Kriegsfall nicht verlassen darf. Und die Kelten haben offensichtlich dieselbe Angst wie die Römer: dass ein Clan allein zu große Macht auf sich vereinigen könnte. Denn während Letztere es nicht gestatten, dass ein Mann zweimal das höchste Amt der Republik (Konsul) bekleiden darf, kann bei den Kelten niemand aus der Familie eines ehemaligen Magistraten dasselbe Amt innehaben, solange dieser noch am Leben ist.

Unter dem Magistraten steht der Rat der Edlen, der eine recht genaue Entsprechung des römischen Senats darstellt. Und schließlich gibt es auch die »Volksversammlung«, die Zusammenkunft aller freien Männer eines Stammes. Allerdings ist nicht bekannt, inwiefern diese ernsthaft an Entscheidungen des Stammes beteiligt ist.

Neben der reinen Verwaltungsfunktion sind Ratsversammlungen nicht nur Testfelder für die Redegewandtheit und den Bestand vorher geschlossener Bündnisse, sondern auch Gradmesser für die Autorität des Einzelnen. Doch während beim Gelage theoretisch jeder jeden herausfordern, beleidigen, unterbrechen und niederbrüllen kann, gelten in den Ratsversammlungen strenge Regeln. Häufig wandert im Laufe der Versammlung ein Gegenstand von Hand zu Hand, der das Symbol der Redeerlaubnis darstellt; dies kann zum Beispiel ein besonders geformter Holzstab sein. Eine Symbolik, die weder auf die Kelten noch auf das Altertum beschränkt ist. Bis in die 70er-Jahre des letzten Jahrhunderts hinein wurde im englischen Parlament zu diesem Zweck ein Hut herumgereicht (daher auch: ›den Hut aufhaben‹).

Denjenigen, der die Redeerlaubnis hat, zu unterbrechen, gilt als Affront, der hart geahndet wird. Der Störenfried wird gepackt und ihm wird ein Teil seines Mantels abgeschnitten. Bei Unbelehrbaren wird diese Prozedur im Zweifelsfall so oft wiederholt, bis ihnen das Kleidungsstück in Fetzen vom Leibe hängt. Damit die Lektion auch hängen bleibt, ist der Betroffene verpflichtet, eine festgelegte Anzahl von Tagen öffentlich mit dem zerschlissenen Mantel herumzulaufen, was gewaltig am Image zehrt und somit eine schlimmere Strafe darstellt, als beispielsweise gewaltsam zum Schweigen gebracht worden zu sein.

Dies alles zeugt von einem elaborierten System der Unterwerfung und freiwillig eingegangener Abhängigkeit. Aber: Gehen Unterwerfung und Abhängigkeit gelegentlich so weit, dass es auf Außenstehende wie Sklaverei wirkt? Römische und griechische Händler und Reisende verwenden für Angehörige der Unterschicht bei den Kelten häufig den Begriff »Sklave«; der griechischen Historiker Strabo (64 v. Chr. – 24 n. Chr.) nennt Sklaven sogar als eines der wichtigsten Exportgüter Galliens. Nur welchen anderen Terminus kann er als gelernter Grieche auch verwenden für Männer, die sich im Tausch gegen Wein oder andere Luxusgüter von ihrem Herrn in die Dienste anderer entsenden, sich »verkaufen« lassen? Der einzige Unterschied zu einem »echten« griechischen oder römischen Sklaven ist, dass der keltische Abhängige theoretisch eine Wahl hat, ob er geht oder nicht. Praktisch ist es jedoch so, dass er auf immer sein Gesicht verlieren würde. Ein Schwert durch den Leib wäre für ihn die eindeutig bessere Wahl.

Nur eine Gruppe lässt sich nicht auf einen bestimmten, festgesetzten Platz in der Stammeshierarchie festlegen. Sie ist Objekt vieler bewusster oder unbeabsichtigter Fehlinterpretationen durch Reisende, Feldherren und Historiker aller Epochen. Sie haben sich mit einem Mythos umgeben, der bis in unsere Zeiten eine unglaubliche Faszination ausstrahlt: die Druiden.

Die Druiden: heilige Männer oder heimliche Herrscher?

Als Aleso die kleine Waldlichtung erreicht, hatte sich dort bereits eine riesige Volksmenge versammelt. Die meisten der Schaulustigen sind jetzt schon so eingekeilt, dass sie kaum noch Luft bekommen. Die *carnyxe*, die Kriegstrompeten, sind schon zu hören. Und immer noch drängen von hinten Menschen nach, die zu spät aus ihren Häusern, aus den Werkstätten oder vom Feld aufgebrochen sind.

Plötzlich verstummen die Bläser. Schlagartig ist es so still, dass man den Flügelschlag eines Vogels hören könnte. Nur das Geräusch der unruhig über den Boden scharrenden Füße und unterdrücktes Keuchen sind zu noch zu vernehmen. Alle Augen richten sich nach vorn. Dort wuchten zwei Krieger zwei große Holzblöcke in die Mitte der Freifläche. Ein weiterer Krieger bringt einen Schild und legt ihn über die Blöcke, sodass eine kleine kniehohe Plattform entsteht. Noch immer verharrt die Menge in fast atemloser Stille. Dann lösen sich zwei Gestalten aus dem Hintergrund. Belorestos, der Herrscher der Tectosagier, kommt nicht allein; er ist in Begleitung des obersten Druiden.

Belorestos steigt auf den erhöhten Schild. Ein beeindruckender Anblick. In dem üppigen, fünffach gefalteten mit scharlachroten und grünen Streifen und vorn mit einer prunkvollen Schließe zusammengehaltenen Mantel und dem hohen Helm mit den seitlich befestigten Vogelschwingen wirkt der Stammesführer noch größer als er ohnehin schon ist – wie ein Gigant aus den Erzählungen der Geschichtsbewahrer und der alten Männer. Seine Augen blicken erhaben und stolz über die Menge hinweg, ohne dabei jemand Bestimmtes anzusehen. Sein Gesicht gleicht einem Stein, ein Eindruck, der vor allem durch den riesigen herunterhängenden Schnauzbart hervorgerufen wird, der jede Bewegung des Mundes vollständig verbirgt.

Belorestos verharrt auch dann noch regungslos in dieser Position, als sich der erste Druide vor ihn stellt. Ein Gehilfe kommt und bringt dem alten, in eine schlichte weiße Kutte gekleideten Mann seine heiligen Waffen: den sternförmigen, vielfarbigen, mit einem Silberkreis geschmückten Schild, das lange Kampfschwert und die beiden Lanzen, von denen man sich erzählt, dass ihre Spitzen vergiftet seien. Als diese Zeichen der druidischen Macht in die vorgeschriebene Anordnung gebracht sind, schließt der heilige Mann die Augen, legt den Kopf zurück in den Nacken und stimmt einen langen Ton an, der wie ein Brummen klingt, ohne dabei jedoch den Mund zu öffnen. Langsam hebt er beide Arme. Als sie den höchsten Punkt erreicht haben, erstarrt der Druide, gerade so, als ob er von den hoch gestreckten Händen an abwärts zu Eis erstarren würde. Das Brummen verstummt. Die Zuschauer halten den Atem an. Dort steht nicht nur ein Mensch. Dort steht eine Macht, die größer ist als die, die ein Kriegsherr je hatte, je haben wird.

Plötzlich geht ein Ruck durch den Druiden. Der Kopf mit der großen gebogenen Nase schnappt nach vorn wie der eines Raubvogels, die stechenden Augen blicken geradeaus direkt in die Menge, und Aleso könnte in diesem Moment selbst bei Cernunnos, dem Vater aller Götter schwören, dass er kaum merklich ein schwaches Glühen im Gesicht des Mannes wahrgenommen hat. Der Wind bläst dem Alten ein paar lange graue Haarsträhnen vor das Gesicht, so dass es den Anschein hat, als würde er durch Spinnenweben blicken. Die Arme sinken wieder herab, um sich gleich anschließend zu einer fast bittenden Gebärde zu formen. Dann beginnt er zu sprechen.

»Cernunnos, Belenus, Taranis, ihr habt uns in dieser schweren Zeit beigestanden und zum Sieg geführt. Ihr heiligen Mächte habt unsere siegreichen Männer wohlbehalten zurückgebracht und die, die auf stärkere Gegner als sie selbst getroffen sind, sicher in die Andere Welt geleitet. Aber«, und seine Stimme nahm einen bedrohlichen Ton an, »ihr habt auch Grund zu zürnen, denn einige unserer Krieger sind nicht heldenhaft im Kampf Mann gegen Mann gefallen. Sie tragen ihre Wunden im Rücken, und da sie nicht feige davongelaufen sind, gibt es für ihren Tod nur eine Erklärung. Doch soll der Groll der Götter nicht lange währen. Noch heute soll eine gleich große Zahl von den Männern, die die Gefangenschaft einem ehrenvollen Tod im Kampf vorgezogen haben, der Welt der Pflanzen und der Dunkelheit zugeführt werden, um das ewige Gleichgewicht der Elemente wiederherzustellen!« Diese letzten Worte schreit er Silbe für Silbe hinaus, und während sein Kopf mit ruckartigen Bewegungen hin und her schießt, scheinen in seinen Augen bereits die Opferfeuer zu brennen.

Aleso wagt nicht zu blinzeln, aus Angst, ihm könnte etwas entgehen. Die herabsinkende Dunkelheit und das Flackern der inzwischen herbeigebrachten Fackeln lassen die Schatten gespenstisch tanzen. Der Abendwind hat den Platz erreicht und fängt sich im Gewand des Druiden. Dieser sinkt unvermittelt in sich zusammen. Es kostet unglaubliche Kraft, die Verbindung zu den Göttern herzustellen und aufrechtzuerhalten, und er ist ein alter Mann, mehr als 55 Winter alt. Seine zwei Gehilfen springen herbei, um den dürren, kraftlosen Körper aufzufangen. Sie tragen ihn zu einem Platz, der ein wenig abseits liegt, und betten ihn auf dem harten Boden. Einer der jungen Männer reißt sich seine weiße Kutte vom Leib und stopft sie dem Druiden unter den Kopf. Die Menge wird unruhig, und ein undeutliches Gemurmel erhebt sich. Ist das jetzt ein böses Zeichen? Oder musste die menschliche Seite einfach nur einen hohen Preis dafür zahlen, dass sie zum Wohle des Stammes die Nähe zu den Göttern gesucht hat?

Wer kennt schon den **Willen der Götter** …

Grauhaarige Männer, die in weiße Kutten gekleidet mit goldenen Sicheln Misteln von den Bäumen schneiden, in dunklen Wäldern geheimnisvolle Riten durchführen, die Menschen in blutigen Opferzeremonien den Göttern zuführen – über die Jahrhunderte hinweg hat sich um die Druiden eine Aura des Geheimnisvollen, Mystischen aufgebaut. Pseudokeltische Strömungen, Romantisierungen und Esoterik haben ein Übriges getan, um das Bild von den Druiden zu verklären. Nur schwer lassen sich heute Wahrheit, Zweckpropaganda und Mythos voneinander trennen.

Zunächst einmal sollten wir uns von der allgemein verbreiteten Auffassung verabschieden, dass die Druiden generell die heiligen Männer bei den Kelten sind. Tatsache ist vielmehr, dass es durch die gesamte keltische Epoche hindurch außer in Irland und Teilen von Gallien gar keine Druiden gibt. In Britannien schaffen es die Druiden nicht, Fuß zu fassen (für eine Theorie, warum nicht, siehe unten). Lediglich an einem Ort sind sie historisch nachgewiesen: auf der Insel Mona (heute Anglesey). Diese gilt sogar als Hochburg des Druidentums. Es gehört zum Pflichtprogramm eines jeden Druiden, einmal in seinem Leben für eine gewisse Zeit bei Druiden in Irland oder auf Mona in der Lehre gewesen zu sein.

Von Irland aus breitet sich das Druidentum allmählich über Nord- und Westgallien aus. Es ist eine Bewegung, die recht spät in der La-Tène-Zeit beginnt, nicht früher als Anfang bis Mitte des 3. vorchristlichen Jahrhunderts, und die bereits im 1. Jahrhundert v. Chr. mit der Ankunft der Römer nordwestlich der Alpen wieder endet. Der chronologische Ablauf der Ausbreitung kann recht genau bestimmt werden. Einerseits gibt es noch keine Druiden bei den Stämmen, die zu Beginn des 4. Jahrhunderts v. Chr. die Alpen nach Italien überqueren, oder 100 Jahre später nach Osten aufbrechen, denn nirgendwo in den Erzählungen klassischer Autoren findet sich eine Erwähnung der Druiden bei den Kelten in Griechenland, Norditalien, Makedonien oder Kleinasien. Andererseits kennen die Römer die heiligen Männer der Völker Galliens ausschließlich unter dem Namen »Druiden«.

Der geografische Geburtsort des Druidentums scheint also gefunden. Wo aber liegt der geistige Ursprung? Ist er überhaupt keltisch?

Die Idee, die der gesamten druidischen Lehre unterliegt, ist die von einem bestehenden Gleichgewicht der Welt. Dieses muss unter allen Umständen und zu jedem Preis gewahrt werden, weil seine Störung den Untergang der Stammesgemeinschaft bedeutet. Ein wesentlicher Aspekt der praktischen Umsetzung dieser Idee ist es, den Kreislauf des Jahres zu verfolgen und die Zeitpunkte für Viehaustrieb, Feldbestellung, Saat und Ernte zu bestimmen, also quasi so etwas wie einen Bauernkalender für den Stamm zu führen. Das setzt nicht nur gute landwirtschaftliche, sondern auch ausgeprägte astronomische Kenntnisse voraus.

Ist es nicht denkbar, dass das Druidentum just dort entstanden ist, wo in deutlich vorkeltischer Zeit, um 3500 v. Chr., die Megalithenanlagen von Stonehenge und Avebury errichtet wurden, die ja nachweislich astronomische Funktionen erfüllt haben? Dass das ganze Wissen dieser Lehre in seiner Ausbreitung nach Osten denselben Weg wählt, den auf der anderen Seite des Kanals, am Golf von Biscaya, bereits weitere Megalithenanlagen wie die Straße von Carnac vorzeichnen?

Die Ausbreitung der druidischen Lehre erfolgt anfänglich auf ganz traditionelle Art und Weise: Heilige Männer ziehen wie Missionare durch die Lande, verbreiten ihre Ideen, finden Aufnahme bei Stämmen und innerhalb dieser Stämme lernwillige, wissbegierige Anhänger, die sich mehr als bereitwillig den Ideen der Druiden öffnen. Ganz allmählich entsteht auf der Basis eines nur dieser Gruppe zugänglichen elitären Wissens eine über allen Stammesstrukturen stehende religiöse Kaste. Es ist Wissen, das in den Augen der anderen Mitglieder der Gemeinschaften nur von den Göttern kommen kann. Für den Zugang zu diesem Wissen lässt man die Druiden daher gern und großzügig an den Lebensmittelvorräten des Stammes teilhaben. Sie sind in einer Zeit, in der Wissen durchweg religiösen Charakter hat, die wichtigsten Personen des Stammes, untrennbar mit diesem verbunden und dabei gleichzeitig außerhalb der eigentlichen Stammesstruktur.

Diese besondere Position verschafft einem Druiden einige Privilegien. Zum Beispiel wird man nie von ihm erwarten, dass er als Kämpfer mit in den Krieg zieht. Wenn er es doch tut (in Irland übrigens weitaus häufiger als in Gallien) dann freiwillig. Dann kämpft er auch nicht vorrangig mit seinen Waffen, sondern mit magischen Riten. Aus dem alten Irland wird berichtet, dass Druiden in Imitation des heiligen Kranichs auf einem Bein um die kämpfenden Heere herumhüpfen und mit ausgestrecktem Arm auf die Krieger zeigen. Weitere Arten der druidischen Teilnahme an Kampfhandlungen sind die Beruhigung aufgebrachter Krieger durch monotone Gesänge oder das Irremachen von Feinden, indem sie ihnen trockenes Gras ins Gesicht werfen.

Eine der wichtigsten Funktionen – konkret die, die sie in den Augen der jeweiligen Stammesführer nahezu unentbehrlich macht –

ist die Vorhersage der Zukunft; im Großen die der Existenz des Stammes, im Kleinen vielleicht auch nur der Ausgang der nächsten Schlacht. Meist geschieht dies durch die Beobachtung und Deutung des Vogelflugs oder auch des Vogelschreis (wobei »Vögel mit Stimme« – zum Beispiel Taube und Rabe – als heilig gelten). Zukunftsbetrachtungen anhand von Menschenopfern sind zumindest in Gallien die Domäne der Frauen. Und sie sind offenbar gut in dem, was sie tun, denn bei aller Verfolgung der Druiden bedienen sich römische Feldherrn auch nach der Unterwerfung Galliens bevorzugt gallischer Wahrsager*innen*.

Ihr unglaubliches Wissen prädestiniert die Druiden für verschiedene vitale Aufgaben im Alltag der Gemeinschaft. Natürlich sind sie religiöse Führer, die die heiligen Riten organisieren und ihnen vorstehen. Sie sind Mittler zwischen den Menschen und den Göttern, aber nicht nur zwischen diesen. Keine stammesübergreifende Verhandlung, keine Kriegserklärung, keine Friedensverhandlung findet ohne Druiden statt. Ihr Wort beendet Stammesauseinandersetzungen, wenn sie der Meinung sind, dass das göttliche Gleichgewicht wiederhergestellt ist. Sie sind die Diplomaten der Kelten und wirken somit als Mechanismus zur Schadensbegrenzung, als Schutz vor sinnlosem, die Existenz eines Stammes bedrohendem, gegenseitigem Abschlachten. Ein unverzichtbares Korrektiv in einer heißblütigen, leidenschaftlichen Kriegergesellschaft, nicht auf der Grundlage eines von Menschen geschriebenen Gesetzbuches, sondern einzig und allein aufgrund des göttlichen Rechts.

Hat jemand etwas verbrochen, zum Beispiel jemanden getötet, dann hat er keine Straftat im herkömmlichen Sinn begangen, sondern er hat vor allem das heilige Gleichgewicht gestört. Das delegiert die Funktion des Richters quasi automatisch an die Druiden, dessen Aufgabe nicht primär die Bestrafung des Schuldigen, sondern die Wiederherstellung des Gleichgewichts ist. Im Falle eines Mordes ist die Hinrichtung des Mörders zwar in der Regel die logische Konsequenz, stellt allerdings nicht dessen Bestrafung dar. Sie ist vor allem Dienst an der Gemeinschaft, die Abwendung von Unheil, das aus der Störung des Gleichgewichts herrührt. Da dieses oberste Priorität hat, ist es nicht unüblich, dass in Ermangelung des wahren Schuldigen auch ein Unbeteiligter den Preis für die Gemeinschaft bezahlt. Für Missetäter, die aus niederen Beweggründen Schaden an der Gemeinschaft verursacht haben, verhängen die Druiden die härteste Strafe überhaupt: Sie werden von den Stammesriten ausgeschlossen. Für den vielleicht kriminellen aber nichtsdestoweniger streng religiösen Kelten eine Katastrophe.

In den nordwesteuropäischen Siedlungsgebieten führt eine besondere Bestrafungsmethode dazu, dass es ausgerechnet Verbrecher sind, die als Botschafter einer vergangenen Kultur in unsere Zeit reisen. Aus Germanien überliefert und bei den Kelten ebenso verbreitet: Feiglinge und Psychopathen, die sich an Mitgliedern der Gemeinschaft vergehen, werden unter Flechtwerkgittern im Sumpf ertränkt, wo sie letztlich als Moorleiche konserviert werden.

Die Druiden sind nicht nur religiöse Führer und Richter, sondern auch Heilkundige, Beobachter der Gestirne und selbstverständlich auch Lehrer, und zwar sowohl für die Nachkommen der Druiden als auch für die Söhne der hohen Krieger eines Stammes. Denn auch denen kann es nicht schaden, wenn sie grundlegende Kenntnisse auf dem Gebiet der Heilkunde haben und sich in der Wildnis am Stand der Sonne, der Sterne und der Bemoosung der Bäume orientieren können.

Innerhalb des Druidenstandes gibt es Abstufungen. Die oberste Ebene bilden die Druiden (*dru vid* = »der, der den Eichenbaum kennt«), also die, die in der direkten Tradition der ursprünglichen wandernden Heiligen stehen. Es ist die Stufe, die man nach 20 Jahren Ausbildung erreicht hat. In der Hierarchie unter den Druiden liegen die Vates (irisch *fáith*, walisisch *gweledydd*), die Seher, Denker und Philosophen des Stammes. Ein Vates ist man nach zwölf Jahren intensiver Lehre. Die unterste Stufe des heiligen Standes sind die Barden (irisch *fíli*). In ihren Dichtungen überlebt die Geschichte der Gemeinschaft. Den Status eines Barden erreicht man bereits nach sieben Jahren. Und auch, wenn sie in der heiligen Ordnung ganz unten stehen: Ihre Gunst zu verlieren, bedeutet das gesellschaftliche Aus.

Um noch einmal auf einige der Klischees zurückzukommen: Druiden sind nicht notwendigerweise in Weiß gekleidete alte, ehrwürdige Männer, die mit einer goldenen Sichel Misteln schneiden und denen Harmonie und Frieden über alles geht. Sicher ist nicht auszuschließen, dass sie bei offiziellen Zeremonien und Auftritten in der Öffentlichkeit ein Zeremonialgewand tragen, das durchaus auch weiß sein kann. Im Alltag kleiden sie sich jedoch wie jeder andere Angehörige der Aristokratie auch, denn nichts anderes ist ihr gesellschaftlicher Hintergrund. Sie sind gut bezahlte, geachtete Spezialisten ihres Stammes.

Was die grauhaarigen Männer angeht, so ist dieses sicher der allgemeinen Verknüpfung der Begriffe »alt« und »weise« geschuldet. Zweifellos bedarf es vieler Jahre des Lernens, allerdings beginnt die Ausbildung eines Druiden bereits recht früh. Die Auswahl derer, die würdig erscheinen oder bei denen sich besondere Talente und Fähigkeiten offenbaren, erfolgt im Alter von zehn, zwölf Jahren. Also selbst, wenn die Ausbildung eines Druiden bis zu 20 Jahre dauert, dann ist es wahrscheinlich, dass eine beachtliche Anzahl den höchsten aller heiligen Ränge bereits im Alter von Anfang bis Mitte 30 erreicht hat.

Die Druiden sind eine religiös-intellektuelle Elite, die nicht nur über den Strukturen der Stämme steht, sondern die stammesübergreifende eigene Strukturen hat. Dieses äußert sich darin, dass sich die Druiden der gallischen Stämme einmal im Jahr um den 1. August herum auf dem Territorium des Stammes der Carnuten treffen, in einem Waldheiligtum in der Nähe ihrer Hauptstadt Cenabum (heute Orléans). Hier tauscht man Erfahrungen aus, diskutiert über verschiedene Interpretationen göttlicher Zeichen und Rezepte für Heiltränke und wählt nicht zuletzt auch einen Oberdruiden. Das ist dann auch die Gelegenheit, bei der die Druiden ihre weniger harmonische Seite offenbaren. Wenn die Meinungen über den geeigneten Kandidaten auseinandergehen, greifen die Herren auch schon mal zu den Waffen (traditionell Langschwert, Schild und zwei Lanzen), um sich Gehör zu verschaffen. Eine Sitte, die Bestand hat. Noch im spätrömischen Gallien, um 100 n. Chr. bekämpfen sich auf der Hochebene von Lazarc verfeindete Magierinnen.

Unabhängig von den inzwischen nachgewiesenen medizinischen Kräften der Wirkstoffe der Mistel hielt man die goldene Sichel, mit der sie angeblich geschnitten wurde, zwar richtigerweise für ein Symbol der druidischen Würde, konnte sich aber deren genaue Bedeutung nicht erklären. Inzwischen gibt es eine Theorie über ein Geheimnis, das die Druiden – und nur sie – kannten, ein Geheimnis, das sie vor allen anderen Dingen für die Kriegerherren zu den begehrtesten Fachleuten des Stammes machten: Sie wussten, wie man das Gold aus dem Stein gewinnt.

Gold hat sich unter dem Einfluss der Wertvorstellungen aus Etrurien und Griechenland zu einem wahren Edelmetall entwickelt. Es ist schon bald nicht mehr nur noch Dekoration für Luxusgüter, sondern wird zum Zahlungsmittel, speziell dann, als einige Stämme in Gallien und Süddeutschland dazu übergehen, eigene Goldmünzen zu prägen. Gold wird Macht, die man in den Händen halten und forttragen, mit der man noch mehr Macht und Einfluss kaufen kann. Es existieren sogar ansehnliche Goldvorkommen in bestimmten Gebieten, die unter keltischem Einfluss stehen, so wie in Irland und auf dem Territorium des heutigen Südwestfrankreich, genauer im Limousin. Es gibt nur ein Problem: seine Gewinnung aus dem Erz. Dafür gibt es verschiedene Methoden: Auswaschen, Ausschmelzen oder Ausscheiden durch chemische Substanzen.

Die erste Möglichkeit hat weniger mit Wissen, sondern eher mit Körperkraft zu tun. Das goldhaltige Gestein wird in Erzmühlen zermahlen und der Goldstaub und die Nuggets ausgewaschen. Nur kann das nicht wirklich die Methode sein, mit der die Mengen an verarbeitbarem Gold gewonnen werden, die bei den Kelten gefunden werden: Zwei experimentelle Archäologen haben eine keltische Goldwaschanlage nachgebaut und im Verlauf eines Tages gerade einmal zwei Gramm gewonnen. Wie unergiebig das aber auch gewesen sein mag, die reine Existenz solcher Goldwaschanlagen zeigt, dass offenbar keine Anstrengung zu groß war, um an das begehrte Metall zu gelangen.

Eine andere Methode der Goldgewinnung ist das Ausschmelzen. Gold schmilzt bei 1063 °C, fängt dann aber fast unmittelbar danach an, sich zu verflüchtigen. Feste Brennstoffe erzeugen eine Temperatur von ca. 800 °C, mit Sauerstoff angereichert bis zu 1200 °C. Es gilt also in Zeiten, in denen es keine Thermometer gibt, mit entsprechenden Schmelzeinrichtungen genau diesen Schmelzpunkt zu treffen. Das Wissen, mit welchen Brennstoffen eine bestimmte Anordnung von Schmelztiegeln befeuert und in welchen Abständen und mit welcher Kraft den Flammen Luft zugeführt werden muss, damit das Gold ohne Verluste vom Stein befreit wird, bereit zur Verwandlung in Macht durch kunstfertige Handwerker, wäre wertvoll – aber erlernbar.

Die letzte und effektivste Möglichkeit der Goldgewinnung in der Antike ist das Ausscheiden durch Quecksilber, wie die Römer sie praktizierten. Dieses setzt jedoch ein ungeheures Wissen um chemische Elemente und Reaktionen voraus, das den Horizont der Goldhandwerker in Gallien vor der Ankunft der Druiden deutlich übersteigt. Zudem ist das Hantieren mit dem hochgiftigen Quecksilber eine überaus gefährliche Angelegenheit, die ebenfalls umfangreiches Wissen voraussetzt.

Aber offensichtlich gibt es zu dieser Zeit bei den Kelten im heutigen Frankreich eine Gruppe von Menschen, die genau über dieses Wissen verfügt.

Ist es so abwegig, dass das nordwestalpine Urwissen um die Goldbearbeitung aus den Regionen stammt, in denen auch die bedeutendsten Goldvorkommen entdeckt werden, nämlich Irland? Ist es Zufall, dass es sich dabei um dieselbe Region handelt, die als das Ursprungsgebiet des Druidentums gilt? Ist es vermessen zu vermuten, dass sich das Wissen um die Goldbearbeitung von dort dahin ausbreitet, wo es aufgrund des Vorhandenseins anderer Goldvorkommen und einer Gesellschaft, die Gold als Statussymbol ansieht, dringend benötigt wird, nämlich in Gallien? Könnte es nicht sein, dass die gallischen Druiden der späteren Generationen deshalb nach Irland oder zur Insel Mona pilgern, um dort, an der Quelle des Wissens um die Seele des Goldes, die neuesten Technologien seiner Gewinnung zu erlernen? Wäre es nicht vorstellbar, dass diese Spezialisten als sichtbares Zeichen dafür, dass sie über dieses wunderbare Wissen verfügen, ein goldenes Symbol tragen ...?

Es mag aufgefallen sein, dass die Betrachtung bislang recht einseitig ausgefallen ist, was die Geschlechter angeht. Dabei spielen Frauen – ganz anders als in den klassischen Zivilisationen – bei den Kelten alles andere als eine untergeordnete Rolle.

Die Frauen der Kelten: schön, mutig, fruchtbar, promiskuitiv...

Die Berichterstattungen der Römer über die Kelten sind meist mit einer gehörigen Portion Zweckpropaganda versetzt. Im 1. Jahrhundert v. Chr. geht es Iulius Caesar immerhin darum, gute Entschuldigungen für seinen nach römischem Recht illegalen Feldzug gegen Gallien zu finden. Für die zum Teil recht abenteuerlichen Beschreibungen hinsichtlich der keltischen Frauen mag man den Erzählern jedoch zugutehalten, dass sie die Rolle der Frau im keltischen Stammessystem gegen den Hintergrund ihrer eigenen Gesellschaftsverhältnisse wahrscheinlich wirklich nicht verstehen. Dazu kommt die Faszination, die für die Berichterstatter – durchweg Männer – von der scheinbaren Verruchtheit der keltischen Frauen ausgeht.

Von einer gleichberechtigten Stellung sind die Frauen in der von Männern dominierten keltischen Gesellschaft recht weit entfernt. Ebenso weit entfernt sind sie allerdings auch von dem sklavenähnlichen Leben, das viele Frauen in der römischen Republik fristen. Ein wichtiges Unterscheidungsmerkmal ist zum Beispiel, dass keltische

Frauen über eigenen Besitz verfügen. Konkret wird bei den Kelten bereits das uns bekannte System der Zugewinngemeinschaft praktiziert: Bei der Heirat erhält eine Frau eine Mitgift von ihrer Familie, ihr Ehemann muss noch einmal das Gleiche dazulegen, und über diesen gemeinschaftlichen Besitz (meist Vieh) wird eine vom übrigen Besitz des Paares getrennte Rechnung geführt. Der Gewinn aus diesem Gemeinschaftsbesitz (also z. B. zusätzliches Vieh aus Zucht oder Einkünfte aus dem Verleih von Rindern oder Schafen zu Zuchtzwecken) darf nicht angetastet werden. Stirbt einer der Ehepartner, dann erhält der Hinterbliebene sowohl den gemeinschaftlichen Besitz als auch den daraus entstandenen Gewinn. Im Fall der Scheidung wird die Mitgift wieder ausgesondert, der Gewinn geteilt und jeder geht seiner Wege.

Apropos Scheidung. Generell werden bei den Kelten Ehen nicht für die Ewigkeit geschlossen. Beliebter Hochzeitstermin ist der 1. Mai, das keltische Fest des Sommerbeginns; als Scheidungstermin favorisieren die Kelten passenderweise den 1. November, das Fest des Winterbeginns, der Tag, an dem alles Überlebte untergeht. Das soll nicht heißen, dass es nicht Ehen gibt, die sehr lange halten, wahrscheinlich sind sie sogar die Regel. Aber wenn die Grundlage der Gesellschaft eine von den Göttern gewollte Ausgewogenheit und Harmonie ist, dann löst man eben auch auf, was nicht funktioniert. Ein wichtiger Scheidungsgrund ist anhaltende Kinderlosigkeit, denn letztlich muss der Bestand des Volkes gesichert werden. Umso wichtiger ist ein System der Besitzstandswahrung wie das hier praktizierte, das zwei Ehepartner nicht allein aus wirtschaftlichen Gründen zum Zusammenbleiben zwingt. Eine Eheschließung aus rein materialistischen Gesichtspunkten ist faktisch ausgeschlossen. Nicht nur nicht ausgeschlossen, sondern durchaus üblich sind dagegen strategische Hochzeiten. Wie in allen Wettbewerbsgesellschaften heiraten auch die Kelten, um Allianzen zu festigen oder um Dynastien zu erhalten.

Zumindest in höheren Kreisen ist es hier und da üblich, den Kreis der Ehepartner zu erweitern, auch wenn Polygamie nicht die Regel ist. Ein deutliches Zeichen dafür, dass keltische Frauen durchaus einen sehr hohen Status erlangen können, sind die – zugegebenermaßen wenigen – überlieferten Fälle, in denen die weibliche Linie so bedeutend ist, dass sich mehrere Männer eine Frau teilen.

Das führt uns zum Thema Moral. Warum es ausgerechnet römische Frauen sind, die sich abfällig über die Freizügigkeit keltischer Frauen äußern, wird wohl angesichts des von käuflicher Liebe geprägten Nachtlebens der ›Ewigen Stadt‹ eines der großen Mysterien der Sittengeschichte bleiben. Vielleicht ist der Eindruck der Promiskuität bei den Keltinnen das Ergebnis der Erzählungen über die bereits erwähnten schnelllebigen Ehen, vielleicht stößt sich auch nur die eine oder andere daran, dass die angeblich so unzivilisierten Barbarinnen deutlich offener mit ihrer Sexualität umgehen. Oder ist frustriert deswegen. Wie dem auch sei: Bei aller Offenheit ist eine keltische Ehefrau eine Ehefrau. Kaum ein Beispiel zeigt das drastischer als das der Chiomara, Gemahlin des kleinasiatischen Galaterkönigs Ortiagon. Diese gerät um 190 v. Chr. in die Gefangenschaft der römischen Legionen unter Konsul Lucius Manlius Vulso. Ihr Schicksal ist einige Zeit lang ungewiss, doch dann taucht sie unerwartet im Lager der sich gegen die vorrückenden Legionen sammelnden Galaterstämme auf …

Der Kreis der Galater öffnet sich und Ortiagon tritt auf seine Frau zu. Die aufgeregten Stimmen der Umstehenden verstummen. Man sieht Ortiagon an, dass er Mühe hat, sich selbst zur Ruhe zu zwingen. Der Bart über seinem Mund zuckt, und seine Augen verraten, dass er am liebsten auf Chiomara zustürzen und sie in seine Arme reißen würde. Doch er ist der König der Tolistobogier. Er darf seine Gefühle nicht zeigen wie der gewöhnliche Krieger. Und so steht er nur da und wartet darauf, dass seine Frau zu ihm spricht.

»Ich grüße dich, Ortiagon, König der Tolistobogier und geliebter Mann«, beginnt Chiomara. Ortiagon kneift für den Bruchteil eines Moments die Augen zusammen. Ist da bei den letzten Worten ein leichtes Zittern in ihrer Stimme gewesen?

»Ich bin glücklich, dich gesund und unversehrt wiederzusehen«, erwidert er. »Die Müdigkeit, die aus deinen Augen spricht, zeigt mir, dass ein langer, anstrengender Weg hinter dir liegt. Nichtsdestoweniger möchten wir natürlich die Geschichte deiner Flucht aus der römischen Gefangenschaft hören.« Er dreht sich um und gibt ein Zeichen. Mit einer einzigen Bewegung lassen sich alle Umstehenden auf dem Boden nieder.

Das ist keine Nacht zum Schlafen. Und Chiomara beginnt zu erzählen …

»Die Römer hatten keine Schwierigkeiten, uns nach der Niederlage gefangen zu nehmen. Die meisten der Frauen waren bei den Kindern, Alten und Kranken geblieben, und als sie uns erreichten, haben wir uns nicht gewehrt. Sie trieben uns zusammen und brachten uns nach Ancyra. Ich hatte den anderen Frauen zuvor eingeschärft, den Römern nicht zu verraten, wer ich bin, weniger aus Angst um mich selbst, als vielmehr, um den Römern keine Handhabe zu bieten, Ortiagon zu erpressen. Doch sie fanden es heraus, und so wurden ich und meine Diener von den übrigen Gefangenen getrennt und einem römischen Offizier, einem *Centurio*, zur persönlichen Bewachung übergeben. Vom ersten Augenblick an hat dieser Mann versucht, mich dazu zu bringen, ihm zu Willen zu sein, zuerst noch durch Versprechungen und Geschenke.« Sie holt tief Luft. »Dann hat er sich mit Gewalt genommen, was ich ihm verweigert hatte.«

Das Knistern des herunterbrennenden Feuers ist das einzige hörbare Geräusch. Alle Blicke sind auf Ortiagon gerichtet. Der sitzt wie versteinert. Er scheint nicht einmal zu atmen. Seine starren Augen hängen an Chiomaras Lippen. Ein Römer hat seiner Frau Gewalt angetan. Ein römischer Offizier hat von der Frau des Königs der Tolistobogier genommen, was nur diesem zusteht.

Sie erhebt sich. »Es kann in dieser Welt nur einen Mann geben, der das Recht hat, mich zu berühren.« Mit diesen Worten greift sie in ihren weit geschnittenen Mantel und holt ein Bündel hervor. Mit einem Ausdruck von Ekel, so, wie man ein Stück verdorbenes Fleisch von sich schleudert, wirft sie den in Tuch gewickelten Klumpen zu Boden. Ortiagon kniet nieder und löst den Stoff. Er stockt einen Augenblick in seiner Bewegung. Dann steht er langsam auf und reckt den Arm in die Höhe. Dabei dreht er sich herum, damit das, was er in der Hand hält, für jedermann sichtbar ist.

Ein Kopf. Ein junges bartloses Gesicht mit kurzen dunklen Locken und schmalen Lippen.

Der *Centurio*.

Alle Augen wandern wieder zu Chiomara. Die junge Frau steht aufrecht vor den Männern, trotzig das Kinn vorgeschoben.

»Nachdem er sich von mir genommen hatte, was er wollte, verlangte es ihn nach etwas, das ich ihm nicht geben konnte: Gold. Er versprach mir, mich laufen zu lassen, wenn ich ihm eine bestimmte Menge Gold verschaffen würde. Ich schlug ihm vor, zwei meiner Diener zur Festung der Tectosagier zu schicken, um das Verlangte zu holen. Er stimmte zu, denn der Gedanke an das Gold hatte ihm den Verstand vernebelt. Ich tat also, als würde ich meine Diener nach dem Golde schicken, wies sie jedoch heimlich an, sich lediglich einen Tag in der Nähe des Gefangenenlagers zu verstecken. Am nächsten Abend führte mich der *Centurio* zu dem verabredeten Platz außerhalb des Lagers. Er war allein, denn seine Gier war größer als seine Vorsicht und sein Verstand zusammengenommen. Meine Diener erschienen und übergaben ihm entsprechend meiner Anweisung zwei kleine Säcke voller Steine. Während sich der *Centurio* nun niederkniete, um die Verschnürung zu öffnen, gab ich meinen beiden Dienern in unserer Sprache den Befehl, den Römer niederzuschlagen. Nachdem sie ihn zu Boden gestreckt hatten, ergriff ich sein Schwert und nahm seinen Kopf, um ihn als Zeichen meiner wiederhergestellten Ehre meinem Mann und König zu überbringen.«

Für eine kleine Weile herrscht völlige Stille. Dann gibt es einen dumpfen Laut. Ortiagon hat den Kopf des Römers fallen lassen und tritt nun auf Chiomara zu. Ohne ein Wort zieht er sie in seine Arme und schließt die Augen.

Ein metallisches Klirren lässt ihn wieder aufsehen. Alle Galater sind aufgestanden, haben ihre Schwerter gezogen und in den Himmel gereckt.

Dann schreit einer: »Hoch Chiomara! Hoch Ortiagon! Nieder mit den Römern!«

Diese – im Übrigen authentische – Erzählung korrespondiert eher mit der allgemeinen Einstellung keltischer Frauen zu Ehe und Treue. Diese Einstellung kommt auch in der ebenfalls überlieferten und vielfach zitierten folgenden Begebenheit zum Ausdruck. Als Kaiserin Julia Augusta der Frau des Fürsten Argentocoxus, Fürst eines keltischen Stammes im heutigen Schottland, ihre offen zur Schau gestellte Lust auf ihren Mann vorwirft erhält sie zur Antwort: »Wir erfüllen die natürlichen Bedürfnisse viel besser als ihr römischen Frauen, denn wir verkehren öffentlich mit den besten Männern, während ihr euch im Verborgenen von den niedrigsten besudeln lasst.« Ob Frau Augusta darauf etwas geantwortet hat, ist nicht überliefert. Angesichts einer Stadt mit einer derart ausgeprägten Bordell- und Straßenstrichkultur wie Rom (die auch vor Friedhöfen nicht haltmachte), einem berüchtigten Stadtviertel, der Subura, in das sich nächtens zahlreiche Frauen aus gutem Hause – dem kaiserlichen eingeschlossen – schlichen, um dort inkognito ihre Liebesdienste jedem anzubieten, der dafür bezahlte, einer Stadt, in der Kaiser Caligula im Jahre 40 n. Chr. sogar eine Steuer »in Höhe eines Beischlafs pro Tag« einführte, wäre zurückhaltendes Schweigen in jedem Falle die beste Wahl gewesen.

Frauen stellen eine nicht zu unterschätzende Macht im Stammesleben dar. Sie sind Priesterinnen, Heilkundige, und in Gallien gibt es bei einigen Stämmen sogar einen »Rat der Kriegerfrauen«, der ein gewisses Mitspracherecht in Stammesangelegenheiten für sich beansprucht.

Ob keltische Frauen schön sind, liegt sicher im Auge des jeweiligen Betrachters. Auf jeden Fall sind sie wohl sehr hochgewachsen; die meisten Berichte beschreiben sie als fast so groß wie keltische

Männer. Auch was die Fruchtbarkeit angeht, kann man den Berichterstattern angesichts der in keltischen Landen schon bald herrschenden Überbevölkerung Glauben schenken.

Das Feuer im Kopf – die Religion der Kelten

Ein religiöses Leben

Unabhängig davon, ob wir religiös sind oder nicht, ist unser Leben angefüllt mit kleinen Ritualen. Ob man sich beim Anstoßen etwas Gutes wünscht oder »Gesundheit« sagt, wenn jemand niest (auch wenn die neuesten Benimmregeln vorschreiben wollen, dass sich der Niesende entschuldigen soll); es sind kleine Rituale, die wir bewusst gar nicht mehr wahrnehmen, die ihren Ursprung tief in der Vergangenheit haben. Und auch die Dinge, die wir gemeinhin als Aberglauben bezeichnen, sind nichts anderes als die Überreste untergegangener Religionen, deren gesellschaftliche Basis nicht mehr existiert. Hin und wieder befiehlt uns das kollektive Unterbewusstsein, uns zu erinnern, zu agieren, ohne dass wir wissen warum überhaupt und warum genau so.

Bleiben wir bei dem Beispiel mit dem Niesen. Wer im tiefen Westen Irlands, in Connaught oder Donegal, abends beim Guinness oder Whiskey in einem der wenigen noch ursprünglichen Pubs sitzt und niesen muss, der wird bemerken, dass die umsitzenden Einheimischen – wildfremde Menschen – sich darin überbieten, ihnen ein »Sláinte!« – »Gesundheit!« zuzurufen. Das hat nun weniger mit der Gastfreundschaft der Iren zu tun (auch wenn diese unbestritten ist), sondern vielmehr mit dem tief verwurzelten Glauben, dass der Teufel im Raume sitzt und darauf wartet, dass solch ein Niesen ungehört verhallt, woraufhin ihm diese arme verlassene Seele zufallen würde. Kaum jemand wird diesen Hintergrund kennen. Umso beachtlicher ist es, dass der Reflex funktioniert, weil er offenbar tief im Unterbewusstsein verwurzelt ist. Was vielleicht auch der Grund dafür ist, dass sich die neue Regelung des Sich-Entschuldigen-Müssens nicht wirklich ernsthaft durchsetzt – sie ist halt wider die tiefe innere Religion eines jeden von uns.

So banal dieses kleine Beispiel auch erscheinen mag, es kann stellvertretend für all das stehen, was die keltische Religion ausmacht: Erstens: Die Götter und Geister sind allgegenwärtig. Zweitens: Diese Götter und Geister sind den Menschen nicht notwendigerweise immer wohlgesonnen. Drittens: Die Götter und Geister lassen mit sich reden. Viertens: Das Wichtigste überhaupt ist das große Gleichgewicht. Seine Zerstörung bringt das Unheil, deshalb sind alle Mittel gerechtfertigt, die das Gleichgewicht erhalten oder wiederherstellen. Und Fünftens: Jeder achtet auf jeden, denn den Göttern ist es egal, wer das große Gleichgewicht stört; die Konsequenzen werden alle betreffen.

Die Kelten sind tief religiöse Menschen. Sie sind sich der ständigen Anwesenheit der Götter bewusst. Jede ihre Handlungen ist gewollt oder ungewollt darauf ausgerichtet, die oben stehenden fünf Grundsätze zu befolgen. Religion wird nicht praktiziert, sie wird gelebt, im Großen wie im Kleinen, im Rahmen der gemeinsamen Stammesriten, im Krieg und im eigenen Haushalt.

Die stärkste Waffe der Kelten – die Unsterblichkeit

Ob auf den Schlachtfeldern Makedoniens, Kleinasiens, Griechenlands, Spaniens oder Galliens, ob makedonische Hopliten oder römische Legionäre, sie alle fürchteten eines: den *furor gallicus* – die Raserei der gallischen Krieger, die nicht die geringste Angst vor dem Tod zeigten. So berichtet der griechische Reiseschriftsteller Pausanias, der zwischen 160 und 180 n. Chr. die einzige vollständig erhaltene Reisebeschreibung Griechenlands verfasst, von Begebenheiten aus der rund 200 Jahre zuvor stattgefundenen Schlacht zwischen Kelten und Griechen am Pass über die Thermopylen, die ganz und gar unglaublich erscheinen: »Die Galater aber waren weniger gut gerüstet; sie trugen nämlich nur die landesüblichen Langschilde und keine weiteren Waffen zum Schutz des Körpers; vor allem aber fehlte es ihnen an Kriegserfahrung. Sie griffen ihre Gegner nämlich voller Ungestüm mit sinnloser Wut wie Tiere an; und selbst von Beilen und Schwertern durchbohrt, verließ sie ihre sinnlose Raserei nicht, solange sie noch atmeten, und selbst von Speeren durchbohrt behielten sie ihren Mut, bis sie ihre Seele aushauchten; manche zogen sogar die Speere, von denen sie getroffen worden waren, aus den Wunden und schleuderten sie gegen die Griechen oder benützten sie im Nahkampf ...« An anderer Stelle wird von Kelten erzählt, die beim Vorrücken in der Schlacht auf den Lanzen ihrer Gegner steckten und dennoch solange auf ihren Besieger einzuschlagen versuchten, bis das Leben sie ganz verlassen hatte.

Ein Krieger, für den der Kampf keine Pflicht, sondern höchste Ehre ist.

Noch dazu ein Krieger, der keine Angst vor dem Tod hat.

Ein Verrückter, offenbar von seinen Göttern verlassen.

Der Albtraum eines jeden Angehörigen einer antiken Berufsarmee.

Die Kelten sehen das etwas anders. Für sie ist es undenkbar, dass das, was einen Menschen wirklich ausmacht, tatsächlich für immer untergehen kann. Es ist zu wertvoll, als dass es mit der verwundbaren, der sterblichen Hülle vergeht.

Wir bezeichnen dieses wertvolle Element heute als Seele. Die Kelten glauben daran, dass diese Seele wiedergeboren wird. Allerdings legen sie im Gegensatz zu den christlichen Religionen nicht fest, in welcher Gestalt eine Seele wiederkehren kann. In der irischen Sage von Túan mac Cairill kehrt dieser nacheinander als Hirsch, als Keiler, als Adler und als Lachs wieder, wird als solcher von einer Frau gegessen und im wahrsten Sinne des Wortes von dieser »wiedergeboren«.

Diese Wiedergeburt ist quasi ein Automatismus, eine Selbstverständlichkeit, so selbstverständlich, dass es nicht im Geringsten anrüchig ist, sich etwas zu borgen mit dem Versprechen, es im nächsten Leben zurückzuzahlen. Sie ist ein Teil des sich stets wiederholenden Lebenszyklus – wie auch der Tod. Und der hat nichts Bedrohliches an sich. Denn während die christliche Religion auf der Angst der Menschen vor dem beruht, was ihn bei nicht glaubenskonformem Verhalten erwartet, kennt die keltische Religion zwar durchaus ein Jenseits, unterteilt jedoch nicht in Himmel und Hölle. Der Vergleich mag hinken, doch für einen keltischen Krieger ist das Sterben nichts anderes als für uns eine Zugfahrt, bei der das Ziel feststeht. Bei den Kelten heißt dieses Ziel die ›Andere Welt‹.

Diese Andere Welt ist kein bedrohlicher, unbekannter, dunkler Ort. Sie verkörpert für jeden das Erstrebenswerte schlechthin. Für einen Krieger sieht das so aus, dass er jeden Tag in einer grünen Ebene in den Kampf ziehen kann, mit all seinen Kampfgefährten, die er bereits aus dem Diesseits kannte, mit denen er sich am Abend am Feuer trifft, mit ihnen feiert, sich mit seinen Taten brüsten kann, Fleisch aus nie leer werdenden Fleischkesseln isst, wo Bier und Wein in Strömen fließen. Dieses Kriegerparadies wird ewig andauern, denn es gibt keinen Zeitfluss in der Anderen Welt – demnach auch kein Altern. Und die Wunden der Kämpfe des Tages heilen über Nacht, sodass dem tapferen Streiten am nächsten Tag nichts im Wege steht. Und vor solch einem Ort soll ein keltischer Krieger Angst haben?

Zu guter Letzt darf man sich die Andere Welt auch nicht als weit abgelegene, unerreichbare Gefilde vorstellen, die zu erreichen es einer langen Reise bedarf. Auch Entfernung kann bedrohlich wirken. In den keltischen Glaubensvorstellungen sind die Grenzen zwischen Diesseits und Jenseits, wenn man überhaupt von Grenzen sprechen kann, bestenfalls fließend. Die Andere Welt existiert parallel, um sie herum. Am ehesten verständlich ist dieses Denkkonzept für Fans von Science-Fiction-Filmen, in denen gelegentlich von ›einer anderen Dimension‹, einem ›anderen Raum-Zeit-Kontinuum‹ oder einer

›Parallelwelt‹ die Rede ist. Hier und da gibt es Verbindungen vom Diesseits in die Andere Welt, auf einem Hügel, in einem See oder Fluss, einem Wald, Orte, an denen sich die geheimnisvollen Kräfte den Menschen offenbaren. Man glaubt auch, dass ein Mensch in die Andere Welt reisen und wieder zurückkehren kann (gelegentlich werden Menschen auch gezielt als ›Botschafter‹ auf die andere Seite geschickt – wie unerfreulich für den Einzelnen und barbarisch dies aus moderner Sicht auch erscheinen mag), allerdings geht man realistischerweise davon aus, dass niemand freiwillig von solch einem paradiesischen Ort wiederkehren wollte.

An einem Tag im Jahr (oder besser: in einer Nacht) jedoch ist alles anders. An diesem Tag öffnen sich die Tore zur Anderen Welt und die Götter und Geister mischen sich – natürlich unsichtbar – unter die Menschen, feiern mit ihnen und spielen ihnen Streiche. Das ist die Nacht vom 31. Oktober auf den 1. November, der Tag, an dem die Kelten das Fest des Winterbeginns feiern, auf Keltisch *samhain* genannt und in unseren Tagen als Halloween bekannt.

Bis in unsere Zeit dauert sie an, die Suche nach dem Ort, an dem die Seele im Menschen wohnt. Für die Kelten dagegen hat es nie einen Zweifel darüber gegeben, wo die menschliche Seele ihren Sitz hat.

Seelenjäger – Seelenbeschützer

Autoren der klassischen Antike haben schon immer mit angemessenem Ekel über die Sitte der Kelten berichtet, ihren Feinden den Kopf abzuschlagen; in den Augen der Klassiker eine unaussprechliche Entehrung der Toten. Kein Wunder also, dass die Gallier im Ruf stehen, ehrenlose Barbaren zu sein. Vor allem, weil sie nicht nur die Köpfe ihrer Gegner, sondern auch die ihrer eigenen Kampfgefährten abschlagen.

Die Kelten betrachten den Kopf eines Menschen als die Heimstatt der unsterblichen Seele. Wenn ein Krieger seinem im Kampf schwer verwundeten Kameraden den Kopf abschlägt und mitnimmt, dann geschieht das nur aus einem Grund. Er will dessen Seele davor bewahren, in die Hände des Feindes zu fallen oder ruhelos in einem fremden Land herumzuwandeln, den Weg in die Andere Welt nicht zu finden. Wobei sie aus praktischen Erwägungen heraus nicht leichtfertig mit dem diesseitigen Leben ihrer Kampfgefährten umgehen, denn auch, wenn er wiedergeboren wird, so fehlt akut seine Kampfkraft. Sie tun dies nur, wenn sie in aussichtsloser Lage auf dem Rückzug sind und Verwundete nicht mitnehmen können, ohne den Rest zu gefährden, oder die Verletzungen so schwer sind, dass eine Heilung aussichtslos erscheint. Dabei gelten theoretisch alle Wunden als heilbar, es sei denn, es sind schwerste Schädel- oder Rückenverletzungen.

Wer einem besiegten Feind im Kampf den Kopf abschlägt, der verstümmelt ihn nicht, sondern ehrt ihn damit. Er nimmt seine Seele an sich um zu zeigen, dass sie ihn respektiert und seine Wiederkehr fürchtet. Gleichzeitig möchte der Sieger, dass die Kraft des im ehrenvollen Kampf Besiegten auf ihn übergeht, eine Vorstellung, die 1 : 1 und sehr effektvoll von den Machern der Kinofilme sowie der Serie »Highlander« übernommen wurde. Damit wird auch klar, dass längst nicht jedem die Ehre zuteil wird, den Kopf zu verlieren. Und eine Ehre ist und bleibt es, selbst, wenn der Kopf auf eine Lanze gespießt und auf der Mauer der heimischen Hügelfestung arrangiert, oder an das Geschirr des Pferdes gebunden wird. Die Häupter hochgeschätzter Feinde erfahren gelegentlich eine ausgesprochen exklusive Behandlung. Sie werden aufwändig präpariert, in Zedernöl eingelegt, die Augen durch Goldplättchen ersetzt und schließlich in einem extra angefertigten Kästchen aufbewahrt. Man stelle sich die Geschichten vor, die Schädel erzählen können, die über Generationen hinweg in Familienbesitz geblieben sind. Ihr Wert ist unermesslich, ein Verkauf – selbst gegen das Gewicht des Schädels in Gold – völlig undenkbar.

Einen Schädel wohlpräpariert in einem sicheren Versteck aufzubewahren und ihn ausgewählten Gästen zu zeigen ist eine Sache.

Schädelstele der kelto-ligurischen Saluvii aus der Gegend um Entremont.

Sich mit abgeschlagenen Köpfen das Haus zu dekorieren eine andere. Doch wenn in den Heimen keltischer Kriegerfamilien Schädel wie Zimmerampeln von der Decke hängen, in Wandnischen stehen oder mit leeren Augen aus speziell zu diesem Zweck errichteten Steinsäulen starren, dann haben diese Einrichtungen keine Schmuckfunktion. Zumindest nicht primär. Sie stellen übersetzt in die klassische Denkweise von Römern und Griechen vielmehr so etwas wie einen Schrein dar. Und diesen Teil ihres Glaubens lassen sich die Kelten auch unter dem starken Einfluss griechischer Vorstellungen nicht nehmen, wie die Heiligtümer des kelto-ligurischen Stammes der Saluvier in Südfrankreich eindrucksvoll beweisen. Ihre heiligen Bauten erinnern durch die Nähe Massalias eher an griechische Tempel, mit angemalten Geiern aus Sandstein, die auf einer Konstruktion von Steinsäulen und Stürzen thronen. Wenn es da nicht ein definitiv ungriechisches Element gäbe: Nischen für menschliche Schädel.

Leben mit den Göttern – geben und nehmen

Der keltische Fürst Brennus, der im Jahre 278 v. Chr. mit seinen Heerscharen gegen das griechische Zentralheiligtum Delphi vorrückt, hält laut Pausanias anlässlich der Besichtigung eines griechischen Tempels die Griechen für größenwahnsinnige Dummköpfe. Größenwahnsinnig, weil sie ihre Götter als Skulpturen nach ihrem eigenen, menschlichen Vorbild erschaffen, und dumm, weil sie diesen Göttern opfern, ohne eine konkrete Gegenleistung zu erwarten.

Alle vorchristlichen Kulturen, außer der jüdischen, sind polytheistisch. Ob Ägypter, Griechen, Römer, sie alle leben tagtäglich mit einer Vielzahl von Göttern, die sich die verschiedensten kleinen und großen Aufgaben der Behütung und Kontrolle der Menschheit teilen. Das reicht in Rom von Göttern, die multifunktional sind (so ist Hermes – was für ein Zufall! – sowohl der Gott der Kaufleute als auch der Diebe, und so ganz nebenbei auch noch Regierungssprecher, in antiker Diktion »Götterbote«), bis hin zu subalternen Angehörigen des göttlichen Pantheon mit sehr »speziellen« Aufgabenbereichen (wie Cloacia, die Göttin der Kanalisation der Stadt Rom).

Was den Polytheismus angeht, so machen die Kelten keine Ausnahme. Während es bei Ägyptern, Griechen und Römern jedoch ausgiebige mündliche und schriftliche Überlieferungen der Göttersagen gibt, liegt aufgrund der Abwesenheit derselben bei den keltischen Göttern vieles im Dunklen. Was wir heute wissen, ist meist abgeleitet aus den Versuchen der Römer und Griechen, keltischen Gottheiten eine Entsprechung aus dem eigenen Götterhimmel zuzuordnen, was zumindest eine gewisse Genauigkeit in der Funktionsdefinition garantiert. Eine weitere Quelle sind die etliche Jahrhunderte später niedergeschriebenen irischen und walisischen Sagenzyklen, wobei man auch hier vorsichtig mit dem Herleiten von Parallelen zu den Göttern in anderen keltischen Siedlungsgebieten sein muss.

Einige der von den Kelten angebeteten Götter stammen eindeutig noch aus vorkeltischen Zeiten, wie die Muttergöttin Danu. Die irische Mythologie erzählt von dem »Volk der Göttin Danu«, den *Tuatha De Danann*, einem göttlichen Volk aus der frühen Besiedlungsgeschichte Irlands. Danu gilt auch als die Schöpferin eines mächtigen Flusses, der Donau …

Es gibt einige Götter, die zum Ursprung der keltischen Religion gehören und dementsprechend bei einem Großteil der Stämme der Britischen Inseln, Galliens und zum Teil auch Spaniens gleichermaßen bekannt sind. Einer der prominentesten Vertreter dieser göttlichen Führungskaste ist der Sonnengott Lugh (»das strahlende Licht«), auch bekannt als Bel oder Belenos. Unter diesem Namen wird er unter anderem an einem Ort verehrt, der seither »Das Tor des Belenos« heißt und im heutigen London liegt; aus dem englischen »Belenos' Gate«, ist im Zuge der Zeit »Billingsgate« geworden.

Taranis ist der Himmelsgott, der Blitz und Donner auf die Erde schleudert, und Cernunnos der Erdgott und Herr über Leben und Tod (im Irischen *Dagda*: der »gute Gott«). Von den Griechen mit Zeus gleichgesetzt, stellt er den Vater der Götter oder zumindest eine Obergottheit dar. Die Familienverhältnisse des Cernunnos sind übrigens der Ursprung der immer noch gängigen Redewendung vom »gehörnten Ehemann«. Cernunnos, der als persönliches Markenzeichen ein Geweih trug (daher sein Name: *cerna* = altkeltisch »Horn«), hatte das zweifelhafte Vergnügen, seine Frau mit dem Luftikus Taranis teilen zu müssen.

Unterhalb der Obergötter rangieren die lokalen Gottheiten, die stammesübergreifend verehrt werden, aber gewissermaßen einen festen Wohnsitz haben. Eine solche ist Sulis, die Göttin einer den Kelten heiligen Quelle in Großbritannien, deren Magie und Heilkraft die Jahrtausende überdauert haben. Wasserkulte sind so alt wie die Menschheit. Im Falle der Sulis ist er so stark, dass er nicht nur die Kelten, sondern auch die nachfolgenden Römer, Angelsachsen und Normannen überlebt. In römischen Zeiten ist das Heiligtum ein Heilbad mit dem Namen *Aquae Sulis* – »Quelle der Sulis«; heute heißt der Ort schlicht Bath. Einen ähnlichen Ort findet man auch auf deutschem Territorium: Aachen, das nach dem keltischen Quellgott Granus im Mittelalter den Namen *Aquis Granum* trug.

Weitere bekannte lokale Gottheiten sind Lenus, der Gott der Treveri in der Region um das heutige Trier, und Vosegus, in den Vogesen, den Bergen in Gallien sowie auch die in Burgund, in der Nähe von Dijon verehrte Heilergöttin Sequana. In Britannien verehrt man den Kriegsgott Camul, an einem Ort, der den Namen *Camul Dun* – »Festung des Camul« trägt; das heutige Colchester (von angelsächsisch: *Colneceastre* = »Lager des Cair Colu«).

Überliefert ist bei keltischen Schwüren die Eidesformel »Ich schwöre bei den Göttern, bei denen mein Stamm schwört«. Die Quelle eines weitverbreiteten Irrtums. Wenn der antike Grieche über etwas erstaunt ist, dann sagt er angeblich »Beim Zeus!«, beim Römer heißt es »Beim Jupiter!«. Laut Rene Goscinny, dem Erfinder der Asterix-Comics, ist die keltische Variante dieses Ausrufes »Beim Teutates!« Allerdings ist ›Teutates‹ kein Name, sondern aller Wahrscheinlichkeit nach die keltische Entsprechung des Wortes ›Stammesgott‹. Das in »Teutates« enthaltene und heute noch im Irischen existierende Wort »tuath« bedeutet nichts anderes als »Volk«, oder »Stamm«.

Für die Kelten sind die Götter keine idealisierten, abgehobenen Wesen. Die irischen Sagenzyklen bestätigen sogar Iulius Caesars Behauptung, dass sich die Kelten als Nachfahren ihrer Götter betrachten. Die Kelten sind permanent darum bemüht, sich mit ihren Göttern gut zu stellen. Letztere sind unberechenbar und launisch, neidisch, eitel, und haben überhaupt höchstmenschliche Eigenschaften. Nicht ganz von ungefähr werden sie von Künstlern auch meist in sitzender Haltung gezeigt, und zwar nicht irgendwie sitzend, sondern im Schneidersitz, der bevorzugten Sitzhaltung der keltischen Krieger bei Festgelagen. Genau genommen heben sich die Götter von den Menschen nur durch einzelne hervorragende Charakteristika ab. So verhält sich beispielsweise Lugh (oder Bel) nicht anders als jeder andere Kelte mit einem gesunden Selbstbewusstsein: Er prahlt mit dem was er kann, drängt sich in den Vordergrund, genießt es, wenn man ihn ›Lugh den Alleskönner‹ nennt. Was ihn zum Gott macht, ist der schlichte Fakt, dass er *tatsächlich* alles kann …

Doch so menschlich die Kelten die sie umgebenden, beschützenden, sie ärgernden Götter auch betrachten, nie würde es ihnen in den Sinn kommen, sie wie ihre eigenen Abbilder darzustellen. Abgesehen davon, dass es cool aussieht; das ist auch der Grund für die Verkleidung an Halloween, die bis zur Entstellung reicht. Kein Hersteller von Votivgaben, Skulpturen, Gefäßen, Dekorationen wagt es, einen der Erhabenen so darzustellen, dass er einem Menschen gleicht, obwohl er rein künstlerisch durchaus dazu in der Lage wäre. Erst gegen Mitte des 1. vorchristlichen Jahrhunderts, und auch da nur in unmittelbarer Nachbarschaft zu römischen und griechischen Siedlungsgebieten, tauchen Abbildungen und Skulpturen von Göttern in menschlicher Gestalt auf, die nur noch durch kleinste Details als Götter identifizierbar sind.

Die Kelten betrachten Götter also weniger als abgehobene Wesen, vor denen man Angst haben muss. Das einzige Problem ist, dass der Durchschnittskelte die Sprache der Götter nicht versteht und sich daher zum Zwecke der Kommunikation eines heiligen Mannes bedienen muss. Das ist aber kaum etwas anderes als das heutige System des Dolmetschens: Unser Gegenüber ist ja nichts Übernatürliches, nur weil er eine andere Sprache spricht als wir. Und genauso natürlich wie mit ihren eigenen gehen die Kelten auch mit den Gottheiten anderer Völker um. So haben sie während ihrer kriegerischen Wanderungen durch Griechenland oder Kleinasien im 3. vorchristlichen Jahrhundert keinerlei Hemmungen, auch die Heiligtümer fremder Völker zu plündern. Wenn Krieg, dann richtig, also konsequenterweise auch gegen die Götter des Feindes. Auch haben keltische Götter keinen »Konkurrenzschutz«: Kelten wenden sich durchaus Aspekten fremder Gottheiten zu, wie keltische Opfergaben in Massalia und Rom beweisen. Speziell in den weit von der

Der keltische Gott Cernunnos. Zeichnung nach einem Relief auf dem Kessel von Gundestrup. Diese Figur ist ein schönes Beispiel für die fortgeschrittene Handwerkskunst der späten La-Tène-Zeit. Im Gegensatz zu der Cernunnos-Statue aus der Hallstattzeit (s. Abb. auf Seite 68) repräsentiert dieser Cernunnos ganz klar die Geisteswelt der Kriegergesellschaft: Die Torque, ein massiver Halsreifen, ist ein Statussymbol der Krieger.

gallischen Heimat entfernten Siedlungsgebieten wie in der heutigen Türkei nehmen die keltischen (galatischen) Gemeinschaften die religiösen Kulte ihrer Nachbarn an. So ist überliefert, dass sich große Gruppen von Galatern dem auch in Rom bekannten und gepflegten Kult der Göttin Kybele angeschlossen haben sollen, der zumindest für die Würdenträger der oberen Kategorie recht unerfreuliche Konsequenzen hatte. Diese haben sich im Rahmen von Kultzeremonien einer rituellen Selbstentmannung zu unterziehen…

Die Götter sind also vielleicht nicht ganz einfache, anspruchsvolle, allgegenwärtige Mitglieder der keltischen Gemeinschaft, mit denen sich gut auskommen lässt.

Solange man bestimmte Regeln befolgt.

Rituale: Dialog mit den Göttern

Man sagt ›Kleine Geschenke erhalten die Freundschaft‹. Die Kelten haben nichts zu verschenken. Sie erbitten – und erwarten – konkrete Gegenleistungen. Opferungen sind also eigentlich Geschäfte; man möchte, dass die Götter und Geister etwas für einen tun. Und bei Göttern, die launenhaft sind und auch sonst jede Menge menschliche Eigenschaften aufweisen, zahlt man auch schon mal dafür, dass man nicht Opfer ihrer Launenhaftigkeit wird. Diese antike Variante der ›Schutzgelderpressung‹ hat ganz offensichtlich überlebt, denn wir erleben sie alljährlich an Halloween, wenn die kleinen Geister an der Tür klingeln und »Trick or treat!« – »Süßes oder Saures!« rufen.

Opferungen sind die am weitesten verbreitete Möglichkeit, sich mit den Göttern zu arrangieren. Wenn es um das Wohl des gesamten Stammes geht, dann sorgen auch alle gemeinschaftlich dafür, dass genug Opfergaben da sind. Handwerker fertigen spezielle Votivgaben (rituelle Gefäße, kleine Statuetten). Kriegsbeute ist zum größten Teil für Opferhandlungen vorgesehen. Verteilt wird nur was übrig bleibt, nachdem die »Opferkasse« des Stammes aufgefüllt ist.

Bereits geopferte Gegenstände sowieso, aber auch solche, die für die Opferung vorgesehen sind, können bedenkenlos an völlig unbewachten Orten deponiert werden. Niemand stiehlt aus einem solchen Lager oder gar einem Schrein. Noch nicht einmal, weil demjenigen für dieses Sakrileg zur Besänftigung der bestohlenen Götter Folterung und Tod drohen würde. Das wäre eigentlich nur eine Formsache und muss unter Umständen noch nicht einmal den eigentlich Schuldigen treffen. Viel wichtiger ist: Man hat einen Vertrag mit den Göttern. Ihnen den Kaufpreis vorzuenthalten oder gar wieder wegzunehmen, wäre Vertragsbruch, und der hätte Konsequenzen. Diese würden alle treffen. Also auch, wenn ich selbst nicht erwischt werde, kann ich der Strafe letztendlich nicht entrinnen.

Dieses Wissen scheint bis in unsere Tage überlebt zu haben. In entlegenen Gebieten Irlands werfen alte Torfstecher gefundene Gegenstände in den Sumpf zurück – zum verständlichen Entsetzen der Archäologen. Aber was soll man machen? Schließlich bringt es Unglück etwas zu nehmen, was offensichtlich bereits den Göttern angeboten worden ist …

Wenn ein keltischer Stamm das Territorium eines anderen besetzt, sind die Heiligtümer tabu. Erst nicht keltische Eindringlinge, namentlich die schlecht bezahlten Legionen Roms, unter ihren zum Teil hoch verschuldeten Feldherrn, betrachten die Opferstätten als willkommene Quellen zur Aufbesserung der Bezüge.

Sie finden diese Opferstätten nicht in den Siedlungen der Menschen, die sie vertreiben. Wenn sie die Schreine entdecken, dann meist zufällig, auf Hügelspitzen, in Grotten und in Wäldern. Eine ganz besondere Beziehung haben die Kelten zu Wasser. Für sie sind Quellen, Teiche und Seen nicht einfach nur stehende und fließende Gewässer, sondern vor allem Verbindungen zur Welt der Götter und Geister. Was liegt also näher, als sie auch als Orte der Kommunikation im Sinne des Leistungsaustauschs zu nutzen?

Wasseropfer gibt es überall, wo die Natur die Voraussetzungen dafür geschaffen hat. Nicht zuletzt ist auch La Tène, der Ort, der der ganzen Periode ihren Namen gegeben hat, nichts anderes als eine solche Opferstätte. Eines der reichsten Depots finden die römischen Legionen unter Konsul Quintus Servilius Caepio im Jahr 106 v. Chr. in einem See in der Nähe des heutigen Toulouse, vormals Tohiosa (= »kostbares Wasser«), der Stammeshauptstadt der Tectosagier. In Irland hält sich die Praxis der Wasseropfer sogar bis ins 6. christliche Jahrhundert.

Eine für beutegierige Eroberer eher unattraktive Angelegenheit sind die bis zu sechs Meter tiefen Ritualschächte. Sie liegen in der Regel weit ab von den Siedlungen und entweder innerhalb oder in unmittelbarer Nähe so genannter »Viereckschanzen«, großen Einfriedungen bestehend aus Erdwällen. Was immer in ihnen stattfindet, es hinterlässt so gut wie keine Spuren. Hier und da weisen ein paar Löcher im Boden auf hausähnliche Strukturen hin, aber ob es sich dabei um einen Schrein oder ein schlichtes Vorratshaus handelt, das entzieht sich schon wieder der Erschließung. Denkbar ist, dass die Opferriten durch Feste begleitet werden, wobei davon natürlich ebenfalls keine Überbleibsel bis in unsere Tage überlebt haben.

Doch bieten die Kelten ihren Göttern nicht nur Geschirr, Geweihe und Waffen zum Tausch gegen göttliche Dienstleistungen an.

Wo ist es?«, bellt Lucius. Der alte Gallier schaut ihn aus wilden, wirren Augen an und schüttelt den Kopf. Wutschnaubend zieht Lucius sein Kurzschwert und setzt dem Greis die Spitze an die Kehle. »Wo?«

»Und wenn du ihm den Kopf absäbelst und in seinen Hals hineinbrüllst, er wird dich doch nicht verstehen, Centurio«, sagt Marcus. Er blickt sich suchend um. Auf dem Boden liegt eine kleine, achtlos weggeworfene Statuette; ein Mann mit zwei runden Auswüchsen an seinem Kopf. Marcus hebt sie hoch und hält sie dem Alten vor das Gesicht. Dessen Augen werden weit. Lucius verstärkt den Druck mit dem Schwert, ein kleiner Blutstrom rinnt aus der entstandenen Halswunde des Galliers in den Kragen seines Hemdes und zeichnet einen schwarzen Fleck auf den blauen Stoff. Die Augen flackern, dann sacken die Schultern nach vorn. Der alte Gallier nickt schwach.

Lucius tritt zurück.

»Ich denke, er meint, dass er uns jetzt hinführen wird«, sagt er. Er winkt drei Legionäre zu ihrer Begleitung heran, zu viele sollten es nicht sein, man weiß ja vorher nie, wie viel es zu verteilen gibt.

Als ihre Gruppe unter der Führung ihres Gefangenen direkt auf den dichten Wald zusteuert, verlangsamen sich Lucius' Schritte unwillkürlich. Was, wenn das eine Falle ist? Aber nein, dann hätte sich der Alte wohl kaum so lange bitten lassen …

Eine ganze Weile stapfen sie durch den dichten Wald. Obwohl die Sommersonne nur an wenigen Stellen das dichte Blätterdach durchdringt, ist die Hitze fast unerträglich. Ihre Tuniken sind schweißnass, manchmal steigen unvermittelt große Schwärme aggressiver Mücken auf und vergrößern ihre Qual. Plötzlich stehen sie auf einem ausgetretenen Weg, und weiter vorn scheint der Wald lichter zu werden. Gerade denkt Lucius, dass sie es jetzt wohl geschafft haben, da bleibt der Alte auch schon stehen und zeigt mit müdem Blick nach vorn. Die Männer sehen sich an, schubsen den Gallier achtlos zur Seite, und beginnen, mit schnellen Schritten auf ihr Ziel zuzulaufen. Ein Schrein der Gallier! Gefüllt mit unendlichen Reichtümern! Lucius verfällt in einen schnellen Dauerlauf. Sein Atem geht schnell und rasselnd. Dann plötzlich endet der Wald, so abrupt, dass Lucius beim Stehenbleiben von seinem Schwung noch mehrere Schritte weit in die kleine Lichtung hineingetragen wird. Er erstarrt. Sein keuchender Atem bleibt in seiner Brust stecken. Seine Augen werden weit vor Entsetzen. Er will weglaufen, doch seine Beine versagen ihm den Dienst. Er steht und starrt. Hinter sich hört er Ausrufe des Grauens und die würgenden Geräusche von sich übergebenden Männern. Dann kann er den Atem nicht mehr anhalten. Mit einem Stöhnen lässt er die angestaute Luft heraus. Beim Einatmen stürzt heißer Verwesungsgestank in seine Lungen. Er wirft sich herum, fällt auf die Knie und würgt so lange, bis nur noch heißer grünlich-gelber Schleim kommt. Noch auf Knien beginnt er, zum Waldrand zurückzukriechen. Weg, nur weg von diesem grauenvollen Ort! Beim Jupiter! Diese Barbaren …!

Diese Szene könnte sich so oder so ähnlich an verschiedenen Orten Galliens abgespielt haben, in der Nähe des heutigen Gournay, zum Beispiel. Hier wurden neben ungefähr 2000 rituell zerstörten Eisenwaffen eine große Zahl an Rindern, Pferden, Schweinen und Schafen geopfert. Ihre Kadaver fand man in einer festen Ordnung arrangiert. Tiere – vor allem Haustiere – sind wie in fast allen Kulturen fester Bestandteil der Opferzeremonien. Und als am Vorabend der römischen Invasion der Preis für die Gunst und den Schutz der Götter steigt, kommen auch Menschen dazu. Allerdings sterben sie nicht einfach so, sondern der Empfänger des Opfers bestimmt dessen Todesart. Opfer an den Gott des Stammes (»Teutates«) werden ertränkt, Taranis erwartet, dass die ihm Zugedachten verbrannt werden, und Esus verlangt, dass Opfer an ihn erhängt und rituell verwundet werden.

Ein Ort, an dem die Verzweiflung der Menschen offenbar besonders groß war, liegt an der Somme, in der Nähe des heutigen Ribemont-sur-Ancre. Hier wurden mehrere Hundert Krieger nach ihrem Tod in einer vermutlich rituellen Schlacht enthauptet und ihre kopflosen Körper auf überdachten Podesten aufrecht stehend – wie in einer Schlachtordnung – arrangiert.

Kriegsgefangene gelten im ewigen Geschäft mit den Göttern als bevorzugte Opfer. Sie erfahren, was die Todesart angeht, gelegentlich eine etwas abweichende Behandlung. Ihnen wird über einem Kessel die Kehle durchgeschnitten, ein Ritual, was interessanterweise fast immer in Anwesenheit von Priester*innen* durchgeführt wird. Dann werden die Toten enthauptet und ihnen die Gliedmaßen abgetrennt. Die fleischlosen Knochen (wobei nicht bekannt ist, ob man die Überreste einfach für eine gewisse Zeit der Verwesung preisgibt oder das Fleisch manuell entfernt wird), stapelt man fein säuberlich übereinander.

In Zeiten, in denen der Beistand der Götter besonders gefragt ist, stellen Einzelpersonen ihr eigenes Schicksal unter das der Gemeinschaft.

Der monotone Gesang der Druiden verstummt. Ohne zu zögern tritt Deardoch in den Kreis. Er ist ruhig, weiß genau, was man von ihm erwartet und was er tut. Er weiß auch, dass er sich heute für ewig die Hochachtung seines Stammes und der Götter verdient.

Als Deardoch die Mitte des Kreises erreicht, bleibt er einfach stehen und spreizt die Arme vom Körper ab. Zwei Frauen treten neben ihn und heben ihm seinen weißen Umhang von den Schultern, ganz vorsichtig, damit der Stoff seine Hände nicht berührt. Die kühle Abendluft streicht um seinen nackten, mit zahlreichen Tätowierungen verzierten Körper. Sein Geist ist völlig klar. Der oberste Druide des Stammes kommt auf ihn zu und reicht ihm einen goldenen Becher, in dem eine trübe Flüssigkeit schwappt. Mit undurchdringlichem Blick setzt er Deardoch einen goldenen Becher an die Lippen. Der schlierige, leicht bittere Trank gleitet weich seine Kehle hinunter. Der Druide tritt zwei Schritte zurück und sieht ihm aufmerksam in die Augen.

Nach einer kleinen Weile spürt Deardoch ein leichtes Brennen im Magen, das aber schnell einer beruhigenden Wärme weicht. Einer Wärme, die sich ausbreitet, die schließlich auch den Kopf erreicht, seine Gedanken einlullt.

Starke Arme packen ihn, als ihm die Beine unter seinem plötzlich unendlich schweren Körper wegsacken. Durch Nebelschleier sieht er noch, wie ihm der Druide ein Fellamulett um den Hals hängt. Den weiß gekleideten Mann, der mit einer schweren Bronzekeule hinter ihn tritt, bemerkt er nicht mehr. Das Letzte, was er wahrnimmt, ist, wie plötzlich sein Schädel zu explodieren scheint. Feurige Ringe erscheinen vor seinen Augen, die ganz langsam in beruhigendes Schwarz übergehen …

Die Druiden stehen und sehen zu, wie der Todgeweihte nach dem Schlag auf den Kopf zusammensackt. Der oberste der heiligen Männer gibt ein Zeichen. Die Gehilfen, die den Mann halten, lassen ihn langsam auf die Knie sinken, während sich ein Dritter hinter ihnen aufstellt. Mit einer schnellen Bewegung wirft er dem Opfer eine dünne, gedrehte Schnur um den Hals und zieht fest zu. Die Helfer bereiten sich darauf vor, fest zupacken zu müssen, doch mehr als ein paar unkontrollierte Zuckungen bringt der geschwächte Körper nicht mehr zustande. Als auch diese kaum noch wahrnehmbar sind, lässt der Druide die Kordel fahren, greift in seinen Gürtel und holt einen kleinen Dolch mit scharfer Klinge hervor. Seine linke Hand greift den Haarschopf des Mannes und zieht den Kopf nach hinten. Die Rechte schneidet mit geübter Bewegung die Kehle durch. Kaum hat der Priester sein Tun beendet, springen alle zurück. Aufmerksam beobachten die Druiden den Fall des leblosen Körpers und den Fluss des Blutes. Aus ihren Gesichtern spricht Besorgnis. Die daraus abzulesenden Zeichen versprechen nichts Gutes.

Als sie ganz sicher sind, dass er sich nicht mehr bewegen wird, dreht sich der oberste Druide herum und hebt die Schultern. Vier Männer nehmen den Leichnam auf. Es ist noch nicht vorbei. Noch nicht ganz. Langsam tragen sie ihn in einer schweigenden Prozession den kleinen Pfad entlang, der tief in den düsteren Wald führt. Irgendwann wird der Pfad enden, und nur noch wenige der heiligen Männer werden wissen, wie man weiterlaufen kann, ohne dass einen das Moor verschlingt. Dort, in der tückischen, tödlichen Unsicherheit der Erde, wird er seine letzte Ruhe finden, er, der sich hingegeben hat für die anderen.

Der sogenannte »dreistufige Tod« ist ausschließlich hohen Persönlichkeiten des Stammes vorbehalten. Diese opfern sich selbst, wenn die Bedrohung so groß erscheint, dass das »normale« Menschenopfer (der gemeine Kriegsgefangene) als ein zu geringer Preis für die Abwendung des Unheils erscheint. Der im Moor in der Nähe des englischen Lindow gefundene junge Mann wurde am Vorabend der römischen Invasion rituell hingerichtet.

Doch ist der in den Augen der klassischen Berichterstatter wohl grausamste Aspekt der religiösen Opferpraktiken, nämlich das Menschenopfer, natürlich nichts typisch Keltisches. Die Römer selbst praktizieren es in den verschiedensten Spielarten. So ist der religiöse Aspekt der Gladiatorenkämpfe, einschließlich der rituellen Tötung des Unterlegenen, unübersehbar. Der Anführer des vereinigten gallischen Heeres gegen Iulius Caesar, der charismatische Vercingetorix, wird 46 v. Chr. nach mehreren Jahren der Gefangenschaft rituell erdrosselt. Man mag das eine als Spiel mit religiösen Elementen und das andere als normale Bestrafung eines prominenten Kriegsgefangenen betrachten. Nicht von der Hand zu weisen ist jedoch der Vorfall aus dem Jahr 114 v. Chr., als in Rom zur Beschwichtigung der Götter zwei Griechen und zwei Gallier geopfert werden.

Doch nicht alle Rituale sind Opferhandlungen. Oft genug finden sich die Menschen unter Führung der Angehörigen des heiligen Ordens oder auch nur Letztere zu heiligen Gesängen und Tänzen zusammen. Für diese Zusammenkünfte gibt es jedoch keine Tempel. Der religiöse Kelte lebt im heiligen Einklang mit der Natur und der Umwelt. Warum sollte er zum Pflegen seiner heiligen Riten in einen abgeschlossenen Raum gehen? Nein, der Ort, an dem er zu den Göttern spricht, ist in der freien Natur, vorzugsweise umgeben von Bäumen, die als Verbindungen zum Himmel betrachtet werden. Folgerichtig tragen die religiösen Versammlungsorte einen ganz speziellen Namen: *nemeton*, das keltische Wort für ›Heiligtum‹ beziehungsweise auch *Drunemeton* – ›Eichenbaumheiligtum‹, wie es bei den Galatern in Kleinasien heißt. Ein kleiner sprachwissenschaftlicher Hinweis darauf, dass Naturheiligtümer sehr alt sind, ist die offenbar auf einen gemeinsamen indoeuropäischen Ursprung zurückzuführende Verwandtschaft des keltischen Wortes mit dem griechischen *temenos* mit derselben Bedeutung. Welchen besonderen Stellenwert Bäume haben, zeigt letztlich auch die keltische Bezeichnung der Obersten des heiligen Standes; *dru vid* bedeutet »der, der den Eichenbaum kennt«.

Gelegentlich gibt es auch bei den Kelten Phänomene, die von dem, was üblich ist, abweichen. Etwas, was heute wohl in der Rubrik »Sekte« rangieren würde. So berichtet Strabo von einer Gemeinschaft von gallischen Priesterinnen, die auf einer Insel an der Mündung der Loire lebt, und ein seltsames Ritual pflegt. Auf dieser Insel steht ein Tempel, dessen Dach mit Schilf oder Stroh gedeckt ist. Einmal im Jahr decken sie den Tempel ab, nur um ihn am selben Tag wieder neu zu decken, wobei diese Arbeit bis zum Sonnenuntergang abgeschlossen sein muss. Sorgfalt bei der Arbeit ist bei den Priesterinnen nicht nur heilige Pflicht, sondern sogar lebenswichtig. Denn wenn eine ihr Schilfbündel zu Boden fallen lässt, dann geraten die anderen in hysterische Raserei, stürzen sich auf die Unglückliche und reißen sie mit bloßen Händen in Stücke. Unter Schreien tragen sie anschließend die Leichenteile um den Tempel herum, und zwar so lange, bis ihre Raserei nachlässt.

Religion wird nicht praktiziert, sondern gelebt. Insofern versteht es sich von selbst, dass sich die rituellen Handlungen und Opfer nicht auf die offiziellen Anlässe beschränken, in denen es um das Wohl des ganzen Stammes geht. Welche kleinen Rituale jeder Einzelne ausführt, um seine persönlichen Gefallen von den Göttern und Geistern zu erbitten, ist nicht bekannt. Eine besondere Stellung nehmen im Haushalt jedoch offenbar die Vorratsgruben ein, in denen das Getreide aufbewahrt wird. Wenn eine solche Grube nach vielen Jahren des Gebrauchs stillgelegt wird, vollführt der Besitzer ein Ritual, mit dem er sich mit kleinen Gaben für die Sicherstellung seiner Versorgung mit Lebensmitteln bedankt. Dass dieses häusliche Ritual in frappierender Weise der großen Zeremonie am Ritualschacht gleicht, ist kein Zufall, werden doch tiefe Löcher und Schächte als Verbindung zur Welt der Erdgötter betrachtet.

Der zentrale Platz im Wohnraum eines keltischen Hauses ist das Herdfeuer. Es gilt als sicher, dass es nicht nur dem Kochen oder Braten und der Heizung dient, sondern auch religiöse Bedeutung hat. Ein weiterer Ort im Haus, an dem seine Bewohner mit den Göttern kommunizieren, ist die Türschwelle. Bis in unsere Tage werden in etwas abgelegenen Landschaften von Cornwall, Schottland und Wales, also den Gegenden, in denen sich das keltische Element am längsten gehalten hat, Dinge unter der Schwelle vergraben, um sich der Gunst der unsichtbaren Geister zu versichern.

Geben und Nehmen.

Das große Gleichgewicht erhalten.

Land der Wilden, Land der Dunkelheit

Terra incognita

Es liegt in der Psyche des Römers, dass er alles als bedrohlich empfindet, was er nicht kontrollieren kann. Die Umwandlung von eroberten Gebieten in nach römischem Vorbild verwaltete Provinzen ist nichts anderes, als die Herstellung eben dieser Kontrolle. Die militärische Eroberung der Hoheitsgebiete anderer Völker hat somit neben dem reinen materiellen Aspekt auch die Funktion, diese externen Angstfaktoren abzuschaffen. Kein Wunder also, dass derjenige in Rom das höchste Ansehen genießt, der möglichst viele dieser Angstfaktoren beseitigt, auf dass das römische Gemeinwesen unbehelligt gedeihen und prosperieren kann. Das heißt nichts anderes als: Wahre Autorität kann der Römer nur auf dem Schlachtfeld erringen.

Nun sind nicht alle Römer weit gereist oder belesen, oder stehen als Händler in direktem Kontakt mit keltischen Handelspartnern. Für den durchschnittlich gebildeten Römer sind die keltischen Territorien, die außerhalb des *ager Romanus* liegen, ein großes, dunkles Land mit primitiven, wilden Eingeborenen.

Versetzen wir uns einmal in die Rolle eines durchschnittlich gebildeten Römers, der sein Wissen über die keltischen Länder aus den Erzählungen Dritter bezieht. Da sich diese sicher zu einem nicht geringen Teil durch Unkenntnis, Unverständnis und Übertreibungen auszeichnen, mag man den Römern ihr verzerrtes Keltenbild und eine gewisse Paranoia nachsehen. In moderne Zeiten projiziert: Wer sich historisch völlig unvorbelastet den Ridley-Scott-Film »Gladiator« ansieht, der muss angesichts der Eingangsszene (einer Schlacht zwischen disziplinierten, reinlich und patriotisch wirkenden römischen Legionen und wilden Horden der Germanen) ebenfalls zu der Annahme gelangen, dass am Rande des Römischen Reiches nur schmuddelige Wilde gehaust haben.

Ein Römer, der mit diesem Bild im Kopf keltische Territorien betritt, ist überrascht. Keine schmutzigen, struppigen, wilden Gesellen in Lumpen, sondern Menschen, die erstaunlicherweise sehr auf ihr Äußeres achten, die sehr reinlich sind und auf ihre Kleidung besonderen Wert legen. Man zieht sich nicht auf den Leib, was man gerade findet, sondern es gibt so etwas wie ein Bewusstsein für Mode und wer was bei welchen Gelegenheiten trägt. Einige Wohlhabende kleiden sich sogar in Seide – ein Beweis für die weitreichenden Handelsverbindungen, und als besonders edel gilt Kleidung mit eingesponnenen oder eingewebten Goldfäden. Der »normale« Mann kleidet sich in lange Hemden oder Tuniken und (außer in Irland) ein Kleidungsstück, das die Römer wahlweise als barbarisch oder weibisch betrachten – allerdings nur so lange, bis sie seinen praktischen Nutzen erkennen und es dann sogar selbst zum Standard für die berittenen Truppeneinheiten machen. Auf Keltisch heißen sie *bracae*, ein Wort, das noch heute im schottischen und irischen Englisch als *breeches* existiert und »Hosen« bedeutet.

Zu einem anderen Exportschlager der Kelten entwickelt sich der dicke Wollmantel, den die Gallier mit Gürtel und Fibel tragen und den die Römer (mit Ausnahme des karierten Musters) direkt als Kleidung für ihre Legionen in den kühleren Regionen übernehmen. Die Kleidung der Frau besteht aus zwei Stoffrechtecken, die an den Seiten zusammengenäht und an den Schultern mit Fibeln zusammengehalten werden. Ergänzt wird das ganze durch waden- oder (um die Sichtbarkeit der wertvollen Fußbänder zu gewährleisten) maximal knöchellange Wickelröcke.

Schmuck ist jetzt auch mehr als reines Accessoire. Zweck und Form gehen eine enge Verbindung ein. Zum einen verschmelzen Kreativität und Funktionalität: Fibeln werden zu wahren Kunstwerken. Ihre Bedeutung geht über das zweckgebundene, schon gestaltete Schmuckstück hinaus. Der religiöse Kelte betrachtet sie als Schlüssel für den ungehinderten Übergang in die Andere Welt und zurück. Hieraus zeigt sich ein weiteres Mal die praktische Denkweise der Kelten – und letztlich auch ihr schwarzer Humor. Wird ein

Angehöriger der Gemeinschaft zu Grabe getragen, der sich nicht der uneingeschränkten Beliebtheit derselben erfreut hat, entfernt man seine Brosche vom üblichen Ort – an der Kleidung – und platziert sie an anderer Stelle, bei den Füßen zum Beispiel. Denn was kann es Unangenehmeres geben, als vor dem Eingang zur Anderen Welt zu stehen und unter den Augen der göttlichen Wächter nach dem Schlüssel suchen zu müssen …

Generell gilt: Mit Schmuck trägt man Wohlstand und Status nach außen. Bei denen, die es sich leisten können, dominieren Gold, Bernstein und Koralle, und zwar bei Männern wie auch bei Frauen. Die Schmuckmode ist im Laufe der Jahrhunderte einem Wandel unterworfen. Im 5. vorchristlichen Jahrhundert, also zu Beginn der La-Tène-Zeit, trägt die Frau zwei Fußringe, zwei Armbänder und eine Halskette. 100 Jahre später sind es vier Fußbänder, dafür lässt man die Halskette weg. Ab 250 v. Chr. kommen die Fußreifen aus der Mode, stattdessen tauchen Gürtel aus fein gearbeiteten Bronzekettengliedern auf. Zur selben Zeit verschwinden die Bronzearmbänder und machen Platz für hochqualitative Glasspangen in der aktuellen Modefarbe Kobaltblau. Eine lokale Besonderheit der Britischen Inseln sind Armbänder aus Schwarzschiefer.

Frauen zeigen mit Schmuck jedoch nicht nur Wohlstand und Status, sondern auch ihre Verfügbarkeit am Heiratsmarkt. Trägt eine Frau zwei Fibeln an der Kleidung, ist sie Single, durch drei Fibeln signalisiert sie ihren Status als Ehefrau und gegebenenfalls auch Mutter.

Nur wirklich wohlhabende Haushalte können sich einen Gegenstand leisten, der heute zum Alltag gehört, aber durch alle Jahrtausende seiner Existenz hindurch mit Magie und mystischen Kräften in Verbindung gebracht wird. Spiegel aus Eisen oder Bronze mit einer polierten Vorder- und einer kunstvoll verzierten Rückseite sind aufgrund ihrer aufwändigen Machart jedoch eher Kult- als Gebrauchsgegenstände.

Mode erstreckt sich allerdings nicht nur auf die Kleidung, sondern auf das gesamte Erscheinungsbild. Fettleibigkeit ist nicht nur verpönt. Wer seinen Gürtel nicht mehr wie üblich schließen kann, der muss Strafe zahlen. Diese Regel gilt aber nur bei Männern (was im Umkehrschluss nicht heißt, dass beleibte Frauen dem keltischen Schönheitsideal entsprechen). Sie hat auch wenig mit Eitelkeit zu tun. So will die Kriegergesellschaft sicherstellen, dass der Kampfgefährte, auf den man sich im Ernstfall verlässt, auch die notwendige Beweglichkeit hat.

Körperbehaarung wird wie auch schon in der Hallstattzeit als lästig empfunden. Man rasiert sich nicht nur die Wangen und lässt nur den oft beschriebenen, berühmten, überdimensionalen Schnauzbart stehen, sondern enthaart regelmäßig auch Brust, Arme und Beine. Dabei schnippelt man nicht mit dem erstbesten Werkzeug an sich herum, was man gerade zur Hand hat, sondern verwendet eiserne Rasiermesser und Federscheren. Frauen tragen das Haar lang, zu besonderen Anlässen stecken sie es mit Haarnadeln zu komplizierten Frisuren hoch.

Der gallische und vor allem britische Kelte seiner Zeit malt sich außerdem blau an oder tätowiert sich, und zwar Männer wie auch Frauen.

Die Kelten scheinen also nicht im Geringsten bereit zu sein, die vorherrschenden Klischees von den unzivilisierten Barbaren zu bedienen. Dazu wohnen sie auch nicht in Erdlöchern oder im Wald, sondern in stabilen Häusern und in wohlstrukturierten Siedlungen. Speziell im 2. vorchristlichen Jahrhundert entstehen im Zuge der Zentralisierung der Stammesverwaltungen regelrechte Großstädte. Bibracte in Zentralfrankreich, die Stammeshauptstadt der Aedui, bedeckt 135 Hektar; das schon erwähnte Manching bei Ingolstadt hat sogar 380 Hektar.

In den Köpfen der Kelten brennt nicht nur das Feuer des religiösen Fanatismus, sondern es sprühen auch die Funken eines unglaublichen Erfindungsgeistes. Dieser, gepaart mit handwerklichem Geschick, sorgt dafür, dass die Kelten nicht nur anhand von Grabfunden in unserer Erinnerung erhalten bleiben, sondern dass vieles von dem, was sie erschaffen haben, bis in unsere Tage überdauert. Und das oft genug, ohne dass wir uns dessen bewusst sind, dass wir diese Erfindungen den Kelten verdanken.

Schmiede, die Beherrscher der Metalle, nehmen eine besondere Stellung in der Gemeinschaft ein. Das liegt nicht zuletzt daran, dass speziell in der La-Tène-Zeit die Metallver- und -bearbeitung auf eine völlig neue Stufe gehoben wird. Die neuen Möglichkeiten sind Fortschritt und Inspiration zugleich. Ab dem 5. vorchristlichen Jahrhundert beginnen die Schmiede damit, die Oberflächen ihrer Güter mit Mustern und Dekorationen zu veredeln. Dabei beschränkt man sich nicht mehr darauf, einfach nur Designs zu ritzen. Es wird modelliert, die große Zeit der aufwändigen Einlegearbeiten beginnt. Die Favoriten hierbei sind die teure Koralle und deren Variante für den kleinen Geldbeutel, rotes Glas.

Schon allein der Aufbau der Logistik zur Beschaffung der Rohstoffe ist eine beachtliche Leistung. Es gibt zwar etliche Eisenvorkommen in Europa, aber nur wenige, bei denen die Qualität des begehrten Rohstoffes zufriedenstellend ist, wie zum Beispiel Noricum (im heutigen Österreich). Das beste Zinn kommt nach wie vor aus Cornwall, und das beste erreichbare Gold findet sich in den Cevennen und den Pyrenäen. Erreichbar heißt: Man wohnt im Fördergebiet, an den Handelsrouten oder hat gute Kontakte. Da aber Metallbarren nicht zu den Dingen gehören, mit denen man sich die Gunst der Götter erkauft, sind sie bevorzugtes Diebesgut. Die Lagerstätten der Vorräte sind nicht tabu, sondern im Gegenteil beliebte Plünderungsziele. Das erklärt, warum es solche Lager wie auch die Schmiedewerkstätten fast ausschließlich in den Hügelfestungen gibt.

Eisen kann während der gesamten La-Tène-Zeit nicht geschmolzen werden, da die Technologien zum Erreichen der notwendigen Temperaturen fehlen. Kupfer und Bronze werden dagegen in einer sogenannten »verlorenen Form« gegossen. Dazu modellieren die Schmiede mit Knochenwerkzeugen den gewünschten Gegenstand zunächst aus Wachs, umschließen die Form mit Ton oder stecken sie einfach in eine Grube mit feinem Sand. Durch eine Öffnung am oberen Rand wird dann das flüssige Metall hineingegossen, das

Wachs schmilzt und verdampft durch eine zweite Öffnung. Zurück bleibt eine exakte Kopie der ursprünglichen Wachsform – allerdings aus Kupfer oder Bronze. Das Ganze ist insofern recht aufwändig und für die Massenproduktion ungeeignet, weil – wie der Name der Technik bereits sagt – für jedes einzelne Exemplar eine neue Wachsform hergestellt werden muss.

Doch nicht nur die Metallverarbeitung hat einen riesigen Schritt vorwärts gemacht. Der La-Tène-Stil ist mächtig, voller Leben, pulsierend – und anspruchsvoll. Er verlangt nach neuen Fähig- und Fertigkeiten in allen handwerklichen Bereichen, um völlig ausgelebt werden zu können. Und es ist wie eine sich nach oben schraubende Spirale: Der Stil sucht die technischen Möglichkeiten, um sich auszudrücken; die neuen Technologien ermöglichen ihrerseits dem Stil, sich neue Formen zu erschließen.

Ein neuer Werkstoff beflügelt die Fantasie, auch wenn er als Rohstoff im keltischen Siedlungsgebiet selbst nicht hergestellt werden kann: Glas. Das Rohglas wird unter Hitze erweicht, in neue Formen gebracht und erfreut sich in der Gestalt von Glasperlen (als Kette oder Kleidungsapplikation) und Armbänder wachsender Beliebtheit. Die hohe Kunst ist es jedoch, Glas zu Dekorationen von Metallbeschlägen, Fibeln, Spiegeln, Figuren und Gefäßen zu verarbeiten. Die absoluten Meister in der Verbindung von Glas und Metall sind die britischen Kelten. Und während in Gallien fast ausschließlich rotes Glas verwendet wird (um die wesentlich teurere Koralle zu imitieren), wird auf den Britischen Inseln Kobaltblau zur Grundfarbe für weiße und gelbe Muster. Das gallische Zentrum für die Glasherstellung ist die Hügelfestung Bibracte im Stammesgebiet der Aedui, auf dem heutigen Mont Beuvray, 20 Kilometer westlich von Autun.

Hatten früher die Töpferwaren der Kelten noch unter der hochqualitativen Konkurrenz aus Griechenland und Etrurien zu leiden, so stehen sie den teuren Importen von ihrer Machart her inzwischen in keiner Weise nach. In Gallien fertigt man nur noch auf der rotierenden Töpferscheibe. In Britannien dauert deren Einführung noch bis zum Ende der Eisenzeit, sodass die Keramik dort wesentlich grober, primitiver ist. Daher dominieren dort neben den Importen auch Gefäße aus Holz oder Metall.

Die Brennöfen sind keine einfachen Kammern mit Einstellschüben mehr, sondern ausgefeilte Einrichtungen, mit denen man den Sauerstofffluss um die Gefäße herum kontrollieren und so festlegen kann, ob der Topf am Ende rötlich, grau oder schwarz sein soll. Gelegentlich mischen die Töpfer flüssigen Lehm mit Grafit und tragen diese Mischung vor dem Brennen auf die Gefäße auf, was der Keramik einen metallischen Glanz verleiht.

Hauptbetätigungsfeld der Zimmerleute ist sicher der Bau von Häusern, Brücken und den großen Tor- und Mauerkonstruktionen der Hügelfestungen. Auf Drehbänken werden Gegenstände des täglichen Bedarfs gefertigt, wie hölzerne Griffe für Werkzeuge oder hölzerne Schüsseln. Ganz besondere Spezialisten der Holzverarbeitung finden sich an den nordwestgallischen Küsten. Die Schiffe der dort lebenden Venetii übertreffen das, was die Römer bis zum Vorabend des gallischen Krieges zu bieten haben, bei Weitem. Strabo beschreibt sie als Fahrzeuge mit breitem Boden, hohem Heck und Bug, mit Segeln aus Leder und Ankerketten aus Eisen. Der Rumpf ist in der Regel aus Eichenholz. Da dieses Holz recht trocken ist, lassen die Schiffbauer absichtlich Zwischenräume zwischen den Planken, die sie mit Seegras ausstopfen. Im Wasser quellen Holz und Seegras auf und verschließen die Räume; wenn die Schiffe aufs Land gezogen werden, verhindert die vollgesogene Füllung ein zu schnelles Austrocknen und ein Verziehen des Holzes.

Für zwei wirklich urkeltische Entwicklungen bedarf es jedoch der Zusammenarbeit von Schmieden und Zimmerleuten. Beide haben im weitesten Sinne etwas mit Mobilität zu tun. Und beide existieren in unveränderter Gestalt bis in unsere Tage.

Der Transport und die Lagerung von Wein und Öl erfolgt traditionell in Amphoren und in Lederschläuchen. Diese sind naturgemäß sehr anfällig für Schlag und Stoß beziehungsweise (im Falle der Schläuche) gegen die Einwirkung von spitzen Gegenständen. Transportschäden und Verlust des Inhalts gehören zum traurigen Alltag eines Händlers. Keltische Zimmerleute beherrschen jedoch die Kunst, Holz unter Wasserdampf verformbar zu machen und daraus ein bauchiges Gefäß mit Deckel und Boden zu bauen. Zusammengehalten wird das Gebilde durch zwei Eisenreifen, die durch Hammerschläge fest aufgetrieben werden. Bis heute fertigen Böttcher per Hand die echten, traditionellen Holzfässer für die uns erfreuenden geistigen Getränke wie Bier, Wein und Whiskey nach derselben Methode.

Es ist unbestritten, dass die Kelten das Rad als solches zwar nicht erfunden, es jedoch in einem Maße weiterentwickelt haben, dass man schon fast von einer Erfindung sprechen kann.

Die Urform des Rades ist eigentlich nichts weiter als eine Holzscheibe. Römer, Griechen und Ägypter verwenden das Speichenrad, dessen äußere Felge aus mehreren Segmenten zusammengesetzt ist, die mit Nägeln oder Nieten verbunden sind. Beim keltischen Speichenrad besteht die äußere Felge aus einem einzigen Stück Holz, was an sich schon eine höhere Stabilität mit sich bringt. Über diese Felge zieht der Schmied einen zunächst noch lose sitzenden heißen Eisenreifen, der sich beim Abkühlen zusammenzieht und die gesamte Konstruktion fest und ohne weitere Verbindungsmittel zu einem kompakten, robusten Rad werden lässt (s. die Rekonstruktion eines keltischen Rads im Farbbildteil Abb. 8).

Doch ist das Rad nicht einfach nur Bestandteil eines Fortbewegungs- und Transportmittels. Es ist heilig; neben Blitz und Donner ist Taranis auch der Gott des Rades. Es ist Symbol für den wiederkehrenden Lauf der Jahre, des Tages, des Weges der Sonne am Himmel, also des Lebens schlechthin.

Von Analphabeten und Geheimsprachen

Die Kelten kennen keine Schriftsprache. Doch wäre es grundlegend falsch, pauschal von Analphabeten im Sinne von ›ungebildet‹ zu sprechen. Zum einen gibt es bei den Kelten durchaus Menschen, die des Schreibens mächtig sind. Speziell in den Gebieten, die an griechische Koloniestädte wie Massalia grenzen, oder an den Haupthandelswegen liegen, beherrschen die Druiden Griechisch nicht nur in seiner gesprochenen Form, sondern können es auch schreiben. Das macht sie zu unentbehrlichen Partnern der Händler – und vergrößert ihre ohnehin schon überdurchschnittlich ausgeprägte Machtstellung in der keltischen Gemeinschaft. Was das Schreiben betrifft, wird diese Vormachtstellung zum Ende des 1. vorchristlichen Jahrhunderts ein wenig aufgeweicht; denn zumindest diejenigen, die im ständigen Kontakt mit schreibkundigen Handelspartnern stehen, dürften diese Fähigkeit früher oder später auch erlangt haben. Doch selbst die Druiden, die Bewahrer des Wissens und der Stammeshistorie, sind weit davon entfernt, alles aufzuschreiben, was als bewahrenswert gilt. Im Gegenteil, schriftliche Aufzeichnungen von Druiden beschränken sich strikt auf allgemeine sachliche Themen, um nicht zu sagen, das absolut Notwendigste, um Handel treiben und internationale diplomatische Beziehungen aufrechterhalten zu können. Alles andere wird mündlich überliefert, was in der für die gebildete klassische Welt kaum nachvollziehbaren Fähigkeit resultiert, unendlich lange Texte abrufbereit im Kopf behalten und zu jeder beliebigen Zeit rezitieren zu können. Und zwar sowohl bei den Barden, als auch bei jedem hohen Krieger, der auf dem Schlachtfeld seinen Feinden seine Abstammung von einem Heldengeschlecht über viele Generationen hinweg nebst diverser eigener Heldentaten entgegenschleudert. Dass die Texte über ein »Hilfesystem«, nämlich in Versform »archiviert« werden, tut der Leistung keinen Abbruch. Nur dieser Fähigkeit ist es zu verdanken, dass im Wege der mündlichen Überlieferungen ein unglaublich reicher Schatz an Geschichten, Sagen und Mythen mit vielen authentischen historischen Hintergrunddetails überlebt hat und im Mittelalter für die Nachwelt niedergeschrieben werden konnte.

Bei dem über Jahrtausende gewachsenen Wissen über die Kreisläufe der Natur und der Gestirne, das Werden und Wachsen von Tieren und Pflanzen, das Wesen der Elemente, liegt die Sache etwas anders.

An diesem Wissen lassen die Druiden die Menschen im begrenzten Umfang teilhaben. Doch gilt es, dieses Wissen vor den nicht Auserwählten zu schützen. Es ist heiliges Wissen, nicht für jeden bestimmt. Es niederzuschreiben und damit potenziell den Augen von Unwürdigen auszusetzen, wäre ein Sakrileg. Auch ist dieses Wissen durchaus etwas, was man heute als Jobgarantie bezeichnen würde …

Zuletzt gibt es auch noch Wissen, das *ausschließlich* dem heiligen Stand vorbehalten ist. Man wagt kaum zu spekulieren, wie viel (oder besser: wie wenig) von dem, was die Druiden wissen, tatsächlich auch weitergegeben wird. Erwiesen ist jedoch, dass die Druiden im Rahmen ihrer Ausbildung eine eigene geheime Sprache benutzen, deren Name (und leider auch nur der) uns in altirischen Erzählungen als *bérla na bfiled* – »Sprache der Sänger« – überliefert ist. Diese ist wahrscheinlich noch nicht einmal eine Fremdsprache im Sinne von »phonetisch und grammatisch eigenständig«. Eher zu vermuten ist eine Sprache, die nur in Rätseln, Bildern und Gleichnissen redet, ziemlich sicher auch in Reimen, denn wie sonst sollte man das Wissen aus zum Teil mehr als 20 Jahren Ausbildung dauerhaft im Langzeitgedächtnis speichern?

Hauptträger des kollektiven Stammeswissens sind also offensichtlich die Druiden. Außer ihrer Funktion als Mittler zwischen den Menschen und den Göttern und Geistern haben sie jedoch noch zwei weitere wichtige Aufgaben in der Gemeinschaft.

Sie sind die Herren über das Leben und die Zeit.

Schamanen, Heilpraktiker und Chirurgen

Die Eisenzeit ist sicher nicht das, was man als Epoche der übertriebenen Hygiene bezeichnen würde. Neben Kriegsverletzungen sind bei den Kelten alle Arten von Entzündungen, Infektionen, Augenleiden und Zahnproblemen an der Tagesordnung. Letztere betreffen vor allem die Oberschicht, die sich Honig als Süßungsmittel leisten kann.

Ein weites Feld für diejenigen, die auch die Heilkunde zu ihrer Domäne zählen.

Die Palette der Heilbehandlungen, derer sich die Druiden bedienen, ist breit. Sie wissen um die heilende Kraft des Wassers, und die Kräutermedizin ist weit entwickelt. Eine besondere Rolle spielt dabei die geheimnisvolle Mistel. Ihre Früchte sind für den Menschen bekanntermaßen giftig. Die in ihr enthaltenen Stoffe – und jetzt kommt der medizinische Teil – Querecetin, Urson, Viscotoxin, Cholin, diverse Bitterstoffe, Inosit, Viscin, Pyridin und Magnesium wirken (richtig angewandt) jedoch nachweislich gefäßerweiternd, senken den Blutdruck, stärken das Herz und die Abwehrkräfte, regen den Stoffwechsel an, stillen Blutungen und lösen Krämpfe (zum Beispiel bei Asthma). Man verwendet die Mistel als universelles Gegengift und auch als Fruchtbarkeitsmittel für Mensch und Tier. Dieses Wissen, wie man Gift als Medizin einsetzt, kann fraglos nur von den Göttern kommen, und so sind die Einzigen, die die Mistel schneiden dürfen, natürlich die Druiden. Den klassischen Berichten nach ist das Mistelschneiden kein nüchterner Akt der Ernte, sondern ein zelebriertes Ritual. Bei dieser Arbeit tragen die Druiden ihre weißen Kutten und die goldenen Sicheln. Einmal vom Baum getrennt, darf die Mistel den Boden nicht berühren. Vielmehr wird sie in weißen Tüchern aufgefangen und feierlich zum Ort ihrer Verarbeitung getragen.

Wie weit die Anästhesie entwickelt ist, ist nicht überliefert. Sicher werden die Heilkundigen den einen oder anderen schmerzlindernden Trank verabreichen. Auch ist die Herstellung von Alkohol hinreichend bekannt. Ob das aber alles auch für eine Vollnarkose reicht?

Man mag es wünschen, denn das Auffinden von Wundhaken, Sonden und Trepanationssägen sowie sterblichen Überresten von Menschen, die mit diesen Instrumenten behandelt worden sind – und diese Behandlung überlebt haben – zeigt, dass die heilkundigen Druiden auch durchaus Chirurgie praktizieren. Sie scheuen auch nicht vor selbst für unsere Verhältnisse komplizierten Eingriffen zurück. Schädelöffnungen sind eine beliebte Methode zur Behandlung von psychischen Störungen.

Keine Behandlung, weder die Verabreichung von Naturheilmitteln noch die komplizierte Operation, findet jedoch statt ohne die Anrufung des Beistands der Götter. Und es entspricht völlig dem keltischen Charakter, dass sie nicht pauschal um die Genesung des Kranken oder Verletzten bitten, sondern dass sie in ihren Wünschen sehr konkret werden. Um jeglichen Verwechslungen vorzubeugen, werden den Opfergaben aus Holz gefertigte Modelle der Gliedmaßen und Organe beigelegt, deren Heilung man erfleht.

Drei Nächte, siebzehn Winter und gute Zeiten – schlechte Zeiten

Eine Gesellschaft, in der die Hauptsorge vieler Männer ihrem Status als Kriegsherr gilt. Eine Gesellschaft, in der begabte Handwerker Waffen, Schmuck und Dinge des täglichen Bedarfs herstellen, die durchaus die Bezeichnung »Kunstwerke« verdienen. Eine religiöse, gebildete Gesellschaft, die sich Priester, Wissenschaftler und Heilkundige leistet. Eine Gesellschaft, die eine große Zahl von Personen ernährt, die nicht mit der Produktion von Lebensmitteln befasst sind.

Doch so gering der nominelle Status der Bauern innerhalb der keltischen Gemeinschaftsstrukturen auch sein mag; es ist ihre Arbeit, die die unabdingbare Grundlage für das Funktionieren der Gesellschaft bildet. Und das wird nicht einfach so als selbstverständlich hingenommen, im Gegenteil. Diejenigen, die in der Hierarchie am höchsten stehen, die Druiden, verwenden höchstselbst viel Zeit darauf dafür zu sorgen, dass den Ackerbauern und Viehzüchter jede erdenkliche Unterstützung zuteil wird. Sie, die Druiden, sind es, die den Zyklus der Jahre und Jahreszeiten beobachten, Gesetzmäßigkeiten nicht nur erkennen, sondern den Menschen auch nahebringen. Sie zeigen ihnen die besten Zeitpunkte für die Aussaat, den Viehaustrieb, die Ernte, kurz, sie führen einen Kalender.

Dieser Kalender ist keine Erfindung der Druiden. Er ist uralt, mehr als 4500 Jahre. Er reicht zurück bis zu den jungsteinzeitlichen

Gemeinschaften, die sich den Stand der Gestirne und den Weg der Sonne dadurch einprägten, indem sie riesige Steine aufrichteten und in bestimmte markante Anordnungen brachten. Stonehenge, die Megalithenstraße von Carnac, das Sonnenobservatorium von Goseck und die Himmelsscheibe von Nebra in Sachsen-Anhalt sind nur einige Beispiele solcher prähistorischer Kalender. Den ersten »richtigen« Kalender der Kelten entdeckt man 1897 im französischen Coligny, 20 Kilometer nordöstlich von Bourg-en-Bresse. Dieser besteht nicht aus Stein, sondern aus einer Vielzahl von mit Schriftzeichen gravierten Bronzeplatten. Er selbst ist schwer zu datieren; aufgrund von Nebenfunden vermutet man das 2. Jahrhundert n. Chr. als Entstehungszeit. Zu diesem Zeitpunkt kann es kein Werk der Druiden mehr sein, auch wenn diese zweifellos erheblich zu seinen Grundlagen beigetragen haben. Der Kalender von Coligny ist auch kein Einzelstück. Einen ganz ähnlichen Kalender findet man nur ungefähr 35 Kilometer entfernt in Villards-d'Héria. Beide Kalender sind in lateinischen Buchstaben, jedoch eindeutig in keltischer Sprache abgefasst.

Die Gestalt des Kalenders mag sich in den davor liegenden 4500 Jahren gewandelt haben; das ihm zugrunde liegende Prinzip ist annähernd gleich geblieben.

Die Ausgangsbasis ist ein Zyklus von 30 Jahren, unterteilt in einen sich sechsmal wiederholenden Kreislauf von 62 Monaten. Das keltische landwirtschaftliche Jahr kennt keine vier Jahreszeiten, sondern unterteilt sich in eine helle und eine dunkle Jahreszeit. Erstere beginnt im Mittsommermonat *samon* und endet im Monat der Wintersonnenwende *giamon*, dann beginnt die dunkle Jahreszeit. Die Länge der Monate orientiert sich an den Mondphasen; dementsprechend gibt es sogenannte »gute« Monate (*ma'*, noch heute im irischen Gälisch *maith* bzw. schottisch *math* – ›gut‹) mit 30 Nächten und »schlechte« Monate (*anm*, modernes Irisch: *in an-am* – ›zur falschen Zeit‹) mit nur 29 Nächten. Die Kelten rechnen nicht in Tagen, sondern Nächten – was Sinn macht, wenn sich die Länge eines Monats nach dem Mondzyklus richtet.

Der Jahreszyklus des julianischen Kalenders wie wir ihn heute kennen, vom 1. Januar bis zum 31. Dezember, basiert dagegen nicht auf der Kultur von Agrargemeinschaften. Beide Daten sind für die Landwirtschaft völlig bedeutungslos. Er ist im Gegenteil eine rein verwaltungstechnische Festlegung, der ein militärstrategischer Notstand zugrunde liegt. Von Anfang des 2. vorchristlichen Jahrhunderts bis zum Jahr 133 v. Chr. führt Rom mehr oder weniger erfolgreich Krieg gegen die aufmüpfigen keltiberischen Hochlandvölker Spaniens. Nun hat Rom während dieser Zeit ein ernsthaftes logistisches Problem: Die Oberfeldherren der Legionen – die Konsuln – werden erst am 15. März ins Amt gehoben. Mit allen organisatorischen Vorbereitungen für einen Feldzug und einer Marschzeit von 40 bis 50 Tagen sind die Einsatzkräfte frühestens Mitte bis Ende Juni in Spanien. Aufgrund klimatischer Bedingungen beginnt die Feldzugsaison im spanischen Hochland etwa Mitte April, endet jedoch bereits im September. Durch die in der römischen Verwaltung liegende Verzögerung reduziert sich die eigentliche Zeit für den Krieg auf ungefähr drei Monate. Um die Konsuln wenigstens pünktlich zum Beginn der Feldzugsaison vor Ort zu haben, wird im Jahre 153 v. Chr. das Verfahren umgestellt, sodass das römische konsularische Jahr bereits am 1. Januar beginnt. Die militärische Zeitrechnung löst die ursprünglich landwirtschaftliche ab.

Das keltische Jahr kennt vier Höhepunkte. Ihnen allen ist gemeinsam, dass sie wichtige Zeitpunkte des Agrarzyklus markieren. Dementsprechend werden sie angemessen gefeiert.

Ein kleines Fest ist *imbolc* am 1. Februar. Es stellt so etwas wie ein keltisches Neujahrsfest dar. Es ist der Zeitpunkt, wo Milchbildung bei den Schafen beginnt. Und doch hat selbst dieser »kleine« Feiertag in der ländlichen Tradition überlebt. In Burghead in Schottland werden an diesem Tag noch heute Teerfässer verbrannt.

Das wichtigste Fest des Jahres ist *beltaine*, das Fest des Sommerbeginns (*bel* = Licht, Sonne) am 1. Mai. Die helle Jahreszeit beginnt, das Vieh wird ausgetrieben, Ehen werden geschlossen, das Fest symbolisiert Jugend und Liebe. Gelb blühende Pflanzen werden in und vor den Häusern verstreut und müssen bis zum Abend wieder eingesammelt werden. Wie eigentlich bei allen Festen spielt auch bei *beltaine* das Feuer eine große Rolle. So werden zu einem bestimmten Zeitpunkt alle Feuer der Siedlung gelöscht und dürfen nur mit an einem speziellen geweihten Feuer entzündeten Fackeln wieder entfacht werden. Und der Brauch, Vieh zwischen zwei Maifeuern hindurchzutreiben, um es so vor Krankheiten und bösen Geistern zu schützen, hat sich in einigen ländlichen Gegenden bis heute erhalten.

Am 1. August feiern die Kelten *lughnasadh,* das Erntedankfest. Man kann es sich am besten als ein riesiges, zum Teil über mehrere Tage andauerndes Volksfest mit Spielen und Ess- und Trinkgelagen für den ganzen Stamm vorstellen. Und hier stimmt auch das Präsens als Zeitform: In einigen Gegenden von Irland feiert man *lughnasadh* noch heute.

In der Nacht vom 31. Oktober auf den 1. November schließlich endet das keltische Jahr. *Samhain,* das Fest des Winterbeginns, markiert den Zeitpunkt, an dem die Grenzen zwischen Diesseits und Anderer Welt verschwimmen, die Geister unter den Menschen wandeln, an dem alles Überlebte untergeht (wie bereits erwähnt unter anderem ein beliebter Termin für Scheidungen). *Samhain* ist das Symbol für den Tod. An *samhain* – Halloween – können auch Menschen als Gäste in die Andere Welt reisen. Aus der nordirischen Provinz Ulster (damals ein eigenständiges Königreich) berichtet die Sage, dass die Reisewilligen dazu am Eingang ihre Taten aufsagen und Beweise vorlegen mussten. Da man von einem Reisenden nicht erwartete, dass er sich auf der Reise mit einer großen Menge an Köpfen belastete, reichten in Ulster praktischerweise auch die Zungenspitzen …

All diese Feste werden nicht nur von religiösen Zeremonien begleitet, sondern finden unter der Ägide der heiligen Männer des Stammes statt, den Bewahrern der Zeit. Sie legen Ort und Zeit fest, bestimmen die durchzuführenden Opferungen: den Preis für die Leistungen, die man von den Göttern empfangen hat oder erwartet. Denn diese sind allgegenwärtig.

Blätter, Blüten, freie Formen – die Kunst der Kelten

Zeigen, wer man ist

Verudoetius steigt langsam die Stufen des Kapitols hinauf, in dem die hohen Herren des Senats von Rom auf ihn warten. Es ist seine erste Reise in diese riesige Stadt, und er bemüht sich, sich sein Erstaunen nicht anmerken zu lassen. Rom ist so völlig anders als Bibracte, die Hügelfestung seines Stammes, der Aedui. Die Häuser der Obersten und die Tempel, in denen die Römer ihren Göttern huldigen, sind riesig! Sollen die Menschen sich klein fühlen im Angesicht der Macht?

Seine Blicke bleiben unwillkürlich wieder und wieder an den Verzierungen der Säulen und den farbenprächtigen Friesen hängen, an den Statuen, von denen er weiß, dass sie gleichermaßen große Bürger Roms und ihre Götter darstellen. Einen Unterschied kann er nicht erkennen, denn die Römer formen ihre Götter nach ihrem eigenen Bilde. Nun, mag man darüber denken wie man will, doch sie müssen in jedem Fall große Künstler sein. Wären die Statuen nicht sichtbar aus dem glatten weiß glänzenden Stein, den sie Marmor nennen, man könnte sie glatt für echte Menschen halten.

Er hat den Eingang erreicht. In wenigen Augenblicken wird er vor den Senatoren dieser großen Stadt reden. Nur widerwillig überreicht er der Wache sein Schwert und seinen Dolch. Ein Kriegsherr der Aedui, der ohne seine Waffen vor die Vertreter eines fremden Volkes tritt, allein der Gedanke bereitet ihm schon Unbehagen.

Die schwere eisenbeschlagene Tür schwingt auf, und der Kriegsfürst aus Gallien betritt den Saal. Das Gemurmel stoppt abrupt. Die weiß gekleideten Männer starren ihn an. Sie geben sich keine Mühe, ihre Verachtung zu verstecken. Mit hochgezogenen Augenbrauen mustern sie ihn ungeniert von oben bis unten. Dieser Barbar! Dieser Primitivling! Schaut euch nur diesen bunten Umhang an! Diese riesige Fibel! Diese Peinlichkeit von einem monströsen goldenen Halsreifen! Die Unzahl von Ketten, die Ringe! Was sollte so einer dem Senat der »Ewigen Stadt« wohl zu sagen haben? Er möge sich in seine Lehmhüttensiedlung zurückscheren, dort kann er seine Leute mit diesem Aufzug vielleicht beeindrucken.

Hier prallen zwei in ihren Ansichten völlig unterschiedliche Kulturkreise aufeinander. Römische (wie auch griechische) Kunst ist weitestgehend unbeweglich. Sie findet ihren Ausdruck in Gebäuden, Gebäudeteilen, Statuen. Sicher verzieren Römer und Griechen auch ihre Rüstungen und Schilde, Gegenstände des täglichen Bedarfs wie Schüsseln und Trinkgefäße, tragen vielleicht auch den einen oder anderen mehr oder weniger dezenten Fingerring aus Bronze oder Gold, doch ansonsten sind die Moderegeln sehr strikt gefasst: Zu viel persönlicher Schmuck ist verpönt, gilt als primitiv. Ein Iulius Caesar gilt schon als Exzentriker, weil er langärmlige Kleidung trägt.

Bei den Kelten gilt dagegen der Grundsatz: Wohlstand ist Status und der muss auch und vor allem außerhalb meines Haushalts für alle anderen sichtbar sein. Wo immer der Kelte auch hinzieht, er muss dort zeigen, wer und was er ist. Seine Kunst ist darum konsequenterweise mobil; alles ist so designed, dass es *an der Person* gesehen werden kann und konzentriert sich auf persönlichen Schmuck und Gebrauchsgegenstände, die mitgeführt werden können: auf Waffen, Spiegel, Zaumzeug, Wagenbeschläge, auf die Ausstattung für Gelage. Die Häuser der Kelten dagegen sind schmuck- und schnörkellose Bauten.

Es ist eine Kunst der Wohlhabenden. Als die Römer Gallien unterwerfen, werden die reichen keltischen Kriegeraristokraten entweder ausgerottet oder romanisiert. Die La-Tène-Kunst stirbt quasi von heute auf morgen.

Ein Stil offen für alles – aber unverwechselbar

Der Kunststil der La-Tène-Zeit ist das, was wir heute als »typisch keltisch« bezeichnen. Doch weder ist er eine reinweg keltische Entwicklung (etliche dieser Elemente finden sich zum Beispiel bereits im 12. Jahrhundert v. Chr. an dem im norwegischen Trundholm gefundenen Sonnenwagen), noch durchweg einheitlich.

Der gemeinsame Ursprung keltischer, griechischer, römischer und vor allem etruskischer Formen ist unübersehbar. Als die Hallstatthandwerker unter den Einfluss der aufstrebenden Kriegeraristokratie geraten, nehmen sie die neuen Formen und entwickeln sie weiter. Bis zum 3. vorchristlichen Jahrhundert öffnen sie sich dankbar weiteren Einflüssen. Doch sie sind wählerisch. Längst nicht alle Formen werden von den keltischen Künstlern übernommen. Bei den Pflanzenelementen beschränkt sich die Auswahl auf den Palmwedel, die Lotusknospe oder -blüte und den Bärenklau. Völlig unwichtig ist dagegen die Herkunft der Ornamente. So können einige Elemente wie Lotusknospen und bestimmte Tierfiguren sogar bis nach Persien und Assyrien zurückverfolgt werden.

Doch selbst, wenn die vor allem etruskischen Ornamente die Fantasie der bis dahin im hallstättischen geometrischen Stil gefangenen Handwerker und Künstler anregen, der Übergang passiert nicht von heute auf morgen. Und vor allem nicht überall gleichzeitig. Auf dem Gebiet des heutigen Österreich, Böhmen und der Champagne kann man sich am schwersten von den alten Stilelementen lösen. Noch bis zum Ende des 5. Jahrhunderts v. Chr. dominieren hier die geometrischen Ornamente und die alten Tiermotive. Lediglich der Kreis wird zur Vollkommenheit entwickelt. Mit Hilfe von Zirkeln entstehen komplizierte Muster, die das Auge gefangen nehmen. Das Rhein-Mosel-Gebiet dagegen gelangt sehr früh zur Meisterschaft, was die »echte« La-Tène-Kunst angeht (s. Farbbilder 17, 18 und 19).

Die Verarbeitung, Abstrahierung, Neuinterpretation und Variation von Pflanzenelementen bieten Tausende von Möglichkeiten.

Anfang des 5. vorchristlichen Jahrhunderts entstehen zunächst lokale Stile; die Künstler experimentieren, verfeinern ihre Fähigkeiten. Doch sie bleiben nicht isoliert. Das Zusammenwachsen der politischen und wirtschaftlichen Strukturen, das Entstehen von überregionalen politischen Abhängigkeiten und Handelsnetzwerken beendet auch die Eigenständigkeit der lokalen Schulen. Die Künstler der verschiedenen Regionen kommen in Kontakt miteinander, tauschen Ideen, Know-how, Motive aus, Schmiede gehen auf Wanderschaft, um neue Techniken zu lernen und neue Inspirationen zu erhalten. Als zu Beginn des 4. Jahrhunderts v. Chr. die großen Wanderungen beginnen, nehmen sie den La-Tène-Stil mit. An den Orten, wo sie letzten Endes ihre neue Heimat finden, öffnen sie sich auch ihrer künstlerischen Umgebung, wie das Beispiel der Kelten in Norditalien zeigt. La Tène wird zur Grundlage neuer, lokaler Stile außerhalb des ursprünglichen keltischen Siedlungsgebietes.

Im späten 4. Jahrhundert löst man sich endgültig auch von den letzten archaischen geometrischen Stilelementen. Von nun an dominieren die frei fließenden Formen. Durch Kontakte und Austausch befördert, herrscht im 3. Jahrhundert v. Chr. schließlich flächendeckend der »typisch keltische«, von Pflanzenelementen bestimmte Stil.

Grundsätzlich wird alles verziert, was man irgendwie verzieren kann. Gegenstände des Alltags werden zu Kunstwerken, wie zum Beispiel die Fibeln und Broschen, mit denen die Mäntel an der Schulter gehalten werden. Die Umsetzung richtet sich jedoch streng nach der Funktion des zu verzierenden Gegenstandes. Als hohe Schule gilt die Hochrelieftechnik, plastische, dreidimensionale Ornamente, die die äußere Form des Objektes verändern. Diese Technik ist prädestiniert für prächtige Halsreifen, deren Enden man mit figürlichen Darstellungen versieht, Armbänder, Fußketten und Trinkgefäße.

Es gibt jedoch auch Gegenstände, bei denen Hochreliefs die Gebrauchsfähigkeit einschränken beziehungsweise bei denen während des Gebrauchs die teuren Reliefs zwangsläufig beschädigt oder gar zerstört würden. Hier wird der florale Stil, zum Beispiel auf Schwertscheiden, als »schlichte« Einritzung, Ziselier- oder Einlegearbeit umgesetzt.

Nicht zuletzt spielt auch das Material eine Rolle. Objekte, die mit Hochreliefs verziert werden, sind in der Regel aus Gold oder Bronze (Silber ist als Material wenig gebräuchlich), während der zweidimensionale Stil vorrangig auf Eisengegenständen zu finden ist.

Neben Pflanzen und – wenn auch deutlich seltener – Tieren tauchen vielfach auch menschliche Gesichter als Verzierungen auf. Sie werden allerdings immer stark abstrahiert, obwohl die Fähigkeiten zur natürlichen Darstellung durchaus vorhanden sind. Die naturgetreue Abbildung eines menschlichen Gesichts stellt einen Verstoß gegen religiöse Regeln dar. Selbst in unserer Zeit gibt es Völker, bei denen das Fotografieren eines Menschen als Sakrileg, als Seelendiebstahl betrachtet wird. Völlig tabu ist die Darstellung ganzer Szenen mit menschlichen Figuren zu anderen als religiösen Zwecken.

Skulpturen (meist aus Holz oder Metall) erscheinen fast ausschließlich als Opfergaben; als Dekoration von Häusern spielen sie keine Rolle. Größere Steinskulpturen wie die vom Glauberg – so spektakulär sie uns vorkommen mögen – sind in der La-Tène-Zeit eher selten und beschränken sich auf die Regionen Südfrankreich und Süddeutschland. Speziell die Statue vom Glauberg dürfte sogar einen Bruch mit den religiösen Konventionen seiner Zeit darstellen, da die Skulptur Abbildungen von Schmuckstücken aufweist, die denen ähneln, die die Männer trugen, die am Glauberg beerdigt sind, sie also einen realen Menschen darstellt. Aber dann: Ist das nicht ein weiterer Beweis dafür, dass der Glauberg weniger ein Zentrum eines religiösen, als eines Heroenkultes war?

Agrarwissenschaftler, Regenbogenschüsselchen und Handel im großen Stil

Die Früchte der Felder …

Die nordalpine Landwirtschaft der La-Tène-Zeit ist nach antiken Maßstäben hocheffektiv und kann vom Ausstoß her mit den Mittelmeerzivilisationen durchaus mithalten. Missernten treiben Bauern zwar in die Abhängigkeit der Kriegerfürsten, sind aber anders als in der Hallstattzeit nicht existenzbedrohend.

Auch ist die Speisekarte reichhaltiger geworden. Verschiedene Weizensorten werden angebaut, Emmer, Spelt und Brotweizen; in Gallien auch Hirse. Hülsenfrüchte, allen voran Bohnen, Linsen, Wicke und Fette Henne, sind nach wie vor beliebt als Mittel zur konzentrierten Eiweißzufuhr für die Menschen, die körperlich schwere Arbeit zu verrichten haben. Aus Flachs gewinnt man Leinen und Öl, und nach und nach entwickeln sich so etwas wie regionale Spezialitäten. Im 2. vorchristlichen Jahrhundert beginnen die in Südgallien ansässigen Saluvii unter Ausnutzung des Klimas und des Knowhows der Griechen in Massalia mit dem Anbau von Oliven und von Wein.

Angrenzende Bereiche der Landwirtschaft erreichen ein neues Stadium, zum Beispiel die Vorratshaltung. Während man auf dem Kontinent Getreide bevorzugt in Pfahlbauten lagert, sind unterirdische Vorratssilos eine Besonderheit der Britischen Inseln. Das Prinzip ist ein einfaches: Eine Grube wird mit Getreide gefüllt und mit einer luftundurchlässigen Lehmschicht versiegelt. Dabei wird Feuchtigkeit in der Grube nicht nur notgedrungen hingenommen; sie ist sogar unerlässlich. Der Teil des Korns, der unmittelbar mit der feuchten Grubenwand in Kontakt kommt, keimt an, verbraucht dabei den gesamten Sauerstoff und setzt Kohlendioxid frei. Konservierungsmittel. Das Getreide kann nach Abschluss dieses Prozesses mehrere Monate in der Erde lagern (s. den Längsschnitt durch eine Vorratsgrube im Farbbildteil Abb. 7).

Doch nicht nur die Äcker werden gehegt und gepflegt. In Zeiten wachsender Bevölkerungszahlen steigt auch der Bedarf an Bauholz. Einfaches Abholzen oder Sammeln wird abgelöst durch Aufforsten und sogar gezieltes »Züchten« von Baumaterialien: Manche Stämme werden direkt über dem Boden abgeschlagen, damit aus den Stümpfen lange gerade Triebe für die üblichen Flechtwerkwände wachsen.

... und der Weiden und Wälder

Während sich das Schwein, das wichtigste Tier auf der keltischen Speisekarte, im Herbst an den Früchten der Eichenwälder gütlich tut, wird es den Rest des Jahres auf den Gehöften gemästet. Wenn es nicht auf der Suche nach Abfällen durch die Straßen der Hügelfestungen läuft.

Ansonsten findet sich bei den Kelten die gesamte Vielfalt an Haustieren, wie wir sie auch aus modernen Zeiten kennen. Geflügel ist weitverbreitet, Hühner sind ursprünglich ein Import aus dem Orient und werden seit der späten Hallstattzeit kultiviert. Generell sind die Nutztiere kleiner als die heutigen Rassen. Aber längst nicht alle sind dazu da gegessen zu werden.

Die Rinder sind kleine, zähe Zugtiere; von der Rasse her entsprechen sie dem inzwischen ausgestorbenen Celtic Shorthorn. Schafe werden als Wolllieferanten gehalten und sehen eher wie Ziegen aus. Am nächsten kommen sie dem heutigen Soay Schaf von den schottischen St. Kilda Islands. Ob sie in keltischen Zeiten auch schon die eher unschafsmäßige Angewohnheit haben, selbst ihre Hütehunde anzugreifen, ist nicht bekannt.

Hunde laufen vermutlich in großer Zahl in den Siedlungen und auf den Gehöften herum und führen ein recht entspanntes Dasein – wenn sie nicht gerade auf der Speisekarte stehen. Die größeren Arten leben jedoch generell gefährlich, denn sowohl am heimischen Herd als auch am Kriegerfeuer sitzt beziehungsweise liegt man vorzugsweise auf Kissen aus Hundefell …

Katzen sind zu Beginn der La-Tène-Zeit bereits seit mehr als 1500 Jahren domestiziert; als Mäusefänger und damit Beschützer der Nahrungsmittelvorräte erfüllen auch sie eine wichtige Funktion in der Stammesgemeinschaft.

Jagen gehört zu den großen Leidenschaften der Kelten, doch geht es hierbei weniger um die Erweiterung des Speiseplans. Mit dem Bogen geht man auf Rot- und Damwild, um zu verhindern, dass es die Felder verwüstet. Mit Schlingen und speziellen Holzgeschossen erlegt man Vögel, dieses meist wegen der Federn. Wolf, Fuchs und Dachs enden als pelzige Kleidungsstücke oder Applikationen.

Schon fast religiöse Bedeutung hat die Jagd auf das Wildschwein. Als Symbol der Kraft findet es sich wieder als Kopf der keltischen Kriegstrompete, als Schildverzierung und als Stammeszeichen. Es zu jagen, zur Strecke zu bringen, gilt als Test und Beweis der eigenen Stärke. Es zu essen bedeutet, dass seine Kraft auf denjenigen übergeht.

Nicht nur Statussymbol, sondern auch begehrte und teure Handelsware sind Pferde. Meist sind es die schon bekannten Ponys, die vereinzelt als Zugtiere, inzwischen jedoch viel als Reittiere eingesetzt werden. Am höchsten im Kurs stehen die selteneren weil importierten langbeinigen Tiere aus dem Osten.

Nur Bares ist Wahres? – von Münzen, die kein Geld sind

Zu keiner Zeit existiert die keltische Wirtschaft in völliger Abgeschlossenheit. Der Handel untereinander funktioniert als Naturalwirtschaft, »handeln« heißt in erster Linie »verhandeln«, und zwar auf einem bestehenden grundlegenden Wert- und Preisgefüge. Im 5. vorchristlichen Jahrhundert beginnen griechische und etruskische Händler damit, bei ihren keltischen Handelspartnern außer mit Wein und exklusiver Keramik auch mit einem ihnen vertrauten universellen Tauschmittel – kleinen Scheiben aus Kupfer, Bronze, gelegentlich Silber und hin und wieder auch Gold, dekoriert mit Symbolen und Portraits – zu bezahlen. Diese Münzen werden von den keltischen Handelspartnern zwar gern akzeptiert, allerdings sind diese noch weit davon entfernt, sie als Währung im eigentlichen Sinne anzusehen. Es sind in ihren Augen eigentlich eher Kunstwerke, die mehrere begehrte Eigenschaften in sich vereinen: Sie sind klein genug, um überallhin transportiert werden zu können, und verkörpern allein schon durch das Material, aus dem sie gefertigt sind, einen hohen Wert. Somit eignen sie sich hervorragend als Geschenke an jene, deren Gunst man erringen oder sich versichern will. Als dann im 3. und 2. Jahrhundert diejenigen zurückkehren, die sich als Söldner in fremden Heeren verdingt hatten (zum Beispiel dem des Alexander), haben sie als Sold erhaltene oder erbeutete Münzen im Gepäck. Diese Krieger haben die Funktion des Geldes in griechischen Heeren ausgiebig kennengelernt. Nicht zuletzt erkennen auch die wohlhabenden Kriegeraristokraten, dass Münzen ein hervorragendes Mittel zur Selbstdarstellung sind. Der Kriegsherr lässt sich immer häufiger abbilden und fügt ab dem 1. Jahrhundert auch seinen Namen und seine Herkunft hinzu. Der Stammesführer übernimmt darüber hinaus die Rolle eines Mäzens der Gemeinschaft, indem er Münzen prägen lässt, die die Stammesidentität betonen. Und noch immer sind es Repräsentationsgüter, kein Geld im eigentlichen Sinn. Eine Ausnahme bilden die direkt an Massalia und Etrurien angrenzenden Gebiete, in denen das Bezahlen mit Münzen bereits üblich ist. Woanders werden Münzen erst Ende des 2. bis Anfang des 1. Jahrhunderts zu dem, was wir als Geld bezeichnen, zu einem Zahlungsmittel mit einem bestimmten, festgeschriebenen Wert.

Der in Süddeutschland siedelnde Stamm der Vindeliker produziert ab dem späten 2. Jahrhundert v. Chr. kleine Goldmünzen mit einer gewölbten Oberfläche und oft nur wenigen Millimetern Durchmesser. Die darauf immer wiederkehrenden Motive sind der Kreuzstern, Kugeln oder Palmetten. Ihren Namen – »Regenbogenschüsselchen« – verdanken sie allerdings nicht den Kelten, sondern dem Aberglauben der ersten Entdecker solcher Münzen, die glaubten, diese seien vom Regenbogen heruntergetropft und besäßen besondere Zauberkräfte (s. Farbbildteil Abb. 20).

In einigen Regionen wird Münzgeld auch nur zu ganz bestimmten Zwecken – und zwar völlig unfreiwillig – geprägt. Die keltiberischen Stämme des spanischen Hochlands sehen während der gesamten Zeit der karthagischen Besetzung keine Notwendigkeit, sich an Münzen als Tauschmittel zu gewöhnen (geschweige denn, sie selbst herzustellen). Erst nach ihrer Unterwerfung durch Rom im 2. vorchristlichen Jahrhundert werden sie gezwungen, Silbergeld zu prägen, und zwar einzig und allein, um den ihnen auferlegten Tribut in einer den Römern genehmen Form zu zahlen.

Handel im großen Stil – die Handelsstädte der Kelten

Auf der einen Seite Barbaren, auf der anderen Seite hoch geschätzte Handelspartner. Neueste Forschungen haben gezeigt, dass die Kelten in dem Bestreben, am »internationalen Handel« teilzuhaben, eine, stadtbasierte Handelskultur auf überraschend hohem Niveau entwickelt haben. Ein schlagendes Beispiel dafür bildet die Hügelfestung bei Manching.

Gegründet wird Manching (der keltische Name ist nicht überliefert) um etwa 300 v. Chr., in der Hochblüte der La-Tène-Zeit, gar nicht mal als »Stadt«, sondern vielmehr als Zusammenschluss einzelner Gehöfte. Der Standort ist genial: im Norden fließt die Donau, die wichtigste Ost-West-Handelstraße, die in unmittelbarer Nähe von einem der wichtigsten Nord-Süd-Handelswege geschnitten wird, der die Bernsteingebiete im Norden mit Italien verbindet. Der wichtigste Rohstoff der Region ist Eisenton; konsequenterweise stellt die Eisengewinnung und -bearbeitung den wichtigsten Industriezweig dar. Eine Spezialität der Manchinger Handwerker darüber hinaus: Glasdreherarbeiten.

Der Ort wächst, aber nicht einfach so, sondern er wird planmäßig als Stadt entwickelt. Um 200 v. Chr. leben ca. 2500 Menschen in Manching. Ab 125 v. Chr. wird Manching mit einer massiven Mauer umgeben. Das geschieht nicht grundlos. Die Stadtherren wollen ihren Wohlstand gegen eine reale Bedrohung schützen. Diese besteht zum einen aus großen Verbänden vertriebener Kelten aus Norditalien; zum anderen beginnt um 115 v. Chr. der Zug der Teutonen und Kimbern.

Stichwort Rom. Dort werden im 2. vorchristlichen Jahrhundert die Sklaven knapp, die ein Grundpfeiler der Landwirtschaft sind. Zumindest in Manching ist belegt, dass die geschäftstüchtigen Handelsherren diese »Marktlücke« erkennen und auf geniale Art für sich ausnutzen. Ihre unmittelbaren Nachbarn sind die südlichen Germanen, wegen ihres Habitus nicht nur begehrte Arbeitskräfte in Rom, sondern auch Statussymbol. Und so entwickelt sich ein völlig neuer Geschäftszweig: Menschenhandel. Die »Beschaffung« des begehrten »Handelsgutes« übernehmen kleine Kriegertrupps, die über die Grenze vorstoßen, germanische Dörfer überfallen und das begehrte »Handelsgut« mitnehmen. Daraus entwickelt sich ein »Nebengeschäftsfeld«: Das blonde Haar der Germanen ist in Rom für die Fertigung von Echthaarperücken sehr nachgefragt.

Diese engen Handelskontakte wirken sich auch auf das Leben der Kelten aus. Die keltische Religion ist naturverbunden und wird normalerweise unter freiem Himmel praktiziert. In Manching reichen die Einflüsse so weit, dass dort Tempel errichtet werden.

Zu verschieden? Oder zu identisch?

Ab dem Erstkontakt der Römer mit den Kelten im frühen 4. Jahrhundert v. Chr. werden Erstere nicht müde, das Siedlungsgebiet der Kelten als geheimnisvolles, dunkles Territorium zu beschreiben, das von wilden, kriegerischen Stämmen mit barbarischen Sitten und primitiven Herrschaftsstrukturen bewohnt wird.

Doch genau betrachtet sind diese Strukturen im Gegenteil eine ziemlich genaue Entsprechung des Herrschaftssystems der römischen Republik selbst: Wer in Rom Leistung erbringt (vorzugsweise auf dem Schlachtfeld), hat Autorität, lateinisch *auctoritas*. Durch die Anerkennung dieser Leistung durch die Mitbürger erhält man ein Amt im Staate, mit dem eine gewisse formelle Macht, lateinisch *potestas* verbunden ist. So gesehen ist ein keltischer Herrscher innerhalb seiner Kriegerschaft nichts anderes als ein Gaius Iulius Caesar im römischen Senat: *primus interpares* – Erster unter Gleichen. Der einzige Unterschied zwischen dem keltischen und dem römischen System ist, dass bei den Kelten die *auctoritas* und *potestas* unabdingbar in einer Person vereint sind, während die Geschicke Roms oft genug durch die Einflussnahme von Autoritätsträgern gelenkt werden, die keine formellen Ämter bekleiden.

Auch das System unterhalb der Führungsspitze sollte den Römern durchaus bekannt vorkommen. Denn was anderes ist die römische Republik, als ein riesiges Geflecht von Beziehungen zwischen *patrones* und *clientes*, von Abhängigkeiten, von Familien veredelnden Adoptionen und Zweckehen?

Hochrangige römische Militärs haben durchaus ähnliche Wertvorstellungen wie keltische Kriegsherren. Die offenkundigen Übereinstimmungen in den Herrschaftsstrukturen dazu genommen, lassen eines klar werden: Rom hat Gallien nicht unterworfen, weil ein hoch entwickeltes Volk einem zurückgebliebenen die Werte der Zivilisation nahebringen wollte. Im Gegenteil, Gallien war Rom in fast allem *zu* ähnlich.

Allerdings sah die Situation um 400 v. Chr. im Zentrum der keltischen Kultur in Europa noch anders aus.

Celts International Inc.

Das Weltreich der Kelten von Irland bis Anatolien

Gesandte, Flüchtlinge, Abenteurer – die große Unruhe beginnt

Des Menschen Wille …

Zu Beginn des 4. vorchristlichen Jahrhunderts umfasst das Siedlungsgebiet der La-Tène-Kelten den größten Teil des heutigen Frankreich, weite Teile Süddeutschlands und natürlich ihr Kerngebiet die Schweiz. Die Gesellschaft blüht und gedeiht. Echter Wohlstand konzentriert sich zwar nur in den Händen weniger, gleichwohl festigen sich die gesellschaftlichen Strukturen. Machtzentren entstehen, und das Geflecht von Abhängigkeiten und Zweckbündnissen schafft eine gewisse Stabilität. Die Allianzen wechseln, aber das Muster, nach dem sie funktionieren, bleibt das Gleiche. Stammesauseinandersetzungen drehen sich um Ehre, Vieh und Frauen. Doch die Ruhe täuscht. Unter der Oberfläche des Wohlstands beginnt es zu brodeln.

Etwas Spitzes drückt sich hart in seinen Bauch, und die Feuchtigkeit des Bodens beginnt sein Hemd zu durchdringen. Aleso wagt nicht, sich zu bewegen. Denn dort unten in der Senke, rund um das Feuer, in dunkle Decken gehüllt, sitzen etwa 30 Männer, unbeweglich wie die Büsche ringsum. Nur ihre Gesichter leuchten hell im Feuerschein. Niemand spricht.

Aleso versucht, seinen Vater zu erkennen. Er muss dort unten sein. Fast jeden Abend ist er in den letzten Wochen unterwegs gewesen. Und heute will Aleso wissen warum. Vorsichtig zieht er ein Knie an.

»Edle Krieger, meine Freunde!«

Aleso zuckt zusammen. Die Stimme klingt sehr viel lauter zu ihm herüber, als er es auf diese Entfernung erwartet hätte.

»Wir müssen dieser Zeit der Unentschlossenheit ein Ende bereiten. Es kann so einfach nicht mehr weitergehen.«

Die Männer murmeln ihre Zustimmung.

»Wie lange wollen wir es noch dulden, dass unsere Stammesführung tatenlos zusieht, wie unsere Familien wachsen, dem Stamm immer mehr Kinder geboren werden, aber das Land, das sie ernähren soll, nicht größer wird? Hält sie unsere Krieger für zu schwach, um neues Land zu erobern? Warum kann …«

Plötzlich spürt Aleso links oberhalb der Taille einen stechenden Schmerz. Er tastet nach links, um den Ast, der ihn peinigt, wegzuschieben – und greift auf Metall.

Sein Kopf fliegt herum. Wie aus dem Boden gewachsen steht ein Mann neben ihm und drückt ihm eine Lanze in die Rippen. Aleso wagt nicht, sich zu rühren. Er weiß, es ist ein Mann seines eigenen Stammes, dennoch hat er keinen Zweifel daran, dass der Krieger bei einer unbedachten Bewegung, ohne zu zögern, zustoßen wird.

Das Bohren in der Seite wird stärker. Aleso blickt auf. Der Krieger ruckt mit dem Kopf in die Richtung des Feuers. Beim Aufstehen merkt der Junge, dass seine Arme und Beine zittern. Das hier ist kein Spiel mehr. Es ist bitterer Ernst. Die Lanze im Rücken trottet er gehorsam den Hang hinunter.

Das Gespräch bricht schlagartig ab, als sie sich dem Feuer nähern. Eisiges Schweigen schlägt ihm entgegen. Völlig regungslos sitzen die Männer da und blicken düster vor sich hin.

Seinen Vater sieht er nicht.

Er holt tief Luft, aber die Angst hält seinen Atem in seiner Brust gefangen. Die Muskeln in seinem Oberkörper gehorchen nicht mehr seinem Willen, und so sehr er sich auch bemüht, die Luft wieder herauszupressen, es gelingt ihm nicht.

»Wer bist du?« Die Schärfe in der Stimme aus dem Halbdunkel lässt ihn zusammenzucken. »Und vor allem, wer hat dich geschickt?«

Diese Frage verwirrt Aleso. Er vergisst für einen Augenblick sogar seine Angst.

»Geschickt?«, fragt er verständnislos.

»Es nutzt dir nichts, wenn du dich verstellst. In wessen Auftrag bist du uns hinterhergeschlichen?«

»Mich hat niemand geschickt, ich bin …«

»Hör auf zu lügen!«

Ein Mann springt auf, und mit dem ausgestreckten Arm auf Aleso zeigend, schreit er: »Er ist eine Gefahr für uns alle! Er muss sterben!«

Aleso ist kurz davor zusammenzubrechen. Der Mann mit dem ausgestreckten Arm verschwimmt vor seinen Augen. Seine Gedanken wirbeln durcheinander, und er fühlt seine Sinne schwinden.

»Dann wirst du mich zuerst töten müssen!«, tönt eine Stimme drohend aus dem dunklen Hintergrund. Aleso sackt zusammen. Tränen schießen ihm in die Augen. Sein Vater!

Ein allgemeines Gemurmel wird laut, doch dann steht der Krieger, der vorhin die Rede gehalten hat, auf und tritt in die Mitte der Versammlung. Sofort verstummen alle. Woher auch immer, aber plötzlich weiß Aleso auch den Namen des Mannes wieder: Motuedios.

»Pistilos, setz dich wieder hin und nimm die Hand vom Schwertgriff!« Er hat nicht einmal laut gesprochen, doch Pistilos gehorcht augenblicklich.

»Lasst uns mit kühlen Köpfen an die Sache herangehen«, fährt Motuedios fort. Er legt eine Pause ein, als würde er auf Widerspruch warten. Die schweigende Zustimmung der Krieger lässt Aleso tief durchatmen.

»Pistilos' Standpunkt ist nicht von der Hand zu weisen. Da wir nicht wissen, wie viel der Junge gehört hat, wäre es zu gefährlich, ihn einfach so gehen zu lassen.«

Aleso wird es schwarz vor Augen. Er will davonlaufen, aber seine Füße scheinen in der Erde zu stecken. Auch das Zittern ist wieder da.

»Ich habe einen Vorschlag, und ich bitte die Versammlung der edlen Krieger ihn wohl zu durchdenken. Den Jungen zu töten wäre für den Augenblick sicher die einfachste Lösung, aber für unsere Unternehmung brauchen wir das ganze Wohlwollen der Götter. Wäre es also sinnvoll, sie gegen uns aufzubringen, indem wir unter Umständen die falsche Entscheidung treffen? Wenn wir ihn ohne Grund in die Andere Welt befördern, wessen Leben werden die Götter fordern, um das Gleichgewicht wiederherzustellen? Nein, wir müssen die Angelegenheit auf andere Weise bereinigen.«

Er wendet sich von seinen Zuhörern ab und durchmisst mit wenigen Schritten den Kreis, bis er vor Aleso steht. Dieser hat bis dahin den Kopf gesenkt gehalten, seinem Schicksal ergeben. Jetzt blickt er auf. Ihre Augen begegnen sich, und Aleso spürt, wie er allein durch den Blick des Vaters ruhiger wird.

»Aleso – das ist doch dein Name? –, du wirst jetzt eine Entscheidung fällen, die dein ganzes restliches Leben beeinflussen wird. Ich werde dich jetzt in unseren Plan einweihen.«

Ein aufgebrachtes Raunen geht durch die Runde, gepaart mit Fassungslosigkeit, teilweise sogar Entsetzen. Unbeirrt fährt Motuedios fort.

»Du bist noch sehr jung, aber als der Sohn eines großen Kriegers kennst du unsere Geschichte und weißt, wie die Tectosagier früher gelebt haben. Das Land, auf dem wir leben, das Land, das uns seit über 300 Jahren ernährt, haben wir uns in harten Schlachten erstritten und seither in noch härteren Kämpfen verteidigt. Es ist uns gut gegangen, noch immer zählen wir nach jedem Winter mehr Köpfe als in dem davor. Doch kannst du dich erinnern, wann wir das letzte Mal versucht haben, die Grenzen unseres Territoriums zu erweitern, um den vielen Menschen auch genügend Raum zum Leben zu geben?« Motuedios unterbricht seine Rede. Seine Stimme ist laut und bitter geworden. Er holt tief Atem, dann spricht er ruhig weiter. »Wir sind eine Gruppe von Kriegern, die noch an die alten Traditionen glauben, etwas, das unserer Stammesführung im Laufe der Zeit fremd geworden ist. Vor einiger Zeit haben wir beschlossen, die Geschicke unseres Stammes mit Hilfe der Götter in unsere eigenen Hände zu nehmen. Unsere Zahl wächst ständig, wir warten auf den

Tag, an dem uns die Götter das Zeichen geben werden, und wir fühlen, dass dieser Tag bald kommen wird. Dann werden wir die Macht übernehmen und für unser Volk mehr Land und Wohlstand erstreiten.«

Alesos Gedanken rasen. Ein Aufstand! Diese Männer haben geplant, die Stammesführung zu stürzen! Und sein Vater ist unter ihnen!

Dann wird ihm siedend heiß.

ER SELBST IST JETZT UNTER IHNEN!

»Dein Schicksal liegt nun einzig und allein in deiner Hand, mein Junge. Du wirst dich vielleicht fragen, warum ich dir alles erzählt habe.« Aleso nickt. »Du wolltest wissen, was wir besprechen und hast uns belauscht. Wir wollen, dass niemand von unserem Vorhaben erfährt. Du hast jetzt die Wahl. Wir bieten dir an zu uns zu gehören. Solltest du ablehnen, werden wir dich töten, noch hier und heute.« Als er sieht, dass Aleso tief Luft holt, fügt er hinzu: »Überleg dir deine Antwort sehr gut. Das Naheliegende muss nicht notwendigerweise auch das Bessere sein. Wenn wir dich töten, so wirst du nichts spüren. Sollten jedoch die Götter an jenem bewussten Tag nicht mit uns sein und solltest du in die Hände der Krieger unseres Stammesführers fallen, dann wird man dich wie einen gewöhnlichen Verbrecher hinrichten. Was das bedeutet, brauche ich dir nicht zu erklären. Jetzt überdenke deine Entscheidung noch einmal, und lass dir Zeit damit, wir haben noch die ganze Nacht.«

Er gibt ein Zeichen, und zwei Männer stehen auf. »Bindet ihm die Hände und Füße zusammen. – Das hat nichts mit Misstrauen zu tun«, wendet er sich Aleso noch einmal zu, ein schwaches Lächeln auf seinen Lippen, »aber ich weiß, dass die Angst selbst einen tapferen Mann manchmal seltsame Dinge tun lässt. Wir können nicht riskieren, dass du fliehst.«

Der Junge steht wie betäubt. Erst als ihn einer der Männer am Arm berührt, kommt er zu sich.

»Nein, es ist nicht nötig. Ich habe mich entschieden. Ich werde mit euch kämpfen.«

Er hat die Worte kaum ausgesprochen, da trifft ihn die Erkenntnis wie ein Schlag: Der Tag, auf den er immer gewartet hat, ist nun gekommen. In dieser Nacht ist seine Kindheit zu Ende gegangen. Er wird nie mehr zurückkehren können.

... oder die Zeichen der Götter

Was Aleso erlebt hat, ist Teil dessen, was die Geschichtsschreibung die große Unruhe nennt. Um etwa 400 v. Chr. kommt gleich an mehreren Stellen Bewegung in die Siedlungsgebiete der Kelten. Ausgangspunkt ist das heutige Zentralfrankreich.

Der römische Geschichtsschreiber Livius schaut im 1. vorchristlichen Jahrhundert zurück auf die Geschichte der Kelten. Seine Erzählung liest sich wie eine abenteuerliche Mischung aus Mythos und Realität. Von ihm wissen wir, dass zu Beginn der großen Unruhe das, was die Römer später einmal Gallien nennen werden, unter der Oberherrschaft der in der Gegend um Avaricum (heute Bourges) lebenden Bituriger steht. Deren Herrscher namens Ambigatus stellt eine Art »Großkönig« über die Anführer der anderen Stämme dar. Es geht ihnen gut, doch mit dem Wohlstand wächst auch die Zahl der Menschen. Es droht Überbevölkerung. Dazu kommt, dass hier nach dem heutigen Stand der Forschung um diese Zeit ein Klimasturz nachgewiesen ist, der so gravierend war, dass er zu mehreren Missernten geführt haben muss (eine Tatsache, auf die sich in Livius' Erzählung kein Hinweis findet).

Livius lässt die Bituriger, wie dies zu seiner Zeit bei schwierigen Entscheidungen üblich ist, zunächst die Götter befragen. Aus ihren Zeichen lesen die Bituriger nach seiner Darstellung folgende Antwort: Der Herrscher der Bituriger, Ambigatus, soll zwei junge abenteuerlustige Männer aus seiner entfernteren Verwandtschaft, Bellovesus und Segovesus, in die Welt hinausgeschickt haben, um neue Siedlungsgebiete für das stetig wachsende Volk zu suchen. Damit auch niemand in den Ländern, die auf ihrem Weg liegen, auf die Idee kommt, sie von ihrem göttergewiesenen Pfad abzubringen, sollen sie die überzähligen Menschen dieser Stämme gleich mitnehmen. Wer würde es schon wagen, einen derart großen Kriegerhaufen anzugreifen? Damit sich die beiden Anführer nicht in die Quere kommen, weisen die Götter zwei grobe Marschrichtungen. Segovesus erhält Zeichen, die ihn nach Nordosten führen, über den Rhein, in das Hercynische Gebirge, die Gebiete, die heute der Harz, der Schwarzwald und vor allem Böhmen sind. Für Bellovesus haben die Götter zwar einen anstrengenderen Weg, dafür jedoch ein klimatisch angenehmeres Ziel auserwählt. Er zieht über die Graischen Alpen (den Kleinen St. Bernhard) nach Oberitalien. Mit ihm ziehen Angehörige weiterer Stämme, die den Biturigern untergeben sind: Arverni, Senonen, Aedui, Ambarri, Carnutes, Insubrer und Aulerci. Auch diese Stämme betrachten den Auszug des Bellovesus als willkommene Gelegenheit, sich von dem wachsenden Bevölkerungsdruck zu befreien. Mit einem großen Heer aus Fußkämpfern und Reitern, so Livius, bricht Bellovesus den Zeichen der Götter folgend nach Süden auf.

Die Götter oder andere übernatürliche Mächte spielen in Erzählungen – wie auch in der Geschichtsschreibung – immer dann eine Rolle, wenn etwas unerklärlich ist. Die Geschichte der südgallischen Tectosagier ist jedoch eine der wenigen annähernd vollständig dokumentierten Historien der Wanderungen eines speziellen keltischen Stammes. Über den Aufstand, der vielleicht so wie in der Eingangserzählung angedeutet, seinen Anfang nahm, berichtete um 15 n. Chr. bereits der griechische Historiker und Geograf Strabo. Verschiedene archäologische Erkenntnisse – und nicht zuletzt auch die weiteren Erwähnungen der wandernden Tectosagier bis hin nach Kleinasien bei klassischen Autoren wie Pausanias – lassen den Schluss zu, dass zwischen 290 und 285 v. Chr. sich tatsächlich große Gruppen der Tectosagier gegen die Stammesführung erhoben haben. Der Umsturz scheitert und die Stammesführung entscheidet, dass für diesen Verrat nur die höchste aller Strafen infrage kommt: der Ausschluss von den Stammesriten. Bei einzelnen Personen oder kleineren Gruppen mag dies kein Problem darstellen, in diesem Fall handelt es sich jedoch um mehrere 10 000 Menschen. Und so kann Ausschluss von den Stammesriten nur eines bedeuten: Verbannung.

Aussendung durch den Herrscher, Verbannung, gelegentlich auch Vertreibung durch stärkere Stämme, das sind nur einige Gründe, warum Kelten im 4. und 3. vorchristlichen Jahrhundert ihre angestammten Siedlungsgebiete verlassen. Doch es gibt noch einen weiteren Beweggrund, und zwar einen der dem Charakter der Kelten voll und ganz entspricht.

Das Streben nach Ruhm, Ehre und Wohlstand

Um 336 v. Chr. herum bricht von Makedonien aus ein junger, ehrgeiziger Feldherr auf mit dem schlichten Ziel, die bis dahin bekannte Welt zu erobern. Im Alter von 20 Jahren hat er sich bereits den Namenszusatz *Megas* – ›der Große‹ verdient. Vor diesem Feldzug bereist er die an seine Heimat angrenzenden Länder. Denn bevor er zu weiteren Eroberungen nach Osten aufbricht, möchte er die nördlichen und westlichen Grenzen ruhig wissen. Im Zuge dieser Reise begegnet er auch den im Donaugebiet siedelnden Kelten.

In den Augen dieser Kelten erfüllt Alexander von Makedonien drei ganz wesentliche Kriterien zum Idol, dem man bereitwillig in die entlegensten Winkel dieser Erde folgt. Erstens: Er hat das Charisma eines wirklich großen Führers. Zweitens: Sein Vorhaben verheißt Reichtümer, die man kaum ermessen kann. Drittens: Er bietet vielen Männern an, was ihnen ihre Stammesauseinandersetzungen mit den festgeschriebenen Abläufen und Ritualen nicht mehr geben können: die Möglichkeit, sich als Krieger zu beweisen. Es ist also kein Wunder, dass der makedonische Herrscher auf seinem Asienfeldzug ein stattliches Kontingent aus keltischen Kriegern zu seinem Heer zählen kann.

Nach seinem Tod am 13. Juni des Jahres 323 v. Chr. kehren viele dieser Krieger und ihre Familien nicht an ihren ursprünglichen Wohnort zurück, sondern siedeln sich auf dem Gebiet der heutigen Türkei an. Diejenigen, die zurückkehren, stoßen mit ihren Erzählungen auf offene Ohren und lösen dadurch weitere Wanderungen aus.

Während die ersten Wanderungen das Gebiet des heutigen Frankreichs von dem Problem der Überbevölkerung befreien, hat der allgemeine Aufbruch in anderen Regionen eher unerfreuliche Folgen. Südwestdeutschland wird weitgehend entvölkert. Die Germanen drängen vor, die Grenzregionen des keltischen Siedlungsgebietes gehen verloren, Kelten und Germanen verschmelzen teilweise. Neue Konstellationen entstehen.

Ob für Alexander den Großen, später Hannibal, den Karthager, und noch später die Römer; zu jeder Zeit sind keltische Krieger bereit, als Söldner für Feldherren zu kämpfen, die ihnen lohnenswerte Ziele anbieten.

Aber: Ob in eigenem Namen oder im Dienst fremder Herrscher, ob freiwillig oder gezwungenermaßen; wann immer die Kelten die Grenzen ihres alten Gebietes verlassen, sind die Konflikte vorprogrammiert. Das bekommt schon bald die gesamte Welt des klassischen Altertums zu spüren.

Der Auftakt – Kelten gegen Etrurien und Rom

»Kriegerland« jenseits und diesseits der Alpen

Die Wanderungen des Segovesus und Bellovesus: Mythos oder Beschreibung historischer Ereignisse?

Beginnen wir mit Segovesus. Eine Wanderung größerer Menschenmassen vom heutigen Frankreich aus nach Nordosten ist für den Beginn des 4. vorchristlichen Jahrhunderts mehrfach archäologisch belegt. Die verschiedenen Stämme (unter wessen Führung auch immer) wachsen auf ihrem Marsch zu einer neuen Gemeinschaft zusammen und entwickeln als solche sogar so etwas wie eine eigene Identität. Diese behalten sie bei, als sie ihr neues Siedlungsgebiet erreichen, nicht zuletzt auch durch das Abbrechen aller Verbindungen in die alte Heimat. Zu erkennen ist dies an der Kunst. Der mitgebrachte La-Tène-Stil entwickelt hier eine eigene Schule.

Den eigentlichen Beweis liefert jedoch der heutige Name der Region selbst. Das Gefühl, eine geschlossene Gemeinschaft mit eigenen Traditionen und Werten zu sein, ist so stark, dass sie sich selbst einen eigenen stammesübergreifenden Namen gibt: Boii. Das Land, das sie besiedeln, nennen sie »Heimat der Boii« – *Boihaemum*, heute Böhmen.

Bei allem Zusammengehörigkeitsgefühl behalten die einzelnen Stammesgemeinschaften der Boii jedoch auch einen gewissen eigenen Charakter. Bis ins späte 2. vorchristliche Jahrhundert hinein lassen sich 112 Unterstämme der Boii unterscheiden. Schon bald nach der Landnahme ist es mit dem friedlichen Miteinander vorbei. Es kommt zu inneren Unruhen, etliche der Stammesgruppen brechen auf und suchen neue Siedlungsgebiete. Einige ziehen nach Osten durch das Donautal bis zum Balkan. Sie bzw. ihre Nachfahren machen hier später Bekanntschaft mit ihrem ambitionierten makedonischen Nachbarn Alexander dem Großen. Andere zieht es nach Süden und auch nach Westen. Am Ende verlassen so viele lebenswichtige Krieger und Handwerker die Region, dass das große Siedlungszentrum in Zavist bei Prag zusammenbricht und eine aus weit verstreuten isolierten kleinen Höfen bestehende Ackerbaugesellschaft zurückbleibt. Wahrscheinlich ist dies eines der ersten dokumentierten Beispiele für das, was man in der modernen Wirtschaft als »brain drain« bezeichnet, eine existenzbedrohende Abwanderung von Fachkräften.

Auch hinsichtlich der Wanderung des Bellovesus konnten Archäologen nachweisen, dass in Übereinstimmung mit dem Bericht des Livius tatsächlich Kelten in großen Zahlen über die Alpen nach Norditalien strömten und sich in der Poebene festsetzten.

Möglicherweise gibt es außer den göttlichen Zeichen, die Bellovesus den Weg über die Alpen gewiesen haben sollen, noch eine weitere, weitaus profanere Erklärung für den Aufbruch nach Süden. Ursprünglich hatten Impulse aus dem aufstrebenden Etrurien den Kelten im zentralen Siedlungsgebiet neue Handelsgüter und einen neuen Stil in der Kunst gebracht und damit den Lebensstil der La-Tène-Zeit begründet. Doch dieser Luxus war nur wenigen vorbehalten, weil er lange, teure Wege reisen musste. Ist es so abwegig, dass die Kelten das Verfahren nun abkürzen und einfach direkt zur Quelle des Wohlstands vordringen wollten?

Tatsache ist jedenfalls, dass die Neuankömmlinge in Norditalien schnell Gefallen an den Vorzügen ihrer neuen Umgebung finden. So sind Keramik, bronzenes Trinkgeschirr, Fibeln und Schmuck nun Gegenstände des täglichen Bedarfs und keine Luxusgüter mehr wie zuvor in der nordalpinen Heimat, sondern gehören hier zu den Gegenständen des täglichen Bedarfs. Trotzdem haben die neuen Siedler nicht vor an ihrer grundlegenden Lebensweise etwas zu ändern. Sie leben nach wie vor in versprengten Höfen direkt bei dem Land, das sie bewirtschaften und bei den Wäldern, in denen sie Schweinezucht betreiben. Zum Schutz der Vorräte und der Menschen errichten sie auch hier befestigte Hügelsiedlungen.

Und noch etwas passiert. Was bislang vielleicht nach der geschlossenen Bewegung einer homogenen Masse klingt, ist in Wirklichkeit, wie bei den Boii, nur die Zweckverbindung einer großen Anzahl von Einzelstämmen, die sich ihrer eigenen Identität durchaus bewusst sind. Der Beweis: Kaum erreichen sie das prophezeite Land, fällt der riesige Stammesverbund mehr oder weniger schnell auseinander. Eindeutig identifizierbare keltische Einzelstämme sind zum Beispiel die Insubrer, die die älteste der in diesem Zug entstehenden großen keltischen Ansiedlungen gründen. Die Festung Mediolanum in der Lombardei hat einen Teil ihres keltischen Namens bis in die Gegenwart gerettet und heißt heute Milano – Mailand. Auch reißt mit den Gefolgsleuten des Bellovesus die keltische Einwanderung über die Alpen nicht ab. Im Gegenteil. Nur kurze Zeit später entstehen Brixia, das heutige Brescia, und Verona, die Hauptzentren des Stammes der Cenomani.

Dadurch, dass immer mehr Kelten über die Berge nach Norditalien ziehen, kommt es zu einem unerfreulichen Nebeneffekt für die in der alten Heimat Verbliebenen: Der bis dahin schwunghafte Handel mit den Etruskern bricht zusammen, ein weiterer Auslöser für keltische Wanderungen nach Norditalien.

In einem Punkt stimmen die Forschungsergebnisse allerdings nicht mit dem Bericht des Livius überein. Livius datiert die Wanderungen in die Regierungszeit des römischen Königs Tarquinius Priscus, also zwischen 616 und 579 v. Chr. Damit wäre seine Erzählung tief in der Hallstattzeit angesiedelt. Sowohl die Boii als auch die Wanderer über die Alpen tragen jedoch die Elemente der erst im frühen 5. vorchristlichen Jahrhundert entstandenen La-Tène-Kultur weiter.

Hat Livius sich geirrt? Es wäre verzeihlich, immerhin beschreibt er die Ereignisse mit einem Abstand von mehreren Hundert Jahren und auch zu einer Zeit, die weder die Archäologie noch Epochenbegriffe wie »Hallstatt« oder »La Tène« kannte. Man muss sich vor Augen führen, dass die Geschichtsschreibung zur Zeit des Livius auf mehr oder weniger genauen Überlieferungen beruhte. Es ist eine

Zeit, in der Geschichtsschreibung eher literarisch zu verstehen ist und deshalb auch verfälscht, ausgeschmückt und aus dem Blickwinkel des Erzählers interpretiert wird. Die zeitliche Einordnung der Ereignisse durch Livius ist also infrage zu stellen.

Nun ist die Poebene zu Beginn des 4. vorchristlichen Jahrhunderts kein fernab gelegenes Paradies, das nur auf die Besiedlung durch kriegerische Stämme von jenseits der Alpen wartet. Am wenigsten warten die Etrusker, die südlich des Po ansässig sind. Sie erleben die zugewanderten Kelten jetzt als direkte Nachbarn und stellen fest, dass sie so ganz anders sind als die keltischen Volksstämme, die schon länger dort wohnen, die quasi »eingebürgerten« sogenannten Golasecca-Kelten. Mit denen ließ sich bislang auf der Basis des transalpinen Handels ganz gut auskommen. Die Neuankömmlinge aus dem Norden sind dagegen weniger umgänglich. Außerdem werden sie immer mehr, und als im Jahr 396 v. Chr. das reiche Melpum (in der Nähe von Mediolanum) fällt, ist die gesamte nördliche Uferseite des Po fest in keltischer Hand.

Etwas weiter südlich, in einer kleinen Stadt am Fluss Tiber, wird die Region schon bald »Das Land des Kriegsvolks diesseits der Alpen« genannt: *Gallia cisalpina*.

Diese Stadt am Tiber, die sich Rom nennt, liegt im Krieg mit den etruskischen Völkern. Bei aller Freude über das Elend der Etrusker zeigen sich die Römer aber anscheinend überhaupt nicht beunruhigt darüber, dass sich *Gallia cisalpina* anschickt, weiter zu wachsen.

Zu diesem Wachstum tragen neu ankommende Stämme maßgeblich bei, die einen etwas anderen Weg über die Alpen – über den Pöninischen Berg (den Großen St. Bernhard) – genommen haben. Es sind boiische Stämme, die im Zuge der oben erwähnten inneren Unruhen nach nur wenigen Jahren ihre neue böhmische Heimat wieder verlassen haben.

Jetzt stehen sie am linken Ufer des Po. Das Land auf dieser Seite des Flusses ist bereits vergeben. Was also liegt näher, als es auf der anderen Seite dieses Flusses zu versuchen, der noch als letztes Hindernis zwischen Kelten und den Etruskern liegt?

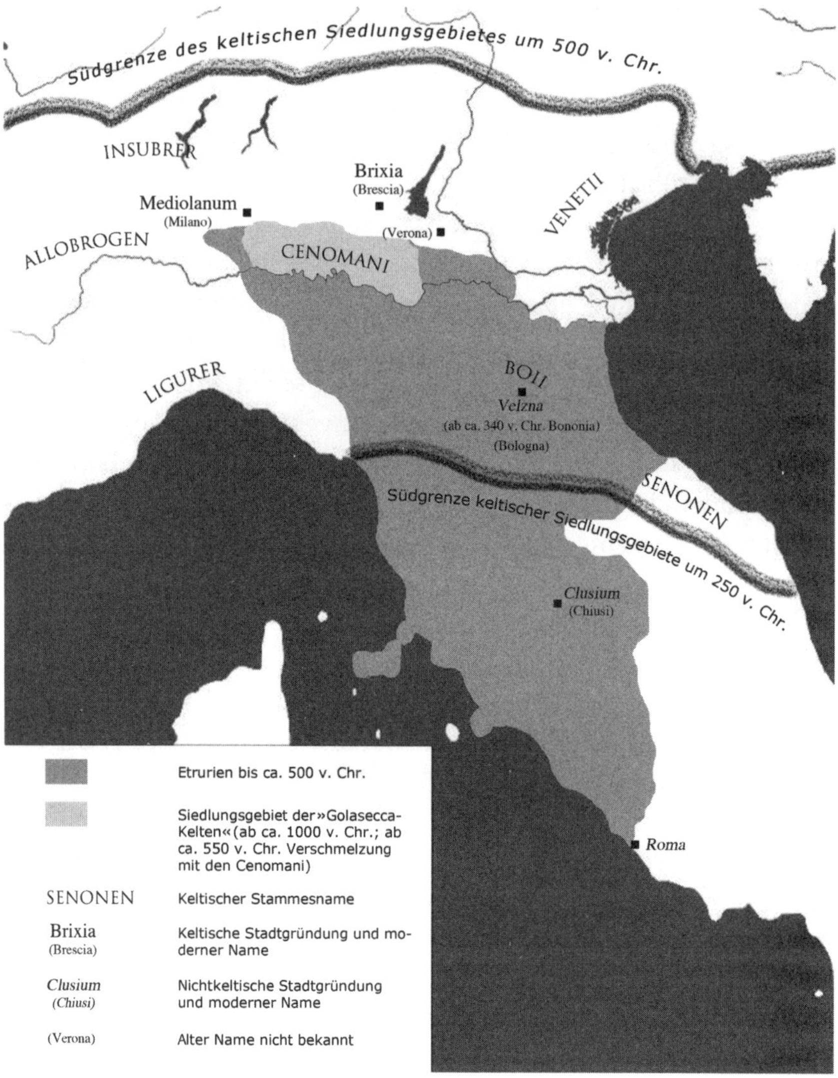

Norditalien zwischen 500 – 250 v. Chr. Das ehemalige etruskische Siedlungsgebiet nördlich und südlich des Po ist in keltischer Hand; etruskische Städte – wie Velzna (latinisiert »Felsina«) – werden zu keltischen Stammessitzen.

Auf verlorenem Posten zwischen zwei Fronten

Nein, leicht haben es die Etrusker ab dem 5. vorchristlichen Jahrhundert tatsächlich nicht. Zuerst fallen die Latiner über sie her, dann die Samniten und schließlich die Sabelliner, alles Völker, die ihre Machtposition auf dem italienischen Stiefel sichern oder ausbauen wollen. Um 430 v. Chr. gehen ihre Besitzungen in Kampanien unter, 424 v. Chr. fällt dort auch die Hauptstadt Capua. Ein schwarzes Jahr ist schließlich 396 v. Chr. Die Etrusker verlieren am selben Tag gleich zwei Städte: im Norden das reiche Melpum an die Kelten, und im Süden nach zehnjähriger Belagerung die Stadt Veji an die Römer.

Trotz des Drucks von außen sind die etruskischen Gemeinschaften weit davon entfernt, ein vereintes Volk darzustellen. Ihr von den Römern bedrohtes Kernland, das »wahre Etrurien«, liegt im Süden und bindet dort erhebliche militärische Ressourcen. Außerdem sind die etruskischen Städte autonom und so eigenständig, dass sie lieber miteinander konkurrieren, anstatt sich gegen den übermächtigen Gegner zusammenzuschließen.

Bislang war der Po als Grenze zwischen keltischem und etruskischem Gebiet anerkannt. Jetzt stehen die Horden der keltischen Boii voller Tatendrang auf der anderen Seite des Flusses. Da das Land auf ihrer Seite für die nachrückenden Menschenmassen nicht mehr ausreicht, setzen die aus Böhmen weggezogenen Kelten über und erobern das nördliche Etrurien.

Dort bleiben die Neuankömmlinge nicht lange. Die militärisch geschwächten Etrusker haben den Eindringlingen nicht viel entgegenzusetzen. Die Kelten rücken schnell vor und lassen sich auf dem Gebiet der heutigen Romagna nieder. Hier errichten sie keine eigene neue Stammeshauptstadt, sondern übernehmen das befestigte Felsina und nennen es Bononia. Die auf den mächtigen Stammesverbund hinweisende Silbe ›Bo-‹ bleibt über die Jahrtausende bestehen. Die Stadt heißt heute Bologna.

Doch der Alptraum der Etrusker ist noch nicht vorbei. Im Gegenteil, genauer betrachtet hat er gerade erst begonnen.

Die Senonen, ein mächtiger keltischer Stamm, der laut Livius gemeinsam mit Bellovesus aufgebrochen war, kommen jetzt als Nachzügler über die Alpen und halten sich auch gar nicht erst lange in der Poebene auf, die inzwischen zu beiden Seiten des Flusses komplett keltisch besiedelt ist. Sie suchen und finden ihre neue Heimat an der Adriaküste zwischen dem heutigen Rimini und Ancona. Natürlich beherrschen sie als Kriegervolk die Region. Gleichzeitig sind sie in religiösen Fragen tolerant. Zu einem gewissen Grad verschmelzen Eroberer und Besiegte. Aus Grabfunden wissen wir, dass die Kelten zum Teil etruskische Begräbnisriten übernehmen. In keltischen Gräbern finden sich Opfergaben für etruskische Gottheiten, während die einheimischen Etrusker ihrerseits Gefallen an der keltischen La-Tène-Kunst finden. Dies beweisen wiederum keltische Gegenstände, die die Etrusker ihren eigenen Toten mit auf die letzte Reise geben.

Jetzt trennt nur noch der Apennin das Kernland der Etrusker von den keltischen Siedlungsgebieten, und inzwischen sehen auch die etruskischen Tusker ihr Land, die Toskana, bedroht. Der Schrecken lässt auch nicht lange auf sich warten.

Der Feind meines Feindes… ist mein Feind? – ein diplomatischer Lapsus mit Folgen

Nur fünf Jahre nach ihrer Ansiedlung an der Adriaküste packt die Senonen die Unruhe. Wodurch sie ausgelöst wird, ist nicht bekannt. Einige Geschichtsschreiber der Antike berichten, dass sie sogar gerufen werden, von einem Mann aus Clusium (heute Chiusi), dessen Ziehsohn seine Frau verführt haben soll, auch in der Antike bereits eine Straftat. Die mächtige Familie des Verführers habe dann wohl verhindert, dass dem Gehörnten Recht widerfahre. Daraufhin habe dieser aus Rache die Kelten zu seiner Heimatstadt geführt. Ein mögliches, wenn auch unbewiesenes Szenario.

Die Kelten überqueren in großen Zahlen unter der Führung eines Feldherrn mit dem Namen Brenn (latinisiert Brennus) den Apennin und stehen im Jahr 391 v. Chr. vor Clusium. Diese ist keine Grenzstadt, sondern liegt tief im Kernland des gebeutelten etruskischen Volkes.

Als der Leidensdruck der Belagerten wächst, unternehmen die Stadtherren von Clusium einen Schritt, der die tiefe Verzweiflung und Hoffnungslosigkeit demonstriert und ein bezeichnendes Licht auf die Beziehungen der etruskischen Städte untereinander wirft: Sie bitten ihren Erzfeind Rom, nicht etwa die benachbarten etruskischen Städte, um Hilfe.

Für Rom gilt es, zwischen zwei Optionen abzuwägen. Option eins. Die Etrusker sind Roms erklärter Feind. Warum nicht warten, bis die Kelten sie komplett besiegt haben, und in der Zwischenzeit die Ressourcen zusammenziehen, um die eigenen Grenzen gegen weitere Vorstöße der Barbaren nach Süden zu sichern? Option zwei. Warum nicht den Etruskern militärische Hilfe anbieten und ihnen im Gegenzug den Unterwerfungseid abnehmen? Wie immer man sich entscheidet, das Risiko bliebe überschaubar. Bei Option zwei würde man zwar den Kampf gegen die Kelten forcieren (was unter Umständen lediglich bedeutet, ihn zeitlich vorzuverlegen), hätte aber gleichzeitig Verstärkung von den neuen etruskischen Verbündeten.

Rom macht in dieser Situation, in der es so viel gewinnen kann, einen fatalen Fehler. Genau genommen sind es sogar zwei Fehler.

Erstens. Rom schickt kein Heer, sondern lediglich Abgesandte. Diese sollen zum einen den Etruskern übermitteln, dass Rom sich militärisch nicht einzumischen gedenkt. Zum anderen haben die Männer den Auftrag, mit den Galliern über den Abzug zu verhandeln.

Zweitens. Rom schickt die falschen Männer.

Die drei Männer aus der alteingesessenen römischen Familie der Fabier leiden vermutlich an Größenwahn gepaart mit Realitätsverweigerung, als sie in das gallische Heerlager reiten und Brennus auffordern, von dannen zu ziehen. Meinen sie wirklich, die zu diesem Zeitpunkt eher ideelle Größe Roms beziehungsweise allein die Andeutung derselben reicht aus, um in Brennus' Augen ihrer Forderung ausreichend Gewicht zu verleihen?

Das tut sie erwartungsgemäß nicht. Stattdessen erhalten die römischen Gesandten die Antwort, dass die Senonen von Clusium ablassen würden, wenn man ihnen in der Region ausreichend Land zum Siedeln zur Verfügung stellen würde.

Nüchtern betrachtet stellt dieser Vorschlag zumindest eine echte Alternative zur weiteren Belagerung und letztendlichen Vernichtung der Stadt Clusium dar. Eigentlich wäre damit auch die Arbeit der Abgesandten erledigt gewesen, denn eine solche Entscheidung liegt einzig und allein im Ermessen der Etrusker. Anstatt diesen Vorschlag nun zumindest einmal nach Clusium zu tragen und dort zur Diskussion zu stellen, fühlen sich die drei Römer aus der angesehenen Familie der Fabier von den Barbaren tödlich beleidigt und verhöhnt. Die Wilden wollen die Forderung Roms verhandeln? Stellen gar eigene Forderungen? Sind sie des Wahnsinns fette Beute?

Es ist dieser unangebrachte Hochmut, der sie eine folgenreiche Entscheidung treffen lässt …

Das Scheppern des auf den harten Boden fallenden Schwertes lässt Gaius Fabius hochschrecken. Im Halbdunkel des Raumes, der nur spärlich durch das schräg durch den Fensterschlitz einfallende blasse Morgenlicht erhellt wird, sieht er, wie sich Domitian Fabius gerade den Helm aufsetzt.

»Verrätst du mir vielleicht, was das werden soll, wenn es fertig ist?«, knurrt Gaius verschlafen.

»Wonach sieht es denn aus?«, gibt Domitian knapp zurück.

Gaius drückt seinen müden Körper hoch. »Wenn ich nicht genau wüsste, dass wir heute noch vor dem höchsten Stand der Sonne zurück nach Rom reisen, würde ich sagen, du rüstest dich für eine Schlacht.«

»Ganz recht!« Mit einem energischen Ruck zieht Domitian seinen Umhang gerade. »Die Clusier planen einen Ausfall.«

Sofort ist Gaius hellwach. »Aber du planst deinerseits hoffentlich nicht, dich daran zu beteiligen!?«

Der andere blickt ihn aus finsteren Augen an. »Nenn mir einen Grund, warum ich nicht mein Schwert nehmen und diesen überheblichen Wilden ihren Hochmut aus dem Leib schneiden sollte!«

›Er meint es ernst‹, denkt Gaius Fabius. Laut sagt er: »Wir sind hier als Gesandte Roms. Als solche haben uns die *galli* kennengelernt. Wenn sie uns jedoch kämpfend sehen, dann heißt das nach römischem Recht, Rom kämpft gegen die *galli*.«

Domitian sieht ihn mitleidig an. »Römisches Recht!«, stößt er hervor. »Was sollten diese Barbaren über römisches Recht wissen?« Mit einer harten Bewegung stößt er sein Schwert in die Scheide. »Und glaub mir, sollte mir einer so nahe kommen, dass er mich tatsächlich erkennt, dann wird er nicht mehr genug Zeit haben, es jemandem zu erzählen!«

Und als Gaius immer noch zögert: »Komm, lass uns den Clusiern zeigen, wie wir Römer mit unzivilisierten Wilden verfahren. Dein Schwager ist schon unten.«

Dicht gedrängt stehen sie auf dem kleinen Vorplatz direkt beim Stadttor, die Krieger der Stadt Clusium. Ein weiterer verzweifelter Ausfall, von dem sie alle jetzt schon wissen, dass er scheitern wird. Dort draußen stehen so viele Feinde, dass sie wahrscheinlich keine 500 Schritt aus der Stadt herauskommen werden. Wie so oft in den vergangenen Wochen werden sie weniger sein, wenn sie blutend, schwitzend und verzweifelt weinend in die Mauern von Clusium zurückgedrängt werden. Ein weiteres Mal werden ihnen in den Nächten die Bilder von den abgeschlagenen Köpfen ihrer Kampfgefährten, die auf Lanzen gespießt über dem Schlachtgetümmel tanzen, den Schlaf rauben.

Gaius wendet den Kopf zur Seite. Mit einem unguten Gefühl sieht er das leidenschaftslose Gesicht seines Schwagers und den wilden Blick Domitians, der das Tor zu durchdringen scheint. Das fliegt plötzlich auf, ohne dass Gaius gesehen hat, dass jemand ein Zeichen gegeben hätte. Unter halbherzigen Rufen, mit denen sich die Clusier verzweifelt versuchen, gegenseitig Mut zu machen, drängen die Männer hinaus.

Dorthin, wo das Grauen wartet.

Die drei Römer bemühen sich, in dem Getümmel zusammenzubleiben. Von vorn ertönen die ersten Todesschreie, die schnell in wildem Gebrüll untergehen.

Und noch immer haben sie selbst keinen Feind gesehen.

Auf einmal reißt die Wand der eigenen Krieger vor ihnen auf. Da sind sie, die Barbaren, die bereits das gesamte Land jenseits des Po und der mittleren Berge besetzt halten. Wild, zotteliges langes Haar, zum Teil weiß gefärbt und aufrecht stehend, mit freiem Oberkörper, die Haut bemalt, riesige Schwerter schwingend mähen sie alles nieder, was in ihre Reichweite gerät.

Gaius packt unwillkürlich sein Schwert fester. Nur noch wenige Augenblicke, dann …

Der Aufprall ist noch viel heftiger, als er befürchtet hatte. Der Geruch von Schweiß und Blut hüllt ihn ein, lässt seinen Atem stocken. Plötzlich weichen die *galli* vor ihnen zurück. Ein Krieger mit einem hohen Helm – ein Anführer offenbar – reckt sein Schwert in die Höhe und brüllt irgendetwas.

Als er sich zur Seite wendet, geschieht es.

Ehe Gaius es verhindern kann, springt Domitian mit einem Satz nach vorn und stößt dem feindlichen Anführer sein Schwert in den Unterleib.

Was dann passiert ist eigenartig. Wie erstarrt bleiben die *galli* stehen. Eine weitere Gruppe von ihnen kommt von rechts vorbeigelaufen – und bleibt ebenfalls stehen. Gaius blickt sich gehetzt um. Domitian, von all dem unbeirrt, kniet am Boden und nimmt dem sterbenden Gallier seinen Dolch und sein Schwert ab.

Auf einmal schreien mehrere der *galli* los und beginnen, mit dem Finger auf die Römer zu zeigen. Gaius wird übel. Ihr Schicksal ist besiegelt. Die Wilden werden ihnen wahrscheinlich die Gliedmaßen einzeln abschlagen.

Nichts dergleichen geschieht. Stattdessen ertönt plötzlich ein furchtbares, ohrenbetäubendes Getröte, woraufhin sich die Krieger einfach umwenden und gehen.

Der Kampf ist vorbei. Gaius atmet tief ein.

Er kann nicht wissen, dass in diesem Augenblick für die Römer der eigentliche Kampf gegen die Kelten gerade erst begonnen hat …

Brennus, der »Barbar«, der »Wilde«, beweist in diesem Augenblick mehr diplomatisches Geschick, als die »zivilisierten« Römer: Er hält seine Krieger davon ab, die drei Fabier kurzerhand niederzumachen. Offenkundig ist ihm das römische Recht doch geläufiger, als die drei es vermutet hatten. Ihm ist bewusst, dass der Krieg mit Rom im Falle des Todes der drei Gesandten unausweichlich ist. An einem Krieg mit einem Gegner, den er im Moment noch nicht einschätzen kann, ist er jedoch nicht interessiert, solange die Situation in Etrurien aus seiner Sicht noch nicht geklärt ist. Als gebildeter Mann seines Volkes, der durch frühere Kontakte mit dem Südalpenraum offenbar auch mit dem römischen diplomatischen Protokoll vertraut ist, schickt er nun seinerseits Abgesandte nach Rom. Es ist dabei sicher kein Zufall, dass seine Abgesandten selbst für keltische Verhältnisse von äußerst stattlicher Statur sind. Wesentlich verblüffter als über ihre Größe sind die römischen Senatoren allerdings über das Anliegen der Gallier. Völlig im Einklang mit dem geltenden Völkerrecht verlangen sie nicht mehr und nicht weniger als die Auslieferung der drei Fabier. Sie sehen dabei bewusst darüber hinweg, dass sich diese als offizielle Vertreter Roms an einem Kampf der Etrusker beteiligt haben. Würden die Kelten diese Tatsache würdigen, müssten sie Rom den Krieg erklären. Worüber sie nicht hinweg sehen – sehen können – ist, dass die drei Fabier einen gallischen Heerführer getötet haben. Das ist Mord. Statt also wie erwartet wie eine wilde Horde brandschatzend über das Land herzuziehen, tragen die Gallier dem römischen Senat wie in einem internationalen Konflikt zweier autonomer Völker nach modernen

Maßstäben ein »grenzüberschreitendes Rechtshilfe- und Auslieferungsersuchen« vor.

Der Senat zeigt sich tief beeindruckt – sehr zum Leidwesen der drei Fabier – und erklärt sich bereit, den Fall den Protokollarien entsprechend der Volksversammlung vorzutragen. Dieses entspricht einer Billigung des Antrages auf Senatsebene und somit theoretisch dem ersten Schritt zu einer gütlichen Beilegung des Konflikts. Doch während die Volksversammlung normalerweise den Empfehlungen des Senats folgt, siegt hier der Patriotismus über die Vernunft. Die gallischen Gesandten erleben auf dem Vorplatz des Kapitols eine völlig andere Stimmung. Während man sie im Senat als das behandelt, was sie *de facto* sind, nämlich als Diplomaten eines gleichberechtigten, unabhängigen Volkes, werden sie von den Bürgern Roms beschimpft. Einzelne Senatoren versuchen einzulenken, doch die Menge ist wild entschlossen, die Landsleute vor den Wilden zu schützen. Sie tut das allerdings mit Stil, nämlich über einen juristischen Winkelzug: Noch auf dem Platz erfolgt eine Abstimmung, die die drei Fabier in das Amt von Konsulartribunen erhebt. Die Gallier sind verwirrt, denn die Vergabe von Ämtern stand ihrer Information nach nicht auf der Tagesordnung! Abgesehen davon: Jemanden für einen Mord mit einer Funktion im Gemeinwesen und damit mit einem höheren Status zu belohnen ist ihnen neu. Was das ganze soll, verstehen sie erst, als man ihnen erklärt, dass die Inhaber dieser Ämter Immunität genießen und die Gallier ihren Antrag auf Auslieferung erst nach Ende der Amtszeit wiederholen können. Das wäre dann wohl in einem Jahr.

Wahrscheinlich macht sich niemand in Rom klar, dass der etruskischen Stadt Clusium damit mehr geholfen ist, als wenn Rom ihnen 10 000 Krieger geschickt hätte. Für den Senonenherrscher Brennus kann es auf diesen Affront nur eine Antwort geben, wenn er nicht das Gesicht bei seinen Gefolgsleuten verlieren will: Rom soll für diese Schmach bezahlen. Bewundernswert ist dabei die konsequente Umsetzung dieser Entscheidung. Von einem Tag auf den anderen bricht Brennus die Belagerung von Clusium ab und beginnt mit seinen 30 000 Kriegern einen Gewaltmarsch auf die Stadt am Tiber (die zu diesem Zeitpunkt gerade einmal 20 000 Einwohner zählt). Die Menschen auf den Gehöften, den Landgütern und in den kleinen Dörfern fliehen vor den herannahenden Kelten in die Wälder, die Berge und hinter die sicheren Mauern der Städte – völlig unnötigerweise. Den Erzählungen zufolge unterbrechen die Kelten ihren Marsch nicht ein einziges Mal, um etruskische Ansiedlungen zu zerstören und zu plündern oder gar eine Stadt anzugreifen. Angeblich rufen sie im Vorbeiziehen den verängstigt von den Mauern herabschauenden Menschen sogar zu, dass sie nichts zu befürchten haben, weil ihr zorniger Marsch einzig und allein Rom zum Ziel hat.

Rom. – In der Stadt am Tiber ist alles ruhig. Sind die Bewohner gelähmt vor Angst? Oder glauben sie, dass sich »das Problem« von selbst erledigt, dass die Kelten (eine bei Kenntnis des Charakters dieses Volkes nicht wirklich völlig unmögliche Alternative) irgendwo zwischen Clusium und Rom die Lust an dem Feldzug verlieren und einfach umkehren? Nein. Es ist schiere Überheblichkeit, die den Senat der »*urbs eterna*«, der »Ewigen Stadt«, zu der Einschätzung bringt, dass man von einer Horde undisziplinierter Wilder nichts zu befürchten hat, solange man ihnen die römischen Werte entgegensetzt. Überheblichkeit, die am Ende beinahe dafür gesorgt hätte, dass die Ewigkeit der Ewigen Stadt lediglich 367 Jahre gedauert hätte. Mehrere Wochen lang passiert nichts, was in irgendeiner Form vermuten lässt, dass die Römer sich der akuten Bedrohung bewusst sind.

Es ist schließlich Hochsommer, Juli des Jahres 387 v. Chr., als die Kelten den Tiber überschreiten. Sie sind jetzt nur noch elf römische Meilen (= 15 Kilometer) von der Stadt entfernt, die zu diesem Zeitpunkt nicht etwa durch massive, hohe Mauern, sondern durch schlichte Erdwälle und Palisaden aus Holzpfählen geschützt ist.

Und noch immer geschieht nichts.

Erst am Zusammenfluss der Flüsse Allia und Tiber, nur noch etwa fünf Kilometer vor der Stadt, treffen die Scharen des Brennus am

18. Juli auf den *einzigen* ernst zu nehmenden römischen Widerstand in Gestalt eines zahlenmäßig deutlich unterlegenen Heeres. Konkret kommen auf einen Römer drei Kelten.

Gerade einmal neun Jahre zuvor hat der erfolgreiche römische Feldherr und Diktator Marcus Furius Camillus im Rahmen der zehn Jahre andauernden Belagerung der etruskischen Stadt Veji verfügt, dass römische Soldaten während ihres Kriegsdienstes aus der Staatskasse zu entlohnen sind. Bis dahin bestand das Heer aus eingezogenen Bauern, die ohne Sold zum Kriegsdienst verpflichtet wurden. Aufgrund des landwirtschaftlichen Zyklus standen sie jedoch nur begrenzte Zeit pro Jahr zur Verfügung. Dadurch, dass ihre materielle Basis jetzt durch eine feste Zahlung gesichert wurde, hatten sie keine existenzielle Veranlassung mehr, in den Stoßzeiten das Heer zu verlassen und auf ihre Felder zurückzukehren.

Rom ist theoretisch bestens vorbereitet, um einer Bedrohung wie der der herannahenden Gallier Herr zu werden. Tatsächlich gelingt es, in kürzester Zeit 10 000 Legionäre zu aktivieren. Rom hat nur ein Problem. Es hat niemanden, der dieses Heer wirklich führen kann. Marcus Furius Camillus, der Bezwinger des etruskischen Veji und einer der wenigen wirklich fähigen Feldherrn Roms, ist leider momentan unpässlich, da er samt seiner Familie wegen Unterschlagung von Kriegsbeute verbannt worden ist. Die Abwesenheit eines erfahrenen Heerführers ist aber nichts, was das Selbstbewusstsein der jungen, aufstrebenden römischen Republik ernsthaft ins Wanken bringt. Was braucht es schon, um ein paar wild gewordene Barbaren ohne militärische Ausbildung zur Räson zu bringen? Die Frage, wie »ein paar wild gewordene Barbaren« Roms hartnäckigen etruskischen Feind im Norden derart in die Bredouille gebracht haben, dass diese sogar Rom um Hilfe angefleht haben, stellt sich offenbar niemand.

Das große Los ziehen schließlich die drei vergleichsweise unerfahrenen Kriegstribunen Quintus Servius Fidenas, Quintus Sulpicius Longus und Publius Cornelius Maluginensis. Ihre einzige Qualifikation: Sie sind verfügbar.

Dass Strategie und Taktik nicht zu ihren großen Stärken gehören, beweisen sie schon bei der ersten Aufstellung des Heeres. Die weit auseinandergezogene Frontlinie, die in der Tiefe viel zu schwach ist, kann man ja noch mit der zahlenmäßigen Überlegenheit der Kelten und der Angst vor der Umgehung der eigenen Flügeltruppen erklären. Nicht entschuldbar ist der Verzicht auf ein festes Standlager, um einen eventuellen Rückzug zu unterstützen. Ein solcher scheint völlig außerhalb jeglicher Betrachtung.

Komplett überrumpelt werden sie schließlich durch Brennus' – für ihr dürftiges militärisches Verständnis völlig absurden – Angriffszug. Er lässt Hauptheer Hauptheer sein und stürzt sich stattdessen auf die etwas abseits an einem Hügel auf ihren Einsatz wartenden römischen Reservetruppen, von denen er vermutet, dass sie ihm bei der ersten Gelegenheit in den Rücken fallen werden.

Das Chaos ist perfekt. Die Reserve flüchtet, als sie sich dem Angriff des gesamten keltischen Haufens gegenübersieht. Allein die Fluchtbewegung demoralisiert die Truppen derart, dass sich der römische Widerstand in etwas auflöst, was nicht einmal mehr als Rückzug bezeichnet werden kann. Die Waffen werden weggeworfen, viele ertrinken wegen ihrer Rüstungen in der Allia, die Fliehenden wenden sich teilweise nach Veji und teilweise nach Rom.

Dort ist man sich inzwischen nicht nur darüber klar geworden, dass die Kelten eine reale Bedrohung darstellen, sondern auch, dass Rom alles andere als eine wehrhafte Stadt ist. Zusammen mit denjenigen Legionären, die das Desaster an der Allia überlebt und es bis in die Stadt geschafft haben, zieht man sich an den einzigen befestigten und zudem noch etwas hoch gelegenen Ort Roms zurück: das Kapitol. Allerdings gewährt man nur denjenigen Zutritt, die in der Lage sind, Waffen zu tragen, den anderen bleibt lediglich die Flucht über die offene Landschaft. Die Besetzung des Kapitols geht einher mit der Verbringung der wichtigsten Schätze der Stadt dorthin. Zeit genug haben die Römer dafür, denn Brennus wartet drei Tage, bevor er durch das collinische Tor in die Stadt einmarschiert, um zu verlangen, was einem Sieger zusteht.

Dem Keltenführer muss es erscheinen, als würde er gerade in die falsche Stadt einziehen. Keine Soldaten, keine Mauern, nichts, was an Verteidigung erinnert. Das soll die mächtige Stadt sein, deren Abgesandte Brennus aufgefordert haben, das Land der Etrusker zu verlassen? Die einzigen Bewohner, die sie antreffen, sind 80 ältere, in seltsame weite weiße Gewänder gekleidete Männer, die noch nicht einmal bewaffnet sind. Für einen Augenblick halten die Gallier die Senatoren von Rom wahrscheinlich für heilige Männer oder gar für Götter. Doch dann begeht einer von ihnen, der alte Marcus Papirius, einen folgenschweren Fehler. Er schlägt einem gar zu neugierigen keltischen Krieger, der ihn am weißen Bart zupft, mit dem Elfenbeinstab, den er als Zeichen seiner Würde trägt, auf den Kopf. Dieses eher unheilige Benehmen bezahlen die Senatoren von Rom ausnahmslos mit dem Leben.

Danach versinkt Rom im Chaos der Zerstörung. Übrig bleiben ein paar Häuser am Palatin, in denen sich die Heerführer der Gallier einquartieren, das noch nicht eingenommene Kapitol und die Tempel, vor denen die Kelten eigenartigerweise Respekt zeigen.

Was dann beginnt ist ein für beide Seiten zermürbendes Aussitzen der Situation. Die Gallier wissen zwar, dass sie nicht die großen Belagerer vor den Göttern sind, auf der anderen Seite haben sie natürlich nicht vor, auf die Schätze der »Ewigen Stadt« zu verzichten. Allerdings unterschätzen sie die Lage der Römer. Der kapitolinische Hügel ist kein trockener Felsen, auf dem man es keine Woche aushalten kann. Zum einen haben die Römer durch die drei Tage, die Brennus seinen Kämpfern gegönnt hatte, genug Zeit gehabt, nicht nur einen großen Teil der Schätze, sondern auch ausreichend Lebensmittel nach innerhalb der Befestigungen zu verbringen. Zum anderen verfügt das Kapitol über eigene Brunnen.

Sieben Monate vergehen. Von Rom, der glänzenden, hellen Stadt, ist nicht mehr viel übrig. Die Kelten haben mitgenommen, was irgendwie zu transportieren geht, und das ist trotz der Sicherungsmaßnahmen immer noch eine beachtliche Menge. Insofern ist nachvollziehbar, dass man sich Zeit lässt, bevor man sich der letzten

Bastion zuwendet. Dass das überhaupt geschieht, ist jedoch nur teilweise den dort noch vermuteten Schätzen geschuldet. Die Vorräte werden mehr als knapp – und zwar auf beiden Seiten.

Bei den Römern ist das nach sieben Monaten mehr als verständlich. Sie sind inzwischen so weit, dass sie ihre Gürtel und Schuhe sowie die Felle der geschlachteten und längst gegessenen Tiere weich kochen und verspeisen. Die Gallier dagegen, denen das weite Land offen steht, kranken an ihrer alten Schwäche: Ihre mangelnde Organisationsfähigkeit macht es ihnen unmöglich, eine Logistik aufzubauen, die die Versorgung der mehr als 30 000 Krieger sicherstellt. Darüber hinaus werden sie auch durch die Römer demoralisiert. Diese halten als eine frühe Form der psychologischen Kriegführung in regelmäßigen Abständen vorgetäuschte Festgelage an den Mauern des Kapitols ab, um den inzwischen selbst hungernden Kelten Kampfesmut und Wohlergehen vorzugaukeln.

Ein wenig widersprüchlich erscheinen die Erzählungen, nach denen die Kelten unter der brütenden Hitze des Sommers gelitten haben sollen, was ihren Entschluss zu dem historischen Angriff auf das Kapitol bestärkt habe. Wenn die Schlacht an der Allia am 18. Juli des Jahres 387 v. Chr. stattfindet, diese nur knapp einen halben Tag dauert, Brennus die Krieger drei Tage ruhen lässt, bevor er in Rom einmarschiert (was einen weiteren Tag gedauert haben mag), so beginnt die keltische Besetzung der *urbs eterna* spätestens am 22. oder 23. Juli. Wenn die Belagerung nun sieben Monate dauert, dann liegt der Sturm auf das Kapitol im Februar, spätestens März. Hochsommerliche Temperaturen stellen also kein Entscheidungskriterium dar. Krankheiten dürften dagegen in Anbetracht der wahrscheinlich katastrophalen hygienischen Bedingungen durchaus eine ernsthafte Bedrohung gewesen sein.

Nach sieben Monaten kommt es zu jenem denkwürdigen Zwischenfall, der noch heute die Gemüter der Historiker bewegt und von dem nach wie vor nicht geklärt ist, wie viel davon Realität und wie viel, nun, nennen wir es »kreative Geschichtsinterpretation« ist. Die Kelten versuchen, bei Nacht das Kapitol zu erstürmen. Die

Römer werden jedoch durch die Gänse der Göttin Juno gewarnt (die ominöserweise überlebt haben sollen, während man inzwischen zum Zwecke des bloßen Überlebens seine Schuhe aß ...) und können den Angriff zurückschlagen. Im Oberbefehlshaber der Wache, Marcus Manlius, der den Verteidigern vorsteht, findet man dann auch den Helden, den man die ganzen Monate zuvor so schmerzlich vermisst hat, und verleiht ihm den Beinamen »Capitolinus«. Konsequenterweise wird der diensthabende Offizier, der während seiner Wache eingeschlafen war, am nächsten Tag mit zusammengebundenen Händen von der Festungsmauer gestürzt.

Eine wahre Geschichte? Oder doch eher der nachträgliche Versuch, die Niederlage der Römer, die zu diesem Zeitpunkt kurz vor ihrer kompletten Vernichtung stehen, nicht ganz so schlimm aussehen zu lassen?

Durch den gescheiterten Angriff bleibt es beim Unentschieden. Die Lage der beiden Seiten wird immer verzweifelter. Schließlich werden Unterhändler ausgeschickt, und schon bald ist man sich einig: Die Gallier werden abziehen, wenn man ihnen einen Teil des Schatzes überlässt, den die Römer auf das Kapitol gerettet haben. Einen substanziellen Teil: 1000 Pfund in Gold. In heutiger Währung zehn Millionen Euro. Allein diese Forderung der Gallier – und vor allem deren Akzeptanz durch die Römer – zeigen am Ende deutlich, wer aus diesem Kampf wirklich als Sieger hervorgeht. Ein letztes Auftrumpfen der Römer besteht schließlich darin, die Korrektheit der von den Galliern zum Goldwiegen verwendeten Gewichte zu bemängeln. Der Versuch endet in der überlieferten – und vermutlich authentischen – Reaktion des Brennus. Er verteuert den »Friedenspreis«, indem er mit den Worten *Vae victis!* – »Wehe den Besiegten« sein Schwert nebst Wehrgehenk in die Waagschale wirft und damit noch einmal darlegt, wie er die Kräfteverhältnisse in der Stadt sieht, die nur durch diese Zahlung ihrer völligen Vernichtung entgeht.

Wie tief der Schock in der römischen Bevölkerung sitzt, zeigen die Diskussionen nach dem Abzug der Gallier. Viele der Tribunen scheinen schon allein beim Anblick der Ruinenstadt, die Rom zu diesem Zeitpunkt noch ist, ein derartiges Trauma zu verspüren, dass ernsthaft der Vorschlag diskutiert wird, die Stadt einfach dem Verfall zu überlassen und stattdessen in das frisch von den Etruskern erstrittene Veji umzuziehen. Am Ende fällt die Entscheidung jedoch dafür, Rom wieder aufzubauen und es für den Fall aller Fälle deutlich wehrhafter zu gestalten. Das Ergebnis ist, dass die Stadt griechische Baumeister einlädt, die in den folgenden Dekaden aus dem zerstörten Provinznest eine stattliche Festung mit einer acht Meter hohen und vier Meter dicken Mauer machen. Auch am Image wird gearbeitet. Unabhängig von der Erzählung mit den Gänsen der Juno wird die Geschichte in die Welt gesetzt, dass der eigentlich verbannte Camillus ohne Ankündigung zurückgekehrt sei und den Galliern das »Friedensgeld« wieder abgejagt hätte. Dieses darf jedoch getrost in den Bereich der »Geschichtskosmetik« verbannt werden.

Brennus und seine Mannen ziehen sich nach Norditalien zurück. Die Poebene ist fest in keltischer Hand und dient als Ausgangspunkt für weitere Raubzüge in die Umgebung.

Sie sind die Herren der Region, doch schon allein ihr lockeres Siedlungsschema führt dazu, dass die Etrusker nicht ausgerottet werden, sondern es zu einer Vermischung der Kulturen kommt: Die Umbrer leben mehr oder weniger ungestört in den Tälern des Apennin, im nordöstlichen Teil der Poebene siedeln die nicht keltischen Veneter und der westliche Apennin gehört den zwischen dem heutigen Pisa und Arezzo wohnenden Ligurern. Wirklich rein keltisches Gebiet ist das mittlere Flachland nördlich und südlich des Po.

Doch so sehr die Römer der *furor gallicus*, der »wütende Sturm der Gallier« auch ausgeblutet und militärisch demoralisiert haben mag: Für sie ist das Kapitel »Kelten« noch lange nicht erledigt.

Noch lange nicht.

Von Rom bis Telamon – das Bild verändert sich

Die Römer geben sich nicht der Illusion hin, dass sie die Gallier nun ein für alle Mal losgeworden sind. Und in der Tat, in den nächsten 40 Jahren unternehmen diese nicht weniger als fünf Raubzüge nach Latium, kommen bei einer Gelegenheit sogar wieder bis auf eine römische Meile an Rom heran. Allerdings mit einem wesentlichen Unterschied zu dem Sturm auf Rom im Jahr 387 v. Chr.: Bei all diesen Einfällen werden die Gallier von den Römern zurückgeschlagen.

Die Konflikte zwischen Römern und Galliern, besonders mit den Senonen, halten an. Mit der Schmach von 387 v. Chr. vor ihrem inneren Auge spüren die Römer nun, dass sie wieder in Bedrängnis geraten; auch ist ihnen bewusst, dass die Senonen immer stärker werden. Diesmal kann der Konflikt jedoch auf diplomatischem Wege gelöst werden. 332 v. Chr. kommt es zum Abschluss eines Friedensvertrages zwischen den Römern und den Senonen. Was Letztere nicht erkennen: Dieser Vertrag nützt nur den Römern. Sie können die Zeit der relativen Ruhe nutzen, um sich selbst zu organisieren, ihre eigene Machtposition auszubauen und zu festigen. Andererseits zeigt sich, dass die außenpolitischen Fähigkeiten der wieder erstarkten Römer nach wie vor deutliche Defizite aufweisen. Sie konzentrieren sich nur auf sich selbst und vernachlässigen dabei die Beziehungen zu den nicht keltischen Völkern in der nördlichen Apenninhalbinsel, wie etwa zu den Samnitern und Etruskern.

Diese treffen eine Entscheidung. Rom war erst der Feind und seit dem Einfall der Gallier auch keine große Hilfe. Und genau genommen sind diese Kelten ja auch keine völlig unzivilisierte Völkerschaft. Ihre Handwerker und Künstler sind den eigenen durchaus ebenbürtig; sie respektieren die Religion der Menschen in den von ihnen dominierten Gebieten und sind als Nachbarn durchaus angenehm. Und nicht zu vergessen: Sie verfügen über eine Kriegerschaft, die den alten Gegner Rom bereits gehörig das Fürchten gelehrt hat.

Die Zeit scheint reif, die Bündnispolitik zu überdenken, aufzuhören, die Boii, Insubrer und Senonen als Feinde zu sehen.

Hinzu kommt, dass der Friedensvertrag zwischen Römern und Senonen allmählich in Vergessenheit und das Machtgefüge auf der Apenninhalbinsel ins Wanken geraten ist. Doch die Zeit hat den Römern in die Hände gespielt. Sie sind besser aufgestellt als je zuvor. Der *terror Gallicus* ist eine hervorragende Schule gewesen. Das bekommt das vereinte Heer aus Galliern, Samniten und den etruskischen Umbrern im Jahre 295 v. Chr. zu spüren, als sie in einer Schlacht bei Sentinum (nahe der heutigen Stadt Sassoferrato) den römischen Legionen unterliegen.

Diesmal macht Rom nicht den Fehler, die Gallier zu unterschätzen. Zwar werden neun Jahre später zwei ihrer Legionen von den Senonen quasi ausgelöscht und sogar ein Konsul getötet. Im darauf folgenden Jahr jedoch zerschlagen die Römer ein Heer aus Boii und Etruskern und beginnen damit, im Norden militärische Kolonien zu gründen. Die etruskischen Stämme halten es daraufhin für klüger, sich von ihren gallischen Verbündeten zu distanzieren. Ein nicht ganz ungefährlicher Schritt. Hoffen sie, dass allein die Militärpräsenz Roms die Kelten davon abhalten wird, sich für die Illoyalität zu rächen? Oder die Kolonien gar der erste Schritt zur Vertreibung der Gallier sind? Das ist vielleicht sogar so geplant. Doch dann wird Rom ab ungefähr 265 v. Chr. durch Karthago abgelenkt.

In den ersten 30 Jahren nach Ausbruch des Ersten Punischen Krieges versuchen die Römer, in Norditalien einen mehr oder weniger friedlichen Status quo zu erhalten. Dann schließlich, im Jahr 232 v. Chr., ist es mit dem passiven Abwarten gegenüber den Galliern vorbei. Die Römer drängen plötzlich gewaltsam nach Nordosten und besetzen das Stammesterritorium der völlig überraschten Senonen. Diesmal bleibt es nicht bei der militärischen Besetzung. Rom enteignet die Gallier und teilt das Land unter nachgeholten Kolonisten auf.

Die keltische Macht an der nordwestlichen Adriaküste ist gebrochen.

Doch nur sieben Jahre später scheint sich das Blatt für die Kelten Norditaliens noch einmal zu wenden.

Im Jahr 225 v. Chr. überquert ein großes Kontingent der gefürchteten keltischen Speerkrieger – *Gaesatae* – die Alpen und marschiert ohne großartig innezuhalten auf Rom los. Ist es ihre eigene Entscheidung? Treibt sie die Gier nach Gold? Oder haben die Boii und Insubrer sie gerufen, sie vielleicht gar als Söldner angeheuert?

Zumindest zögern die in Norditalien ansässigen keltischen Stämme keinen Augenblick. Das ist vielleicht die letzte Chance, die verhassten Römer ein für alle Mal loszuwerden. Vielleicht ist aber auch schon die Aussicht, gemeinsam mit den berüchtigten Speerkriegern kämpfen zu dürfen, Motivation genug, sodass große Zahlen an Kriegern zu den *Gaesatae* stoßen.

Die »Ewige Stadt« sieht eine Welle auf sich zurollen, die mehr als doppelt so groß ist wie das Heer des Brennus, das die Stadt vor mehr als 160 Jahren in Schutt und Asche gelegt hat. Die 50 000 Fußkämpfer und 20 000 Reiter und Kampfwagen ziehen plündernd durch die Lande, fegen ein kleines römisches Heer zur Seite, das sich ihnen bei Faesulae (Fiesole nahe Florenz) in den Weg stellt. Als sie die von Nordosten herannahende römische Streitmacht unter Konsul Lucius Aemilius bemerken, wenden sie sich nach Westen, um dann die etrurische Küste hinaufzuziehen. Doch Rom hat nicht vor, die Kelten davonkommen zu lassen.

Die römischen Verfolger halten respektvollen Abstand zu den Galliern, die, um ihre Beute zu sichern, ihren Tross vorneweg ziehen lassen. Sie können nicht wissen, dass die Legionen des zweiten römischen Konsuls des Jahres 225 v. Chr., Gaius Atilius, per Schiff von Sardinien kommend, inzwischen in der Gegend bei Pisa gelandet sind und sich mit einem Gewaltmarsch von Norden her den Galliern nähern. In der Nähe von Telamon treffen die drei Heere aufeinander. Die Kelten teilen sich. Die Berittenen stürmen erfolglos gegen einen von Römern besetzten Hügel an. Die anderen versuchen, in einer Ostwärtsbewegung zwischen den beiden römischen konsularischen Heeren hindurch der drohenden Einschließung zu entgehen. Ein Fehler. Der Tross kann noch durchschlüpfen, dann schnappt die Falle zu. Mehr als 40 000 Gallier sterben, weitere 10 000 geraten in Gefangenschaft. Einer der Feldherren der Gallier, überlieferter Name Concolitanus, fällt den Römern in die Hände, ein anderer mit Namen Aneroestes entgeht der Gefangenschaft, indem er erst seine engsten Kampfgefährten und schließlich sich selbst tötet.

Die Schlacht von Telamon besiegelt das Schicksal der Kelten in Norditalien. Ihre große Kampfstärke ist besiegt. Die Verbliebenen werden gerade als Sklaven auf römischen Märkten verkauft. Die Römer warten auch nicht mehr lange damit, sich der potenziellen keltischen Bedrohung – so klein sie nach dem Sieg an der etrurischen Mittelmeerküste auch sein mag – komplett zu entledigen. Bereits im nächsten Jahr vernichten sie die Boii, und nur zwei Jahre später unterwerfen sie auch den letzten der noch unabhängigen gallischen Stämme in Norditalien, die Insubrer.

Natürlich bedeutet Unterwerfung nicht Ausrottung. Doch je mehr die Region unter römische Verwaltungsstrukturen gerät, desto mehr verschwindet auch das keltische Element in der Bedeutungslosigkeit. 120 Jahre später hat das keltische Italien gänzlich aufgehört zu existieren.

Panischer Schrecken und weiße Jungfrauen – Kelten gegen Griechenland

Im Land des Alexander

Zu Beginn des 3. vorchristlichen Jahrhunderts wird das antike Europa von einer zweiten großen Welle keltischer Umtriebsamkeit erfasst. Ausgangspunkt ist diesmal das Donaugebiet. Und zumindest einer der Auslöser für die Bewegungen ist kein Geringerer als der makedonische Herrscher Alexander der Große.

Dieser unternimmt um 340 v. Chr. eine Reise durch die im Norden und Westen an Makedonien angrenzenden Länder. Alexander möchte sich über Friedensverträge den Rücken für seinen Persienfeldzug freihalten. Genauso interessiert ist der Makedone an Söldnern, die ihn auf seinem großen Vorhaben begleiten sollen. Um 335 v. Chr. trifft er nördlich der Adria mit den dort lebenden keltischen Stämmen zusammen. Abgesehen davon, dass er in diesem kriegsbegeisterten Volk reichlich Mitstreiter findet, muss der von sich selbst mehr als überzeugte Alexander bei dieser Gelegenheit einen berühmt gewordenen Dämpfer seines Egos hinnehmen. Als er die keltischen Gesandten fragt, was sie am meisten fürchten (und als Antwort natürlich erwartet, dass er der größte Angstfaktor ist), muss er mit Erstaunen vernehmen, dass die Kelten nur vor einer Sache wirklich Angst haben: nämlich davor, dass ihnen der Himmel auf den Kopf fallen könnte. Diese seltsame Phobie hat einen von Plutarch im ersten Jahrhundert dokumentierten konkreten Hintergrund: Im Jahr 465 v. Chr. hat im Chiemgau im heutigen Süddeutschland ein Komet eingeschlagen und das gesamte keltische Siedlungsgebiet zwischen dem heutigen München und Salzburg vernichtet. Die Angst vor einer solchen Katastrophe sitzt den Kelten noch im Nacken.

323 v. Chr. ist Alexander in Mesopotamien. Er hat sein Ziel erreicht, und was seine keltischen Krieger in seiner neuen Residenz in Babylon an Reichtümern sehen, übertrifft alles, was sie zuvor gesehen haben. Dieses Bild nehmen sie mit zurück nach Hause. Und die Nachricht vom mysteriösen Tod des großen makedonischen Herrschers reist ihnen hinterher.

An der Donau herrscht ohnehin bereits große Unruhe. Durch den ständig wachsenden Wohlstand droht Überbevölkerung. Aus dem Westen, aus Gallien, drängen die Abenteurer und die Vertriebenen heran. Und, als wäre das alles nicht genug, beginnen Anfang des 3. Jahrhunderts die ersten norditalienischen Gallier nach der Niederlage bei Sentinum unter dem römischen Druck wieder über die Alpen zurückzuwandern.

Um 281 v. Chr. sammeln sich mehrere 100 000 Kelten an der Grenze zu Makedonien. Es handelt sich hierbei um einen Zusammenschluss verschiedener Stämme aus Gallien und aus dem Donaugebiet, die allesamt vor der Überbevölkerung in ihren ursprünglichen Siedlungsgebieten geflohen, entsandt oder vertrieben worden sind. Ihr Anführer heißt Brennus, wie auch der Beinahe-Eroberer Roms. Eine zufällige Namensgleichheit? Wahrscheinlicher ist, dass »Brenn« nicht sein Name, sondern sein Titel ist. Wir haben heute noch im irischen Gälisch *branán* für »Prinz« und *brenin* im Walisischen für »König«.

Was die Kelten davon abhält die unsichtbare Grenze nach Makedonien zu überschreiten, ist der Ruf des Lysimachos, einem ehemaligen Kampfgefährten des Alexander, jetzt König von Makedonien. Ganz und gar unglaubliche Geschichten erzählt man sich von ihm: Lysimachos ist derselbe, den Alexander einmal zusammen mit einem Löwen eingesperrt haben soll, um seinen aufmüpfigen General in die Schranken zu weisen. Dieser sei gewaltig in der Achtung des angehenden Weltherrschers gestiegen, als er den *leontos* wohl mit bloßen Händen besiegt hat. Geschichten dieser Art beeindrucken die Kelten weitaus mehr als der Anblick eines schlagkräftigen feindlichen Heeres in voller Bewaffnung.

280 v. Chr. stirbt der greise Lysimachos. Makedonien ist praktisch führerlos und zerfällt innerhalb weniger Monate in viele einzelne Machtbereiche kleiner Fürstenherrschaften.

Als die Nachricht vom Tod des Lysimachos im Herbst 280 v. Chr. die Kelten erreicht, warten diese nicht einmal mehr bis zur nächsten Feldzugsaison. Brennus teilt das Heer. Er selbst zieht nach Illyrien, seine Mitfeldherren entsendet er nach Thrakien und Makedonien. Der Plan ist, zunächst die Schwäche des makedonischen Einflussbereiches auszunutzen, sich dann wieder zu sammeln und als vereintes Heer dorthin zu ziehen, wo sich den Erzählungen nach die größten Schätze befinden: nach Griechenland.

Die Truppen, die unter einem Kriegsherrn namens Bolgios über Makedonien herfallen, sind ziemlich schnell frustriert. Die Makedonen vermeiden den Kampf gegen die Kelten. Stattdessen zahlen sie ihnen lieber »Friedensgeld«, damit sie nur ja schnell weiterziehen. Als sich ihnen schließlich im Februar 279 v. Chr. der erste Herrscher Makedoniens entgegenstellt, der länger als 90 Tage auf dem Thron ausgeharrt hat, Ptolemaios Keraunos, wird dieser hinweggefegt. Doch die Kelten täuschen sich, wenn sie annehmen, dass ihnen das Land nun völlig ausgeliefert ist. Von ihnen unbemerkt, sammeln die Makedonen unter ihrem fähigsten Feldherrn Sosthenes ihre Kräfte und fügen Bolgios und seinem Heer im Sommer eine empfindliche Niederlage zu. Die Kelten fliehen zurück zu dem Punkt, an dem man sich mit Brennus treffen will. Vom Zeitpunkt der Wiedervereinigung der beiden Heeresteile an verschwindet der Name des Bolgios aus den Erzählungen.

Diesmal warten die Kelten nicht. Kaum dass die Verwundeten halbwegs versorgt sind, stößt das Heer unter Brennus noch einmal nach Makedonien vor und schlägt Sosthenes in einer verlustreichen Schlacht im Spätherbst des Jahres 279 v. Chr.

Brennus gerät allmählich unter Druck. Die Schlachten in Makedonien haben viele Männer gekostet und dabei vergleichsweise wenig Beute gebracht. Die Erwartungen seiner Krieger hat er damit nicht befriedigt. Im Nachsinnen darüber, wie er ihnen mehr bieten kann, fällt ihm nur ein Ort ein, den er in einem überschaubaren Zeitraum erreichen kann: das »wahre« Griechenland, genauer, das Zentralheiligtum aller griechischen Völker, von dem man annahm, dass es eine große Schatzkammer hatte: Die Rede ist von Delphi. Brennus ernennt einen Mann namens Acichorius zu seinem Mitfeldherrn. Dann setzt sich das riesige, mehrere 100 000 Krieger zählende Heer in Bewegung.

Wettlauf mit der Zeit – zum Tor in das »Wahre Griechenland«

Auf ihrem Zug durch Thessalien machen die »Barbaren« ihrem Namen alle Ehre: Sie rauben, morden, plündern und vergewaltigen. Ein gewisser Orestorios scheint sich diesem Ruf besonders verpflichtet zu fühlen. Das wird ihn später für eine ganz besondere Aufgabe qualifizieren.

Die Kelten rücken schnell nach Süden vor. Auf ernsthaften Widerstand stoßen sie dabei nicht. Zwar werden kurz vor ihrer Ankunft die Brücken über den Fluss Spercheios verbrannt, doch die Gallier zwingen kurzerhand die an den Flussufern lebenden Gemeinschaften, die Brücken wieder aufzubauen. Der Zeitverlust ist minimal, allerdings können sie sich große Verzögerungen auch nicht leisten. Eigentlich sind sie viel zu spät aufgebrochen. Das thessalische Flachland haben sie gerade noch durchqueren können, bevor die Flüsse durch die Herbstregen angeschwollen sind. Jetzt droht ihnen der Winter zuvorzukommen.

Ohne Widerstand geht es nach Süden, dem Gold von Delphi entgegen. Die Griechen haben es aufgegeben, sich den Kelten in sinnlosen kleinen Schlachten entgegenzustellen. Die griechischen Stämme haben jedoch auch aufgehört, sich nur als Thessaler, Äoler, Böoter oder Ätoler zu fühlen. So zerrissen Griechenland vor dem Einfall der Kelten auch gewesen sein mag, jetzt geht es um ihr Zentralheiligtum. Vermutlich über einen abgefangenen Kurier erfährt Brennus, dass sich eine Streitmacht aus den verschiedenen griechischen Völkerschaften an dem einzigen Ort sammelt, an dem man glaubt, den Kelten noch einen wirksamen Widerstand entgegensetzen zu können: dem Pass an den Thermopylen.

Das Kräfteverhältnis ist aus griechischer Sicht nicht wirklich ermutigend. Die 30 000 Griechen sehen sich einer ihnen um ein Vielfaches überlegenen keltischen Streitmacht gegenüber. Doch die Natur kämpft auf ihrer Seite. Die Griechen können sich auf erhöhten Positionen auf den Felshängen verschanzen, und der Pass selbst ist eine enge Schlucht, die sich von verhältnismäßig wenigen Männern gut verteidigen lässt. Ein eindrucksvolles Bild von den natürlichen Gegebenheiten erhält man in dem Kinofilm »300« (USA, 2007), der den Kampf der kleinen Streitmacht der Spartaner gegen den übermächtigen Perserkönig Xerxes am selben Ort zum Thema hat. Reine Kampfstärke ist plötzlich unbedeutend. Die Kelten rennen immer wieder von Neuem gegen die Verteidiger des »Tores in das wahre Griechenland« an, verlieren dabei täglich mehrere Hundert Krieger. Ohne Ergebnis. Schon bald ist die Schlacht festgefahren. Brennus läuft nun endgültig Gefahr, vom Wintereinbruch überrascht zu werden. Er riskiert auch, dass ihm früher oder später die Krieger weglaufen, wenn das versprochene Gold in unerreichbare Ferne rückt.

Brennus sieht ein, dass er den Kampf so nicht gewinnen kann. Er stellt 40 000 Krieger unter das Kommando seiner Unterführer Orestorios und Comboutis und schickt das Streifkorps zurück ins Land der Ätoler, wo die Kelten einen verheerenden Vernichtungsfeldzug gegen die Bevölkerung beginnen und die Stadt Callion quasi auslöschen.

Die Rechnung des Brennus geht auf. Die Ätoler an den Thermopylen verschieben ihre Prioritäten. Man packt zusammen und macht sich – unter den empörten Rufen der Zurückbleibenden – im Eilmarsch auf den Weg, um die Heimat vor den Gräueltaten der gallischen Horden zu schützen. Die Kampfstärke der Griechen an den Thermopylen schrumpft an diesem Tag um 10 000 Krieger – ein Drittel ihrer gesamten Streitmacht.

Brennus muss erkennen, dass allein die Verringerung der Kriegerzahl auf der griechischen Seite nicht ausreicht, um zu gewinnen. Aber dann – ob als Verdienst seiner eigenen Aufklärer oder durch die Unterstützung in Gestalt griechischer Überläufer oder Gefangener, ist nicht überliefert – erfährt Brennus vom sogenannten »Pfad des Xerxes«. Das ist ein etwas verborgener Nebenweg, auf dem der Perserkönig 200 Jahre zuvor erfolgreich die Streitmacht der Spartaner an den Thermopylen umgehen und schlagen konnte. Diese Gelegenheit lässt Brennus sich nicht entgehen. Frontal und über den Nebenweg greift er die Verteidiger des Passes gleichzeitig von zwei Seiten an und schlägt sie vernichtend.

Das »wahre Griechenland« mit all seinen Reichtümern liegt scheinbar schutzlos vor den Kelten.

Wahrscheinlich ist es diese Annahme, die Brennus zu einem folgenschweren Schritt bewegt. Er schickt seinen Mitfeldherrn Acichorius mit einem großen Teil des keltischen Heeres zurück, um die Familien vor den zu erwartenden Racheschlägen der Griechen in Sicherheit zu bringen. Danach soll Acichorius mit allen nicht beim Tross benötigten Kriegern zurückkehren, damit sie gemeinsam gegen Delphi vorrücken können. Anstatt jedoch wie vereinbart auf Acichorius zu warten, sammelt Brennus ein Streifkorps von 50000 Kriegern und bricht auf, um sich das Gold von Delphi zu holen.

Krieg der Götter

Nach der Niederlage der Griechen bei den Thermopylen hat es den Anschein, als richteten sich nun die Natur und die Götter gegen die Kelten. Schon auf dem Marsch von den Thermopylen nach Delphi werden sie durch Erdbeben und Unwetter aufgehalten. Der erste Angriff auf das Heiligtum gerät zu einer einzigen Katastrophe. Blitze und Erdrutsche erschlagen die Gallier reihenweise. Aufgrund der extremen Hanglage werden sie von den zahlenmäßig stark unterlegenen Griechen erfolgreich von oben bekämpft. Die Gallier verlieren schon am ersten Tag mehrere Tausend Krieger.

In seinen »Reisen durch Griechenland« berichtet der Grieche Pausanias detailliert vom Kampf um das griechische Zentralheiligtum. In der Nacht nach dem ersten Angriff wird das keltische Lager zuerst von einem heftigen Eisregen heimgesucht. Danach lässt ein Erdrutsch Teile der Felswände auf die Gallier stürzen. Etliche Hundert erfrieren oder werden erschlagen.

Geschwächt und übernächtigt setzen sie am nächsten Tag ihren Kampf gegen die ausgeruhten Griechen fort. Diese erhalten unerwartete Hilfe: Das Orakel von Delphi hatte den Verteidigern die Hilfe der »weißen Jungfrauen« vorausgesagt. Die Bedeutung der Prophezeiung wird nun deutlich. Ein Schneetreiben beginnt, und die großen tanzenden Schneeflocken verwirren die Kelten derart, dass es den Griechen in diesem Aufeinandertreffen sogar gelingt, Brennus zu verwunden.

Irgendwie schaffen es die Kelten, sich aus der unmittelbaren Kampfzone zurückzuziehen und auf einem kleinen Plateau ein provisorisches Lager zu errichten. In nur eineinhalb Tagen haben sie mehr als 12 000 Krieger verloren.

Und es ist noch nicht vorbei …

Aleso kann nicht denken. Die Gedanken entgleiten ihm, kaum dass sie in seinem Kopf sind. Mit beiden Händen hält er sein Langschwert und schlägt damit auf die schattenhaften Gestalten ein, die von überall her auf ihn eindringen. Es müssen Tausende sein!

Die Nacht ist heller als die davor, und es schneit auch nicht, trotzdem kann er kaum etwas erkennen. Die Griechen erscheinen riesig, eingehüllt in halbdurchsichtige blaue, weiße und rötliche Schleier.

Sind das überhaupt Menschen?

Das ganze Lager kämpft. Die Angreifer schreien mit heiseren Stimmen abgehackte Sätze. Dann wird er getroffen. Er sieht die Wunde an seinem Oberarm klaffen und das Blut fließen, doch es ist nicht anders, als hätte er im Gedränge einen leichten Stoß empfangen. Einen Augenblick lang starrt er auf die Verletzung, aber sein Körper gehört ihm nicht. Er spürt an der Stelle nur einen schwachen Druck und eine kribbelnde Wärme. Ohne zu wissen, woher die Kraft kommt, reißt er sein Schwert hoch und wirft sich auf seinen Gegner; doch ein mächtiger Hieb löst die Waffe aus seinem festen Griff und schleudert sie mehrere Schritte weit weg.

Das Schwert hat die Erde noch nicht berührt, da hält seine Hand bereits den Dolch. Er stürzt sich auf sein Gegenüber, der bereits zum nächsten Schlag ausgeholt hat, und reißt ihn zu Boden. Nur eine kleine Weile ringen sie miteinander, der andere gewinnt für einen Moment die Oberhand, doch dann bekommt Aleso die Dolchhand frei und stößt zu. Er spürt über sich das Aufbäumen seines Gegners, der seltsamerweise kein Gesicht hat. Plötzlich fällt der Mann schwer auf ihn, so schwer, dass Aleso in einem Anfall krampfartiger Angst wieder zustößt. Und wieder. Noch einmal. Er wälzt sich mit dem bereits Toten über den Boden und sticht weiter in den leblosen Körper.

Dann liegt er still. Um sich herum hört er das Stampfen der Füße, die Flüche der Kämpfenden, das Aneinanderschlagen der Schwerter, die Kampfschreie der Sieger und die Todesschreie der Sterbenden.

Er richtet sich auf und sucht nach seinem Schwert.

Auf einmal sieht er nur noch die feurigen Räder des Taranis …

… Sein innerer Lebensgeist hat ihn geweckt, bevor ihn die Kälte in die Andere Welt holen konnte. Etwas verklebt seine Augen, sodass er sie nicht öffnen kann. Tastend greift er neben sich, kratzt etwas Schnee zusammen und befeuchtet damit seine Augenlider. Er zuckt zusammen, als sich die Kruste schmerzhaft von seinen Wimpern löst. Dann endlich kann er wieder sehen.

Im selben Augenblick wünscht er, er wäre blind.

Der Schnee hat die Farbe der schmutzigbraunen Schicht, die sich auf eisernen Gegenständen bildet, wenn diese mit Wasser in Berührung gekommen oder sehr alt sind. Doch eigentlich ist vom Schnee nicht allzu viel zu sehen. Das kleine Felsplateau, auf dem die Gallier gelagert haben, ist dunkel von Leichen.

Fassungslos steht Aleso auf. Sein Blick fällt auf seine Hände. Sie sind rot. Er spreizt die Arme ab und sieht an sich herunter. Nichts. Mehr zufällig kratzt er sich am Kopf, dann weiß er, woher das Blut kommt. Er tastet seinen ganzen Schädel ab und fühlt eine große, dicke Kruste über dem rechten Ohr. Die Stelle ist geschwollen und schmerzt bei der Berührung. Wahrscheinlich ist diese große Wunde der Grund dafür, dass er noch lebt. Wer immer ihn niedergeschlagen hat, muss ihn für tot gehalten haben.

Langsam setzt er sich in Bewegung. Es ist ein grauenhaftes Bild. Aufgerissene Leiber und abgeschlagene Gliedmaßen liegen überall verstreut. Die toten Gallier sind nicht zu zählen. Aber wo …?

Abrupt bleibt Aleso stehen. Er überwindet seine Übelkeit und sieht nach unten. Langsam lässt er seinen Blick schweifen. Er beginnt schwer zu atmen. Er schließt die Augen, öffnet sie wieder, aber das Bild verändert sich nicht. Er sieht noch einmal genau hin, aber so unglaublich, so ungeheuerlich es auch ist, es ist die Wirklichkeit. Es gibt keine toten Griechen!

So weit er sehen kann, liegen auf dem Plateau nur Gallier. Von den Griechen, die sie in der Nacht überfallen haben, gibt es keine Spur. Kein kleiner runder Schild, kein Kurzschwert, kein Helm mit buntem Busch. Nichts. – Aber das ist unmöglich! Sicher, die Griechen holen nach einer geschlagenen Schlacht ihre Toten vom Schlachtfeld. Doch irgendetwas, Waffen, Teile der Rüstungen, bleiben immer zurück.

Der Schatten einer Erinnerung an die Nacht kehrt wieder. Aleso stolpert zurück zu dem Platz, an dem er vorhin aufgewacht ist. Er muss sicher sein. Noch immer schmerzt jede Bewegung, aber darauf nimmt er jetzt keine Rücksicht. Er muss es wissen! Jetzt!

Er ist angekommen, und nach kurzer Zeit hat er gefunden, was er gesucht hat. Vor seinen Füßen liegt ein Mann, dessen Körper von Dolchstichen zerfetzt ist. Es ist ein Gallier.

Im gallischen Lager können keine toten Griechen herumliegen. Es sind nie Griechen hier gewesen. Aleso fällt auf die Knie und erbricht grünlichen Schleim.

Tausende von Galliern haben sich in der Verwirrung der Nacht gegenseitig umgebracht.

Laut Pausanias ist in dieser Nacht der Gott Pan mit seinen Heerscharen herabgestiegen, um Angst und Schrecken unter den Galliern zu verbreiten. Das scheint generell eine seiner Lieblingsbeschäftigungen gewesen zu sein, denn keinen anderen Ursprung hat die Redensart von »panischer Angst« oder »panischem Schrecken«.

Die Wahrheit sieht vermutlich etwas nüchterner aus. Hunger, Übermüdung, Kälte, Schmerzen, vielleicht auch Wundfieber, zu irgendeinem Zeitpunkt werden bei dem einen oder anderen die Fieberträume und Halluzinationen begonnen haben. Bei einer derart desolaten psychischen Verfassung wie der des keltischen Heeres hat vermutlich bereits der Ruf eines Einzigen ausgereicht, um eine Massenpanik auszulösen.

Das Ende der Geschichte ist schnell erzählt. Unter den ständigen Angriffen der nachsetzenden Griechen ziehen sich die Überreste des keltischen Heeres zurück. Sie verhungern, erfrieren, werden getötet oder sterben an Infektionen. Auch die Vereinigung mit dem inzwischen nachgerückten Heer unter Acichorius bringt keine Wende. Auf ihrem Rückzug durch die Gebiete, die sie zuvor verwüstet haben, sind sie nun die Geschlagenen, die dem Zorn der Bevölkerung schutzlos ausgeliefert sind. Irgendwann während dieses Rückzuges begeht Brennus Selbstmord. Mit Stil, wie es heißt, nämlich indem er trotz einer schweren Bauchverletzung einen großen Pokal mit unverdünntem Rotwein trinkt.

Viel ist spekuliert worden über den keltischen Feldzug nach Delphi. Sind sie wirklich zurückgeschlagen worden? Oder ist die Geschichte von ihrer vollständigen Niederlage nur Zweckpropaganda? Haben sie den Tempel von Delphi geplündert und den Schatz zurück nach Gallien verbracht? Ist es gar das Gold, das die Römer 106 v. Chr. im Siedlungsgebiet der Tectosagier in Südgallien finden?

Wohl kaum. Wie sollte es auch dorthin gelangt sein? Die Tectosagier gehörten nicht zu den Stämmen, die unter Brennus nach Griechenland gezogen sind. Ihre Geschichte ist eine ganz andere.

Vielleicht muss man auch die Frage anders stellen: Wenn die Gallier erfolgreich gewesen wären, warum feiern die Griechen bei Delphi seit genau dem Jahr 278 v. Chr. Soterien-(Errettungs-)feste, wie es auf einer attischen Inschrift kurz nach der gallischen Niederlage festgehalten und durch August Mommsen 1878 in seiner »Delphika« angeführt wurde?

Im Reich des Attalos – Kelten gegen Pergamon

Die Geister, die ich rief…

Um 277 v. Chr. lagern wilde Horden außerhalb der Stadtmauern von Byzantion am Bosporos. Und zum größten Leidwesen der byzantinischen Kaufleute wissen die Belagerer genau, wie wohlhabend die Stadt durch den Handel zwischen den beiden Meeren, die der Bosporos verbindet, geworden ist. Byzantion stöhnt unter der Last des »Friedensgeldes«. Das ist horrend, denn es sind mehr als 100 000 Menschen, die da draußen ernährt werden müssen, ohne dass sie selbst für ihre Versorgung mit Lebensmitteln Sorge tragen.

Die wilden Horden, das sind genau die drei keltischen Stämme, die sich zwei Jahre zuvor von Brennus getrennt haben und nach Osten gezogen sind. Die südgallischen Tectosagier sowie die aus dem Donaugebiet stammenden Trocmer und Tolistobogier stehen als Stammesverbund inzwischen unter der Führung der Feldherren Lutarios und Lanorios.

Doch während die Byzantiner sie einfach nur als lästig empfinden, werden sie von der anderen Seite des Bosporos durchaus interessiert beäugt. Kleinasien – im Wesentlichen die heutige Türkei – ist zu dieser Zeit eine zerrissene Region. 60 Jahre zuvor war es noch Bestandteil des Weltreichs von Alexander dem Großen. Als der stirbt, zerfällt es im Krieg seiner Nachfolger, der Diadochen, in drei neue Königreiche: Ägypten, Makedonien und Syrien.

Das Gebiet südlich wie nördlich des großen Tauros-Gebirges steht unter der Herrschaft des syrischen Königs Antiochos I. Nur an Küsten des Pontos – dem Schwarzen Meer – und der heutigen türkischen Ägäis behaupten sich mehr oder weniger unabhängige griechische Koloniestädte wie zum Beispiel Troja, Pergamon, Ephesos und Milet. Mehr oder weniger bedeutet: Formell stehen auch sie unter der Oberherrschaft des Antiochos, merken jedoch davon recht wenig. Der Syrer ist mit den Staatsgeschäften in seinem Kernland derart beschäftigt, dass er es kaum schafft, die Steuereintreiber in den Norden seines Reiches zu entsenden. Ein Nebeneffekt: Die Abwesenheit straffer syrischer Verwaltungsstrukturen lässt den Kolonien genug Freiräume für eigene kleine Zwiste untereinander.

So hat König Nikomedes von Bithynien am Pontos ein gieriges Auge auf das westlich von ihm gelegene, von seinem Bruder Zipoitas regierte Tyni (das Gebiet um den sich heute auf asiatischer Seite befindenden Teil Istanbuls) geworfen. Öffentlich gegen seinen Bruder vorzugehen, wäre jedoch politisch unkorrekt. Einen besseren Eindruck macht hingegen ein Herrscher, der seinen Nachbarn von einer ernsthaften Plage befreit. Nikomedes geht also zunächst daran, Tyni genau diese Plage zu schicken. Er entsendet Unterhändler über den Bosporos, die in seinem Auftrag die drei keltischen Stämme als Söldner anwerben. Sie sollen das Heer des Zipoitas zerschlagen. Ihr Lohn: Was immer sie wegtragen können. Nikomedes geht noch weiter. Er stellt ihnen sogar seine eigenen Schiffe für die Überfahrt zur Verfügung.

Er ahnt noch nicht, welche Geißel er Kleinasien damit aufbürdet.

Zunächst läuft für Nikomedes alles nach Plan. Die Kelten akzeptieren begeistert sein Angebot, in einem kurzen Handgemenge zerschlagen sie das Heer seines Bruders, der wenig später auf mysteriöse Weise ums Leben kommt. Tyni ist nicht nur schutz-, sondern auch führerlos. Nikomedes erhöht den Leidensdruck, indem er sich reichlich Zeit lässt, seinen Plan zu Ende zu führen. Am Ende wird er schließlich von der tynischen Bevölkerung mit offenen Armen als Befreier von den keltischen Kriegerhorden und neuer Herrscher empfangen.

Allerdings ist er jetzt in einem Dilemma, was seine Söldner angeht. Sie waren ihm eine große Hilfe, doch nun erwartet die Bevölkerung, dass ihr neuer Herrscher sie von den plündernden Horden befreit. Schließlich verfällt er auf die geniale Idee, den Kelten ein anderes Gebiet anzubieten, in welchem sie ihre Raubzüge fortsetzen können.

Die Sache hat nur einen Haken: Er vergisst ihnen zu sagen, dass das Gebiet, das die Gallier von nun an durchstreifen, in dem sie Dörfer überfallen und kleine Städte um »Friedensgeld« erpressen, gar nicht ihm gehört. Das wird noch Folgen haben.

Von unbequemen Nachbarn und Elefanten

Mehr als drei Jahre lang sind die Galater, wie die Kelten inzwischen auch genannt werden, der Albtraum der einheimischen Bevölkerung des heutigen Anatoliens. Sie betreiben keinen Ackerbau, sondern ernähren sich von Viehzucht und den Früchten ihrer Raubzüge. Davon, dass sie Antiochos eventuell ein Dorn im Auge sein könnten, merken sie nichts. Dieser sitzt fernab des Geschehens jenseits des Tauros, während seine formellen Untertanen unter den wilden Kriegern zu leiden haben.

Das Blatt wendet sich im Jahr 274 v. Chr. Syrien liegt zu dieser Zeit im Krieg mit Ägypten. Im Zuge dessen attackieren die Truppen des Pharaos Ptolemaios II. mit ihren Kriegsschiffen auch die Küstenregionen Kleinasiens. Antiochos I. ist im Süden beschäftigt, sodass seine Untertanen nördlich des Tauros auf sich gestellt sind. Schließlich treffen die Herrscher der Regionen Kappadokien und Paphlagonien eine folgenschwere Entscheidung: Sie heuern die Kelten als Söldner gegen die Ägypter an.

Bislang hat sich Antiochos zugegebenermaßen wenig für das Geschehen in Phrygien, heute Zentralanatolien, interessiert. Doch jetzt übernehmen die Kelten Funktionen, die eigentlich seine sind. Damit setzen sie nicht nur seine Würde herab, sondern sie mischen sich real in die Außenpolitik des syrischen Staates ein. Das kann und wird er nicht dulden.

Im Hochsommer marschiert Antiochos mit seinem Heer nach Zentralanatolien, um seine Macht zu behaupten. Schließlich entscheiden nicht seine Soldaten, sondern 16 Kriegselefanten die Schlacht, als sie

Amok laufen und die vordersten Linien des keltischen Heeres zertrampeln, woraufhin der Rest in heilloser Panik flieht.

Die realen Verluste der Kelten in der sogenannten »Elefantenschlacht« sind dabei gar nicht einmal so groß. Viel tiefer sitzt der Schock, der ihnen eine fast vollkommene Niederlage suggeriert. Aus dieser Situation heraus unterwerfen sich die Galater formell der Herrschaft des syrischen Königs.

Eine Zeit lang hat es den Anschein, als hätte Antiochos I. die Kelten in Kleinasien gezähmt.

Und die Menschen, die bislang unter den Raubzügen der wilden Horden gelitten haben, schöpfen ein wenig Hoffnung. Doch der Schein trügt.

Ein Raubstaat von des Königs Gnaden

Antiochos ist klar, dass er die Galater zwar militärisch geschlagen hat. Doch da sind noch immer mehr als 100 000 Kelten in seinem Land, die sich irgendwie ernähren müssen. Er kann sie ja schlecht alle ermorden lassen. Und so trifft er eine Entscheidung, die in dieser Situation nicht einer gewissen Genialität entbehrt. Er weist den Galatern ein eigenes Gebiet zu, in dem sie ihre eigenen Herren unter seiner Oberherrschaft sind. Es umfasst im Wesentlichen das Territorium, auf dem sie sich gerade befinden, mit sämtlichen bereits darauf existierenden Ansiedlungen der einheimischen Bevölkerung, denen damit ihre bisherigen Peiniger als offizielle neue Herren verordnet werden. Damit aber auch die Kappadokier und Paphlagonier künftig in Erinnerung behalten, wer ihr eigentlicher Herr ist, schlägt er den Kelten auch Teile dieser Königreiche östlich des Flusses Halys zu.

Schon bald heißt das neue Gebilde mitten im heutigen Anatolien bei seinen griechischsprachigen Nachbarn nur noch »Land des Kriegervolkes« – »Galatia«.

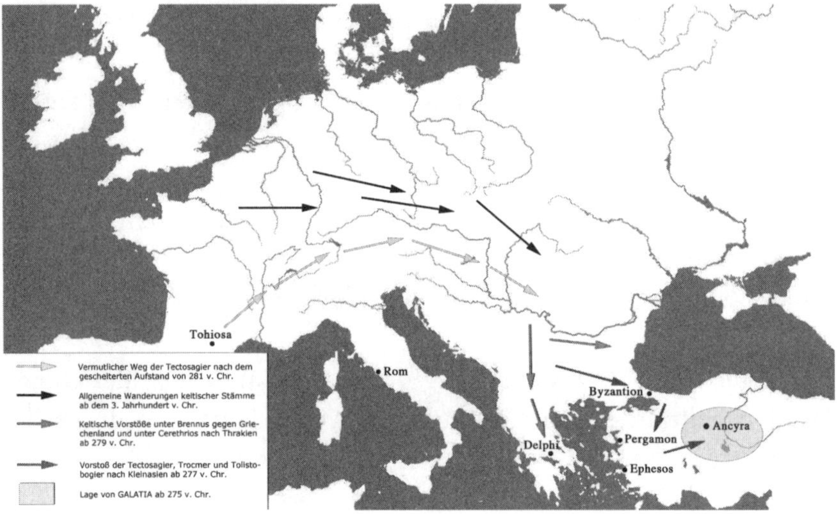

Die großen Wanderungen der Kelten. Im frühen 3. vorchristlichen Jahrhundert führt Überbevölkerung in den keltischen Siedlungsgebieten zu einer großen Wanderungsbewegung. Ein keltisches Heer unter Brennus zieht nach Makedonien und Thrakien. Ein Stammesverband aus Tectosagiern, Trocmern und Tolistobogiern steht 277 v. Chr. an den Ufern des Bosporos. Schließlich siedeln sie in Galatia, was »Land der Krieger« heißt.

Galatia ist ein Land voller Widersprüche. Über weite Flächen hinweg erstreckt sich karges, felsiges und beinahe baumloses Land, mit vielen Schluchten und einigen wenigen Flecken fruchtbaren Bodens mit saftigem Gras in der unmittelbaren Nähe der Flüsse, die eine bescheidene Viehzucht erlauben. Im Süden, um den Tatta See herum, liegt Axylos, eine riesige, baum- und strauchlose Salzsteppe, deren einzige Vegetation aus spärlichen blassgrünen Grasbüscheln mit harten Halmen besteht. Die wenigen Wälder, die man wirklich als solche bezeichnen kann, liegen mehr als vier Tagesreisen (ca. 80 km) nördlich von Ancyra. Holz ist kostbar, daher bauen die Galater ihre Häuser aus Lehm und Flechtwerk, vereinzelt auch nach einheimischer Art aus mehr schlecht als recht gebrannten Tonziegeln. In der Regel sind diese Unterkünfte nach fünf bis sechs Jahren in einem solch erbärmlichen Zustand, dass die Bewohner sie von sich aus einreißen und neu wieder aufbauen. Zum Heizen und Kochen verbrennen sie in den knietiefen Ofengruben keine Holzscheite, sondern die getrockneten Fladen von den Rindern. Die Sommer in Galatia sind drückend und heiß, und so verlassen die Menschen die stickigen Häuser und leben im Freien. Im Winter dagegen scheint sogar die Luft aus Eis zu bestehen.

Als direkte Auswirkung der relativen Sesshaftigkeit nach den Jahren des Nomadenlebens in einem fremden Land erleben die Galater einen regelrechten Babyboom. Die Kindersterblichkeit geht zurück; die Lebenszeit verlängert sich, kurz: Die Stämme wachsen mit enormer Geschwindigkeit.

In der Folgezeit entwickelt sich bei den Galatern ein klassisches Staatswesen. Die Tolistobogier, Tectosagier und Trocmer arrangieren sich auf der Basis einer vereinheitlichten Stammesorganisation, die jedem der Völker seine eigene Identität lässt, die aber auch übergeordnete Entscheidungsorgane für die gemeinsamen Belange aller drei keltischen Stämme vorsieht. Jeder Stamm untergliedert sich in vier große Gruppen, ähnlich den schottischen Clans. Jeder dieser Clans hat sein eigenes Oberhaupt, der ein »ziviler« Anführer ist. Ihm direkt unterstellt ist ein militärischer Führer, dem wiederum zwei Unterführer unterstehen. Darüber hinaus hat jeder Clan einen eigenen Richter. Stammesübergreifend gibt es ein gemeinsames religiöses Zentrum, ein Baumheiligtum, *drunemeton*, bestehend aus den in Phrygien vorkommenden immergrünen Steineichen. Es ist regelmäßiger Treffpunkt für die von den zwölf Clans entsandten insgesamt 300 Abgeordneten.

Wie auch in ihrer urkeltischen Heimat leben sie im offenen Land und benutzen Hügelfestungen als Fliehburgen und Stammeszentren. Sie herrschen unangefochten über ihre Gebiete: die Tolistobogier im Westen, mit ihren Hauptsiedlungen bei Pessinus und Gordion und ihrer Hügelfestung auf dem Berg Olympus, die Trocmer im Osten mit Tavium und Danala als Stammessitze, und schließlich die Tectosagier bei Ancyra. Ihre Fliehburg liegt auf dem Berg Magaba, ungefähr einen halben Tagesmarsch nördlich von ihrer Siedlung.

Doch mögen die Kelten auch politische Strukturen entwickeln, die den griechischen oder römischen ähneln, eines werden sie nicht: friedliche Ackerbauern und Viehzüchter. Galatia entwickelt sich zu einem Raubstaat, dessen Bewohner auch sehr bald vergessen, wo sich die eigentlichen Grenzen des ihnen von Antiochos I. zugewiesenen Territoriums befinden. Bereits nach drei Jahren muss sich der syrische Herrscher mit der Erkenntnis abfinden, dass seine Macht gerade einmal ausreicht, um die wichtigsten Handelsstraßen vor den umherziehenden Galaterbanden zu beschützen. Davon, die Kelten in das ihnen zugewiesene Gebiet zu zwingen, hat er längst abgesehen.

Für die Nachbarn Galatias bricht eine harte Zeit an. Die Kelten machen ihrem Ruf als grausame Marodeure alle Ehre. Gefangene, die nicht erwarten können, gegen Zahlung von Lösegeld wieder freigelassen zu werden, nehmen sich lieber das Leben, als sich der Behandlung auszusetzen, für die die Galater berüchtigt werden.

Besonders die Tolistobogier, die im westlichen Teil Galatias siedeln, leben ausgesprochen gut vom Friedensgeld, das sie insbesondere von einer wohlhabenden Stadt erpressen, die zwar mit großen Reichtümern, aber mit einem schwachen Herrscher gesegnet ist.

Die Kunst der Geschlagenen

Pergamon ist zu jener Zeit noch eine einzelne, aber nichtsdestoweniger mächtige Festung im westlichen Teil Phrygiens. Ihre Macht bezieht sie vorrangig aus dem Goldschatz, den König Lysimachos dort einige Jahre vor seinem Tod einem gewissen Philetairos aus Paphlagonien zu treuen Händen gegeben hatte. Der makedonische König glaubte ihn wohl in der auf einem hohen, schier uneinnehmbaren Berg gelegenen Festung sicher untergebracht zu haben. Das wäre auch zweifellos der Fall gewesen, wenn nicht Philetairos beschlossen hätte, dieses Gold selbst zu behalten und Pergamon zum Zentrum seiner eigenen Macht auszubauen.

Aber obwohl Pergamons Stärke – auch militärische Stärke – wächst, zahlt Philetarios weiterhin jeden Preis, den die Tolistobogier fordern. Ist es noch zu früh für eine Konfrontation?

263 v. Chr. stirbt Philetairos. Er ist Eunuch und ohne leibliche Kinder. Als er das Ende nahen fühlt, adoptiert er daher zur Sicherung der Thronfolge einen ehrgeizigen jungen Mann mit Namen Eumenes. Den Umschwung in der pergamenischen Außenpolitik bekommt Antiochos von Syrien sofort zu spüren, der Eumenes in einer offenen Feldschlacht unterliegt. Pergamon ist von nun an von Syrien unabhängig.

Die Kelten merken von diesen Veränderungen wenig, denn Pergamon zahlt weiter Tribut an die Tolistobogier.

Währenddessen geht es mit dem syrischen Reich weiter bergab. Nach dem Tod des Antiochos I. übernimmt dessen Sohn Antiochos II. den syrischen Thron. Von den Qualitäten eines Herrschers ist er jedoch trotz des Titels weit entfernt. Im Gegenteil. Antiochos II. tut etwas, was bis dahin in der Geschichte des syrischen Königshauses einzigartig ist: Er organisiert die Tributzahlungen der Nichtkelten in den formell noch syrischen Gebieten nördlich des Tauros an die Galater dergestalt, dass er eine besondere Steuer erhebt und den Tribut direkt entrichtet, also genau genommen als »Friedensgeldeintreiber« für die Galater fungiert.

Doch nicht nur die Galater nutzen die Schwäche des neuen Königs von Syrien aus, sondern natürlich auch Eumenes I. von Pergamon. Im Hochgefühl seiner aufsteigenden Macht eignet er sich binnen kurzer Zeit weite Teile Westphrygiens an und dehnt das Pergamenische Reich derart aus, dass es mit seiner Ostgrenze an Galatia stößt.

241 v. Chr. stirbt Eumenes I. von Pergamon und ein junger Mann, noch ehrgeiziger als Eumenes, tritt an seine Stelle. Sein Name ist Attalos.

Kaum 28 Jahre alt, hat er es sich offenbar in den Kopf gesetzt, der erste Fürst von Pergamon und damit der erste Herrscher der Region überhaupt zu werden, der sich den Zahlungsforderungen der Galater ernsthaft widersetzen will.

Mit Erfolg. Nach fünf Jahren wird die Situation für die Galater prekär. Attalos hat es geschafft, dass seine Untertanen seiner Stärke so sehr vertrauen, dass sie die »Friedensgeldzahlungen« einstellen. Als Erstes reagieren die direkt betroffenen Tolistobogier. Doch Attalos ist auf der Hut. Er empfängt die Angreifer bei den Quellen des Flusses Kaikos und fegt sie bereits im ersten Anrennen von der kleinen Hochebene.

Sowohl die Trocmer als auch die Tectosagier befürchten nun offenbar, dass das Beispiel Schule machen und ihnen ebenfalls die »Friedensgelder« wegbrechen könnten. Sie beschließen, den jungen Pergamener zu disziplinieren. Ein vereintes Heer aus Kriegern aller Stämme, verstärkt durch die Streitmacht eines syrischen Verbündeten, dem sie in der Vergangenheit als Söldner einmal »einen Gefallen getan haben«, zieht kurz entschlossen gegen den pergamenischen Stadtberg. Mit verheerenden Folgen.

Das Heer des Attalos lässt die Galater gar nicht erst herankommen. Er ist sich seiner Sache so sicher, dass er von seinem Stadtberg herabsteigt (auf dem er die Angelegenheit problemlos hätte aussitzen können) und die offene Feldschlacht sucht. Diese trägt er dann in der Nähe des Heiligtums der Aphrodite vorrangig mit Fernwaffen aus. Seine Bogenschützen mähen die Kelten reihenweise nieder. So nachhaltig ist sein Sieg über die Galater, dass sich das Machtgefüge in Kleinasien grundlegend verschiebt. Von nun an unterstehen die Galater nicht mehr Syrien, sondern Pergamon.

Dieser Zustand hält etwa 40 Jahre an. Attalos nutzt seine Stärke, um den Einfluss Pergamons auszudehnen. Es blüht auf, wird Zentrum der Wissenschaft und der Kunst. Und ohne, dass es ihnen bewusst ist, haben auch die Kelten dazu beigetragen.

Behaglich lehnt sich Doraktos in die weichen Polster zurück. Er spürt, wie der Wein in seinem Kopf zu kreisen beginnt, und die Wärme des strahlenden Feuers sich wie ein Gewicht auf seine Augenlider legt. Ein träger Blick zur Seite sagt ihm, dass es seinem Begleiter Avaricus nicht anders geht.

Es ist nicht der erste Besuch der beiden tolistobogischen Händler bei den Pergamenern. Aus dem anfänglich noch bescheidenen Handel entwickelten sich zwischen pergamenischen und galatischen Geschäftsleuten feste Handelsbeziehungen. Vorsichtige Freundschaften zwischen den ehemaligen Feinden entstanden. Rasch fielen auch die Sprachbarrieren, Griechisch ist inzwischen längst die normale Handelssprache der Galater geworden.

Aus seinen halb geschlossenen Augen sieht Doraktos, wie einer der Pergamener die Sklavin mit dem Weinkrug heranwinkt. Oh nein! Nicht noch mehr! Er muss endlich schlafen. Doch ihre Gastgeber kennen kein Erbarmen.

»Auf ... auffas trinken wir chetzt?«, lallt der Pergamener Nikolaos mit schwerer Zunge.

Die beiden Tolistobogier tun so, als wären sie nicht angesprochen. Wenn man keinen Grund mehr zum Trinken findet, vielleicht kommen sie dann doch noch ins Bett ...?

Doch Aresteides, Nikolaos' Freund, zerstört Doraktos' Hoffnung.

»Auf die Kunst!«

»Genau!«, grölt Nikolaos. »Auffie Kunst, die ohne un... unsere gali ... galatischen Freunde nur halb so schön wäre!«

Avaricus verdreht die Augen. Was ist das jetzt schon wieder für ein Blödsinn?

Nikolaos ist jetzt beleidigt. »Sieh mal, Aresteides, sie glauben uns nich. Los, wir beweisen es ihnen!« Er macht Anstalten aufzustehen.

»Nicht doch, Nikolaos, wir glauben dir!«, versucht Doraktos das Unvermeidliche abzuwenden. Bloß nicht mehr bewegen heute!

Nikolaos steht inzwischen, schwankend und mit Hilfe von Aresteides, aber er steht. »Nein!«, lallt er mit trunkener Bockigkeit in der Stimme. »Ihr glaubt mir nicht! Ich muss es beweisen! Ich bestehe darauf!«

Ein Hilfe suchender Blick geht zu Aresteides, doch der zuckt nur mit den Schultern. Schicksalsergeben drücken Doraktos und Avaricus ihre schmerzenden, müden und unendlich schweren Körper hoch. Vielleicht hat der Abend ja dann endlich ein Ende ...

Schwankend ziehen sie durch das nächtliche Pergamon. Vor einem Tempel machen sie schließlich halt. Erleichtert sieht Doraktos, wie eine Wache auf sie zukommt und abwehrend die Hand ausstreckt. Natürlich, wie alle öffentlichen Gebäude ist auch dieser Tempel um diese Tageszeit geschlossen. Seine Erleichterung hält aber nur so lange an, wie Nikolaos braucht, um der Wache ein paar Münzen in die Hand zu drücken und dafür sogar noch eine Fackel erhält.

Dann treten sie ein.

Der riesige Raum ist voll mit Skulpturen aus glattem weißem Stein und aus Bronze. Höflich nicken Doraktos und Avaricus und wenden sich zum Gehen. Doch ihre Gastgeber packen sie an den Gewändern und zerren sie in eine bis dahin noch im Dunkeln liegende Ecke.

Als das Licht der Fackeln auf das fällt, was das eigentliche Ziel ihres nächtlichen Ausflugs darstellt, zucken die beiden Galater zunächst zusammen. Eine ganze Weile stehen sie und starren ungläubig. Dann fallen sie auf die Knie und weinen.

Sie stehen vor ihrer Vergangenheit. Auf kleinen Podesten, in einem großen Kreis angeordnet, liegen oder fallen verletzte und tote Galater aus Bronze. Besonders zwei Skulpturen fangen den Blick der nächtlichen Besucher. Die eine zeigt einen am Boden liegenden, sterbenden Galater, nackt, besiegt, mit schmerzverzerrtem, müdem Gesicht. Selbst die tödliche Wunde hat der Künstler nicht vergessen. Die andere Skulptur, die das Zentrum der ganzen Gruppe bildet, besteht aus zwei ebenfalls überlebensgroßen Figuren. Ein besiegter galatischer Krieger hat gerade seiner Frau die Kehle durchgeschnitten, um ihr die Gefangenschaft zu ersparen. Sein verzweifeltes Gesicht und der oberhalb seines Herzens angesetzte Dolch lassen keinen Zweifel daran, dass er sich die Waffe anschließend selbst durch den Körper jagen wird (s. im Farbbildteil die Abb. 21 und 22).

Hätte der Künstler den Skulpturen nicht die natürliche Farbe der Bronze gelassen, Doraktos und Avaricus hätten sie wahrscheinlich für echt gehalten. Die Gesichtszüge, das Haar, die Gewandfalten, alles war so fein ausmodelliert, als wären dort tatsächlich Menschen mitten in der Bewegung erstarrt.

Nikolaos und Aresteides ist beim Anblick ihrer weinenden Gäste auch der letzte Weinrausch schlagartig verflogen. Unter gemurmelten Entschuldigungen führen sie sie schließlich aus dem Tempel. Scheinbar willenlos lassen sich die beiden Tolistobogier wegziehen.

Bei den vor knapp 100 Jahren nach Kleinasien eingewanderten Kelten hat es keine Druiden gegeben. Die Galater haben zum Teil die Götterkulte der Regionen angenommen, in denen sie sich angesiedelt haben. Doch ganz tief in ihnen, oft nur unbewusst, leben die Reste einer Religion, die weder Zeit noch Kriege haben auslöschen können.

Dieses Stück Urglaube, das noch in ihnen steckt, ist es, was in Doraktos und Avaricus im Angesicht der Skulpturen von den besiegten Galatern aufgeschrien hat. Mit der Erschaffung dieser Kunstwerke ist die Schmach der Niederlage unveränderlich geworden. Ihre Schande ist somit für die Ewigkeit.

Attalos I. hat diese Skulpturen in Auftrag gegeben, um seinen Sieg über die Galater zu feiern. Er kann nicht wissen, dass er ihnen damit eine weitaus größere Demütigung zufügt, als mit dem, was sich damals auf dem Schlachtfeld abgespielt hatte.

Die Galater sehen es einige Jahre später mit grimmiger Genugtuung, dass Attalos sein gesamtes Reich zeitweilig an Antiochos III., den jungen, erstarkten König von Syrien verliert. Attalos I. stirbt 197 v. Chr. und ihm folgt sein Sohn Eumenes, der sich Eumenes II. von Pergamon nennt.

Was sich jedoch nun in Kleinasien entwickelt, ist eine Machtkonstellation, die zunächst auch die Galater spaltet. Antiochos III. wird von seinem Ehrgeiz weit über die Grenzen seines eigenen Territoriums hinausgetrieben und führt einen Krieg gegen Griechenland. Damit verdient er sich die uneingeschränkte Hochachtung der galatischen Kriegeraristokratie, die ja aber eigentlich unter der formellen Herrschaft des Eumenes II. von Pergamon stehen. Sehen sie darin vielleicht eine Chance, sich aus der Abhängigkeit ihres westlichen

Nachbarn zu lösen? Zumindest sympathisieren sie mit dem Syrer, auch wenn sie ihn noch nicht offen unterstützen. Auf der anderen Seite betonen große Teile der galatischen Bevölkerung – die unter Eumenes zu Wohlstand gelangten Kaufleute – ihre Loyalität zu Pergamon.

Als wäre das allein nicht schon Konfliktpotenzial genug, verbündet sich Eumenes von Pergamon mit einer Macht, die wie Antiochos III. im Begriff ist, ein Weltreich zu erschaffen: Rom.

Ein neuer Mitspieler am kleinasiatischen Tisch

Dieser Schulterschluss verändert das Machtgefüge in Kleinasien nachhaltig. Antiochios von Syrien wird 191 v. Chr. in Griechenland von einem vereinten griechischen und römischen Heer geschlagen und flieht zurück nach Kleinasien. Er kommt nicht allein. Ihm dicht auf den Fersen folgen die römischen Legionen unter Konsul Lucius Cornelius Scipio.

Die Tolistobogier unter ihrem König Ortiagon zögern keinen Augenblick. Als die Römer und ihre pergamenischen Verbündeten das syrische Heer beim Berge Syplos in der Nähe von Pergamon einholen und zum Kampf stellen, kann Antiochos in seinen Reihen ein großes Kontingent tolistobogischer Krieger zählen.

Doch auch deren Unterstützung kann die Pläne des Antiochos nicht mehr retten. Das syrische Heer wird geschlagen, Antiochos zieht sich in das Kernland seines Reiches jenseits des Tauros-Gebirges zurück.

Das Verhalten der Römer erscheint den Galatern jedoch seltsam. Einerseits proklamieren sie unmittelbar nach ihrem Sieg, dass sie die Regierung über die erstrittenen Gebiete an Eumenes II. von Pergamon übergeben haben. Andererseits jedoch machen die Römer keinerlei Anstalten, nach der offiziellen Machtübergabe wieder abzuziehen. Die Galater schieben es zunächst noch auf das Ende der Feldzugsaison und das Eintreten der Herbststürme, die eine Rückfahrt über den Seeweg unmöglich machen. Aber im Frühjahr des Jahres 190 v. Chr. zeigt ihnen die Ankunft eines neuen Oberfeldherrn, dass die Römer nicht nur deshalb noch in ihrem Winterlager in Ephesos stehen, weil sie Angst vor Seekrankheit haben. Und es dauert auch nicht lange, bis sie erfahren, dass Konsul Lucius Manlius Vulso vor seinen versammelten Legionen den Krieg gegen die Galater erklärt hat. Der Sieg gegen Antiochos wäre nicht vollständig ohne die Zerschlagung seiner galatischen Verbündeten, die er in derselben Rede seinen Soldaten als vom guten Leben verweichlichtes, schwächliches Völkchen beschreibt.

Über 80 Jahre hinweg waren sie bei ihren Nachbarn einheitlich »die Galater« gewesen. Vermutlich war es den Bewohnern Kleinasiens auch egal, ob sie ihr »Friedensgeld« – oder bei Bedarf auch Sold – an Trocmer, Tolistobogier oder Tectosagier bezahlten. Die Stämme selbst jedoch haben während ihrer gesamten kleinasiatischen Besiedlungsgeschichte peinlich genau darauf geachtet, ihre jeweilige Stammesidentität zu erhalten. Nie hat es einen triftigen Grund gegeben, die Stammesgrenzen aufzuheben. Diesen triftigen Grund erhalten sie jetzt in der Gestalt eines Gegners, der ebenfalls keinen Unterschied in der Stammeszugehörigkeit macht und sie in ihrer Gesamtheit bedroht.

Aber noch etwas ist notwendig: ein starker Mann, der die Herrscher aller Stämme allein durch sein Charisma dazu bringt, ihren eigenen Führungsanspruch zurückzustellen, und einem einzelnen Mann eine Autorität zu verleihen, die ihre eigene übersteigt.

Einen solchen Mann finden die kleinasiatischen Kelten in Ortiagon, dem Herrscher der Tolistobogier. Er ist ein Mann von so ungeheuerer Ausstrahlung, dass es selbst nach der Niederlage der Tolistobogier gegen das pergamenisch-römische Heer im Jahr zuvor bei keinem der anderen Stammesherrscher einen Hauch des Zweifels darüber gibt, dass nur Ortiagon die vereinten Galater gegen die Römer führen kann.

Diese spielen derweil ein seltsames Spiel. Anstatt wie erklärt gegen die Kelten zu Felde zu ziehen, wenden sich die Legionen des Lucius Manlius Vulso und seine pergamenischen Hilfstruppen zunächst gen Süden, gerade so, als ob sie über den Tauros gegen Syrien ziehen wollten. Kurz davor wechseln sie die Marschrichtung und bewegen sich scheinbar völlig planlos durch Südphrygien.

Dann plötzlich ist das Versteckspiel vorbei – zu überraschend für die Galater. Sie haben keine Chance, ein vereintes Heer aufzustellen, als die Legionen unvermittelt einen Schlenker machen und in einem Gewaltmarsch auf die Hügelfestung der Tolistobogier auf dem Berg Olympus zustürmen. Ortiagon schafft es dort nicht, einen wirksamen Widerstand aufzubauen und erleidet schwere Verluste. Mit den Resten seiner Streitmacht und unter Zurücklassung der Verwundeten, der Alten, der Kinder und der Frauen (seine eigene, Chiomara, eingeschlossen), rettet er sich nach Osten zu den Tectosagiern.

Dort, am Berg Magaba, haben sich inzwischen auch die Krieger der Trocmer eingefunden. Zunächst geht es darum, Zeit zu gewinnen. Zum Schein werden Unterhändler zum römischen Konsul geschickt, die vorgeben, über die Kapitulationsbedingungen verhandeln zu wollen. Gleichzeitig werden unter der Bewachung einiger kleiner Einheiten die Frauen und Kinder der Tectosagier in trocmisches Stammesgebiet verbracht, nach Osten, wo sie jenseits des Flusses Halys die weiteren Ereignisse abwarten sollen. Als schließlich der gewagte Versuch scheitert, Lucius Manlius Vulso in eine Falle zu locken und zu töten, um die Römer zu demoralisieren, ist die Zeit der Galater abgelaufen. Bereits im ersten Anrennen auf den Berg Magaba zerschlagen die Römer das keltische Heer so gründlich, dass Ortiagon am Ende nur die bedingungslose Kapitulation bleibt. Manlius Vulso kostet seinen Sieg voll aus. Er nimmt ihnen nicht nur den Unterwerfungseid ab, sondern lässt sich auf seinem Weg zurück nach Rom von 52 Angehörigen der hohen Familien begleiten. Sie müssen bei seinem Triumphzug durch die »Ewige Stadt« vor dem Wagen des römischen Konsuls herlaufen, in einfacher Kleidung, ohne Waffen, ohne Schmuck. Und um die Demütigung vollkommen zu machen, folgen der Karosse des Manlius Vulso Wagen voller Geschenke der kleinasiatischen Stämme, die der Feldherr von der Galaterplage befreit hat.

Vier Jahre später suchen zwei Männer, Hannibal von Karthago und Prusias I. von Bithynien, nach Verbündeten gegen Rom und dessen begünstigte Herrscher. In Kleinasien zögern die Galater nicht, diesem Bund beizutreten, weil das ihnen die Gelegenheit gibt, außer gegen Rom auch gegen ihren alten Erzfeind Eumenes II. von Pergamon anzutreten. Zu dieser Zeit ist Ortiagon bereits offiziell gewählter König aller Galater. Doch sie unterschätzen Eumenes und werden von diesem vernichtend geschlagen. Ortiagon gerät in pergamenische Gefangenschaft und wird wenig später hingerichtet. Seine Frau Chiomara wird in die stark befestigte Stadt Sardis (heute Sart, 80 Kilometer östlich von Izmir) gebracht und dort bis an ihr Lebensende in Gefangenschaft gehalten. Sie ist es, die einem jungen Griechen ihre und die Geschichte ihres Volkes erzählt. Er wird diese Geschichte niederschreiben und für uns bewahren. Sein Name: Polybius.

Aber auch Eumenes II. von Pergamon leistet seinen Beitrag zur Erhaltung des Andenkens an die Kelten in Kleinasien. Eumenes misst seinem Sieg über die Galater so viel Bedeutung bei, dass er Künstler beauftragt, etwas zu schaffen, was diese letzte Schlacht der Kelten in Kleinasien für die Ewigkeit bewahrt. In Pergamon entsteht ein einmaliges Werk: ein Altarfries, in dem die Pergamener als siegreiche Halbgötter und die Galater als Ungeheuer dargestellt werden, halb Mensch, halb Tier (s. Farbbildteil Abb. 23).

Nach Ortiagon hören die Kelten in Kleinasien auf, Kelten zu sein. Ohne starken Führer und ohne eigenen Charakter tun sie für die Römer das, was sie am besten können: Sie kämpfen als Söldner gegen jeden Gegner, den Rom ihnen benennt. Etwa 100 Jahre später probt König Mithridates IV. des Küstenstaates Pontos den Aufstand gegen Rom und wendet sich 88 v. Chr. gegen alle römischen Verbündeten in Kleinasien, die Galater eingeschlossen. Er wagt es jedoch nicht, den kampferprobten Kelten in einer offenen Schlacht gegenüberzutreten. Stattdessen lädt er 60 prominente galatische

Clanführer nach Pergamon ein (fünf aus jedem der zwölf Clans) und lässt sie dort samt ihren Familien abschlachten. Nur drei von ihnen überleben dieses Massaker.

Als der heilige Paulus seine bekannten Briefe an die Galater schreibt, sind diese mehr Römer als Kelten. Lediglich ihre Sprache überlebt. Im 4. Jahrhundert n. Chr. zeigt sich der heilige Jeremias verwundert darüber, dass die Sprache der kleinasiatischen Galater der der Treveri in Ostgallien, in der Nähe des heutigen Trier ähnelt …

Der Dorn im Fleische Roms – die spanischen Kelten

In unheiliger Allianz – Kelten im Dienst Karthagos

Grün. In helles Sonnenlicht getauchtes leuchtendes Grün. Er kann seinen Augen kaum trauen, eine Wohltat nach all den Strapazen und Grausamkeiten der letzten Wochen. Wollen die Götter ihn dafür belohnen, dass er den von ihnen vorgezeichneten Weg trotz alledem nicht verlassen hat? Wollen sie ihm zeigen, dass es außer Felsen, Schnee, Eis und tödlicher Kälte auch noch so etwas wie Leben auf dieser Welt gibt?

Angesichts dieser Schönheit weinen seine Augen heiße Tränen. Nein! Sie dürfen seine Tränen nicht sehen. Das Einzige, was sie dazu gebracht hat, ihm bis hierher zu folgen, den tausendfachen Tod ihrer Kameraden mit anzusehen und doch weiterzugehen, ist seine Person, seine Stärke. Sie sind ihm gefolgt, weil er der ist, der er ist: Hannibal von Karthago.

Er atmet tief durch und spürt, wie die Tränen aus seinen Augen verschwinden. Die vielen toten Krieger, erfroren, verhungert, in bodenlose Abgründe gestürzt. Nein, sie werden nicht umsonst gestorben sein. Sein Plan wird aufgehen, denn mit seinem Marsch über die bereits verschneiten Alpen hat er etwas getan, was sie nicht erwartet haben. Rom wird zittern vor ihm, denn schon bald wird Karthago direkt vor den Toren Roms beginnen.

Denn Karthago, das ist er.

Ein kleiner Triumph wird ihm jedoch versagt bleiben. Zu seinem großen Bedauern sind 22 seiner stolzen Kriegselefanten in diesen lebensfeindlichen Bergen jämmerlich verreckt.

Nun, seine Elefanten wird er nicht ersetzen können, wohl aber – wie es scheint – seine Verluste bei den Kriegern. Denn sein Weg nach Rom führt ihn durch das Gebiet verschiedener Volksstämme, die nach seinen Informationen den Römern alles andere als freundlich gesinnt sind. Es sind Gemeinschaften, die von einer Kriegeraristokratie geführt werden, der die Römer das Kriegersein verboten haben. Nachdem sie so viele der Krieger dieser Stämme vor etwa sechs Jahren in der Nähe eines Kaffs mit dem Namen Telamon abgeschlachtet haben.

Aber Krieger bleiben Krieger. Er, Hannibal von Karthago, wird ihnen helfen, ihre Kriegerwürde wiederzufinden, im Kampf gegen diejenigen, die sie gedemütigt haben.

Hannibal lockert den Knoten der Decke, die er um die Schultern geschlungen trägt. Seinen Umhang hat einer seiner Unterführer mit in den Tod genommen. Der schwere, kunstvoll bestickte Stoff hatte den Mann vor dem Kältetod bewahrt. Nicht jedoch vor dem Sturz in die Schlucht, als er im Fieberwahn vom Weg abgekommen ist.

Jetzt ist ihm warm. Und das liegt nicht nur an der Sonne, die ihm jetzt direkt ins Gesicht scheint …

241 v. Chr., im Ersten Punischen Krieg, 23 Jahre vor Hannibals Marsch über die Alpen, verlieren die Karthager den Inselzusammenschluss Korsika und Sardinien sowie Sizilien und damit ihre Vorherrschaft auf dem Mittelmeer an ihren Uraltverbündeten Rom.

Der Niedergang der wohlhabenden Gemeinschaft der *poeni*, der Kaufleute, wie sich die Karthager auch nennen, die bislang von Spanien und dem nordafrikanischen Tunesien aus den Mittelmeerhandel dominiert haben, hat begonnen. Im Jahre 218 v. Chr. starten sie unter ihrem Herrscher Hannibal schließlich ihren Marsch zu dem, was für sie die Quelle allen Übels ist: Rom. In der geschlagenen, ihrer Würde beraubten keltischen Kriegerschaft jenseits der Alpen findet der karthagische Herrscher wie zuvor auch schon in Spanien mehr als bereitwillige Mitstreiter. Zum Zeitpunkt des römischen Schreckensrufes *Hannibal ad portas* – »Hannibal an den Toren!« besteht die Armee des Karthagers zu mehr als 50 Prozent aus Kelten.

Doch auch die wirklich hoch motivierten keltischen Krieger können Hannibal nicht retten. Sein Angriff auf Rom scheitert; er wird zurückgedrängt und muss sich in das karthagische Kernland – das heutige Tunesien – zurückziehen. Nach Spanien zurück kann er nicht mehr. Das ist inzwischen fast vollständig in römischer Hand. Doch die Römer setzen nach. Im Jahre 202 v. Chr. wird Hannibal mit seinem Heer bei Zama (Saqiyat Sidi Yusuf in Tunesien) vernichtend geschlagen und begeht in römischer Gefangenschaft Selbstmord.

Und die Kelten? Ihrer letzten Hoffnung auf Wiederherstellung ihrer Kriegergesellschaft beraubt, und ohne einen starken Herrscher, der sie zu großen Taten motiviert, dauert es nur noch knapp zwölf Jahre bis zu ihrem eigenen Niedergang in Norditalien. Rom kennt keine Gnade. Weder vergisst es die keltische Unterstützung für den Erzfeind Karthago im Zweiten Punischen Krieg, noch ist Karthago durch Hannibals Untergang endgültig besiegt. Mit der Unterwerfung der norditalienischen Kelten um 190 v. Chr. stellt Rom sicher, dass nie wieder Kelten – egal unter wessen Führerschaft – gegen die »Ewige Stadt« ziehen.

Doch ist den Römern dieser Status quo nicht genug. Die Kelten sind ein Unsicherheits- und damit Angstfaktor – und dazu noch einer, der sich 200 Jahre zuvor tief in das kollektive Bewusstsein Roms

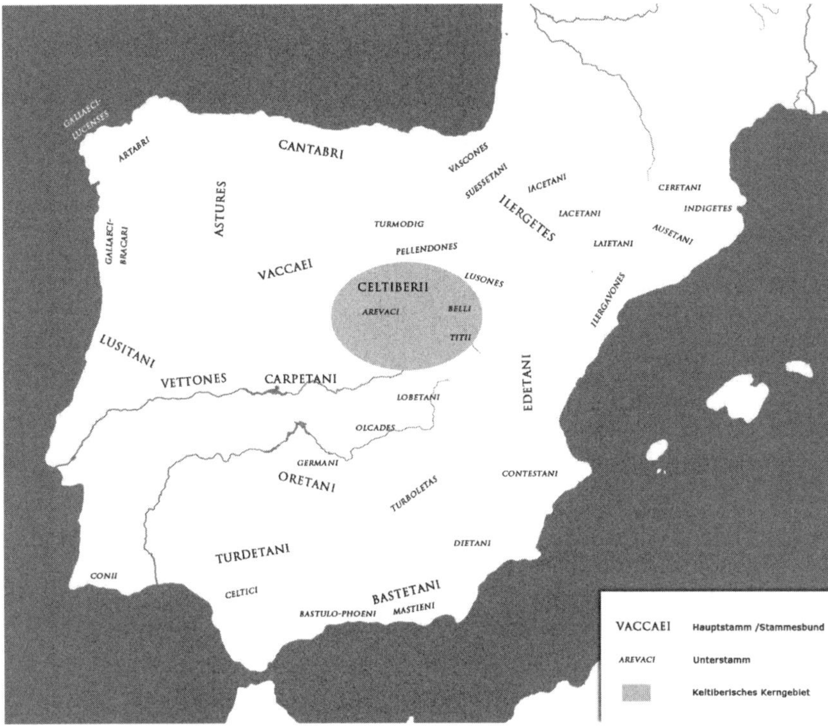

Die Iberische Halbinsel im 3. – 2. Jahrhundert v. Chr. Die Karte zeigt die ungefähre Verteilung der Siedlungsgebiete der iberischen und keltiberischen Stämme am Vorabend der römischen Besetzung. Die Keltiberer, und innerhalb dieser die Arevaci, stellten so etwas wie eine militärische Elite dar.

eingegraben hat. Von nun an kehrt sich die Bewegung um. Ab jetzt zieht Rom aktiv gegen die Kelten. Auch und vor allem außerhalb des bestehenden römischen Herrschaftsbereiches zu Beginn des 2. vorchristlichen Jahrhunderts.

Kelten, Iberer und fließende Grenzen

Während der Hallstattzeit strömen keltische Völkerschaften auf die Iberische Halbinsel und besiedeln vorrangig das Gebiet zwischen Tejo und Ebro, also die größten Teile der heutigen spanischen Provinz Soria und Teile von Guadalajara und Teruel. Dort verschmelzen sie fast nahtlos mit den Iberern, sodass archäologisch eine rein keltische Kultur nirgendwo in Spanien identifizierbar ist. In assimilierter Form findet man sie auch im tiefen Südwesten, bis in die Algarve. Die keltiberische Gesellschaft ist in sich so stabil, dass einige Hundert Jahre später selbst die kraftvollen Einflüsse der keltischen La-Tène-Kultur abprallen.

Die keltiberische Bevölkerung setzt sich aus vier Hauptstämmen zusammen. Das Tal des Flusses Jalon bevölkern die Belli, Titti und Lusones; im Hochland leben die Arevaci. Wie stark das iberische Element ist, sieht man auf den ersten Blick. Während die Gallier – und noch mehr die britischen Kelten – einen hochgewachsenen, stämmigen, großknochigen Körperbau aufweisen, ähneln die Keltiberer schon damals eher den heutigen Spaniern. Es sind kleine Menschen mit schmalem Gesicht und dunkler, bronzefarbener Haut, drahtig und sehnig, mit schwarzem Haar, welches auch die Männer lang und gelegentlich zu seitlichen Zöpfen geflochten tragen. Es ist dieser Habitus, der eine weitere Besonderheit begründet. Während in Gallien bei Stammesfesten eher der Stil bäuerlicher Kirmestänze vorherrscht, kann man in Spanien durchaus von einer bewegungsbetonten Tanzkunst sprechen.

Sie kleiden sich in Kniehosen, Gamaschen und Mantel, alles aus Wolle, und alles in gedeckten Tönen (naturbelassen oder schwarz), also ebenfalls völlig anders als in Gallien, wo grellbunte Farben dominieren. Die Frauen tragen gegürtete Kleider, die in Spanien heute noch übliche Mantilla und Schmuck, wie Armringe aus Metall, Ohrgehänge und Halsketten mit Glasperlen. Auf der Kleidung finden sich runde Schmuckplatten aus Bronze, die im Sommer auf der nackten Haut befestigt werden und die Brüste bedecken. Spinnen und

Weben bestimmen den Alltag der Frauen; in jedem Haus nimmt der Webstuhl einen zentralen Platz ein. Auch die Produktivität lässt keine Wünsche offen; als die Römer später einmal als Teil des Tributs 9000 Wollmäntel verlangen, stellt selbst diese Menge kein Problem dar.

Die Namen einiger Orte verraten durch die Silben *-briga* d.h. »Festung« und *nemet-*, auf Deutsch »Heiligtum«, dass sie keltische Gründungen sind. Die Bauweise der Siedlungen selbst ist dagegen so unkeltisch, wie man es sich nur vorstellen kann. Als Beispiel mag Numantia, die Hügelfestung des Stammes der Arevaci, dienen. Während in anderen keltischen Siedlungsgebieten die Häuser auch innerhalb solcher Festungen allein stehend sind, baut man in Numantia straßenzugweise Wand an Wand – typischer urbaner mediterraner Stil. Vor allem, wenn man sich dann auch noch das Baumaterial ansieht: luftgetrocknete, bis zu 50 Zentimeter lange Lehmziegel, die zur Isolation gegen Bodenfeuchtigkeit auf eine Steinschicht gesetzt werden. Die Anlage des Straßensystems ist eindeutig griechischen Ursprungs; ein geradliniges Muster aus zwei Längs- und zehn Querstraßen. Von den afrikanisch geprägten Karthagern abgeguckt haben sie sich die Art, einen Teil der ungefähr 1500 Häuser mit der Rückwand gegen die Stadtmauer zu bauen.

Die keltiberischen Stämme, die sich mit anderen nicht keltischen Gemeinschaften mischen, sind in der Summe eine hoch entwickelte, arbeitsteilige Gesellschaft, die alle notwendigen Fähigkeiten vereint. Die Belli und Titti sind hervorragende Metallverarbeiter und Waffenschmiede, während die Arevaci, eine reine Kriegergesellschaft, gegen Abgaben an Lebensmitteln ihren Schutz anbieten. Den Ackerbau überlässt man dagegen gern Stämmen, in denen das keltische Element fehlt, wie den Vaccaei. Zwar steht wie bei allen keltischen Völkern die Gastfreundschaft außerordentlich hoch im Kurs. Andererseits bleibt man auch gern unter sich, insofern beschränken sich stammesübergreifende Aktivitäten auf kleine Auseinandersetzungen kriegerischer Natur. Man ernährt sich vorrangig von Fleisch, anders als in Gallien durchaus auch gern von

Wild (halb roh und ohne Salz), Brot und Bier. Fisch, Muscheln und Schnecken ergänzen den Speiseplan. Wein ist wie überall teures Luxusgut.

Apropos Natur. Die keltiberischen Stämme haben sich außerordentlich gut dem extremen Klima des spanischen Hochlandes angepasst. Die harten, eisigen Winter und die trockenen Sommer mit sengender Hitze und austrocknenden Wasserläufen sollen später einmal zu ihren stärksten Waffen im Kampf gegen die Römer gehören. Und auch sonst sind sie in ihrem tiefsten Inneren Kelten, mit einer großen Vorliebe für Zweikämpfe und andere Mutproben, zum Beispiel in der Gestalt von Überfällen zum Zwecke des Viehdiebstahls. Worin sie ihre gallischen Urahnen sogar noch übertreffen ist ihre Meisterschaft im Reiten. Diese Fähigkeit macht sie zu gefürchteten Gegnern bei Karthagern und Römern – und später zu heiß begehrten Söldnern.

Ein weiterer Unterschied zu Gallien: In Spanien hat Landbesitz – neben Vieh – einen deutlich höheren Stellenwert. Ein iberisches Element? Das Grundmodell der Gesellschaft ist auch hier die erweiterte Familie, zu vergleichen mit den schottischen Clans, etwa 100 bis 200 Personen stark. Einzelne prominente Führer gibt es nur im Kriegsfall. Ansonsten liegt die Stammesführung in den Händen eines Ältestenrates. Eine weitere Abweichung: Die Keltiberer beerdigen ihre Toten nicht unter Grabhügeln, wie es bei den gallischen Kelten bis tief in die La-Tène-Zeit üblich ist, sondern sie verbrennen sie. Diejenigen, die sich durch besondere Tapferkeit ausgezeichnet haben, lässt man offen liegen und von den Geiern – heiligen Tieren – entfleischen. Allerdings begleiten auch in Spanien die Waffen ihren Besitzer über den irdischen Tod hinaus. Ein wesentlicher Unterschied jedoch besteht in der Kampfweise. Gallier wie Briten verabscheuen den Fernkampf, die Keltiberer kultivieren ihn. Sie sind Meister der Wurflanze und der Steinschleuder sowie des Guerillakrieges (wobei sie von den natürlichen Gegebenheiten ihrer Heimat hinlänglich unterstützt werden). Es sind vorrangig Überfälle aus dem Hinterhalt, mit denen sie ihre Feinde zermürben. Und wenn sie sich einmal in offener Schlachtordnung stellen, dann nur, um den Gegner durch ein Spiel von Scheinangriffen und -rückzügen in Verwirrung zu stürzen oder in einen Hinterhalt zu locken. Auch sind die Bindungen innerhalb einer keltiberischen Streitmacht anders als in einer gallischen. In Gallien folgen einem Kriegsherrn entweder seine Klienten, die mit ihm durch ein Beziehungsgeflecht verbunden sind, oder freiwillige Krieger, die sich auch wieder zurückziehen können. In Spanien versammeln sich die jungen Männer eines Stammes um ihren Heerführer und schwören ihm, ihn nicht zu überleben.

Von einer sehr unappetitlichen Eigenheit der Keltiberer berichten römische Geschichtsschreiber bis in die Zeiten Caesars: Sie waschen sich Körper und Zähne mit Urin. Aber: Dieses Verfahren ist nichts typisch Keltiberisches. Man kennt es auch bei anderen Völkern an völlig unterschiedlichen Ecken der Welt, wie zum Beispiel in Grönland oder bei den Hottentotten in Afrika. In jedem Fall geht es darum, die Haut unter extremen klimatischen Bedingungen, vor allem bei trockenen Witterungsverhältnissen, vor dem Aufspringen zu schützen und geschmeidig zu halten. Und: Was zu dieser Zeit als Zeichen der Unzivilisiertheit schlechthin dargestellt wird, ist heute gang und gäbe, denn es hat sich mit dem Bestandteil »Urea« längst in unsere Haut- und Zahnpflegeprodukte eingeschlichen.

Die religiösen Vorstellungen der Keltiberer sind mit bestimmten Orten, wie heiligen Bergen, und dem Mond verbunden. Sie verehren verschiedene Götter und bringen ihnen Opfer dar, ihre Kunst ist im Gegensatz dazu wenig differenziert. Die überlieferten Zeichnungen sind in ihren Formen sehr stark reduziert. Manche wirken eher kindlich naiv. Die Ornamente haben den geometrischen hallstättischen Stil nicht verlassen. Formen werden sehr stark reduziert, der Körper eines Mannes besteht zum Beispiel aus zwei Dreiecken, die sich an der Spitze berühren; das Gesicht wird nur durch die Hakennase als solches erkennbar.

Zwischen 237 und 206 v. Chr. steht der größte Teil der Iberischen Halbinsel unter karthagischer Oberherrschaft. Das Verhältnis zwischen Karthagern auf der einen, und Iberern und Keltiberern auf der anderen Seite stellt sich in dieser Zeit als mehr oder weniger friedliche Koexistenz dar. Die Küstenstädte bilden die Ausgangsbasis für die karthagische Kontrolle des westlichen Mittelmeerhandels, und auch sonst sind die Karthager als mediterrane Seemacht in erster Linie an sicheren Häfen interessiert. Mit einer Ausnahme. Neu Karthago – Cartagena und sein Hinterland – ist das bedeutendste Bergbaugebiet der Region und gleichzeitig ein karthagisches Militärzentrum. Es ist das Hauptangriffsziel der Römer, als sie den von Hannibal entfachten Krieg um 215 v. Chr. in karthagisches Hoheitsgebiet zurücktragen. Als Cartagena 209 v. Chr. fällt, bricht der karthagische Widerstand in Spanien innerhalb kürzester Zeit zusammen.

Und die Keltiberer müssen sehr bald lernen, dass die Römer so völlig anders sind, als die Karthager …

Neue Herren und Untertanen, die keine sind

Wer sich mit der römischen Mentalität auskennt, der weiß: Die Karthager mögen besiegt sein, doch solange die Region nicht nach römischer Manier tickt, ist sie ein potenzieller Gefahrenherd für das Römische Reich, abgesehen davon, dass sie immens reich an Silber- und Goldvorkommen ist. Bereits 206 v. Chr. ist das östliche Spanien fest in römischer Hand. Meinen die Römer. Zumindest behandeln sie das neu gewonnene Territorium so. Sie teilen das Land in zwei nominelle römische Provinzen, die sie *Hispania citerior* – das »näher liegende Spanien« (im Wesentlichen das Tal des Ebro) und *Hispania ulterior* – das »entferntere Spanien« (im Baetischen Tal) nennen. Ab 197 v. Chr. existiert zwischen den beiden rechtlich autonomen Provinzen auch eine feste Grenze. Beide Verwaltungseinheiten haben jeweils eine eigene Armee, die sich aber bei Bedarf auch gegenseitig unterstützen.

Alles klingt nach beschaulicher römischer Staatsorganisation. Nur…

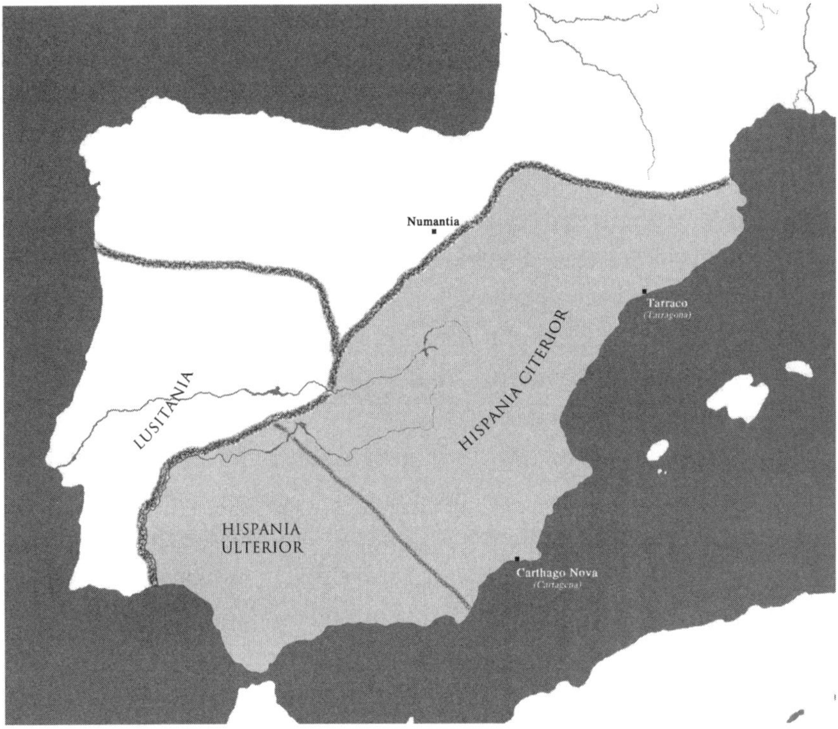

Die römische Provinz HISPANIA um 150 v. Chr. Bereits um 205 v. Chr. wurde die Teilung der römischen Provinzen in Hispania citerior und ulterior vollzogen. Carthago Nova und Tarraco dienten als Winterquartiere für die römischen Legionen. Hauptstadt der keltiberischen Arevaci war die Festung Numantia.

Wie kommt Rom eigentlich auf die Idee, dass die keltiberischen Stämme nach dem Rückzug der Karthager aus Spanien automatisch römische Untertanen sind? Und vor allem, dass sie sich widerstandslos als solche behandeln lassen? Ist Rom gar der Auffassung, dass die Keltiberer ihm dankbar sein müssten, dass es sie von den Karthagern befreit hat (die die Keltiberer ja weitgehend in Ruhe gelassen haben)?

Rom schaltet und waltet nach Belieben. Es fasst Gebiete ohne Rücksicht auf Stammesgrenzen, Allianzen oder auch Animositäten zu römischen Verwaltungseinheiten zusammen und verleibt sich die wichtigsten Rohstoffquellen ein. Es erhebt Abgaben für Schutz und Verwaltung der Provinzen und hebt sogar die Krieger der keltiberischen Stämme – namentlich Reiter – als Hilfstruppen für die eigenen Streitkräfte aus. Besonders weit treiben sie es in Fragen des Tributs. Dieser ist als *stipendium*, ein fixer Betrag in Gold, Silber und Kupfer zu entrichten, und damit die Römer die Abgabe besser kontrollieren können, schreiben sie auch die Form vor. Nur aus diesem Grund beginnen Iberer wie Keltiberer eigene Münzen zu prägen. Sie haben das Gewicht des römischen *denarius* und tragen als Prägung – wenn überhaupt – dann nur den Namen des Ortes an dem sie hergestellt werden.

Den Anfang machen zwei kleine keltiberische Gemeinschaften, Unterstämme, die Illurci und die Astapa. Allerdings haben sie gegen die gut im Training stehende römische Militärmaschinerie keine Chance. Die Illurci werden niedergemacht, die Astapa ziehen es vor, sich in die Flammen ihrer niederbrennenden Häuser zu werfen.

Fast zeitgleich mit der eigentlichen Errichtung der römischen Provinzialregierung im Jahre 197 v. Chr. rebellieren im Westen zwei iberische Kleinkönige gegen die Römer. Nicht völlig überraschend betrachten die Keltiberer in *Hispania ulterior* diesen Aufstand als gute Gelegenheit. Nur wenig später schließt sich der gesamte Westen der jungen römischen Provinz der Revolte an, die sich schließlich sogar nach *Hispania citerior* ausbreitet.

Während die Römer der Situation in *Hispania ulterior* relativ schnell Herr werden, erleidet der Statthalter des »nahe gelegenen Spaniens«, Gaius Sempronius Tuditianus, eine ernsthafte Niederlage. Die Provinz läuft Gefahr, für Rom verloren zu gehen. Vor allem, als plötzlich die Arevaci mit ihren 20 000 Kriegern die iberischen Rebellen unterstützen und damit auch die bereits sicher geglaubte römische Kontrolle in *Hispania ulterior* wieder infrage stellen.

195 v. Chr. reagiert Rom. Es entsendet einen seiner fähigsten Feldherren dieser Zeit, Konsul Marcus Porcius Cato samt eines vollen konsularischen Heeres. Im Unterschied zu den »normalen« Legionen 5000 statt 4200 Legionäre plus einer 300 Mann starken Reite-

rei. Die römische Streitmacht auf der Iberischen Halbinsel beläuft sich von jetzt ab auf 50 000 Legionäre.

Die Maßnahme zeigt schnell Wirkung. Innerhalb kürzester Zeit und fast kampflos unterwirft Cato die Aufrührer in *Hispania citerior* und zieht noch in derselben Feldzugsaison nach *Hispania ulterior* weiter. Es gelingt ihm, die kriegerischen Arevaci dazu zu überreden, sich von ihren iberischen Verbündeten zu lösen, was die iberische Revolte ohne nennenswerte Kämpfe zum Zusammenbrechen bringt.

Im Nachhinein hat es den Anschein, als wolle Cato auf seinem Rückweg durch das keltiberische Hochland noch die letzten Tage des guten Wetters nutzen, um wenigstens noch einen kleinen militärischen Erfolg für sich zu verbuchen. Rein strategisch macht es ansonsten keinen Sinn, dass er zunächst – erfolglos – die Stadt Segontia (heute Sigüenza) belagert. Warum er dann auch noch einen halbherzigen und damit ebenfalls fruchtlosen Angriff auf Numantia, die Hügelfestung der Arevaci, startet, also genau des Volkes, das er soeben noch davon abgebracht hat, sich in Allianz mit den Iberern gegen Rom zu stellen, wird ein Rätsel bleiben. Was auch immer Cato mit diesen beiden Aktionen bezweckt, er löst damit etwas aus, was die Römer die nächsten 60 Jahre beschäftigen wird.

Der Krieg Roms gegen die spanischen Kelten hat begonnen. Ab 194 v. Chr. beginnt die systematische Unterwerfung der keltiberischen Stämme des spanischen Hochlands durch die Römer. Hierbei geht es jedoch gar nicht einmal so sehr darum, diese zu disziplinieren, sondern das Motiv ist ein viel schlichteres. Das nördliche Hochland ist reich an Eisenvorkommen, das südliche an Silber- und Bleierzen. Die Metallurgie ist hoch entwickelt; die Lusonen, die Belli und die Titti sind als ausgezeichnete Waffenschmiede bekannt. Nicht zuletzt deshalb sind sie bei allen späteren Feldzügen der römischen Legionen fast immer das erste Ziel – gefolgt von den nicht keltischen Vaccaei, den Kornlieferanten des spanischen Hochlands.

Doch trotz der ungeheuren Militärpräsenz halten sich die Erfolge der Römer in Grenzen. Es braucht schließlich einen Diplomaten wie

Tiberius Sempronius Gracchus, der über Verträge das erreicht, was 50 000 römische Kurzschwerter vorher nicht schaffen konnten. Im Jahre 179 v. Chr. beendet ein Abkommen mit den Arevaci in Numantia, das eher zu ihren Gunsten als der Römer ausfällt, den keltiberisch-römischen Krieg in Spanien für reichlich 25 Jahre.

Als das Kämpfen um 154 v. Chr. wieder einsetzt, hat Rom außer den Keltiberern noch ein weiteres großes Problem.

Das Gebiet des heutigen Portugal ist für die Römer an sich uninteressant, zumindest aus rein pekunären Erwägungen heraus. Die Region hat nur eine dürftige Landwirtschaft und so gut wie keine bekannten oder erschlossenen Bodenschätze (weswegen dort zum Beispiel nie Münzen geprägt werden). Wahrscheinlich würde Lusitanien – so der alte Name – auch noch für viele Jahre unbehelligt bleiben. Die Lusitanier sind eine raue Gemeinschaft, die ihre Grundversorgung durch kärglichen Ackerbau und Viehzucht sichert und sich ansonsten ausgiebig ihrer kriegerischen Natur hingibt. Von der Zivilisationsstufe her stehen sie deutlich unter den Iberern und Keltiberern.

Doch die Bedrohung, die von den Lusitaniern ausgeht, ist real. Lusitanien ist nicht nur theoretisch der unbekannte Nachbar, den man früher oder später dem römischen Verwaltungssystem angliedern muss, um ihm das Bedrohliche zu nehmen. Als große Einheiten Lusitanier im Jahre 154 v. Chr. in einem Plünderungsfeldzug die römischen Provinzgrenzen überschreiten, wird die Gefahr für die Römer akut. Nicht nur, dass die Lusitanier selbst ausgesprochen gute Krieger sind. Die Statthalter von *Hispania ulterior* und *citerior* laufen Gefahr, dass die bereits unterworfenen keltiberischen Stämme ihre kriegerische Natur wiederentdecken und sich den rauen Gesellen aus dem Westen anschließen (was letztlich auch geschieht). Wahrscheinlich ist es die Angst davor, die bereits erstrittene Pfründe wieder zu verlieren, die in den römischen Feldherren das Schlimmste und Niedrigste hervorbringt, was Rom in der Geschichte seiner eigenen Kriegführung je gesehen hat. Die Auseinandersetzungen der Jahre 154 – 138 v. Chr. sind geprägt von Verrat, Betrug, Erpressung und Völkermord. Beendet wird der Krieg gegen die Lusitanier auch folgerichtig nicht in einer Schlacht, sondern durch einen hinterhältigen Verrat. Rom besticht die engsten Vertrauten des lusitanischen Anführers Viriathus und stiftet sie dazu an, diesen zu ermorden.

Die Art und Weise, wie vor allem die Feldherren Galba und Lucullus bei der Niederwerfung der Lusitanier vorgehen – nicht zu vergessen, dass ein Großteil der Kriegsbeute und Tribute nicht in die römische Staatskasse, sondern in die Taschen der Feldherren fließen – ist selbst Rom zu viel. Anlässlich des lusitanischen Krieges entsteht eine völlig neue Institution, ein Gerichtshof zur Bekämpfung von Erpressung und Kriegsverbrechen in den Provinzen.

Lusitanien war ein ungewolltes Intermezzo. Hispania selbst ist es nicht.

Vergessene Vereinbarungen, gebrochene Verträge – Roms Kriegführung in Spanien

Rom will den Krieg in Hispania. Und weil Rom ihn will, braucht es auch nur einen kleinen Anlass als Auslöser. Den liefern im Jahr 153 v. Chr. die im Jalontal in *Hispania citerior* lebenden Belli, die eigentlich Roms Verbündete sind. Der »Anlass« ist genau genommen eine Nichtigkeit: Die Belli haben in guter keltiberischer Tradition beschlossen, ihr Stammeszentrum mit Maueranlagen zu befestigen. Rom weiß nichts von solchen Traditionen – oder will nichts davon wissen – und verbietet den Bau. Die Belli wiederum verstehen das Ansinnen ihres Verbündeten nicht und bauen weiter.

Mehr braucht Rom nicht.

Ein 20 Jahre andauernder, auf beiden Seiten unglaubliche Opfer fordernder Krieg beginnt, der in einer fast vergessenen, menschlichen Katastrophe endet.

Sehr schnell erkennt Rom, dass ihm nicht nur die Belli gegenüberstehen. Sämtliche Stämme des heutigen Gebietes Aregrada, neun weitere große Siedlungsgemeinschaften und die Gemeinde Lutia

(50 Kilometer östlich des heutigen Garray) schließen sich in einer antirömischen Allianz zusammen. Was sich Roms Kenntnis entzieht (oder ebenfalls schlichtweg ignoriert wird): Lutia hat ein direktes Abkommen mit Numantia, dem Hauptsitz der Arevaci.

Im Westen tobt zeitgleich der Krieg gegen die Lusitanier, der sämtliche militärischen Ressourcen Roms auf der Iberischen Halbinsel bindet. Neue Truppen, um gegen die Keltiberer vorzugehen, können also nur aus Rom kommen. Das ist der Zeitpunkt, an dem Rom nicht nur seine militärische Strategie, sondern auch eigene interne Abläufe verändert. Zum einen werden ab 153 v. Chr. nicht mehr Praetoren, sondern Konsuln nach Hispania geschickt, ausgestattet mit einem vollen konsularischen Heer bestehend aus zwei vergrößerten Legionen, mithin 12000 Mann. Die Oberfeldherren bleiben auch nicht mehr nur ein, sondern zwei Jahre, im zweiten dann in der Funktion eines Prokonsuls. Zum anderen ist das der Punkt, an dem der römische Kalender den Notwendigkeiten angepasst wird: Das konsularische Jahr beginnt nun nicht mehr am 15. März, sondern am 1. Januar, um die ohnehin schon kurze Feldzugsaison voll ausnutzen zu können. Der erste Konsul, der unter der neuen Regelung nach Hispania reisen wird, Quintus Fulvius Nobilior, tritt sein Amt im Jahr 152 v. Chr. an.

Er ist nur der Erste in einer Reihe von Feldherrn in Hispania, die jämmerlich scheitern werden. Seine erste militärische Aktion führt ihn zwangsläufig den Jalon hinauf, gegen die aufmüpfigen Belli. Diese reagieren auf den direkten römischen Angriff ein wenig anders, als die Römer es sich vorstellen: Sie fliehen nach Numantia, zu den Arevaci. Durch dieses Bündnis mit dem größten und kriegerischsten aller keltiberischen Stämme nimmt der Krieg eine ganz andere Dimension an. Nobilior verfolgt die Belli, gerät auf seinem Marsch über Almazan nach Numantia in einen Hinterhalt und verliert am 23. August 152 v. Chr., dem römischen Feiertag *vulcanalia,* 6000 Männer, die Hälfte seiner Streitmacht.

Nach zwei weiteren erfolglosen Aktionen gegen Numantia und Uxama (das heutige Osma) trifft Nobilior die nächste folgenschwere Entscheidung. Die Legionen marschieren nicht zur Mittelmeerküste in ihr Winterlager in Tarraco, sondern errichten ein Winterlager im spanischen Hochland, auf dem Berg Gran Atalaya. Es gibt kaum Worte, um das Elend der Legionen zu beschreiben. Viele Hundert Männer sterben an Hunger und eisiger Kälte.

Nobiliors Feldzug bildet den Auftakt für eine Reihe von, vorsichtig ausgedrückt, zweifelhaften römischen Aktionen gegen die Keltiberer des spanischen Hochlandes, bei denen die Arevaci mehr und mehr eine dominierende Rolle einnehmen. Die Aktionen reichen von »Friedensvertragsabschlüssen« mit horrenden Tributzahlungen in die Tasche einzelner römischer Feldherren bis hin zu Massenmord. So greift Konsul Lucullus aus Frust darüber, dass er eigentlich befriedete Stämme vorfindet, aus denen man keinen Profit mehr schlagen kann, den Stamm der Vaccaei an und nimmt ihre Hauptstadt Cauca (heute Coca) ein. Dort richtet er unter der bereits besiegten Bevölkerung ein Blutbad an. Dafür landet er 149 v. Chr. zusammen mit Galba, der sich mit ähnlichen Aktionen in Lusitanien einen Namen macht, vor dem speziell für solche Vorfälle eingerichteten Gerichtshof.

Nach dem Massaker des Lucullus ruht der Krieg für acht Jahre. Als er 143 v. Chr. wieder aufflammt, konzentriert er sich auf eine Stadt: Numantia, die zentrale Hügelfestung der Arevaci.

Die Arevaci haben den Ort für ihre Festung ausgezeichnet gewählt. Das Bild von der Umgebung, das sich auch heute noch dem Besucher der Stätte bietet, ist beeindruckend. Vom Westen bis Osten ist der Stadthügel in einiger Entfernung umrahmt von deutlich höheren Bergketten; einer der Gipfel ist der Mons Gaius, ein bei den Keltiberern heiliger Berg, dessen Spitze fast das ganze Jahr über mit Schnee bedeckt ist. Von einigen der gegenüberliegenden Hänge aus konnten die Römer direkt in die Stadt hineinsehen, die zu erobern sie gekommen waren.

Militärstrategisch betrachtet ist es annähernd unmöglich, die Stadt einzunehmen. Jede unbemerkte Feindannäherung ist ausgeschlossen, denn das sie umgebende Terrain ist karg und nackt. Der

Bilder aus Numantia. Die keltiberische Kunst zeigt deutliche Züge des geometrischen Stils der Hallstattperiode. Links oben: Darstellung eines Geiers, der bei den Keltiberern als heiliges Tier galt. Man legte hochrangige Krieger, die im Kampf gefallen waren, zum Entfleischen durch Geier aus. Rechts oben: Keltiberischer Krieger. Die extrem schmale Taille entsprach dem damaligen Idealbild des Mannes. Unten: Darstellung einer Opferszene.

Hügel ist an drei Seiten von Flussläufen umgeben. Die Hänge fallen zum Durius (dem Duero) und dem Merdancho hin steil ab. Angreifer müssen etliche hundert Meter freies, deckungsloses Gelände überqueren, einen großen Teil davon über ein starkes Gefälle bergauf, um schließlich vor einer zwei Mann hohen Mauer mit Wehrgang auf der Krone zu stehen und sich beschießen zu lassen. Hat ein Angriffstrupp das massive Eingangstor, die Nebentore oder die Mauer überwunden, dann erwartet ihn das Schlimmste, was man sich als Soldat vorstellen kann: Häuserkampf auf engstem Raum, in einer unbekannten Stadt mit Häusern, deren Bauweise man nicht kennt.

Numantia ist alles andere als die primitive Siedlung unzivilisierter Barbaren, die die römischen Legionäre vermuten. Ihr Bild aus verfälschter Berichterstattung und übertrieben ausgeschmückten Erzählungen entspricht ganz und gar nicht den Tatsachen. Die Stadtmauer von Numantia ist sechs Meter tief und besteht aus einer vorderen und hinteren Stirnmauer aus großen, unbearbeiteten Felssteinen gefüllt mit kleinerem Geröll. In der Stadt wandelt man über drei bis fünf Meter breite, gepflasterte Straßen. Wie in Rom zeugen die Spuren von mit Eisen beschlagenen Wagenrädern von einer regen Handelstätigkeit. Es gibt sogar Fußwege, und auf der Straße Trittsteine als Übergänge bei starkem Regen. Die ungefähr 1500 Häuser, die 6000 bis 8000 Menschen beherbergen, sind geräumige, saubere Bauwerke aus Lehmziegeln, in der Regel mit einem 12 x 3 Meter Grundriss, mit mehreren Zimmern, eines davon als Kellerraum, um speziell im Winter den klimatischen Bedingungen im spanischen Hochland Rechnung zu tragen. Möbel gibt es nur wenige, das Leben spielt sich meist auf dem Boden ab. Der Stall ist wie fast überall, wo harte Winter herrschen, in das Wohnhaus integriert. An der einen oder anderen Stelle finden sich Zisternen, die jedoch im Sommer meist austrocknen, sodass das Wasser von den nahe gelegenen Flüssen geholt werden muss.

Auch aus anderer Sicht ist Numantia bedeutend. Von hier aus hat man die Kontrolle über vier bedeutende Straßen der Region. Straßen, die für die Fortbewegung römischer Legionen unerlässlich sind. Im Jahr 143 v. Chr. beginnt die letzte Dekade keltiberischer Existenz in Spanien. Numantia wird in diesem Kampf die zentrale Rolle zufallen.

Schlachtfeld der Verlierer

Weder die entsandten römischen Feldherrn, noch viel weniger die Legionäre, verstehen, warum die Entscheidungsträger in Rom so hartnäckig daran festhalten Hispania zu unterwerfen.

Doch sie sind in bester Gesellschaft. Die Keltiberer verstehen die Römer auch nicht. Für sie hat es den Anschein, als ginge es Rom gar nicht so sehr darum, die Region nachhaltig zu unterwerfen und zu befrieden als vielmehr darum, den Krieg irgendwie am Laufen zu halten. Der Weg ist das Ziel. Denn: Wenn Rom ein ernsthaftes Interesse an Hispania hat, warum schickt es dann die schlechtesten Feldherren, die es finden kann? Warum erkennt es Friedensverträge nicht an oder bricht sie auf der Grundlage von – in der Regel erfundenen – Nichtigkeiten? Warum lässt Rom zu, dass jedes Jahr Tausende und Abertausende Legionäre im Krieg gegen die Keltiberer sterben?

Die neun Jahre nach dem Wiederaufflammen (oder besser: der Anzettelung) des Krieges gegen die Keltiberer sind keine wirklich ruhmreiche Zeiten für die Römer. Die römischen Legionen in Hispania verrohen und verlottern unter dem psychologischen Druck der ständigen verlustreichen Niederlagen. Was sie bräuchten, wäre ein starker Feldherr. Was sie bekommen, ist alles andere als das, ob die Option nun Metellus, Quintus Pompeius oder Popillius Laenas heißt. Die Liste der Peinlichkeiten reicht vom Versuch, mit 30 000 Mann das nur von 8000 Kriegern und einer zerbröckelten Mauer verteidigte Numantia zu erstürmen, über das – natürlich erfolglose – Umleiten des Flusses Durius bis hin zum offenen Vertragsbruch.

Nicht mehr zu übertreffen ist dann jedoch Konsul Gaius Hostilius Mancinus. Seine Karriere ist die eines typischen Verlierers der politischen Szene Roms. Er wird zehn Jahre lang bei der Wahl zum Konsul konsequent übergangen. Damit hält er die Spitze derjenigen Amtsträger, die diese letzte planmäßige Stufe der politischen Hierarchie erst mit deutlicher Verspätung erreichen. Als er dann endlich mit der entsprechenden Konsulargewalt ausgestattet nach Hispania entsandt wird, steht ihm vom Senat verordnet ein Mann als Quaestor (also formal ein Einsteiger auf der römischen politischen Karriereleiter) zur Seite, der schon aufgrund seines familiären Hintergrunds und seiner Erfahrung die besseren Karten hat. Es ist Tiberius Sempronius Gracchus, kein Geringerer als der Sohn des ersten Befrieders der hispanischen Kelten nach der Vertreibung der Karthager.

Gaius Hostilius Mancinus führt 137 v. Chr. die Tradition der sich blamierenden römischen Feldherren in Spanien nicht nur fort, er verleiht ihr eine neue Dimension. Allerdings gibt es, neben aller militärischen Inkompetenz, einen Faktor, den man ihm nicht zurechnen kann. Das römische Heer in Hispania befindet sich inzwischen in einem derart desolaten Zustand, dass es als Streitmacht eigentlich gänzlich untauglich ist. Unter schwachen Feldherren haben die Legionen ein Eigenleben entwickelt, das sie zu einem selbstständigen Organismus macht, in dem nicht die Konsuln, sondern die Unterführer, die Centurionen das Sagen haben. Die Legionäre haben ihrerseits eigene Wege gefunden, die ständigen Niederlagen, das Sterben der Kameraden und nicht zuletzt auch die langen Zeiten der Untätigkeit zu kompensieren. Die Lager erinnern eher an kleine Vergnügungsparks mit jeder Menge Huren, Lustknaben, Wahrsagern, kleinen Tavernen, Händlern und sonstigem Gelichter, das in der Hoffnung auf Profit mit dem Heer mitzieht. Die Legionäre geben sich dem Suff, dem Müßiggang und der Hurerei hin. Waffenübungen und körperliche Fitness sind ihnen fremd geworden. Statt auf soldatisches Können verlässt man sich auf Amulette, Zaubertränke und Talismane. Die Körperpflege lässt zu wünschen übrig, und die Lagerdisziplin ist quasi verloren gegangen.

Selbst ein deutlich besserer Feldherr als Gaius Hostilius Mancinus wäre angesichts dieser Situation verzweifelt. Doch der Konsul lässt sich nicht beirren. Mit einem heruntergekommenen Heer, das sich eigentlich selbst führt, rennt er wieder und wieder gegen Numantia an. Zur Katastrophe kommt es, als plötzlich das Gerücht kursiert, dass eine starke vereinte Streitmacht der Keltiberer auf dem Weg sei, um die Römer gemeinsam mit den Numantinern in die Zange zu nehmen. Es gibt keine Beweise dafür, doch allein der Gedanke an Falcata schwingende hispanische Kelten reicht aus, um das Chaos ausbrechen zu lassen.

Mancinus hat keinerlei Kontrolle mehr über sein konsularisches Heer. In wilder Flucht versuchen die Legionäre, das ehemalige Winterlager des Nobilior zu erreichen. Das ist die Chance für die mit dem Terrain vertrauten Numantiner. Eine kleine Stoßtruppe von 4000 Kriegern schafft es, das gesamte römische Heer (immerhin mehr als 20000 Legionäre) einzuschließen. Allein das wäre schon Schande genug für einen römischen Feldherrn. Für Mancinus hat die Zeit der Demütigung damit jedoch gerade erst angefangen. In den Verhandlungen über das weitere Procedere akzeptieren die Numantiner nicht ihn, den Konsul, als Verhandlungsführer der Römer, sondern verlangen explizit seinen rangniedrigsten Offizier: Tiberius Gracchus.

Das alte römische System von *potestas* und *auctoritas*.

Als der Friedensvertrag, der dabei herauskommt, dem Senat zur Ratifizierung vorgelegt wird, löst er einen Sturm der Entrüstung aus. Mehr als 20 000 römische Legionäre lassen sich von 4000 Barbaren Bedingungen für einen Vertrag diktieren! Skandal!

Rom stürzt in eine Identitätskrise. Dadurch, dass nicht irgendjemand den Vertrag abgeschlossen hat, sondern ihr höchster Amtsträger, der ihn dazu auch noch schriftlich hat fixieren lassen, ist er nach dem im Römischen Reich geltenden Völkerrecht wirksam. Das wissen auch die numantinischen Abgesandten unter ihrem militärischen Anführer Rectugenus, die nach Rom gekommen sind, um die Erfüllung des Vertrages zu verlangen.

Diesmal ist es kein juristischer Trick, sondern schlichte Rechtsbeugung, mit der sich Rom aus dieser misslichen Lage herauslaviert. Sicher, Gaius Hostilius Mancinus war Konsul, als er den Vertrag abgeschlossen hat. Nur, Rom ist eine *res publica,* nicht wahr? Und da hätte er die Vertreter des Volkes – den Senat – *vorher* fragen müssen. So ist es nur ein Vertrag, den ein einzelner Mann mit einem anderen Volk abgeschlossen hat. Der Senat sieht keine Veranlassung, diesen Vertrag für Rom als bindend zu betrachten.

Die Numantiner verlassen Rom, wutschnaubend ob dieser neuen Ungeheuerlichkeit. Für Mancinus und seinen Offiziersstab ist die Sache jedoch noch nicht ausgestanden. Eine Bestrafung muss her, denn ungestraft darf niemand die »Ewige Stadt« derart in Misskredit bringen. Auch darf es keinen Zweifel daran geben, dass sich Rom von dem Vertrag distanziert. Selbst Mancinus ahnt, was ihm blüht, und so schlägt er selbst eine Strafe vor, die so ungeheuerlich ist, dass er wohl davon ausgeht, dass weder das Tribunal und noch weniger die Volksversammlung dem zustimmen werden.

Das ist seine vorerst letzte eklatante Fehleinschätzung. Und um die Demütigung vollkommen zu machen, beschließt die Volksversammlung, dass nur ihm, dem ehemaligen Konsul, diese Strafe zufallen soll, während der Rest seines Stabes, Tiberius Gracchus eingeschlossen, ungeschoren davonkommt.

Gaius Hostilius Mancinus wird zurück nach Hispania verbracht, wo man ihn entkleidet, einen Tag lang nackt vor den Toren Numantias anbindet und ihn so den Feinden anbietet. Wenn diese ihn hereinholten, würden sie damit die Nichtigkeit des Friedensvertrages anerkennen. Was die Römer unterschätzen (oder schlicht nicht wissen): Rectugenus hatte schon in früheren Auseinandersetzungen diplomatischen Kontakt mit Rom und ist daher mit dem römischen Recht bestens vertraut. Die Numantiner durchschauen die Falle also, und so steht Mancinus den ganzen Tag entblößt vor den Mauern Numantias und kehrt am Abend ins römische Lager zurück.

Dieser Vorgang gräbt sich so tief in das Bewusstsein der Keltiberer ein, dass in Spanien bis zum heutigen Tag historische Spielszenen im Rahmen der Feierlichkeiten zur Erinnerung an die Belagerung Numantias den Teil *Mancinus desnudos* – »Mancinus entkleidet« beinhalten. Für Rom ist die Angelegenheit in Bezug auf seinen unwürdigen Konsul damit erledigt. Der Krieg geht weiter.

Und die Liste römischer Niederlagen erhält weitere Einträge …

134 v. Chr. hat der Leidensdruck in Rom die Grenze der Unerträglichkeit erreicht. Es schickt den einzigen Mann ins Rennen, der eine reale Chance hat, dem Albtraum in Hispania ein Ende zu setzen: Publius Cornelius Scipio Aemilianus Africanus, den Bezwinger Karthagos im Dritten Punischen Krieg.

Aber …

Schickt ihn wirklich Rom?

Die Fäden der Macht in einer Hand

Als Scipio, der Bezwinger Karthagos, 146 v. Chr. nach Rom zurückkehrt und den karthagischen Herrscher Hasdrubal gefesselt vor seinem Triumphwagen herlaufen lässt, ist er der stärkste Mann Roms. Und die römischen Senatoren fürchten ihn, denn ein einzelner starker Mann ist eine Bedrohung für den Deckmantel »Republik«, unter dem sie ihren korrupten Geschäften und Klüngeleien nahezu ungestört nachgehen können. Nicht umsonst gibt es diverse Schutzmechanismen. Man darf innerhalb von zehn Jahren nur einmal für ein Jahr Konsul sein, um nicht über einen längeren Zeitraum hinweg zu viel Macht auf sich vereinigen zu können. Die Tatsache, dass die Konsuln in Hispania ein zweites Jahr als Prokonsul dienen dürfen, ist lediglich ein Zugeständnis an die Entfernung der Region von Rom. Ansonsten ist der permanente Kontakt zu den Streitkräften, die gern eine Person verehren, eine Gefahr, vor allem, wenn diese Person ein erfolgreicher Feldherr ist.

Doch genau das will Scipio. Seine Vorstellungen von Rom entsprechen – angesichts des korrumpierten, unbeweglichen Senats – ziemlich genau dem, was etwa 100 Jahre später Octavian in die Realität umsetzt: die Zusammenführung von *auctoritas* und *potestas* in einer Person auf permanenter Basis. In anderen Worten: die Alleinherrschaft.

Allerdings ist nach dem Fall Karthagos die Zeit noch nicht reif, um diesen Wunsch offen anzustreben. Als Usurpator würde er zwangsläufig scheitern. Was Scipio braucht, ist nicht nur ein überragender militärischer Erfolg, die Basis für römische *auctoritas*. Dieser Erfolg muss zudem zu einem Zeitpunkt kommen, wo der Leidensdruck auf Rom so stark ist, dass es gar nicht anders kann, als ihm zu geben, was er verlangt. Und der einzige Ort, an dem zurzeit der notwendige Sieg errungen werden kann, ist Hispania.

Der Einzige, der also ein höchstpersönliches Interesse an Hispania hat, ist Scipio selbst. Was er wirklich braucht, ist Krieg. Insofern hätte es auch jede andere Region in römischer Reichweite treffen können.

Für den Leidensdruck in Rom sorgt Scipio über seine Netzwerke und Kontakte selbst. Er nimmt Einfluss auf die Auswahl der Konsuln in Hispania, bei denen anscheinend zwischen 151 und 134 v. Chr. eine ausgeprägte militärische Inkompetenz zu den Grundvoraussetzungen für diese Aufgabe gehört.

Ein Blick in die »zweite Reihe« zeigt jedoch, dass Scipio spätestens ab 145 v. Chr. zu jedem Zeitpunkt Herr des Verfahrens ist. In diesen durchaus einflussreichen Positionen finden sich nahe und entfernte Verwandte, wie sein leiblicher und dessen Adoptivbruder, Freunde, ehemalige Kampfgefährten sowie deren Verwandte.

Alles läuft so, wie Scipio es will, und nichts davon hat etwas mit Zufall zu tun. Doch dann erlebt 137 v. Chr. Gaius Hostilius Mancinus sein persönliches Waterloo, bei dem er das internationale Ansehen Roms ernsthaft schädigt. Das hat Scipio so nicht gewollt. Zudem ist sein eigener angeheirateter Enkel, Tiberius Gracchus, kurz davor, Scipios Pläne zu gefährden, weil er aufgrund seiner Herkunft eine große Popularität beim Volk genießt. Diese ist so groß, dass ihm das, was bei Hostilius Mancinus zur Bestrafung führt, als Heldentat ausgelegt wird. Hat er denn durch sein Verhandlungsgeschick nicht dafür gesorgt, dass 20 000 Legionäre vor dem Tode bewahrt wurden? Und sind nicht die spanischen Provinzen immer noch römische Provinzen, trotz der aufmüpfigen Numantiner?

Jetzt muss Scipio allmählich handeln.

Als Scipio 134 v. Chr. unter dem Druck der Öffentlichkeit und unter Umgehung geltenden römischen Rechts zum zweiten Mal innerhalb von zehn Jahren Konsul wird, unternimmt der Senat einen letzten schwachen Versuch, sich vor Scipio und damit seiner eigenen mittelfristigen Abschaffung als Institution Roms zu schützen. Er verweigert ihm sowohl Geld als auch die Erlaubnis zur Aushebung neuer Truppen, wohl wissend, dass die reguläre Dienstzeit der Legionen in Hispania in genau diesem Jahr abläuft.

Der Bezwinger Karthagos kann darüber nur lächeln. Kraft seiner *auctoritas* schart er schnell eine Truppe von 4000 Freiwilligen um sich, selbst fremde Herrscher stellen ihm Krieger zur Verfügung, wie Attalos von Pergamon oder Antiochos von Syrien. Wenn sie nicht sogar selbst mitziehen, wie im Fall von Prinz Jugurtha von Numidien. Unfreiwillig leistet der Senat Scipio damit Geburtshilfe für eine Einrichtung, die später einmal eines der wichtigsten Instrumente zur Erhaltung der Alleinherrschaft sein wird. Unter Scipio nennt man sie noch *cohors amicorum* – die »Kohorte der Freunde«; eine persönliche Leibgarde bestehend aus den engsten Vertrauten. Diese handverlesene Eliteeinheit wird als Institution Scipio um etliche Jahrhunderte überleben. Die *cohors Praetoria* – die »Prätorianergarde« etabliert sich als eine wesentliche Stütze der kaiserlichen Macht Roms und erlangt einen eher zweifelhaften Ruf als Kaisermacher und Kaisermörder.

Als Scipio schließlich Mitte März des Jahres 134 v. Chr. in Spanien anlangt, ist er bei den dort stationierten, auf das Ende ihrer Dienstzeit wartenden Legionären definitiv nicht darauf aus, Beliebtheitswettbewerbe zu gewinnen.

Abb. 1 und 2: Ausrüstung der Bergleute von Hallstatt. Tragekorb für die herausgeschlagenen Salzbrocken (oben), Lederkappe zum Schutz des Kopfes und Nackens vor herabfallenden Steinsalzbrocken (unten).

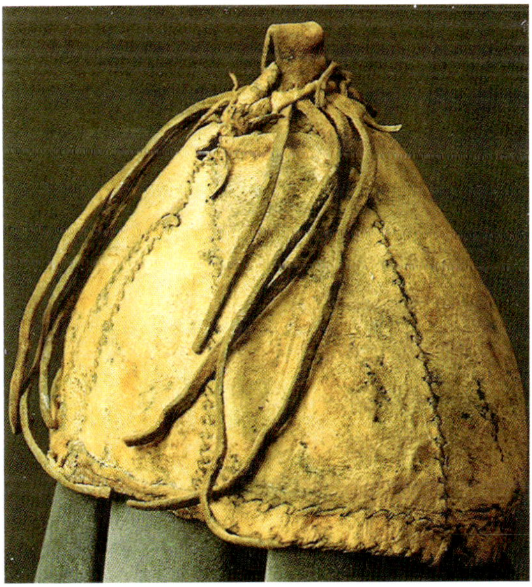

Abb. 3: Wohnhaus der Hallstattzeit. Das Leben spielte sich in einem Hauptraum ab, alternativ zu dem hier gezeigten Herd existierten auch Feuerstellen in der Mitte des Raumes. Die Wände bestanden in der Regel aus Flechtwerk, das mit einem Gemisch aus feuchtem Lehm und Stroh überzogen wurde. Museo Numantino, Garray, Soria, Spanien.

Abb. 4: Grab des »Keltenfürsten von Hochdorf«. Der Fürst wurde mit allen Annehmlichkeiten für ein luxuriöses Leben in der Anderen Welt beigesetzt. Sein Grab enthielt neben einem Prunkwagen seine Jagdausrüstung und eine vollständige Ausstattung für ein Festgelage. Seine wertvolle Kleidung zeigt zwar eindeutig etruskische Einflüsse, stammt aber aus keltischen Werkstätten. Er selbst ruhte auf einer repräsentativen Liege. Hinten rechts steht ein Weinkrater. Keltenmuseum in Hochdorf/Enz.

Abb. 5: Einfache keltische Hügelfestung. Auf den Britischen Inseln waren die Häuser rund; auf dem europäischen Festland rechteckig. Diese Festung könnte etwa 160 bis 200 Menschen beherbergen. Aus strategischen Gründen waren Hügelfestungen so angelegt, dass man weite Teile der Umgebung überblicken konnte. Computerrekonstruktion.

Abb. 6: Keltisches Gehöft. Die typische keltische Siedlung bestand nur aus wenigen Gebäuden in unmittelbarer Nähe der Felder und Weiden. Die einzelnen Gehöfte lagen recht weit auseinander. Computerrekonstruktion.

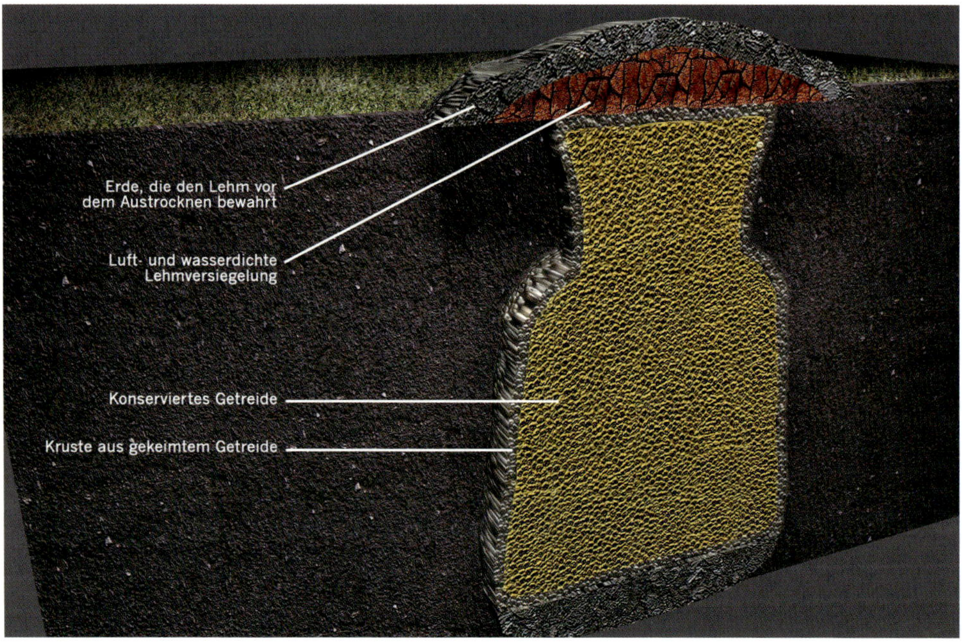

Abb. 7: Längsschnitt durch eine Vorratsgrube. Das Getreide wird in die Grube eingefüllt, keimt an den Rändern, bildet eine Kruste und sondert Kohlendioxid – Konservierungsmittel – ab. Ein Lehmsiegel schließt die Grube luft- und wasserdicht ab, sodass Fäulnis und weitere Keimung verhindert werden. So kann das Getreide mehrere Monate gelagert werden. Computerrekonstruktion.

Abb. 8: Das Rad soll man nicht zweimal erfinden. Aber man kann es revolutionieren. Der Holzreifen aus einem Stück machte es weitaus stabiler als seine Vorgänger. Der eiserne Reifen wurde erhitzt und millimetergenau auf den Holzreifen gesetzt. Beim Abkühlen zog er sich zusammen und verband die Konstruktion gänzlich ohne Nägel und Nieten miteinander. Die eiserne Radnabe verlieh zusätzliche Stabilität. Computerrekonstruktion.

Abb. 9: Schaber und Messerklinge aus Eisen. Die Abbildungen zeigen quasi den antiken Vorgänger des Schweizer Taschenmessers: Der Griff dieses Multifunktionswerkzeugs war vermutlich mit einer Holzschale umgeben und mit Leder umwickelt. Die Ringe dienten zur Befestigung des Holzgriffs und der Lederumwicklung. Computerrekonstruktion und Foto eines Fundstücks.

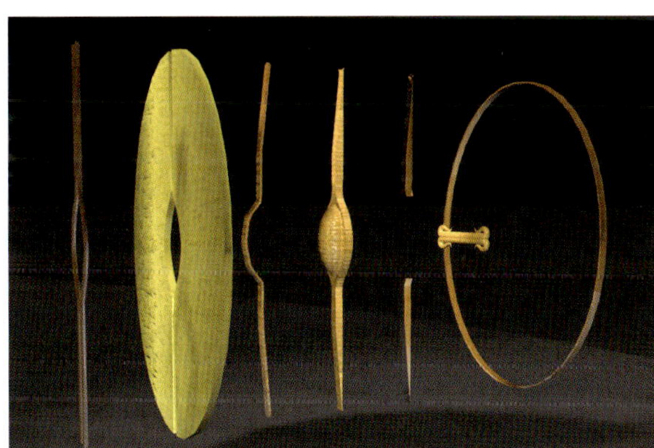

Abb. 10: Jeder Krieger hat einen Schild. Die Schilde der meisten Krieger bestanden aus einfachen Holzplanken mit einem Griff, gelegentlich mit einem eisernen Buckel, aber in jedem Fall bunt bemalt. Prunkschilde, wie der hier abgebildete aus der La-Tène-Zeit, waren elaborierte Kunstwerke, die einen wirklichen Kampf kaum überstanden hätten. Die Computerrekonstruktion zeigt einen Bronzeschild aus neun Einzelteilen, die mit insgesamt 72 Bolzen und Nieten (aus Gründen der Übersichtlichkeit nicht im Bild) zusammengefügt wurden.

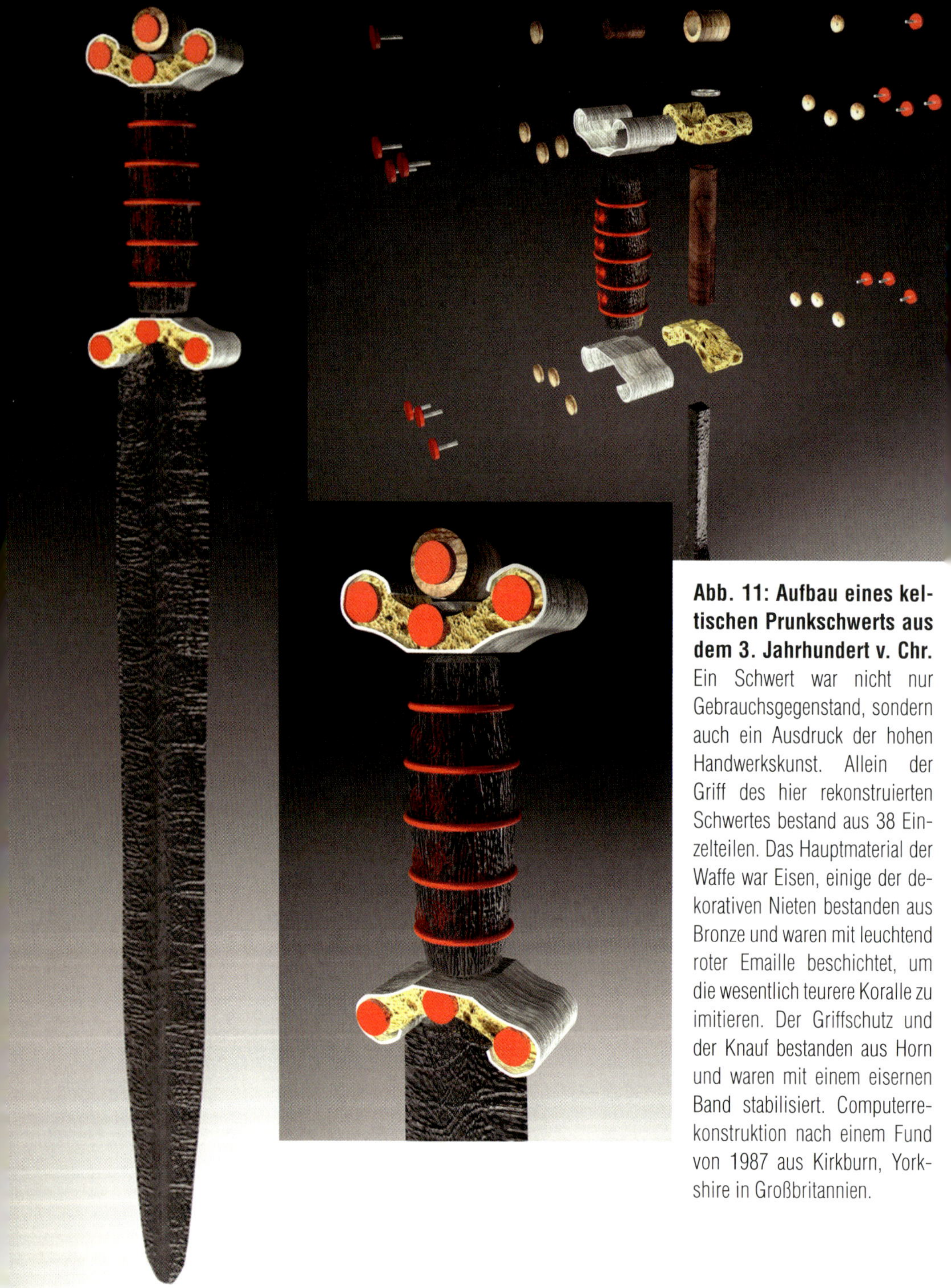

Abb. 11: Aufbau eines keltischen Prunkschwerts aus dem 3. Jahrhundert v. Chr. Ein Schwert war nicht nur Gebrauchsgegenstand, sondern auch ein Ausdruck der hohen Handwerkskunst. Allein der Griff des hier rekonstruierten Schwertes bestand aus 38 Einzelteilen. Das Hauptmaterial der Waffe war Eisen, einige der dekorativen Nieten bestanden aus Bronze und waren mit leuchtend roter Emaille beschichtet, um die wesentlich teurere Koralle zu imitieren. Der Griffschutz und der Knauf bestanden aus Horn und waren mit einem eisernen Band stabilisiert. Computerrekonstruktion nach einem Fund von 1987 aus Kirkburn, Yorkshire in Großbritannien.

Abb. 12: Der Prunkschild aus Battersea. Der in der Themse gefundene Prunkschild aus Battersea, Großbritannien, stammt aus dem 1. vorchristlichen Jahrhundert. Er weist die für die Kunst der La-Tène-Zeit so typischen geschwungenen Formen und auch die roten Emailleeinlagen auf. Der Schild ist ca. 78 cm hoch und 36 cm breit und heute im British Museum, London.

Abb. 13: Keltische Krieger des 3. bis 2. vorchristlichen Jahrhunderts. Hier sind Krieger aller Waffengattungen (außer den Kampfwagen) in einer Illustration vereint, die aber nicht wirklich nebeneinander gekämpft haben. In der Mitte steht ein Angehöriger der Gaesatae, der nackt kämpfende Speerkrieger mit der Ausrüstung, wie er wahrscheinlich bei Telamon gekämpft hat. Der Reiter links im Bild stammt aus der Donauregion, wobei sein Helm das bekannte Modell aus Rumänien ist (siehe die Abbildung im Buch auf S. 86). Der Fußkämpfer schließlich könnte aus der französischen Marneregion kommen.

Abb. 14: Der Kampfwagen, eine der am meisten gefürchteten Waffen der Kelten. Er vereinigt die Flexibilität berittener Truppen mit der Standhaftigkeit von Fußkämpfern. Während Caesar in Gallien den Kampfwagen nur als Transportmittel der Aristokraten kennenlernte, brachten die keltischen Kampfwagen seine Legionen in Britannien in ernsthafte Schwierigkeiten.

Abb. 15: Gallier im Kampfesrausch. In diesem Zustand fühlten sie keinen Schmerz und hörten erst auf zu kämpfen, wenn ihr Körper den Dienst versagte. Mit dem Abschlagen des Kopfes nahmen sie die Seele und die Kraft des Gegners in sich auf.

Abb. 16: Keltische Fingerringe. Fingerringe wurden sowohl von Männern als auch von Frauen getragen. Je nach Geldbeutel leistete man sich Kupfer, Bronze, Gold und Silber oder auch Materialien, deren Wert in der Antike hochgeschätzt wurde. Der Ring rechts hinten ist aus Zinn und stammt aus den Abbaugebieten in Cornwall. Die beiden anderen Ringe sind aus Silber und wurden in der Nähe von Colchester in Südostengland gefunden.

Abb. 17: La-Tène-Kunst – die Formen explodieren. In der La-Tène-Kunst weicht der starre geometrische Stil der Hallstattzeit den überreichen, vor allem etruskisch inspirierten, neuen Formen. Die in der keltischen Grundform gehaltenen Weinkannen aus dem Jahr 400 v. Chr. wurden an Deckel und Griff mit etruskisch nachempfundenen Ornamenten versehen. British Museum, London.

Abb. 18: Goldbeschläge aus einem Fürstengrab in Rheinland-Pfalz. Aus den Beschlägen wurde dieses Dekor mit einem Durchmesser von 12 cm (re)konstruiert und zierte (anders als ursprünglich vermutet) keine Schale, sondern ein Trinkhorn. Die Palmetten und Lyraabbildungen entstammen der etruskisch-griechischen Gedankenwelt.

Abb. 19: Zwei Fibeln: Stil im Wandel der Zeiten. Die Hallstattfibel (links) aus dem 6. Jahrhundert v. Chr. wirkt im Vergleich zu der La-Tène-Fibel (rechts) aus dem 1. Jahrhundert v. Chr. eher grob. Die Vorgängerin unserer Sicherheitsnadel besteht aus dem damals extrem wertvollen Werkstoff Eisen. Die La-Tène-Fibel ist dagegen aus Bronze, wesentlich kleiner und filigraner. Deutlich zu erkennen sind noch die Reste der roten Emaille.

Abb. 20: Sogenannte »Regenbogenschüsselchen«. Diese kleinen Goldmünzen wurden ab ungefähr 300 v. Chr. vorrangig von den Boiern und Vindelikern in Süddeutschland sowie später auch von den Rheingermanen geprägt. Rechts die Vorder-, links die Rückseite. Landesmuseum Stuttgart.

Abb. 21: Freitod statt Gefangenschaft. Ein besiegter galatischer Krieger hat gerade seine Frau getötet, um ihr die Schande einer Gefangenschaft zu ersparen. Sein oberhalb des Herzens angesetztes Schwert lässt keinen Zweifel darüber aufkommen, dass er auch sich selbst den Tod geben wird. Marmorkopie einer pergamenischen Bronze, die Attalos I. nach seinem Sieg über die Galater im Jahre 230 v. Chr. in Auftrag gegeben hat und die zur selben Skulpturengruppe gehört wie der »Sterbende Galater« (siehe Abb. 22).

Abb. 22: Sterbender Galater nach der Schlacht gegen Pergamon von 230 v. Chr. Der Krieger liegt halb in seinem Schild, zu seinen Füßen eine Kriegstrompete, neben seiner rechten Hand liegt sein Schwert, um den Hals hat er noch die Torque. Sehr gut zu erkennen ist die mit Gipswasser gestylte typische Kampffrisur der Kelten. Auch die Wunde ist fein ausmodelliert. Beide Plastiken Palazzo Altemps, Rom.

Abb. 23: Pergamonaltar. Im Pergamonaltar ließ Eumenes II. zwischen 180 und 160 v. Chr. seinen Sieg über die kleinasiatischen Galater verewigen. Der Altarfries zeigt die Pergamener als griechische Götter und die Galater als Monster, als Halbwesen aus Mensch und Tier. Staatliche Museen zu Berlin.

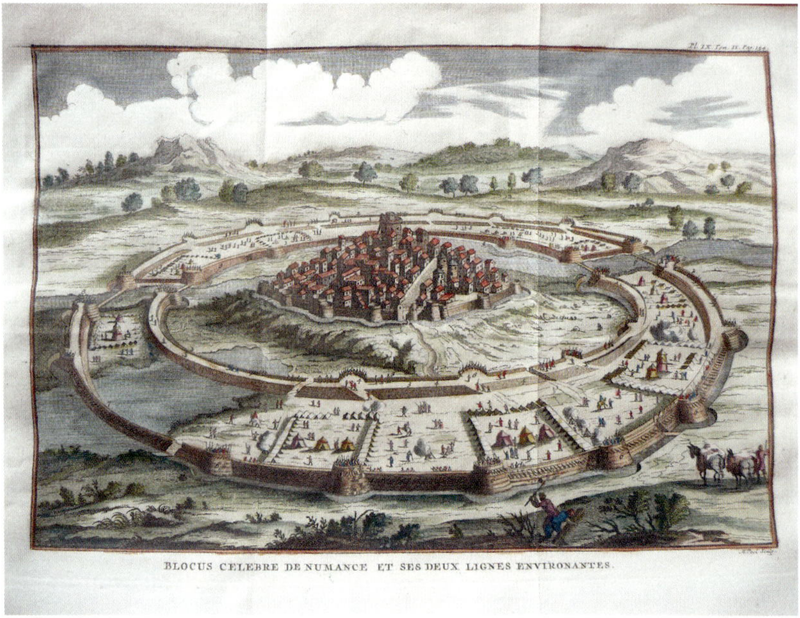

Abb. 24: Belagerung der Hügelstadt Numantia. Zu erkennen sind das ausgefeilte Belagerungssystem und das gedrängte Besiedlungsschema der Festung, wie Polybius es beschrieben hat. Der kolorierte Kupferstich entstammt einer Werkausgabe aus dem Jahr 1759.

Abb. 25: Überreste des Hadrianswalls. Die Grenzbefestigung am Nordrand der Provinz Britannia war eine breite militärische Zone mit dem Wall und seinen Forts als einer Art Basislagerstreifen. Südlich der militärischen Installation mit Palisade, Graben, Türmen und Forts lag eine große, durchgehende Erdaufschüttung (»vallum«), die die zivile von der militärischen Zone trennte.

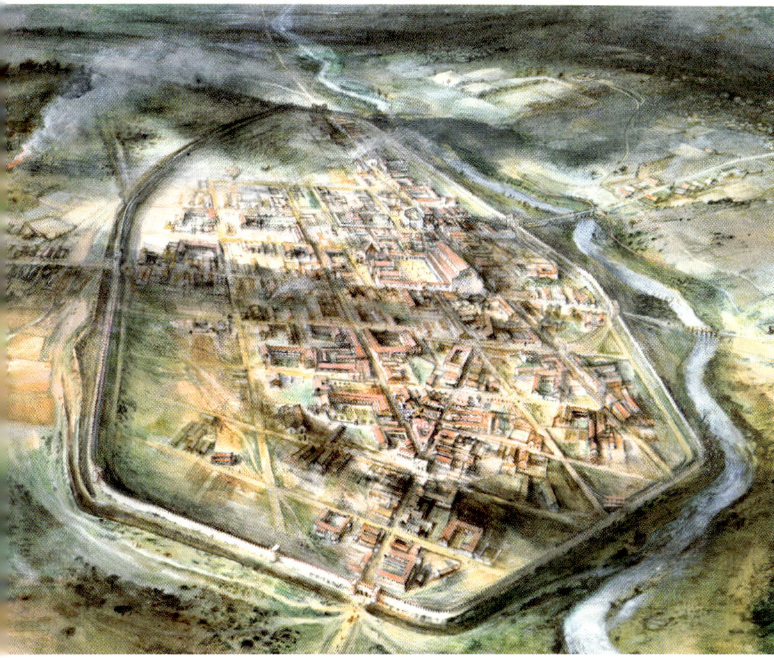

Abb. 26: Die römische Siedlung Verulamium. Zentrum des Lebens in der römischen Provinz Britannia war meist die aus einer Garnison entstandene Stadt, wie das hier abgebildete Verulamium – heute St. Albans. Museum of St. Albans.

Abb. 27: Broch auf Mousa. Eines der über 500 gefundenen burgartigen Bauwerke an der Küste Schottlands und der Shetlandinseln von etwa 100 v. Chr. Die Broch of Mousa ist mehr als 13 Meter hoch und misst im Durchmesser am Sockel 15 Meter. Der Durchmesser des Innenraums beträgt dagegen lediglich etwa sechs Meter. Die Trockenmauern sind also etwa drei Meter dick. Bei vielen Brochs ist der Zweck des Gebäudes völlig ungeklärt.

Abb. 28: Der »Stone of Scone«, auch »Stone of Destiny« oder gälisch Lir Fail, »sprechender Stein«, genannt. Auf dem Stone of Scone wurden die schottischen und piktischen Könige gekrönt von den Anfängen der schottischen Königreiche bis zum Jahr 1296. In diesem Jahr brachten die Engländer den Stein als Kriegsbeute nach London und bauten ihn als Symbol der Vereinigung von Schottland und England in den Königsthron in Westminster Abbey ein. Erst am 15.11.1996 wurde der Stein offiziell nach Schottland zurückgebracht.

Abb. 29: Galloglas und Kern. Schwer bewaffneter nordisch-keltischer Galloglas von den westlichen schottischen Inseln (vorn) und ein irischer Kern (Hintergrund) attackieren gemeinsam einen normannischen Grenzreiter (Mitte). Zuerst erbitterte Gegner, dienten beide Söldnergruppen später auch gemeinsam unter einem Herrn.

Abb. 30: Clive Owen als legendärer »King Arthur« im Kampf gegen die Pikten. Auch wenn der historische Hintergrund – das gleichzeitige Eindringen von Skoten und Pikten aus dem Norden und anglischer und sächsischer Kriegergruppen von Südosten im 5. Jahrhundert – authentisch ist, wurde der Film wegen seiner historischen Unkorrektheiten oft kritisiert.

Abb. 31: Szene aus dem Film »Braveheart« von Mel Gibson. Der Regisseur und Produzent spielte selbst die Rolle des schottischen Freiheitskämpfers William Wallace. Das Bild stellt eine Kampfszene gegen die Soldaten der englischen Krone im 13. Jahrhundert dar. Bei der Ausstattung des Films wurden Kleidung, Waffen, Frisuren und Kampfbemalung detailgetreu wiedergegeben.

Abb. 32: Keltische Hochkreuze. Links: Gallarus, Dingle Penninsula Dingle, Co. Kerry. Ein Steinkreuz aus dem frühen 7. Jahrhundert. Die Beschriftung ist in Ogham, der alten keltischen Kerbenschrift. Mitte: Monasterboice, Co. Louth, Irland. Dieses 5,50 Meter hohe Kreuz entstand um 920 n. Chr. und gilt als eine der schönsten und aufwändigsten Arbeiten schlechthin. Rechts: Iona, Schottland. Dieses Kreuz stammt aus dem späten 8., frühen 9. Jahrhundert n. Chr. und hatte das Glück zu überleben, während viele Hochkreuze im 18. und 19. Jahrhundert von puritanischen Fanatikern ins Meer geworfen wurden.

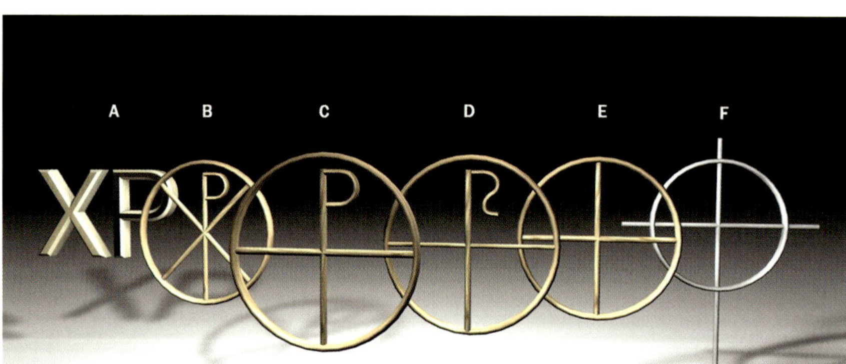

Abb. 33: Entstehung des »keltischen« Kreuzes. A: Den Ursprung bilden die Anfangsbuchstaben des Wortes »Christus«, das griechische X (Chi) und P (Rho). B: Der erste christliche römische Kaiser Konstantin fasst diese Buchstaben zu einer Art »Logo« zusammen, indem er sie übereinanderlegt und mit einem Kreis umgibt. C: Die Buchstaben verschmelzen, ein Balken des »X« verschwindet. D: Das »P« nimmt die Form des Hirtenstabes an und bricht die starre Buchstabenform auf. E: Die Grundform des »keltischen« Kreuzes entsteht schließlich durch die komplette Auflösung des »P« und Aufnahme in das »X« und (F) durch die Verlängerung der Achsen.

Abb. 34: Manuskriptseite aus dem »Book of Kells«. Saint Mark, der Gründer der Kirche von Alexandria, eine der vier Hauptsitze der christlichen Bischofskirche. Das »Book of Kells« stammt aus dem 7. und 8. Jahrhundert und befindet sich in der Trinity College Library in Dublin, Irland.

Abb. 35: Walisische Flagge. Der Drache Maglocunnus, das Symbol des Bösen, das eng mit den als äußerst renitent geltenden keltischen Ordovices in Verbindung gebracht wird, hat bis heute in der Flagge überlebt.

Abb. 36: Tara-Brosche aus Irland. Dies ist eines der schönsten Exemplare hiberno-sächsischer Hybridkunst. Der sächsische Einfluss zeigt sich ganz deutlich in den Tierelementen wie dem Pferdekopf im unteren rechten Teil. Während der Körperschmuck der Kelten florale Ornamente verwendet, nimmt unter sächsischem Einfluss die Verwendung abstrahierter Tierdarstellungen zu. Circa 700 n. Chr.

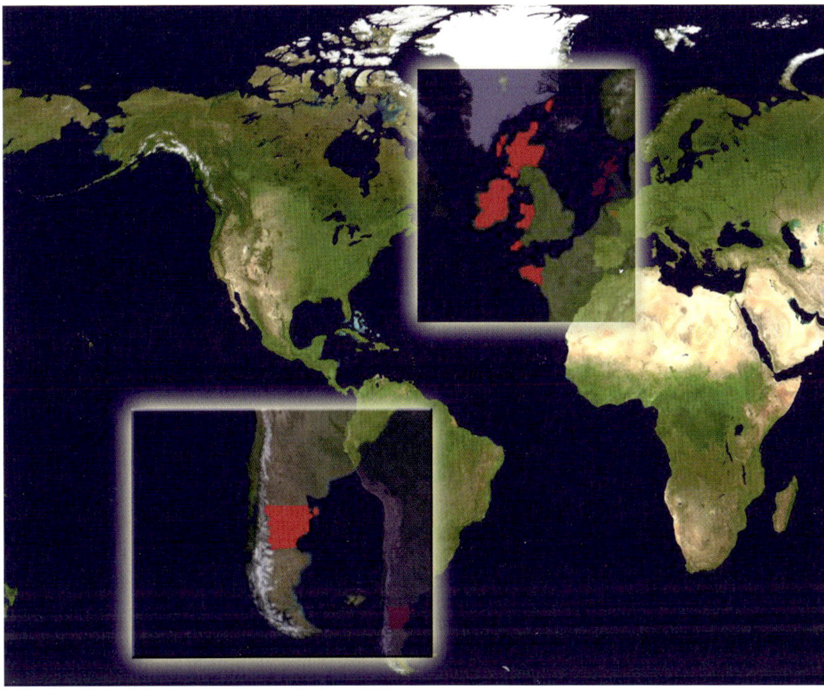

Abb. 37: Keltische Sprachenklaven heute. In Irland, Schottland, Wales, Cornwall, der Isle of Man, der Bretagne und im Chubut Valley in Patagonien, Argentinien, werden heute noch Varianten des Keltischen gesprochen.

Abb. 38: Druidenzeremonie in Stonehenge, Wiltshire, England. Bis in unsere Tage versammeln sich Menschen und zelebrieren in Fantasiekostümen selbst erfundene Riten. Keltische Elemente werden dabei mehr oder weniger unkritisch mit Symbolen anderer heidnischer Religionen vermischt (z.B. wicca). Das ist nicht zu verwechseln mit den Live-Enactment-Gruppen, die sich in ihrer Freizeit zusammenfinden und in akribisch genau recherchierter Kleidung mit exakt nachgebildeten Waffen und Werkzeugen alte Handwerkstechniken, Kochrezepte und Heilkunde praktizieren und so am Leben erhalten. Zu den bekanntesten Gruppen in Deutschland gehören die Keltentruppen Carnyx und Treveromagos.

Abb. 39: Die Keltentruppe »Treveromagos« aus dem Saarland. In ihrer Freizeit stellen die Mitglieder das Alltagsleben der Treverer nach. Sie sind in Museen und auf Keltenfesten anzutreffen.

a Waffenbauer der Treveromagos mit nachgebautem Schild und Speeren.
b Goldschmied mit authentischen Werkzeugen.
c Den alten Originalen nachempfundene Fibel.
d Färben, Spinnen, Weben am Hochwebstuhl, verschiedene Bandtechniken.
e Verkaufsstand der Weber beim Keltenfest auf der Burg Nagold 2011.

Abb. 40: Celtic Woman. Bodhran (die keltische Fingertrommel), Fiddel, Fantasiekostüme, eine mystische Bühnenkulisse mit geheimnisvollen Lichteffekten: »Celtic Woman« ist eine perfekte Bühnenshow – auch wenn viele Elemente gar nicht keltisch sind. Foto von einer Show auf Slane Castle in Irland im Jahr 2006.

Abb. 41: Keltisch um uns herum. Das »Mc« in McDonalds ist keltisch – gälisch für »Sohn« (McDonalds in Dortmund). Whiskey kommt vom gälischen uisce und bedeutet »Wasser«.

Abb. 42: Lamh Dearg Abu »Die Rote Hand wird siegen«. Wandbild in Belfast. Die rote Hand ist ein Motiv der keltischen Mythologie. Die Sage erzählt, dass zwei Brüder von der britischen Hauptinsel aus nach Irland aufbrachen, um das Land zu erobern. Sieger sollte derjenige sein, der als erster seine Hand auf irischen Boden legte. Das Wettrennen der Schiffe blieb lange Zeit unentschieden. Da hackte sich einer der Brüder die Hand ab und warf sie von seinem Schiff aus an Land. Die berühmte Familie der Uí Nialls trägt die rote Hand im Familienwappen.

Die letzte Festung fällt

Als die Legionäre erfahren, dass Publius Cornelius Scipio ihr neuer Oberfeldherr wird, beginnen sofort die Geschichten von seiner Disziplinierung des römischen Heeres vor Karthago zu kursieren. Sie werden maßlos übertrieben, ausgeschmückt, zum Teil frei erfunden. Eines haben diese Geschichten jedoch gemeinsam. Keine kommt auch nur annähernd an das heran, was sie wirklich erwartet.

Zuerst rückt Scipio dem Müßiggang zu Leibe. Er jagt die Wahrsager, Krämer, Huren und Priester aus dem Lager und lässt das Gepäck der Legionäre – und der Offiziere! – von jeglichem Luxus (Talismanen, Kosmetikartikeln, edlem Trink- und Essgeschirr etc.) befreien. Er ändert den Speiseplan und führt eine strenge Lagerdisziplin ein. Ein Verstoß wird mit körperlicher Züchtigung geahndet – ungeachtet des Ranges. Das Gesetz, dass ein römischer Bürger nicht mit einer Rute geschlagen werden darf, umgeht er auf simple wie geniale Weise: Die Delinquenten werden mit einem Stock verprügelt, der von da an zur Standardausrüstung der Centurionen zählt.

Die Zeit der Bequemlichkeit ist vorbei. Doch niemand wagt zu murren. Angst spielt dabei sicherlich eine Rolle, viel mehr allerdings die Tatsache, dass Scipio ihnen den Modell-Soldaten *vorlebt*. Er schläft nur wenige Stunden, und das auf einem harten Strohlager in seinen schwarzen einheimischen Mantel gehüllt, er verzichtet auf jegliche Bequemlichkeit, isst dasselbe wie die Legionäre und steht in dem Ruf, jederzeit an jedem Ort auftauchen zu können. Aber vielleicht murrt auch nur deshalb niemand, weil man glaubt, dass man die wenigen Monate bis zum Ende der Dienstzeit in Spanien auch unter einem Scipio übersteht. Wie groß muss das Entsetzen bei den Männern sein, als Scipio ihnen verkündet, dass von einem Ende ihrer Dienstzeit keine Rede sein kann. Doch es bleibt ihnen keine Zeit, in Selbstmitleid zu versinken. Scipio beginnt mit dem zweiten Teil seiner Vorbereitungen auf den geplanten Feldzug. Er hat für sich beschlossen, dass das Heer in dem Zustand, in dem er es vorgefunden hat, zum Kämpfen nicht taugt. Also lässt er sie in den folgenden

Wochen das trainieren, wozu er sie letzten Endes einzusetzen gedenkt: Marschieren in verschiedenen Marschordnungen und Schanzen. Und all das Laufenlernen und Graben in Dreck und Schlamm versüßt er ihnen mit verbalen Demütigungen, die auch vor Offizieren nicht haltmachen. Sie hassen und sie fürchten ihn. Und sie sind schnell an dem Punkt, wo die Angst vor ihrem Konsul größer ist als vor dem Feind.

Der Feind, die Numantiner, sind ob der Ankunft des Scipio zwar zunächst ein wenig beunruhigt, doch als sie sehen, dass er sich ausschließlich um seine verwahrlosten Legionen kümmert, sieht man keinen Anlass zu übertriebener Geschäftigkeit. Auch als Scipio die Drillübungen beendet und losmarschiert, löst die Geschwindigkeit, mit der er sich bewegt, keine wirkliche Besorgnis aus. Zur Erntezeit langt er bei den Vaccaei an, gerade rechtzeitig, um die eigenen Vorräte aufzufüllen und die Numantiner ihrer wichtigsten Getreidequelle zu berauben.

Da das Angreifen der Vaccaei bei den römischen Aktionen der vergangen Jahre Tradition hat, zeigt man sich in der Hauptsiedlung der Arevaci immer noch gelassen. Es ist fast September, was soll in diesem Jahr noch großartig passieren? Also beschränkt man sich auf ein paar punktuelle, wenn auch angesichts der unterdurchschnittlichen kriegerischen Qualitäten der Römer durchaus wirkungsvolle Guerillaattacken.

Was dann passiert, haben wohl weder die römischen Legionäre, viel weniger jedoch die Numantiner vorausgesehen. Es ist bereits Oktober, jeder andere römische Feldherr (Nobilior bekanntermaßen ausgeschlossen) hätte sich zu dieser Zeit bereits in den wärmeren Gefilden an der Küste befunden, als Scipio nach einem Gewaltmarsch plötzlich vor Numantia auftaucht. Den Stadtbewohnern stockt der Atem, als sie ohnmächtig zusehen müssen, wie die römischen Legionäre quasi aus dem Marsch heraus ohne Pause mit Schanzarbeiten beginnen. Am Ende desselben Tages ist Numantia von einem 9000 Meter langen Annäherungshindernis bestehend aus Graben und Palisade umschlossen. Doch ist das nur der Anfang. Im Schutz des Hindernisses entsteht 100 Meter dahinter in den nächsten zehn Tagen die eigentliche Belagerungsanlage: eine massive, drei Meter hohe und vier Meter dicke Mauer aus großen Felsen und Geröll, mit einem Wehrgang auf der Krone sowie Wach- und Geschütztürmen im Abstand von jeweils 30 Metern. Das eigentlich Beunruhigende ist jedoch, dass diese Mauer insgesamt sieben Lager miteinander verbindet, die nichts von provisorischen Standlagern an sich haben. Scipio hat vor, den Winter vor Numantia zu verbringen.

Natürlich sehen die Numantiner nicht tatenlos zu, wie sie eingeschlossen werden, doch sämtliche Ausfallversuche scheitern an der Art und Weise, wie Scipio seine Belagerung organisiert hat. Noch während der Bauarbeiten hat er immer genug Legionäre freigestellt, die eventuelle Angriffe abwehren können. Ein von Polybius, seinem Freund und Berater, entwickeltes Signalsystem sorgt dafür, dass die Eingreiftruppen auch immer dort sind, wo sie benötig werden.

Scipios einziges Ärgernis ist eine Stelle, wo der Fluss Durius seine Mauer unterbricht. Durch dieses Loch wird Numantia über Wochen hinweg durch Boote und Schwimmer mit Lebensmitteln versorgt. Dem macht Scipio schließlich ein Ende. Er lässt zwei Flusshindernisse aus jeweils zwei mit Eisenspitzen gespickten Balken errichten, die derartig unkontrolliert in der Strömung tanzen, dass Boote wie Schwimmer erbarmungslos zerfetzt werden.

Nach sieben Monaten ist die Stadt am Ende. Es gibt nichts mehr zu essen, man verzehrt inzwischen schon die gekochten Häute der längst geschlachteten Tiere. Doch noch will man sich den Römern nicht ergeben. Der militärische Führer der Stadt, Rectugenus, durchbricht in einer Nacht- und-Nebel-Aktion mit zehn Mann den Belagerungsring und macht sich auf die Suche nach Verbündeten für einen Befreiungsschlag. Im 50 Kilometer entfernten Lutia wird er fündig. 400 junge Männer der verbündeten Stadt sichern Rectugenus – gegen den Willen ihres eigenen Ältestenrates – ihre Hilfe zu. Durch Verrat erfährt Scipio davon, schickt einen Stoßtrupp nach Lutia, kreist die Stadt ein und verlangt die Auslieferung der Aufrührer.

Diesen lässt er die rechten Hände abschlagen und nach Numantia schicken. Damit ist die letzte Hoffnung auf Befreiung gestorben.

Eine Abordnung unter dem Obersten des Ältestenrates der Stadt, einem Mann namens Avaros, geht zu Scipio, um über eine ehrenvolle Übergabe zu verhandeln. Der Römer erklärt, dass für ihn nur die bedingungslose Kapitulation infrage kommt, die völlige Unterwerfung. Als Avaros dies den Stadtbewohnern mitteilt, flackern die letzten Funken keltischen Stolzes und keltischerLeidenschaft in ihnen auf. Die Waffen zu übergeben ist der Inbegriff der Schande schlechthin. Sie unterstellen Avaros, er habe mit den Römern ein Abkommen geschlossen, um für sich selbst bessere Bedingungen zu erhalten, und erschlagen ihn und seine Begleiter kurzerhand.

Ab jetzt vegetiert die Bevölkerung nur noch vor sich hin, erwartet das unvermeidbare Ende, ohne selbst etwas dafür zu tun. Es kommt zu Szenen, die unvorstellbar sind …

Ich gehe bewusst langsam, nicht aus Schwäche, sondern um den Weg recht lange dauern zu lassen. Laufen ist Beschäftigung, ist Ablenkung, selbst wenn die schwindenden Muskeln schmerzen. Es ist fast Mittag, als ich an dem kleinen Mauervorsprung anlange. Ich setze mich mit dem Rücken gegen die Mauer, schließe die Augen gegen die blendende Sommersonne und warte.

Ich weiß nicht, wie lange ich so gesessen habe, als mich lautes Schreien aus meinen Träumen reißt, aus den Träumen, von denen ich nicht einmal mehr genau weiß, ob es überhaupt Träume sind. Der Schreck hat auch meinen schmerzenden Magen geweckt, den mein Geist gnädigerweise schon vergessen hat, und der sich jetzt wie eine harte Faust in mir zusammenkrampft. Der Hunger summt in meinen Ohren, dennoch dringen die Rufe jetzt deutlicher in mein Bewusstsein ein.

Was schreien sie da? – Habe ich das Wort ›Fleisch‹ gehört? –

Unsinn! Es gibt schon seit vielen Tagen nichts Essbares mehr in Numantia. Wo soll auf einmal Fleisch herkommen? – Doch da ist es wieder!

Und es hat nichts von den verzweifelten Hungerschreien, die derzeit in den Nächten durch die Straßen von Numantia hallen!

Müde wälze ich mich herum. Meine Hände gleiten über die rauen Steine der Mauer auf der Suche nach etwas Halt. Meine Knie zittern, als ich mich schließlich hochziehe.

»Fleisch! Oh ihr Götter, so viel Fleisch!«

Ich stoße mich entschlossen von der Mauer ab. Es gibt keinen Zweifel mehr: Dort, gleich in der nächsten Straße, ist jemand der isst.

In meinem Kopf rasen die Gedanken, stechen wie Nadeln in jede Ecke meines Gehirns auf der Suche nach einer Erklärung, woher die Nahrung stammt. Irgendjemand muss sie versteckt haben, ja, genau, ein Krieger, und der ist dann bei einem der Angriffe auf den Belagerungswall umgekommen, und so hat niemand die Lebensmittel vorher gefunden. Nur so kann es gewesen sein.

Die Idee, dass die Nahrung nur in der Fantasie der Männer existiert, verdränge ich. Diese Möglichkeit ist undenkbar. Unmerklich hat sich mein Schritt beschleunigt. Meine Zähne mahlen vor Erregung.

Essen! Und ich werde meinen Teil bekommen!

Meine rechte Hand umkrampft unbewusst den Griff meines Dolches. Dann sehe ich sie, die drei Männer. Und das Fleisch.

Es ist eine ziemlich große Rinderkeule. Die Männer hocken im Kreis um sie herum, schneiden – oder besser reißen – mit Hilfe ihrer Messer große Stücken heraus und schlingen sie roh hinunter. Ihre Gesichter und Hände sind blutverschmiert. Mich bemerken sie nicht.

Wie ein Jäger schleiche ich mich an meine Beute heran. Sie sind so mit Essen beschäftigt, dass ich schließlich nur noch drei Schritt von ihnen entfernt bin.

Und noch immer sehen sie die Gefahr nicht.

Noch einmal atme ich tief durch.

»Weg von dem Fleisch!«, brülle ich, ziehe den Dolch und springe in den Kreis. Erschrocken fahren die Männer auseinander. Einer hebt das Messer, mit dem er eben noch Fleisch von der Keule abgeschnitten hat.

»Das Messer!«, schreie ich ihn an, und mache einen schnellen Schritt auf ihn zu. »Lass es fallen! Und ihr anderen auch!«

Geschockt tun sie sofort, was ich verlange.

»Und jetzt weg von dem Fleisch! Habt ihr nicht gehört? Verschwindet!« Der Hals schmerzt mir vom Brüllen.

Ich sehe wie sie zögern, wie sie einen Augenblick lang abwägen, ob sie den Tod für das Essen riskieren sollen. Ich darf ihnen keine Zeit lassen, in ihren Gedanken zu der Stelle zu gelangen, an der ihnen klar wird, dass sie lediglich einen eventuellen schnellen Tod gegen einen sicheren langsamen eintauschen.

Ich reiße meinen Dolch hoch und renne auf sie zu.

Ich muss nicht weit laufen.

Dann bin ich allein mit der Nahrung.

Fast ehrfürchtig trete ich näher und sinke auf die Knie.

Ich strecke die Hand aus, halte die Luft an und berühre die Rinderkeule.

Sie verschwindet nicht.

Schluchzend vor Glück stoße ich den Dolch in das Fleisch. Tränen rinnen mir über die Wangen, als ich das erste Stück in den Händen halte. Dann schlagen meine Zähne in das Fleisch. Ich reiße. Ich schlinge. Ich kaue nicht und schmecke nichts.

Ich esse und kann den Augenblick nicht erwarten, wo die Nahrung meinen Magen erreichen und ihn füllen wird.

Als es so weit ist, ist es wie ein Rausch.

Der Schlag trifft mich völlig unvorbereitet. Ich fliege zur Seite. Doch ich drehe mich nicht um, um zu sehen, wer mich angegriffen hat. Ich stehe auch nicht auf, um mich zu wehren. Ich liege auf dem Boden und habe nur eins im Sinn: das Fleisch. Auf Knien und Ellenbogen krieche ich wieder auf die Rinderkeule zu.

Mein Angreifer ist noch da, natürlich, und diesmal tritt er mir in die Rippen. Erneut werde ich zur Seite geschleudert, doch diesmal komme ich nicht dazu, wieder zurückzukriechen.

Starke Hände reißen mich hoch. Verschwommen taucht ein Gesicht vor meinem auf und brüllt irgendetwas. Ich werfe mich wimmernd hin und her, will mich losreißen, will zurück zu meiner Beute. Ich will essen.

Mein Gegner hält mich fest und schlägt mir mit der flachen Hand klatschend ins Gesicht. Die Konturen vor meinen Augen werden allmählich klarer. Aber noch immer verstehe ich nicht, was der Mann zu mir sagt.

Dieser zerrt an mir und zieht mich schließlich schreiend und heftig gestikulierend mit sich mit. Und ich spüre die Verzweiflung in mir wachsen, mit jedem Schritt, den wir uns von der Nahrung entfernen.

Er schleift mich um die Ecke in eine Nebenstraße hinein. Ich habe auf einmal keine Kraft mehr, mich zu wehren. Als das Fleisch ganz aus meinem Blick verschwunden ist, will ich sterben.

Abrupt bleiben wir stehen. Der Mann packt mich bei den Schultern und dreht mich um. Ich wende den Kopf und sehe ihn verständnislos an.

Er gibt mir einen Stoß, sodass ich zwei Schritte vorwärts mache. Dann zeigt er mit dem ausgestreckten Arm auf den Boden.

Langsam sehe ich nach unten. Zu meinen Füßen liegt eine tote Frau.

Ihr rechtes Bein fehlt.

Ich stürze auf die Knie und erbreche mich. Die Krämpfe hören nicht auf. Als ich alles herausgewürgt habe und aus meinem Mund nur noch gelblicher Schleim auf das Pflaster tropft, lasse ich mich zur Seite fallen, ziehe die Beine vor die Brust und weine laut.

Ende des achten Belagerungsmonats beginnen die Numantiner, ihre Toten zu essen. Im neunten Monat töten sie zu diesem Zweck die Kranken und Schwachen. Gegen Ende des neunten Monats der Blockade wird erneut eine Abordnung bei Scipio vorstellig. Sie erklären, dass Numantia nunmehr die bedingungslose Kapitulation akzeptiert, dass man sich aber im Auftrag derer, die den Entschluss nicht mittragen, einen Tag Frist ausbedingt. An diesem Tag töten sich alle, die den endgültigen Untergang der einst stolzen Stadt nicht miterleben oder sich nicht der römischen Gnade ausliefern wollen. Die Stolzesten tun dies im Rahmen eines letzten Kampfspieles, in dessen Verlauf die Besiegten dankbar durch das Schwert ihres Kameraden sterben, und sich die Sieger in die Flammen ihrer brennenden Häuser werfen.

Am folgenden Tag verlässt unter den entsetzten Augen der römischen Legionäre ein langer Zug ausgemergelter Gestalten die Stadt. Schmutzig, stinkend, mit langen wirren Haaren und Fingernägeln, die an Krallen erinnern, allerdings mit wildem, hasserfülltem Blick übergeben sie ihre Waffen, die Stadt und sich selbst.

Der Fall von Numantia bedeutet das endgültige Ende des keltiberischen Widerstands in Spanien. Dafür sorgt nicht zuletzt die Art und Weise, mit der Scipio mit den Besiegten verfährt. Er lässt die Stadt niederbrennen (eine Provokation an die Adresse des Senats, dessen Zustimmung er eigentlich gebraucht hätte) und verteilt das Land der Arevaci an die benachbarten Stämme, die die Römer unterstützt haben. Von den Numantinern sucht er sich 50 aus, die in seinem Triumphzug in Rom vor seinem Wagen herlaufen werden. Diejenigen, die nach all den Strapazen noch in einer halbwegs annehmbaren Verfassung sind, verkauft er in die Sklaverei, um einen Teil seiner Kriegskosten zu decken.

Hispania wird in den Folgejahren eine ganz normale römische Provinz und damit Bestandteil des römischen Wirtschaftssystems und der Militärmaschinerie. Die Menschen lernen römische Wertvorstellungen und religiöse Aspekte kennen, machen sie zu ihren eigenen. Und doch überlebt auf der Iberischen Halbinsel das keltische Element bis in unsere Tage. Nicht einmal zehn Jahre nach dem Untergang von Numantia wird jenseits der Pyrenäen das Ende der keltischen Identität auf dem europäischen Festland eingeläutet …

Gallischer Krieg oder Krieg der Gallier?

Hilferuf mit Folgen

Ab 200 v. Chr. beginnen römische Händler sich für die Kelten nördlich der Alpen zu interessieren. Den ersten militärischen Kontakt mit Galliern haben die römischen Legionen auf dem Landweg nach Spanien, wohin sie erst gegen Karthago und anschließend gegen die Keltiberer und Lusitanier ins Rennen geschickt werden. Aber schon damals ziehen einige Feldherren es vor, ihre Legionen in Genua einzuschiffen und über den Seeweg nach Tarraco an der spanischen Ostküste zu bringen. Denn so konnten sie Raubüberfällen der keltoligurischen Saluvii in Südgallien entgehen, die die Küstenregionen um Massalia bevölkern. Wer sich allerdings wilde, verlotterte, unzivilisierte, in den Wäldern hausende Gesellen vorstellt, liegt gründlich falsch. Durch den permanenten Kontakt mit der griechischen Hafenstadt Massalia sind die Saluvii ein hoch entwickeltes Volk. In ihrer Hauptstadt, dem heutigen Entremont, etwa wohnen sie in eher griechisch anmutenden Siedlungen. Die Saluvii pflegen ausgedehnte Handelsbeziehungen und sind dem mediterranen Luxus nicht abgeneigt. Daher nutzen sie auch das Know-how ihrer Nachbarn, um selbst Oliven und Wein anzubauen.

Dennoch, so ganz abwegig ist der Begriff »Räuber« nicht. Denn die Saluvii mögen zwar kultiviert sein, friedliebende Bauern sind sie nicht. Immer wieder kommt es zu Übergriffen auf Warentransporte von und nach Massalia oder sogar auf die Bagagewagen der Legionen, die saluvisches Territorium durchqueren.

Um 124 v. Chr. erreicht die zwischen Rhônemündung und Pyrenäen operierenden römischen Truppen ein Hilferuf aus Massalia, das sich unter massivem Druck der Saluvii sieht. Aufgrund eines Beistandsabkommens zwischen Rom und der griechischen Handelsstadt sieht sich Ersteres zum Eingreifen verpflichtet. Und das geschieht mit ganzer Konsequenz. Die Legionen sprengen erst den saluvischen Belagerungsring um Massalia. Dann greifen sie Entremont an, belagern es ihrerseits erfolgreich und zerstören die Stadt. Um die Region nachhaltig zu befrieden, errichten sie in unmittelbarer Nähe anschließend einen Militärstützpunkt namens Aquae Sextiae, das heutige Aix-en-Provence.

Dies ist der erste Schritt zu einer permanenten römischen Präsenz in Gallien.

Der Anführer der Saluvii ist während des Krieges zu den keltischen Nachbarn, den Allobrogen, geflohen. Als diese sich weigern, den saluvischen Anführer an die Römer auszuliefern, kommt es 122 v. Chr. zu einem weiteren Krieg zwischen Galliern und Römern.

Was die Römer nicht wissen oder unterschätzen: Im Gallien des 2. vorchristlichen Jahrhunderts steht kaum ein Stamm allein. So sind die Allobrogen Klienten der mächtigen Arverner. Deren König Bituitus entsendet mit großem Pomp Botschafter, nebst Barden, die seinen Namen preisen sollen, zum römischen Oberbefehlshaber Gnaeus Domitius, um ihn vom Krieg gegen seine Klienten abzubringen. Als seinem Ersuchen nicht entsprochen wird, unterstützt der Arverner folgerichtig die Allobrogen in ihrem Kampf und wird geschlagen. Die Allobrogen erhalten formell einen neuen Herrn – Rom.

Bis zum beginnenden 2. vorchristlichen Jahrhundert unterteilt man im römischen Sprachgebrauch das bekannte keltische Siedlungsgebiet in *Gallia cisalpina* (Gallien diesseits der Alpen, im Wesentlichen die ehemals etruskische Poebene) und *Gallia transalpina* (Gallien jenseits der Alpen). *Gallia cisalpina* wird 191 v. Chr. römische Provinz; der sie im Süden begrenzende Fluss, der Rubicon, wird noch über Jahrhunderte hinweg symbolische Demarkationslinie zum römischen Kernland bleiben. Das nach dem Sieg über die Allobrogen von da an römisch besetzte Gebiet jenseits der Alpen wird ebenfalls mit römischen Verwaltungsstrukturen versehen und heißt zunächst noch *Gallia ulterior* (das entfernt gelegene Gallien). Vier Jahre später errichtet Rom in der keltischen Stammessiedlung Narbo (Narbonne) mit der *Colonia Narbo Martius* eine weitere Militärbasis. Zusammen mit den umgebenden Gebieten wird dieser Teil künftig *Gallia Narbonensis* genannt. Durch das nunmehr (nach römischen Maßstäben) befriedete Südgallien baut Rom eine Marschstraße für seine Legionen, die das Mutterland mit der sich auf der Iberischen Halbinsel entwickelnden Provinz Hispania verbindet. Aber es tut mehr als das. Es formt den gesamten Küstenstreifen nach den ihm vertrauten Verwaltungs- und Wirtschaftsstrukturen.

Umgangssprachlich heißt *Gallia Narbonensis* bei den Römern nur »die Provinz«, woraus sich der für den französischen Teil dieses Gebietes immer noch geltende Name »la Provence« ableitet. Sie grenzt im Westen an die neu gewonnenen Gebiete in Spanien und bildet damit zusammen mit der Provinz *Hispania Tarraconensis* (nach der Küsten- und Garnisonsstadt Tarraco) eine lückenlose nördliche römische Begrenzung des westlichen Mittelmeeres. Massalia heißt ab jetzt Massilia.

Jenseits der Grenzen der Provinz liegt wildes Land. Zwar weiß man inzwischen in Rom, dass sich jenseits ihrer Grenzen nicht das Land von primitiven, zurückgebliebenen, in Erdlöchern hausenden, verwahrlosten Naturvölkern befindet. Es hält Rom jedoch nicht davon ab, den nicht römischen Teil Galliens mit dem despektierlichen Namen *Gallia comata* – das »haarige Gallien« zu belegen.

Dieses ist eine Region, die weit davon entfernt ist, so etwas wie eine einheitliche »Nation keltischer Natur« zu sein. Sie besteht aus mehreren Machtblöcken, deren einzelne Stämme keinen Heimatgedanken im modernen Sinne kennen. Sie alliieren sich mit jedem, der ihnen zu einem gewünschten Machtvorteil verhelfen kann, und derjenige muss nicht notwendigerweise dem gemeinsamen keltischen Ursprung entstammen. So sind zum Beispiel die Aedui einer der Stämme Galliens, die unter der Expansionspolitik der Arverner zu leiden haben. Schon sehr frühzeitig – genau genommen noch im Jahr des römischen Sieges über die Allobrogen und ihre avernischen Verbündeten – wenden sie sich mit einem Schutzersuchen an Rom und werden ab 122 v. Chr. formal als Freunde und Brüder betrach-

Gallien um 60 v. Chr. am Vorabend des römischen Einmarsches. Aus Caesars Beschreibung in den *De bello Gallico* und aus Erkenntnissen der archäologischen Forschung rekonstruierte Lage der wichtigsten gallischen Stämme und ihrer Zentren am Vorabend des römischen Einmarsches.

tet. Weitere Stämme folgen, ob direkt oder als Konsequenz aus einem Klientenverhältnis mit einem römerfreundlichen Stamm. Am Vorabend des Überschreitens der Grenzen von *Gallia Narbonensis* durch die Legionen des Gaius Iulius Caesar steht diesem kein geschlossenenes Gallien gegenüber. Das politische Gleichgewicht ist instabil, Allianzen wechseln, wer heute noch Verbündeter ist, kann morgen schon Gegner sein. Diese internen Machtkämpfe werden den Römern in die Hände spielen.

Und sie werden sich die so freimütig angebotene Gelegenheit zur Erweiterung des *ager Romanus* nicht entgehen lassen. Oder besser: Gaius Iulius Caesar kann es sich nicht leisten, diese Gelegenheit vorüberziehen zu lassen. Doch bevor es so weit ist, soll ein anderes Ereignis die gesamte Region nördlich der Alpen erschüttern und die Stabilität der jungen römischen Provinz – und nicht nur der! – auf eine harte Probe stellen.

Krieger aus dem Norden und Zeiten der Entscheidung

Eigentlich ist es ein Konflikt fernab von Rom und Gallien, der um 114 v. Chr. eine Kettenreaktion auslöst, die die Karten im nordalpinen Europa neu zu mischen droht. In der Region des heutigen Belgrad geraten die donaukeltischen Scordisci und die auf der Suche nach neuen Siedlungsgebieten umherwandernden germanischen Kimbern und Teutonen (mithin 300 000 Krieger) aneinander. Die Germanen unterliegen und werden in Richtung Noricum (Österreich) abgedrängt.

Als sie dort in das Territorium der keltischen Taurisci eindringen, fangen die Probleme der germanischen Stämme erst richtig an. Die Taurisci sind offizielle Freunde Roms. Als die Taurisci von ihren Verbündeten die vertraglich vereinbarte Hilfe gegen die Kimbern und Teutonen anfordern, zögert Rom auch nicht, sie zu gewähren. Allerdings nimmt die römische Hilfsaktion ein verheerendes Ende: Als sich Konsul Carbo 113 v. Chr. in Noricum den germanischen Stämmen zum Kampf stellt, wird sein Heer zerschlagen. Er begeht Selbstmord, während sich die Überreste seiner Legionen nach Italien zurückkämpfen. Die Kimbern setzen sich daraufhin in den nördlichen Hügelregionen der Alpen in Österreich und in Süddeutschland fest. Aber schon drei Jahre später brechen die umtriebigen

Germanen erneut auf. Ihr Weg führt sie nach Westen, nach Gallien. Im Rhônetal erhalten sie Verstärkung von den keltischen Helvetiern und Tigurini. Wieder handelt Rom, doch die Geschichte von 113 v. Chr. wiederholt sich: Der amtierende Konsul Silanus stellt sich der keltisch-germanischen Streitmacht und wird geschlagen.

Jetzt wird die Lage für Rom allmählich prekär, denn plötzlich vereinigen sich immer mehr gallische Stämme mit den Germanen. Der im Gebiet des heutigen Toulouse lebende Stammesverband der Volcae-Tectosagier bricht 107 v. Chr. offen die diplomatischen Beziehungen zu Rom ab, was eine sofortige Strafexpedition unter Konsul Lucius Cassius Longinus nach sich zieht. Dieser erringt diesmal einen Sieg für Rom. Er kann sich jedoch nicht lange daran erfreuen, denn sein Kriegsglück verlässt ihn, als er sich im Hochgefühl seines Erfolges gegen die Tigurini wendet. Sein Nachfolger, Quintus Servilius Caepio, schafft es zwar, die Volcae-Tectosagier zu disziplinieren, am Ende ereilt ihn jedoch im Jahre 105 v. Chr. bei Arausio (das südfranzösische Orange) dasselbe Schicksal wie sein Vorgänger.

Wie sehr Rom sich jetzt bedroht sieht, äußert sich darin, dass es sich, wie schon im Fall des ungeliebten Publius Cornelius Scipio im hispanischen Krieg, über geltendes Recht hinwegsetzt, und ein und dieselbe Person zum zweiten Mal innerhalb von zehn Jahren in das Amt des Konsuls beruft.

Angesichts der drohenden Gefahr ist Gaius Marius die beste Wahl, die Rom zu diesem Zeitpunkt treffen kann. Als erfahrener Kriegsveteran (unter anderem kämpfte er bereits unter Scipio vor Numantia) nimmt er sich zunächst des Militärapparats an und reformiert diesen gründlich. Nach seinen Standards wird das römische Militärwesen bis zu seinem Niedergang im 5. Jahrhundert n. Chr. nicht nur funktionieren, sondern ein wirkliches Weltreich erobern.

Marius handelt schnell und überlegt. Er marschiert zunächst an der Mittelmeerküste entlang den Teutonen und Ambronen entgegen und schlägt sie in einer erbitterten zweitägigen Schlacht der Nähe der Garnison Aquae Sextiae.

Dann wird die Zeit für Marius knapp. Die Kimbern haben inzwischen die Alpen überquert und rücken in die Poebene vor.

101 v. Chr. bringt Marius bei Vercellae (Vercelli in der Lombardei) nicht nur den Rückzug der zum Schutz der römischen Nordgrenze eingesetzten Legionen zum Stehen. Durch sein überragendes Charisma auf der einen Seite und sein kompromissloses Vorgehen gegen die eigenen Landsleute auf der anderen Seite gelingt es ihm, die Legionäre zu einem Gegenangriff zu mobilisieren. Und er gibt Rom das, was es von ihm erwartet. Erst schlägt er die Kriegerschaft dieses letzten der drei germanischen Stämme, danach wendet er sich den Familien der Kämpfer zu, die sich in ein Tal zurückgezogen haben, um den Ausgang der Schlacht abzuwarten. Die Schlacht gerät jetzt zum Schlachten. Marius hat den Befehl gegeben, wie es scheint mit dem Ziel, niemanden übrig zu lassen, der die Geschichte der germanischen Streifzüge gegen Rom in einer anderen als der römischen Diktion erzählen kann …

30 Jahre lang herrscht relative Ruhe. Dann ist es fatalerweise ein interner Zwist bei einem keltischen Stamm, der die zweite Phase des Untergangs der Kelten auf dem europäischen Festland einleitet.

Ambitionen und Intrigen: die Helvetier

Die Kelten kennen keine Heimat im modernen Sinne. Sie identifizieren sich ausschließlich über ihren Stamm. Wenn sie sich mit anderen keltischen Stämmen liieren, dann tun sie das nicht, weil es keltische Stämme sind und sich ein warmes Gefühl von Zusammengehörigkeit in ihnen ausbreitet, wenn sie aneinander denken. Wenn sie sich einen keltischen Stamm militärisch gefügig machen, dann weil dieser strategisch wertvoll ist. Wenn sie eine Allianz mit einem gleich starken oder auch stärkeren Stamm eingehen, dann ist das Berechnung. Wie gering das »keltische Nationalbewusstsein« ausgeprägt ist, zeigt schon allein die Tatsache, dass jeder Zusammenschluss – freiwillig oder erzwungen – mit der gegenseitigen Gestellung von Geiseln verbunden ist.

Die Partner in einer solchen Allianz sind beliebig austauschbar. Verträge werden gekündigt, neu abgeschlossen, ganz so, wie es gebraucht wird. Man denkt bei der Wahl der Partner nicht in den Kategorien »keltisch« oder »nicht keltisch« (eine Begrifflichkeit, die zu dieser Zeit ohnehin nicht existiert), sondern »nützlich« oder »wertlos«. Diese Denkweise ist es, die letztlich den Niedergang der keltischen Gemeinschaften in Europa begründen wird. Dieser wird eingeleitet, als einzelne keltische Stämme beginnen, sich ihre »Vertragspartner« außerhalb des keltischen Siedlungsgebietes zu suchen.

An der nordöstlichen Grenze Galliens, auf dem Gebiet zwischen Genfer See, Jura und Bodensee lebt der Stamm der Helvetier. Geführt wird er nicht von einem einzelnen Herrscher, sondern von einer Ratsversammlung. Die Helvetier gelten als einer der stärksten Stämme Galliens, gefestigt durch die permanenten Auseinandersetzungen mit den gefürchteten Germanen auf der anderen Seite des schweigend als Grenze anerkannten Rheins. Dass das eigentlich stabile Stammesgefüge ins Wanken gerät, hat objektive wie subjektive Gründe. Objektiv ist es eine unbestrittene Tatsache, dass es der wachsenden Wohlstandsgesellschaft der Helvetier innerhalb der Grenzen ihres Stammesterritoriums allmählich etwas zu eng wird. Der subjektive Faktor hat dagegen einen Namen: Orgetorix.

Orgetorix ist ein ehrgeiziger helvetischer Prinz, der mit jedem klüngelt, der ihm zu Macht verhelfen kann. Interessanterweise tut er das gleichzeitig mit zwei Parteien, die sich eigentlich als Feinde gegenüberstehen. Dumnorix, keltischer Traditionalist und Hardliner, ist ein einflussreicher Fürst bei den mächtigen Aedui, die im Jahre 61 v. Chr. noch unter der Führung seines römerfreundlichen Bruders Diviciac stehen. Durch eine Zweckheirat ist Dumnorix auch schon bald Schwiegersohn des Orgetorix. Der andere potenzielle Partner in dem Unternehmen »Helvetische Landsuche« ist Casticus, der (nachdem er auf Drängen des Orgetorix in einem Umsturz seinen Vater abgelöst hat) Herrscher der Sequani. Diese sind Nachbarn der Helvetier zwischen Saône und Jura und im Gegensatz zu den Aedui in ihrer Gesamtheit antirömisch gestimmt. In allen Bündnisverhandlungen stellt Orgetorix unmissverständlich klar, dass er die Oberherrschaft nicht nur der Helvetier, sondern des ganzen Stammesverbundes anstrebt. Wäre das nicht ein kleiner Preis dafür, dass man mit der Vereinigung der drei stärksten gallischen Stämme mächtig genug wäre, um sogar gegen die Germanen jenseits des Rheins anzutreten?

Orgetorix findet offene Ohren, vor allem im eigenen Stamm. Die Helvetier wollen als Führung keine Ansammlung von schwachen Ratsherren. Sie wollen einen starken Mann. Orgetorix wird Tatsachen schaffen. Sein Volk braucht Land. Genau das wird er ihnen geben.

Anstatt nun allerdings zum überhasteten Aufbruch zu blasen, bereitet er den Auszug seiner Anhänger über zwei Jahre hinweg generalstabsmäßig vor. Innerhalb kürzester Zeit schart er eine Privatarmee aus mehreren Zehntausend Männern (sämtlichst Klienten, Schuldner und durch Zweckheiraten verbundene andere kleinere Adlige) um sich. Er schließt Allianzen, lässt in großem Stil Zugtiere und Wagen aufkaufen und alles zur Verfügung stehende Land mit Getreide bestellen, um ausreichende Vorräte für den bevorstehenden Marsch zu haben.

Die Ratsherren der Helvetier erkennen die Gefahr, die von Orgetorix' Alleingang ausgeht. Doch es ist nicht so einfach, Orgetorix über die »offiziellen« Wege festzusetzen und wegen Hochverrats vor das Stammesgericht zu bringen. Würde er verurteilt, so droht ihm die für Verräter übliche Strafe: Tod durch Verbrennen. Aber Orgetorix ist ein mächtiger Mann, und seine Anhänger verhindern, dass ihr Anführer zur Verantwortung gezogen werden kann. Allerdings ist auch sein Glück endlich. Ob durch Verrat aus den eigenen Reihen oder durch eine verdeckte Operation des Magistrats; einige Zeit nach der versuchten Verhaftung stirbt Orgetorix unter mysteriösen Umständen.

Allerdings hat er gute Vorarbeit geleistet, denn seine Anhänger denken gar nicht daran, von ihrem Vorhaben abzulassen. Ihr Aufbruch in neue Gebiete wird begleitet von einer Maßnahme, die demonstriert, wie ernst es den Helvetiern mit ihrem Plan ist. Die Abtrünnigen brennen ihre zwölf Städte nieder, damit es auch ja nichts mehr gibt, wofür es sich zurückzukommen lohnt. Da die Helvetier die Überschreitung des Rheins scheuen (vielleicht, weil ihnen Ariovist, der aktuelle germanische Herrscher auf der anderen Seite, zu stark erscheint), bleiben ihnen nur zwei Wege. Der schwierigere führt durch das Land der Sequani, die sich, auf das ehemalige Bündnis mit Orgetorix angesprochen, eigenartig wortkarg verhalten. Der für diese Menschenmassen (immerhin ca. 300 000 Helvetier) ohnehin leichtere Weg führt durch das Stammesterritorium der bislang in ihren Plänen noch nicht aufgetauchten Allobrogen. Nachvollziehbar fällt die Wahl auf Variante zwei. Nur ist der scheinbar leichtere Weg mit einem kleinen, aber dennoch unübersehbaren Makel versehen. Das Stammesgebiet der Allobrogen ist seit 60 Jahren Bestandteil der römischen Provinz *Gallia Narbonensis*.

Der verantwortliche Vertreter Roms heißt aktuell Gaius Iulius Caesar. Dass dieser dem Durchzugsersuchen der Helvetier nicht stattgibt, ist verständlich. Er ist nicht so naiv zu glauben, dass der Marsch von 300 000 Menschen durch bereits mühevoll befriedetes Gebiet völlig reibungslos abläuft. Zur Bekräftigung seines Neins lässt Caesar einen 27,5 Kilometer langen, fast fünf Meter hohen befestigten Sperrwall errichten. Die Helvetier wenden sich nunmehr der ersten Wegvariante zu, durch das Stammesgebiet der Sequani.

Im Grunde hat Caesar damit seinen Auftrag erfüllt: Er hat die römische Provinz vor einem massiven Einmarsch keltischer Stämme bewahrt. Der Zug der Helvetier in sequanisches Gebiet ist an und für sich eine rein keltische Angelegenheit. Dennoch wird Caesar die Helvetier nicht einfach ziehen lassen. Oder anders: Er kann es sich nicht leisten, sie einfach ziehen zu lassen. Und dass er sich das nicht leisten kann, hat so ganz und gar nichts mit den Helvetiern zu tun.

Denn der Machtpolitiker Caesar verfolgt mit den Interessen Roms vor allem auch seine eigenen. Er hat Probleme vielerlei Gestalt. Da wäre zunächst der finanzielle Aspekt. Das Erkaufen einer Politikerlaufbahn ist teuer. Der römische Senatsadel steht in permanentem Wettbewerb um Macht und Ansehen. Spiele, die man als Aedile veranstaltet (und aus eigener Tasche bezahlt), um das Volk für sich zu gewinnen und so das höchste Amt Roms, das Konsulat zu erlangen, verschlingen Unsummen. In seinen besten Zeiten steht Caesar bei seinen Gläubigern mit 25 Millionen *denarii* in der Kreide; das entspricht einem Zehntel der gesamten Einkünfte des römischen Staates; der Jahressold eines Legionärs zu Caesars Zeiten ist 225 *denarii* … Im Jahr 59 v. Chr., als die Helvetier an den Grenzen des Landes der Allobrogen stehen, steht Caesar auf dem Höhepunkt seiner Karriere. Mit 41 Jahren ist er planmäßig Konsul in einer sogenannten nicht konstitutionellen Allianz mit Pompeius und Crassus. Zusammen hatten sie im Jahr zuvor das politische System Roms quasi außer Kraft gesetzt. *De facto* regiert nicht der Senat, sondern das Triumvirat aus Caesar, Pompeius und Crassus. Caesars Problem: Er ist zwar formal der Kopf, aber gleichzeitig der Schwächste in dieser »Dreimännerherrschaft«. Pompeius ist der Inbegriff des römischen Feldherrn und hat die gesamte Öffentlichkeit hinter sich, und Crassus zählt zu den wohlhabendsten Männern Roms.

Noch mehr als die Schulden drückt Caesar jedoch ein weiteres Problem. Seine Zeit läuft ab. Mit dem Ende des Jahres 59 v. Chr. endete sein Konsulat und damit seine Immunität. Nun hat er während seiner Amtszeit Maßnahmen eingeleitet, die nicht wirklich dazu geeignet sind, sich in Rom viele Freunde zu machen. Er hat ein Ackergesetz durchgesetzt, das unter anderem die Verteilung von Staatsland an 20000 Bürger beinhaltete; er hat offen Pompeius unterstützt, der nicht nur dem Senat ein Dorn im Auge, sondern auch sein Schwiegersohn ist. Und er hat ein weiteres Gesetz zur Verschärfung der Bestimmungen gegen Erpressung in den Provinzen initiiert. Er ist so vielen Leuten auf die Füße getreten, dass es ein Wunder wäre, wenn sich *keiner* fände, der eine Anklage wegen Verrats gegen ihn konstruierte.

Caesar braucht einen herausragenden militärischen Erfolg, gepaart mit der Aussicht, sich finanziell zu sanieren. Idealerweise erreicht er das an einem Ort fernab von Rom, nicht nur wegen der eingeschränkten Möglichkeiten des Senats, ihn dort zu kontrollieren.

Was Caesar also in ausreichendem Maße hat, sind Schulden und politische Gegner. Was ihm dagegen fehlt, ist ein Rechtsgrund, militärisch gegen *Gallia comata* vorzugehen, ein Schritt, der bei Erfolg alle seine Probleme auf einen Schlag lösen würde. Nichts davon taucht jedoch in dem Werk auf, aus dem wir heute den Hauptteil unseres Wissens um das keltische Gallien des 1. vorchristlichen Jahrhunderts beziehen: *De bello Gallico*.

Dass Gallien reich ist, ist in Rom inzwischen keine Spekulation mehr, sondern gesichertes Wissen durch die intensiven Kontakte zwischen Händlern und gallischen Aristokraten. Das geht zum Teil so weit, dass römische Weinhändler in den Hügelfestungen gallischer Herrscher wohnen. Zu etlichen von diesen unterhält Rom auch außerordentlich gute Beziehungen auf politischer Ebene, wie zu den mächtigen Aedui unter ihrem Herrscher Diviciac (der übrigens, um seine Machtposition noch zu unterstreichen, gleichzeitig oberster Druide des Stammes ist). Eigentlich strahlt die Region – sehr zu Caesars Leidwesen – eine Aura der Stabilität aus.

Mit dem Exodus der Helvetier jedoch scheint sich eine Chance aufzutun.

Und Caesar taktiert außerordentlich geschickt, innen- wie außenpolitisch. Dass er den Helvetiern den Durchzug durch das Territorium der Allobrogen verweigert, ist eine Entscheidung, die in seinem Ermessen liegt. Er ist kraft seines Amtes für die Sicherung der römischen Provinz in Gallien zuständig, was diplomatische Aktivitäten nach jenseits der Provinzgrenze einschließt.

Gleichzeitig erstattet er dem römischen Senat Bericht über die große Wanderung der Helvetier. Dabei ist es für ihn ein Leichtes, den so fernab vom eigentlichen Geschehen Sitzenden ein Horrorszenario aufzuzeigen, das die Bilder vom *terror Gallicus* wieder wach werden lässt. Insofern erntet er auch keinen Widerspruch, als er angesichts dieser »ungeheuren Bedrohung« die römische Militärpräsenz auf dem Stammesterritorium der Allobrogen verstärkt. Was er nicht bekommt, ist ein Senatsbeschluss für einen Krieg außerhalb des *ager Romanus*.

Für die Helvetier ist eine Rückkehr in ihre alten Siedlungsgebiete keine betrachtungswerte Alternative. Für eine Auseinandersetzung mit Rom besteht aus ihrer Sicht auch keine Gefahr, da sich die Sequani nicht gerade durch übertriebene Römerfreundlichkeit auszeichnen, genauso wenig wie ihre Verbündeten, die Arverner. Doch mit etwas Fantasie kann man aus dem Marsch der 300 000 durchaus eine Gefährdung der Grenzen der Provinz *Gallia Narbonensis* ableiten, selbst wenn diese nicht berührt werden – wenn man will.

Caesar will. 58 v. Chr. sammelt er seine vier Legionen und marschiert flussauf an der Rhône entlang gegen die Helvetier. Mit einer Sache hat er jedoch nicht gerechnet: Angesichts von Römern, die freie Gallier angreifen, sieht sich Caesar plötzlich nicht nur mehr den Helvetiern, sondern auch einer nicht unerheblichen Zahl von Kriegern anderer gallischer Stämme gegenüber. Aber hat er wirklich eine Wahl? Mögen die Chancen eines Sieges noch so gering sein, die Alternative ist für ihn doch eigentlich undenkbar. Bei einem Rückzug verliert Caesar nicht nur sein Ansehen in Rom, er gefährdet damit auch die existierenden Bündnisse in *Gallia comata*, die ihm einmal helfen sollen, das ganze Land zu unterwerfen. Kein gallischer Aristokrat sucht die Freundschaft eines schwachen Römers.

Diese Erwägungen im Hinterkopf greift Caesar bei Bibracte die mehrfache Übermacht der Helvetier und ihrer gallischen Verbündeten an. Und er ist vorbereitet. Die Legionäre haben mehr Angst vor Caesar als vor den Galliern. In einem gewaltigen Gemetzel treiben die Römer die Helvetier in ihr ursprüngliches Siedlungsgebiet zurück. Als das Jahr 58 v. Chr. zu Ende geht, hat der stolze Stamm der Helvetier laut Caesar insgesamt 258 000 Menschen verloren.

Caesar hat seinen ersten militärischen Erfolg. Doch mit der Niederlage der Helvetier sind seine Probleme noch nicht gelöst. Denn noch immer mangelt es ihm an einer Legitimation für sein großes Ziel, die Unterwerfung von *Gallia comata*.

Aber nicht umsonst hat man Freunde …

Der Preis der Freundschaft – Rom gegen Ariovist

Während sich Caesar ab 59 v. Chr. darum bemüht, die Helvetier vom Marsch in Richtung des Territoriums der Sequani abzubringen, nutzen diese gemeinsam mit den Arvernern die allgemeine Unruhe in der Nachbarschaft, um ihre eigenen Machtspielchen zu spielen. Orgetorix ist tot, die Helvetier werden von Caesars Legionen gejagt und so geraten die Tage, in denen Helvetier, Sequani und Aedui eine gemeinsame Allianz bilden wollten, rasch in Vergessenheit. Stattdessen haben sich die Sequani schon 61 v. Chr. an die alten Rivalitäten mit den Aedui erinnert. Allerdings mangelte es den Sequani an einem starken Partner für die Durchsetzung ihres ambitionierten Vorhabens. Dieser war jedoch schnell gefunden, wenn auch nicht innerhalb der Grenzen des keltischen Siedlungsgebietes.

Der germanische Herrscher Ariovist ist mehr als willig, höchstselbst an der Spitze eines 15 000 Krieger zählenden Heeres über den Rhein zu setzen und im Auftrag der Sequani die aeduischen Adelsfamilien und ihre Anhänger zu dezimieren.

Diviciac, Herrscher und oberster Druide der Aedui, wählt angesichts der Tatsache, dass es sich hier eigentlich um einen internen Konflikt zwischen gallischen Stämmen handelt, einen aus heutiger Sicht eher ungewöhnlichen Weg. In seiner Not wendet er sich insgesamt zweimal an Rom, beim zweiten Mal, 58 v. Chr., an dessen Vertreter, der sich »rein zufällig« an den Grenzen des Territoriums der gallischen Stämme aufhält: Gaius Iulius Caesar …

Er sieht die Müdigkeit des Mannes, der da vor ihm steht. Er sieht die tiefen dunklen Schatten unter seinen Augen, die Mühe, die es

Diviciac kostet, trotz seiner sichtbaren Erschöpfung aufrecht vor ihm zu stehen. Der Herrscher der Aedui will keine Schwäche zeigen im Angesicht desjenigen, den er hier und heute um Hilfe für sein Volk bitten will. Hilfe, die nur von Rom kommen kann. Die nur er, Caesar, gewähren kann.

Doch es ist nicht so einfach, wie sich Diviciac vorstellt. Und so schweigt Caesar.

Sein Gegenüber deutet das Schweigen falsch. »Großer Caesar, ich bitte dich noch einmal im Namen derer, deren Leben von der Hilfe Roms abhängt! Du bist selbst Herrscher über viele Untertanen, solltest du nicht am besten verstehen, was es bedeutet, wenn ich heute als Bittsteller zu dir komme?«

Caesar kämpft mit sich. Doch es ist keine menschliche Regung oder gar Mitleid. Caesar muss eine Entscheidung treffen, und es ist eine rein politische.

Er blickt auf. Er sieht die versteckte Wut in Diviciacs Augen. Er weiß, was jetzt kommt. Und er wird nicht enttäuscht.

»Caesar, ich hatte gehofft, dass es unnötig sein würde, aber du lässt mir keine andere Wahl.« Diviciac holt tief Luft. »Vor etwas mehr als 60 Jahren hat Rom dem Volk der Aedui den Titel ›Freunde Roms‹ verliehen. Was ich nunmehr fordere, ist nicht mehr und nicht weniger, als dass Rom diese Worte nun mit Leben füllt. Schicke uns deine Legionen, damit sie die Germanen unter Ariovist davon abhalten, unsere edlen Familien abzuschlachten wie Vieh!«

Caesar zieht unwillig die Augenbrauen zusammen. Diviciac *fordert*? Ein Angehöriger eines Volkes außerhalb des *ager Romanus* stellt sich vor Caesar hin und glaubt, er habe ein *Recht* darauf, dass Rom seine Bürger für ihn opfert?

Das macht es ihm leicht. »Aeduer, du vergisst dich. Rom kann dir nicht helfen. Eure eigentlichen Feinde sind die Sequani, warum wendest du dich mit deinem Ersuchen nicht an sie? Oder bist du zu stolz, um dort um Gnade zu bitten?« Er hätte auch ohne das Gesicht seines Gastes zu sehen, gewusst, wie sehr er ihn beleidigt hat. Diviciac zuckt zusammen, als hätte er einen Schlag mitten ins Gesicht erhalten. Caesar glaubt, die rasenden Gedanken seines Gastes hören zu können, die nur mühsam beherrschte Wut, und die Angst, unverrichteter Dinge zu seinem Volk zurückkehren zu müssen. Als Diviciac schließlich ohne ein weiteres Wort aus der Tür stürmt, ist Caesar ihm beinahe dankbar dafür. Normalerweise hätte er eine solche Unhöflichkeit als grobe Missachtung seiner Person hart bestrafen müssen.

Caesar spürt einen leichten Schmerz in den Schläfen und presst die Spitzen seiner Zeigefinger dagegen. Er hat nichts gegen Diviciac. Er hat auch nichts gegen die Aedui. Und natürlich weiß er auch, dass sie offiziell »Freunde Roms« sind und er eigentlich keine rechtliche Grundlage für die Verweigerung der Hilfe hat. Bis auf einen kleinen Missstand, der ihn in einen echten Konflikt bringt. »Freunden Roms« erbetene Hilfe zu verweigern, ist eine Sache; militärisch gegen »Freunde« vorzugehen jedoch eine ganz andere. Aus diesem Missstand kann sich Caesar auch nicht herauswinden, kann nicht mit der Fehlentscheidung eines anderen argumentieren, denn gerade einmal ein Jahr zuvor – in seinem Konsulatsjahr – hat der Senat dem Germanen Ariovist den Titel »Freund Roms und König« verliehen.

Caesar seufzt. Er hat die Wahl zwischen zwei Übeln, und er hofft, mit der Verprellung des Diviciac und der Aedui die richtige Entscheidung getroffen zu haben. Für Rom. Und für sich.

Nach Diviciacs Zurückweisung durch Caesar führen die Germanen ihren Vernichtungsfeldzug gegen die Aedui fort und zwingen sie schließlich planmäßig, sich den Sequani formell zu unterwerfen.

Nicht mehr ganz so vereinbarungsgemäß quartiert sich Ariovist nach der Erfüllung seines Auftrages im Land seiner Auftraggeber ein. Aufgrund seiner militärischen Überlegenheit hat er schnell ein reichliches Drittel des sequanischen Territoriums besetzt, um Siedlungsland für die inzwischen 120 000 Germanen zu haben. Schließlich verlangt er von den Sequani die Räumung weiterer Landstriche, da er gedenkt, einem Teil seiner germanischen Untertanen hier eine neue Heimat zu geben. Die nächsten 24 000 seien bereits auf dem

Weg. Beherrschen würde er die Gallier ja ohnehin schon, immerhin haben ihm alle Stämme Geiseln gestellt und zahlen ihm Tribut.

Sequani, Aedui, Arverner und ihre Klientenstämme sind sich unter diesem Leidensdruck auf einmal wieder einig: Jetzt kann nur noch Rom helfen. Also wenden sie sich mit einem Hilfeersuchen an Caesar, der gerade von der Zerschlagung der Helvetier zurückgekehrt ist.

Theoretisch hat Caesar mit diesem offiziellen Hilfeersuchen nun seinen lang ersehnten Grund, legal nach *Gallia comata* einzumarschieren, denn Ariovist und seine Krieger gefährden das politische Gleichgewicht in der Region und damit die Provinz. Praktisch steckt er jedoch in derselben Zwickmühle wie zuvor beim Ersuchen des Diviciac.

Er muss abwägen und handeln. Unter Berücksichtigung der Konstellation versucht er zunächst Ariovist zu einer Unterredung zu sich zu bitten. Dieser stellt erst einmal die Machtverhältnisse klar: Wenn er, Ariovist, ein Anliegen an Caesar hätte, würde er zu ihm kommen; wenn Caesar eines an ihn hat, möge er sich zu ihm, Ariovist, bewegen. Die Antwort eines mächtigen Herrschers, der sich als von Rom unabhängig und nach geltendem Recht gleichberechtigt fühlt.

Das lässt die »Freundschaft« merklich abkühlen. Doch so sehr ihn die Nachricht des germanischen Herrschers auch ärgert, so sehr beeilt sich Caesar, dessen Wunsch nachzukommen. Bietet ihm dieser doch die gewünschte Gelegenheit, an der Spitze seiner Legionen in das Land der Sequani vorzustoßen. Als das Gespräch mit Ariovist, welches Caesar in aller Ausführlichkeit wiedergibt, dann doch stattfindet, erhält er eine weitere Lektion. Der Germane verstehe Caesars Anliegen nicht. Er habe nicht angegriffen, sondern sei als Söldner gerufen worden; die gallischen Stämme, die er besiegt habe, sind nach geltendem Kriegsrecht seine Untergebenen, die ihm Tribut zu zahlen haben. Auf welcher Grundlage glaube Caesar denn, ihm seine Einnahmen schmälern und das neu erstrittene Land für seine Gefolgsleute wegnehmen zu können? Wenn der römische Titel »Freund Roms und König« bedeutet, dass er auf legal erworbenen

Wohlstand für sein Volk verzichten solle, dann möge Caesar ihn behalten.

Was Caesar sicher ärgert, auch wenn man es seinem neutral gehaltenen Text nicht anmerkt ist, dass Ariovist vollkommen im Recht ist. Kann er nun unverrichteter Dinge wieder abziehen, ohne sein Gesicht zu verlieren? Wohl kaum.

In einem ersten Schritt annektiert Caesar kurzerhand das Territorium derer, die erst Ariovist und dann ihn gerufen haben, der Sequani. Dann greift er an und drängt die Truppen des Ariovist aus dem sequanischen Stammesgebiet hinaus. Im dritten Schritt sichert er die Region durch kleine Garnisonen und stößt nach Norden in das Elsass vor. Dabei treibt er das Heer der Germanen zunächst in ihr Kernsiedlungsgebiet am Rhein zurück und reibt es schließlich auf.

Ab diesem Punkt darf *Gallia comata* – aus Caesars Sicht – nicht mehr zur Ruhe kommen. Er beginnt, sich aktiv an den innerpolitischen Auseinandersetzungen zu beteiligen, testet Loyalitäten und Befindlichkeiten aus. Aber etwas ist anders als früher. Bislang gab es Freunde Roms und solche Stämme, die man entweder misstrauisch oder gleichgültig beäugte. Jetzt gilt: Wer nicht für mich ist, ist gegen mich. Für die Freunde (wie die Aedui unter Diviciac) ist man gönnerhafter Schutzherr. Man nimmt ihre Interessen wahr – gern auch gegen andere gallische Stämme. Und jede dieser Auseinandersetzungen intensiviert Caesars militärisches Engagement in Gallien, bindet die »Freunde« fester an Rom und liefert ihm mehr und mehr Gründe andere Stämme zu unterwerfen.

Mit Fortschreiten des Jahres 58 v. Chr. verliert Caesars Mission endgültig jeglichen diplomatischen Charakter. Sein Vorgehen wird entschiedener, brutaler. Spätestens an dieser Stelle geht auch dem letzten Gallier auf, dass es sich hier nicht mehr um die punktuelle Hilfestellung Roms für seine Freunde, sondern um einen Eroberungsfeldzug handelt.

Caesar dokumentiert jeden seiner Schritte in Gallien minutiös. In *De bello Gallico* beschreibt nicht nur jede einzelne noch so kleine militärische Auseinandersetzung, sondern auch *en detail* die Lebensweise der Gallier. Und auch, wenn das Werk am Ende eine Zweckschrift zur Rechtfertigung seines Feldzuges ist (immerhin hat ihn der Senat bis zum letzten Tag nicht autorisiert, diesen Krieg zu führen), so ist sein *De bello Gallico* bis zum heutigen Tag die detaillierteste uns überlieferte Beschreibung der keltischen Gesellschaft des 1. vorchristlichen Jahrhunderts. Er schreibt annähernd leidenschaftslos sachlich, über sich selbst in der dritten Person und, wie im oben genannten Fall des Ariovist, beinahe ohne direkte Wertung, was *De bello Gallico* schon fast zum militärhistorischen Sachbuch werden lässt. Seine besondere Aufmerksamkeit gilt den Druiden. Caesar wird nicht müde, die Religion der Kelten im Allgemeinen und die geistige Führerschaft der Druiden im Besonderen als barbarisch und grausam darzustellen. Es ist dabei keineswegs eine Beschreibung eines Unwissenden von Unbekanntem. Im Jahr 63 v. Chr. war Caesar selbst *Pontifex maximus* (oberster Priester) in Rom, er kann daher Rituale, Gottesanbetungen und Opferriten durchaus einordnen und werten. Nein, Caesar ist völlig klar, dass im Zweifelsfall die Druiden die Einzigen sind, die es schaffen können, ein tiefreligiöses Volk wie die Gallier stammesübergreifend zu gemeinsamen Aktionen zu mobilisieren. Sie sind die, die mit den Göttern reden und ihren Willen verkünden. Sie halten die Gemeinschaft zusammen. Sie sind deshalb gefährlich.

Zum Ende der Feldzugsaison des Jahres 58 v. Chr. zieht sich die römische Streitmacht in ihr neues Winterlager in das Gebiet der Sequani zurück. Dort erreichen Caesar Nachrichten aus dem Nordwesten.

Germanische Kelten – eine gefährliche Mischung

Die im Nordwesten Galliens lebenden Stämme sind keine reinen Kelten. Es sind im 4. und 3. Jahrhundert v. Chr. nach Nordgallien verdrängte germanische Gemeinschaften, die jedoch inzwischen einen guten Teil des keltischen Elements in sich aufgenommen haben. Caesar nennt diese Stammesgemeinschaften in Anlehnung an den Namen eines dieser Stämme pauschal *Belgae*. Während die Handelspartner der Gallier vorrangig im Mittelmeerraum ansässig sind, bleiben die *Belgae* lieber unter sich. Sie halten den Luxus aus dem Süden für schädlich, weil er angeblich verweichlicht. Diese ablehnende Haltung zeigt sich auch deutlich in den Kunst- und Handwerkstechniken. Ihnen fehlen die Leichtigkeit und das Filigrane der La-Tène-Zeit; insgesamt wirkt alles etwas grober.

Dennoch sind die Belgier gefürchtete Krieger. Und sie stehen in Kontakt zu den echten Germanen jenseits des Rheins.

Vor diesem Hintergrund empfindet Caesar die Nachrichten aus dem Nordwesten durchaus als beunruhigend. Die *Belgae* scheinen – wenn auch nicht einheitlich – zum Krieg zu rüsten. Zumindest spricht das gegenseitige Stellen von hochrangigen Geiseln dafür. Die treibende Kraft innerhalb des belgischen Stammesverbundes sind die Bellovaci.

Caesar sieht die Zeit gekommen, die Beständigkeit der »Freundschaften« in Gallien einem Test zu unterziehen. Er beauftragt die Aedui unter Diviciac mit der Niederwerfung der Bellovaci, eine Aufgabe, die diese zur vollsten Zufriedenheit Caesars lösen. Andere belgische Stämme wie die Remi und die Suessiones ergeben sich mehr oder weniger kampflos.

Die Nervii gelten als die Hardliner innerhalb der belgischen Stämme. Für Kaufleute bleiben die Grenzen dieses Stammes geschlossen. Wein und sonstige Luxusgüter sind verboten. Man führt ein raues Leben in germanisch-keltischer Kriegertradition. Die Nervii machen auch gar nicht erst den Versuch, mit Caesar zu verhandeln. Stattdessen sammeln sie sich mit ihren Verbündeten, den Aduatuci, am Fluss Sambre und fallen über die römischen Legionen her. Sie unterliegen nach einer langen, auch für die Römer verlustreichen Schlacht. Doch Caesar hat nicht vor darauf zu warten, dass sich der Stamm von der Niederlage erholt und wieder gegen ihn losschlägt. Als er letztlich von ihnen ablässt, hat er die Kriegerschaft der Nervii von 60 000 auf 500 reduziert. Von dem ursprünglich 600 Köpfe zählenden Stammesrat überleben nur drei Mitglieder.

Den Rest des Jahres verbringt Caesar mit der Unterwerfung der anderen belgischen Stämme. Allerdings kämpft er nicht allein. Sein Mitfeldherr Publius Crassus hat sich der kleineren Stämme in der heutigen Normandie und in der Bretagne angenommen.

Caesars Krieg gegen die Belgier hat aber noch andere Auswirkungen. Bereits 50 Jahre zuvor haben belgische Stämme damit begonnen, über den Kanal zu setzen und Siedlungen im heutigen Südostengland zu errichten. Unter dem Druck der Legionen Roms verstärkt sich der Exodus nach Britannien. Hin und wieder sind die verwandtschaftlichen Bindungen jedoch auch so stark, dass die in Nordwestgallien kämpfenden Kriegerschaften Unterstützung von jenseits des Kanals erhalten.

Als die römischen Legionen in diesem Jahr in ihre Winterlager einrücken, ist Gallien bereits zu einem großen Teil unter römischer Kontrolle. Aus Caesars Sicht scheint alles planmäßig zu verlaufen. Selbst im zweiten Jahr des Feldzuges sind keinerlei Anzeichen von Einigkeit mehrerer gallischer Stämme gegen Rom zu spüren. Über das Stadium, in dem kleine temporäre Allianzen ausreichen, um den wohlorganisierten Legionen und ihre ständig wachsende Zahl von germanischen und inzwischen auch gallischen Hilfstruppen einen wirksamen Widerstand entgegenzusetzen, ist der Krieg längst hinaus.

Und doch trifft Caesar im Frühjahr des folgenden Jahres auf eine neue Herausforderung …

Ganz im Westen

Die Venetii in Armorica – der heutigen Bretagne – haben ein paar Römer festgesetzt. Die Venetii bezeichnen sie als feindliche Militärs, was sachlich der Wahrheit entspricht. Caesar nennt sie stattdessen »Gesandte«. Über die Festnahme von Offizieren in einem Kriegsgebiet kann man diskutieren, die Festsetzung von Diplomaten ist jedoch definitiv ein rechtswidriger Akt.

Eigentlich ein guter Grund für Caesar, seine Feldzugaktivitäten in dieser Region zu erneuern. Doch um aus der formellen Unterwerfung eine reale zu machen, bedarf es deutlich mehr, als Legionen in eine Feldschlacht zu führen. Denn die Venetii unterscheiden sich durch ein Detail von allen anderen gallischen Stämmen, die Caesar bislang unterworfen hat. Sie sind ein Volk von Seefahrern und beherrschen die Küsten Westgalliens und Südostbritanniens.

Caesar erkennt: Die Venetii sind nur zu schlagen, wenn man ihnen zeigt, dass sie Rom selbst dort unterlegen sind, wo sie ihre eigene Stärke sehen. In Armorica angekommen, lässt er deshalb eine Flotte von Galeeren bauen, bemannt sie mit eigenen Legionären und südostgallischen Hilfstruppen. Schnell wird klar, dass die venetischen Schiffe den römischen Galeeren deutlich überlegen sind. Es sind wendige Segler, gelenkt von Männern, die sich über viele Jahre auf See die notwendige Erfahrung erworben haben. Nach etlichen Verlusten erkennt Caesar jedoch die Schwachstelle der venetischen Schiffen – und nutzt sie erbarmungslos aus. Mit langen Haken reißen die römischen Besatzungen die Segel und die Takelage der venetischen Schiffe herunter und machen sie so manövrierunfähig. Das bringt die Wende. In einer erbitterten Seeschlacht in der Bucht von Morbihan schlägt Caesar die Venetii so nachhaltig, dass mit dem Untergang ihrer Flotte auch jeglicher Widerstand in der Region zusammenbricht. Damit er nicht wieder aufflammen kann, greift er zu ähnlich drastischen Maßnahmen wie bei den Nervii: Er lässt alle Mitglieder des Stammesrates der Venetii hinrichten und verkauft den Rest der Bevölkerung in die Sklaverei.

Ende des Jahres 56 v. Chr. ist Gallien fest in römischer Hand. Die Berichte aus den verschiedenen Landesteilen geben keinen Anlass zu erhöhter Wachsamkeit oder übertriebener militärischer Präsenz.

Caesar ist jedoch nicht der Mann, der sich leicht in Sicherheit wiegen lässt. Er mag Gallien formell befriedet und darüber hinaus die Seeherrschaft an der Westküste erstritten haben, doch der Frieden ist noch frisch und instabil. Ganz besonders wichtig erscheint es ihm zu Beginn der Feldzugsaison des Jahres 55 v. Chr., die äußeren Grenzen dessen zu sichern, was einmal die neue römische Provinz Gallien werden soll. Und so überschreitet er zunächst den Rhein und dringt einige Tagesmärsche in germanisches Gebiet vor, nur, um sich dann wieder zurückzuziehen. Er hat Präsenz gezeigt. Einen ernsthaften Feldzug gegen Germanien plant er nicht.

Aber unabhängig vom Zustand Galliens tritt jetzt wieder ein altes Problem an ihn heran. Seine Zeit als kommissarischer Statthalter in Gallien läuft im März des nächsten Jahres aus. Sicher, er hat große Siege für Rom errungen, doch er macht sich keine Illusionen über seine Zukunft. Und außerdem, warum soll er jetzt, wo er eine riesige Streitmacht und ein halbwegs befriedetes Hinterland zu seiner Verfügung hat, wo er alles gewinnen kann, einfach aufhören? Im Gegenteil, das Schlimmste, was ihm jetzt passieren kann, ist ein Ende des Feldzuges zu diesem Zeitpunkt. Ein Vorstoß in eine Region dagegen, die in der römischen Vorstellung bislang gedanklich völlig im Dunklen liegt, die zwar mit großen Reichtümern, aber auch gleichzeitig mit wilden Barbaren und blutrünstigen Ritualen in Verbindung gebracht wird, wäre genau das, was die *auctoritas* eines Feldherrn erheblich aufwerten würde.

Und auf der anderen Seite des Kanals liegt eine Region, die diese Kriterien erfüllt.

Den Rest des Jahres 55 v. Chr. und das gesamte Folgejahr verbringt Caesar mit zwei militärischen Expeditionen nach Britannien. Beide scheitern aufgrund des Zusammentreffens verschiedener Faktoren wie schlechter Aufklärung, ungünstiger Witterungsbedingungen und mangelhafter Nachschubsicherung.

Zwischen den beiden Expeditionen, im Winter 55/54 v. Chr. reist er nach Rom. Die Nachrichten, die ihn dort erwarten, sind vorrangig positiver Natur. Seine Anhänger haben dafür gesorgt, dass er trotz des Scheiterns der ersten Expedition als Held von Rom gefeiert wird, der sich unerschrocken in unbekanntes Land vorgewagt hat. Viel wichtiger jedoch: Der Senat hat ihm in seiner Abwesenheit weitere fünf Jahre als Gouverneur von Gallien bewilligt.

Als Caesar gegen Ende des Jahres 54 v. Chr. aus Britannien zurückkehrt, sieht er sich mit einem neuen Problem konfrontiert. In Gallien ist die Ernte des Jahres schlecht ausgefallen. Selbst wenn er am Standort seiner Legionen alles Getreide konfisziert, das die Bevölkerung in den Speichern hat, reicht es nicht aus, um derart große Truppenkontingente zu versorgen. So sehr es ihm widerstrebt, er muss seine Legionen in kleineren Einheiten über ein größeres Territorium verteilen, als ihm eigentlich lieb ist. Als Nächstes muss er abwägen, ob er lieber bei der Truppe in einem scheinbar befriedeten Gallien überwintert, oder sich lieber in das ebenfalls seiner Administration unterstehende *Gallia cisalpina* zurückzieht. Trotz des sich zuspitzenden Konflikts mit Pompeius in Rom beschließt er, lieber in Gallien zu bleiben.

Aus der Sicht des »wissenden Beobachters« eine gute Entscheidung …

Der Schwelbrand

Es beginnt in dem, was als das heilige Zentrum von ganz Gallien gilt, im Lande der Carnuten und ihrer Hauptstadt Cenabum (heute: Orléans). Hier regiert seit der Unterwerfung des Stammes der von Caesar protegierte Tasgetius. Bis zu jenem Tag kurz nach Beginn des Winters 54/53 v. Chr., als er von etwas weniger römerfreundlich eingestellten Mitgliedern der Gemeinschaft ermordet wird.

Nun ist das zwar unschön, aber noch kein Drama im militärstrategischen Sinn, denn es hat – vorerst – keine weiteren Auswirkungen. Da es kein direkter Angriff auf eine römische Institution ist, erfährt Caesar davon auch erst mit einiger zeitlicher Verzögerung.

Wesentlich härter trifft es dagegen die beiden Legionen, die den Winter im Land der Eburonen im Norden der belgischen Stammesgemeinschaft verbringen sollen. 14 Tage nach der Ankunft der Römer im Winterlager unternehmen die Eburonen unter ihrem Herrscher Ambiorix die ersten massiven Angriffe. So makaber es jedoch klingt, viel wirkungsvoller als die realen Attacken ist die von Ambiorix in seiner Kapitulationsforderung dargestellte aktuelle Lage in Gallien. Derzeit würden gerade alle Winterlager der so weit auseinanderliegenden Legionen gleichzeitig angegriffen werden, sodass auf gegenseitige Hilfe nicht zu hoffen wäre. Auch stünden jenseits der Grenze Hilfstruppen der Germanen bereit, um die Eburonen in ihrem Kampf zu unterstützen.

Nichts davon ist wahr, doch es demoralisiert die Römer derart, dass sie außer zahlenmäßig auch psychologisch im Nachteil sind. Die beiden Legionen werden im folgenden Kampf völlig aufgerieben.

Angesichts dieses Erfolges ist es für Ambiorix ein Leichtes, das, was Caesar vier Jahre zuvor von den Aduatuci und den Nervii übrig gelassen hat, für einen gemeinsamen Aufstand zu gewinnen. Weitere Klientenstämme der Eburonen folgen.

Caesar muss erkennen, dass er die Gallier in vielerlei Hinsicht falsch eingeschätzt hat. Vor allem ihre Fähigkeit, von ihren Feinden zu lernen. Nicht nur, dass sie inzwischen geübt im Einsatz der ihnen eigentlich widerstrebenden Fernwaffen sind. Sie haben sich, wie die Römer mehrmals schmerzlich erfahren müssen, zu außerordentlich geschickten Belagerern entwickelt. Nur mit größten Anstrengungen bekommt Caesar die Situation wieder halbwegs unter Kontrolle, bevor der Wintereinbruch weiteres Kämpfen beendet.

Die Winterruhe ist jedoch nur relativ. Es herrscht Kriegsstimmung. An abgelegenen Orten finden geheime Treffen von Stammesführern statt, um Stimmungen zu testen und Bündnisse für den Ernstfall einzugehen. Militärische Aktionen bleiben jedoch noch aus. Nur ein gewisser Indutiomarus vom Stamm der Treveri, den südöstlichen Nachbarn der Eburonen am Rhein, beginnt aktiv mit der Suche nach Hilfstruppen. Dass das zunächst unbemerkt bleibt, mag daran liegen, dass er nicht in Gallien, sondern jenseits des Rheins in Germanien agiert. Er bleibt jedoch erfolglos. Zu tief sitzt bei den Germanen noch der Schock über die Niederlage und den Tod des Ariovist. Am Schluss findet er aber doch was er sucht: Die Carnuten, Senonen (aus dem Seine-Gebiet) und andere Stämme stellen ihm freiwillig Kriegerkontingente zur Verfügung.

Das lässt Indutiomarus übermütig werden. Aus schlechter Position heraus greift er ein römisches Lager an und wird getötet. Seinen Kopf bringen die Legionäre zu ihrem Lagerkommandanten.

Der Aufstand bricht von einem zum anderen Tag zusammen.

Caesar merkt, dass das Feuer kurz vor dem Ausbruch ist. Im Norden bleiben die Eburonen unter Ambiorix weiter umtriebig, also verstärkt er die Truppen in Gallien mit frisch ausgehobenen Legionen. Dann erklären die Carnuten, Senonen und Treveri, allesamt unter der Führung eines gewissen Acco, Caesar offen den Krieg. Sie fühlen sich sicher, denn inzwischen haben die Germanen – hier speziell der Stamm der Suevi – ihre zögerliche Haltung aufgegeben und Krieger entsandt.

Caesar hat längst beschlossen, jeden noch so kleinen Aufstand unerbittlich und unter Aufbietung aller ihm zur Verfügung stehenden Kräfte niederzuschlagen, ehe das schwelende Kriegsfeuer zum Flächenbrand gerät. Die Vereinigung der drei Stämme und die Hilfe der Germanen drohen, mehr als das zu werden. Caesar erzwingt die Schlacht noch bevor die germanische Unterstützung vor Ort ist und siegt. Der gallische Widerstand bricht bereits nach dieser ersten Niederlage zusammen; die germanischen Hilfstruppen machen kehrt, bevor sie in Kampfhandlungen verwickelt werden können. Zu spät. Caesar reicht bereits der Vorsatz der Germanen, den Galliern im Kampf gegen ihn beizustehen, und startet eine Strafexpedition über den Rhein. Aber außer, dass sie wahrscheinlich immer potenzielle Hilfstruppen der Gallier sein würden, haben sie ihn auch noch an anderer Stelle geärgert. Sie haben seinem Erzfeind Ambiorix Asyl angeboten.

Dieser verkörpert genau das, was Caesar momentan am wenigsten gebrauchen kann: eine Heldenfigur, der allein durch sein Charisma und seine anfänglichen Erfolge die Krieger mehrerer gallischer Stämme unter einer Führung vereinigen kann. In seinem Eifer, des

Ambiorix' habhaft zu werden, unterläuft ihm jedoch ein Lapsus, der seine Probleme für eine gewisse Zeit eher noch vergrößert. Als Caesar alle römerfreundlichen beziehungsweise unterworfenen Stämme dazu auffordert, mit seiner Erlaubnis das Land der Eburonen zu plündern und zu verwüsten, lockt er damit jemanden an, mit dem er eigentlich nicht gerechnet hat. Die Germanen, die gegenüber dem Eburonenland auf der anderen Seite des Rheins leben, nehmen die Einladung gern an. Doch kaum über den Fluss gesetzt, ändern sie den Plan – sehr zu Caesars Verdruss. Allerdings ist der Sinneswandel der Germanen völlig nachvollziehbar, denn warum sollen sie mühselig in vielen kleinen Dörfern zusammensuchen, was die Römer übrig gelassen haben? Ist es nicht viel lohnender, sich die mit Beute vollgestopften Lagerhäuser in den römischen Lagern direkt vorzunehmen?

Caesar greift mit harter Hand durch. Die Germanen schlägt er zurück und gegen die Eburonen führt er einen totalen Zerstörungskrieg. Ambiorix bleibt jedoch verschwunden. Um das Jahr mit einem symbolischen Erfolg zu beschließen, lässt er am Ende der Feldzugsaison den Führer der damaligen Stammesföderation aus Carnuten, Senonen und Treveri, Acco, hinrichten. Danach verlässt er das – in seinen Augen – befriedete Gallien und bricht nach *Gallia cisalpina* in Richtung Rom auf. Er war zu lange zu weit von Rom entfernt. Er will den Winter nutzen, das politische Klima zu sondieren und seine eigene Position gegen Pompeius *vor Ort* zu festigen. Weiß er denn, ob auch wirklich alle Informationen bei ihm anlangen, solange er im fernen Gallien sitzt?

Die aufständischen Stämme nebst Germanen geschlagen. Ambiorix auf der Flucht, Acco tot, jetzt kann in Gallien doch eigentlich nichts mehr schiefgehen.

Oder doch?

Cenabum bis Alesia: der letzte Akt

In der keltischen Kriegergesellschaft zählt das Ansehen des Einzelnen. Die Kämpfer folgen dem, der durch seine Taten und seine Ausstrahlung den Sieg verspricht. Oft genug haben die Römer in den letzten Jahren in Gallien erlebt, dass Aufstände von einer Sekunde auf die andere zusammenbrechen, wenn der Anführer gefallen ist.

Ist es nicht verständlich, dass die Kelten die Abwesenheit des römischen Oberfeldherrn als Schwäche der römischen Legionen werten? Was würde wohl passieren, wenn man Caesar durch einen geschickten Schachzug dauerhaft von den Truppen in Gallien trennen könnte? Ist es nicht vielfach so gewesen, dass allein die Anwesenheit Caesars auf dem Schlachtfeld den Ausschlag für den Sieg seiner Legionen gegeben hat?

Wieder sind es die Carnuten, die den Anstoß geben. In einem Geheimtreffen bieten sie sich an, den letzten und alles entscheidenden Kampf gegen Rom zu beginnen, allerdings unter der Bedingung, dass sie sich der Unterstützung der anderen Stämme sicher sein können.

So geschieht es.

Die Carnuten greifen eines Morgens – für die Römer völlig überraschend – ihre eigene Hauptstadt Cenabum an und töten die dortige römische Besatzung einschließlich aller Offiziere.

Es bleibt keine einzelne Aktion eines einzelnen Stammes. Bereits am Abend langt die Nachricht vom Beginn des Aufstandes in Gergovia (heute Gergovie), der Hauptstadt der Arverner an. Eine beachtliche Leistung unter Berücksichtigung der Entfernung zwischen Cenabum und Gergovia – immerhin 240 Kilometer – und den vor über 2000 Jahren zur Verfügung stehenden Kommunikationsmitteln.

Die Arverner sind jedoch zurückhaltend. Ein Aufstand? Wird der nicht wieder in einer Katastrophe enden wie alle anderen Erhebungen zuvor?

So ganz ungehört verhallt die Information allerdings doch nicht. Ein junger Adliger entdeckt in sich das alte Feuer Galliens und begibt sich auf die Suche nach Gleichgesinnten. Sein Name heißt übersetzt »Großer Anführer der Krieger«; keltisch auflautiert: Fearr Cingetrech.

Latinisiert: Vercingetorix.

Er ist die geborene Führerpersönlichkeit. Sein Charisma ist dem eines Gaius Iulius Caesar mehr als ebenbürtig. Man vermutet heute sogar, dass er eine gewisse Zeit zum engeren Kreis des Caesar (den *contubernalis* – Zeltgenossen) gehört hat. Der Hang zum Führen kommt nicht von ungefähr, sondern liegt in der Familie. Bereits sein Vater, Celtillus, hatte Ambitionen gehabt, die Stammesführung der Arverner aus den Händen des Stammesrates zu nehmen und in seiner Person zu vereinen. Allerdings war die Zeit für einen Wechsel des Führungssystems wohl noch nicht reif gewesen, denn Celtillus hatte seine Ambitionen seinerzeit mit dem Leben bezahlt.

In vielen Werken zur keltischen Geschichte (vorzugsweise französischen) wird Vercingetorix als der große Anführer dargestellt, nach dem Gallien die ganzen Jahre geschrien hat und dem sie nun auf ein Wort hin in Scharen zuströmen. Die Wahrheit ist ein wenig ernüchternder. Sein Enthusiasmus für die »gallische Sache« erntet keineswegs uneingeschränkten Zuspruch. Im Gegenteil, der Konflikt eskaliert derart, dass Vercingetorix zunächst sogar aus Gergovia, der zentralen Hügelfestung seines eigenen Stammes, vertrieben wird. Unbestritten ist dagegen seine Geradlinigkeit. Auch wenn die Römer jeden Moment zum Gegenschlag ausholen könnten, verwendet Vercingetorix die nächsten Tage darauf, einflussreiche Anhänger um sich zu versammeln. Dann zieht er als erstes nach Gergovia zurück und stellt mit kompromisslosen Maßnahmen sein Ansehen wieder her. Das bedeutet konkret: Er vertreibt nun seinerseits diejenigen Stadtherren, die ihn wenige Tage zuvor hinausgenötigt haben.

Ab jetzt ist er offizieller Herrscher der Arverner. Dabei soll es nicht bleiben. Zusammen mit seinem Mitfeldherrn Lucterius beginnt Vercingetorix, im großen Stil Krieger zu rekrutieren. Ein

›Nein‹ akzeptiert er nicht. Er lässt sich Geiseln stellen, legt die Zahl der Waffen und Krieger fest, die jeder Stamm zu stellen hat. Wer sich seinen Anordnungen widersetzt, den erwarten harte Strafen wie Folter, Verbrennung, das Abschneiden der Ohren oder Blenden.

Dann kommt es zur ersten ernsthaften Auseinandersetzung, allerdings ist hier nicht Vercingetorix (der zu dieser Zeit zu Bündnisverhandlungen bei den Biturigern weilt), sondern Lucterius die treibende Kraft. Dessen Truppen überqueren bei Narbo die Grenze und marschieren in die römische Provinz ein. Caesar hat sich, kaum dass ihn die beunruhigenden Neuigkeiten aus Gallien erreicht hatten, sofort auf den Weg von Rom nach *Gallia Narbonensis* gemacht. Er kommt jedoch zu spät, um diesen Erstschlag zu verhindern.

Natürlich hat Lucterius nicht vor, *Gallia Narbonensis* von den Römern zurückzuerobern. Er verfolgt ganz andere Ziele. Psychologisch gesehen ist ein direkter Angriff auf römisches Hoheitsgebiet genau das, was die keltische Kriegerseele braucht, um sich selbst für den härtesten aller Kämpfe zu motivieren. Nüchtern und rein taktisch betrachtet bindet er die Truppen des inzwischen herbeigeeilten Caesar in Südgallien, damit sich die gallischen Stämme im Norden und Nordwesten den dort immer noch führerlos agierenden Legionen widmen können.

Die Idee als solche ist genial, doch Lucterius unterschätzt Caesar. Dieser hat seine Truppen in der Provinz erheblich schneller mobilisiert als erwartet und schlägt die über die Grenze strömenden Gallier fast im ersten Anlauf zurück.

Jetzt beginnt das Wettrennen, denn Caesar hält nicht etwa inne, sondern holt seinerseits ohne weitere Verzögerung zum Gegenschlag aus. Und dazu noch einem, den Vercingetorix, der sich sofort auf den Weg zurück zu den Arvernern macht, nicht vorhersieht. In einem Gewaltmarsch über die verschneiten Pässe der Cevennen umgeht Caesar die sich auf dem Rückzug befindlichen Gallier, langt vor Lucterius und Vercingetorix im französischen Zentralmassiv an und attackiert nun seinerseits – wenn auch erfolglos – die führerlosen Arverner.

Es ist der Auftakt für ein Strategiespiel, das das ganze Jahr andauern wird. Und obwohl es so unkeltisch ist, wie es nur sein kann, sind die Gallier gar nicht einmal so schlecht darin. Kämpfe Mann gegen Mann sind eher die Ausnahme. Vielmehr besteht das Ziel darin, dem Gegner durch Angriffe auf und die Belagerung von Versorgungsstützpunkten das Leben schwer zu machen und ihn durch das Abschneiden von seinen Vorräten zu zermürben. Und bei der Auswahl seiner Angriffs- und Belagerungsziele ist Vercingetorix nicht zimperlich. Nicht nur römische Lager fallen ihm zum Opfer, sondern auch die Hügelfestungen der Stämme, die sich entweder direkt zu Rom bekannt haben oder darin zögern, Vercingetorix zu unterstützen. Eine einfache Regel: Wer nicht für mich ist, ist gegen mich.

Es ist ein Spiel, in dem Vercingetorix die besseren Karten hat. Je weiter die Römer sich von ihrer Provinz weg bewegen, desto mehr sind sie hinsichtlich ihrer Versorgung mit Lebensmitteln auf das angewiesen, was sie von der einheimischen Bevölkerung konfiszieren können. Und das ist bald nicht mehr viel, denn Vercingetorix geht dazu über, all das, was er nicht für die eigenen Truppen braucht, zu vernichten, damit es nicht in die Hände der Römer fällt. Besonders achtet er dabei darauf, dass die Legionen kein Grünfutter für die Pferde ihrer Reiterei erhalten, denn diese ist der einzige Teil der römischen Streitkräfte, der Vercingetorix wirklich Kopfzerbrechen bereitet.

Die Lage der Römer ist ernst, denn im Augenblick erhalten sie Nahrungsmittel nur noch von ihren immer weniger werdenden gallischen Verbündeten, speziell den Aedui. Für einen Moment hat es den Anschein, als würde Vercingetorix' Taktik der verbrannten Erde aufgehen.

Doch dann passiert etwas, was Vercingetorix' Pläne beinahe komplett zum Scheitern bringt. Über seine Aufklärer erfährt er, dass Avaricum (heute Bourges), die Hauptstadt der Bituriger, das Ziel einer konzentrierten Militäraktion der Römer sein wird. Er begibt sich höchstpersönlich dorthin, langt dort auch vor Caesar an und stellt seine klare Forderung an die Bevölkerung: Die Stadt muss niedergebrannt, die Bevölkerung evakuiert werden. Nichts darf in die

Hände der Römer fallen, wenn seine Strategie funktionieren soll. Doch die Stammesführung der Bituriger stellt sich stur. Avaricum ist gut befestigt, und die 5000 Mann starke Kriegerschaft hoch motiviert. Man wird es den Römern schon zeigen. Unverrichteter Dinge muss Vercingetorix wieder abziehen. Er ehrt den Mut der Bituriger jedoch, indem er ihnen 10 000 Krieger seiner eigenen Streitmacht als Verstärkung zur Verfügung stellt.

Dann sind die Römer da, und die Belagerung erweist sich für sie als extrem schwierig. Das Stammesterritorium der Bituriger ist ein entwickeltes Bergbaugebiet. Und das bekommt Caesar zu spüren. Die Einwohner der Stadt graben sich in stollenähnlichen Gängen unter den Belagerungsanlagen hindurch und fallen den Römern in den Rücken. Doch es hilft den Biturigern nicht. Trotz heftigster Gegenwehr der Einwohner fällt die Stadt in die Hände der Legionen – mitsamt den in ihr gelagerten Vorräten. Während der Einnahme richten die Truppen ein Blutbad an; 40 000 Bituriger, Männer, Frauen, Kinder, finden den Tod. Nach der Plünderung brennen die Legionäre die Stadt nieder.

Mehr als 15 000 Krieger sinnlos geopfert. Zu allem Überfluss die römischen Legionen mit frischen Vorräten versorgt.

Und auf dem Weg nach Gergovia, der Hauptstadt der Arverner.

Die Römer machen nur eine Pause, nämlich um in einem internen Zwist der inzwischen gespaltenen Aedui zu vermitteln. Caesars »Lohn« für seine Vermittlung: Er erhält von den Aedui 10 000 Fußkämpfer und deren gesamte Reiterei.

Paradoxerweise genau jetzt, als die Zeichen eigentlich sehr ungünstig für die Gallier stehen, scheint es, als ob sich die Götter doch noch einmal auf ihre Seite schlagen wollten. Ist Vercingetorix doch stärker, als Caesar sich das eingestehen will? Ist es Zufall, dass er genau dann Erfolg hat, als er von seiner ursprünglichen Vorgehensweise abweicht?

Entsprechend seiner Taktik der verbrannten Erde müsste er die Hauptstadt seines eigenen Stammes eigentlich dem Erdboden gleichmachen. Sie bietet einen weiteren Ort, an dem sich die römischen Truppen mit Proviant versorgen können. Außerdem könnte es bei den anderen Stämmen, die ihre Städte und Siedlungen auf seinen Befehl hin niedergebrannt haben, zu unguten Stimmungen führen, wenn Vercingetorix ausgerechnet die Stadt der Arverner verschont.

Es ist jedoch keine Sentimentalität, die Vercingetorix dazu bringt, Gergovia zu verschonen. Im Gegenteil, er nutzt seine Kenntnis der Stadt und ihrer Umgebung, um Gergovia zur Falle für die Römer auszubauen. Er verstärkt die Besatzung der Stadt, während er sich gleichzeitig mit einem großen Teil seiner Krieger so weit zurückzieht, dass die Römer ihn nicht entdecken, er aber mit seinen Kriegern quasi in Rufweite der Hügelfestung ist.

Sein Plan funktioniert. Die Römer tappen in die Falle und beginnen mit der Belagerung Gergovias. Zu spät merken sie, dass sie sich auf einen Zwei-Fronten-Krieg eingelassen haben. Die Verteidiger der Stadt schlagen die Angriffe zurück, gehen von Zeit zu Zeit sogar zum Gegenangriff über. Dann beginnen die zurückgezogenen gallischen Truppen, die Belagerer mit kurzen, heftigen Attacken im Rücken anzugreifen.

Dieses Kräfteringen dauert eine ganze Weile, bis Caesar einen heftigen Rückschlag erleidet. Seine mächtigen Verbündeten, die Aedui, verlassen den römischen Kampfverband und lassen den Belagerer mit einer geschwächten Streitmacht und ohne ausreichende Versorgung mit Proviant zurück. Caesar weiß, wann ein Kampf sinnlos wird. Die Legionen brechen die Belagerung ab und ziehen sich zurück. Sie wollen nach Norden, um sich dort mit den Truppen des zweiten Heerführers in Gallien, Labienus, zu vereinigen. Ein strategischer Rückzug, der für Vercingetorix wie eine Flucht aussehen muss.

Der erste große Sieg des Vercingetorix wird jedoch ausgerechnet von denen getrübt, die bis zum letzten Tag auf der Seite der Römer gekämpft haben. Die Aedui schätzen ihren Beitrag zu diesem Sieg so hoch ein, dass sie unmittelbar danach die Oberherrschaft über alle Gallier im Kampf gegen die Römer beanspruchen. Vercingetorix sieht nur eine Möglichkeit, die Situation zu bereinigen: Er beruft in der Stammeshauptstadt der Aedui, in Bibracte, eine Gesamtversammlung der gallischen Stämme ein und stellt die Anführerfrage. Das Ergebnis ist eine Erniedrigung dergestalt, dass die auf aeduischem Hoheitsgebiet stattfindende Abstimmung zugunsten des Arverners Vercingetorix ausfällt.

Ausgerechnet an dieser Stelle unterläuft Vercingetorix der erste der beiden einzigen Fehler, die er als Militärstratege begeht. Im Hochgefühl des eben errungenen Sieges sammelt er seine Reiterei und beginnt nun seinerseits, die sich scheinbar auf der Flucht befindlichen Römer zu attackieren. Seine Motivation: Wenn es ihm gelingt, deren Versorgung endgültig zum Erliegen zu bringen und darüber hinaus eine effektive Aufklärung zu verhindern, hat er gewonnen. Doch alles kommt anders.

Die Reiterschlacht endet für Vercingetorix in einem Desaster. Die germanischen Hilfstruppen des Caesar bereiten dem gallischen Heerführer eine derartige Niederlage, dass dieser im ungeordneten Rückzug die einzige Möglichkeit sieht, dem kompletten Untergang der gallischen Streitmacht zu entgehen.

Hätte Vercingetorix das Heer jetzt vorübergehend aufgelöst, um es an anderer Stelle neu zu sammeln, hätte er eine reale Chance gehabt. Doch nun begeht er seinen zweiten, in der Endkonsequenz wirklich verhängnisvollen Fehler. Er zieht sich mit seinen gesamten Streitkräften in die Hügelfestung der Mandubii zurück. Bis heute betrachten die Franzosen diese Stadt als Symbol für den Freiheitskampf ihrer Nation. Ihr Name: Alisiia, besser bekannt unter dem lateinischen Alesia (Alise-Sainte-Reine).

Das gesamte noch kampffähige Heer des Vercingetorix an einem Ort. Der einzige lebende Mensch, der allein durch sein Charisma Caesars Pläne noch zunichte machen kann, an diesem Ort vereint mit seiner kompletten Streitmacht.

Caesar ist nicht der Mann, der sich eine solche Gelegenheit entgehen lässt. In einem Gewaltmarsch führt er seine Legionen und Hilfstruppen – insgesamt 50 000 Mann – nach Alesia. Dort angekommen demonstriert er eindrucksvoll, dass er nicht vorhat, irgendetwas dem Zufall zu überlassen. Mit einer Geschwindigkeit, die den von den Mauern ihrer Stadt ohnmächtig zuschauenden Galliern den Atem stocken lässt, errichten die Legionäre rund um Alesia einen 22 Kilometer langen Belagerungswall aus Erde und Holzbalken, der nur durch Verteidigungslager an strategisch wichtigen Punkten unterbrochen wird. Dieses massive Bauwerk ist jedoch nur der äußere Belagerungsring. Um ihn über Ausfälle überhaupt zu erreichen, müssen die Belagerten noch eine durchgehende innere Verteidigungsmauer mit Holztürmen und davorgesetzten Gräben überwinden. Um das ganze abzurunden, versieht Caesar das Belagerungsbollwerk mit einem Sammelsurium perfider Fallen:

Zu diesem Zweck fällte man zunächst Baumstämme oder hieb besonders starke Äste ab, schälte sie am oberen Ende ab und spitzte sie zu. Dann ließ man sie in Gräben, die in einer Tiefe von 5 Fuß überall angelegt wurden, hinab und machte sie, um ein Herausreißen zu verhindern, an der Sohle der Gräben fest. Mit den Ästen und Zweigen, die man darangelassen hatte, ragten sie über die Grabenränder hervor. Es wurden fünf Reihen solcher Stämme hintereinander angelegt und miteinander verbunden und verschlungen; wer in sie geriet, spießte sich an den äußeren spitzen Pfählen auf. Diese Stämme nannten die Soldaten ›Leichensteine‹. Vor ihnen hob man trichterförmige Gruben von 3 Fuß Tiefe aus, die schräge Reihen in Kreuzstellung bildeten. In sie setzte man glatte Rundhölzer von Schenkeldicke ein; sie waren oben zugespitzt und im Feuer gehärtet und standen nur vier Finger über den Grubenrand heraus. Um ihnen einen recht festen Halt zu geben, stampfte man in jeder Grube die Erde nur 1 Fuß hoch fest, den übrigen Teil aber überdeckte man, um die Falle zu verbergen, mit Weidenruten und sonstigem Strauchwerk … Weil sie den Lilien so ähnlich waren, nannte man sie auch so. Vor ihnen grub man dann noch überall 1 Fuß lange Holzpflöcke mit eisernen Haken ganz in die Erde ein; man verteilte sie überall mit mäßigen Zwischenräumen und nannte sie ›Ochsenstachel‹ (Caesar, *De bello Gallico* 7. Buch, 73. Kapitel).

Dann wartet Caesar.

Er muss nicht lange warten. Nach kurzer Zeit werden in Alesia, das auf die Krieger des Vercingetorix nicht vorbereitet war, die auf maximal 30 Tage angelegten Vorräte knapp.

Der Krisenrat tagt. Die Vorschläge reichen von Kapitulation bis hin zum Essen der Kranken und Schwachen. Die Maßnahme, die letztlich beschlossen wird, ist nicht minder drastisch: Vercingetorix verweist die Familien seiner Gastgeber, der Mandubii, ihrer eigenen Stadt, um sie von nicht kampffähigen Essern zu befreien und verbietet unter Androhung des Todes, die Tore wieder zu öffnen.

Hofft er dabei insgeheim auf die römische Tugend der *clementia*, der Milde?

In diesem Fall hofft er vergebens. Die der Festung Verwiesenen betteln um Brot und schließlich sogar darum, von den Römern als Sklaven aufgenommen zu werden. Es würde zumindest Nahrung für die Kinder bedeuten. Caesar verweigert den gallischen Flüchtlingen jedoch die Durchquerung des Belagerungsrings. Das hat nichts mit Grausamkeit zu tun. Die Versorgung seiner eigenen Truppen ist unsicher, wie kann er Sklaven aufnehmen, die zu ernähren er verpflichtet wäre, ohne seine eigenen hungernden Legionäre gegen sich aufzubringen? Doch Vercingetorix hat ebenfalls keine Wahl. Die Tore von Alesia bleiben geschlossen. Viele verhungern elendig vor den Augen ihrer eigenen Männer, Väter und Brüder.

Was aus der Sicht des Beobachters barbarisch und grausam erscheint, schmälert Vercingetorix' Ansehen bei der eigenen Bevölkerung jedoch in keinster Weise. Im Gegenteil, zu Caesars Entsetzen bewirkt der verzweifelte Widerstand der Besatzung von Alesia, dass offenbar in ganz Gallien etwas erwacht, das es bis dato noch nie gegeben hat: eine Art Nationalbewusstsein. Auf einmal sind es nicht mehr Arverner, Aedui, Bituriger, Senonen etc. in wechselnden Allianzen mit Rom oder anderen gallischen Stämmen. Das gesamte gallische Geflecht von Stammesgruppen, Klienten- und Freundschaften sowie anderen Abhängigkeiten löst sich plötzlich auf. Roms Strategie *divide et impera* – »Teile und herrsche« wird von einem Tag auf den anderen *ad absurdum* geführt. Jetzt, im Spätsommer des Jahres 52 v. Chr. heißt es plötzlich nur noch: Gallier gegen Römer.

Aber das neue Nationalbewusstsein hat Grenzen. Die Stämme schicken nicht ihre gesamte Kampfstärke, sondern behalten genug Krieger bei sich, um den Schutz der eigenen Territorien zu gewährleisten.

Die Zahl derer, die jetzt nach Alesia ziehen, ist dennoch beachtlich. Zwar kann man die in der Geschichtsschreibung erwähnten 380 000 Krieger durchaus als Propaganda betrachten, die Caesars Leistung erhöhen soll, aber auch die vermutlich 50 000 real entsandten Kämpfer stellen eine ernst zu nehmende Bedrohung für die römischen Belagerer dar. Das Ende ist nahe.

Doch was konkret hat Caesar zu verlieren? Wenn er jetzt abzieht, ist seine gesamte Unternehmung der letzten vier Jahre gescheitert. Er müsste als geschlagener und bankrotter Feldherr nach Rom zurückkehren, seine mühsam gegen Pompeius aufgebaute Machtposition wäre dahin, seine Feinde hätten freie Hand gegen seine Familie. Schlimmer noch: Mit einem derart erstarkten Gegner als Nachbarn wäre auch die bereits befriedete Provinz *Gallia Narbonensis* nicht mehr sicher. Von anderen außenpolitischen Auswirkungen ganz zu schweigen. Wer würde Rom noch als Weltmacht anerkennen? Wer seinen Schutz und seine Freundschaft suchen? Wer es achten, respektieren und fürchten?

Nein, ein Rückzug würde bedeuten, Rom wäre nach seinem Feldzug schwächer als vorher. Caesars Sicht: Im schlimmsten Fall ist der Tod im Kampf gegen eine Übermacht nichts wirklich Ehrenrühriges.

Zum Entsetzen seiner Legionen beschließt Caesar zu bleiben und sich den Galliern zum Kampf zu stellen.

Dann bricht die Hölle los.

Die Belagerungstruppen werden für mehrere Tage ununterbrochen sowohl von dem herangerückten Entsatzungsheer als auch von den eingeschlossenen Kriegern des Vercingetorix angegriffen. Doch was zuerst wie ein klarer Sieg für die Gallier aussieht, beginnt sich zu einer verlustreichen Angriffsschlacht auf die stark befestigten römischen Positionen zu entwickeln.

Die Verzweiflung der Eingeschlossenen wächst ins Unermessliche angesichts der Tatsache, dass alles, was Gallien an Kampfstärke noch aufzubieten hat, vergebens gegen die zahlenmäßig deutlich unterlegenen Römer anrennt. Allerdings haben diese gleich mehrere Vorteile auf ihrer Seite. Zum einen kämpfen sie mit einer ihnen antrainierten militärischen Disziplin aus befestigten Stellungen heraus. Zum anderen wissen sie, was sie im Falle einer Niederlage erwartet. Die Gallier werden keine Gefangenen machen. Und wenn doch, dann werden die Überlebenden diejenigen, die hier im Kampf sterben, beneiden.

Aber dann betritt zum denkbar schlechtesten Zeitpunkt ein weiterer Feind der Gallier den Ort des Geschehens. Dieser Feind ist körperlos und kann auch nicht bekämpft werden, denn er steckt in den Köpfen der Kelten. Er ist ein bekannter – auch Caesar bekannter – Teil ihrer Kriegermentalität: Wenn sie im Kampf ihr Ziel nicht beim ersten oder maximal zweiten Anlauf erreichen, dann verlieren sie Lust, Mut und Enthusiasmus. Dass das Gallierheer trotz horrender Verluste und ohne etwas zu bewirken die römischen Positionen über mehrere Tage hinweg immer wieder von Neuem attackiert, ist schon bemerkenswert genug. Doch schließlich siegt das Ursprüngliche, das Keltische in ihnen.

Vercingetorix weiß, dass er verloren hat, als er sieht, wie große Kontingente der vereinten gallischen Streitkräfte den Kampfverband verlassen und sich zerstreuen. Ab jetzt kann er nur noch eines tun. Er bietet seinen Mitstreitern an, ihn hinzurichten oder an Caesar auszuliefern, je nach dem, was nach dem Willen des Römers den Krieg beenden würde.

Am nächsten Tag öffnet sich das Tor von Alesia. Die gallischen Führer reiten in voller Kriegsausrüstung zu Caesars Lager. Als Vercingetorix ihm sein Schwert vor die Füße legt und sich und Gallien ganz und gar dessen Gnade ausliefert, macht er den Feldherrn damit zum mächtigsten Mann Roms. Die noch etwa zwei Jahre lang punktuell aufflammenden Aufstände der Gallier ändern daran nichts. Die andere Seite des Erfolgs: Die Zahl seiner Neider ist nicht kleiner geworden. Im Gegenteil. Als 49 v. Chr. seine Immunität endet, bricht Caesar einen Bürgerkrieg vom Zaun.

Es rettet ihn nicht.

Knapp siebeneinhalb Jahre lang, bis zu Caesars Tod an den Iden des März des Jahres 44 v. Chr., muss Gallien dafür herhalten, Caesar finanziell zu sanieren. Es blutet aus, und zwar in jeder Beziehung. Mehr als eine Million Gallier sind im Krieg gefallen. Eine weitere Million verkauft Caesar in die Sklaverei, um seine leeren Kassen zu füllen. Die Römer übernehmen die Kontrolle über die Bodenschätze und die Landwirtschaft. Wie reich das Land war, zeigt die Tatsache, dass das gallische Gold den Goldpreis um 25 Prozent sinken lässt. Die keltische Kunst in Gallien hört auf zu existieren. Sie war immer eine Kunst der reichen Kriegeraristokratie gewesen, die die notwendigen Mittel hatten, die Materialien einzukaufen und die Handwerker und Künstler zu bezahlen und zu unterhalten. Diese Kriegerfürsten sind nun entweder tot oder übernehmen die Werte und Vorstellungen der neuen Herren. Und so tolerant Rom im Regelfall mit den Religionen der von ihm unterworfenen Völker umgeht, so unbarmherzig verfolgt es jeden Ansatz des Druidentums.

Inwiefern Vercingetorix etwas davon mitbekommt, was mit seinem Land und seinem Volk geschieht, darüber kann nur spekuliert werden. Für ihn, der wie kaum ein anderer an der Macht der neuen Kräfte innerhalb der niedergehenden römischen Republik gekratzt hat, hat sich Caesar etwas Besonderes einfallen lassen …

Er sitzt auf dem harten Boden und starrt seine Hände an. In seinen Ohren dröhnen noch die Schreie der Gaffer, die zu Tausenden die Straßen dieser verfluchten Stadt gesäumt haben, das Gebrüll, das wie Wasser über seinem Kopf zusammengeschlagen ist, als sie durch das Tor getreten sind.

Gaius Iulius Caesar, der Besieger der Gallier, auf seinem prächtigen geschmückten Kampfwagen.

Und er, Vercingetorix. Der Wilde. Schmucklos, waffenlos, das Haar struppig, die Augen rotgerändert und zusammengekniffen, um sie vor dem grellen Sonnenlicht zu schützen. Dem römischen Volk vorgeführt im Triumphzug des Caesar wie ein wildes Tier.

Vor sechs Jahren hätte er sich wahrscheinlich brüllend vor Scham auf Caesar und dessen Leibgarde gestürzt und den Stoß mit Lanze, Schwert oder Dolch dankbar empfangen. Doch sechs Jahre römische Gefangenschaft haben ihn verändert. Er hat nur noch wenig von der Kraft in sich, die ihn damals zum Anführer aller Gallier gemacht hat.

Aber sein Stolz ist ihm nicht verloren gegangen. Und den wird er ihnen heute entgegenschleudern, wenn sie nachher kommen werden, um ihn abzuholen.

Dann wird es endlich vorbei sein.

Nach dem Triumphzug haben sie ihn wieder in seine Zelle gebracht. Dann haben sie ihm etwas zu essen und Wein zu trinken gegeben. Da ist ihm bewusst geworden, dass dies heute sein letzter Tag sein würde.

Essen und Wein hat er nicht angerührt. Er sitzt und starrt ins Dunkel, bis er die Schritte der genagelten Sandalen auf dem Steinboden des Kerkers hört. Langsam erhebt er sich, und als sie das Gitter öffnen, tritt er ruhig in ihre Mitte.

Schweigend führen ihn die Legionäre hinaus. Vercingetorix ist überrascht, als er sieht, dass diesmal keine Zuschauer da sind, die ihn auf seinem letzten Weg anstarren. Er ist auch dankbar, dass inzwischen Abend ist und ihn das Sonnenlicht nicht mehr blendet. Nur noch die zuckenden Flammen der Fackeln seiner Eskorte werfen Licht und ihre Schatten auf die Wände der Häuser, an denen sie vorübergehen.

Nach einer kleinen Weile sind sie am Marmertinischen Kerker beim *Forum Romanum*, dem Ziel ihres Marsches, angelangt. Unwillkürlich zieht Vercingetorix die Augenbrauen zusammen. Er weiß, dass er heute sterben wird, aber er hätte als Ort einen öffentlichen Platz erwartet. Seine Hinrichtung als Ergötzung der Massen, wäre das nicht eher nach dem Charakter der Römer? Was soll das hier?

Sein Schritt verlangsamt sich ein wenig, als ihr kleiner Zug den wie einen Tempel hergerichteten Raum betritt. Fackeln an den Wänden und Feuerschalen auf dem Boden lassen die Szene gespenstisch erscheinen. Weiß gewandete Priester bilden einen Halbkreis. Vercingetorix wird in die Mitte geführt, die Legionäre bleiben etwas zurück. Eigentlich haben sie im Tempel gar nichts zu suchen, doch heute wird eine Ausnahme gemacht. Wer weiß schon, wie gebrochen der ehemalige Anführer der Gallier nach sechs Jahren Kerkerhaft wirklich ist?

Der Halbkreis öffnet sich, und ein etwa 50 Jahre alter, nicht sehr großer Mann mit schütterem weißem Haar tritt in den Kreis. Vercingetorix hebt den Kopf. Unwillkürlich strafft sich sein Körper. Einmal noch, ein letztes Mal, will er größer sein als Gaius Iulius Caesar.

Irritiert blickt er zur Seite, als ein monotones Gemurmel einsetzt. Die Priester der Stadt Rom halten ihre Köpfe gesenkt und beten zu ihren Göttern. Es ist erstaunlich, wie zerbrechlich Männer wirken, die im Gespräch mit ihren Göttern sind.

Die an den äußeren Enden des Halbkreises stehenden Priester unterbrechen plötzlich ihr Gebet. Sie treten von links und rechts an Vercingetorix heran, stellen sich neben ihn und knien nieder. Sie blicken zu ihm auf und er begreift, dass von ihm erwartet wird, dasselbe zu tun.

Glauben sie etwa, dass er so kurz vor seinem Tod anfängt, zu römischen Göttern zu beten?

Er unterdrückt ein Stöhnen, als seine wunden Knie auf den harten Marmorboden stoßen. Sofort werden die Gebete neben ihm lauter, während aus der Richtung des Halbkreises ein monotoner Singsang einsetzt. Der ganze Raum des Tempels summt, und so bemerkt Vercingetorix die Schritte nicht, die sich ihm von hinten nähern. Er spürt, wie ihn der Gesang einhüllt; trotz des Schmerzes in seinen Knien steigt eine leichte Mattigkeit in ihm auf. Seine Augenlider beginnen zu zittern.

Dann geht alles sehr schnell. Die beiden Priester neben ihm brechen abrupt ihr Gebet ab und packen seine Arme. Vercingetorix ist augenblicklich hellwach und bäumt sich auf, doch die Hände halten ihn wie eiserne Klammern. Plötzlich spürt er, wie ihm von hinten eine gedrehte Kordel um den Hals gelegt und zugezogen wird.

Das ist also das Ende. Feige von hinten erdrosselt, als Teil eines Rituals für die römischen Götter. Schon im Todeskampf verzieht Vercingetorix verächtlich den Mund. Er merkt, wie ihm die Sinne schwinden. Jede Faser seines Körpers giert nach Luft. Seine Füße zucken, doch das ist kein bewusster Widerstand mehr.

Dann tritt sein Geist ins Leere.

Am Rande des Imperiums

Die britannischen Kelten

Über die Grenzen hinaus

Unbekanntes Land jenseits des Wassers

Das ist alles nicht wahr. Aulus Plautius schüttelt den Kopf und versenkt den Blick tief in seinen Weinbecher. Als er ihn wieder hebt, hat sich das Bild noch nicht verändert.

Seine Legionen gehen an Bord. Schwer mit Vorräten und Waffen beladen, besteigen sie die Schiffe nach Britannien. Sollte dieser Anblick den Oberfeldherrn der römischen Streitkräfte nicht glücklich und zufrieden stimmen? Wahrscheinlich ja, wenn nicht die Umstände dergestalt wären, dass er es jetzt eigentlich als eine Beleidigung betrachten muss, dass sich seine Männer derart folgsam einschiffen.

Er seufzt gequält, als ungewollt die Bilder von vor zwei Monaten vor seinem inneren Auge erscheinen, Bilder von seinen Legionen, die sich weigern – ja, sich weigern! – an Bord zu gehen. Er hatte es nicht glauben wollen: Die Soldaten hatten vor Britannien mehr Angst als vor ihm!

Einen kurzen Augenblick lang hatte er damals erwogen, ihnen mit Dezimierung zu drohen, dann die Idee jedoch gleich wieder verworfen. Stattdessen hatte er schweren Herzens einen Kurier nach Rom geschickt, in der Hoffnung, trotz dieses Eingeständnisses der Machtlosigkeit käme wenigstens ein Lösungsvorschlag zurück. Der kam auch! Aber wie! Verbittert speit Aulus Plautius aus und nimmt einen weiteren tiefen Schluck Wein.

Wie hatte Rom ihn nur so demütigen können? Schickt einen freigelassenen Sklaven, der sich vor die Legionen stellt und den Befehl aus Rom verkündet, dass die Legionen ihrem Feldherrn folgen sollen!

Hat den Männern die Komik dieser Situation die Angst genommen? Hatten sie geglaubt, es sei *saturnalia*, der Tag, an dem in Rom die Sklaven mit ihren Herren zur Belustigung Letzterer die Rollen tauschen? Oder ist ihnen die Tatsache, dass ein ehemaliger Sklave sie an ihre Pflichten erinnern musste, so peinlich, dass die Scham doch größer ist als die Angst?

Wie dem auch sei, in wenigen Stunden werden die Truppentransportschiffe ablegen und Kurs auf Britannien nehmen. Fast zwei Monate hat er verloren! Doch ein wenig kann Aulus Plautius, der alte Feldherr, der das unbekannte Land jenseits der Wasserstraße für Rom in Besitz nehmen soll, die Ängste seiner Legionen verstehen. Trotz seiner in vielen Jahren erworbenen militärischen Erfahrung bereiten ihm die Gedanken, die ihm unwillkürlich durch den Kopf gehen, kein wirklich wohlig warmes Gefühl im Bauch. Ab morgen Abend soll er ohne direkte Nachschubmöglichkeit und abgeschnitten von jeglicher Verstärkung ein fremdes, von wilden Stämmen besiedeltes Territorium erobern. Sein Blick schweift über die Oberfläche des Wassers, das die Grenze zwischen der bekannten und der unbekannten Welt darstellt. Natürlich kennt Aulus Plautius die Schriften des Gaius Iulius Caesar, der als erster römischer Feldherr seinen Fuß auf den Boden jenseits des Wassers gesetzt hat. Und es ist ja nicht so, dass Britannien nach Caesar in Vergessenheit geraten ist. Man treibt Handel und es gibt sogar vereinzelte diplomatische Kontakte, was für eine halbwegs zivilisierte Gesellschaft auf der anderen Seite des Wassers spricht. Doch wie viel wusste Caesar, der ja auch nur wenige Tagesmärsche ins Landesinnere vorgedrungen war? Und so sehr sie den Caesar damals auch gefeiert haben, so wenig sind seine Berichte geeignet, selbst gestandene Feldherrn für dieses Vorhaben zu erwärmen. Was erwartet er, der Gebildete, also von seinen Legionären?

Nein, Aulus Plautius gibt sich keinen Illusionen hin. Sein Auftrag von Kaiser Claudius lautet ganz klar, dieses geheimnisvolle Land für Rom zu erschließen, seine Bewohner zu römischen Untertanen zu machen und Rom den Zugang zu den Reichtümern Britanniens zu verschaffen. Und es wird genauso eine Expedition in unbekanntes Gebiet sein wie es vor 100 Jahren schon einmal der Fall war.

Warum haben die Römer so viel Angst vor den britannischen Kelten, nachdem sie schon vor so langer Zeit die Kelten in Gallien unterworfen und deren Siedlungsgebiete zu römischen Provinzen gemacht hatten? Man könnte fast meinen, sie halten sie für ein völlig anderes Volk. Und das, obwohl Caesar selbst auf verwandtschaftliche Verhältnisse der Stämme dies- und jenseits des Kanals hinweist. Sogar von Kanal übergreifenden Königtümern spricht.

Das Rätsels Lösung ist einfach: Genau das ist der Grund. Die Mehrheit der Römer hält die Britannier *tatsächlich* für ein anderes Volk. Schon der Kreis derer, die Caesars *De bello Gallico* gelesen haben, dürfte sich aufgrund geringer Auflagenhöhe auf einige wenige Wohlhabende beschränken. Bleiben als Informationsquelle nur die Händler, die direkten Kontakt mit Geschäftspartnern auf der Insel haben. Ihre entsprechend aufpolierten und ausgeschmückten oder eben auch schlichtweg erfundenen Erzählungen landen bei einer interessierten Zuhörerschaft, die das Gehörte wiederum mit eigenen Ausschmückungen weitergibt.

Das Nichterkennen der Britannier als vom Ursprung her keltische Verwandte der Gallier ist mehr als verzeihlich. Die Worte *keltoi* oder *galli* existierten bei den Britanniern nicht. Die Bewohner der Insel verwendeten zur Selbstbezeichnung nur ihre Stammesnamen, die dann von den Römern übernommen wurden. Ein solcher Stammesname wurde von Pytheas aus Massalia in seiner Beschreibung der Seereise, die er 325 bis 323 v. Chr. um die »Säulen des Herkules« (die Felsen von Gibraltar) herum nach Norden entlang der französischen Westküste unternahm, schließlich zur Pauschalbezeichnung. Er glaubte verstanden zu haben, dass sich die Bewohner des Fleckens, an dem er gelandet war, *pritani* nannten und bezog das auf die Gesamtbevölkerung der großen Insel, deren Küsten er bereiste. Und da er von einer weiteren großen Insel westlich der vor ihm liegenden wusste, schlussfolgerte er (ohne sie selbst gesehen zu haben), dass die Bevölkerungen der beiden Inseln eng miteinander verwandt seien. Was lag für den »griechischen Kolumbus« also näher, als diese Inseln *Pretaniké*, die »Pretanischen Inseln«, zu nennen …? Der Name überlebte und führte letztlich zu der Verwendung der Begriffe *britannia* für das Land und *britanni* für die dort lebenden Menschen. Im Übrigen lag Pytheas von Massalia nicht völlig falsch. In der überlieferten irischen Literatur taucht der Name *Preteni* sowohl als Bezeichnung für einen Stamm im heutigen Wales als auch für von dort nach Irland eingewanderte Gruppen auf.

Im Bewusstsein der Menschen der Antike waren die Britannier also ein separater Volksstamm. Und nicht nur der Antike. Erst im 17. Jahrhundert, als sich die vergleichende Sprachwissenschaft auf den Weg machte, zu einer echten Disziplin heranzureifen, entdeckte man auf der Grundlage der Analyse von Vokabular und Syntax, dass eine Verwandtschaft zwischen den gallischen und britischen Gemeinschaften bestand. Nicht zuletzt ist ja auch das Wort *pritani* selbst keltisch und hat als *prydain* im walisischen Wortschatz überlebt. Allerdings – und hier setzt das Verständnis für die angsterfüllten römischen Legionäre ein – geht man heute eher davon aus, dass sich die Verwandtschaft auf die linguistischen Aspekte beschränkt …

Eingewandert oder eingeboren?

Frage: Wann sind die Kelten nach Britannien und Irland eingewandert?

Antwort: Überhaupt nicht.

Archäologen sagen, dass die Britannier gar keine Kelten sind. Die Linguisten halten aus oben genannten Gründen dagegen.

Unabhängig davon: Warum glaubte man eigentlich so lange Zeit, dass die Kelten nur über Einwanderung nach *Albion* und *Ierne* gelangt sein können? Ist es wirklich nur der in wenigen Stunden zu überquerende Wasserstreifen, der die Meinungen über Jahrzehnte hinweg davon abgehalten hat, Britannien als ganz normalen Bestandteil des westeuropäischen keltischen Siedlungsgebietes zu betrachten?

Der Ärmelkanal stellte schon für die neolithischen Ackerbaugemeinschaften 3500 v. Chr. kein Hindernis dar. Und so legt auch in Britannien die sogenannte Glockenbecherkultur – ebenso wie im gesamten nordwestalpinen Europa – den Grundstein für eine leistungsfähige Landwirtschaft, die große Gemeinschaften ernähren kann. Die gesamte Bronzezeit hindurch war vor allem Cornwall wegen seiner Zinnvorkommen das Ziel der Händler und Zwischenhändler aus dem Mittelmeerraum, sodass Handelsbeziehungen mit den klassischen Kulturen nicht ungewöhnlich waren.

Britanniens Lage hat sicher dazu geführt, dass die eine oder andere Entwicklung die Gemeinschaften mit einiger Verzögerung erreicht hat. Doch es hat der Sache an sich keinen Abbruch getan. Wie auf dem Gebiet des heutigen Frankreich oder in Süddeutschland hat sich auch auf den Britischen Inseln die Gesellschaft auf der Basis einer gemeinsamen Wirtschaftsstruktur und gemeinsamer Wertvorstellungen entwickelt. Eine Verwandtschaft im archäologischen Sinn – im Gegensatz zur offensichtlichen sprachlichen – ist jedoch nicht nachweisbar. Das gemeinsame sprachliche Element ist als Handelssprache nach Britannien gelangt und hat sich – ähnlich wie im nordalpinen Europa – auf den Inseln ab 400 v. Chr. in verschiedenen Dialekten zur Umgangssprache entwickelt und die vorhandenen lokalen Verständigungssysteme abgelöst.

Gegen die Einwanderungstheorie – also die Vorstellung, dass einwandernde Kelten ihre Sprache nach Britannien mitgenommen hätten – sprechen auch die Ortsnamen im modernen Großbritannien. Es gibt keine Ortsnamen, die älter sind als die, die eindeutig keltischen Ursprungs sind. Eine komplette Tilgung wirklich *aller* Ortsnamen und Ortsnamenselemente wäre jedoch selbst bei einem massiven militärischen Überrennen mit anschließender Gewaltherrschaft unmöglich.

Einwanderungen nach Britannien hat es gegeben, doch trafen diese auf eine bereits entwickelte keltische Gesellschaft. In der Region Humberside, in der heutigen Grafschaft Yorkshire, finden wir Spuren, die für den Zuzug einer kleinen Gemeinschaft sprechen. Sie »importierte« im 5. vorchristlichen Jahrhundert starke Elemente der noch jungen La-Tène-Kultur in das bis dahin hallstättisch dominierte Britannien. Im 1. Jahrhundert v. Chr. folgte dann eine weitere Gruppe in genau dieses Gebiet. Ihre Herkunft lässt sich sehr genau definieren. Diese Kelten heißen sowohl in Gallien als auch in Britannien Parisi. Zahlenmäßig eher unbedeutend, strahlte ihr kultureller Einfluss jedoch weit in das umliegende Gebiet aus. Aus Gallien brachten sie eine Erfindung mit, die zum Exportschlager in andere britannische Stammesterritorien wurde und den Römern bis tief in das erste christliche Jahrhundert hinein das Leben schwer machte: den Kampfwagen.

Eine für Britannien weitaus folgenreichere Entwicklung zeichnete sich bereits im 2. vorchristlichen Jahrhundert ab. Die von den Suebi über den Rhein verdrängten schwächeren germanischen Stämme vermischten sich mit der dort ansässigen keltischen Bevölkerung und bildeten in Nordwestgallien schließlich die Gemeinschaft, die Caesar nach dem Namen eines dieser Stämme pauschal als *Belgae* bezeichnete. Als durch den Zuzug von Germanen in das Gebiet der Belgier Überbevölkerung drohte, setzten gegen Ende des 2. vorchristlichen Jahrhunderts große Stammesteile und sogar ganze Stämme von Nordwestgallien nach Britannien über, um neue Siedlungsgebiete für sich zu erschließen. Die Logistik dafür war vorhanden. Die in der Bretagne lebenden Venetii waren schon lange vor der Ankunft der Römer unter Caesar die Beherrscher der See zwischen Gallien und der britannischen Südostküste gewesen. Zwischen 56 und 52 v. Chr. löste schließlich Caesars Vernichtungsfeldzug gegen die belgischen Stämme eine weitere Auswanderungswelle über den Kanal aus.

Ein genaues Bild über die Besiedlungssituation des südlichen und mittleren England zu zeichnen, ist ein schwieriges Unterfangen.

Was wir wissen, beruht aus vorrömischen Zeiten auf den Berichten von Händlern und Reisenden, die kaum mehr als ein paar Tagesreisen ins Landesinnere vorgedrungen sind und sich ihrerseits weitestgehend auf Erzählungen verlassen mussten. Nach der Besetzung durch die Römer hat die der Region übergestülpte römische Administration dafür gesorgt, dass sich das Bild für den modernen Betrachter verzerrte. Stammesterritorien wurden willkürlich zusammengefasst oder auseinandergerissen; Stammeszentren verlegt. Ab Beginn der Münzprägungen in Britannien im 2. vorchristlichen Jahrhundert ist anhand der Fundorte zumindest tendenziell die Verschiebung von Einflusssphären nachvollziehbar. Und nicht zuletzt war wie in Gallien so auch in Britannien das Geflecht von Stammesallianzen und Einflussgebieten kein starres Gebilde, sondern erheblichen Veränderungen unterworfen.

Um 50 v. Chr. herum bietet sich unter Berücksichtigung aller oben genannten Vorbehalte folgendes Bild: Der Südosten der britischen Hauptinsel ist von belgischen (also keltisch-germanischen) Stämmen besiedelt. Deren Gesellschaft steht wie auch in Gallien auf einer etwas niedrigeren Organisationsstufe als die der rein keltischen Gemeinschaften, was sich vor allem in der Abwesenheit zentraler Führungszentren (= Hügelfestungen) äußert. Zu den belgischen Stämmen zählen die tief mit ihrem nordwestgallischen Gegenstück verwurzelten Atrebates in der Ebene um Salisbury, die nördlich der Themsemündung an der Ostküste lebenden Trinovantes und schließlich als deren westliche Nachbarn die mächtigste aller belgischen Gemeinschaften, die von den Römern »Catuvellauni« genannten Cassi.

Eine Ausnahme im Südosten Englands bilden die Cantii (von diesen abgeleitet trägt die Grafschaft noch heute ihren Namen Kent und die wichtigste Stadt den Namen Canterbury – Burg der Cantii). Diese sind eine hoch entwickelte keltische Gemeinschaft, die auch bei den Händlern und Reisenden aus der klassischen Welt als das zivilisierteste Volk der Britischen Insel beschrieben werden. Das verwundert nicht weiter. Liegt ihr Gebiet doch genau gegenüber Gallien, mit der kürzesten Seeverbindung zwischen dem Kontinent und der Insel, sodass es zwangsläufig eines der primären Anlaufziele der Handelsreisenden ist.

Östlich von den Atrebates endet das belgische Siedlungsgebiet. Die dort lebenden Durotriges sind eine eher locker miteinander verbundene Gruppe von diversen Kleinfürsten. Nördlich von Atrebates und Durotriges finden wir die Dobunni, die eigentlich ein keltischer Stamm sind, aber durch freiwillige oder auch erzwungene Abhängigkeit von den Cassi zumindest unter starkem belgischem Einfluss stehen.

In reiner, aus der Bronzezeit fortgeführter keltischer Tradition stehen die Dumnonii in Cornwall, denen die Grafschaft Devon ihren Namen verdankt und die von Diodorus Siculus, einem griechischen Historiker des 1. vorchristlichen Jahrhunderts, als äußerst gastfreundlich beschrieben werden. Die Zinnvorkommen der Region haben sie bereits seit den Anfängen der Bronzezeit an der kontinuierlichen Entwicklung der Mittelmeerzivilisationen teilhaben lassen, ohne dass sie ihre eigene Identität aufgegeben haben. Im Gegenteil, sie waren derart konservativ, dass sie über Jahrhunderte hinweg keine Münzen als Zahlungsmittel akzeptierten, sondern den Naturalhandel vorzogen.

Im Norden ist das belgische Gebiet begrenzt durch die keltischen Iceni im heutigen East Anglia. Das westlich davon liegende Territorium des heutigen Northhumberland wird von einer Stammesföderation bewohnt, die von den Römern (hier speziell Tacitus) unter der Bezeichnung Brigantes zusammengefasst wird. Diese sind in ihrer kulturellen, gesellschaftlichen und technologischen Entwicklung deutlich hinter den Stämmen des Südens zurückgeblieben. Sie leben fernab der Häfen und Handelsrouten und damit ohne nennenswerte Handelsbeziehungen. Zwar verwenden sie von ihren Nachbarn importierte Werkzeuge und Waffen aus Eisen. Aber von ihrer Entwicklungsstufe her stecken sie am Vorabend der ersten römischen Expeditionen unter Gaius Iulius Caesar im Jahre 55 v. Chr. noch immer in der Bronzezeit.

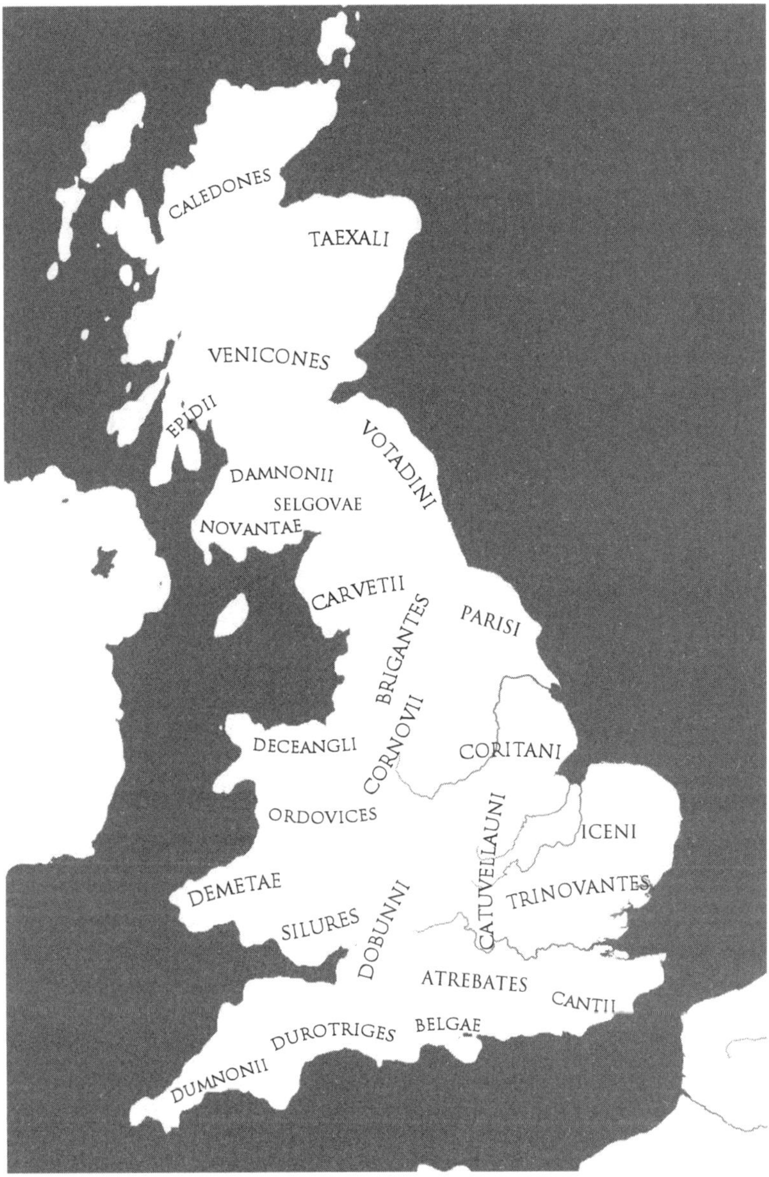

Die Hauptstämme Britanniens vor der Eroberung durch die Römer im Jahre 43 n. Chr. Die Hauptlieferanten von Informationen über das vor- und frührömische Britannien sind der römische Geschichtsschreiber Tacitus und ein römischer Geograf namens Claudius Ptolemaeus sowie Caesars *De bello Gallico*. Die hier angegebenen Siedlungsgebiete der Stämme haben sich im Zuge von Allianzen und Machtkämpfen immer wieder verschoben.

Die im heutigen Wales lebenden Gemeinschaften, im Wesentlichen die Silures, die Ordovices, die Demetae und die Deceangli sind eine kleine, stämmige, dunkelhaarige Volksgruppe, die bei allen keltischen Charakteristika eher eine Verwandtschaft mit den Keltiberern vermuten lassen.

Wie auch in Gallien betrachten sich die Stämme in Britannien nicht als zusammengehörig auf der Grundlage eines gemeinsamen keltischen Hintergrundes, trotz der gemeinsamen sprachlichen Basis.

Zu guter Letzt funktioniert auch hier in Britannien das System von Abhängigkeiten und Zweckallianzen, und Letzteres durchaus auch mit externen Kräften. Nicht nur die Interessen des einzelnen Stammes, sondern auch und vor allem die persönlichen Interessen Einzelner stehen im Mittelpunkt allen Strebens. Warum sollte man zögern, zur Verbesserung der eigenen Machtposition und des Wohlergehens, sich mit jemandem zu verbinden, der einem dabei nützlich sein kann?

Wieder einmal ist es Rom, das daraus seinen Vorteil zieht …

Ein Kelte namens Comm

Die Römer kommen

Der provisorische Versammlungsplatz füllt sich nach und nach. Die Gesichter der Männer sind teils unbewegt, teils finster, teils misstrauisch, bisweilen auch feindselig.

Jedoch alle sind gekommen, wie Comm, der gallische Atrebate mit Befriedigung vermerkt. Er erkennt Cingetorix, Carnilius, Taximagulus und Segonax, die Herrscher der vier großen Stammesgruppen der Cantii. Dort hinten steht Lugh, der Oberste der Trinovantes, der peinlich genau darauf achtet, größtmöglichen Abstand zu seinem

Erzfeind Caswallon, dem Führer der Cassi, zu halten. Und natürlich ist auch Lughs Sohn, Avarwy gekommen, aus Angst, ihm könnte etwas entgehen.

Die wichtigsten Männer stehen bereits neben ihm, auch wenn sie noch nicht wissen, welche Rolle ihnen hier heute zufallen wird. Nicht umsonst findet diese Zusammenkunft auf dem Territorium der britannischen Atrebates statt. Vorsichtig dreht Comm den Kopf, um die Gesichter der atrebatischen Stammesführer zu sehen. Sie sind angespannt, aber nicht unfreundlich. Das wird sich bis zum Ende dieses Treffens der Stämme des südöstlichen Britanniens ändern.

Comm weiß, dass sein Plan der reinste Wahnsinn ist. Ihm ist klar, dass er sein Leben verlieren wird, wenn nur das Geringste schiefgeht.

Aber was ist schon sein Leben gegen all das, was er erreichen kann?

Schließlich haben alle Stammesherren ihren Platz gefunden. Wie von selbst tritt Ruhe ein. Der Älteste der atrebatischen Ratsherren tritt vor.

»Ich freue mich zu sehen, dass die edlen Herren trotz der wenigen Informationen, die wir ihnen in der Kürze der Zeit zukommen lassen konnten, den Ernst der Lage erkannt haben. Ich glaube kaum, dass irgendjemandem entgangen ist, was in der letzten Zeit jenseits des Wassers passiert ist. Etliche von euch haben Flüchtlinge aufgenommen, einige auch selbst Krieger hinüber entsandt, um unseren Brüdern im Kampf gegen die Römer beizustehen.«

Zustimmendes Gemurmel antwortet ihm. Und auch Comm nickt unwillkürlich. Ein gemeinsamer Feind, was gibt es besseres, um so viele verschiedene Befindlichkeiten unter eine einheitliche Oberhoheit zu bringen? Aber langsam, immer einen Schritt nach dem anderen.

»Wir haben heute einen Besucher von jenseits des Wassers, der, wie er uns vorher gesagt hat, heute in offizieller Mission hier ist. Möge nun der ehrenwerte Comm vortreten und uns erzählen, was sein Anliegen ist.« Er wendet sich um und nickt Comm zu.

Der atmet tief durch.

Jetzt zählt alles. Sein Spiel kann beginnen. Der Einsatz ist hoch. Jedes falsche Wort, jede unbedachte Geste kann alles zerstören.

»Hohe Herren«, beginnt er. »Ich danke euch, dass ihr die Mühe auf euch genommen habt, um mich anzuhören. Es zeigt mir, dass ich hier vor den richtigen Männern spreche.«

Die Gesichter in der Runde sind ungerührt. Es sind die Gesichter von Männern, die es gewöhnt sind, dass man ihnen schmeichelt. Im Gegenteil, sie wollen, dass der Fremde zur Sache kommt. Keiner der Anwesenden fühlt sich wohl dabei, seinen Stamm in dieser Situation ohne Führung zu lassen, und sei es auch nur für wenige Tage.

»Ich bin gekommen, um euch eine Botschaft von dem römischen Feldherrn Gaius Iulius Caesar zu überbringen.«

Schlagartig tritt Totenstille ein. Die Herrscher der südbritannischen Stämme starren Comm an, als hätten sie einen Irrsinnigen vor sich. Haben ihn die Götter verlassen? Kommt er hierher und spielt den Handlanger desjenigen, der drüben zu Tausenden die Krieger der verwandten Stämme abschlachtet?

Comm bemerkt, dass selbst die Atrebates bewusst oder unbewusst vor ihm zurückweichen. Jetzt kommt es auf jede Kleinigkeit an. Jetzt muss er auf jeden Zungenschlag achten.

»Ich bin Comm, von den Atrebates auf der anderen Seite des Wassers. Mein Volk wurde vor zwei Jahren von den Legionen Roms unterworfen, wie seitdem so viele andere Völker auch. Die Römer haben bei anderen Stämmen ganze Herrschaftsfamilien und Stammesräte ausgerottet – ich erinnere nur an die großen Venetii. Caesar hat mich davon überzeugt, dass es meinem Stamm nicht anders ergehen würde, wenn ich mich gegen Rom stelle. Daher bin ich heute sein Bote.«

Er macht eine Pause. Noch immer schlägt ihm eisiges Schweigen entgegen. ›Hoffentlich lassen sie mich zu Ende reden!‹, denkt er.

»Die Forderungen des Caesar sind klar – und ich bitte die edlen Herren, meine Worte jetzt als die des römischen Feldherrn zu nehmen. Caesar fordert die Völker diesseits des Wassers auf, sich ihm und damit Rom zu unterwerfen. Sie werden Rom einen jährlichen Tribut zahlen, dessen Höhe noch festzulegen sein wird. Und um sich auch immer daran zu erinnern, sollen die vornehmen Familien der Stämme Geiseln stellen. Sollten die Stämme ihre Unterwerfung nicht unverzüglich erklären und seinen Forderungen nicht bis zum Ende des Sommers nachkommen, wird Caesar seine Legionen herüber bringen und den Krieg, den er jenseits des Wassers führt, auch in die hiesigen Gebiete tragen.«

Diesmal dauert das Schweigen nur den Bruchteil eines Augenblicks, dann bricht die Empörung lautstark aus den versammelten Stammesführern heraus. Comm schweigt. Auch das gehört zu seinem Plan: Der Ärger über die unsäglichen Forderungen, der Hass auf die Römer muss sich aufbauen. Die Situation darf nur nicht eskalieren. Comms Augen zucken nervös, immer darauf gefasst, dass einer aus der Runde mit gezogenem Schwert auf ihn zustürzt oder dass ihn von irgendwo aus dem Dunkel des Waldes, der sie umgibt, ein Speer niederstreckt.

Schließlich, als Comm befürchten muss, nicht mehr gehört zu werden, tritt er nach vorn, weiter in den Kreis hinein, hebt die Arme und ruft, nein, brüllt: »Hört mich weiter an! Ich bin noch nicht fertig! Bitte, lasst mich doch ausreden!«

Es dauert eine Weile, bis der Tumult nachlässt. Als es ruhig ist, glaubt Comm, die ihm entgegenschlagende Feindseligkeit körperlich spüren zu können. Er fühlt einen leichten Schmerz in seiner Brust, der vom flachen Atmen herrührt. Das hier ist doch erheblich schwieriger, als er es sich in den vielen zurückliegenden Nächten ausgemalt hat. Und er hofft, dass am Ende doch das große Gefühl des Triumphes siegen wird, das er in seinen Träumen schon so intensiv gespürt hatte.

»Wie gesagt«, nimmt er seine Rede wieder auf, »das sind die Worte des Caesar. Und wir täten gut daran, sie sehr ernst zu nehmen. Aber …«

Die unverändert finsteren Gesichtsausdrücke sagen ihm, dass es der falsche Moment für Effekthascherei ist.

»Aber jenseits des Wassers waren die Stämme sich uneins gegen die Römer, haben sie sogar um Hilfe gebeten, sich ihnen angebiedert. Einige Stämme stellen ihnen inzwischen sogar Krieger! Dazu kommt, dass es Rom dort drüben leichtfällt, den Nachschub der Legionen zu organisieren oder sich sogar Verstärkung aus Rom zu holen.«

Comm sieht, wie sich die Gesichter ein wenig entspannen, nicht viel, aber immerhin erkennt er, dass sie gewillt sind, ihn anzuhören. Er hat sie gepackt, jetzt muss er sie festhalten, für sich gewinnen.

»Hier, diesseits des Wassers, liegen die Dinge anders. Die Möglichkeiten Roms, viele Männer per Schiff überzusetzen, sind beschränkt. Hier wären die römischen Truppen von ständiger Versorgung und schnellen Rückzugsmöglichkeiten abgeschnitten. Natürlich sind sie nicht zu unterschätzen. Aber wenn wir ihnen gemeinsam entgegentreten, könnten wir es schaffen, dass das Wasser die Grenze zwischen römischem Hoheitsgebiet und dem Territorium der freien Völkerschaften bleibt.«

Zustimmendes Gemurmel antwortet ihm, etwas zögerlich und verhalten zwar, aber er hat es geschafft, das Blatt zu wenden.

Jetzt ist der Augenblick für seinen eigentlichen Coup gekommen.

»Ich bin aber nicht nur gekommen, um euch zu berichten. Wir sind uns einig darüber, dass die Römer nur durch Stärke und Einigkeit geschlagen werden können. Ich habe aber auch erlebt, dass dies nicht ausreicht. Es bedarf einer starken Führung. Ich sehe hier viele Führer versammelt, und das stimmt mich froh und zuversichtlich. Ich sehe aber auch Unentschlossenheit und Zurückhaltung, und genau diese beiden Eigenschaften waren es, die viele Völker jenseits des Wassers unter das Joch der Römer gebracht haben. Es tut mir leid das sagen zu müssen, aber Unentschlossenheit und Zurückhaltung fallen mir ausgerechnet bei den Herren des Rates der diesseitigen Atrebates auf.«

Diesmal unterbrechen ihn erwartungsgemäß empörte Rufe in seinem Rücken. Die Herrscher der Cantii, der Cassi und der Trinovantes beobachten dagegen Comm, warten gespannt auf seine Reaktion.

Sie müssen nicht lange warten.

Comm erhebt die Stimme, um die atrebatischen Stammesherren zu übertönen: »Als Herrscher der Atrebates jenseits des Wassers und als der Einzige hier im Kreis, der die Kampfweise der Römer selbst erlebt hat, beanspruche, nein, erkläre ich im Namen der Freiheit die Oberherrschaft auch über die diesseitigen Atrebates, damit diese den hier vertretenen Stämmen gleichwertige Verbündete im Kampf gegen die römische Bedrohung sein können!«

Comm spürt ein warmes Gefühl der Befriedigung in sich aufsteigen, als er sieht, dass sich die anderen Herrscher in der Runde anerkennend zunicken. Die Proteste der atrebatischen Ratsherren werden leiser, klingen fast ein wenig hilflos. Comm hat sie nicht nur in Anwesenheit der anderen Stammesführer gedemütigt, er hat Tatsachen geschaffen, die sie angesichts der Bedrohung von außen nicht mehr leugnen können. Er hat als starker Mann gerade die anderen starken Stämme zum gemeinsamen Widerstand gegen die Römer aufgerufen und deren uneingeschränkten Zuspruch erhalten. Aber länger hätte er nicht warten dürfen. Nur kurz nachdem Informationen über Caesars Vorbereitungen für seinen geplanten Angriff auf Britannien durchgesickert waren, sind mehrere britannische Herrscher bei Caesar vorstellig geworden, haben um Gnade für ihre Stämme gebeten und Caesar ihre Unterstützung angeboten.

Und soweit er weiß, ist Avarwy, der Trinovante, unter ihnen gewesen.

Comm hatte auf seiner Reise hierher beschlossen, dass diese Information nicht dazu geeignet war, den Einheitsgedanken der versammelten Herren zu schüren. Avarwy hing sicher an seinem Leben, also würde er schweigen. Also hat Comm heute Mut zur Lücke bewiesen ...

Comm atmet tief durch. Sein Plan scheint aufzugehen. Vielleicht auch, weil er den Versammelten eine wichtige Information unterschlagen hat. Er hat »vergessen« ihnen zu sagen, dass Gaius Iulius Caesar ihn nicht von ungefähr geschickt hat. Der römische Feldherr hatte bewusst ihn, den Atrebaten, für diese Mission ausgewählt.

Allerdings hat er diese Entscheidung Caesars wahrscheinlich nur der Tatsache zu verdanken, dass er diesem gegenüber vorweggenommen hatte, wofür er eigentlich erst heute die Grundlagen legt. Doch das Risiko, Caesar zu erzählen, dass er bereits der Herrscher der britannischen Atrebates wäre, und durch eine Dummheit als Lügner entlarvt zu werden, hatte er für überschaubar gehalten …

Hätte Gaius Iulius Caesar in den Jahren 55 und 54 v. Chr. tatsächlich auf seine beiden militärischen Expeditionen verzichtet, wenn ihm die südbritannischen Stammesherrscher in dieser Situation die Unterwerfung erklärt hätten? Immerhin war Gallien noch weit davon entfernt, befriedetes Territorium zu sein. Jede militärische Aktion jenseits des Ärmelkanals hätte Ressourcen gebunden, die dann in Gallien nicht zur Verfügung gestanden hätten. Und in Britannien wäre Caesar noch weiter weg von Rom und den Intrigen des Pompeius. Darüber hinaus ist zum Zeitpunkt der ersten Expedition das Jahr schon so weit fortgeschritten, dass allein das Wetter schon ein Risiko darstellt.

Und doch: Als Caesar am 24. August des Jahres 55 v. Chr. mit zwei Legionen und Kavallerie auf 98 (zum großen Teil von den geschlagenen Venetii requirierten) Schiffen von Portus Itius (entweder Wissant oder Boulogne-sur-Mer) in Richtung Britannien ablegt, ist das keine Reaktion auf ein verstrichenes Ultimatum. Es ist Teil eines so großen Plans, dass auch eine formelle Erklärung der Stammesführer in Britannien nichts an seiner Entscheidung geändert hätte. Dafür spricht schon allein die Tatsache, dass seine Legionen bereits beim Einschiffen in Wissant und (vermutlich) Ambleteuse sind, als Comm vor den südbritannischen Herrschern spricht. Zudem kreuzt zur selben Zeit eine römische Galeere vor der britischen Küste, auf der Suche nach einem geeigneten Landeplatz.

Caesar will auf jeden Fall nach Britannien. Aus schon erwähnten Gründen *muss* Caesar nach Britannien. Wie wichtig ihm diese Aktionen sind, zeigt schon allein die Akribie, mit der er in *De bello Gal-*

lico, der einzigen Dokumentation seiner militärischen Aktionen in Britannien, auch diese Episoden protokolliert. Eine offizielle Begründung für die Expedition(en) nach Britannien ist schnell gefunden. Es ist eine »Vergeltungsaktion« für die Entsendung von Kriegern nach Gallien sowie die Aufnahme von Flüchtlingen. Fakt ist: Er braucht einen militärischen Erfolg. Wie dringend er ihn braucht, zeigt die ganze Art und Weise, mit der Caesar diese für ihn so wichtige Mission vorbereitet. Er will sie unbedingt noch in diesem Jahr, auch wenn ihm klar sein muss, dass die Feldzugsaison für solch ein Unterfangen eigentlich schon viel zu weit fortgeschritten ist. Und deshalb erscheint der Aufbruch des großen Militärstrategen auch alles andere als koordiniert. Alles muss schnell gehen, wirkt überhastet, sogar oberflächlich. Die Aufklärung unter dem Kommando von Gaius Volusenus arbeitet schlampig. Wäre die Galeere nur ein wenig weitergefahren, hätte sie einen wesentlich besser geeigneten Platz für eine Landung entdeckt als den, an dem die Römer letztlich ihren ersten Versuch wagen. Und den Platz, den sie auswählen, erkunden sie nur unzureichend – mit verheerenden Folgen.

Auch die im Militärjargon sogenannte »Befehlskette« weist erhebliche Defizite auf. An dem Ort, wo sich auf 18 Schiffen die römische Kavallerie einschifft (wie vermutet dem modernen Ambleteuse), herrscht derartige Verwirrung, dass die Schiffe die Abendflut verpassen und erst erheblich verspätet mit der Morgenflut auslaufen können.

Caesars Schiffe wählen für die Überfahrt den direkten Weg von Portus Itius zum Ort des modernen Dover (»Ort am Wasser«, von keltisch *dovr* oder *dwfr*), hier schon wissend, dass eine Landung wegen der beeindruckenden Kreidekliffs nicht möglich ist. Also wenden sie sich planmäßig nach Norden und wassern zunächst in der Gegend um das heutige Walmer und Deal, gegenüber einem Strand, den der Aufklärer Gaius Volusenus als sicher eingestuft hatte. Hier wartet Caesar auf die Kavallerie aus Ambleteuse.

Er wartet vergebens. Nicht nur, dass die 18 Schiffe zu spät ausgelaufen sind. Auf halbem Weg zwingen sie heftige Gegenwinde zur

Rückkehr an die gallische Küste. Am späten Nachmittag, um etwa 15.30 Uhr beschließt Caesar, den ersten Angriff auf Britannien ohne berittene Angriffstruppen zu führen.

Jetzt wird Caesar seine mangelhafte Aufklärung zum Verhängnis. Durch das Warten auf die Reiterei verpasst er die Flut, die es den tiefliegenden venetischen Schiffen ermöglicht hätte, nahe an den Strand zu fahren. Seine Legionäre müssen fast 200 Meter durch zum Teil hüfttiefes Wasser waten. Das wäre zwar an sich kein Problem, Legionäre gehen fast überall hin, solange sie nicht schwimmen müssen (was die wenigsten können). Aber der Strand ist keineswegs so sicher, wie Gaius Volusenus behauptet hatte. Schon allein die Wahl der Strecke für die Überfahrt sorgt dafür, dass die Britannier von Caesars Ankunft alles andere als überrascht werden. Denn natürlich stehen sie auf den Kreidefelsen von Dover und beobachten, wie die römische Invasionsflotte näher kommt. Als die Schiffe nordwärts schwenken, bereitet es der vorrangig aus Reitern und Kampfwagen bestehenden britannischen Streitmacht an Land keine Mühe, den Schiffen zu folgen, die in Küstennähe zu dem Ort fahren, an dem die Legionen an Land gehen sollen. Dort bezieht das vereinte keltische Heer unter der Führung des cantischen Herrschers Cingetorix Aufstellung und erwartet in aller Ruhe die nächsten Schritte der Römer.

Als Caesar schließlich den Angriff befiehlt, weigern sich die Männer zunächst, angesichts der sie erwartenden Übermacht und der selbst für den einfachen Soldaten erkennbar schlechten Ausgangssituation von Bord zu gehen. Der Knoten platzt schließlich, als laut Caesar der Standartenträger der X. Legion mit dem Zeichen der Legion ins Wasser springt und verkündet, dass er auf jeden Fall an Land gehen wird. Nun müssen ihm seine Kameraden folgen, wenn sie den Verlust des Adlers verhindern wollen. Erfunden oder nicht (denn solch eine heroische Tat liest sich in jedem Fall gut in Berichten), dies war das Signal für den Angriff.

Dieser erweist sich jedoch als äußerst schwierig. Die Britannier überziehen die sich mühsam an Land kämpfenden Legionäre mit einem Hagel von Speeren und reiten sogar ins Wasser, um die Römer bereits abzuwehren, ehe sie den Strand erreichen.

Jetzt kommt der strategische Genius des Gaius Iulius Caesar zum Zuge. Er nutzt aus, dass die wenigen römischen Schiffe – im Gegensatz zu den requirierten venetischen – einen geringeren Tiefgang haben, führt sie näher an den Strand heran und beginnt von ihnen aus, die Britannier mit Speeren und *catapultae* zu beschießen.

Als die ersten Römer unter dem Deckungsfeuer von See aus festen Boden erreichen, sammeln die einheimischen Stämme ihre Streitkräfte und beginnen mit Kampfwagen einen konzentrierten Angriff auf die Landungstruppen. Wieder droht den Römern ein Rückschlag. Erst als Caesar seine Reservetruppen aktiviert, wendet sich das Blatt. Nach dreieinhalb endlos erscheinenden Stunden haben sich die Römer auf dem Strand festgesetzt. An eine Verfolgung der abgewehrten Britannier ist an diesem Tag jedoch nicht mehr zu denken.

Am nächsten Tag beginnen die Römer vorzurücken, und nun zeigt sich, dass ihre Kampfweise der der britischen Kelten überlegen ist.

Jetzt schlägt die große Stunde der zwielichtigen Gestalten.

Wechselndes Kriegsglück – und wieder Comm

Die Cantii, die Trinovantes und die Atrebates, die den Hauptteil des vereinigten Heeres gebildet hatten, sind demoralisiert. Sie beschließen zu verhandeln. Erstaunlich ist nur ihre Wahl des Unterhändlers, den sie zu Caesar schicken. Oder hat Comm, der in Caesars Bericht nicht unter den Kämpfenden erwähnt wird, im Hintergrund gewartet, wie das erste Treffen ausgeht? Zumindest versucht er nun, seine Haut zu retten, indem er unmittelbar nach Caesars Ankunft die Seiten wechselt und sich dem Stärkeren andient. Die Geschichte, die er Caesar dabei auftischt, klingt an sich unglaubwürdig. Comm behauptet, dass die britannischen Atrebates ihn nicht als König akzeptiert und stattdessen eingesperrt hätten. Deshalb hätte er Caesar auch nicht vor der ihn erwartenden Streitmacht an der Küste warnen können. Die Geschichte passt aber in das Gesamtbild, das man von diesem Paradebeispiel eines Opportunisten erhält.

Comms Karriere ist auch nach modernen Maßstäben mehr als beeindruckend. Nach seiner Rückkehr unter die Fittiche Caesars wird er nicht nur dessen Verhandlungsführer, sondern avanciert sogar zum Angehörigen seiner Leibgarde. Sein Status ist beachtlich, denn laut Caesars Erzählung untersteht ihm eine eigene berittene Garde (vermutlich einheimische Hilfstruppen) von immerhin 30 Mann. Innerhalb der nächsten zwei Jahre wird die Freundschaft zu Caesar jedoch deutlich abkühlen, denn 52 v. Chr. wird man Comm als Anführer der antirömischen Atrebates wiederbegegnen, die unter Vercingetorix den letzten Kampf der Gallier gegen Caesar ausfechten. Als er dabei in römische Gefangenschaft gerät, äußert er als letzten Wunsch angesichts des zu erwartenden Todes, nie wieder in ein römisches Gesicht blicken zu müssen. Den Wunsch wird er sich selbst auf seine höchst eigene Art erfüllen: Er flieht über den Rhein nach Germanien, zieht von dort aus wieder nach Britannien und nimmt seine alte Funktion als atrebatischer Stammesführer wieder auf. Er wird dabei aber nicht nur Herrscher über die Atrebates in der Region des heutigen Hampshire, sondern begründet mit seinen Söhnen eine Dynastie, die weite Teile Südostbritanniens regiert.

Zurück zur Situation am britannischen Strand: Caesar ist klar, dass er zu schlecht ausgerüstet ist und zu wenige Männer hat, um ernsthafte Vorstöße ins Landesinnere zu unternehmen. Also verlegt er sich zunächst einmal darauf, die Verhandlungen mit den britannischen Stammesführern in die Länge zu ziehen. Die gewonnene Zeit nutzt er, um das Lager am Strand zu befestigen und gleichzeitig seine scheinbar starke Position dafür auszunutzen, seine Truppen von den umliegenden Stämmen mit Lebensmitteln versorgen zu lassen. Das Wissen um die immer noch kriegsbereiten Britannier im Landesinneren bereitet ihm Unbehagen, aber Caesar weiß, dass er ohne seine Reiterei kaum Chancen hat. Und so ist er auch freudig erregt, als diese mit vier Tagen Verspätung endlich vor der südostbritannischen Küste auftaucht.

Was dann passiert, ist vermutlich der einzige Punkt in der gesamten Geschichte dieser ersten Invasion, den man Caesar nicht anlasten kann. Ein mächtiger Herbststurm bricht los, und die bereits vor der Küste wassernden Transportschiffe mit der Reiterei geraten derart in Seenot, dass sie nach Gallien zurückkehren müssen, um zu vermeiden, auf den Strand geworfen zu werden. Aber nicht nur das. Sämtliche bereits in Ufernähe ankernden Schiffe der Legionen werden zerstört; zwölf davon völlig.

Die bitter notwendige Verstärkung wieder in Gallien.

Alle Vorräte zerstört.

Mit einer verschwindend kleinen Streitmacht allein in Feindesland, ohne Rückzugsmöglichkeit.

Und vor allem: Mit dem Fortschreiten des Herbstes und der damit einhergehenden Verschlechterung des Wetters verringern sich die Aussichten, Britannien noch vor Wintereinbruch verlassen zu können, buchstäblich mit jedem Tag.

In dem Bewusstsein, dass ein konzertierter Angriff der Britannier das Ende bedeutet, leitet der römische Feldherr mit kühlem Kopf alle notwendigen Maßnahmen ein, um die totale Vernichtung abzuwenden. Seine erste Sorge gilt der Versorgung mit Nahrungsmitteln. Er entsendet die Legionäre, um aus den Kornspeichern und von den Feldern der Britannier alles zu beschlagnahmen, was irgendwie essbar ist. Als zumindest die Gefahr des Verhungerns gebannt scheint, wendet er sich dem Problem des Rücktransports zu. Eine erste Bestandsaufnahme ergibt, dass man einen Teil der Schiffe mit Hilfe von Teilen anderer Schiffe reparieren kann. Das lässt wieder etwas hoffen.

Sehen die Britannier die unglaubliche Chance, die sich ihnen bietet?

Nein, entweder fehlt ihnen der Überblick über die Situation, oder aber, was wahrscheinlicher ist, es mangelt ihnen wieder einmal an der Einigkeit. Zwar scheint ihnen klar zu sein, dass sich die Römer in Schwierigkeiten befinden, trotzdem beschränken sie sich darauf, die Fouragiere durch Überfälle aus dem Hinterhalt am Nahrungssammeln zu hindern. Das erklärte Ziel der Kelten ist, die Römer aushungern.

Zumindest anfänglich haben die keltischen Stämme damit Erfolg. Die kleinen Trupps mit ihren Eskorten geraten immer wieder in bedrohliche Situationen. Caesar kontert, in dem er nunmehr eine komplette Legion für die Aufgabe einteilt. Das wiederum weckt den Kampfgeist der britischen Kelten. Die römische Legion gerät in einen Hinterhalt und läuft Gefahr, von einer großen Einheit von Kampfwagenkriegern aufgerieben zu werden. Caesar reagiert sofort. Er lässt das Lager befestigen, sammelt einen Stoßtrupp und eilt zu Hilfe. Mehr als Schadensbegrenzung kann er jedoch nicht betreiben; er schafft es gerade einmal, einen halbwegs geordneten Rückzug zu organisieren. Der Anblick der sich unter Verlusten zurückziehenden Römer gibt den Britanniern neuen Mut. Auf einer erneuten Versammlung der südostbritannischen Stämme werden die Gefangenen und die erbeuteten römischen Waffen präsentiert. Die Römer sind verwundbar, scheinen tatsächlich geschwächt. Gibt es einen besseren Zeitpunkt für einen gemeinsamen Angriff?

Mag auch jeder Stamm seine eigenen Ziele hochhalten, und mag man sich entsprechend dem wechselnden Kriegsglück auch wankelmütig gezeigt hat; die Versammlung beschließt: Die Britannier werden den Römern in einer – wie sie meinen – letzten, alles entscheidenden Schlacht entgegentreten.

Doch Caesar ist mit dieser Mentalität vertraut. Er weiß – oder zumindest ahnt er – was ihn erwartet. Das just in diesem Moment eintretende extrem schlechte Wetter verschafft ihm noch ein wenig Zeit, und als sich die britannischen Stämme dann tatsächlich zum Kampf stellen, sind die Römer alles andere als unvorbereitet.

Beide Seiten wissen, was sie wollen, nur einer steckt in einer echten Zwickmühle. Auf wessen Seite soll Comm sich nun schlagen? Soll er bei Caesar bleiben, dessen Gunst er momentan genießt, der jedoch auf verlorenem Posten kämpft? Oder soll er bei den Britanniern kämpfen, die für den Augeblick alle Vorteile auf ihrer Seite zu haben scheinen?

Ist es sein unfehlbarer Instinkt für die Gelegenheit, der ihn letztlich dazu treibt, weiter unter dem römischen Feldherrn zu dienen? Oder fehlt Comm schlicht die Zeit, erneut die Fronten zu wechseln? Auf jeden Fall finden wir ihn, wie bereits gesagt, in der Funktion von Caesars Bodyguard an der Spitze einer kleinen Reitereinheit wieder.

Als die Schlacht beginnt, fühlen sich die Kelten derart überlegen, dass sie den Römern sogar ihre Kampfweise aufdrängen wollen. Sie treten vor die Linien hin und versuchen, die Offiziere und Legionäre durch verbale Provokationen einzuschüchtern, zu beleidigen und zu Einzelkämpfen herauszufordern. Schade nur, dass sich die Römer so gar nicht auf diese Spielchen einlassen wollen. Sie stehen einfach nur da und warten ab. Als die Kampfwagen schließlich losbrechen, treten die Legionäre in den vordersten Linien einfach zur Seite und lassen die Britannier in ein mörderisches Sperrfeuer aus geworfenen Speeren und Geschossen aus *catapultae* laufen. Der Angriff kommt fast augenblicklich zum Stehen, dann rücken die Legionäre mit gezogenen Kurzschwertern vor. Der Angriff der Britannier löst sich in heillose, verlustreiche Flucht auf. Caesar lässt nachsetzen, und auch Comms Reitereinheit gehört zu den Verfolgern …

Caesar hat militärische Überlegenheit selbst unter schwierigsten Bedingungen demonstriert.

Aus militärstrategischer Sicht könnte Caesar jetzt die Rückkehr anordnen, denn es sind ausreichend Schiffe wieder notdürftig zusammengeflickt, sodass sie die nur einige Stunden dauernde Überfahrt nach Gallien überstehen würden.

Politisch würde eine Abreise zu diesem Zeitpunkt jedoch bedeuten, dass alles umsonst war. Caesar müsste in Rom gute Erklärungen für den Verlust von zwölf Schiffen und einer nicht unerheblichen Zahl von Männern haben. Denn auf der Habenseite steht zwar ein militärischer Erfolg, der, weil jenseits der bis dahin bekannten römischen Welt errungen, durchaus Gewicht hat. Doch weder hat Caesar damit neue Territorien für Rom erstritten, noch haben sich neue (Tribut zahlende) Untertanen aufgetan. Fatalerweise hat er keinerlei Ressourcen, den Früchten seines Sieges hinterherzulaufen. Und so bleibt ihm nichts weiter übrig, als zähneknirschend zu warten.

Als die britannischen Stammesführer schließlich reumütig bei Caesar vorstellig werden, diktiert der in aller Eile seine Forderungen. Er verdoppelt die Zahl der zu stellenden Geiseln, ordnet dann aber etwas an, was auf die Stammesherren vermutlich eher befremdlich wirkt. Er will die Ankunft und Übergabe der Geiseln nicht mehr in Britannien abwarten, sondern befiehlt, dass die Betreffenden zu ihm nach Gallien geschickt werden. Dann brechen die Römer auf.

Ohne Comm, der in Britannien bleibt.

Kein Sieg und doch ein Sieg – und noch ein Opportunist

Kaum in Gallien angekommen rüstet sich Caesar für seine Weiterreise nach Rom. Die Bilanz seines ersten britannischen Abenteuers wirkt in seiner eigenen Wahrnehmung wahrscheinlich eher dürftig. Auch glaubt er vermutlich selbst nicht daran, dass sich die britannischen Stammesführer an die Abmachung halten und ihm die geforderten Geiseln schicken, mit denen er zumindest einen symbolischen Sieg hätte beweisen können. Und so befiehlt er seinem Stellvertreter Titus Labienus vor seiner Abreise, alle Vorbereitungen für einen neuen Invasionsversuch zu treffen.

Titus Labienus arbeitet außerordentlich gut und effektiv. Als Caesar – entgegen seinen eigenen Erwartungen mit größten Ehren und neuen Befugnissen ausgestattet – nach Gallien zurückkehrt, erwartet ihn eine Flotte von 600 neuen Schiffen. Ihre Bauweise zeigt, dass die Römer ihre Lektion gelernt haben: Sie sind breit und haben eine flache Unterseite, um möglichst nahe an der Strand heranfahren zu können.

Auch sonst erinnert die Streitmacht, die da jetzt, am 6. Juli des Jahres 54 v. Chr. gegen 20.00 Uhr auf die britische Küste zuhält, schon deutlich eher an ein Invasionsheer als die des vorigen Jahres: fünf Legionen mit Hilfstruppen und 2000 Reiter, mithin 30 000 Mann. Der Anblick der sich nähernden Flotte – 540 Transportschiffe (60 werden durch schlechtes Wetter in der Seinemündung festgehalten), 28 Galeeren und mehr als 200 private Schiffe von Freunden und Kaufleuten – muss beeindruckend sein. So beeindruckend, dass die Britannier diesmal gar nicht erst den Versuch unternehmen, sich den Römern schon bei der Landung entgegenzustellen, sondern sich auf besser zu verteidigende Positionen im Landesinneren zurückziehen.

Unter Zurücklassung von 5000 Legionären und 300 Reitern beginnt Caesar aus dem Ausschiffen heraus mit einem Nachtmarsch von gut 20 Kilometern. Etwa vier Kilometer westlich vom heutigen Canterbury kommt es am 7. Juli zur ersten Schlacht.

Die Cantii sind kein Gegner für die bestens vorbereiteten Römer. Auch Rückzüge in die Wälder und schließlich in eine Hügelfestung (das heutige Bigbury) helfen nichts. Die Römer halten sich gar nicht erst mit Belagerung auf, sondern setzen sofort zum Sturm an.

Die Cantii fliehen.

Dann hat Caesar ein Déjà vu. In der Nacht vom 8. auf den 9. Juli zerstört ein schwerer Sturm die vor der britischen Küste ankernde Flotte. Er bricht die Verfolgung der Cantii ab und kehrt zum Basislager zurück. Seinen 48. Geburtstag verbringt Caesar inmitten seiner zerschmetterten Schiffe in Trauer um seine Tochter und seinen Enkel, von deren Tod er durch einen Boten ebenfalls an diesem Tage erfahren hat.

Bis zum 19. Juli dauern die Reparaturarbeiten an. Als Caesar dann zum nächsten Inlandsmarsch aufbricht, hat sich die Situation auf britannischer Seite in mehrfacher Hinsicht geändert. Zum einen haben sich die Cantii Unterstützung in Gestalt der Cassi unter Caswallon geholt. Dieser hat zunächst Krieger aus dem Stamm der Trinovantes rekrutiert und auch sofort die Oberherrschaft über das vereinte Heer aus Cassi, Trinovantes und Cantii übernommen. Wie wichtig Caswallon die Angelegenheit ist, zeigt die Tatsache, dass das Territorium der Cassi eigentlich 120 Kilometer vom Meer entfernt liegt, im heutigen Middlesex, Hertfordshire und Oxfordshire. Nördlich dessen, was die Britannier »kleines Wasserstück« – zu gut Keltisch *tam* – nennen und heute Themse heißt.

Unter Caswallons Führung ändert sich die Strategie der Britannier. Sie greifen die vorrückenden Römer frühzeitig an, ziehen sich zum Schein zurück, um dann wieder aus Hinterhalten loszuschlagen. Sie überfallen Nachtlager, versuchen, die großen Marschverbände durch geschickte Manöver in kleine Gruppen aufzusplitten und aufzureiben. Hauptziel sind die Nahrungssammler, und das so effektiv, dass Caesars Versorgung mit Lebensmitteln schon sehr bald in Schwierigkeiten gerät.

Unter schweren Verlusten stoßen die Römer dennoch unaufhaltsam in das Landesinnere vor. In einem Gegenangriff werden die Kelten unter Caswallon schließlich entscheidend geschlagen. Caswallon selbst flieht mit den Resten der Streitmacht der Cassi und Trinovantes. Um den Römern die Verfolgung so schwer wie möglich zu machen, verbrennen die Cassi ihre eigenen Dörfer und Felder, damit Caesar hier von allen Nahrungsmitteln abgeschnitten ist.

Doch ist Caswallon offenbar der Letzte, der noch an den Sieg der britannischen Kelten glaubt. Noch während seiner Verfolgung erscheinen fünf Stammesherrscher bei Caesar und bitten um Frieden. Auch der ehrgeizige und machthungrige Avarwy, Sohn des Lugh, des Herrschers der Trinovantes, hält es für besser, die Römer als Partner zu gewinnen. Bereits vor dem Beginn der ersten Invasion hat Avarwy zu denen gehört, die Caesar aufgesucht und ihm seine Unterstützung angeboten hatten. Auch jetzt, als die geschlagenen Stämme Südostbritanniens bei Caesar um Frieden bitten, ist er wieder mit von der Partie. Ob Lugh als Herrscher in dieser schwierigen Situation nicht abkömmlich ist oder ob sich Avarwy selbst in die Position des Verhandlungsführers der Trinovantes gedrängt hat, ist nicht bekannt. Allerdings geht er weiter als alle anderen Stammesherrscher, die bei Caesar vorstellig werden. Er bietet Caesar an, ihn zu dem Versteck des Caswallon zu führen, wenn ihm der Römer zu seinem – wie er meint – legalen Anspruch auf den Thron der Trinovantes verhilft. Ironie des Schicksals: Caesar akzeptiert das Angebot des Avarwy; dieser taucht aber durch ein Missverständnis auf römischer Seite in Caesars Berichterstattung nicht unter seinem richtigen Namen, sondern unter dem Schimpfwort auf, mit dem ihn seine keltischen Zeitgenossen bedenken. Mandubratius, der Name, unter dem Avarwy in *De bello Gallico* Erwähnung findet, ist die lateinische Auflautierung von *du bradwr* – schwarzer Verräter.

Wie er es in der Kürze der Zeit schafft, ist schleierhaft, doch nur wenige Tage später desertieren die Trinovantes aus dem Heer des Caswallon. Avarwy ist von da an tatsächlich Herrscher seines Stammes. Was mit seinem Vater geschehen ist, ist nicht überliefert.

Unerwartet erhält Caesar weitere Unterstützung, dies von einem Stamm, den er als Cenimagni bezeichnet und der nordöstlich der Cassi im heutigen East Anglia lebt. Die *Ceni magni*, »die großen Iceni«, verdienen sich damit als einer der ersten britannischen Stämme den Titel »Freunde Roms«.

Von Avarwy geführt, erstürmen die Römer die Festung, in der sich Caswallon verschanzt hatte, doch wieder gelingt diesem die Flucht. In einer anderen Hügelfestung plant er seinen letzten Schlag gegen Caesars Legionen. Sein Charisma überzeugt sogar die Cantii und die Atrebates, sich noch einmal seinem Heer anzuschließen, um einen Angriff gegen das römische Basislager zur führen. Das passiert irgendwann um den 5. August herum. Als dieser Angriff scheitert, gibt Caswallon auf und entsendet einen Boten zu Caesar, der die Bedingungen für die Kapitulation entgegennehmen soll.

Nun wäre die Entsendung eines Unterhändlers ja nichts Außergewöhnliches. Allerdings … Es handelt sich bei diesem Boten um keinen Geringeren als Comm. Wie er Caesar erklärt, warum er sich die ganze Zeit über nicht nur in Caswallons Unterschlupf aufgehalten, sondern sogar das atrebatische Kontingent während dieses letzten

Angriffs auf die Römer geführt hat, darüber schweigt die Geschichtsschreibung …

Caesar bricht unter Comms Führung zu Caswallons Versteck auf. Die Verhandlungen ziehen sich in die Länge. Aber diesmal gehen Caesars Bedingungen auch weiter. Außer, dass er wie üblich Geiseln und Tribut fordert, greift er aktiv in die stammesinternen Belange der Britannier ein und verbietet Caswallon, Schritte gegen die Trinovantes im Allgemeinen und Avarwy im Besonderen zu unternehmen.

Diesmal kann sich Caesar auch die Zeit nehmen, auf die Geiseln zu warten (die er zur Refinanzierung seines Feldzugs in die Sklaverei verkauft), da er durch den Sturm ohnehin zu wenige Schiffe hat, um alle Legionäre, Hilfstruppen und Geiseln auf einmal zu transportieren. Als am 26. September 54 v. Chr. die Schiffe das zweite Mal ablegen und Kurs auf Portus Itius nehmen, haben die Römer Britannien verlassen. Es sollte unglaubliche 97 Jahre dauern, bis sie wieder zurückkehren.

Aber sind sie wirklich weggegangen?

Siebenundneunzig Jahre Ruhe?

Der Fuß in der Tür …

Ende September des Jahres 54 v. Chr. sind die römischen Legionen abgezogen. Im März 44 v. Chr. stirbt Caesar im Kapitol und 13 Jahre später, mit dem Sieg seines Großneffen Octavian über die vereinte Streitmacht von Marcus Antonius und die ägyptische Herrscherin Cleopatra in der Schlacht von Actium auch die römische Republik.

Sehr lebendig dagegen ist das Bild des erfolgreichen Eroberers fremder Territorien. Und so landet auch Britannien recht frühzeitig wieder auf der Wunschliste des Ocvtavian, der sich inzwischen Augustus nennt. Nicht zuletzt trägt dazu auch die auf den damaligen römischen Karten dargestellte geografische Lage Britanniens bei: Von Britannien aus gesehen liegt Germanien im Osten, Gallien im Süden und Hispania im Westen, stellt also eher eine wilde Enklave in römischem Hoheitsgebiet dar.

Dass es letztlich zu keiner Wiederholung der Invasion von 55/54 v. Chr. kommt, verdankt Britannien zwei wesentlichen Aspekten. Caesar mag von sagenhaften Schätzen gehört haben, gesehen hat er sie nie. Wie hätte er auch? In die reichen Zinnabbaugebiete Cornwalls ist er als Militär nie vorgedrungen. Im Gegenteil, eigentlich haben sich die Britannier als ziemlich ärmlich dargestellt, was die offiziellen, eher bescheidenen römischen Tributforderungen belegen.

In erster Linie hilft den britischen Völkern jedoch die Renitenz der Germanen, deren Gebiet auf eben erwähnter Wunschliste des Kaisers Augustus ganz oben steht. Die Kämpfe gegen die Germanen haben die Römer jahrelang viel Zeit und Energie gekostet. Im Zuge dessen sind auch ihre Grenzbefestigungen wie der Limes entstanden. Diese langjährige Auseinandersetzung, in der die berühmte Varusschlacht im Jahr 9 n. Chr. eine wichtige Entscheidung darstellt, kostet Rom schließlich so viele Ressourcen, dass Augustus von weiteren Eroberungen absieht. Stattdessen proklamiert er die Festschreibung der bestehenden Grenzen des Römischen Reiches. Auch sein Nachfolger, der ab 14 n. Chr. amtierende Kaiser Tiberius, macht sich diese Politik zum Grundsatz seiner Regierung.

Doch mögen die Legionäre aus Britannien abgezogen sein, Rom selbst ist noch da. Und der Fuß, den Rom nach seinem körperlichen Abzug in der Tür zu Britannien behalten hat, hat einen konkreten Namen: Kommerz.

Nur in einem Nebensatz des *De bello Gallico* wird erwähnt, dass Caesar auf seiner zweiten Expedition von etwa 200 privaten Schiffen begleitet wird. Auf die Identität und die Funktion dieser Begleiter geht er nicht weiter ein, es ist jedoch naheliegend, dass es sich dabei um wohlhabende Freunde Caesars handelt, die neues, lukratives Geschäft in Britannien wittern. Und selbst, wenn ihnen der direkte Zugriff auf die Schätze Britanniens vorenthalten bleibt, so finden sie doch im Überfluss neue Absatzmärkte für römische Waren, die in diesem Teil der Welt als Luxusgüter gelten. Das östliche Britannien ist ein Schwamm, der die Symbole der römischen Lebensart schneller aufsaugt, als sie nachgeliefert werden können: Wein, feine Keramik, Stoffe, Schmuck. Dieser Handel ist von britannischer Seite aus ausschließlich auf höchster Ebene angesiedelt. Es ist das bekannte Muster: Hochgestellte Adlige wollen durch Selbstdarstellung und Geschenke innerhalb ihrer Gemeinschaft ihren eigenen Status erhöhen.

Doch profitieren auf der anderen Seite auch die privilegierten römischen Geschäftsleute: Privatpersonen, zum Teil aber auch römische Beamte. Und Profit ist hier durchaus nicht nur rein finanziell zu sehen. Die Güter, die sie von den Britanniern erhalten, sind laut Strabo Getreide, Tierhäute, Vieh, Eisenbarren, und »Sklaven« – typischer Legionsbedarf. Allein dieses Sortiment versetzt sie in die Lage, nicht nur gut verdienende, sondern vor allem einflussreiche Lieferanten für die römische Militärmaschinerie zu werden.

Hauptnutznießer der sich neu entwickelnden Handelsbeziehungen ist jedoch der römische Staat selbst. Die Zölle auf den Warenverkehr zwischen Gallien und Britannien sind exorbitant.

Es ist vor allem Avarwy geschuldet, dass Caesar – unbewusst – weitreichende Veränderungen in Südostbritannien bewirkt. Solange die Venetii den Handelsverkehr zwischen Gallien und Britannien beherrschten, lag der Hauptumschlagshafen für den Mittelmeerhandel im Gebiet der Durotriges bei Hengistbury Head im Südwesten der Insel. Hierher brachte man britannisches Zinn, Silber, Eisen, Schwarzschiefer und Kupfer zur Weiterverschiffung; hier landeten im Gegenzug auch die Güter aus dem Mittelmeerraum, die von hier aus ins Landesinnere transportiert wurden.

Im Jahr vor der ersten Britannienexpedition des Caesar hören die Venetii auf, als Seemacht zu existieren. Die alte Handelsroute bricht von einem Tag auf den anderen zusammen.

Aber nicht ersatzlos. Als Draufgabe zum Thron der Trinovantes fällt Avarwy als Freund Roms ein Handelsmonopol für römische Waren zu. Das hat jedoch wenig mit einer realen römischen Vorliebe für ihn zu tun. Das trinovantische Stammesgebiet hat aus nüchterner logistischer Sicht einfach eine geniale Lage an der Ostküste, mit der Themsemündung in seinem direkten Einflussbereich, gegenüber der gallischen Küste, was kürzeste Wege für die Handelsreisenden verheißt.

Die neuen Orte der Begehrlichkeiten, die Plätze, die über den neuen Wohlstand verfügen, heißen von nun an »Festung des Gottes Camul« – *Camul Dun* (nach römischer Diktion Camulodunum, das heutige Colchester) und »Festung des Gottes Lugh« – *Lugh Dun* (Londinium – heute London).

Doch das geschieht nicht ohne Folgen …

Veränderungen

Die Cassi haben jeden Grund, Rom zu hassen. Sie wurden militärisch geschlagen und gezwungen, sich Rom formell zu unterwerfen. Sie haben Geiseln aus ihren hohen Familien stellen müssen, und Caesar hat sie auch noch erniedrigt, indem er Caswallon verboten hat, dem Verräter Avarwy und den Trinovantes zu geben, was sie aus Sicht der Cassi verdienen.

Ja, die Cassi sind echte Hardliner, was alles Römische angeht.

Wirklich? Im Gegenteil. Dass sie Rom politisch hassen, hindert die Cassi in keiner Weise daran, den Luxus zu lieben und zu begehren, den die Verbindung mit der antiken Supermacht mit sich bringt. Diese moralische Inkonsequenz steht in krassem Gegensatz zu der an den Tag gelegten Konsequenz, mit der die Cassi ihren Plan umsetzen, an die Quelle des neuen Wohlstands in Britannien vorzudringen.

Caesar hat bei seiner Abreise angeordnet, keine Vergeltungsaktionen gegen die Trinovantes im Allgemeinen und Avarwy im Besonderen zu unternehmen. Diese Forderung ist interpretierbar. Sie sagt nichts über eine Landnahme aus anderen, zum Beispiel ökonomischen Gründen.

Ungefähr zum Zeitpunkt von Caesars unerfreulichem Tod wird Caswallon von einem Mann namens Androco in der Herrschaft abgelöst. Unter ihm und seinem Nachfolger Tasciovan geraten die Forderungen des Caesar in Vergessenheit. Die Cassi erweitern ihren Herrschaftsbereich und unterwerfen die Trinovantes, wenn zunächst wohl nur formell. Zu Beginn der christlichen Zeitrechnung vollendet Tasciovans Nachfolger Cunobelin (»Hund des Gottes Bel«, der durch Shakespeare unsterblich gemachte »Cymbeline«) die Unterwerfung und verlegt zur Bekräftigung der Vormachtstellung der Cassi deren Stammeszentrum in das der Geschlagenen: nach *Camul Dun*, das heutige Colchester. Und um zu zeigen, wie ernst es ihm ist, versieht er die Siedlung mit einer über 3100 Hektar großen Verteidigungsanlage und etabliert Prägestätten für Gold- und Silbermünzen.

Auch im Stamm des Comm, den Atrebates, kommt es zu Veränderungen. Tincomm, der Sohn des Comm und Herrscher über das heutige Sussex, wird abgelöst durch seinen Bruder Epillus, der jedoch auf mysteriöse Weise verschwindet und wenig später in der Herrscherriege der Cantii im nordöstlichen Kent wieder auftaucht. Seinen Platz bei den Atrebates nimmt inzwischen Verica ein, der ohnehin bereits das Kernland der Atrebates regiert. Diese Veränderungen sind das Resultat eines Umschwungs in der Haltung zu Rom. Comm und auch Tincomm bezogen nach Comms Flucht aus Gallien – nachvollziehbar – eine strikte antirömische Haltung. Verica und Epillus verfolgen hingegen eine Politik der Annäherung – im wahrsten Sinne des Wortes. Zwar existieren in Rom um 26 v. Chr. herum Pläne des ehrgeizigen Augustus, Britannien dem römischen Herrschaftsgebiet real hinzuzufügen. Er ist zu diesem Zeitpunkt jedoch viel zu sehr mit seinen Eroberungsplänen in Germanien beschäftigt, um Ressourcen für Britannien freizusetzen. Es ist also völlig ohne Not, dass sich im Jahr 26 v. Chr. Epillus und Verica als

Vertreter der Atrebates und der Cantii in Rom einfinden, Augustus im Kapitol Geschenke übergeben und einen Friedensvertrag anbieten.

Zwei südbritannische Stämme, die Rom ihre Aufwartung machen? Und dafür vielleicht zusätzliche Handelsprivilegien erhalten?

Die Cassi möchten nachvollziehbar an den neuen Chancen teilhaben, möchten darüber hinaus aber auch ein gewisses Maß an Kontrolle über das Verhältnis ihrer direkten Nachbarn zu Rom ausüben können. Also besetzen die Cassi unter Epaticcu (Bruder und Mitregent des Cunobelin) ab 20 n. Chr. zunächst die nördlichen Teile des atrebatischen Territoriums und schließlich um 25 n. Chr. deren Hauptstadt Calleva (in der Nähe des Ortes Silchester gelegen). Nur wenig später ist ihr Einfluss auch bei den Cantii dokumentiert. Ob dies auf militärischem oder diplomatischem Weg erreicht wurde, ist nicht überliefert.

Wohlstand ist Macht, und Macht zieht an. Westlich von den Cassi, und damit nach dem Niedergang von Hengistbury Head von allen lukrativen Handelsstraßen abgeschnitten, leben die Dobunni. In realistischer Einschätzung ihrer Lage arrangieren sie sich mit den Cassi, wobei der gemeinsame belgische Ursprung sicher auch eine Rolle spielt.

Caesar hat 55/54 v. Chr. in Britannien keinen militärischen Sieg für Rom errungen, jedoch ist das, was er erreicht hat, viel bedeutender: Er hat jenseits jeglicher Politik primitive menschliche Instinkte angesprochen, hat Begehrlichkeiten geweckt, und das so nachhaltig, dass in den fast 100 Jahren nach seiner Abreise auch ohne militärische Machtdemonstrationen ein neues Britannien entsteht.

Und es ist kein Zufall, dass dieses Britannien so überaus große Ähnlichkeiten mit Gallien aufweist …

Von Muscheln und glücklosen Herrschern

Er holt tief Luft und atmet die salzige Meeresluft ein. Hinter sich hört er das Schnauben der Pferde, vieler Pferde, und etwas weiter vorn sieht er die Hafenanlagen. Er kann die Zahl der Schiffe nur erahnen, die bereitliegen, um das Heer über das Wasser zu transportieren.

Ein römisches Heer angeführt vom römischen Kaiser persönlich.

Sein Mund verzieht sich zu einem verächtlichen Grinsen. Zittern sollen sie, die, die ihn vertrieben haben. Allen voran seine beiden sauberen Brüder Togodum und Caradoc. Haben ihn belächelt, als er seinen Teil der Macht eingefordert hat.

Haben sie wirklich geglaubt, dass er, Adminius, die Zurückweisung einfach so auf sich sitzen lassen würde? Nein, er hatte mehr von ihrem Vater Cunobelin als die beiden zusammen.

Gut, die Götter sind nicht mit ihm gewesen, als er versucht hat, sich mit Gewalt zu nehmen, was man ihm im Guten nicht hatte geben wollen. Nun, jetzt wird ihm jemand anderes zu seinem Recht verhelfen.

Zugegeben, seine Flucht war alles andere als würdevoll gewesen. Gekleidet in unauffällige Lumpen, zusammen mit seinen engsten Kampfgefährten versteckt auf ein paar baufälligen Handelskähnen, die Waffen verborgen in dreckigen Bündeln, die selbst von den schmuddeligen Verlade- und Schiffshelfern keiner anzufassen wagte aus Angst, sich Schwären an die Hände zu holen. Damit waren sie erst recht vor Kontrollen durch die überheblichen Beamten im gallischen Hafen sicher.

Auf seinem Weg nach Rom hatten seine Augen ihm bestätigt, was er eigentlich schon gewusst hatte: Es ging den Menschen gut hier. *Rom* tat den Menschen gut hier.

Wirklich überrascht hatte ihn die Reaktion, als er sich bei den Offiziellen der Stadt als exilierter Adliger der Cassi vorgestellt hatte. Wie einen König hatte man ihn behandelt! In einem eigens für hochrangige Gäste errichteten Haus hatte man sie untergebracht! Und nach nur drei Tagen hatte sie der große Herrscher, den alle verheißungsvoll den »Soldatenkaiser« nannten, persönlich empfangen, um ihr Anliegen zu hören. Er hatte sich geschmeichelt gefühlt. Er war wichtig.

Umso mehr, als dass Gaius Caesar Augustus Germanicus sofort eine große Versammlung des Rates einberufen hatte, den man hier Senat nannte. Nicht wirklich verstanden hatte er, warum ihn der Kaiser den hohen Herren vorgestellt und verkündet hatte, dass ihm die britannischen Stämme ihre Unterwerfung erklärt hatten und er sich nun dahin begeben müsse, um die neuen Territorien für Rom in Besitz zu nehmen. Aber vielleicht war auch nur sein schlechtes Latein schuld ...

Es hatte auch keine Bedeutung, denn der Kaiser hatte unmittelbar nach der Sitzung sein Heer gesammelt und war mit seinem neuen Freund in Richtung gallische Küste aufgebrochen.

Und jetzt sind sie hier, am Hafen, von dem aus die Unternehmung starten wird, die ihm, Adminius, den Thron der Cassi einbringen wird. Das Wetter ist perfekt, ein leichter Wind, der die Boote stolz auf dem Wasser dahingleiten lassen wird. Allein der Anblick der römischen Flotte wird seine Feinde klein erscheinen lassen!

Aber was passiert jetzt? Der römische Kaiser scheint das Zeichen zum Halten gegeben zu haben. Will er jetzt noch eine Ansprache halten? Adminius seufzt. Nun, wenn es denn hilft?

Der britannische Kriegerprinz versteht nicht viel von dem, was Gaius Caesar Augustus Germanicus da redet. Aber auch die Legionäre schauen einigermaßen verständnislos, nein, sogar hilflos drein. Adminius atmet auf, als er sieht, dass wieder Bewegung in die Reitereinheiten kommt. Warum lösen sich die Formationen jetzt auf? Warum, bei allen Göttern, verteilen sich die römischen Reiter über den ganzen Strand? Und warum sitzen sie jetzt sogar ab? Er schüttelt den Kopf, als würde das die Bilder vertreiben. Was tun sie da?

Wie Käfer kriechen sie über den Sand und sammeln irgendetwas auf.

Adminius ist verwirrt. Seine Kampfgefährten fragen ihn mit gedämpfter Stimme, ob er ihnen erklären kann, was dort vorn vor sich geht. Adminius kann es nicht. Er stößt seinem Pferd die Fersen in die Weichen, sodass es einen Satz nach vorn macht. Er muss näher heran, er muss sehen, was dort geschieht.

Als er es sieht, ist er kurz davor, den Verstand zu verlieren. Die großen Legionen Roms kriechen über den Strand – *und sammeln Muscheln!*

Von einem Augenblick auf den anderen versinkt Adminius Welt in einem undurchdringlichen Dunkel …

Bis heute rätseln die Historiker, ob Caligula tatsächlich geistesgestört war, oder ob seine Aktionen (wie das Muschelnsammeln an der gallischen Küste, oder die Nominierung seines Pferdes für das Amt des Konsuls) nur Provokationen an die Adresse des Senats darstellten. Die Wahrheit findet sich wahrscheinlich irgendwo in der Mitte. Doch mögen seine Befehle noch so lächerlich auf die Legionen gewirkt und Adminius zur Verzweiflung getrieben haben. Allein die Präsentation eines kompletten Invasionsheeres an der westgallischen Küste dürfte im Jahr 40 n. Chr. einen bleibenden Eindruck auf der anderen Seite des Kanals hinterlassen haben.

Und Irritationen. Denn auch in Südbritannien haben sich die Zeiten gewandelt. Die Cassi haben sich alle für die Kontrolle des Handels relevanten Gebiete auf die eine oder andere Art und Weise gefügig gemacht. Sie können es sich auf der politischen Ebene nicht mehr leisten, einen aggressiven antirömischen Kurs zu fahren. Luxus wollen und seiner Quelle gegenüber feindselig auftreten, funktioniert nun einmal nicht. Noch unter Cunobelin hatte sich das Verhältnis zu Rom spürbar entspannt, insofern führt die Machtdemonstration des Caligula sowohl bei den Cassi als auch bei den ohnehin römerfreundlichen Stämme Südostbritanniens zu einigen Verstimmungen, selbst als sie sehen, dass die Römer letzten Endes wieder abziehen. Die Stimmung kippt, die antirömische Partei, in der Togodum und Caradoc vom Stamm der Cassi führende Vertreter sind, gewinnt innerhalb der nächsten beiden Jahre erheblich an Macht, vor allem, als 41 oder 42 n. Chr. der inzwischen als gemäßigt geltende Cunobelin stirbt und Togodum ihm auf den Thron folgt.

Das Leben wird schwer für die erklärten Freunde Roms. Ein solcher ist der Atrebate Verica, Nachfahre des Comm. Sein Leidensdruck ist hoch, denn Anfang 43 n. Chr. unternehmen die Cassi unter Caradoc einen erneuten Vorstoß in das Territorium der Atrebates, welches diese zwischenzeitlich von den Cassi zurückerstritten hatten.

Den Misserfolg des Adminius vor Augen, wagt Verica noch im Jahr 43 n. Chr. die Flucht nach Rom, um dort für sich um Hilfe zu bitten.

Aber das Rom, das Verica vorfindet, ist ein anderes als das des Adminius von vor drei Jahren. Der Exzentriker Caligula ist unter mysteriösen Umständen und unter maßgeblicher Beteiligung der Prätorianergarde ermordet worden. Wunschkandidat der Garde für die Nachfolge war der auf den ersten Blick unwahrscheinlichste Anwärter auf den Thron. Claudius, Caligulas Onkel, ist ein schwächlich wirkender, stotternder, älterer Mann, der bislang noch nie öffentlich in Erscheinung getreten ist, politisch ein unbeschriebenes Blatt. Doch er entstammt dem Geschlecht der Julier, und allein das, die herleitbare Verwandtschaft zum großen Gaius Iulius Caesar, macht ihn schon zum Favoriten der Militärs.

Aber er muss diesen Namen mit Leben füllen. In Rom tut man das bekanntlich am besten durch militärische Erfolge. Es hebt den Ruf in der Öffentlichkeit gewaltig, wenn man nicht von sich aus als Eroberer, sondern auf Bitten eines Außenstehenden als Erlöser von Ungemach loszieht, um die Werte Roms militärisch in einem neuen Territorium zu manifestieren.

Es gibt jedoch noch einen anderen Grund, warum die Invasion Britanniens diesmal mehr als nur ein kühner Plan sein wird. Claudius ist nicht der »Trottel der imperialen Familie«, als der er gern dargestellt wird. Er ist im Gegenteil durchaus ein wirtschaftlich denkender Stratege und kühler Rechner. Und so ist die Entscheidungsfindung eine einfache Rechenaufgabe für ihn. Britannien, offensichtlich ein Risikofaktor für Rom, liegt an der nordwestlichen Grenze zu Gallien und damit dem *ager Romanus*. Um diesen gegen eine – eventuelle – Invasion von britannischer Seite zu schützen, müsste Rom nicht unerhebliche Truppenkontingente permanent an der gallischen Küste stationieren. Deren Unterhalt kostet Geld, viel Geld. Könnte man sie diesen Unterhalt nicht selbst verdienen lassen? In dem sie zum Beispiel Tribute aus einem neu eroberten Gebiet eintreiben? Dessen Eroberung Rom zudem von einer unmittelbaren Bedrohung befreit?

Verica, der Atrebate, findet sich mit seinem Hilfegesuch daher als höchst willkommener Gast des Claudius wieder. Innerhalb kürzester Zeit werden die Legionen wieder zur westgallischen Küste beordert. Verica erlebt jedoch nicht das Privileg, dass seine »römischen Hilfstruppen« vom Kaiser persönlich angeführt werden. An der Spitze des Invasionsheeres steht der erfahrene Aulus Plautius.

Der alte Haudegen hat jedoch mit erheblichen Schwierigkeiten zu kämpfen, denn es kommt zunächst beim Einschiffen zu der am Beginn dieses Kapitels beschriebenen Weigerung an Bord zu gehen. Wie es der herausragende britische Historiker Peter Salway so treffend ausdrückt, sind zu dieser Zeit mehr Menschen in Britannien bereit, die Römer zu empfangen, als Männer in Rom bereit sind, nach Britannien zu gehen.

So widersprüchlich es sein mag, aber aus heutiger Sicht war diese Meuterei das Beste, was den römischen Legionen passieren konnte. Aulus Plautius mag die Wochen bis zum Eintreffen des römischen Abgesandten auf glühenden Kohlen sitzen, doch allein der durch diesen Zwischenfall verursachte Zeitverlust rettet vermutlich vielen Hundert Legionären das Leben. Denn natürlich ist das Zusammenziehen der Truppen an der gallischen Küste in Britannien nicht unbemerkt geblieben. Und natürlich haben die Britannier ihre vereinten Streitkräfte wieder an derselben Stelle zusammengezogen, an der sie die römische Landung erwarten.

Nur … die Römer kommen nicht.

Man wartet eine Woche, zwei, drei, nichts passiert.

Schließlich ist man der Meinung, dass die Römer es sich wie schon beim letzten Mal unter Caligula anders überlegt haben. Und was macht der keltische Krieger, wenn er kämpfen will aber nicht kann? Er packt zusammen und geht nach Hause. So kurios es klingt, aber genau das passiert. Die Britannier warten noch nicht einmal ab, bis sie eine Nachricht vom Rückzug der römischen Truppen von der gallischen Küste erhalten. Es gibt genug Arbeit auf den Feldern – immerhin ist Erntezeit – und man hat besseres zu tun, als auf die Römer zu warten.

Und so kommt es, dass die vier Legionen, nebst ihren dakischen, thrakischen, batavischen und germanischen Hilfstruppen, insgesamt ungefähr 40 000 Mann, mit zwei Monaten Verzögerung unangefochten an der britannischen Küste landen können.

Nach der Errichtung eines befestigten Lagers geht es sofort weiter nach Nordwesten, durch das Gebiet der Cantii. Erst jetzt scheint die Ankunft der Römer in das Bewusstsein der Einheimischen zu dringen. Das schnell wieder zusammengerufene Heer stellt sich der römischen Streitmacht am Fluss Medway entgegen, unterliegt jedoch in einer für antike Verhältnisse ungewöhnlichen Zwei-Tage-Schlacht. Nur kämpfen sie nicht gegen Römer. Ihre direkten Gegner sind die Hilfstruppen, hier am Medway vor allem die Batavier (aus dem heutigen Holland), die so etwas wie eine Kampfschwimmer-Spezialeinheit darstellen. Die Britannier ziehen sich nach dem römischen Durchbruch zurück und versuchen, die Invasoren in einer zweiten Schlacht an der Themse zu stoppen. Wieder kämpfen sie nur gegen Hilfstruppen, denn es ist nicht nur eine der römischen Tugenden, neues Territorium für Rom zu erstreiten, sondern der Sieg wiegt noch schwerer, wenn er ohne Verluste an römischen Bürgern errungen wird.

Auch in dieser zweiten Schlacht siegen die Römer. Sie setzen in unmittelbarer Nähe der Siedlung *Lugh Dun* über den Fluss und errichten ein befestigtes Basislager – an der Stelle, wo heute der Tower steht.

Hier warten sie. Zwei Monate lang. Und zwar auf ihren Herrscher Claudius, der den Sturm auf die letzte Hochburg des Widerstands der Britannier, *Camul Dun*, selbst anführen will. Nicht, dass Claudius dem Aulus Plautius nicht zutraut, den Hauptsitz der Cassi einzunehmen. Es geht vielmehr um eine Formsache, eine protokollarische Angelegenheit. Claudius möchte sich gern *Imperator* nennen, was nur geht, wenn er einen eigenen militärischen Erfolg nachweisen kann.

Und den inszeniert er mit allen ihm zu Gebote stehenden Mitteln. *Camul Dun* kann dem Ansturm nicht widerstehen und fällt. Doch Claudius marschiert nicht einfach nur so in die Stadt ein, sondern er will Macht demonstrieren. Er reitet auf dem Rücken eines Kriegselefanten durch das Stadttor, begleitet von einer Einheit der Prätorianer.

Camul Dun ist als Handelsplatz und Ort der Huldigung des Kriegsgottes *Camul* anerkanntes Zentrum der Macht der südbritannischen Stämme. Hier empfängt Claudius die Unterwerfungserklärung einer ganzen Reihe britannischer Stammesherrscher.

Diesmal belässt es Rom jedoch nicht dabei, formelle Erklärungen und Versprechungen entgegenzunehmen. Claudius übergibt Aulus Plautius noch konkrete Anweisungen dahingehend, wie er sich die Sicherung, Verwaltung und nicht zuletzt auch Erweiterung der neuen römischen Territorien vorstellt und begibt sich dann zurück nach Rom.

Die Legionen machen dagegen keinerlei Anstalten, wieder abzuziehen.

Sie werden das erst wieder tun, wenn man in Britannien eigentlich eher darauf hofft, dass sie bleiben.

Der Zorn einer Frau gegen Rom

Die ersten Vorstöße

Die Römer verlieren keine Zeit. Sie haben das Machtzentrum der südbritannischen Stämme besetzt und Unterwerfungserklärungen entgegengenommen. Ihnen ist jedoch klar, dass sie damit noch längst nicht ganz Britannien in ihrer Hand haben.

Sofort zu Beginn der Feldzugsaison des Jahres 44 n. Chr. teilen die Römer ihre Streitkräfte und beginnen mit dem planmäßigen Vorstoß ins Landesinnere. Eine Legion bleibt in *Camul Dun*, zwei Legionen ziehen nach Nordwesten gegen die Cornovii und eine überschreitet im Westen die Grenze zum Stammesterritorium der Atrebates und unterwirft damit die, die die Römer eigentlich formell gerufen haben.

Bis Ende des Jahres 47 n. Chr. fallen die Stämme im Westen bis zum Fluss Severn und im Norden bis zum Humber, der Grenze zum Stammesgebiet der Brigantes. Hügelfestungen stellen kein ernsthaftes Hindernis für die römische Sturm- und Belagerungstechnik dar; mehr als 20 werden eingenommen und teilweise komplett zerstört. Die folgenden zwölf Jahre verwenden die Römer verstärkt auf die Konsolidierung der Verhältnisse in den von ihnen verwalteten Territorien. Das bedeutet jedoch keinen Stillstand in Bezug auf die Erweiterung des römischen Herrschaftsgebietes. Im Westen führt Ostorius Scapula, der Nachfolger des Aulus Plautius, Feldzüge gegen die Silures und die Deceangli im heutigen Wales. Dann erhält er beunruhigende Nachrichten aus dem bis dahin relativ friedlichen Norden. Ein Teil der Brigantes hat sich erhoben und bedroht die bis dahin erreichte Stabilität des noch recht zerbrechlichen Gebildes, das einmal eine römische Provinz werden soll. In einer groß angelegten Aktion werden die Aufständischen geschlagen und die Rädelsführer öffentlich hingerichtet. Im Zuge dieser Aktion beginnt man, die Brigantes von der ursprünglichen, natürlichen Grenze, die der Fluss Humber bildet, zurückzudrängen. Das römische Herrschaftsgebiet reicht im Norden nun bis zur Landenge am Solway.

Ein Mann auf der Flucht, eine Frau und ihre Nähe zur Macht

Viele Britannier der oberen Schichten betrachten die Römer eher als Freunde statt als Feinde. Auf der anderen Seite ist die antirömische Allianz keineswegs bereit, das Feld kampflos zu räumen. Und es ist auch keine Überraschung, dass die Anführer des britannischen Widerstands die Söhne des Cunobelin, Togodum und Caradoc sind. Doch bereits im Jahr der Ankunft der Römer werden die Cassi unterworfen und Togodum stirbt im Kampf noch vor der Ankunft des Claudius. Caradoc zieht sich zurück und sucht Unterschlupf bei den Dobunni. Dort bleibt er, bis diese Ziel der römischen Vorstöße werden.

Für gute Männer mit Führungsqualitäten und herausragender Reputation als Krieger findet sich immer eine Aufgabe. Nur kurze Zeit später taucht Caradoc als Führer der walisischen Stammesföderation aus Silures und Ordovices wieder aus der Versenkung auf. Diese Stellung hat er ganze neun Jahre inne, dann ist die Zeit auch für diese Stämme gekommen. In einer großen Schlacht in der Nähe des Flusses Severn siegen die Römer. Caradocs Frau und seine Tochter werden gefangen genommen; er selbst muss fliehen. Seine Wahl hinsichtlich seines Exils fällt auf das Königreich der Brigantes, in denen er speziell nach dem Vorrücken der Römer in deren Stammesterritorium und dem Schauspiel der Hinrichtungen wertvolle Verbündete vermutet.

Er vermutet falsch. Cartimandua, die Königin der Brigantes, ist mindestens genauso ehrgeizig wie skrupellos. Für sie ist klar, dass die neue Macht in Britannien Rom heißt. Und die alte keltische Regel für den Erfolg heißt nun einmal, sich mit denen zu verbünden, die einem hilfreich sein können. Dafür geht man weit. Sehr weit. In

Cartimanduas Fall heißt das, dass sie keinerlei Hemmungen hat, Caradoc erst als Flüchtling aufzunehmen und ihn dann an die Römer auszuliefern.

Wie sehr sich die Zeiten seit Caesar und Vercingetorix gewandelt haben, zeigt das Schicksal des Caradoc. Er wird Claudius vorgeführt und erhält die Gelegenheit, sich und seine Motive zu erklären. Das tut er laut Überlieferung in einer flammenden Rede über Freiheit und Unabhängigkeit, die Claudius dazu bewegt, ihn nicht etwa hinzurichten, sondern ihn zu begnadigen.

Ob Caradoc wirklich vor Claudius gesprochen hat, ist keineswegs gesichert. Römische Geschichtsschreiber haben derartige Reden gern erfunden und zur Verbesserung des Images ihres Protagonisten sogenannten »edlen Feinden« in den Mund gelegt. Sollte es sie gegeben haben, dann hat sie bei Claudius mit Sicherheit keinerlei Sentimentalitäten ausgelöst. Unwahrscheinlich ist auch, dass Claudius gegenüber Caradoc irgendwelche freundschaftlichen Gefühle entwickelt, gewissermaßen von Kriegsherrn zu edlem Unterlegenen.

Nein, die Begnadigung des Caradoc durch Claudius kann man getrost als PR-Maßnahme in Sachen Eigenmarketing verbuchen. Eine der wichtigsten römischen Tugenden, die einen wahren Staatsmann ausmachen, ist die *clementia*, die Milde. Der Mangel an derselben hat sowohl Scipio als auch Caesar als Makel angehaftet. Claudius begeht diesen Fehler nicht. Die Begnadigung des Caradoc rundet seinen Sieg in Britannien ab. Er ist nun auch dem öffentlichen Ansehen nach genau der Herrscher, den Rom verlangt.

Doch bleibt die Auslieferung des Caradoc nicht ohne Folgen für die königliche Familie der Brigantes. Der Gemahl der Cartimandua, Venutius, nimmt seiner Frau den Verrat übel und stellt sich offen gegen sie. Das missfällt der Königin, und um ihren Standpunkt klarzumachen, nimmt sie Venutius' Bruder und diverse weitere Verwandte von ihm gefangen. Venutius sammelt daraufhin seine Krieger und greift Cartimandua ohne Umschweife an. Diese tut, was mit Rom verbündete Kelten schon vor ihr getan haben: Sie bittet Rom um Hilfe. Und tatsächlich ist es nur das Eingreifen der römischen Streitkräfte, das ihr den Thron und vermutlich auch das Leben retten.

Im Großen und Ganzen läuft für Rom militärisch alles so wie geplant. Die Geißel Roms, die das Unternehmen »Rule Britannia« letztlich nach 17 Jahren dennoch fast zum Scheitern bringt, ist eine andere.

Ihr moderner Name wäre »Öffentlicher Dienst«.

Ämter, Amtsmissbrauch und seine Folgen

Noch zur Zeit Caesars verwaltet Rom seine Territorien wie einen privaten Haushalt. Es gibt flache Hierarchien, die vitalen Verwaltungsfunktionen vor Ort liegen in den Händen des Militärs. Die Administration in den Provinzen wird ad hoc entsprechend der vorgefundenen Bedingungen ausgeübt.

Ab etwa 30 n. Chr. entwickeln sich in Rom die Anfänge einer hierarchisch gegliederten öffentlichen zivilen Verwaltung. Es entsteht ein öffentlicher Dienst, der in der Lage ist, die bis dahin beim imperialen Haus angesiedelten Funktionen eines Staates effektiver zu erfüllen. Als einheitlicher Standard eingeführt, würden diese Strukturen es theoretisch erlauben, ein neu erobertes Territorium ohne zeitliche Verzögerung nach römischen Maßgaben umzugestalten und zu verwalten. Britannien wird das zweifelhafte Vergnügen zufallen, als Versuchslabor für diese neuen Verwaltungsstrukturen herzuhalten.

Zwei Nebeneffekte hat diese Veränderung. Steile Hierarchien mit vielen Stufen bieten dem Kaiser viel mehr Möglichkeiten, Männer zu protegieren, deren Loyalität er sich versichern möchte. Der Preis: Ursprüngliche Aufgaben und Befugnisse der imperialen Verwaltung verschieben sich in die neu eroberten Territorien, wo sie nur bedingt von Rom selbst kontrolliert werden können.

Britannien bietet die besten Voraussetzungen für die planmäßige Einführung römischer Verwaltung. Das Militär ist erfolgreich und der Rückhalt in der Bevölkerung beachtlich. Letzteres ist kein Wunder: Mit einer ideellen Zugehörigkeit zum Römischen Reich kann sicher kaum ein Britannier etwas anfangen. Was er jedoch schnell erkennt ist, dass die römisch besetzten Gebiete wirtschaftlich prosperieren und dass man, wenn man sich mit den Römern arrangiert, auch als Individuum recht schnell zu Macht und Reichtum gelangen kann. Sicher, man erwartet auch etwas von ihm, und das ist dem britannischen Adligen zugegebenermaßen etwas fremd. Wie auch vom prominenten Bürger in Rom wünscht man sich von ihm, dass er seinen materiellen Beitrag zum Gemeinwohl leistet. Zum Beispiel, indem er dafür sorgt, dass in seinem Einflussbereich Straßen und öffentliche Gebäude errichtet und gepflegt werden. Natürlich kostet das viel Geld, aber wie das so unter Freunden ist, es findet sich immer jemand, der einem etwas gibt, damit man seinen Repräsentationsverpflichtungen nachkommen kann. Zu diesen »Freunden« gehören neben Claudius selbst auch so prominente Römer wie der Dichter und Politiker Seneca. Dessen Ausreichungen betragen am Ende zehn Millionen Sesterzen. Zum Vergleich: Ein Sesterz ist der Tageslohn eines Arbeiters (und der Preis für einen Liter Wein), ein Legionär verdient zweieinhalb Sesterzen am Tag. Allerdings versäumen es die großzügigen Herren, den Charakter dieser Geldmittel eindeutig klarzulegen. Sind es Geschenke? Sind es Darlehen? Doch im Moment scheint diese Frage niemanden zu interessieren.

Leider gehört Fingerspitzengefühl nicht zu den Stärken der Verantwortlichen auf römischer Seite. Genau genommen ist die gesamte Politik in den neu eroberten Gebieten ein einziger diplomatischer Lapsus.

Dass Aulus Plautius die Stämme entwaffnet, die er militärisch unterwerfen muss, kann man ja noch als nachvollziehbare militärische Sicherungsmaßnahme interpretieren. Und selbst, wenn sie von den Besiegten als entwürdigend empfunden wird, so erregt sie offenbar keine nennenswerte Entrüstung bei den Nachbarstämmen.

Unter Plautius' Nachfolger Ostorius Scapula erreicht die Konsolidierung der römischen Machtstrukturen ein neues Niveau – und ebenso die Fehlbarkeit römischer Diplomatie.

Dabei ist Ostorius Scapula trotz aller Defizite ein geschickter Taktierer. Die Region um das heutige Southampton ist ein wichtiger Handelsplatz, den die Römer nur ungern außerhalb ihrer Kontrolle wissen möchten. Denn: Solange Luxusgüter über andere als römische Kanäle an die Britannier fließen, ist die Gefahr groß, dass sich neue, nicht römische Einfluss- und Machtzentren bilden. Nur liegt dieser Ort noch deutlich jenseits des direkt römisch besetzten Gebietes, in dem auch noch nicht alles so ruhig ist, wie er sich das wünscht. Sicher könnte Ostorius Scapula mit einigen Tausend Mann nach Westen vorstoßen und das Land in Besitz nehmen. Doch er muss mit seinen Ressourcen haushalten. Diese in viele kleine Einheiten aufzusplitten, um nominell möglichst viel Territorium zu besetzen, wäre fatal. Niemand weiß, ob das nicht genau die Gelegenheit wäre, auf die die Britannier nur gewartet haben, um die Römer grüppchenweise abzuschlachten. Auf der anderen Seite hat man ja bereits in der Vergangenheit gesehen, dass es immer wieder Männer gibt, die für eine Karriere von Roms Gnaden sehr weit gehen. Und so ist wieder einmal die Zeit für eine der zahlreichen zwielichtigen Gestalten der keltischen Geschichte gekommen, für einen Mann namens Cogidubnus (so sein romanisierter Name), seines Zeichens Atrebate und – welche Überraschung! – Nachfolger des Verica und somit ein Nachfahre des Comm. Mit Roms Hilfe wird er so etwas wie der »Interimsmanager« für einen Pufferstaat, der den Handel im Sinne von Rom kontrolliert und Ostorius Scapula im Westen den Rücken freihält, bis dieser seine Probleme im Südosten gelöst hat. Dass das Ganze von vornherein als Übergangslösung gedacht ist, zeigt die Tatsache, dass dieser Pufferstaat bei der ersten Westwärtsbewegung der römischen Truppen einverleibt wird und der Name Cogidubnus von der Bildfläche verschwindet.

Das eigentliche Übel erwächst aus einer schlichten militärischen Notwendigkeit heraus. Im Jahr 49 n. Chr. läuft für einen großen Teil der römischen Legionäre die Dienstzeit ab. Der Eintritt in das Veteranendasein wird römischen Legionären standardmäßig durch verschiedene Annehmlichkeiten, wie der Erlaubnis zu heiraten, versüßt. Daneben wird ihnen ein Stück Land zugewiesen, auf dem sie und ihre Familien ihren Lebensabend verbringen können. Das Landproblem löst Ostorius Scapula auf die ihm eigene unsensible, wenn auch zugegebenermaßen pragmatische Art und Weise. Er erhebt zunächst die ehemalige Hauptstadt der Cassi *Camul Dun* zur neuen Hauptstadt der römischen Provinz Britannia und geht dabei sogar so weit, die ehemalige Residenz des Herrschers zu schleifen und darauf ein römisches Fort zu errichten. Dann requiriert er von den Einheimischen umliegende Ländereien und verteilt sie an seine Veteranen. Es stört ihn dabei wenig, dass die Landeigentümer Trinovantes sind, die den Römer eigentlich wohlgesonnen sind, seit diese sie von der Herrschaft der Cassi befreit haben.

Das Resultat dieser Landnahme ist die römische Veteranenkolonie Camulodunum, die künftig den Grundpfeiler der römischen Provinzialverwaltung bilden soll. Dass die Freundschaft der Trinovantes zu Rom dabei merklich abkühlt, scheint von untergeordneter Bedeutung zu sein. Die Römer sind sich bereits nach 17 Jahren ihrer Vormachtstellung so sicher, dass sie meinen, es sich leisten können, auf Verbündete zu verzichten.

Den schwerwiegendsten Fehler jedoch begeht Ostorius Scapula im Nordosten, im heutigen East Anglia. Die dort lebenden Iceni haben in der Vergangenheit bereits Caesar unterstützt und gelten als Freunde Roms. Dies wurde bislang dergestalt gewürdigt, als dass die Iceni unter eigener Verwaltung bleiben und ihr Herrscher Antedios den Status eines Klientenkönigs von Roms Gnaden innehat. Für die Entwicklung der neuen Provinz sind sie wichtig, da sie mit dem Fluss Wash eine wichtige Wasser- und Handelsstraße kontrollieren.

Was kann sich ein Statthalter mehr wünschen, als einen ihm freundlich gesonnenen Staat, der ihm im Nordosten im Zweifelsfall auch militärisch den Rücken freihält? Vor allem, wenn man gerade einen Vorstoß nach Wales plant?

Was Ostorius Scapula sich wirklich wünscht, wird wohl im Dunklen bleiben. Vermutlich strebt er nach der totalen Kontrolle, und in diesem Konzept haben nicht direkt von ihm regierte »Freunde« keinen Platz. Nur so ist es zu erklären, dass er plötzlich – ohne jeden Anlass – in icenisches Territorium einmarschiert und von den entsetzten Kriegern der Iceni die Übergabe der Waffen fordert.

So behandelt man Freunde nicht. Die Iceni rebellieren, werden jedoch schon im Versuch niedergeworfen. König Antedios, der seinen Stamm offenbar nicht im Griff hat und somit als nicht mehr verlässlich gelten kann, verschwindet auf wundersame Weise und wird ersetzt durch den Wunschkandidaten des Scapula, den servilen Römerfreund Prasutagus.

Vorerst scheint die Situation bereinigt. Prasutagus wird mit entsprechenden Privilegien ausgestattet und schöpft sicher auch materiell keine Nachteile aus seiner »Beförderung«. Er geht in seiner Annäherung sogar so weit, den Kaiser in Rom zu seinem Miterben zu machen, eine bei Klientenkönigen im römischen Rechtsraum übliche Praxis.

Kaum sind die Iceni wieder friedlich, braut sich Ärger in Wales zusammen, genauer bei den Silures. Wie ernst die Lage ist, zeigt, dass sie zur Bekräftigung ihrer Zusammengehörigkeit damit begonnen haben, die römischen Gefangenen auf die einzelnen Clans aufzuteilen.

Ostorius Scapula reagiert sofort. In einer heftigen Schlacht schlägt er die Streitmacht der Silures und kündigt in seiner Siegesrede die vollständige Auslöschung des Stammes an. Nur der unerwartete Tod des Feldherrn erspart dem Stamm dieses Schicksal.

Andere sind weniger glücklich …

Kurzschwerter gegen Bannsprüche

Er sieht, wie die ersten Reihen ins Stocken geraten, schließlich sogar zum Stehen kommen, kaum dass sie den trockenen Untergrund erreicht haben. Genau das, was Gaius Suetonius Paulinus befürchtet hat, scheint jetzt furchtbare Wahrheit zu werden: Seine Legionäre haben Angst.

Und er kann sie verstehen. Würde da drüben, am Ende des Strandes, einfach »nur« ein britannisches Heer in voller Bewaffnung stehen, seine Männer würden ihren Siegesruf ausstoßen und die bunt gekleideten Krieger einfach hinwegfegen.

Der Himmel ist dunkel von Gewitterwolken. Immer wieder zucken Blitze zur Erde. Ein perfekter Hintergrund für die Inszenierung des Untergangs der letzten Bastion des Widerstandes hier im Westen Britanniens. Aber nicht nur der Himmel leuchtet. Dort, wo in einigen Hundert Metern Entfernung die ersten Baumreihen beginnen, lodern große, schwarzrote, stark rauchende Feuer. Zwischen ihnen kann Suetonius Paulinus große Gruppen von wilden Kriegern erkennen, die mit nacktem Oberkörper lange Speere in die Luft stoßen und mit riesigen Schwertern auf große bunte Schilde schlagen. Die dumpfen Stöße werden aber noch übertönt vom ohrenbetäubenden Geheul etlicher Hundert schwarz gekleideter Weiber, die in ihrer Raserei mindestens genauso gefährlich aussehen wie die Krieger.

Am unheimlichsten sind jedoch die Druiden, die mit hocherhobenen Armen dastehen und ihre Götter anrufen, während ihnen der Wind die weißen Gewänder um die Körper flattern lässt. Doch Suetonius Paulinus weiß, dass auch die Druiden im Ernstfall vollwertige Krieger sind. Das macht es leichter, seine Aufgabe zu erfüllen.

Er dreht sich um und gibt das Zeichen zum Vorrücken. Immer noch zögernd ziehen die Legionäre ihre Kurzschwerter. Vor sich haben sie die Wilden, hinter sich das Wasser und den Zorn ihres Feldherrn. Es ist schwer zu entscheiden, was am Ende die schlechtere Wahl ist …

Bei der ersten Vorwärtsbewegung wird das Geheul auf der anderen Seite lauter. Die Britannier schütteln ihre Waffen noch heftiger. Die Druiden nehmen ihre Arme herunter und knien nieder. Als sie wieder aufstehen, halten auch sie grellbunte Schilde und lange Schwerter in den Händen.

Als die Linien aufeinandertreffen, scheinen die Kräfte für einen unendlich langen Augenblick gleich groß zu sein. Für die Britannier kämpft die von den Druiden ausgehende Aura des Geheimnisvollen, eine starke Waffe gegen die abergläubischen römischen Legionäre. Suetonius Paulinus bemerkt, wie seine Legionäre den Druiden ausweichen.

Ein Schrei, der alle anderen Schreie übertönt!

Suetonius Paulinus braucht einen Augenblick, dann sieht er es. Ein Druide steht schwankend inmitten eines kleinen Kreises, der sich um ihn gebildet hat. Seine Brust ist rot. Er ist getroffen, versucht, sich mit ausgestreckten Händen in der Luft festzukrallen. Dann bricht er zusammen. Durch das römische Heer geht ein Ruck. Druiden sind Menschen. Sie sind verwundbar, sterblich.

Es gibt keinen Grund, sie nicht auch sterben zu lassen …

Gaius Suetonius Paulinus kann den Massenmord an den Druiden von Mona (Anglesey) gut argumentieren. Hat nicht schon Caesar die Druidenkaste als Bedrohung der römischen Vorherrschaft identifiziert?

Aber … ist das wirklich der Grund dafür, dass der römische Statthalter in Britannien derart brutal gegen die Druiden vorgeht?

Eines macht stutzig, wenn man den Text des Tacitus aufmerksam liest. Die Legionäre erstarren vor Schreck, als sie auf Mona der britannischen Druiden ansichtig werden. Aber sollten sie nach mehr als 25 Jahren nicht zumindest so viele Druiden zu Gesicht bekommen haben, dass sie den reinen Anblick eher gelassen hinnehmen?

Die Wahrheit ist: Die Druiden in Britannien haben innerhalb der Stämme nicht annähernd den Stellenwert wie in Gallien. Britannien

– und speziell Mona – mag als das Zentrum druidischen Wissens gelten, als der Ort, an dem jeder gallische Druide einmal in seinem Leben gewesen sein muss. Doch scheinen sie hier nie den Status erreicht zu haben, den sie in Gallien innehatten. Dass sie angesichts der einfallenden Römer ihre Stämme verlassen und sich kollektiv nach Mona zurückgezogen haben, erscheint dagegen eher unwahrscheinlich.

Nein, die Druiden sind nicht annähernd die Bedrohung, die Suetonius Paulinus vorschiebt. Der Grund für sein Vorgehen ist eher simpler Natur. Man kann es auf das Wort »Futterneid« reduzieren. Sein Rivale in der Gunst Kaiser Neros, Gnaeus Domitius Corbulo, hat kurz vorher einen spektakulären Sieg über den armenischen König Trdat I. errungen. Suetonius Paulinus braucht etwas Gleichwertiges. Ein Sieg über einen weiteren renitenten Stamm der Britannier wäre eher unbedeutend. Ein Sieg über die von Caesar als äußerst gefährlich eingestuften Druiden ist da schon etwas anderes.

Er hat jedoch wenig Zeit, sich über seinen Sieg zu freuen, denn noch während des Abschlachtens der Bewohner der heiligen Insel Mona braut sich in seinem Rücken eine Katastrophe zusammen …

Boudicca heisst »Sieg«

Das Übel, das Rom im Jahr 60 n. Chr. um ein Haar die römische Präsenz in Britannien kostet, hat einen Namen: Gier. Verkörpert wird sie durch den Prokurator (die personifizierte Finanzbehörde) der jungen Provinz Britannia, Decianus Catus.

Er ist so ziemlich das Schlimmste, was das römische Karrieresystem in Britannien hervorbringt, ein Opportunist, wie er im Buche steht. Zudem sitzt er an einer Position, die Menschen mit seinem Charakter geradezu zum Missbrauch auffordert.

Als Anfang des Jahres 60 n. Chr. der von Rom bei den Iceni installierte König Prasutagus stirbt, ist die Zeit für Decianus Catus ge-

Reiterstandbild der keltischen Fürstin Boudicca und ihrer beiden Töchter in London aus dem Jahr 1902. Die Frau des römerfreundlichen Königs der keltischen Iceni im heutigen East Anglia wurde von römischen Beamten enteignet und misshandelt, ihre Töchter vergewaltigt. Ihr Rachefeldzug gegen die römische Besatzung im Jahr 60 n. Chr. führte zur kompletten Zerstörung mehrerer römischer Städte und beinahe auch zum Ende der gerade einmal 17 Jahre alten römischen Provinz Britannia.

kommen. Seine Auslegung geltenden Rechts ist dabei mehr als abenteuerlich.

Offizielle Erben des Prasutagus sind nach keltischem Recht seine Töchter, zehn und zwölf Jahre alt. Formeller Miterbe – sozusagen per »Nebenvereinbarung« – ist der römische Kaiser (seit 54 n. Chr. nicht mehr Claudius, sondern Nero).

Decianus Catus betrachtet die Rechtslage sehr »selektiv«. Für ihn gilt nur die »Nebenvereinbarung«. In der Praxis sieht das so aus, dass er das Stammesterritorium der Iceni so betrachtet – und behandelt! – als wären es die Länder eines militärisch unterworfenen

Stammes und damit Eigentum Roms, mit dem man verfahren kann, wie es einem beliebt.

Catus und seine Beamten vertreiben Adlige von ihren Ländereien, zwangsrekrutieren Männer ohne Ansehen der Person in die Hilfstruppen, behandeln selbst Angehörige der königlichen Familie wie Sklaven.

Die Situation eskaliert, als die Leute des Prokurators beginnen, das königliche Anwesen zu plündern und sich ihnen die streitbare Witwe des Prasutagus, Boudicca, entgegenstellt. Nach geltendem keltischen Recht ist sie Königin der Iceni. Für die Männer des Catus ist Boudicca jedoch nichts anderes als ein zänkisches Weib, das sich den Realitäten verweigern will. Sie behandeln die Königin auf eine Art und Weise, die an Menschenverachtung ihresgleichen sucht: Sie binden sie an einen Pfahl, zwingen sie, bei der Vergewaltigung ihrer beiden minderjährigen Töchter zuzusehen und peitschen sie anschließend aus.

Diese öffentliche Demütigung, diese völlige Ignoranz der Tatsache, dass Boudicca die legitime Herrscherin über die Menschen und das Territorium ist, das die Männer des Prokurators ausplündern, lösen etwas aus, womit niemand rechnet.

Boudicca – die als Frau eines ehemaligen römerfreundlichen Königs alles andere als eine keltische Hardlinerin ist – ruft zum Krieg gegen die Römer auf, und mehr als 200 000 Krieger folgen ihrem Ruf. Wobei es nicht nur blanke Rache für eine als kollektiv empfundene Demütigung ist, was sie treibt. Zumindest eine große Gruppe von Kriegsherren hat ein außerordentlich großes Interesse daran, dass die Römer dahin verschwinden, woher sie gekommen sind.

Dieses Interesse heißt Geld.

Denn zeitgleich, allerdings angesichts der Lage mit einem ganz üblen Timing, verlangen einige wohlhabende Römer – allen voran Seneca – über Decianus Catus die Gelder zurück, die sie den einflussreichen Britanniern zur Verfügung gestellt haben, damit diese den »Roman Way of Life« leben und verbreiten. Auf einmal sind es keine »Geschenke« mehr (heute würde man sie wohl als »verlorene Zuschüsse zur Förderung des Handels« bezeichnen), sondern »Darlehn«. Nun, und Darlehn muss man zurückzahlen, nicht wahr? Sicher ist es unüblich, sie auf einmal zurückzufordern, aber ist es deswegen illegal? Außerdem muss man – neue Provinz hin oder her – seine eigenen Interessen sichern. Das Geld muss wieder her, denn in Rom laufen die Vorbereitungen für eine Münzabwertung.

Versetzt man sich in die Lage der britannischen Adligen, versteht man ihren Eifer, mit dem sie sich dem Aufstand gegen die Römer anschließen. Keiner von ihnen kann die horrenden Summen (und die wahrscheinlich unsittlichen Zinsen) auf einmal zurückzahlen. Akzeptieren sie also die Rückzahlungsforderungen, müssen sie borgen gehen und würden damit alles an Status und Prestige verlieren, was sie in den vergangenen Jahren gewonnen haben. Macht sich dagegen ein militärischer Erfolg gegen die Römer (der sie zudem ihrer Schulden entledigt) nicht deutlich besser in der Vita, die die Geschichtsbewahrer des Stammes den nachfolgenden Generationen weitergeben?

Der Rachefeldzug der Boudicca ruft den aktuell noch in Wales agierenden Gouverneur Suetonius Paulinus auf den Plan. Für das Zentrum der römischen Provinz Britannia, Camuldonum, kommt jedoch jede Hilfe zu spät. Ehrlicherweise muss man jedoch sagen, dass es keine wirkliche Chance hat. Es ist nicht ausreichend befestigt, und innerhalb der ohnehin schon dürftigen Mauern der Stadt agieren Anhänger der icenischen Königin dergestalt, dass sie jedwede Organisation eines effektiven Widerstands wirkungsvoll sabotieren.

Boudiccas Heer unterscheidet nicht zwischen Römern und Römerfreunden, außer, dass es gegen römerfreundliche Briten mit noch größerer Brutalität vorgeht. Die Berichte reden von nicht gekannter Zerstörungswut und Blutrausch, von verstümmelten Leichen, von Frauen, die man aufhängt, die Brüste abschneidet und in den Mund stopft. Die letzten prorömischen Bewohner Camuldonums verschanzen sich fatalerweise in dem Sinnbild der römischen

Präsenz in Britannien, dem noch unter Claudius errichteten Tempel für den Kaiserkult. Sie verbrennen bei lebendigem Leibe.

Dann geht es weiter nach Londinium und Verulamium (heute St. Albans, Bild der Festung s. im Farbbildteil Abb. 26). Dort ist Suetonius Paulinus den Britanniern zuvorgekommen. Doch hilft das den Städten nicht im Geringsten, im Gegenteil. Als er wieder abzieht, wünschen die Bewohner, er wäre nie aufgetaucht. Der römische Feldherr will einen Häuserkampf in engen Straßen vermeiden. Römische Legionäre sind am besten, wenn sie in einer offenen Feldschlacht in eingeübter Formation kämpfen können. Also rekrutiert er die kampffähige Stadtbevölkerung in die eigenen Reihen und überlässt den Rest seinem Schicksal. Als das Heer Boudiccas von Camuldonum, Londinium und Verulamium ablässt, sind mehr als 70 000 Römer und Freunde Roms tot. Der Prokurator der römischen Provinz Britannia, Decianus Catus, befindet sich nicht unter den Toten. Dieser hat sich vorsorglich nach Gallien abgesetzt …

Schließlich stellt Suetonius Paulinus bei Manduessedum (Mancetter in Warwickshire) Boudicca zum Kampf. Er hat fast alles zusammengezogen, was er an Streitkräften in Britannien zur Verfügung hat. Fast. Denn Poenius Postumus, der Kommandant der II. Legion, weigert sich, seine Position in Wales zu verlassen. So ansehnlich die Streitmacht des römischen Statthalters auch sein mag: Auf einen Römer kommen wenigstens vier Britannier. Besonders beeindruckend ist das große Kontingent an Kampfwagen, die der Erzählung nach Klingen auf den Radnaben tragen.

Doch wieder siegt die Disziplin über die Leidenschaft. Als die Schlacht vorbei ist, liegen mehr als 80 000 Leichen auf dem Schlachtfeld. Aber das Zahlenverhältnis hat sich dramatisch verändert. Auf einen toten Römer kommen 200 tote Britannier.

Eine Tragödie am Rande: Fast zeitgleich begehen in East Anglia und in Wales zwei Menschen Selbstmord: die geschlagene Boudicca und der Befehlsverweigerer Poenius Postumus. Den Freitod des Letzteren, mit dem er sich ziemlich sicher einer entwürdigenderen Strafe aus den Händen des Statthalters Suetonius Paulinus entzieht, kann man dabei durchaus als tragisch bezeichnen. Sicher, seine Weigerung, zum Heer des Statthalters zu stoßen, ist dem Buchstaben des Militärrechts nach natürlich ein schweres Vergehen. Doch dadurch, dass er in Wales bleibt, um die aufmüpfigen Silures unter Kontrolle zu halten, hindert er Letztere daran, mit ihrer stattlichen Kriegerschaft der Boudicca zu Hilfe zu kommen.

Doch es ist noch nicht zu Ende. Suetonius Paulinus will von nun an nichts mehr dem Zufall überlassen. Er bricht unmittelbar nach der Schlacht einen Vergeltungsfeldzug vom Zaune gegen all diejenigen, die den Aufstand der Boudicca direkt oder indirekt unterstützt haben.

Kaum ist dieser Feldzug beendet, greifen die Britannier ihrerseits wieder zu den Waffen. Allerdings ist ihr Beweggrund inzwischen ein anderer: Hunger. Als Boudicca zum Kampf gegen die Römer rief, haben alle, die eine Waffe tragen konnten, Feldarbeit Feldarbeit sein gelassen und haben sich dem Heer der Kriegerkönigin angeschlossen. Ihre eigene zahlenmäßige Überlegenheit vor Augen haben sie darauf gebaut, dass es nur eine Frage der Zeit wäre, bis sie an die gefüllten Vorratshäuser der Römer gelangen würden. Diese eklatante Fehleinschätzung rächt sich jetzt bitter. Viele Tausende sterben im Kampf um Nahrung.

Eine Versöhnung von Römern und Britanniern scheint in weiter Ferne, ebenso der planmäßige Aufbau der römischen Provinzialstrukturen. Geschlagene Menschen irren auf der Suche nach Essen ziellos über die leeren Felder und durch die Straßen der zerstörten Städte. Römische Legionäre sehen in jedem Britannier einen potenziellen Feind. Man existiert nur von einem Tag auf den nächsten.

Die öffentliche Ordnung ist völlig zum Erliegen gekommen.

Das Verschwinden der britannischen Kelten

Beruhigung

Dass das römische Britannien nicht in völligem Chaos versinkt, verdankt es dem Nachfolger des Decianus Catus, einem Mann namens Julius Classicianus. Er hat gegenüber seinem Vorgänger zwei entscheidende Vorteile.

Erstens. Er stammt selbst aus einer römischen Provinz, aus Gallien, was ihm einen entscheidenden Vorsprung im Verständnis provinzieller Angelegenheiten verschafft. Zweitens. Er ist ein weitaus besserer Diplomat als der amtierende Statthalter Gaius Suetonius Paulinus, der mit Verhandlungsgeschick nicht gerade gesegnet war.

Julius Classicianus erfasst die desolate Lage sehr schnell. Ihm ist jedoch bewusst, dass er selbst nichts wird bewirken können. Also tut er das einzig Richtige in dieser Situation: Er übersendet einen ausführlichen Bericht an Kaiser Nero.

Dass Nero extrem schnell reagiert ist verständlich. Kernstück des Berichts des Classicianus ist die Vision von wegbrechenden Steuereinnahmen aus Britannien. Und das, wo Nero so dringend Geld braucht!

Also entsendet er seine Antwort in der Gestalt einer Untersuchungskommission, die von dem freigelassenen Sklaven Polycitus angeführt wird. Dieser ist innerhalb der schnell wachsenden römischen Verwaltung zu großer Macht und Wohlstand gelangt. Anders als Julius Classicianus, der Paulinus zwar nicht mag, ihn aber fürchtet, scheut sich Polycitus aufgrund seiner Machtposition nicht, den Statthalter Paulinus offen als das Grundübel zu identifizieren. Das resultiert in dessen sofortiger Ablösung. Unter seinem Nachfolger, dem als umsichtig geltenden Publius Petronius Turpilianus, kehrt zumindest in Südostbritannien Ruhe ein.

Doch das Land ist verwüstet, ausgeblutet. Dem Aufbau der römischen Provinz Britannia ist der Schwung genommen, alles geht in diesen ersten Jahren nach dem Aufstand langsamer. Im Westen, in Wales und im Norden, jenseits des Königreichs der römerfreundlichen Brigantes, sind die Stämme noch unruhig. Die einheimischen Adligen, von denen die Finanzierung der Einführung römischer Strukturen erwartet wird, sind entweder tot oder verarmt, neue Darlehen aus Rom werden wohlweislich weder angeboten noch angefragt. Das Leben scheint zum Stillstand gekommen zu sein, die Zukunft der jungen römischen Provinz Britannia und ihrer Bewohner ungewiss.

Doch der Schein trügt.

Mit der genagelten Sandale

Petronius Turpilianus leistet gute Arbeit. Der beste Beweis für seinen nachhaltigen Erfolg ist das Jahr 68 n. Chr., das sogenannte »Vierkaiserjahr«. Kaiser Nero begeht Selbstmord und Rom versinkt in einem blutigen Bürgerkrieg. Die römischen Legionen in Britannien sind zeitweise komplett auf sich gestellt, scheinen gelähmt. Noch acht Jahre zuvor hätten sich die Britannier diese Gelegenheit nicht entgehen lassen und wären über die Römer hergefallen. Jetzt passiert nichts.

Doch etwas weiter nördlich bahnt sich der nächste Konflikt an.

Die Brigantes stehen nach wie vor unter der Herrschaft der römerfreundlichen Cartimandua. Diese hat bei aller Freundschaft zu Rom eine so gar nicht typisch römische Eigenschaft: In ihrem übersteigerten Selbstbewusstsein ist ihr die öffentliche Meinung völlig egal. So lässt sie sich irgendwann um 70 n. Chr. von ihrem Gemahl Venutius scheiden und ehelicht ihren Waffenträger Vellocat – für keltische Verhältnisse ein Skandal. So bedarf es von Venutius' Seite auch nicht allzu viel, um innerhalb der entrüsteten Bevölkerung einen Aufstand gegen seine Exgemahlin anzuzetteln.

Cartimandua ruft Rom ein weiteres Mal um Hilfe an.

Diesmal hat der aktuelle Statthalter, Marcus Vettius Bolanus, ein Problem. Der Enthusiasmus der Legionen, bei internen Auseinandersetzungen der Britannier den Schlichter zu spielen, hat spürbar nachgelassen. Es gibt nichts zu gewinnen, keine neuen Territorien zu erstreiten, und überhaupt stehen die Truppen immer noch unter dem Trauma des Krieges gegen Boudicca. Bolanus ist seinerseits nicht der starke Charakter, der bei den Legionen die Diskussionen vom Tisch fegt und seinen Willen durchsetzt. Im Gegenteil, sein Wunsch wäre eine ruhige Verwaltungsstelle gewesen, weswegen er sich in dem immer noch unruhigen Britannien eher deplatziert fühlt. In dieser kritischen Situation geht er den Weg des geringsten Widerstands und akzeptiert den Kompromiss der Legionen, nur Hilfstruppen – Nichtrömer – zur Beilegung des Konflikts zu entsenden. Das Ergebnis dieser Aktion ist ernüchternd: Die Eingreiftruppe kann zwar Cartimandua zur Flucht verhelfen, doch zahlt Rom dafür einen unverhältnismäßig hohen Preis. Es verliert ein ihm freundschaftlich gesonnenes Königreich im Norden, denn nun herrscht Cartimanduas Exgemahl Venutius über die Brigantes.

Ab jetzt verändert Rom seine Politik. Britannien ist noch zu unsicher, als dass es unter einem reinen Verwalter zu einer richtigen Provinz ausgebaut werden könnte. Noch viel gefährlicher ist die Tatsache, dass die Legionen unter dem schwachen Bolanus nicht nur ihre Disziplin verloren, sondern auch ein unheilvolles Eigenleben entwickelt haben. Der Nachfolger des Bolanus, Quintus Petillius Cerialis, ist vielleicht nicht der große Militär vor dem Herrn. Aber er hat in der Vergangenheit mehrfach bewiesen, dass er über zwei Eigenschaften verfügt, die höher im Rang stehen als reines militärisches Können: Improvisationstalent und – noch wichtiger – Glück. Er beginnt seine Mission unter guten Vorzeichen. Zum einen teilt ihm Rom frische Legionen zu, zum anderen kämpft an seiner Seite ein fähiger Offizier, der sein Handwerk so gut versteht, dass Cerialis ihn ohne Vorbehalte allein agieren lassen kann. Sein Name ist Gnaeus Julius Agricola.

Die erste Aufgabe des neuen Teams in Britannien ist natürlich die Befriedung der Brigantes. Die Einzelheiten der Aktionen sind nicht dokumentiert, aber die Brigantes gelten plötzlich nicht mehr als Feinde und der Name Venutius ist aus den Berichten verschwunden.

Cerialis geht im Winter 73/74 n. Chr., Agricola bleibt. Cerialis' Nachfolger, Julius Frontinus, hat ganze vier Jahre Zeit, und diese widmet er der Unterwerfung der walisischen Stämme. Sein Hauptziel ist dabei das heutige Vale of Glamorgan, das beste Land der Silures. Ihre Unterwerfung ist eine vollständige: Unter Frontinus wird ihr Stammesgebiet komplett in das römische Transport- und Garnisonssystem integriert. Ihr Stammeszentrum (in der Gegend des heutigen Clanmelin Wood) verschwindet und die Verwaltung der Region in eine neue, eine römische Stadtgründung verlegt, nach Venta Silurum (Marktplatz der Siluren) – heute Caerwent.

Nach den Silures stehen die nordwalisischen Ordovices auf der Liste der zu unterwerfenden Stämme. Doch diesen Plan kann Frontinus nicht mehr vollenden. Die Ordovices sind weitaus renitenter, als Frontinus sich das vorgestellt hat. Im Frühjahr des Jahres 78 v. Chr. gipfelt das Ganze darin, dass ein römisches Reiterkontingent in einen Hinterhalt gerät und völlig aufgerieben wird.

Im Sommer desselben Jahres übernimmt Julius Agricola selbst die Statthalterschaft in Britannien. Seine erste Amtshandlung ist eine Strafexpedition gegen die Ordovices, die so gründlich ausfällt, dass der Stamm nahezu ausgerottet wird. In der *Agricola* von Tacitus liest sich das Ganze sehr heroisch, und natürlich ist auch der vorangegangene Überfall auf die römische Reiterei der Grund für den Feldzug und das überdurchschnittlich harte Vorgehen. Doch sollte man bei diesen Darstellungen immer im Hinterkopf behalten: Tacitus ist nicht irgendwer, sondern der Schwiegersohn des Agricola …

79 n. Chr. agiert Agricola von Nordwestengland Richtung Norden. Im Jahr 80 n. Chr. bildet die Linie zwischen Forth und Clyde die nördliche Grenze des militärisch befriedeten Territoriums der Provinz Britannia.

Doch das reicht Agricola noch nicht. Nur zwei Jahre später steht der römische Feldherr an der südwestschottischen Küste und blickt nachdenklich auf die Küstenlinie, die sich an diesem außerordentlich klaren Tag jenseits des Wassers deutlich am Horizont abzeichnet. Ein idealer Küstenstützpunkt, in der Tat. Strategisch gesehen wären Flottenhäfen auf *beiden* der Pretanischen Inseln die Vollendung der Bemühungen Roms um die Erringung der kompletten Macht im Westen. Aber andererseits hat Agricola keinerlei Informationen über das Land jenseits des Wassers außer denen, die ihm ein geheimnisvoller Besucher gegeben hat. Kann man diesem trauen? Einem Mann, der bei seinem Volk so etwas wie ein Kleinkönig gewesen ist, bevor ihn ein anderes Mitglied seiner Familie von der Macht verdrängt hat? Der deshalb zu Agricola gekommen ist, um ihn um Hilfe zu bitten?

Würde er nicht alles erzählen, nur um diese Hilfe zu erhalten?

Genau diese Zweifel des Julius Agricola sind es, die dazu führen, dass in Irland, das nur 21 Kilometer vom inzwischen weitgehend römisch besetzten Britannien entfernt liegt, nie eine römische Legion über eine von Römern erbauten Straße marschieren wird. Der römische Statthalter lenkt seine Legionen schließlich nach Norden und stößt in das Gebiet des heutigen Schottland vor. Nach mehreren kleineren Gemetzeln kommt es im Sommer des Jahres 84 n. Chr. zu einer Entscheidungsschlacht am Mons Graupius (vermutlich der Bennachie bei Inverurie).

Agricola hat diesen Vorstoß generalstabsmäßig vorbereitet. Er hat auf der Seeseite die Flotte zusammengezogen und ausreichend britannische Alliierte als Hilfstruppen rekrutiert. Alles in allem zählt sein Heer 30 000 Mann.

Diese aufwändigen Vorbereitungen erscheinen auch notwendig, denn den Truppen unter Agricola steht ein gleich großes Heer unter der Führung eines Mannes namens Calgacus gegenüber.

Was zunächst wie ein überwältigender Sieg der Römer aussieht, entpuppt sich nach näherem Hinsehen lediglich als eine weitere Schlacht, die nichts entschieden hat. Sicher, 10 000 Feinde liegen tot auf dem Schlachtfeld, doch 20 000 sind auf wundersame Weise im unzugänglichen Hochland verschwunden. Was am Ende in Schottland bleibt, ist eine Reihe von Legionsbasen, von denen einige – darunter die größte, Inchtuthil – erst nach 84 n. Chr. unter Agricolas Nachfolger entstehen.

Bis ins Jahr 90 n. Chr. bleibt es bei dieser eher provisorischen Landnahme im Norden. Ab diesem Zeitpunkt ziehen sich die Römer sogar wieder in die Region südlich der Clyde-Forth-Linie zurück und setzen dort auf Konsolidierung. Das eroberte Gebiet schrumpft unter Kaiser Trajan, der seine Bestimmung eher im Osten in der Ausrottung der Daker im heutigen Rumänien sieht. Am Ende seiner Regierungszeit wird die Provinz Britannia im Norden durch eine Linie zwischen Tyne und Solway begrenzt.

Der 117 n. Chr. an die Macht kommende Kaiser Hadrian vollendet ab 122 n. Chr. die Konsolidierung der Provinz, indem er auf dem ehemaligen Stammesterritorium der Brigantes mit einem gewaltigen Bauwerk die nördliche Grenze für alle sichtbar markiert.

Der Hadrianswall – errichtet nach einem Besuch des Kaisers in Britannien anlässlich einer Bedrohung »von außerhalb der Provinz« – ist keine undurchlässige Grenze. Dagegen sprechen kleinere Forts, die auch nördlich des Walls liegen. Vielmehr muss man sich das Ganze als eine breite militärische Zone vorstellen, für die der Wall mit seinen Forts eine Art Basislagerstreifen darstellt. Südlich der militärischen Installation mit Palisade, Graben, Türmen und Forts liegt eine große durchgehende Erdaufschüttung (*vallum*). Dieser Erdwall, natürlich mit einigen Durchlässen und Übergängen, trennt die zivile von der militärischen Zone (s. im Farbbildteil Abb. 25).

Der Hadrianswall wirkt in beide Richtungen, denn außer, dass er als Schutzwall gegen Eindringlinge aus dem Norden fungiert, hören südlich des Walls nach und nach die Stammesauseinandersetzungen der neuen römischen Provinzler auf. Diese Phase der Konsolidierung dauert bis zum Ende der Hadrian'schen Regierungszeit im Jahre 138 n. Chr.

Der nächste Kaiser, Antonius Pius, ist nicht so reisefreudig wie sein Vorgänger Hadrian. Im Gegenteil, er ist noch mehr Verwalter als Letzterer – und dazu ein kühler Rechner. Umso mehr verwundern seine plötzlichen Ambitionen, militärisch gegen die Stämme im südlichen Schottland vorzugehen. In einer gewaltigen Aktion schiebt er die Provinzgrenze wieder bis an die Forth-Clyde-Linie nach Norden und errichtet nach Hadrians Vorbild ebenfalls einen Wall. Er tut dies ohne Not, denn aus dem Norden droht nicht mehr oder weniger Gefahr als sonst auch. Und doch verfolgt er damit ein Ziel: Er möchte den Titel »Imperator« tragen, und das geht nur, wenn er zumindest einen militärischen Erfolg aufweisen kann. Mit diesem Feldzug hat er sein Ziel erreicht. Antonius Pius unternimmt danach keine weiteren militärischen Aktionen.

Doch diese neue Grenze ist hochgradig instabil. In den nächsten Jahrzehnten werden Hadrians- und Antonius-Pius-Wall im Wechsel mit Legionären und Hilfstruppen bemannt, ein ewiges Spiel von Vorstoß und Rückzug. Dazu tragen auch innere Unruhen bei. So kommt es um 150 n. Chr. zu einem Aufstand bei den Brigantes, nachdem einigen Aristokraten »im Namen des Kaisers« ihre Ländereien weggenommen werden. Am Ende bleibt der Hadrianswall das Symbol des Endes der römischen Expansion in Britannien. Schottland bleibt »Barbarenland«.

Ein Volk verschwindet

Die eigentliche »Unterwerfung« eines Volkes durch Rom beginnt erst, wenn die Schwerter wieder in den Scheiden stecken.

Die beste Methode, jemanden davon zu überzeugen, sich von Altem zu lösen ist, ihm einzureden, dass er das Neue selbst will. Oder ihm zumindest zu der Einsicht in die Notwendigkeit zu verhelfen. In Britannien agiert Rom mit einer genialen Mischung aus beidem.

Selbst der Militär Agricola erkennt, dass sich ein besiegtes Volk nicht dauerhaft mit militärischen Mitteln unter Kontrolle halten lässt. Noch während seines Feldzuges im Norden beginnt er daher in den besetzten Gebieten, die »römische Lebensart« einzuführen. Er stellt aus den Reihen seiner Legionen und seines Stabes Spezialisten bereit und lässt Straßen, Tempel, Bäder, öffentliche Plätze und auch Privathäuser errichten, um dadurch die Lebensqualität zu verbessern. Den Kindern der britannischen Adligen lässt er durch Lehrer die Werte Roms beibringen. Das alles tut Agricola nicht, weil er als Wohltäter der Britannier bekannt werden möchte. Seine Rechnung ist eine einfache: Jede Investition in die Lebensqualität der Britannier verringert die Gefahr, dass diese wieder in ihr altes Schema zurückfallen und bei der erstbesten Gelegenheit zu den Waffen greifen. Auch ist das finanzielle Risiko für Agricola überschaubar. Zwar greift er in Ausnahmefällen, wenn es taktisch sinnvoll erscheint, auch in die eigene Tasche, die Hauptlast tragen jedoch die britannischen Adligen selbst. In Rom ist es üblich, dass der, der politisch etwas darstellen oder erreichen möchte, sich finanziell für das Gemeinwesen engagiert. Es gibt keinen Grund, warum dieses Konzept in einer römischen Provinz nicht genauso funktionieren sollte.

Und das tut es, denn gut verpackt in Diplomatie sät Agricola Angst in das Bewusstsein derjenigen, die unter römischer Herrschaft zu neuem Wohlstand gelangt sind. Sie werden Neider haben, denn natürlich wird Rom nicht diejenigen am Wohlstand teilhaben lassen, die sich gegen Rom stellen. Und wer soll sie, die Glücklichen, die sich richtig entschieden haben, vor den Unbelehrbaren beschützen?

Rom will jedes neu eroberte Territorium möglichst schnell unter römische Verwaltungsstrukturen bringen. Nicht im Interesse Roms ist es dagegen, jeden einzelnen Verwaltungsposten mit Männern aus Rom zu besetzen. Im Gegenteil. Auf lokaler Ebene existieren bereits Beziehungsgeflechte aus Autorität und Abhängigkeiten. Ein Römer wäre hier ein Fremdkörper, der mit viel Aufwand weniger erreichen würde als der britannische Adlige, dessen Klienten freiwillig tun, was ihr Herr ihnen sagt. Die Posten auf der lokalen Verwaltungsebene sind für Römer unspektakulär, mit einigen Ausnahmen wenig lukrativ und daher wenig begehrt. Rom ist insbesondere bestrebt, die kritischen lokalen Verwaltungsbereiche – Rechtsadministration und Steuereintreibung – möglichst zügig auf einheimische »Beamte« zu übertragen.

Britannischen Adligen kann man mit relativ einfachen Mitteln die Vorzüge der Loyalität zu Rom nahebringen. Wer an Macht und Wohlstand teilhaben (und somit seinen eigenen Einfluss erhalten oder auch vergrößern) will, muss sich den römischen Institutionen unterordnen, sich mit ihnen arrangieren, im Idealfall sogar Teil von ihnen werden. Und das tun die britannischen Aristokraten mehr als bereitwillig, denn andere Gebiete, auf denen sie Macht gewinnen können, gibt es bald nicht mehr. Das alte »Feld der Ehre« – Stammeskriege und Clanfehden – wird von Tag zu Tag kleiner, da die Römer sehr darauf drängen, Konflikte künftig nicht mit dem Schwert in der Hand auf dem Feld, sondern dem Anwalt an der Seite im Gericht beizulegen. Um dies zu bekräftigen, ergeht bereits in einem recht frühen Stadium der römischen Besetzung in Britannien das Gesetz, dass Zivilpersonen keine Waffen tragen dürfen. Und je mehr die römischen Strukturen wachsen, desto mehr werden aus den Klientenkönigen einflussreiche römische Verwaltungsträger, die in ihrem Distrikt eigenständig agieren. Unterstützung – in der Regel militärische – erhalten sie vom Statthalter nur noch für spezielle Aufgaben wie die Steuereintreibung von unwilligen Zahlern, Bedrohung des Verwaltungsgebietes von außen oder bei Stämmen, bei denen die Romanisierung nur langsam voranschreitet.

Das wirkungsvollste Element des Prozesses der Romanisierung ist jedoch die Sprache. Latein wird zum Muss. Wer Karriere in der Verwaltung (egal ob auf Provinz- oder lokaler Ebene) machen möchte, muss Latein sprechen. Wer erfolgreich Geschäfte mit Händlern von außerhalb Britanniens machen möchte, muss Latein sprechen. Es ist die internationale Verkehrssprache, denn natürlich kommen die Händler, die ihre Waren in Londinium, Camulodunum, Venta Icenorum (Caistor-by-Norwich) etc. anbieten, nicht alle aus Rom. Sie kommen aus Griechenland, aus Afrika und anderen römischen Provinzen, in denen Latein nicht die Mutter-, sondern offizielle Amtssprache ist. Auch kann Rom einen entscheidenden Vorteil aus der Tatsache ziehen, dass sich über die Jahrhunderte hinweg keine keltische Schriftsprache entwickelt hat.

Treibende Kräfte sind Mode und Lifestyle. Das römische Besiedlungskonzept basiert nicht auf dem einzelnen Landsitz, sondern der Stadt. Doch man wohnt nicht dort, wo es laut und schmutzig ist. Wer als britannischer Adliger etwas auf sich hält, lebt in einer Villa römischen Stils auf dem Land und hat in der Stadt eine Wohnung. Hier spielt das Leben, wobei nur römische Vergnügungen angeboten werden. Und die sind so anders als die traditionellen einheimischen, wie die frühe Form des Hockey oder die Jagd mit wertvollen Hunden. Da gibt es die Zerstreuung im Badehaus, Spiele in Amphitheatern, Gladiatorenkämpfe und Bordelle, Dinnerpartys und vieles mehr. Wer »in« sein will, geht dorthin – und spricht Latein. Wie heute die Anglizismen ins Deutsche, halten lateinische Modewörter Einzug in die keltische Sprache. Auch die rein menschliche Ebene darf nicht vernachlässigt werden. Hier gibt es viele Facetten.

Zunächst einmal ist der in die römischen Hilfstruppen rekrutierte britannische Krieger Bestandteil einer römischen Institution und muss, um klarzukommen, natürlich zumindest rudimentär Latein sprechen.

Römische Legionäre dürfen während ihrer Dienstzeit nicht heiraten. Das beschränkt sich jedoch nur auf den formellen Akt selbst. Natürlich haben viele Legionäre Familien, die in der Nähe der jeweiligen Garnison leben. Nach der Entlassung aus dem Dienst erhalten die Legionäre in der Regel ein Stück Land in dem Ort, wo sie zum Schluss gedient haben, und bleiben mit ihren Familien dort. Die wenigsten zieht es in die Heimat zurück. Britannien ist schließlich kein »Ausland« im modernen Sinne, es ist integraler Bestandteil des Römischen Reiches. Man spricht Latein, ist in Beziehungsgeflechte eingebunden, hat römische Verwaltungsstrukturen um sich herum. Die Vermischung römischer und keltischer Wertvorstellungen, Gedankenwelten, kultureller und religiöser Aspekte auf familiärer Ebene ist kaum abzuschätzen.

Der Handel ist ein wichtiger Gesichtspunkt. Römischen Legionären und Offizieren ist das Handeltreiben offiziell verboten, und so finden sie in der britannischen Bevölkerung willige Agenten, die gegen ein Entgelt für sie tätig werden. Auf der britannischen Seite müssen Agenten wie auch Händler natürlich nicht nur Latein lernen, sie müssen sich auch an völlig neue Gepflogenheiten gewöhnen. Münzen wurden bislang nur als repräsentative Geschenke von Herrschern an andere Herrscher geprägt. Jetzt kommen sie in großen Mengen nach Britannien, durch Händler oder als Sold der Legionäre, und werden zum universellen Tauschmittel. Die Geldwirtschaft hat begonnen. Das ganze Wirtschaftssystem wird auf den Kopf gestellt. In vorrömischer Zeit produzierte man für den Eigenbedarf. Überschüsse wurden verwendet, um die Dinge einzutauschen, die man selbst nicht herstellen konnte. Jetzt hält ein neuer Begriff Einzug in das Denken der Händler: Profit. Man produziert so viel man kann und versucht, »seinen Schnitt« zu machen.

Und man muss gut sein, denn noch etwas Neues hält Einzug: internationale Konkurrenz. Quasi vom ersten Tag an, da Britannien zum Römischen Reich gehört, wird es als dankbarer Absatzmarkt für Produkte aus anderen Provinzen betrachtet. Olivenöl kommt aus Spanien, Steingut aus Rom und Gallien, Wein nicht mehr nur aus Griechenland, sondern auch aus Südgermanien und Gallien. Der einfache Mann trinkt jedoch weiterhin *cuirm*, selbst gebrautes Bier. Einige der britannischen Produzenten werden unter römischem Einfluss groß und spielen am »globalen« Markt mit. Andere, wie die Hersteller von Mosaiken, werden Spezialisten, die in Britannien zu Wohlstand gelangen; dies auf Kosten derer, die zu lokalen Anbietern mit einer maximalen Produktreichweite von fünf bis acht Kilometern reduziert werden.

Am meisten profitieren die Zulieferer, die am stärksten der Romanisierung ausgesetzt werden. Da sind zum einen diejenigen, die für die Legionen produzieren, die Schmiede, Gerber, die Lieferanten von Getreide und Vieh. Zur zweiten Gruppe zählen die Produzenten von Baumaterialien sowie die Bauhandwerker selbst. Auch die Rohstoffindustrie boomt unter römischer Führung. Ein Beispiel sind die Bleiminen in Wales, die schon vor 60 n. Chr. Objekt großer Begierde verschiedener Prokuratoren waren.

Fast unmittelbar nach der militärischen Besetzung eines Gebietes durch römische Streitkräfte werden Straßen gebaut, um weitere Truppenbewegungen über Land zu erleichtern. Natürlich werden diese auch schnell zu Handels- und Reisewegen. Völlig neue Institutionen entstehen in Britannien. Der offizielle Kurier- und Reisedienst des Römischen Reiches, der *cursus publicus*, nimmt auch hier seine Arbeit auf. Dabei ist streng reglementiert, wer wie reisen darf, wie viele Pferde zum Wechseln ihm zustehen, wo er übernachten darf etc. Je belebter die Straßen werden, desto mehr kleine Herbergen (»Inns«) entstehen. Der bessergestellte Reisende – Römer oder Britannier – würde jedoch nicht in einem Inn absteigen. Hier greift das bereits in keltischer Zeit gepflegte System der gegenseitigen Gastfreundschaft auf höherer Ebene. Hochrangige Adlige haben sich ständig gegenseitig besucht, wobei es als Ehre und Verpflichtung empfunden wurde, seinem Gast das Beste anzubieten, was das prunkvolle Haus hergab. Die Stämme unterhielten zum Teil sogar »Gästehäuser« mit einem eigenen »Manager«, der sich um die hohen Besucher anderer Stämme zu kümmern hatte. Aus den prächtigen, mit allen römischen Annehmlichkeiten (wie Hypokaustum – Fußbodenheizung, eigenem Badehaus und teuren Mosaiken) versehenen Villen wird jetzt ein festes System »angemessener Unterkünfte« für den anspruchsvollen Reisenden – *mansiones*. Die römischen Inns gehen größtenteils unter – und tauchen später als von Klöstern unterhaltene Herbergen für Missionare und Pilgerer wieder auf. Die »besseren«, auf Gastfreundschaft basierenden Unterkünfte dagegen überleben den Zusammenbruch Roms und existieren als *Mansions* noch heute.

Nach dem Niedergang des Druidentums erhält ein zentrales Element der keltischen Gesellschaft ernsthafte Konkurrenz. Mit der Angliederung Britanniens an das Römische Reich öffnet man sich für religiöse Kulte anderer Gemeinschaften. So wird speziell unter römischen Offizieren und Händlern der ursprünglich persische

Mithraskult gepflegt, der Geradlinigkeit und Ehrgeiz beim Erreichen der persönlichen Ziele zum Inhalt hat und dem sich auch britannische Händler schnell öffnen.

Für die einheimische Bevölkerung eher unbedeutend bleibt der in Rom weitverbreitete ägyptische Isis-Kult. Deutlich größere Akzeptanz genießen dagegen die Götter und Riten, die die germanischen Hilfstruppen der römischen Streitkräfte mitbringen und die an das germanische Element bei den belgischen Stämmen Südostbritanniens appellieren.

Doch wer es in Britannien wirklich zu etwas bringen will, der pflegt, unabhängig seiner sonstigen religiösen Gesinnung, den Kult, der das Zugehörigkeitsgefühl zu Rom befördern soll: den Kaiserkult.

Es ist schwierig, den Kaiserkult genau zu identifizieren, denn er ist eine geniale Kombination aus Ideologie, Personenkult und Religion. Im ersten christlichen Jahrhundert gelten in Rom die Angehörigen der imperialen Familie bereits zu Lebzeiten als göttlich (Claudius wurde nach seinem Tod sogar tatsächlich zum Gott erklärt). Und genauso werden sie behandelt: Man betet sie an, vollführt festgeschriebene Rituale, errichtet Tempel für sie. Der Erste auf britannischem Boden ist der prunkvolle Claudius-Tempel in Camulodunum. Er wird im Jahre 60 n. Chr. im Verlauf der Rebellion der Boudicca zum Feuergrab für die letzten Verzweifelten, die der irrigen Meinung sind, dass die rasenden Anhänger der icenischen Königin Respekt vor dem Sinnbild der göttlich-kaiserlichen Macht haben. Man huldigt dem Kaiser und seiner Familie in jeder Garnison, in jeder größeren Stadt, an jedem größeren Marktflecken. Es gehört zum guten Ton, als britannischer Aristokrat an dem Kult nicht nur teilzunehmen, sondern diesen in seinem Einflussbereich auch zu finanzieren, zum Beispiel durch die Errichtung eines Tempels oder zumindest eines Schreins. Der Kult um die göttliche imperiale Familie erfüllt damit eine vitale Funktion des wachsenden römischen Gemeinwesens. Er gibt seinen Bewohnern eine Gemeinsamkeit, die das Gefühl generiert, auch fern von Rom Mitglied einer großen Gemeinschaft zu sein. Und ist es nicht das, worum es wirklich geht? Worum es immer gegangen ist? Dazugehören? Teil der Macht sein?

Kann es ein stärkeres Motiv für Loyalität geben?

Allerdings gräbt sich der Kaiserkult im Laufe der Zeit sein eigenes Grab. Die Mitglieder der imperialen Familien haben nicht nur gesetzlich festgelegten göttlichen Status, sie benehmen sich auch so. Ihr exaltiertes, extravagantes Auftreten trägt nicht unbedingt dazu bei, ihren Rückhalt bei den Edlen und Mächtigen Roms auf Dauer zu festigen. Der Kaiserkult wird mit allen Mitteln durchgesetzt, und das Ziel legitimiert auch den Angriff auf das Eigentum und sogar das Leben nicht völlig überzeugter Senatoren. Und bald wird der Kaiserkult zu einer Formalie der Oberschicht, ein ohne innere Überzeugung abgegebenes Statement in reinweg eigenem Interesse, das nicht mehr nur »Dazugehören«, sondern oft genug auch einfach nur »Überleben« heißt.

Neben der Öffnung für neue Kulte ist das erste christliche Jahrhundert geprägt von der Verfolgung der alten keltischen Religion. Ihre Träger werden zu Verfolgten, die ihre Lehren heimlich verbreiten müssen. Die fortschreitende Romanisierung entzieht ihnen nach und nach den Rückhalt in der Bevölkerung. Vielfach sinken sie auf den Status von Schamanen und Geschichtenerzählern mit einer kleinen Zuhörerschaft innerhalb derjenigen Bevölkerungsschicht, für die sich durch die Romanisierung eigentlich kaum etwas verändert hat. Den einfachen Kleinbauern, die auf abgelegenen Gehöften ihre Felder bestellen oder das Vieh austreiben, ist es egal, an wen sie ihre Abgaben leisten, ob sie ihre Steuern an einen keltischen Adelsherrn oder einen römischen Prokurator zahlen. Sie leben ihr Leben weiter wie bisher, bleiben zum großen Teil auch in den alten Traditionen verhaftet. Sie sind es, die aufgrund ihrer Schreibunkundigkeit abends an den Feuern sitzen und sich die alten Geschichten von Helden, Feen, Trollen, Elfen und Zwergen erzählen, sie von Generation zu Generation weitergeben. Speziell auf den Britischen Inseln werden sie so zu der wichtigsten Quelle eines reichen Brauchtums, einer Folklore, die als genau das überlebt.

Natürlich gibt es auch Christen in Britannien. Allerdings spielen sie in römischen Zeiten eine eher untergeordnete Rolle. Es gibt kaum irgendwelche Hinweise auf gepflegte Riten aus der Zeit vor 306 n. Chr., als Konstantin Kaiser wird und sich die Wende anbahnt.

Die Britannier sprechen Latein. Ihre Kinder lernen in Schulen die Wertvorstellungen Roms kennen. Wer modern sein will, trägt keine *bracae* mehr, sondern eine Toga. Die Wohlhabenden und Mächtigen verwenden ihr Vermögen, um römische Einrichtungen wie Straßen, Tempel, Schreine und Statuen zu finanzieren. Die Menschen haben aufgehört, mit der Natur in Einklang zu leben, nur zu nehmen, was sie zum Leben brauchen. Der Gedanke an Profit hat die Vorstellung vom großen Gleichgewicht abgelöst. Das Land, das sie bewirtschaften, ist nicht mehr Gemeineigentum, sondern gehört römischen Landbesitzern, die oftmals noch nicht einmal dort leben. Die Bauern und Händler tauschen nicht mehr, sie bezahlen. Sie tragen keine Waffen mehr, haben aufgehört, an ihre Kriegertraditionen zu glauben. Ihre Geisteswelt ist aus den Fugen geraten; fremde Götter dringen in die Welt des Cernunnos, des Lugh und Taranis ein. Ihre eigenen Götter erhalten seltsame fremde Namen, wie Sulis Minerva, die Wassergöttin von Aquae Sulis (Bath) oder Jupiter Optimus Maximus Tanarus (der romanisierte Donnergott Taranis).

Nur wenige Dinge haben Bestand in dieser Zeit, wenn auch nur an der Oberfläche. Noch immer kämpfen die Kelten – in diesem Fall die britannischen – gegen Bezahlung für andere Herrscher – in diesem Fall den römischen Kaiser.

Aus Kelten sind Römer geworden …

Oder doch nicht?

Zusammenbruch

Die römische Provinz Britannia

Als am 24. August des Jahres 410 n. Chr. die Goten unter ihrem Herrscher Alarich Rom erstürmen, morden, plündern und vergewaltigen, ist das nur das Ende des schleichenden Untergangs des Imperiums, der bereits 240 Jahre zuvor begonnen hat. Rom versinkt im Chaos. Das Weströmische Reich bricht zusammen. Die Vorgänge sind komplex, das Ergebnis unvermeidlich und vorhersehbar. Doch welche Auswirkungen haben all diese Entwicklungen auf die römische Provinz Britannia? Wie viel von dem, was passiert, wird überhaupt von der Mehrheit der Bevölkerung wahrgenommen?

Um die Antwort auf die zweite Frage vorwegzunehmen: vermutlich nicht viel. Die meisten Entwicklungen spielen sich auf administrativer oder sogar nur militärischer Ebene ab und betreffen nur die oberste Provinzialverwaltung und/oder die Streitkräfte. Britannien ist innerhalb des römischen Machtgefüges aufgrund der dort konzentrierten militärischen Kräfte ein gefährliches Instrument im Kampf um den Kaiserthron. Ab Mitte des 2. Jahrhunderts stehen 50 000 Legionäre mit entsprechenden Hilfstruppen in Britannien; ein Achtel der gesamten römischen Streitkräfte überhaupt. Dessen sind sich sowohl der Kaiser in Rom als auch die Gouverneure in Britannien selbst bewusst, wie zwei Maßnahmen aus der ersten Hälfte des 3. Jahrhunderts beweisen.

Um 197 n. Chr. wird die Provinz administrativ geteilt. Die Zerlegung in *Britannia inferior* (der Norden) und *Britannia superior* (der Süden) verfolgt dabei nur sekundär das Ziel, mehr Verwaltungsposten für Beamte zu schaffen. Primär geht es darum, die militärischen Ressourcen zu teilen, um sie nicht in den Händen eines einzigen Mannes zu belassen.

Zwischen 210 und 245 n. Chr. entsteht an der Südost- und Ostküste, vor allem an den Flussmündungen, eine Reihe von Befesti-

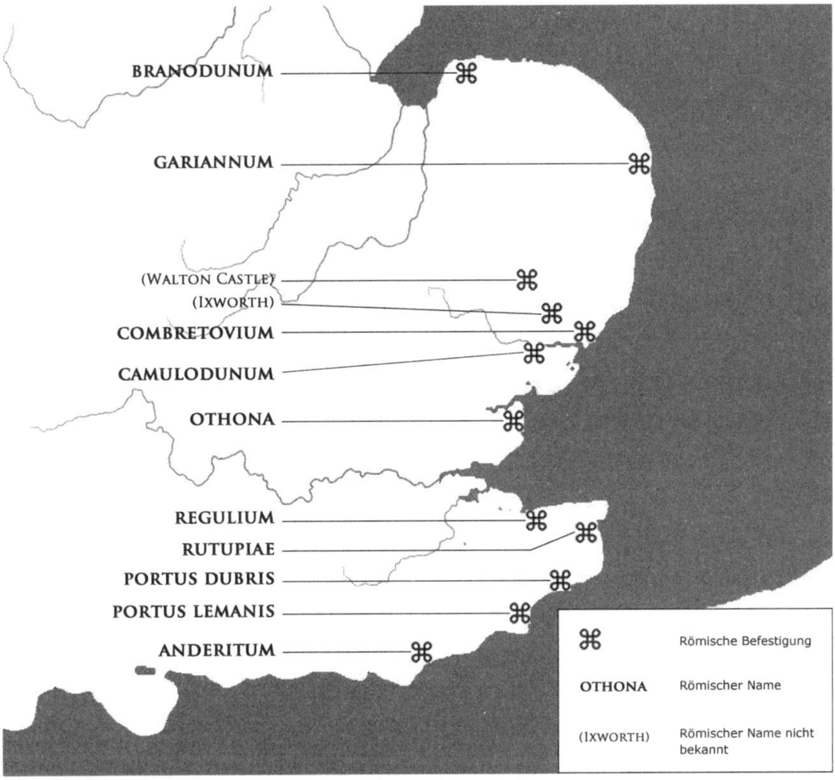

Die sogenannte »Sachsenküste«. Die römischen Festungen an der Südostküste Britanniens wehrten später auch die eindringenden Sachsen ab. Ihre römischen Bauherren im 3. Jahrhundert wollten aber vor allem andere römische Feldherren fernhalten und den lukrativen Handel zwischen Britannien und Gallien schützen.

gungsanlagen und Forts, die in ihrer Gesamtheit heute gemeinhin unter dem Namen »Saxon Shore« – »Sachsenküste« bekannt sind. Sicher werden sie und ihre Erweiterungen knapp 190 Jahre später tatsächlich als Verteidigung gegen die Einfälle sächsischer Kriegerhorden dienen. Zur Zeit ihrer Entstehung erfüllen sie zwei ganz andere Funktionen. Zum einen sind sie Ausgangsbasen für die römische Flotte in Britannien, um vor allem die Getreidetransporte für die römischen Garnisonen an der Grenze zu Germanien gegen die

Überfälle von Piraten zu beschützen. Zum anderen kontrolliert dieselbe Flotte von diesen Forts aus die britannische Küste selbst, und zwar nicht aus Angst vor marodierenden Barbaren, sondern vor einem eventuellen Angriff eines höchströmischen Mitanwärters auf die Macht in Rom …

Der innere Feind.

Doch was ist mit den äußeren Feinden an den Grenzen des Römischen Reiches? Als um 170 n. Chr. an Rhein und Donau die ersten Unruhen aufkommen, herrscht in Britannien an den äußeren Grenzen relative Ruhe. Erst knapp 15 Jahre später brodelt es im Norden, als überehrgeizige Heerführer »Strafexpeditionen« in die schottischen Highlands unternehmen, um Kaiser Commodus zu beeindrucken. Dieses wiederholt sich unter Severus und seinem Sohn Caracalla bis einschließlich 210 n. Chr., aber all diesen Aktionen ist eines gemeinsam: Rom sucht sich seine Feinde selbst.

Doch selbst, wenn Bürgerkrieg und Geltungssucht einzelner Individuen ausschließlich das Militär und die Provinzialverwaltung betreffen, so hat die desolate Situation des Römischen Reiches Auswirkungen, die auch den Britanniern nicht verborgen bleiben. Das gute Verhältnis zwischen Militär und Zivilbevölkerung kühlt speziell im Norden merklich ab. Die steigende Disziplinlosigkeit innerhalb der Truppen führt vermehrt zu Konflikten außerhalb der Kasernen.

Auch der Einfall der Germanen in Gallien 276 n. Chr. hat Folgen für Britannia. Allerdings profitieren die Britannier eher vom Elend ihrer glücklosen Nachbarn. Angesichts der plündernden Horden und der eher hilflosen römischen Streitkräfte packen viele der galloromanischen Wohlhabenden ihren mobilen Besitz zusammen, überqueren den Kanal und bauen sich in der Ruhe der sichereren Provinz Britannia eine neue Existenz auf. Der Zustrom neuen Kapitals und Know-hows führt im Südosten zu einem deutlichen wirtschaftlichen Aufschwung.

Erst Mitte des 4. Jahrhunderts gewinnt die Bedrohung von außen auch für Britannien an Bedeutung. Allerdings sind die »Feinde« durchaus differenziert zu betrachten.

Jenseits der nördlichen Grenze des römischen Britanniens, dem Hadrianswall, leben zum einen einige keltische Gemeinschaften wie die Pikten und ein erst kürzlich eingewandertes Volk, das sowohl von den Letzteren als auch von den Römern als »Seeräuber« bezeichnet wird. Diese unternehmen spontane Raubzüge in römisches Territorium, die von den in Grenznähe stationierten Truppen leidenschaftslos und mehr schlecht als recht abgewehrt werden. Doch ab 340 n. Chr. scheint der amtierende westliche Kaiser Constans Zweifel bezüglich der relativen Harmlosigkeit seiner nördlichen Nachbarn in Britannien zu haben. Dafür spricht das Entstehen einer neuen Berufsgruppe, der *aureani*. Es sind keltische Britannier verschiedener auf römischem Territorium lebender Völkerschaften, die quasi als Geheimagenten nach jenseits des Hadrianswalls gesandt werden. Dort sollen sie sich unter die einheimische Bevölkerung mischen und Informationen über eventuelle antirömische Aktivitäten sammeln. Ein nicht ungefährliches Unterfangen.

In den Jahren 366 und 367 n. Chr. fallen wie in einer gemeinschaftlich geplanten Aktion die Pikten und die »Seeräuber« plündernd über die nördlichen Grenzgebiete her. Gleichzeitig wird die Südküste Britanniens von Gallien aus von Sachsen und Franken angegriffen.

Diese Angriffe treffen die römische Provinz völlig unvorbereitet. Im Römischen Reich setzt man sich zu diesem Zeitpunkt gerade mit Glaubensfragen auseinander. Christentum und die alten römisch-griechischen Götter buhlen um den Status als Staatsreligion, was schließlich in der Teilung des Römischen Reiches kulminieren wird. Die Vorgänge an den äußeren Grenzen werden in Rom und Konstantinopel im öffentlichen Bewusstsein in den Hintergrund gedrängt.

Dass gegen den Hintergrund der römischen Glaubenskrise und innerpolitischen Spaltungen ein gewisser Ablenkungseffekt eintritt und die Vorgänge in Gallien und Südbritannien nicht die Aufmerksamkeit erhalten, die sie verdienen, mag man ja noch verstehen. Doch hätte nicht zumindest im britannischen Norden der »Geheimdienst« rechtzeitig die Informationen über die bevorstehenden Angriffe haben und an die römische Militärverwaltung in Britannien selbst weiterleiten sollen?

Es kann kein Zweifel darüber bestehen, dass die *aureani* die entsprechenden Informationen tatsächlich frühzeitig haben. Dass sie sie nicht weiterleiten, liegt daran, dass sie außer den Informationen bereits recht frühzeitig nach ihrer »Arbeitsaufnahme« noch etwas anderes haben, nämlich ein besseres Angebot. Warum sich mit einem Trinkgeld von römischen und romano-britischen Beamten für eine gefährlichen Arbeit begnügen, wenn man mit den richtigen Verbündeten (zum Beispiel den Pikten) reiche Beute machen kann?

Doch ist Ablenkung durch Vorgänge in Rom und das Überlaufen des Geheimdienstes keine ausreichende Begründung dafür, dass man den Angriffen in der Provinz Britannia nur halbherzig Widerstand entgegensetzt. Die Hauptschuld trägt vielmehr eine allgemeine Lethargie, hervorgerufen durch eine gelernte zufriedene Behäbigkeit. Wer etwas auf sich hält, strebt Ämter in der Provinz- oder Lokalverwaltung an. Gleichzeitig gehört es jedoch zum guten Ton, jemanden, der ein solches Amt übernommen hat, angemessen zu bemitleiden ob der Last der Verpflichtungen, die auf seinen Schultern ruht. Auch geht es nur um das Erreichen der Positionen; kaum dass man sie hat, versucht man sie auch wieder loszuwerden. Ämter sind Prestigeobjekte ohne Inhalte. Perspektivlosigkeit macht sich breit. Verschiedene Prozesse sind hier gleichzeitig am Werk. Britannien ist inzwischen wirtschaftlich weitestgehend autark, mit der langfristig katastrophalen Folge, dass der Fernhandel allmählich zum Erliegen kommt. Die Provinz kocht im eigenen Saft. Das Fehlen von Fortschritt, von frischen Ideen von außen, das Betrachten von Ämtern als Last statt als Verantwortung lassen auch die Investitionstätigkeit in das Gemeinwohl zurückgehen. Öffentliche Gebäude verfallen, die Arbeitslosigkeit steigt, weil es keine Bauaufträge mehr gibt. Die Wohlhabenden ziehen sich auf ihre Landsitze zurück und beginnen, die Städte zu meiden. Deren Wohlstand schwindet.

Ab 382 n. Chr. nehmen die Einfälle im Norden zu, doch noch erscheint der Hadrianswall als Grenzstreifen einigermaßen stabil. Ab 400 n. Chr. beginnen jedoch auch die – im Vergleich zum inzwischen im Chaos versinkenden Gallien – sicheren Grenzen der Provinz Britannia unter den zunehmenden Überfällen der Pikten, der »Seeräuber« (beide von der Landseite) und der Sachsen (von See her) zu wanken. Zu diesem Zeitpunkt wird die Provinz noch erfolgreich durch die römischen Streitkräfte unter ihrem Feldherrn Stilicho verteidigt. Dieser hat jedoch keine Ressourcen für Gegenangriffe, die, wenn konsequent gegen die gallische Küste geführt, vielleicht sogar nachhaltigen Erfolg hätten.

Zu Beginn des 5. Jahrhunderts erteilt Rom seiner Provinz Britannien eine Lektion zu dem Thema »Wie setze ich Prioritäten«. Ein erheblicher Teil der Streitkräfte verlässt die Insel. Abgesehen von den Britanniern, die sich den Angriffen von außen nun mehr oder weniger schutzlos gegenübersehen, sind vermutlich auch die römischen Legionen alles andere als begeistert, ihr eher friedliches Domizil zu verlassen.

Um 406 v. Chr. haben die Suebi, die Vandalen und die Alanen den Rhein als Grenze zum Römischen Reich aufgehoben. Und die Goten unter Alarich marschieren unkontrolliert durch römisches Hoheitsgebiet.

Das römische Herrschaftssystem bricht zusammen.

Zu diesem Zeitpunkt wirkt sich dieser Zusammenbruch auch auf Britannien aus.

Umbruch

Als 410 n. Chr. die letzten römischen Truppen die Insel verlassen, sieht sich die zivile Provinzialregierung plötzlich der paradoxen Situation gegenüber, angesichts massiver Angriffe germanischer Stämme und der »Seeräuber« eine Provinz verwalten zu müssen, ohne einen entsprechenden Militärapparat dafür zu haben. Die Provinzialregierung muss improvisieren, verspricht Sklaven die Freiheit, wenn sie für sie kämpfen. Gleichzeitig hebt sie das Waffenverbot für Zivilisten auf, ein Fehler, den die Beamten nur kurze Zeit später bitter bereuen.

Mit dem Ende des Militärmonopols endet die körperliche Präsenz Roms in Britannien. Was nun folgt, ist eigentlich nur eine Formsache.

Die Römer haben sich von Anfang an beeilt, die lokale Verwaltung auf die britannischen Aristokraten zu übertragen. Ganz anders sah es mit den Stellen innerhalb der Provinzialverwaltung aus. Diese deutlich besser dotierten Positionen waren römischen Bürgern oder einflussreichen und wohlhabenden Ehrgeizlingen aus anderen, schon länger romanisierten Provinzen (wie zum Beispiel Gallien) vorbehalten. Dem kam sicher entgegen, dass die Britannier (im Gegensatz zu den Galliern) generell keine großartigen Ambitionen hatten, höhere Ämter in der Zentralregierung zu bekleiden. Und so hatte sich diese mehr und mehr zu einer nicht britannischen Körperschaft entwickelt. Die römische Provinzialverwaltung war eine Einrichtung, von der die britannischen Aristokraten in der Regel wenig anderes zu erwarten hatten, als Vorgaben für Investitionen in römische Bauvorhaben, wie Straßen, Tempel und Badehäuser, und Rüffel, wenn die Dinge nicht so liefen, wie vorgegeben. Von dem Wunsch nach Geldgeschenken zur Erlangung der Gunst – Korruption – einmal ganz abgesehen. Als den römischen Beamten durch den Abzug großer Teile der Streitmächte der militärische Rückhalt entzogen wird, ist ihr Schicksal besiegelt. Sie sind auf einmal nicht nur nutzlos, sondern allein durch die Tatsache, dass man sie ernähren muss, sogar lästig. In einer Welle von aufgestauter und plötzlich freigelassener Wut wird der größte Teil der römischen öffentlichen Bediensteten gewaltsam vertrieben. Jetzt rächt sich, dass inzwischen jeder Mann völlig legal Waffen tragen darf. Die Bilder erinnern an den Aufstand der Iceni und ihr Abschlachten der römischen und römerfreundlichen Einwohner von Camulodunum und Londinium. Aufgebrachte Mengen verfolgen um ihr nacktes Leben rennende römische und gallo-romanische Beamte und ihre Familien; Leichen, denen Gliedmaßen abgeschlagen oder deren Leiber aufgeschlitzt sind, liegen tot in den Straßen. Das Schreien und Stöhnen von Sterbenden erfüllt die Luft. Niemand würde glauben, dass das noch vor Kurzem eine blühende, in ihrem Inneren weitestgehend friedliche römische Provinz gewesen ist.

Der römische Überbau ist weg. Übrig bleiben kleine, aber sehr effektive lokale Administrationen, die auf frappierende Weise denen gleichen, die die Römer bei ihrer Ankunft vor über 360 Jahren vorgefunden haben. Träger dieser neuen Ordnung sind die Angehörigen der britannischen Landaristokratie. Diese profitieren massiv vom Wegfall der römischen Verwaltung einfach nur dadurch, dass sie nun keine Abgaben zu deren Unterhalt mehr leisten müssen. Britannien regiert sich in kürzester Zeit selbst, jedoch nicht an einer zentralen Führungsstruktur ausgerichtet. »Lokale Unabhängigkeit« heißt das Zauberwort.

Es ist keine stadtbasierte Gemeinschaft mehr. Es ist niemand mehr da, der für die Erhaltung der Gebäude und der nun nutzlosen öffentlichen Einrichtungen bezahlt. Die römischen Bauwerke verfallen. Das Leben zieht sich endgültig zurück auf das Land, in kleine Dörfer und befestigte Siedlungen.

Und was wird in dieser Übergangszeit aus den römischen Militärverwaltungen? Sie sind vollgestopft mit Karriere Suchenden und solchen, die sich als die für die Versorgung der Legionen Verantwortlichen einen netten *denarius* nebenher verdienen konnten. Entlohnt wurden sie wie jeder römische Beamte aus dem römischen Staatssäckel.

Jetzt zahlt niemand mehr Steuern, abgesehen davon, dass auch keiner mehr da ist, der sie eintreibt. Somit gibt es auch keinen römischen Staatssäckel für öffentliche Ausgaben der Provinz Britannia mehr. Und ohne Legionen fallen auch die Nebeneinnahmen weg.

Der römische Militärapparat tut das, was man von einem Beamtenapparat in dieser Situation erwarten würde: Er löst sich innerhalb weniger Monate auf. Was noch an Streitkräften vorhanden war, desertiert.

Der Wegfall der römischen Zivil- und Militärverwaltung hat gravierende Folgen für die Wirtschaft der ehemaligen Provinz. Das Ganze ist eine Kettenreaktion. Die Geldwirtschaft war eine an rein römische Institutionen gebundene Angelegenheit. Es hat bislang auch nur einen Zweck gegeben, für den Münzgeld in entsprechenden Quantitäten von außen nach Britannien gelangt ist: für die Entlohnung der Legionen und Beamten. Jetzt ist dieser Zweck abgeschafft. Außerdem hat die Krise des Römischen Reiches dafür gesorgt, dass der Nennwert der in Britannien kursierenden Münzen ihren Materialwert schon Jahre zuvor erheblich überstieg. Als universelles Tauschmittel sind sie somit wertlos. Niemand akzeptiert Geld mehr als Zahlungsmittel. Wer weiß schon, wie viel der *denarius*, mit dem ich früh das Haus verlasse, noch wert ist, wenn ich den Markt erreiche? Was dagegen jeder weiß ist, wie lange er von einem Schwein oder einem Sack Getreide leben kann (an dieser Stelle: selbst die Legionen wurden wegen der hohen Inflation in der letzten Phase bereits zum Teil in Naturalien entlohnt). In kürzester Zeit fällt Britannien wieder auf das alte System der Natural- und Tauschwirtschaft zurück.

Das ist gleichzeitig der Todesstoß für all diejenigen, die gewohnheitsgemäß riesige Mengen an Gütern »auf Halde« produziert haben. Die für den Militärbedarf, die groß angelegte Bauwirtschaft oder den Fernhandel errichteten Betriebe sind völlig überdimensioniert für den Bedarf, der jetzt noch besteht. Außerdem konterkarieren sie mit ihrer großflächigen Verteilungsstruktur das System der lokalen Unabhängigkeit. Viele dieser Betriebe schließen, einige wenige existieren auf dem Niveau kleiner lokaler Handwerksbetriebe weiter.

Ist Rom je wirklich in Britannien gewesen? Die Frage scheint berechtigt. Im schottischen Hochland und Cornwall hat es nie Fuß fassen können. Generell hat es sich schwergetan mit Gebieten, die landwirtschaftlich unterentwickelt waren und Legionen und Beamtenapparat nicht ernähren konnten. Den Südosten mit seiner ausgeprägten Landwirtschaft unterwarf Rom in nur drei Jahren. Für Wales und das Gebiet der Brigantes brauchte es 25 Jahre.

In nur wenigen Jahren verschwindet all das, was Rom 360 Jahre lang in Britannien ausgemacht hat: Eine starke Militärpräsenz, römische Verwaltungsstrukturen, römischer Lifestyle und ein auf Geldwirtschaft basierendes Wirtschaftssystem. Was danach kommt, organisiert sich dezentral nach alten Mustern und produziert wieder nur, was man selbst zum Existieren braucht. Man spricht wieder eigenes Recht – und Keltisch – und verteidigt sich selbst.

Innerhalb dessen, was Rom in Britannien zurücklässt, gibt es keine Perspektiven, keine sozialen Aufstiegsmöglichkeiten mehr. Es gibt noch nicht einmal Alternativen wie zum Beispiel in Gallien, wo die Hierarchie der erstarkenden christlichen Kirche neue Möglichkeiten eröffnet. Im Gegenteil, was man hat, sind barbarische Völker, die von allen Seiten auf die Bewohner der ehemaligen römischen Provinz eindringen. Also besinnt man sich auf alte Traditionen. Mitte des 5. Jahrhunderts ist Britannien wieder von Kriegergesellschaften geprägt.

Man ist wieder unter sich. Die auf Ressentiments ob des Gefühls des Im-Stich-gelassen-Werdens aufbauende, beinahe gewaltsame Verdrängung alles Römischen hat dazu geführt, dass diejenigen Römer, die das Land nicht verlassen haben – wie zum Beispiel die in Britannien gebliebenen Veteranen der Legionen –, komplett assimiliert werden. Rom ist ab jetzt nur noch ein Teil der Geschichte.

Ein dunkles Zeitalter voller Licht, Schotten, die eigentlich Iren sind, und eine Insel voller Heiliger

Die letzten Kämpfe der alten Kelten

Die Jahre nach Rom

Britannien – die neuen Königreiche

Bereits um 430 n. Chr. ist Europa neu aufgeteilt. Westrom mit all dem, was es einmal ausgemacht hat, gibt es nicht mehr. Der leichte, helle, grazile Stil des Mittelmeerraumes, der alle Lebensbereiche durchdrungen hatte, wird nun an vielen Stellen abgelöst durch den herben, strengen, düsteren, ja, sogar martialischen Stil der germanischen Völker. Das sogenannte »dunkle Zeitalter« hat begonnen …

In Britannien beginnen die zurückgelassenen keltischen und romano-keltischen Gemeinschaften nach dem Abzug der Römer die Machtverhältnisse neu zu ordnen. Doch verläuft diese Entwicklung in den einzelnen Regionen Britanniens sehr unterschiedlich.

Der Abzug des römischen Militärs war keine Nacht- und Nebel-Aktion gewesen, sondern ein sich über gut 35 Jahre hinziehender Rollback: Zuerst waren die nördlichen Gebiete aufgegeben worden, als Letztes hatten die Truppen den ursprünglich zuerst besetzten Südosten verlassen. In diesem Gebiet hatten die römischen Strukturen bis zum letzten Tag vorgeherrscht. Sie hatten die alten keltischen Stammesstrukturen nachhaltig zerstört, ohne Chance, sich bis zur Ankunft der neuen Eroberer um 450 n. Chr. neu zu bilden. Die Grenzen zwischen den Völkerschaften sind zum Teil völlig verschwommen. Als das zentralisierte römische System zusammenbricht, bleiben lokale Verwaltungsflecken zurück. Hierarchisch organisierte Stammesgebilde werden die Kelten Südostbritanniens nie wieder errichten.

Doch je weiter man sich vom Sitz der ehemaligen Provinzialregierung der Römer entfernt, desto mehr verändert sich das Bild. In Zentralbritannien, nördlich des Wash und des Welland, ist bereits in

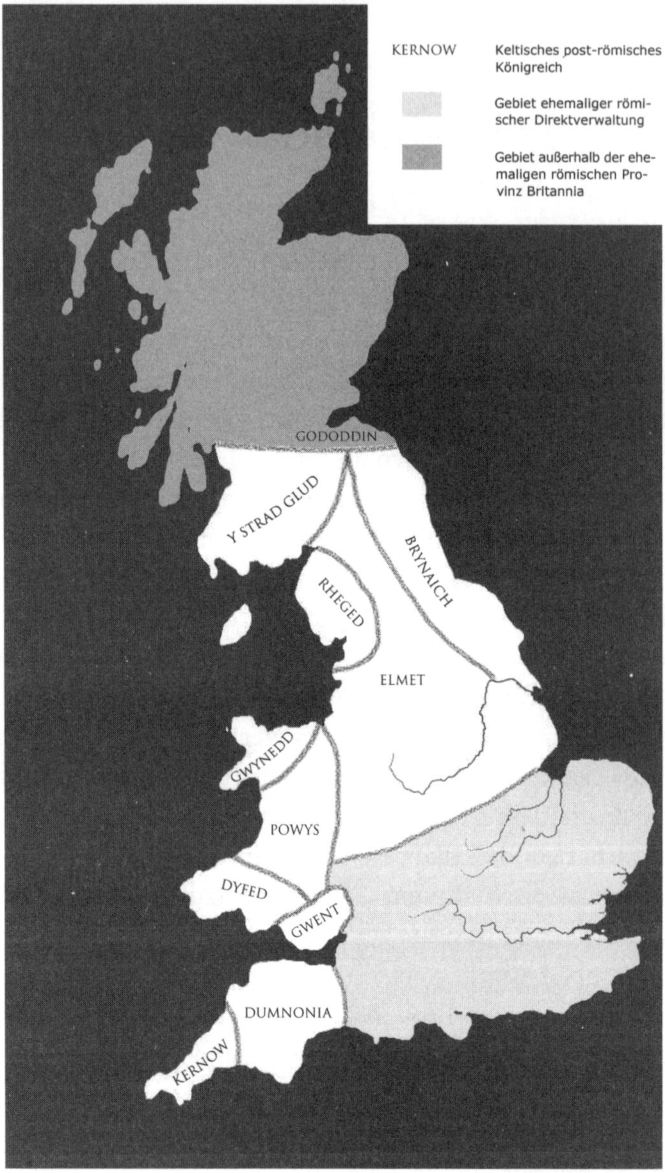

Britannien nach dem endgültigen Abzug der Römer um 450 n. Chr. Der Rückzug der Römer aus Britannien zog sich über mehrere Jahrzehnte hin. Danach entstanden aus ehemaligen Klientenkönigreichen eigenständige keltische Territorien. Eine Ausnahme bildet der Südosten, der am längsten unter römischer Direktverwaltung stand. Hier blieben nach dem Rückzug nur lokale Verwaltungsflecken zurück.

den letzten Jahres der römischen Besetzung das streitbare Königreich *Elmet* entstanden. Sein nordwestlicher Nachbar ist das Königreich *Rheged,* das nach alter keltischer Manier eine gut befestigte Stadt, *Caerliwelyd* (Carlisle) zum Zentrum hat. Noch weiter nördlich finden wir jenseits des Solway Firth das Königreich *Y Strad Glud* (Strathclyde), das schon aufgrund seiner Lage zwischen den Wällen zu römischen Zeiten verstärkt Angriffen aus dem Norden ausgesetzt war. Sein Hauptsitz ist die auf einem Felsen gelegene Festung *Alcluyd* (Dumbarton). Und schließlich südlich des Antoninuswalls, also formell noch innerhalb der ehemaligen römischen Teilprovinz *Britannia inferior,* direkt angrenzend an die nie eroberten Highlands, liegt das Königreich *Gododdin.* Seine Herrscher residieren in einer imposant auf einem Vulkanfelsen gelegenen Burg mit Namen *Dun Eidyn* (»Festung des Eidyn«) – genau an der Stelle, wo sich heute Edinburgh Castle befindet.

Im Südwesten ist die Situation ähnlich. Das Stammesgebiet der Durotriges (das moderne Devon und Dorset) hatte in römischer Zeit den Status eines Klientenkönigreiches mit eigenen Strukturen. Mit dem Weggang der Römer ändert sich auch nur dieser Klientenstatus. Die Hauptstadt des Königreichs *Dumnonia* ist *Isca,* das heutige Exeter.

Im Westen hätten die Römer Wales zwar gern völlig in die Provinz Britannia einverleibt, haben diesen Wunschtraum aber nie in die Realität umsetzen können. Sicher wurden viele Gemeinschaften zum Teil gewaltsam unterworfen, und natürlich gab es etliche Garnisonen der römischen Legionen in der Region. Doch von einer vollständigen Unterwerfung waren die Römer weit entfernt gewesen. Neben der den Kelten innewohnenden Renitenz gegenüber Eroberern jeglicher Herkunft spielte dabei auch immer die schwer zugängliche Landschaft eine wichtige Rolle. Und wer heute zum Beispiel die Brecon Beacons bereist, der wird bemerken, dass es schon allein wettertechnisch durchaus angenehmere Flecken gibt.

An der walisischen Südküste liegt das kleine Königreich *Gwent.* Sein Kerngebiet ist das Tal des Flusses Severn, die Heimat der Silures.

Dyfed ist das ehemalige Stammesterritorium der Demetae, die sich nie durch besondere Römerfreundlichkeit ausgezeichnet haben. So ist es auch nicht ganz zufällig, dass sie zwar durchweg Kelten sind, dass ihre Führungskaste zur Zeit des Abzugs der Römer jedoch nicht aus ihren eigenen Reihen stammt. Der Grund dafür liegt im Norden. Gegen Ende des 4. Jahrhunderts sieht sich das Herrschaftshaus der *Gododdin* konfrontiert mit dem Einfall einer fremden Kriegeraristokratie, die sich selbst *Féni* nennt und aus Irland stammt. Durch Intervention der römischen Verwaltung gelingt ein für die damalige Zeit bemerkenswertes diplomatisches Meisterstück. Die *Féni* müssen das Territorium der *Gododdin* verlassen. Allerdings gehen sie nicht zurück nach Irland, sondern ihnen wird von Rom neues Siedlungsgebiet innerhalb der Provinz zugewiesen, in einem Teil, dessen Bevölkerung in römischen Augen schon immer als schwierig galt: Nord- und Südwestwales. In *Dyfed* nutzen die *Féni* ihre militärische Überlegenheit aus und übernehmen die Herrschaft. Der letzte Schlag eines sterbenden Roms gegen ein letztlich unbesiegtes Wales.

In der bergigen Region von Nordwales liegt *Powys*, das Königreich der *Cornovii*, regiert vom ehemals römerfreundlichen König Cuneglas. Für den bricht nach dem Abzug seiner Schutzherren eine harte Zeit an, da er nun für den Schutz seiner Untertanen selbst sorgen muss.

Im Nordwesten von Wales leben schließlich die Ordovices. Ihr Königreich trägt den Namen der regierenden Dynastie: *Gwynedd*. Allerdings hat es das Schicksal *Dyfeds* geteilt und steht zum Zeitpunkt des römischen Abzugs ebenfalls unter der Herrschaft der irischen *Féni*. Und doch wird es unsterblich. Den Ordovices haftet der Ruf des Bösen an, dementsprechend verbindet man sie mit dem Sinnbild des Bösen: dem Drachen Maglocunnus. Derselbe, der bis heute als roter Drache in der grün-weißen Flagge von Wales überlebt hat (s. Farbbildteil Abb. 35).

Das ehemalige römische Britannia ist zu Beginn des 5. Jahrhunderts also ein Patchwork aus unabhängigen, mehr oder weniger starken Herrschaftssphären. Rom hinterlässt auf der britischen Hauptinsel darüber hinaus zwei Regionen, die nie unterworfen wurden: das schottische Hochland und Cornwall. Hier haben die keltischen Gemeinschaften annähernd ungestört die Jahrhunderte überdauert. Doch nach dem Wegfall der römischen Militärpräsenz liegt die gesamte Insel offen da für die, die ihr ab jetzt ein neues Gesicht geben werden: Angeln, Sachsen, Jüten und nicht zu vergessen, die »Seeräuber«.

Einige warten jedoch nicht, bis die drohende Gefahr zur Realität wird.

Die ewig Renitenten

Als im Jahr 469 n. Chr. der weströmische Kaiser Anthemius in einem verzweifelten Versuch des Widerstands Truppen gegen die Westgoten aushebt, kann er schon bald große Kontingente Britannier zu seinen Streitkräften zählen. Nun wäre das noch nicht einmal so ungewöhnlich – hätte die Truppenaushebung in Britannien und nicht in Gallien stattgefunden. Tausende britannische Krieger, vermutlich ehemalige Hilfstruppen der Römer, haben fast unmittelbar nach dem Abzug der Römer auf der Suche nach Engagement als Söldner ihre Heimat verlassen und sich auf der anderen Seite des Ärmelkanals angesiedelt.

Es ist dagegen weder existenzielle Not noch Abenteuerlust, die auch viele Kleinadlige dazu bewegt, die Nachbarschaft von desillusionierten Romanogalliern und unbekannten Westgoten der heranrückenden Angeln und Sachsen auf der Britischen Insel vorzuziehen. Sie haben nicht vor abzuwarten, wie sich die zukünftige Nachbarschaft mit Letzteren noch entwickelt, denn der Exodus von der Britischen Insel ist bereits um 450 n. Chr. weitestgehend abgeschlossen. Ihr Hauptsiedlungsgebiet ist dabei Armorica, welches bald »Klein Britannien« heißt und der Region damit ihren heutigen Namen – die Bretagne – gibt. Es unterteilt sich in drei große Königreiche: *Bro*

Erech (das Gebiet der unter Caesar ausgerotteten Venetii), *Domnonia,* eng verbunden mit *Dumnonia* in Südwestbritannien und schließlich *Cornouaille,* welches eine ähnlich enge Verbindung zu Cornwall aufweist. Die Sprache der Bretagne ist folgerichtig die alte Sprache der Kelten auf der britischen Hauptinsel, Brythonisch, dem Altwalisischen sehr ähnlich.

Als Fremde im ehemaligen Gallien, umgeben von schwer einschätzbaren Kräften und Faktoren, entwickeln die Bretonen bald eine ausgeprägte Renitenz und Aggressivität, die man schon fast mit einer Insulanermentalität gleichsetzen kann. Ihr ständiger Überlebenskampf bleibt nicht ohne Erfolge. Die Franken müssen 567 vertraglich eingestehen, dass die Bretagne ein vom Frankenreich unabhängiger Staat ist, auch die später folgenden Merowinger scheitern an der Hartnäckigkeit der Küstenbewohner. Erst Mitte des 9. Jahrhunderts werden die Bretonen erstmals unterworfen und zu einem einzigen großen Königreich zusammengefasst. 1488 verlieren sie ihre Unabhängigkeit, behalten aber auch nach der Zwangsvereinigung mit Frankreich 1532 einen gewissen autonomen Status innerhalb des französischen Staates. Sie pflegen keltische Traditionen weiter, und ihr Unwille, sich französischen Gepflogenheiten unterzuordnen, ist nicht dazu geeignet, sich innerhalb der nach der Französischen Revolution entwickelnden Wertgefüge und Denkweisen übermäßig beliebt zu machen, ein Konflikt, der bis heute andauert.

Die neuen Herren

Machtspiele und Fehleinschätzungen

»Aaaaah! Aaaaaah ...!« Unaufhörlich schreit der kleine Junge, während er barfuß mit wehendem Leinenkittelchen auf das Gehöft zurennt. Keine Worte, nur dieses »Aaaaaah!«, das einen Schrecken ausdrückt, den ein Kind zwar spürt, für den es aber keine Worte hat.

»Aaaaah!« Doch nun mischt sich ein anderer Ton in das Kindergeschrei; ein unartikuliertes Gebrüll aus rauen Männerkehlen.

Cyndra, die Mutter des Jungen, kommt aus dem großen Wohnhaus gestürzt. Hinter sich hört sie die schweren Schritte ihrer beiden Brüder, hört das Klappern der Schwertscheiden, die achtlos zur Seite fliegen.

Dann sieht sie die Männer, und sie weiß, dass ihnen ein letzter, verzweifelter und aussichtsloser Kampf bevorsteht. Sie nun endlich auch. So viele ihrer Bekannten sind den Überfällen schon zum Opfer gefallen, so viele Gehöfte in Flammen aufgegangen. Wenn sie doch nur die heiligen Orte verschont hätten! Doch diese Heiden hatten keinen Respekt vor Gott. Alles haben sie mitgenommen! Und was sie nicht tragen oder vor sich her treiben konnten, hatten sie niedergebrannt. Aus dem Norden hatten sie sogar schon gehört, dass die fremden Männer nach den Plünderungen gar nicht wieder abgezogen sind, dass sie angefangen haben, neue Häuser zu bauen.

Cyndra bleibt stehen. Die Fremden sind jetzt schon so nahe, dass sie die buschigen Augenbrauen unter den eisernen Helmen erkennen kann. Und die langen, zotteligen Bärte, die die grimmigen Gesichter noch furchterregender erscheinen lassen. Viel schlimmer jedoch sind ihre Waffen, die riesigen, groben Schwerter, die sie in den Händen halten, und die schweren runden Schilde. Einige sind beritten, und fast alle tragen Kettenhemden.

Nur ein Heer könnte ihnen widerstehen.

Cyndra hat kein Heer. Sie hat nur noch ihre Brüder Cardw und Dwydd, und ihren Sohn Bordw. Ihr Mann ist umgekommen, als er versucht hat, das Gehöft seines Bruders gegen die fremden Räuber zu verteidigen. Seitdem haben sie gewartet und gebangt, immer in der Hoffnung, sie würden ausgerechnet ihr Gehöft verschonen.

Eine unsinnige Hoffnung.

Ihre Brüder laufen an ihr vorbei. Jetzt erst kann sie schreien.

»Lasst sie, bleibt stehen!«

Die beiden Männer verharren einen Augenblick in ihrem Lauf. Cyndra holt tief Atem. »Lasst sie! Holt Bordw, und dann laufen wir weg!«

»Weglaufen? Und alles verlieren? Kampflos?«

»Sie sind zu viele! Wir werden alle sterben!« Sie merkt, wie Tränen ihren Blick verschleiern.

Cardw und Dwydd werfen ihr einen Blick zu, den sie festhält.

Das ist der Abschied.

Plötzlich ist Bordw da. Sie fällt auf die Knie und er stürzt weinend in ihre Arme. Über seinen schweißnassen Haarschopf hinweg sieht sie, wie Cardw sich mit dem Schwert in der Hand auf den ersten fremden Krieger stürzt. Cyndra kann nicht erkennen, was dort in etwa 60, 70 Metern Entfernung geschieht. Sie sieht nur ihren Bruder plötzlich zurücktaumeln. Noch steht er, doch seine Arme hängen seitlich herab. Der riesige Krieger vor ihm macht einen Schritt nach vorn und holt aus. Cardw stürzt zu Boden wie von einer Riesenfaust getroffen.

Dwydd ist stehen geblieben und hebt das Schwert mit beiden Händen hoch über den Kopf. Cyndra will die Augen schließen, doch irgendetwas zwingt sie, weiter zu starren. Dann schießt Dwydds Schwert nach unten, und für einen Moment sieht es wirklich so aus, als hätte er den Angriff aufgehalten. Doch schon im nächsten Augenblick verschwindet er unter der anrollenden Welle der Angreifer.

Cyndra senkt den Kopf. Sie spürt die Wärme, die von ihrem Sohn ausgeht, der nur noch leise vor sich hinwimmert. Und sie nimmt das

Zittern des Bodens auf, der unter den Stiefeln der Krieger und Hufen der Pferde bebt.

Sie schließt die Augen. Jetzt gibt es nur noch einen, mit dem sie reden muss. Sie faltet die Hände und beginnt zu beten …

Die Angriffe der Stämme aus dem heutigen Norddeutschland und Dänemark mehren sich. Vor allem aber hören sie auf, Raubzüge zu sein. Die Angreifer, Männer, die ihren Namen von einem doppelschneidigen Messer, der *seax*, ableiten, entwickeln ein großes Interesse an britannischen Immobilien – Siedlungsland. Die Bewohner des Kernlandes der ehemaligen römischen Provinz, dem Südosten Britanniens, sind die ersten Verlierer. Zwei Aspekte werden ihnen zum Verhängnis.

Erstens. Ihnen ist nach dem Weggang der Römer nicht genügend Zeit geblieben, sich eigene, wirksame Verteidigungsstrukturen zu schaffen. Es bleibt bei mehr oder weniger lokal organisierten Kriegergruppen, dem, was man heute eine »Bürgerwehr« nennen würde. Es hilft auch nicht, dass es schließlich einem Fürsten gelingt, die einzelnen Gemeinschaften Südostbritanniens vorübergehend unter seiner Herrschaft zu vereinigen. Im Gegenteil. In der typisch keltischen Denkweise dieses Fürsten liegt genau genommen das zweite Problem.

In Bezug auf Karriere bedeutet der Weggang der Römer, dass das aufgepfropfte römische Verwaltungssystem der Machterlangung – die zivile »Beamtenlaufbahn« – plötzlich nicht mehr existiert. Ganz im Gegensatz zu persönlichen Machtbestrebungen einzelner Individuen. Und die Geschichte wiederholt sich: Findet man keine Verbündeten im Kreise seiner Nachbarn, sucht man sie sich halt woanders …

So sieht der britannische Fürst Vortigern die ständigen Raubüberfälle von nordgermanischen Völkerschaften, deren kriegerische Fähigkeiten durchaus beeindruckend sind, auch nicht durchweg negativ. Vortigerns Bestrebungen sind einfacher Natur: Die Römer sind weg, ein Machtvakuum ist entstanden, das die lokalen Stammesverwaltungen in Südostbritannien auch jetzt, ungefähr im Jahre 430 n. Chr., nur ungenügend ausfüllen. Ideale Bedingungen für einen ehrgeizigen Mann, der nach Höherem strebt. Allerdings braucht er Hilfe, militärische Hilfe. Diese findet er in einem Haufen jütischer Krieger, die sich bereitwillig als Söldner anheuern lassen und sich schnell im heutigen East Anglia festsetzen. Ob ihnen kurz darauf der Sold zu niedrig ist oder sie eine andere Beschwer haben, man weiß es nicht. Auf jeden Fall meutern die Jüten eines Tages gegen Vortigern. Letzterer zeigt sich flexibel. Wenn die Jüten nicht wollen, dann vielleicht die Sachsen? Folgerichtig alliiert er sich mit den sächsischen Fürsten Hengist und Horsa, die ihm wunschgemäß die jütischen Meuterer vom Hals schaffen. Doch scheint Loyalität generell nicht die Stärke der nordgermanischen Völkerschaften zu sein, denn nach erfüllter Aufgabe beschließen Hengist und Horsa, dass dieses Britannien gar kein schlechter Platz zum Leben ist. Also nutzen die Sachsen ihre militärische Stärke und setzen sich in Kent fest.

Und nach dem Tod des Vortigern im Jahre 455, der inzwischen erkannt hat, dass er mit seinen neuen Verbündeten wohl einen Fehler gemacht hat, gibt es in Südostbritannien auch niemanden mehr, der sie aufhält.

Ænglaland ist geboren.

Doch trotz mangelnder militärischer Organisation sind die britannischen Kelten nicht bereit, immer größere Teile ihres eigenen Siedlungsgebietes kampflos an die Eindringlinge abzutreten. Ab 480 n. Chr. wird der Kampf härter. Der sächsische Anführer Ælle zeichnet sich durch besondere Brutalität aus, in dem er zum Beispiel eine der in römischen Zeiten errichteten Küstenfestungen erstürmt und deren keltische Besatzung trotz Kapitulation abschlachten lässt. Als der Krieg in der Region endet, wird diese in ein zunächst militärisch verwaltetes sächsisches Königreich, *Suthseaxe* – Sussex, umgestaltet.

Während dieser Zeit landen weitere sächsische Truppen, diesmal im Südwesten, in der Gegend um Southampton, und beginnen, ins

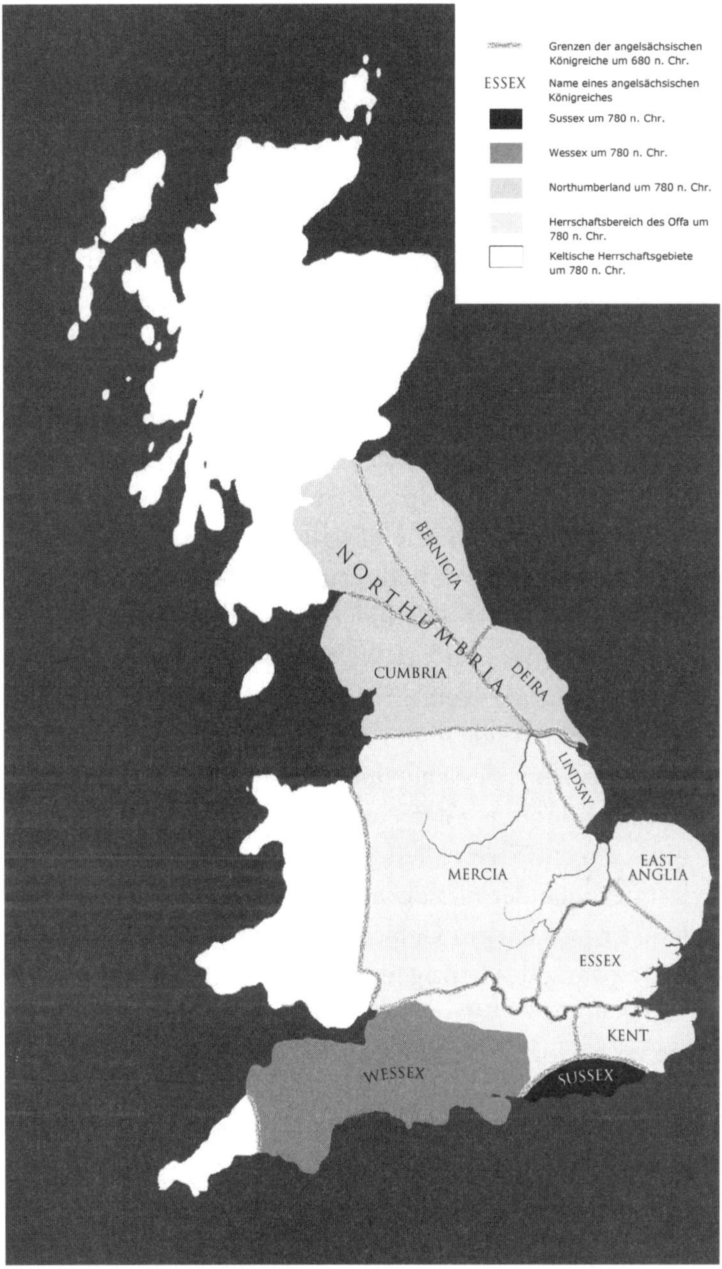

Das angelsächsische Britannien. Auf dem ehemals römischen Gebiet bilden sich zwischen 680 und 780 n. Chr. die teils rivalisierenden Königreiche der Angelsachsen heraus.

Landesinnere vorzudringen. Es wird dies der Kern des westlichen sächsischen Königsreiches, *Westseaxe* – Wessex.

Ab dem beginnenden 6. Jahrhundert drängt eine neue Flut sächsischer Siedler nach Südostbritannien. Diese Flut ist so groß, dass das sächsische Siedlungsgebiet von nun an mit nie gekannter Geschwindigkeit und auch Aggressivität erweitert wird.

Etwas weiter nördlich wird das ehemalige Gebiet der keltischen Iceni zum Objekt der Begierde für die aus der Region des heutigen Bremen und Hamburg stammenden Angeln. Hier entsteht das Königreich East Anglia. Als weitere Angeln nachströmen, wird der Platz schnell knapp. Ein neuer Landungspunkt wird gesucht – und gefunden. Im Norden, um das heutige Bambourough (von altenglisch »Bebba's Burgh«) herum, entsteht das anglische Königreich Bernicia. Von dort aus geht die gewaltsame Expansion weiter nach Süden, die Ostküste entlang und resultiert in der Gründung des Königreiches Deira (von altenglisch *dere* – »Siedler am Wasser«). Doch auch nach East Anglia wandern weitere Siedler auf der Suche nach Land ein. Das bringt Probleme mit sich. Die Angeln müssen sich gegen den erbitterten Widerstand der Kelten weitere Territorien erkämpfen. Im Ergebnis dessen entsteht das Gebiet West Anglia, welches später als Königreich den Namen Mercia trägt.

Doch auch interne Streitigkeiten, Konflikte entstehen. Die Angeln sind sich untereinander nicht grün, und so unterscheiden sie in East Anglia bald zwischen dem Gebiet des Nordvolkes und des Südvolkes – der Ursprung des heutigen Norfolk und Suffolk.

Es ist eine düstere Zeit des Krieges. Es ist die Zeit, in der die Menschen nach Hoffnung suchen. Die Zeit, in der Legenden entstehen …

Arthur, Camelot und die Tafelrunde – Mythos, Spekulation, Wahrheit

Wer kennt sie nicht, die Geschichten um den legendären König, seine berühmten Ritter der Tafelrunde, allen voran der Ritter Lanzelot, der Zauberer Merlin, die Burg Camelot? Arthur ist der Inbegriff der Ritterlichkeit, der Erretter der Unterdrückten vor den finsteren Mächten. Nach Dutzenden Romanen sahen vor allem Filmemacher darin eine dankbare Grundlage für bildgewaltige und mystische Kostüm- und Fantasyspektakel. Ob Richard Gere als Lancelot an der Seite von Sean Connery in »Der Erste Ritter« (USA, 1995) dessen Frau Guinevere verführt, Sam Neill als »Merlin« (Großbritannien, 1998) brilliert oder Clive Owen mit der streitbaren Keira Knightley an seiner Seite in »King Arthur« (USA, 2004) gegen die Sachsen kämpft, Filme mit dem Arthur-Thema sind und bleiben Besuchermagneten in den Kinos und Einschaltgaranten für die Fernsehsender. Ob es das Thema nicht ein wenig weit streckt, wenn das Team der amerikanischen TV-Serie »Stargate« im Pilotfilm zur 9. Staffel Merlin begegnet, sei einmal dahingestellt (König Arthur im Kampf gegen die Pikten s. Farbbildteil Abb. 30).

Arthur so, wie er bekannt ist, ist das Produkt eines einzelnen Mannes, eines gewissen Geoffrey of Monmouth, der im 12. Jahrhundert mit seiner *Historia Regnum Britanniae* – hier »Geschichte der Könige von Britannien« einen wahren Bestseller erschuf – 600 Jahre nach dem Tod der realen historischen Figur. Wie jeder gute Roman ist auch dieses Buch in weiten Teilen frei erfunden, auch wenn der Autor behauptete, dass es sich bei seinem Werk um die Übersetzung eines älteren keltischen Manuskripts handelte. Es ist auch erst hier, dass der Name Arthur erstmals mit dem Namen des britischen Propheten *Myrddin* (wörtlich: »Wilder Mann, der durch die Wildnis streift«; ein Synonym für »Irrsinniger«) in Verbindung gebracht wird, der im Zuge diverser Umlautierungen schließlich zu *Merlin* wurde.

Die Geschichte ist im Laufe der Zeit ständig erweitert worden. Im späten 12. Jahrhundert kamen Elemente hinzu, die nichts Keltisches mehr an sich hatten, sondern eindeutig aus den Denkweisen und Wertvorstellungen des Mittelalters entstammten, wie die ritterliche Tafelrunde und Camelot. Noch später wurde eine Geschichte über eine Reise in die Andere Welt hinzugefügt, die durch zahlreiche weitere Umdichtungen und -deutungen schließlich zur Sage vom Heiligen Gral wurde.

Arthur wird Nationalheld vieler Generationen – und Nationen. Schon im Mittelalter erzählt man sich seine Geschichte nicht nur in Britannien, sondern auch in Europa, von der Bretagne bis nach Italien. Camelot – erfunden. Die Tafelrunde – erfunden. Der Heilige Gral – ebenfalls erfunden. Merlin? Wenn er denn je existiert hat, so ist seine Rolle, die er in Bezug auf Arthur spielt, offenbar auch reine Fiktion.

Stellt sich die Frage: Wer war Arthur wirklich? Ist er am Ende auch nur ein Wunschtraum von Unterdrückten, wie einige Hundert Jahre später Robin Earl of Locksley, oder, wie er vielleicht besser bekannt ist, Robin Hood of Sherwood Forest?

2007 versucht die Pro7-Produktion »Galileo Mystery« das, woran Generationen von Historikern gescheitert sind: die reale Figur Arthur zu finden. Das Ergebnis ist folgende Theorie: Arthur, voller Name Lucius Artorius Castus, war ein römischer General, der im heutigen Kroatien gegen die Sarmater gekämpft hat. Die Elite dieser Reiterkrieger (Ritter?) rekrutiert er als eigene loyale Einheit (die Tafelrunde?), bevor er zusammen mit diesen nach Britannien versetzt wird. Der Beitrag endet damit, dass der Moderator zu elegischer Musik neben dem Grabstein des Artorius in Kroatien kniet. Einen kleinen Makel hat die Geschichte: Lucius Artorius Castus wirkte und starb im späten 2. Jahrhundert, etwa 350 Jahre zu früh, um der echte Arthur zu sein …

Um Fakten von Fiktion zu trennen: Arthur ist eine reale historische Persönlichkeit. Aber eine Einschränkung muss gleich gemacht werden: Ein König ist er nie gewesen. Der einzige historisch belegte Titel, der Arthur jemals zugeschrieben wurde, ist *dux bellorem* – »Kriegsherr«.

Weiterhin belegt ist, dass er etliche große Schlachten gegen die Angelsachsen, die Pikten und die »Seeräuber« geschlagen hat, und dass er dafür mit seinem Heer weiträumig durch die Lande zog. Bei allen historischen Unsicherheiten agierte er zwischen der Südküste und Schottland, bis auf die Höhe von Carlisle. Seine wahrscheinlich erste bedeutende Schlacht war bei Badon um 516 und seine letzte, bei der er auch den Tod fand, bei Camlann im Jahre 537. Wer ihm in seiner letzten Schlacht gegenüberstand, ist umstritten. Angelsachsen waren es wohl nicht, wahrscheinlicher ist, dass er versuchte, einen nach Süden gerichteten Vorstoß der Pikten oder »Seeräuber« zu verhindern. Im Bereich des Möglichen ist allerdings auch, dass er gegen einen anderen keltischen Kriegsherrn ins Feld zog, der versuchte, das Kriegschaos für einen Machtumsturz auszunutzen. In diesem Zusammenhang wird erwähnt, dass auch ein Metraut (in der späteren Legende Mordred) in dieser Schlacht bei Camlann ums Leben kam. In der mittelalterlichen Version – um dem ganzen aus dramaturgischen Gründen einen tragischen Aspekt zu geben – ist Metraut Neffe und Ziehsohn des Arthur.

Nicht bekannt hingegen ist, wo die Orte Badon und Camlann wirklich liegen, wobei Badon vermutlich irgendwo in Südwestengland anzusiedeln ist, weil der Sieg des Arthur angeblich die Region Dumnonia (Dorset) eine Generation lang vor den Angelsachsen bewahrte.

Ein erfolgreicher Feldherr.

Nicht mehr und nicht weniger.

Aber als großer Feldherr genau das, was die britannischen Kelten unter dem Druck der eindringenden Kriegervölker brauchen. Arthur wird Maßstab für alles. Ende des 6. Jahrhunderts begründet der Dichter Aneirin in seinem Poem *Y Gododdin* eine Niederlage keltischer Kriegsherren mit dem Kommentar, dass diese halt »nicht Arthur« waren …

Mit Arthur stirbt 537 n. Chr. die letzte Hoffnung der britannischen Kelten, sich gegen die Eroberer zu behaupten. Der Vormarsch der Angelsachsen und der »Seeräuber« geht weiter und wird schließlich in einem vereinten angelsächsischen Königreich resultieren. Und es entbehrt nicht einer gewissen Ironie, dass ausgerechnet Arthur, der die Angelsachsen bis zu seinem Tod so erbittert bekämpft hat, durch all die Hinzudichtungen des Mittelalters zum Inbegriff der Tugenden des englischen – und nicht nur des englischen – Rittertums wird.

Arthurs Tod im Jahr 537 wirkt wie ein Katalysator auf die Expansionspolitik der Angelsachsen, und zwar in alle Richtungen.

Bis an die Grenzen

Die Jahre nach Arthur

Um 530 agiert Arthur im Norden. Seine Abwesenheit im Südwesten nutzen die Westsachsen und nehmen *Ictis* (die Isle of Wight). Erste Vorstöße nach Hampshire folgen. 552 erobern sie Festungen in der Nähe des heutigen Salisbury und Swindon. Vier Jahre später stehen sie an der östlichen Grenze des Königreichs Dumnonia – und müssen hier endlich feststellen, dass ein organisiertes Königreich etwas anderes ist, als lokale Gruppen, die sich immer nur dann verbünden, wenn in der Region der Notstand ausbricht.

Ein interner Machtkampf bei den Sachsen sorgt dafür, dass es letztlich mehr als 20 Jahre dauert, bis sie ihren nächsten ernsthaften Vorstoß nach Westen unternehmen. In dieser Zeit entsteht im Flusstal der Themse um das ehemalige römische Verwaltungszentrum Londinium herum das strategisch wichtige Königreich Middlesex.

577 ist es dann jedoch so weit. In einer entschiedenen Aktion durchbrechen die Westsachsen unter Ceawlin sämtliche Verteidigungslinien, fegen einige keltische Heere zur Seite, nehmen zwei wichtige Festungen – das heutige Gloucester und Bath – und schieben die Grenze weiter nach Westen. Diese Aktion ist mehr als nur

eine Landnahme. Sie isoliert *Dumnonia* und das westlich davon liegende Land komplett von allen anderen keltischen Gemeinschaften.

In anderen Regionen stoßen die Angelsachsen auf Probleme. Als sie knappe sieben Jahre nach dem Angriff auf *Dumnonia* nach Norden vorstoßen wollen, erleiden sie in der Nähe des heutigen Oxford eine bittere Niederlage gegen ein keltisches Heer unter einem Kriegsherrn mit Namen Mouric. Dieser verhindert jegliche weitere Ausbreitung nach Norden für über 30 Jahre.

Das anglische Königreich Bernicia an der nördlichen Ostküste, verteidigt sich lange Jahre hartnäckig gegen die Angriffe der Pikten aus dem Norden, Britanniern und vor allem den inzwischen in Südwestschottland siedelnden »Seeräubern«. Als Letztere um 603 in Bernicia einmarschieren, werden sie von den Angeln unter König Æthelfrid vernichtend geschlagen. Noch unter dem Eindruck des Sieges beschließt Æthelfrid, Angriffe von außen nicht mehr nur noch passiv abzuwehren, sondern im Gegenteil aktiv die eigenen Territorien zu erweitern. Nur ein Jahr nach seinem Sieg über die »Seeräuber« vereint er Bernicia mit dem südlich davon liegenden Deira und nennt das neue Königreich »Land nördlich des Humber« – Northumbria.

Große Männer haben Neider und Rivalen. 617 stirbt Æthelfrid von der Hand des Edwin, der 626 erfolgreich seinen westlichen Nachbarn, das keltische Königreich *Elmet* angreift und Northumbria damit bis zur Westküste erweitert. Nur bleibt ihm leider nicht viel Zeit, sich an seinem Sieg zu erfreuen. 633 trifft er seinen Meister in Gestalt des keltischen Königs Cadwallon von *Gwynedd*. Dessen Sieg über die Angeln ist jedoch der letzte eines keltischen Königs. Als Cadwallon im darauffolgenden Jahr von Edwins Nachfolger Oswald besiegt und getötet wird, stirbt mit ihm der letzte keltische Feldherr, der aktiv die Angelsachsen angegriffen hat, um ihre weitere Ausbreitung zu verhindern. Ab jetzt führen die Kelten nur noch Verteidigungskriege.

Auch das südlich des ehemaligen *Elmet* gelegene sächsische Königreich Mercia drängt nach Westen, während sich im Norden, bei den Königreichen *Rheged* und *Y Strad Glud*, die Grenzkonflikte mehren.

Die Kelten sind an den Rand gedrängt. Jetzt, ab Mitte des 7. Jahrhunderts, beginnen ihre letzten Kämpfe um Überleben und Unabhängigkeit.

Neue Verbündete und neue Grenzen

Mit dem Sieg Oswalds über Cadwallon wird Northumbria zur stärksten Macht auf der britischen Hauptinsel. Doch mit Vollendung des Hauptteils der Eroberung beginnt nunmehr die Zeit, in der die Königreiche der Angeln und Sachsen anfangen, sich gegenseitig zu bekriegen. Und es zeigt sich, dass die Angeln und Sachsen in der Wahl ihrer Mittel und Verbündeten genauso wenig wählerisch sind wie die Kelten.

Um 640 herum wird das sächsische Königreich Mercia von König Penda regiert. Dessen Machtbestrebungen sind von höchst ehrgeiziger Natur. Und so lässt er die vier walisischen Königreiche im wahrsten Sinne des Wortes links (also westlich) liegen, und führt stattdessen einen Militärschlag gegen seinen nördlichen Nachbarn Northumbria. Ein Angriff, den Oswald nicht überlebt.

Pendas Machtbestrebungen gehen sehr weit. Sie gehen so weit, dass er sich auf jemanden einlässt, der ihm taktisch und strategisch haushoch überlegen ist: Cadwallons Sohn Cadwaladr, nunmehr König von *Gwynedd*. Der ist Kelte durch und durch, aber hat er von der Geschichte – und zwar der römischen in Britannien – gut gelernt. *Divide et impera* – »Teile und herrsche«, das Prinzip hat schon bei den Römern funktioniert. Cadwaladr hat nur ein Ziel: Das Königreich Mercia daran zu hindern, sich weiter nach Westen auszubreiten. Und er taktiert äußerst geschickt. Unmittelbar nach seiner Regierungsübernahme im Jahr 634 spielte er folgsam seine Rolle als Nachfolger eines besiegten Königs und dient sich den starken Northumbriern als Unterstützung gegen die erstarkenden Sachsen in

Mercia an. Als jetzt, acht Jahre nach Oswalds Tod, Northumbrias Stern zu sinken scheint, zögert er nicht, die Seiten zu wechseln. Gegen wen Penda auch immer ziehen will, solange es nicht Gwynedd ist, geht es in Ordnung.

Penda hat ebenfalls keine Skrupel, sich des Königs von Gwynedd zu bedienen. Und so lange er militärische Erfolge feiert, funktioniert diese Allianz auch tadellos. Doch plötzlich wendet sich das Blatt. Oswalds Tod hat Northumbria entgegen allen Prognosen nicht ernsthaft geschwächt. Es ist im Gegenteil weiter gewachsen und will jetzt, im Jahr 655, dem Treiben Pendas ein Ende setzen. Der pokert hoch – und verliert, denn er hat auf die falsche Karte gesetzt.

Am Vorabend des Kampfes ziehen sich seine keltischen Verbündeten zurück. Mit verheerenden Folgen. Penda fällt im Kampf und Mercia für kurze Zeit unter die Herrschaft Northumbrias. Erst Pendas Sohn Wulfhere kann den dynastischen Anspruch auf den Königstitel gegen Northumbria durchsetzen. Gegen Ende des 7. Jahrhunderts schließen Northumbria und Mercia Frieden.

Die Aufteilung der Macht in dem bislang von Angeln und Sachsen beherrschten Gebiet ist abgeschlossen. Ænglaland umfasst im Wesentlichen das Territorium, das auch heute das moderne England bildet.

Jetzt gibt es nur noch drei Regionen, in denen Kelten um ihr Überleben kämpfen: im Südwesten das Land der *kernoi*, die keltischen Königreiche westlich von Mercia, und das Gebiet, das die Pikten und die »Seeräuber« bewohnen.

(Fast) am Ende der Welt

Bis nach *Dumnonia* unterwarfen die Römer seinerzeit den Südwesten Britanniens, einschließlich der heutigen Grafschaften Devon und Dorset. Der letzte Zipfel der britischen Hauptinsel blieb keltisch.

Insofern ändert sich für die *kernoi* nach dem Rückzug der Römer fast nichts. Sie handeln weiter mit Zinn, wie sie es schon seit der

Bronzezeit getan haben. Sicher, angesichts der näher rückenden angelsächsischen Bedrohung verlassen viele *kernoi* das Land und siedeln sich in der Bretagne an. Doch geschieht das zu diesem Zeitpunkt noch ohne akute Not, denn zwischen den *kernoi* und den Angelsachsen stehen noch die Dumnonii, die heftigen Widerstand leisten. Erst 711 fällt Geraint, der letzte dumnonische König, im Kampf. Das Zentrum der Dumnonii, Exeter, wird angelsächsisch.

Doch das war es dann auch für fast 200 Jahre, denn die Grenze wird von den Bewohnern der Britischen Inseln, die die Angelsachsen pauschal *kern weahlas* – »fremde Krieger« (von altkeltisch *kern* = »Krieger« und angelsächsisch *weahlas* = »Fremde«) erbittert verteidigt. Unter dem angelsächsischen König Ecgberth wagen die Angelsachsen zwar in den ersten Dekaden des 9. Jahrhunderts erneut Vorstöße nach jenseits der Exeter-Linie und sind 825 auch wirklich erfolgreich. Sie rechnen jedoch nicht mit der Flexibilität der *kernoi*. Diese verbünden sich spontan mit einem Heer »Nordmänner«, die inzwischen begonnen haben, als Piraten die Küsten der Britischen Inseln heimzusuchen. Bis nach Devon treibt die vereinte Streitmacht die Angelsachsen unter Ecgberth zurück, doch dann verlässt die »Krieger« das Kriegsglück: Sie werden geschlagen und wieder auf die Exeter-Linie zurückgedrängt.

Dass die Angelsachsen das Land der *kernoi* – *Kernow* – in Frieden lassen, hat höchst menschliche Gründe. Ecgberth stirbt. Nach seinem Tod entbrennt ein interner Machtkampf bei den Angelsachsen, der sie für mehr als 80 Jahre von weiteren Eroberungszügen abhält. Erst Athelstan widmet sich nach mehreren Kämpfen im Norden 930 wieder den *kern weahlas*. Mit mäßigem Erfolg. Strategisch treibt er die Grenze zwischen angelsächsischem und keltischem Territorium an den Fluss Tamar zurück und erklärt ihnen seine Oberherrschaft. Doch von einer Unterwerfung sind die Kelten weit entfernt. Auf dem Papier mögen sie eine Art »Provinzstatus« innehaben, formell den Angelsachsen unterstehen, doch sieht die Realität anders aus. *Kernow* bleibt eigenständig. Die Gesetze, nach denen die Gesellschaft funktioniert, sind die alten keltischen. Die Verwaltungsstrukturen, die Stammes- und Clanhierarchien bleiben unverändert bestehen.

Ab 1066 übernimmt mit den Normannen vom europäischen Kontinent eine neue Herrscherfamilie die Königswürde in Britannien. Die früheren Besieger der Kelten werden nun ihrerseits Untertanen, Lehnsmannen der Normannen. Denen reicht im Bezug auf die *kernoi* die rein formelle Anerkennung ihrer Oberherrschaft nicht aus. *Kernow* – Cornwall wird nun auch real als Bestandteil des modernen England dargestellt. Die keltischen Verwaltungsstrukturen verschwinden.

Zurückgedrängt und abgeschnitten

Im Südwesten bezeichnen sich die Bewohner, außer mit ihren Stammes- oder Clansnamen, tatsächlich selbst als *kernoi* – Krieger. Bis heute nennen sie ihr Land selbst *Kernow.*

Die Einwohner der Königreiche *Gwynedd, Gwent, Dyfed* und *Powys,* von den Angelsachsen ebenfalls als *kern weahlas* bezeichnet, nennen sich in ihrer Sprache bis heute selbst einfach *cymry* – Landsleute. Die vom Typus her eher an Iberer erinnernde *cymry* bedenken die Angelsachsen ihrerseits mit dem Namen *granwynion* – »Bleichgesichter«. Hier überlebt als offizielle Bezeichnung des Landes das angelsächsische Element, wenn auch nur als Bruchstück: Wales, von *weahlas.*

Ende des 7., Anfang des 8. Jahrhunderts sind die *cymry* in Wales noch immer unbesiegt. Und das bleiben sie, selbst als Mercia unter seinem stärksten König Offa ab 774 zum mächtigsten Königreich Britanniens heranwächst. Offa bringt bis 780 außer East Anglia auch Essex, Kent und Teile von Wessex unter seine Kontrolle und avanciert laut der Angelsächsischen Chroniken, zum *rex totius Anglorum patriae,* zum König ganz Ænglalands.

Ist Offa in seinen Bestrebungen, die anglischen und sächsischen Königreiche unter seiner Herrschaft zu vereinigen, zu abgelenkt, um ernsthafte Vorstöße nach Westen zu unternehmen? Schreckt ihn die Kombination aus wehrhaften Königreichen und schwer zugänglicher Landschaft ab? Oder will er keine militärischen Kräfte binden in Schlachten gegen Menschen, die sich selbst einigermaßen ruhig verhalten?

So ganz wohl ist es Offa bei dem Gedanken an seine westlichen Nachbarn jedoch anscheinend nicht. Und wenn er sie schon nicht unterwirft, so möchte er wenigstens dafür sorgen, dass er für seine Aktivitäten den Rücken frei hat. Bis jetzt war die Grenze zwischen den Kelten und Mercia unsichtbar. Offa macht sie nicht nur sichtbar, er macht sie körperlich. Er verbindet die Flüsse Severn und Dee durch einen Wall und schließt damit die Kelten auf der walisischen Halbinsel ein.

Offa's Dyke markiert die endgültige Grenze zwischen dem keltischen und dem angelsächsischen Hoheitsgebiet. Auch die ab dem 11. Jahrhundert auf die Britische Insel – 1066 Wilhelm der Eroberer – eindringenden Normannen lassen diese Grenzbefestigung zunächst unangetastet und begnügen sich stattdessen damit, zusätzlich eine militärische Pufferzone zwischen England und Wales zu schaffen.

In dieser Abgeschlossenheit leben die keltischen Werte und Strukturen ungestört weiter, Rivalitäten zwischen den Königreichen und Privatkriege zwischen den einzelnen Clans eingeschlossen. Wenn man die Erzählungen der beiden walisischen Barden Taliesin und Aneirin liest, taucht man ein in eine keltische Welt, die den Anschein erweckt, als hätte die gallische La-Tène-Zeit nahezu unverändert überlebt. Barden singen Lob- oder Schandlieder über Kriegsherren, preisen deren Großzügigkeit und Heldentaten. Krieger feiern ausgiebige Gelage, prahlen mit ihren eigenen Taten, schlagen und töten sich gegenseitig um der Ehre und des Status' willen. Doch Taliesin und Aneirin leben nicht im 4. vorchristlichen, sondern im späten 6. Jahrhundert. Sie beschreiben keine graue Vorzeit, sondern die Zeit unmittelbar nach dem Abzug der Römer bis zu ihrer eigenen Gegenwart. Die Kämpfe gegen die vordringenden Angelsachsen, Pikten und »Seeräuber« bilden hier eher den Hintergrund für die dichterische Zelebrierung der Kriegergesellschaft. Es ist eine Dichtung, deren Helden wie Urien, Cynwal und Bran zwar den traditionellen Tod im Kampf sterben, aber als Mythen, ja, sogar Vorbilder für das Rittertum bis ins späte Mittelalter überleben. Eine stolze Identifizierung mit einer alten Welt, die allmählich zusammenbricht, aber deren Ideale man dichterisch »einfriert«.

Knappe 200 Jahre dauert die Abgeschlossenheit hinter dem Wall des Offa und später jenseits der normannischen Grenze an. 200 Jahre, in denen die Waliser sich selbst regieren, während nebenan das moderne England heranwächst, sich das englische Königtum und sein Staat weiterentwickeln. Von walisischer Seite ist die Isolation allerdings durchlässig. Denn der über lange Jahre hinweg mehr schlecht als recht bewachte Grenzstreifen, ein zumeist sumpfiges Gebiet, ist inzwischen eine durchorganisierte Grenzzone mit eigenen Herren und eigener Jurisdiktion. Diese Herren, die »Lord Marchers«, verwalten, bewirtschaften und verteidigen die einzelnen Grenzabschnitte. Für die Kelten ist das eine kriegerische Herausforderung. Dabei geht es nicht darum, das Königreich der Normannen anzugreifen. Vielmehr sehen sie in den Gütern der Lord Marchers attraktive Ziele für kleine oder größere Raubzüge und leben hier ihre kriegerischen Traditionen aus. Und dass die Lord Marchers sich diese Überfälle nicht einfach so gefallen lassen und ihrerseits mit Strafexpeditionen dagegenhalten, steigert den Reiz noch mehr. Kann es eine größere Ehre für einen keltischen Krieger geben, als gegen einen Feind zu ziehen, der sich zu wehren weiß?

Doch als im Jahre 1272 Edward der I. den englischen Thron besteigt, ist endgültig Schluss mit der keltischen Beschaulichkeit. Dabei sind für ihn die Rangeleien an der Grenze eher nebensächlich. Als viel größere Gefahr sieht Edward die Tendenz der Waliser, sich mit jedem zu verbünden, der gegen die englische königliche Dynastie ist. Ein weiteres Ärgernis ist eigentlich eine Formalie. Die englischen Könige betrachten die walisischen Kelten schon seit geraumer Zeit wie selbstverständlich als ihre Vasallen und sind dauerhaft pikiert ob der Weigerung der walisischen Adligen, sich ihnen formell zu unterwerfen. Dem setzt Edward I. ein Ende. Er marschiert mit seinen Rittern gegen zwei besonders renitente adlige Brüder, tötet den einen im Kampf und jagt den anderen mehr als eineinhalb Jahre lang durch das walisische Gebirge. Dessen Exekution beendet die Unabhängigkeit der walisischen Kriegergemeinschaften.

Doch Edward I. weiß, dass er allein mit militärischer Präsenz die Waliser nicht dauerhaft unter seiner Herrschaft halten kann. Um seine Macht sichtbar zu machen, beginnt er unmittelbar nach seinem Einmarsch mit der Errichtung mächtiger Burgen in Carnarvon und Conway. Doch sind die Mittel, mit denen er sich die Kelten letztlich gefügig macht, weitaus subtiler. Er entwickelt eine eigene Verfassung für Wales, in der er den Aristokraten das Besitzrecht an ihrem Land und ihren Gütern bestätigt, und die Errichtung einer aus einheimischen Beamten bestehenden Verwaltung der Region festschreibt. Das alles, um ihnen den Unterwerfungseid zu versüßen. Ende des 13. Jahrhunderts endet in Wales die keltische Gesellschaftsordnung.

Aber Edward tut noch mehr. Er begründet – ohne es zu wissen – ein ganz besonderes Symbol der englischen Präsenz in Wales.

Ein tiefes Stöhnen entringt sich der Kehle der Frau, als die Wehe durch ihren Unterleib jagt. Die Hebammen blicken ungerührt auf die Gebärende. Es ist noch Zeit, die Abstände zwischen den Wehen sind noch zu groß, als dass bereits Eile angezeigt wäre.

Die Fackeln an den Wänden werfen ein unruhiges Licht in den düsteren Raum. Die Flammen tanzen in der Zugluft, und in den Rauch mischt sich der Geruch von Schweiß und frischem Mörtel, der durch die ganze, noch unfertige Burg zieht. Und es ist feucht hier, so wie das ganze Land nur aus Nebel und Regen zu bestehen scheint.

Die nächste Wehe. Es ist noch immer nicht so weit, aber das Kind wird auf jeden Fall noch vor dem Morgengrauen erwartet. Die Hebammen sind unbesorgt und beruhigen die Frau im Wehenschmerz.

Sie sind sich sicher: Es wird eine leichte Geburt werden, zumal es auch nicht die erste ist.

Plötzlich wird es unruhig an der Tür. Die Frauen sehen sich an. Das kann doch nicht wahr sein. Nicht schon wieder! Er weiß doch ganz genau, dass er während des Geburtsvorgangs nicht hineinkommen darf! Daran ändert auch die Tatsache nichts, dass er nicht irgendjemand, sondern König Edward I. von England ist. Noch einmal wird es vorn laut, dann schlägt die schwere Tür mit einem energischen Krach zu …

Die nächsten drei Stunden kommen Edward wie eine Ewigkeit vor. Er läuft den Gang vor der verschlossenen – vor ihm verschlossenen! – Tür auf und ab. Hin und wieder schnauzt er einen Diener an, der nicht schnell genug aus seinem Blickfeld verschwinden kann, oder brüllt in einem noch nicht fertiggestellten Teil des wehrhaften Gemäuers von Carnarvon Castle, dass ihm der ganze Bau zu lange dauert und er die Baumeister auspeitschen lassen würde, sollten die Arbeiten nicht bald sichtbar vorangehen. Je weiter die Nacht voranschreitet, desto mehr bemühen sich die Menschen in der Festung, dem König aus dem Weg zu gehen.

Dann endlich tönt der erlösende Schrei des Neugeborenen durch die Gänge. Als die oberste Hebamme die Tür öffnet, schlägt diese Edward fast ins Gesicht. Wortlos stürmt er an ihr vorbei auf das Bett zu. Eine der anderen Frauen tritt ihm entgegen, ein kleines schreiendes Bündel auf dem Arm. Sie deutet einen Knicks an und hält ihm das Kind entgegen. »Mein König, Euer Sohn«, sagt sie knapp. Sie weiß, dass das Geschlecht des Kindes alles ist, was den König im Augenblick interessiert.

Der wirkt bereits abwesend, während er – das Kind auf dem Arm – den Gang auf und ab geht. Die Linie ist gesichert, das Königshaus Plantagenet mit zwei Söhnen stabil. Man bedenke nur die Zeichen! Ein Sohn geboren in dem »Land der Fremden«, in dem er als erster aller Herrscher seit den Römern nicht nur militärisch Fuß gefasst hat.

Das Kind auf seinem Arm ist jetzt eingeschlafen. König Edward I. tritt an eines der Fenster. Die ersten grauen Schleier zeigen den Beginn des neuen Tages an. Bald werden die Nebel steigen, und seine Reiter werden wieder ausziehen, um die Letzten zu jagen, die sich ihm verweigern wollen. Und er wird wieder mit seinen Beratern zusammensitzen, um – auf dem Papier vorerst – Pläne für das neue Land zu entwerfen.

Plötzlich fröstelt er. Die Müdigkeit hat auch ihn eingeholt. Er zieht den Mantel fester um sich und das Neugeborene und geht zurück in das Geburtszimmer.

König Edwards zweiter Sohn wird 1284 auf der walisischen Burg Carnarvon geboren. Als 1301 sein erster Sohn stirbt, präsentiert er Engländern und Walisern den nun designierten Thronfolger als »Prince of Wales«. Und diese starke Symbolik überlebt bis in unsere Tage, denn seitdem trägt der älteste lebende Sohn der königlichen Familie und Anwärter auf den englischen Thron diesen Titel.

Land der »Seeräuber« und der »Bemalten«

Geheimnisvolle »Steinmenschen«

Die ersten Spuren menschlicher Besiedlung Schottlands reichen bis ins 8. Jahrtausend v. Chr. zurück. Im 4. Jahrtausend v. Chr. schaffen neusteinzeitliche Gemeinschaften die landwirtschaftlichen Grundlagen für die permanente Besiedlung der kargen Landstriche. Bis zur Bronzezeit öffnen sie sich auch fremden Einflüssen. Es ist eine hoch entwickelte Gesellschaft, die wie in Südengland und Westfrankreich große Bauwerke aus Stein errichtet. Da sie die Kunst der Mumifizierung beherrschen, weicht ihr Begräbnisritual etwas von dem des europäischen Festlands ab. Sie konservieren ihre Toten im Moor und lassen sie für einige Zeit bei sich wohnen, bevor sie sie begraben.

In der späten Bronzezeit enden die Kontakte nach außen abrupt. Die weitere Entwicklung verläuft in relativer Abgeschlossenheit, doch die gesellschaftlichen und wirtschaftlichen Wurzeln sind gelegt.

Als im ersten Jahrhundert die Römer kommen, wird das, was heute gesamt Schottland umfasst, von 16 Stämmen bewohnt. Als Agricola Ende des ersten Jahrhunderts einen militärischen Vorstoß im Norden wagt, steht ihm eine Allianz einheimischer Stämme unter der Führung der Caledonii gegenüber, woraufhin deren Name zur Pauschalbezeichnung aller Stämme des schwer zugänglichen Hochlands jenseits der Linie zwischen Forth und Clyde wird.

Irgendwann zwischen 100 und 400 n. Chr. werden die Caledonii im Sprachgebrauch zu »Picti«. Dabei ist »Picti« kein Stammesname, sondern heißt übersetzt »die Bemalten«; in deutschen Geschichtsbüchern werden sie Pikten genannt. Tätowierungen sind eine Art permanenter Kampfschmuck aller Krieger, unabhängig von einer Stammeszugehörigkeit. Da sich die Stämme in Zeiten akuter Bedrohung von außen zu einem Kampfverband zusammenschlossen und sich auch Frauen tätowierten, wird der Begriff am Ende pauschal für die gesamte Bevölkerung jenseits des Antoninuswalls verwendet.

Zwischen dem ersten und dem 5. Jahrhundert verschwimmen die Stammesgrenzen. Neue Herrschaftsbereiche, Provinzen entstehen, so wie *Fortriu Fib* unmittelbar hinter dem Antoninuswall, das nördlich davon liegende *Athflotla*, *Circinn* an der Ostküste, um das heutige Aberdeen herum, *Fidach*, südlich von Burghead, *Druimalban* westlich von Loch Ness und schließlich *Cait* im Norden.

Die Pikten sind als alles andere als primitiv. Zumindest von den Einwohnern in den Grenzgebieten zur römischen Provinz ist bekannt, dass sie zweisprachig sind. Neben einem Dialekt des Brythonischen, der keltischen Sprache der Britannier, die dem Walisischen und Cornischen ähnelt, sind Elemente einer weiteren, bislang noch nicht identifizierten Sprache überliefert. Von dieser weiß man heute nur, dass sie nicht zur indogermanischen Familie gehört. War hier die Überlagerung der ursprünglichen Sprache durch die keltische »Lingua franca« aufgrund der Entfernung vom Kerngebiet ihrer Ausbreitung, dem Südosten, unvollständig?

Das Ergebnis der relativen Isolation von anderen Kulturen ist eine fast völlig in sich geschlossene Geisteswelt. Ein nicht unerheblicher Teil dieser hat überlebt, in Stein.

Die piktischen Steinskulpturen erlauben uns einen kleinen Blick in eine hochkomplexe Gedankenwelt. Ungefähr 50 mystische Symbole wurden bislang identifiziert, darunter viele Tiere sowie einfache Hausgeräte wie Kamm und Spiegel. Die Entschlüsselung der Steinskulpturen stellt die Wissenschaftler immer noch vor große Rätsel. Die meisten der Symbole sind piktischen Ursprungs, mit Ausnahme derjenigen, die eindeutig mit der Ausbreitung des Christentums in Verbindung gebracht werden können. Sie treten fast immer in Gruppen von zwei bis vier Symbolen auf einem Stein auf. Darüber hinaus ließen sich drei verschiedene Kategorien von Steinskulpturen identifizieren: Steine mit mystischen Symbolen, Steine, auf denen diese in Verbindung mit sogenannten keltischen Kreuzen auftauchen und solche, die Menschen und historische Szenen wie Kämpfe gegen fremde Heere darstellen. Doch ist es – mit einigen Ausnahmen – meist nicht möglich, sie einer konkreten Zeit zuzuordnen. Natürlich können christliche Symbole überhaupt erst ab dem 5., eher noch dem 6. Jahrhundert auftauchen. Hin und wieder kann auch das dargestellte historische Ereignis mit einiger Sicherheit bestimmt werden. Doch von der Form auf die Zeitperiode zu schließen ist unmöglich, denn wahrscheinlich haben alle drei Formen mehr oder weniger parallel existiert.

Zumindest gibt die Fundstätte der Bildersteine einen Aufschluss über die Verteilung der piktischen Bevölkerung. So gab es Siedlungszentren westlich von St. Andrews und Dundee, westlich von Aberdeen und südlich von Burghead. In geringerer Häufung finden sich die Steinskulpturen bis hoch zu den Orkney Islands und die Isle of Skye.

Viele Jahrhunderte lang sind die Pikten die uneingeschränkten Herren der schottischen Highlands und der Inseln. Doch bereits Mitte des 4. Jahrhunderts erhalten sie Konkurrenz.

Die »Seeräuber«

In den letzten Jahrzehnten der römischen Besetzung in Britannien werden die Küsten der Insel verstärkt von Plünderern heimgesucht. Im Südosten sind es vor allem die germanischen Sachsen und Franken, die die Stabilität der Grenzen des römischen Reiches gefährden.

Die Männer, die zur gleichen Zeit im Nordwesten, weit außerhalb der römischen Provinz anlanden, sind keine Germanen. Es sind vielmehr die westlichen Nachbarn der Pikten von jenseits des North Channel, aus dem Gebiet der modernen Provinz Ulster. Ihre Heimat ist das irische Königreich *Dál Riada*. Auch sie rauben, morden und stehlen, doch etwas unterscheidet sie von den Germanen. Sie sprechen Keltisch.

Die Neuankömmlinge im Norden haben nicht vor, wieder nach Irland zurückzukehren. Bald entstehen kleine, sich selbst verwaltende Kriegersiedlungen, ohne dass man zu diesem Zeitpunkt schon von einer Kolonie im Sinne einer politischen Einheit sprechen könnte.

Das altkeltische Wort für »Seeräuber« ist übrigens *scotii*, eingedeutscht: Skoten ...

367 n. Chr. erbebt Südbritannien unter einem massiven seeseitig geführten Angriff mehrerer Heere aus Sachsen und Franken. Im Norden wechseln im selben Jahr die Stämme, die das Gebiet nördlich und unmittelbar südlich des Hadrianswalls bewohnen, die Seiten. Für die Römer ist (nach dem Versagen des konstantinischen Geheimdienstes, der *aureani*) alles Gebiet nördlich des Walls auf einmal Feindesland. Der Wall selbst wird in den beiden folgenden Jahren mehrfach durchbrochen. Die bis dahin als sicher geltenden Gebiete dahinter werden geplündert. Diese Vorstöße enden auch nicht, als 369 die Allianz zwischen Römern und den südlich des

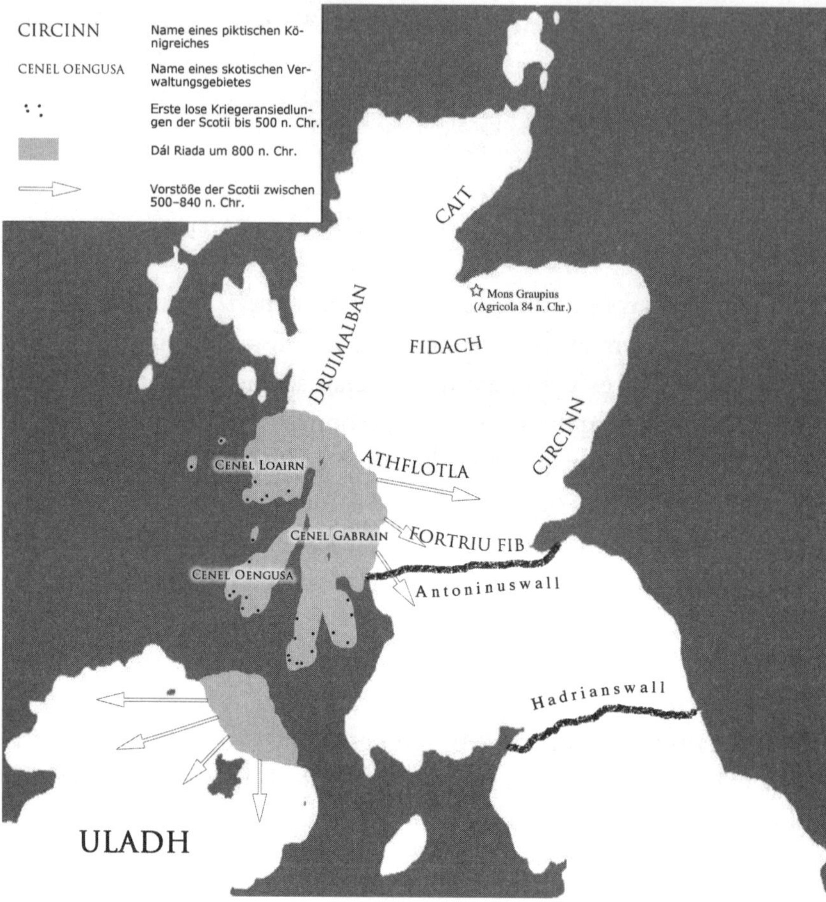

Schottland zwischen dem 6. und 9. Jahrhundert n. Chr. Schottland jenseits der römischen Wälle ist nie unter römischer Besetzung gewesen. Ab dem 3. Jahrhundert kommen »Seeräuber« – Scotii – von Dál Riada (im heutigen Ulster) aus über den North Channel und siedeln sich vorrangig auf den vorgelagerten Inseln und Halbinseln an. Diese losen Kriegergemeinschaften der Skoten formieren sich ab 500 n. Chr. zu einem Staatswesen.

Walls lebenden Votadini wieder belebt wird und diese quasi als Puffer gegen die Angreifer aus dem Norden fungieren. Interessant ist, wer im Jahr 367 diese Angreifer sind: Es handelt sich vorrangig um Pikten, die jedoch nicht allein kommen. Sie kämpfen in kriegerischer Allianz mit den Skoten.

Ein gemeinsamer Feind und die Aussicht auf Ehre und Beute, mehr bedurfte es nicht, die Pikten vergessen zu lassen, dass die Skoten ja ursprünglich auch als Feinde gekommen waren.

Bis ins frühe 5. Jahrhundert dauern die Angriffe auf die römische Provinzgrenze an. Doch dann ist plötzlich alles anders.

Zum einen gibt es auf einmal keinen gemeinsamen Feind mehr, als 410 die Römer Britannien endgültig verlassen. Zum anderen sind in den letzten Jahren von Irland her mehr und mehr Menschen herübergekommen. Die Siedlungen der Skoten im heutigen Argyll sind zu dieser Zeit längst keine provisorischen Kriegerlager mehr, sondern weisen im steigenden Maße komplexe soziale und politische Strukturen auf.

Aus den Kriegern sind Siedler geworden.

Familienbetrieb

Er steht am Bug seines Schiffes und spürt, wie ihm der heftige Wind die kalte Feuchtigkeit des Morgens in die Kleidung und in die Haare bläst. Er schaut nach rechts und links und versucht, die beiden anderen Schiffe auszumachen, die mit ihm aufgebrochen sind, doch der Wind hat es noch nicht geschafft, die morgendlichen Nebelschwaden wegzuschieben. Wahrscheinlich haben die Schiffe seiner beiden Brüder, Oengus und Loarn, ohnehin schon nach Norden abgedreht.

Fergus wendet sich um und sieht seine Krieger, frierend, in Decken gehüllt, mit müden Augen vor sich hinstarrend. Auch er verspürt ein leichtes Ziehen hinter den Schläfen. Ein großes Fest ist es gewesen, das ihr Bruder, König Murtagh mac Erc, Herrscher über das Königreich *Dál Riada*, gestern zu ihren Ehren gegeben hat. Und kaum einer hat es geschafft, den weinschweren Körper auf die heimische Lagerstatt zu schleppen. Fergus hat mitgehalten, so wie es sich für einen Königssohn gehört, und doch erinnert er sich noch an die Ehrung, die ihm gestern zuteil geworden ist. Anlässlich der Mission, zu der sie heute früh aufgebrochen sind, darf er, als der Zweitälteste der vier Söhne des Erc, sich ab heute Fergus Mór, Fergus der Große nennen.

Als Helden haben sie dann vorhin die Schiffe bestiegen, die Königssöhne mit ihrer Schar von jeweils etwa 50 Kriegern, die ihnen persönlich ihr Schwert und ihr Leben zugeschworen haben. Man hätte meinen können, sie brächen in ein fernes, unbekanntes Land auf, um dort große Heerscharen an feindlichen Kriegern zu besiegen. In Wahrheit liegt ihr Ziel so nahe, dass sie es wahrscheinlich schon sehen können, wenn sich die Nebel gehoben haben. Auch werden sie sich nicht gegen Pfeil- und Speerhagel an Land kämpfen müssen, denn am Ufer erwarten sie keine wilden Horden blutrünstiger Feinde, sondern Krieger ihre eigenen Volkes, die zum Teil schon seit vielen Jahren und mehreren Generationen hier leben. Nein, die Aufgabe von Fergus, Oengus und Loarn ist es nicht, neues Land zu erstreiten sondern zunächst einmal das, was bereits in den Händen von Leuten aus *Dál Riada* ist, zu einem echten Teil des Königreichs des Erc zu formen.

Und sie sind einem großen Ruf verpflichtet. Ihr Vater hat Dinge vollbracht, von denen bereits zu seinen Lebzeiten an den Feuern gesungen wurde, wie man sonst nur von den Helden singt, deren Geschichte über viele Generationen überliefert wurde, und denen etwas Göttliches anhaftet. Erc war derjenige, der in der Schlacht von Slieve Fuad den »Grauen von Macha« getötet hat, eines der angeblich unverwundbaren Pferde des angeblich unbesiegbaren Helden der nördlichen Krieger, den sie »Hund des Chulainn« nannten.

Doch mag ihr Vater auch bereits vor seinem Tod zu den Legenden seines Volkes gehört haben, heute und hier ist er Fergus Mór!

Er dreht sich wieder um – und erschrickt beinahe. Das Land ist schon so nahe, dass er die Menschen erkennen kann, die sich auf den zerklüftete Felsen versammelt haben. Ihr Schiff läuft wie in einer breiten, von Felsen gesäumten Straße ein. Zwischen den Felsen voraus steigen Rauchsäulen auf. Sein Schiffsführer tritt neben ihn.

Fergus' Blick folgt dessen ausgestrecktem Arm. Dort vorn liegt ihre Landestelle.

Fergus atmet tief durch. Alles hängt von dieser ersten Begegnung ab.

Nur wenig später scharrt der flache Rumpf des Schiffes auf den Strand. Wie besprochen springen die Krieger des Fergus ab, kaum dass das Gefährt ruhig liegt, und bilden eine Gasse. Durch diese Gasse hindurch schreitet Fergus. All seine Waffen hat er angelegt, und natürlich das Kettenhemd. Er sieht, wie sich eine große Gruppe bewaffneter Männer seinem Schiff nähert, und er zwingt sich, seinen Schritt nicht langsamer werden zu lassen. Erst am Ende der Gasse bleibt er abrupt stehen und verschränkt die Arme vor der Brust.

Dann wartet er.

Die einheimischen Krieger bewegen sich zögernd auf die Ankömmlinge zu. In einiger Entfernung bleiben sie stehen.

Das ist der Augenblick.

»Ich bin Fergus Mór, Sohn des Erc, vormals König von *Dál Riada*, Bezwinger des Grauen von Macha. Ich beanspruche die Oberherrschaft über das Gebiet und die Menschen, die Abkömmlinge von *Dál Riada* sind. Wer diese Oberherrschaft nicht anerkennt, möge jetzt vortreten und mich herausfordern, und dann möge Gott entscheiden, wer der wahre Herrscher über euch sein soll.«

Ein unendlich langer Moment des Schweigens folgt. Dann unterbricht das Klirren eines gezogenen Schwertes die Stille. Ein Schleifen von Metall auf Stein löst die Spannung. Und plötzlich füllt dieses Geräusch die Luft.

Mehrere Hundert Krieger haben ihre Schwerter gezogen und die Spitzen auf den Kies des Strandes gesenkt. Fergus muss sich beherrschen, um die angestaute Luft in seinem Brustkorb nicht mit einem lauten Stöhnen herauszulassen.

Es ist vollbracht. – Auch wenn der weitaus größere Teil der Arbeit noch vor ihm liegt.

Dass aus einem locker von Kriegern der Skoten und ihren Familien besiedelten Gebiet ein straff organisiertes und militärisch starkes Königreich wird, ist letztlich einer im nordöstlichen Teil Ulsters ansässigen Adelsfamilie zuzurechnen. Um das Jahr 500 herum brechen drei Söhne des mystischen irischen Königs Erc auf, um das Territorium auf der anderen Seite des Wassers neu zu ordnen. Zunächst entstehen drei separate Verwaltungseinheiten, die schon von ihren Namen her klar betonen, dass es sich bei der Errichtung der Kolonie *Dál Riadas* um eine Familienangelegenheit handelt. Auf den Inseln Islay und Jura liegt *Cenel Oengusa;* die Insel Mull und Nord-Argyll werden zu *Cenel Loairn* und Süd-Argyll und die Halbinsel Kintyre später zu *Cenel Gabrain,* wobei Oengus und Loarn die Brüder und Gabran einer der Enkel des Fergus Mór sind.

Nach 50 Jahren sind aus den Verwaltungseinheiten kleine Klientenkönigreiche geworden, die unter der Oberherrschaft des Gabran stehen und in ihrer Gesamtheit den östlichen Teil des Königreiches *Dál Riada* der Skoten bilden. Gleichzeitig wächst *Dál Riada* auch in Irland, bis es dort das Gebiet der gesamten heutigen Provinz Ulster umfasst.

Gabran und sein Bruder Comgall sind es auch, die sich nicht mit dem reinen Aufbau der Verwaltungsstrukturen begnügen, sondern vielmehr den Herrschaftsbereich *Dál Riadas* um die östlich der Halbinsel Kintyre gelegene Insel Arran vergrößern.

Dann gerät die Expansion ins Stocken. Gabran hat noch Zeit und Ressourcen, gegen *Fortriu Fib* am Forth und *Y Strad Glud* am Clyde zu ziehen und seinen Machtbereich auszuweiten, bevor er um 558 stirbt. Seinem Nachfolger Conall ist das nicht vergönnt. Ab 560 werden die Klientenkönige von *Dál Riada* im Kampf um die Oberherrschaft der Skoten rebellisch, was vorerst das Ende weiterer Feldzüge nach außen bedeutet. Mit Müh und Not schaffen es schließlich seine Cousins, Eoganan und Aedan mac Gabran, die Kolonie wieder zu vereinen. Aedan tut sogar noch mehr. Er ist der erste Herrscher von *Dál Riada,* der sich mit den Pikten verbündet, um sie in ihrem Kampf gegen die Sachsen in Northumbria zu unterstützen. Diese

Allianz hält knappe 30 Jahre, dann wird ein Heer aus Kriegern einheimischer Stämme und Skoten im Jahr 603 von den Sachsen geschlagen. Die Skoten beschließen daraufhin, sich vorerst aus Konflikten der einheimischen Kelten herauszuhalten und sich auf die Stabilisierung des eigenen Königreichs zu konzentrieren.

Die guten Vorsätze halten ganze 30 Jahre an, dann packt den um 635 regierenden König der Skoten Domnall Brecc der Ehrgeiz. Allerdings ist er nicht der große Militärstratege vor dem Herrn. Er zieht mehr oder weniger unkoordiniert – und somit erfolglos – gegen die Pikten und diverse Familienclans in Ulster und stirbt zehn Jahre später auf einem Feldzug gegen *Y Strad Glud*.

Was zunächst wie das Ende eines inkompetenten Herrschers aussieht, hat ernste Konsequenzen für das schottische *Dál Riada*, die denen in Britannien nach dem Abzug der Römer nicht ganz unähnlich sind. Das Königreich bricht auseinander, übrig bleiben lokale Stammesverwaltungen. Ein Nachfahre von Gabran und Comgall, dessen Name nicht überliefert ist, erklärt sich zwar zum »Hochkönig von *Dál Riada*«, doch ist das kaum mehr als eine leere Worthülle. Hätten die Pikten es in dieser Situation geschafft, ein vereintes Heer auf die Beine zu stellen, sie hätten die Skoten vermutlich zurück nach Irland treiben können.

Nichts dergleichen passiert, was vorrangig daran liegt, dass die Pikten zu dieser Zeit ganz andere Sorgen haben. Die Angelsachsen von Northumbria versuchen in den 80er-Jahren des 7. Jahrhunderts massiv, ihr Territorium nach Norden auszuweiten. *Gododdin* haben sie bereits überrannt. Sie schaffen es auch, in das Gebiet nördlich der Linie des ehemaligen Antoninuswalls vorzustoßen und in die Königreiche *Fortriu Fib* und *Athflotla* einzudringen, doch an der Südgrenze zu dem an der Ostküste gelegenen *Circinn* finden ihre Expansionsbestrebungen ein heftiges Ende. Einige Kilometer nördlich des heutigen Dundee, bei Nechtansmere, werden die Angelsachsen von einer piktischen Streitmacht so nachhaltig geschlagen, dass der Herrschaftsbereich von Northumbria am Fluss Tay endgültig seine größte nördliche Ausdehnung erreicht hat. *Circinn* und *Fidach* bleiben Pictland. Im Nordwesten endet das angelsächsische Territorium an den Grenzen von *Y Strad Glud* und *Dál Riada*. Das politische Vakuum in *Dál Riada* hält gute 40 Jahre an, dann kann der Herrscher des *Cenel Loairn*, Ferchar Mór, die Einheit des Königreiches wiederherstellen.

Ab ungefähr 700 sind die Informationen für gut 150 Jahre mehr Spekulation als gesichertes Wissen. Anfang des 8. Jahrhunderts findet im Wege der Zweckheirat innerhalb der Königshäuser so etwas wie eine Vereinigung der Pikten und Skoten statt. Die Skoten haben offenbar trotz Wiedervereinigung immer noch nicht zu ihrer alten Stärke zurückgefunden, denn zwischen 741 und 778 regiert ein piktischer König sowohl über das Land der Pikten als auch das der Skoten.

Ende des 8. Jahrhunderts fallen aus dem heutigen Norwegen stammende und inzwischen schon auf den Orkney Inseln ansässige Seefahrer über den westlichsten Zipfel der Insel Mull her, zerstören ein Kloster und massakrieren die dort lebenden Mönche. In weiteren Aktionen besetzen die »Nordmänner« die westlichen Inseln, Caithness und Sutherland. Gleichzeitig strömen Siedler – keine Krieger – der Nordmänner nach Galloway. Sie vermischen sich mit der einheimischen skotischen Bevölkerung und werden zu *Gallgaels* – fremden Gälen.

Um der Geschichte vorzugreifen: Offiziell gehören die westlichen Inseln ab 1097 zu Norwegen, in der Realität sind jedoch die eigentlich Mächtigen die lokalen Clanführer. Knappe 160 Jahre später kommt es zur letzten Schlacht um die westlichen Inseln, und der König von Norwegen muss einsehen, dass die Inseln zu weit abgelegen sind, um sie real kontrollieren zu können. Ab 1266 gehören die Inseln formell auch wieder zu Schottland.

Doch diese Vorgänge betreffen kein keltisches Schottland mehr. Für die Skoten hatte sich das Blatt bereits Anfang des 9. Jahrhunderts gewendet.

Der charismatische Hochkönig von *Dál Riada*, Cináed mac Ailpín (angliziert Kenneth mac Alpin), vereinigt die Pikten und Skoten im

Jahr 843 durch Heirat unter seiner Herrschaft. Der Thron der Pikten bleibt von nun an endgültig in skotischer Hand.

Das Land der Skoten – Schottland – ist geboren, auch wenn es erst ab dem 11. Jahrhundert so heißen wird. Bislang ist sein Name *Alba*.

Doch spielen sich in der Realität die Trennung und Vereinigung von Pikten und Skoten schon längst nur noch auf der Ebene der Königshäuser ab. Wenn ein Heer gegen ein anderes zieht, dann kämpfen die einem Königshaus verpflichteten Krieger gegen die eines anderen. Und auch innerhalb der Dynastien dieser beiden Bevölkerungsgruppen sind Auseinandersetzungen keine Seltenheit, sodass auch Skoten gegen Skoten und Pikten gegen Pikten antreten.

In der breiten Bevölkerung dagegen hat, unter anderem im Zuge des gegenseitigen Frauenraubs, längst der Prozess der Vermischung eingesetzt. Spätestens, als bei den Einwanderern aus Ulster nicht mehr nur Krieger, sondern vor allem Siedler und ihre Familien in den skotischen Teil von *Dál Riada* kamen, haben sich ganz normale wirtschaftliche und soziale Kontakte entwickelt. Natürlich ist in *Dál Riada* und im Grenzgebiet die Vermischung am stärksten. Doch schon allein die Tatsache, dass den Kriegern und ersten Siedlern der Skoten schon bald christliche Missionare folgten, die mit ihren Reisen durch ganz Pictland den Grundstein für eine gemeinsame religiöse Basis legten, hat erheblich zur Verschmelzung der beiden Volksgruppen beigetragen. Allerdings mangelt es den Pikten an dieser Stelle ein wenig an der Kontinuität. Schon zu einer Zeit, wo *Dál Riada* noch eine lose Ansammlung einzelner Siedlungen ist, also etwa um 420 herum, startet der heilige Ninian zu einer ersten Bekehrungsmission in das Reich der Pikten. Schade nur, dass er nicht die Persönlichkeit zu sein scheint, die nachhaltig Eindruck auf sein Publikum macht, denn unmittelbar nach seinem Tod fallen die Pikten wieder in ihre alte keltische Glaubenswelt zurück. Der 140 Jahre später aus Irland kommende St. Columba geht die Mission deutlich geschickter an. Zunächst erbittet er vom Piktenkönig Bridei mac Maelcon an dessen Hof in Inverness die Erlaubnis, auf der entlegensten Ecke von Mull (zu dieser Zeit noch Pictland) ein Kloster zu errichten, welches er *Hii* nennt (heute bekannt als Iona). Danach beginnt er seine Missionarstätigkeit genau an der richtigen Stelle: bei seinem Gönner. Der Übertritt des piktischen Herrschers zum Christentum im Jahr 570 hat Signalwirkung. Die Pikten werden Christen. Die bereits erwähnten Darstellungen keltischer Kreuze zusammen mit eigenen mystischen Symbolen auf piktischen Steinskulpturen zeigen, dass es keine gewaltsame Konvertierung gegeben hat, sondern dass sich die Pikten nach dem Vorbild ihres Königs dem christlichen Glauben sehr schnell und freiwillig geöffnet haben.

Alba bleibt nach der Vereinigung durch Kenneth mac Alpin für 200 Jahre ein unabhängiges Königreich. In diesen 200 Jahren treten einige Veränderungen ein. Im Laufe der Zeit gewinnt das »importierte« skotische Element die Oberhand über das ursprüngliche piktische. Wichtigstes Indiz dafür: Die Sprache der Skoten, das Gälische (Altirisch) verdrängt nicht nur die piktische Ursprache, sondern auch die keltischen (brythonischen) Reste der alten Verkehrssprache.

Doch sind die Pikten nicht die Einzigen, die eine Tradition in Stein erschaffen haben. Die Skoten, angeblich sogar Fergus Mór selbst, haben der Sage nach einen Stein aus ihrer irischen Heimat mitgebracht. Eigentlich wirkt er völlig unscheinbar. Er besteht aus rotem Sandstein, ist 66 cm x 41 cm x 28 cm groß und wiegt stolze 152 Kilogramm, was allein schon dafür spricht, dass er von erheblicher Bedeutung für die Skoten sein muss, wenn sie ihn bei Vorstößen in neue Regionen mit sich führen. Er hat einen klaren religiösen Bezug, denn seine einzige Verzierung ist ein einfaches lateinisches Kreuz. Man kennt ihn unter dem Namen *Lia Fail* – »sprechender Stein«, »Schicksalsstein« oder auch »Stein von Scone«, nach dem Ort, an dem er aufbewahrt wurde. Die ehemalige Abtei von Scone (heute Scone Palace in der Nähe von Perth) ist der Ort, an dem bereits die piktischen – und ab der Vereinigung unter Kenneth mac Alpin auch die schottischen – Könige gekrönt wurden. Er ist ein Symbol der besonderen Art, und ihm ist eine wechselvolle Geschichte beschieden. 1269 wird Edward I. ihn stehlen und in den

Krönungsstuhl in Westminster Abbey einbauen lassen, der Ort, an dem alle englischen Könige gekrönt werden (s. Farbbildteil Abb. 28). 1950 entwenden ihn vier Studenten und schmuggeln ihn nach Schottland zurück. Bei dieser Aktion wird er schwer beschädigt. Sie übergeben ihn einem nationalistischen Glasgower Politiker, der ihn restaurieren lässt und den Stein letztlich auf dem Altar von Arbroath Abbey deponiert. Als die Polizei davon Wind bekommt, wird er zurück nach England verbracht. Es dauert bis zum 30. November 1996, bis der Stein in einer offiziellen Zeremonie nach Edinburgh Castle gebracht wird. Er soll in Schottland bleiben und nur zu Krönungsfeierlichkeiten nach Westminster Abbey überführt werden. Kleiner Wehrmutstropfen: Während der Übergabezeremonie ist aus Gründen des Protokolls auf dem Dach des Castles die britische und nicht die schottische Flagge gehisst, weil Prinz Andrew anwesend ist.

Doch wieder zurück ins Mittelalter. *Alba* stabilisiert sich. Und nicht nur das. Anfang des 11. Jahrhunderts gelingt König Máel Coluim II. das, was die frühen Nachfahren des Kenneth mac Alpin erfolglos versucht haben. Er verschiebt die von den Angelsachsen über 300 Jahre zuvor neu gezogene Südgrenze Schottlands an den Fluss Tweed zurück, eine administrative Grenze, die heute noch Bestand hat.

Allerdings sind sich die Skoten alles andere als einig. Thronstreitigkeiten sind an der Tagesordnung. Zwischen der regierenden Familie des Máel Coluim II. und der königlichen Familie des Klientenkönigreiches *Cenel Loairn* entspinnt sich ein Dauerkonflikt, der sich über mehrere Generationen hinzieht. Schließlich stehen sich im Jahr 1040 Donnchad, der Sohn des Máel Coluim II., und sein Herausforderer aus dem Hause *Cenel Loairn*, Mac Bethad mac Findlaích, auf dem Schlachtfeld gegenüber. Letzterer wird siegen – und unsterblich werden, selbst wenn sein »Rufname«, Mac Bethad kein Familienname im eigentlichen Sinne, sondern ein Titel mit der Bedeutung »Sohn des Lebens« ist. Er ist in jeder Beziehung eine tragische Figur. Das geringste Übel ist dabei sicherlich, dass ihn sich ein gewisser William Shakespeare 500 Jahre später für sein unsterbliches Werk zum Vorbild nimmt und dabei auf Macbeths Kosten ein Bild zeichnet, das eine wilde Mischung aus Fiktion und historischen Unkorrektheiten ist. Viel tragischer ist, dass ihm die Rolle des letzten wirklich keltischen Königs in Schottland zufällt.

Das Ende des »wahren« Albas

Mac Bethad regiert 17 Jahre, dann stehen sich die alten Kontrahenten wieder gegenüber; auf der anderen Seite in Gestalt des Sohnes des Donnchad mit Namen Máel Coluim III. Doch jetzt, im Jahr 1057 verlässt Mac Bethad das Kriegsglück. Ob in dieser Schlacht bei Lumphanan die Krieger des Malcolm wie in Shakespeares Text tatsächlich als Tarnung große Äste und Büsche vor sich hertragen (und somit der Wald auf Macbeth zugeht), oder ob Malcolm per Kaiserschnitt auf die Welt gekommen ist (also nicht von einem Weibe *geboren* wurde) ist nicht überliefert.

Der schottische Thron wechselt den Besitzer.

Neun Jahre später schlägt der Normanne William die Angelsachsen bei Hastings und übernimmt den englischen Thron. Der angelsächsische Anwärter, Edgar, stellt sich William zunächst entgegen, flieht dann jedoch nach Schottland. In Máel Coluim III. findet Edgar einen Verbündeten – und Máel Coluim in Edgars Schwester Margaret eine Gemahlin. Eine folgenreiche Verbindung. Zum einen hält mit Margaret an dem immer noch etwas raubeinigen, kriegerisch dominierten schottischen Königshof ein gewisses europäisches Flair Einzug. Zum anderen endet hier die rein keltische Linie der Könige von Schottland.

Der eigentliche Verlierer ist Edgar. 1072 steht William am Tweed, der südschottischen Grenze, während seine Flotte gerade die Ostküste Englands hinauffährt. Máel Coluim III. sieht sich in der Bredouille. Er hat Edgar, Willams erklärtem Feind, Zuflucht gewährt, ist gar familiär mit ihm verbandelt. Beides qualifiziert ihn nicht unbedingt dafür, zum neuen besten Freund des Normannenkönigs zu avancieren.

William macht ihm die Entscheidung leicht. 1072 überschreitet er den Tweed, reitet durch Lothian, vorbei an Stirling zum Firth of Tay, wo er bereits von seiner beeindruckenden Flotte erwartet wird. Máel Coluim III. beschließt für sich, dass ihm das Wohlwollen eines amtierenden Königs wichtiger ist als die Verwandtschaft mit einem, der es gerne wäre. Máel Coluim unterwirft sich William formell und überlässt ihm seinen Sohn Donnchad als Geisel.

Ab jetzt lenken die Schotten ihre Geschicke nicht mehr allein.

Im Schottland südlich des Tay sterben die keltischen Strukturen zuerst. Mit dem Vormarsch der Normannen auf der britischen Hauptinsel sehen sich die Angelsachsen plötzlich in die Rolle der Lehnsdiener gedrängt, die der Willkür ihrer normannischen Herren ausgesetzt sind. Das hat zur Folge, dass sich Angelsachsen verstärkt in den schottischen Lowlands ansiedeln, der Region, die am weitesten von der normannischen Administration entfernt ist. Sie bringen neue gesellschaftliche Verhältnisse mit, die von den Clanführern schnell übernommen werden. Land ist nun nicht mehr Gemeineigentum, sondern gehört dem Laird, der es als feudaler Herr von seinen Lehnsdienern bewirtschaften lässt. In nur wenigen Jahrhunderten vergessen und verdrängen sie ihre keltischen Ursprünge, vermischen sich mit den Angelsachsen. Ab 1124 verstärkt sich der Einfluss der Normannen, nicht zuletzt durch den amtierenden schottischen König David, dem vierten Sohn der Margaret. Dieser ist so beeindruckt von den Errungenschaften der Normannen, dass er Angehörige der normannischen Aristokratie einlädt, sich in Schottland anzusiedeln. Nach und nach werden aus den ehemals keltischen Clanoberhäuptern anglo-normannische Aristokraten, Adlige mit Ansprüchen und Bedürfnissen. Der Handel blüht auf, Städte entstehen. Auf der Basis der neuen gesellschaftlichen Verhältnisse stirbt in den Lowlands auch die keltische Sprache und wird durch einen eigenen Dialekt abgelöst, der kein Gälisch, aber auch kein Englisch ist, aber viele Elemente von beidem beinhaltet. Der

Südschotte sagt noch heute nicht »small«, sondern »wee«, ein Mädchen ist kein »girl«, sondern eine »lass«, und in der Dichtersprache eines Robert Burns sind schöne Täler keine »beautiful valleys«, sondern »bonie braes«.

2,2 Millionen Besucher haben Mel Gibson als »Braveheart« (USA, 1995) allein in Deutschland im Kino gesehen. Und wenn Liam Neeson als »Rob Roy« (USA, 1995) über den Fernseher flimmert, sitzen Hunderttausende von Zuschauern noch heute gebannt vor den Bildschirmen, versunken in romantischer Zuneigung für die stolzen, wilden Schotten, die in buntkarierten Röcken gegen gesichts- und seelenlose Briten anrannten. Und sie glauben, die letzten Kämpfe der keltischen Schotten gegen die nach Norden vordringenden Briten zu sehen (Filmszene s. im Farbbildteil Abb. 31).

Was sie wirklich sehen, sind die Machtkämpfe anglo-normannischer Herren, bei denen das Keltische kaum mehr als eine Erinnerung ist.

Doch da ist ja noch die Heimat der Skoten, die nie ein Römer betreten hat, auf der nie ein angelsächsischer Schlachtruf erklang.

Es ist die Insel der Heiligen, der Helden, der Banshees, des Wald- und des Kleinen Volkes, der Feen, Kobolde und der Trolle.

Krieger, Legenden und Heilige

Der Anfang – eine Legende

Es klopft an der Tür. Unwillig wendet Túan seinen Blick von seinem Torffeuer ab. Gerade erst hat es richtig zu brennen begonnen, in einer kleinen Weile wird die Wärme wie eine Welle über ihn schwappen, ihn einhüllen und ihm das Gefühl von Wohlbehagen geben. Das Letzte, was er jetzt braucht, ist jemand, der an diesem Wohlbehagen teilhaben will.

Es klopft wieder. Mit einem Knurren springt Túan aus seinem Sessel und greift nach seinem Speer. Es sollte wirklich wichtig sein, sonst …

Verblüfft prallt er zurück, als die schwere Tür zurückschwingt. Einen Bettler hätte er erwartet, vielleicht auch einen anderen Clansführer. Aber das? Ein Mönch?

»Mein Name ist Finnen«, beginnt der Gast ohne zu zögern. »Ich bin gekommen, um deine Gastfreundschaft in Anspruch zu nehmen.«

Túan starrt den Mann an. Sein Mund klappt ein paar Mal auf und zu, dann schüttelt er den Kopf und schlägt die Tür wieder zu. Noch nie hat jemand derart plump seine Gastfreundschaft eingefordert.

Weiß der Kerl eigentlich, wen er vor sich hat?

Nun, das weiß Finnen im Einzelnen nicht. Er quittiert das Zuschlagen der Tür mit einem milden Lächeln, rafft seine Kutte und lässt sich auf gekreuzten Beinen auf der Schwelle nieder.

Es ist schon Abend, als Túan die Tür wieder öffnet, um nach dem reichlichen Essen noch ein paar Schritte an der frischen Luft zu tun – und dabei fast über Finnen stolpert. Ihm wird kalt. Hat der etwa den ganzen Tag hier gehockt? Für jeden sichtbar? Wo es keine größere Schande gibt, als einen Hungernden auf seiner Schwelle sitzen zu haben? Plötzlich schämt er sich seines vollen Magens. Er berührt den Mönch an der Schulter, und ohne Worte gehen sie gemeinsam ins Haus …

Als Finnen am nächsten Tag zu seinem Kloster zurückkehrt, wird er bereits von den anderen Mönchen erwartet. Sie sind gespannt, denn die Geschichten, die über Túan mac Cairill kursieren, haben eigentlich eher für ein Scheitern der Mission ihres Abtes Finnen gesprochen. Doch ihr Klostervorsteher macht einen gelösten, zufriedenen Eindruck. Auf die fragenden Blicke seiner Anhänger sagt er: »Túan mac Cairill ist gar kein schlechter Kerl und ein hochinteressanter Mensch obendrein, der viel zu erzählen hat. Wir hatten einen vorzüglichen Abend miteinander, und es wird auch nicht der letzte gewesen sein. Im Gegenteil, er hat uns alle eingeladen, um uns die alten Geschichten Irlands zu erzählen.«

Doch kaum einer der Mönche, noch nicht einmal Finnen selbst, erahnt zu diesem Zeitpunkt, dass sich ihnen nur einen Monat später ein völlig neues Bild ihrer irischen Heimat eröffnen wird …

… Das Feuer lodert in der großen Halle. Keiner der Mönche hat wirklich geglaubt, einmal als Gast in der Festung eines Kriegers willkommen zu sein. Eines Kriegers, der sich nicht beirren lässt und auch in der Gegenwart der heiligen Männer seine Waffen nicht ablegt.

Doch Túan lässt ihnen nicht viel Zeit, sich an seinem Anblick zu ergötzen. »Ich freue mich, dass ihr meiner Einladung gefolgt seid. Ihr kennt mich unter dem Namen Túan, Sohn des Cairill. Doch eigentlich ist mein Name Túan, Sohn des Starn, der wiederum ein Sohn des Sera war. Mein Vater war ein Bruder des Partholan, der zusammen mit seiner Frau Dealgnaid und seinem Gefolge aus dem Westen, dem »Land der Glücklichen Toten« gekommen ist und damit zu den ersten Menschen gehörte, die Irland besiedelt haben. Irland, müsst ihr wissen, war zu dieser Zeit ein völlig anderes Land als das, was ihr heute kennt. Es gab nur drei Seen, neun Flüsse und eine einzige Ebene, in der man streiten konnte. Ein weiterer See ist entstanden, als man Rury, einen Sohn des Partholan begraben hat, und das Wasser aus der Grube gesprudelt kam. Aber das ist eine andere Geschichte. Wir, die Männer des Partholan, lagen im ständigen Kampf um die Herrschaft in Irland, das von einer wilden Rasse, den Formorianern heimgesucht wurde. Es waren große, missgebildete, primitive Kreaturen, die von den Kriegern Partholans schließlich über die nördliche Küste hinausgedrängt wurden und sich auf eine Insel (Tory Island – Anm. d. Autors) zurückzogen.

Doch nach diesem Sieg befiel eine große Seuche die Menschen, und alle bis auf mich, Túan mac Starn, starben. 22 Jahre lang durchstreifte ich allein die Insel, zog von Festung zu Festung und Höhle zu Höhle, immer auf der Suche nach Schutz vor Raubtieren. Ich wurde alt, und mein Körper verfiel. Doch dann kamen wieder Menschen nach Irland. Es war das Volk des Nemed, Sohn meines Onkels Agnoman. Sie hatten eine schwere Überfahrt hinter sich, in

32 Schiffen, die in einem Sturm auseinandergetrieben worden und eineinhalb Jahre auf dem Meer herumgeirrt waren. Die meisten von ihnen starben an Hunger, Durst oder Schiffbruch. Nur neun überlebten, Nemed, vier Männer und vier Frauen. Ich beobachtete ihre Ankunft von den Klippen aus, doch so, wie ich aussah, mit langen Haaren und Nägeln, grau, nackt, verfallen und elendig, mied ich ihre Nähe und verbarg mich. Dann schlief ich eines Abends ein und erwachte als Hirsch. Ich war wieder jung und glücklich und wurde Herrscher allen Wilds in Irland. Das Volk des Nemed mehrte sich, bis seine Zahl wieder 8060 war. Sie schlugen vier siegreiche Schlachten über die Formorianer, die immer wieder versuchten, Irland zu erobern. Doch wieder überkam sie eine mysteriöse Seuche und alle starben.«

Das einzige Geräusch in der Halle ist das leise Knistern des herunterbrennenden Feuers. Kaum einer wagt zu atmen. Túan lehnt sich zufrieden zurück. Er ist der Mittelpunkt, und er genießt die Aufmerksamkeit. Er nimmt einen Schluck Wein und fährt fort.

»Zum Zeitpunkt des Todes des Volkes von Nemed war ich wieder alt und vom Siechtum befallen. Doch als ich eines Morgens erwachte, war ich ein junger, starker, schwarzer Eber. Ich war Herr über alle Wildschweine Irlands und trat eine große Reise durch die ganze Insel an. Sie dauerte so lange, dass ich wieder alt und gebrechlich war, als ich in den Norden zurückkehrte, denn nur dort würde ich meine nächste Wandlung erfahren. Und diesmal wurde ich als Seeadler wiedergeboren.

Irland ist nicht lange unbewohnt geblieben. Nach dem Volk des Nemed kamen die Fir-Bolg, die eigentlich drei Stämme waren: die Fir-Bolg, die Fir-Domnan und die Galioin, eine Rasse von primitiven, unterwürfigen Menschen. Sie hatten keinen langen Bestand, denn nur kurze Zeit später wurden sie in der Schlacht in der Ebene von Moytura von den Kriegern vom Volk der Göttin Dana überrannt, was kein Wunder ist, denn wer kann schon Göttern und Halbgöttern widerstehen. Ich war noch immer ein stolzer Seeadler, als auch die Göttlichen ihren Meister fanden, im Volk der Söhne Mileds, die ein großes Kriegervolk waren. Doch das Volk der Göttin Dana wurde von den Söhnen Mileds nicht ausgerottet, sodass wir heute sagen, dass die Weisen und Gelehrten des Landes von ersteren, und die stolzen Krieger von letzteren abstammen.«

»Und wie kommt es, dass man dich heute Túan mac Cairill nennt?«, fragt Finnen, der als Erster die Sprache wiedergefunden hat.

»Nach meiner nächsten Wandlung wurde ich als Lachs wiedergeboren. Über viele Jahre entging ich den Fallen und Angeln, bis ich letztlich doch gefangen wurde. Ich landete auf dem Tisch des Königs Cairill, doch nicht er, sondern seine Frau begehrte mich zu essen, und sie begehrte mich so sehr, dass sie mich allein und ganz aß. Sie wurde schwanger, und so wurde ich diesmal als Mensch von einer Mutter geboren, und war damit Túan, Sohn des Cairill.«

St. Finnen lebte Ende des 6. Jahrhunderts in Moville, in der heutigen irischen Grafschaft Donegal. Aufgezeichnet wurde die Geschichte des Túan mac Cairill um 1100. Dasselbe Manuskript relativiert einige Aspekte aus der Erzählung des Tuan. So sterben nicht alle Nemedianer, sondern »nur« 2000. Auch berichtet das Manuskript abweichend von Túan mac Cairill, dass die Formorianer eine Weile real über Irland geherrscht haben sollen. Es muss eine Schreckensherrschaft gewesen sein, denn die Legenden besagen, dass die Formorianer als Tribut zwei Drittel der Milch und zwei Drittel der Kinder von den Nemedianern fordern. Diese erheben sich schließlich und nehmen unter der Führung dreier Clansführer das Machzentrum der Formorianer, den Turm des Conann auf Tory Island ein. Conann selbst wird getötet, doch dann kehrt Morc mit einem frischen Heer zurück und reibt die Nemedianer fast vollständig auf. Der Sage nach überleben nur 30 von ihnen, die Irland verlassen.

Viel wird auch über das »Volk der Göttin Dana« (*Tuatha Dé Danann*) spekuliert. Die *Tuatha Dé Danann* werden der Sage nach von den Söhnen Mileds besiegt, verlassen die Insel jedoch nicht, sondern beschließen in Zukunft unterirdisch zu leben. Mit dem Vordringen des Christentums ist ihnen ein eigenes Schicksal beschieden. In der Erinnerung der Menschen werden sie von Göttern und Halbgöttern zum »Kleinen Volk«: Feen, Kobolde und Trolle. Interessant ist, dass sie gedanklich nicht mit Wissenschaft und Dichtkunst verbunden werden, sondern mit eher bodenständigen Dingen wie dem Ackerbau und der Viehzucht und damit im Zusammenhang stehenden Fruchtbarkeitsriten, und dass sie dort wohnen, wo die Kelten die Übergänge zur Anderen Welt vermuteten: Hügel (bevorzugt Beerdigungshügel), Flüsse und Seen. Gekommen sind die *Tuatha Dé Danann* ursprünglich aus vier mystischen Städten. Eine dieser Städte ist Falias, der angebliche Ursprungsort des *Lia Fail*, des Steins von Scone, der später zum Krönungsstein der schottischen Könige wurde …

Die Söhne des Miled sind in der historischen Wahrnehmung letztlich reale Menschen, die sich gegen die Zauberkräfte der *Tuatha Dé Danann* durchsetzen und schließlich Irland beherrschen. Sie sind es, von denen die Menschen in Irland viele Jahrhunderte lang ihre eigene Abstammung ableiten werden. All das sind Mythen und Legenden, die über viele Jahrhunderte mündlich überliefert und schließlich ab dem 12. Jahrhundert niedergeschrieben wurden.

Doch sind sie wirklich nur das?

Der Anfang – die historischen Realitäten

Das *Lebor Gabála*, das »Buch der Invasionen«, ein vermutlich im 9. Jahrhundert entstandenes und im 11. Jahrhundert zusammengestelltes Sammelwerk aus verschiedenen Erzählungen und Gedichten in mittelirischer Sprache, zeichnet ein lebhaftes, geheimnisvolles, farbenfrohes Bild der Besiedlungsgeschichte Irlands. Doch wie viel davon ist Mythos und wie viel reale Geschichte?

Das Buch der Invasionen hat einen großen Nachteil: Es gibt keine zeitlichen Bezüge, an denen sich reale geschichtliche Ereignisse festmachen lassen. Und so bleibt das meiste am Ende der Spekulation überlassen.

Die wenigen durch die Archäologie untermauerten Fakten sprechen gegen das *Lebor Gabála*. Die Funde geben keinerlei Hinweise auf aufeinanderfolgende Wellen von Einwanderern im Sinne von großen Menschenzahlen. Das lässt nur einen Schluss zu: Das keltische Irland ist – wie auch das keltische Britannien und das keltische Gallien – aus sich heraus gewachsen. Nur so erklärt sich, dass Irland im 8. und 7. vorchristlichen Jahrhundert denselben Entwicklungsstand hat, wie auch das spätbronzezeitliche Europa. Eine zeitliche Verschiebung in der Entwicklung, wie sie für eine Wanderung charakteristisch wäre, ist nicht nachweisbar.

Das heißt jedoch nicht, dass Irland über die Jahrtausende hinweg völlig isoliert im Atlantik gelegen hat. Kontakte nach Europa sind offensichtlich, denn im 8. Jahrhundert v. Chr. tauchen in Irland dieselben Schwerter auf, die in Süddeutschland und Österreich die Periode charakterisieren, die Archäologen als Hallstatt C bezeichnen (siehe S. 22). Doch um 700 v. Chr. passiert etwas in Irland, was die Kontakte zur Außenwelt fast völlig abbrechen lässt. Was es ist, liegt im Dunkeln. Hat eine Kriegeraristokratie die Herrschaft übernommen, deren interne Macht- und Dynastiekämpfe keinen Platz für Kontakte nach außen ließen? Die ein Klima schufen, das auf Händler und Reisende abschreckend wirkte? Erst ab Mitte des 3. Jahrhunderts v. Chr., zu einer Zeit, als die großen Wanderungen der Kelten nach Griechenland, Norditalien und Kleinasien noch im Gange oder bereits abgeschlossen sind, beginnt in Irland aus der 1500 Jahre langen Bronzezeit heraus eine ganz eigene La-Tène-Zeit zu wachsen. Mitte des 1. vorchristlichen Jahrhunderts kommen im Gepäck der vor den Römern flüchtenden Gallier neue Impulse auch nach Irland. Im ersten Jahrhundert schließlich nehmen die fremden Einflüsse deutlich zu. Diesmal sind es britannische Kelten, die eine wohltuend nicht römische Umgebung suchen. Denn während sich die Britannier auf der Hauptinsel relativ schnell mit den neuen, den römischen Werten anfreunden, sind die Iren trotz zum Teil intensiver Handelskontakte dem römischen Luxus gegenüber eher gleichgültig. Ihre Kunst zeigt keinerlei Spuren römischen Einflusses.

Es gibt nicht viele historisch fundierte Informationen aus der Zeit vor dem 4. Jahrhundert n. Chr. Irland wurde weder von den Römern besetzt, noch großartig bereist. Erst als die mündlichen Überlieferungen ihren Weg in die Aufzeichnungen christlicher Mönche finden, wird die Geschichte zwar immer noch ausschmückbar, aber in ihren Grundlagen unveränderlich.

Doch auch die realen historischen Fakten bieten noch mehr als genug Raum für Sagen, Mythen, Legenden und Fantasien.

Plündern, Stehlen, Töten – die Gesellschaft der Helden

Wer als moderner Zeitreisender in die Welt der irischen Kelten von vor 2000 Jahren zurückreisen könnte, der würde sich in einer Gesellschaft wiederfinden, die Startrek-Erfinder Gene Rodenberry als Vorlage für seine düstere, kriegerische Welt der Klingonen gedient haben könnte. Es ist eine reine Kriegergesellschaft; Bauern, Hirten spielen eine untergeordnete Rolle, ja, sie finden in den Sagen und Erzählungen noch nicht einmal Erwähnung. Das Ideal ist der Krieger, der durch besonders verwegene Taten (vor allem das Töten anderer, ebenso hoch angesehener Krieger) seinen eigenen Status erhöht. In dieser Gesellschaft hat jedes Leben seinen Preis, genannt *eric*. Dieser *eric* ist an die Familie eines Getöteten zu zahlen, wenn das Töten von der Gemeinschaft als ungerechtfertigt beurteilt wurde.

Das Zentrum des Lebens bildet die Familie, die *fine*, die über Kinder und Kindeskinder ihre Erweiterung findet, bis man schließlich von einem Clan sprechen kann. Die Welt der irischen Sagen und Erzählungen ist so reich, dass sie viele Bücher füllt. Doch ein Thema kehrt immer wieder: die Verteidigung der Ehre der Familie, der Linie, steht über allem. Und dabei kommt es oft zu solchen Szenen, wie sie in dem Epos *Scél Mucci Mic Dathó*, die »Geschichte des Schweins von Mac Dathó« beschrieben werden. Zum Hintergrund:

Bei dem König Mac Dathó der irischen Provinz Leinster finden sich die Kriegshelden etlicher Familien ein, um von ihm einen besonderen Hund zu erbitten. Mac Dathó nutzt diese Gelegenheit zu einem Festgelage, bei dem er sein Schwein (ebenfalls ein ganz besonderes Tier) schlachten lässt. Als man zusammensitzt, kommt es zunächst zu den üblichen Prahlereien und Drohgebärden. Doch das alles ist nur Vorgeplänkel, denn am Ende geht es nur um eines: Wer ist würdig genug, um sich von dem Schwein des Mac Dathó das Heldenstück abzuschneiden.

Am Ende jedoch begab es sich, dass ein einziger Held, Cet Mac Matach, die Oberhand über die Männer von Irland gewann. Er stellte seinen Heldenmut weit über den der anderen, nahm das Messer in die Hand und setzte sich neben das Schwein. »Es möge sich jemand unter den Männern Irlands finden, der den Kampf mit mir wagt. Wenn nicht, so lasst mich das Schwein zerteilen.«

Stille befiel die Männer von Ulster. »Siehst du das, Loegaire!«, sagte Conchobar. »Es ist unerträglich«, sagte Loegaire, »dass Cet das Schwein vor euren Augen zerteilt.«

»Nimm dich etwas zurück, Loegaire, damit ich zu dir sprechen kann«, sagte Cet. »Ihr habt eine Sitte bei euch in Ulster, dass jeder Jüngling unter euch, der seine Waffen erhält, uns zum Feind erwählt. Nun, du kamst in unser Grenzgebiet, und wir trafen uns dort. Du ließest das Rad, den Kampfwagen und die Pferde zurück. Du selbst zogst von dannen mit einem Speer durch deine Mitte. Du hast kein Anrecht auf das Schwein.« Daraufhin setzte sich der andere nieder.

»Es ist unerträglich«, sagte ein großer blonder Held, der sich von seinem Platz erhoben hatte, »dass Cet das Schwein vor euren Augen zerteilt.«

»Wen haben wir denn hier?«, fragte Cet. »Er ist ein größerer Held als du«, sagten alle. »Er ist Oengus mac Láma Gábuid von Ulster«

»Warum wird dein Vater Lám Gábuid genannt?«, fragte Cet.

»Nun, warum denn?«

»Ich weiß es«, sagte Cet. »Ich reiste einmal nach Westen. Dann wurde ich angegriffen. Alle kamen auf mich zu, und so auch Lám. Er warf seinen großen Speer nach mir. Ich schickte denselben Speer zurück zu ihm, und er schlug ihm seine Hand ab, sodass sie auf der Erde lag. Mit welchem Recht meint sein Sohn, mich zum Kampf fordern zu können?« Oengus setzte sich.

»Lasst den Wettstreit weitergehen«, sagte Cet, »oder lasst mich das Schwein zerteilen.«

»Es ist unerträglich, dass du den Vorrang haben solltest, dieses Schwein zu zerteilen«, sagte ein großer blonder Held aus Ulster.

»Und wen haben wir hier?«, fragte Cet.

»Das ist Eogan mac Durthacht«, sagten alle.

»Ich hab ihn schon einmal gesehen«, sagte Cet.

»Wo hast du mich gesehen?«, fragte Eogan.

»An der Tür deines Hauses, als ich dir eine Herde Rinder stahl. Um mich herum im Land wurde Alarm gegeben, und du kamst auf diesen Ruf hin. Du warfst einen Speer nach mir, sodass er in meinem Schild stecken blieb. Ich schleuderte den Speer zurück gegen dich, dass er deinen Kopf traf und eines deiner Augen ausstach. Jeder Mann in Irland weiß, dass du der Einäugige bist. Ich war es, der dir das andere Auge aus dem Kopf schlug.« Daraufhin setzte sich der andere nieder.

»Männer von Ulster, bereitet euch nun für weiteren Wettstreit vor«, sagte Cet.

»Du wirst es noch nicht zerteilen«, sagte Munremor mac Gergind.

»Ist das nicht dieser Munremor?«, fragte Cet. »Ich bin der Mann, der zuletzt seine Speere in Munremor reinigte«, sagte Cet. »Es ist nicht gerade mal einen Tag her, dass ich die Köpfe dreier Helden eures Landes nahm, darunter den Kopf eures ältesten Sohnes.« Daraufhin setzte sich der andere nieder.

»Gibt es weitere Herausforderer?«, sagte Cet.

»Sollst du haben«, sagte Mend mac Sálcholcán.

»Wer ist das denn?«, fragte Cet.

»Mend«, sagten alle.

»Was für eine Fortsetzung!«, sagte Cet. »Söhne von Greisen mit Spitznamen kommen, um mich herauszufordern! Denn wisse: Ich bin es, dem dein Vater diesen Spitznamen verdankt. Ich war es, der seine Ferse mit dem Schwert abschlug, sodass er nur einen Fuß mitnahm, als er mich verließ. Was mag wohl den Sohn des einfüßigen Mannes bewegen, mich herauszufordern?«

Daraufhin setzte sich der andere nieder.

»Gibt es weitere Herausforderer?«, sagte Cet.

»Sollst du haben«, sagte ein großer grauhaariger, Furcht einflößender Held aus Ulster.

»Wer ist das denn?«, fragte Cet.

»Das ist Celtchair mac Uthechair«, sagten alle.

»Halt dich zurück, Celtchair!«, sagte Cet. »Außer, du möchtest gleich losschlagen. Ich, Celtchair, kam einst zur Tür deines Hauses. Alle schrien, und alle kamen herbeigelaufen. Du auch. Du stelltest dich vor mich und versperrtest mir den Weg. Dann warfst du einen Speer nach mir. Ich warf auch einen Speer nach dir; er durchbohrte deinen Oberschenkel und die Stelle, wo sich deine Beine treffen. Du hattest eine … äh … Krankheit seitdem. Du hast seither weder einen Sohn noch eine Tochter gezeugt. Warum solltest du mich herausfordern?«

Daraufhin setzte sich der andere nieder.

»Gibt es weitere Herausforderer?«, sagte Cet.

»Sollst du haben«, sagte Cúscraid Mend Macha, Sohn des Conchobar.

»Wer ist das?«, fragte Cet.

»Cúscraid«, sagten die anderen. »Er hat das Zeug zu einem König, seinem Erscheinungsbild nach zu urteilen.«

»Leider nicht, dank dir«, sagte der Junge.

»Nun«, sagte Cet, »du kamst ausgerechnet zu uns für deine erste Bewährungsprobe, nachdem du deine Waffen erhalten hattest. Es gab ein Aufeinandertreffen zwischen uns in diesem Grenzland. Du musstest ein Drittel deiner Männer zurücklassen, und du selbst schlepptest dich davon mit einem Speer durch deine Kehle, und seitdem hast du kein deutliches Wort mehr in deinem Kopf, denn der Speer hat die Sehnen in deiner Kehle verletzt, und das ist, warum man dich seitdem mit dem Spitznamen Cúscraid der Stotterer bedacht hat.«

Und so machte er weiter, bis er sich über die gesamte Provinz gestellt hatte.

Und während er mit dem Messer in der Hand schwungvolle Bewegungen über dem Schwein vollführte, sah er, wie Conall Cernach eintrat. Der strebte auf die Mitte des Hauses zu. Die Männer von Ulster entboten ihm ein großes Willkommen. Dann schob Conchobar seine Kapuze vom Kopf und machte eine Verbeugung.

»Ich freue mich, dass meine Portion gerade vorbereitet wird«, sagte Conall. »Wer ist der Mann, der an deiner Stelle die Zerteilung des Schweins vornimmt?«

»Das Heldenstück ist dem zugesprochen, der gerade das Schwein zerteilt«, sagte Conchobar, »nämlich Cet mac Matach«.

»Stimmt das, Cet«, fragte Conall, »dass du das Schwein zerteilen sollst?«

Da antwortete Cet:

»Willkommen Conall! Herz von Stein, gewaltig glühende Feuermasse, Helligkeit des Eises, rote Kraft des Zornes! Unter der Brust des Helden, der Wunden behandelt und siegreich ist im Kampf, sehe ich den Sohn des Findchoem vor mir.«

Woraufhin Conall antwortete:

»Willkommen, Cet, Cet mac Matach! Großer Held! Herz von Eis ... Großer Kriegsheld des Kampfwagens, kämpfendes Meer, wunderschöner, wilder Stier, Cet mac Matach ...«

»Es wird einen harten Kampf geben, heute Nacht in diesem Haus.«

»Geh nun weg von diesem Schwein«, sagte Conall.

»Und was würde dich wohl berechtigen?«, fragte Cet.

»Es ist nur angemessen«, sagte Conall, »dass du mich herausforderst! Und ich akzeptiere die Herausforderung für einen Zweikampf, Cet«, sagte Conall. »Ich schwöre bei den Göttern, bei denen mein Stamm schwört, dass seit ich einen Speer in die Hand nahm ich nicht oft schlief, ohne den Kopf eines Mannes von Connaught unter meinem Kopf, und ohne einen Mann verwundet zu haben, jeden Tag und jede Nacht.«

»Das stimmt«, sagte Cet. »Du bist ein größerer Held als ich. Wenn Anlúan hier wäre, würde er dich herausfordern. Es ist schade für uns beide, dass er nicht hier ist.«

»Er ist hier«, sagte Conall, nahm den Kopf des Anlúan von seinem Gürtel und warf ihn gegen Cets Brust mit solcher Gewalt, dass ein Schwall Blut über dessen Lippen strömte. Cet verließ nun das Schwein und Conall nahm seinen Platz daneben ein.

Das Epos *Scél Mucci Mic Dathó* zählt zu den schönsten und bildgewaltigsten irischen Erzählungen. Es enthält darüber hinaus viele Elemente, die überleiten auf die bekannteste Geschichte aus dem irischen Erzählungszyklus, den *Táin Bó Cuailgne* (»Der Viehdiebstahl von Cooley«). Der *Táin* ist der ultimative Beweis dafür, dass sich das Leben ausschließlich um den Krieg dreht. Die Geschichte besteht aus 29 Kapiteln mit 63 einzelnen Episoden. 35 dieser Episoden beschäftigen sich mit kriegerischen Auseinandersetzungen oder dem Töten einzelner Individuen. Die Helden dieser Erzählungen sind nach heutigen Maßstäben durchweg Übermenschen, wenn nicht sogar göttliche oder halbgöttliche Wesen. Sie vollbringen ihre unglaublichen Taten in einer Welt, in der Magie eher die Normalität als die Ausnahme ist.

Irland besteht zu dieser Zeit aus vier Provinzen: *Uladh* (Ulster), *Connacht* (Connaught), *Laighin* (Leinster) und *Mumha* (Munster). Jede dieser Provinzen wird regiert von einem eigenen Herrscher, der wiederum (gewählter) Teil einer komplexen Stammesstruktur ist. Im 5. Jahrhundert kommt noch die Provinz *Midhe* (Meath) hinzu. Jede dieser Provinzen liegt irgendwie ständig im Krieg mit einer anderen, denn die Hauptbeschäftigung der Herrscher ist es, Macht auf sich zu vereinigen und Wohlstand anzuhäufen. Die Fürstensitze sind meist beeindruckende Residenzen, die auf Hügeln (wie zum Beispiel *Emhain Mhacha*, heute Navan Fort in der Grafschaft Ar-

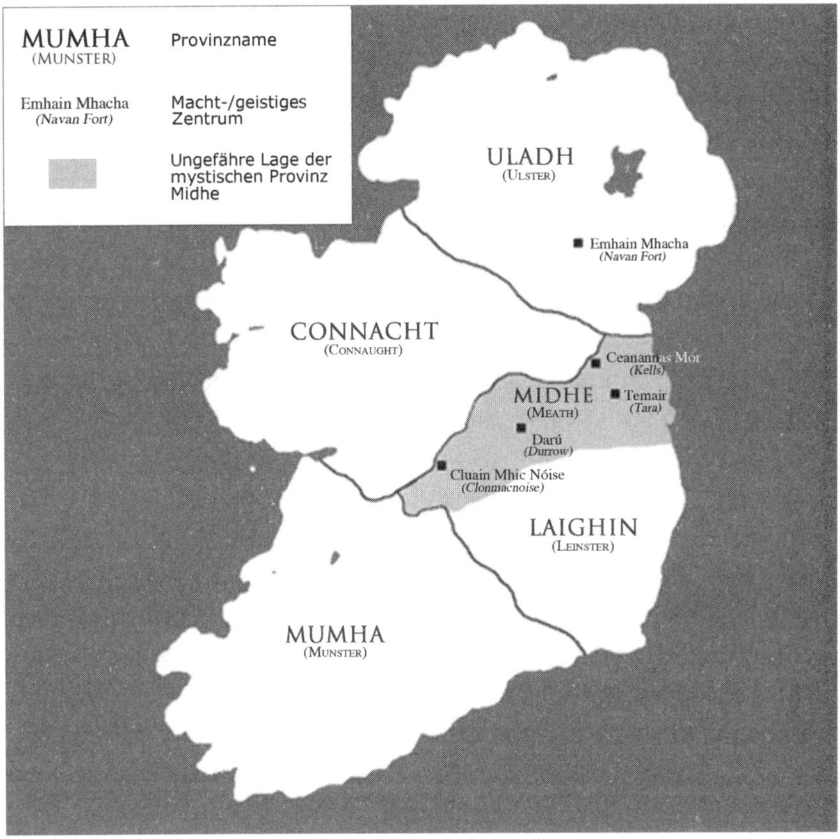

Die irischen Provinzen. Die mystische Provinz Midhe (Meath) entstand erst Anfang des 6. Jahrhunderts, als die Familie der Uí Neill ihre Einflusssphäre von Ulster aus nach Süden ausweiteten.

magh) oder natürlichen Felsenüberhängen an den Küsten liegen. Die Grundform ist fast ausnahmslos ein Ring. Ist der Wall eine einfache Erdaufschüttung, ist es ein *rath,* ist er mit Steinen befestigt, ist es ein *cashel.* Die schwerste Befestigungsart mit aufwändigen Verteidigungsanlagen nennt man schließlich *dun.* Noch heute geben Ortsnamen an, in welcher Form sie einmal gegründet wurden.

Ein Muss ist das große Rundhaus. Hier empfängt der Herrscher seine Gäste aus dem In- und Ausland. Er selbst wohnt aber letztendlich relativ selten dort, denn eigentlich befindet sich der Fürst einer Provinz auf einer ständigen Roadshow. Er muss Kontakte pflegen, Gastfreundschaften anbieten und einfordern und somit ein Netzwerk der Macht aufbauen. Genutzt werden die Herrschaftssitze jedoch auch für andere Dinge. Sie sind Handelsplätze und Anlaufpunkte für die Menschen der Umgebung für Zusammenkünfte und religiöse Zeremonien. Der Hauptsitz der Provinz *Connacht*, *Rathcroghan*, gilt darüber hinaus als magischer Ort: Innerhalb des Festungsrings liegt angeblich ein Eingang zur Anderen Welt.

Der wohl geheimnisvollste Ort ist das sagenumwobene *Temair* (Tara), der Sitz der irischen Hochkönige in der heutigen Grafschaft (und damaligen fünften irischen Provinz) Meath. Doch so weit die Sagen um Tara auch zurückreichen mögen, als historischer Fakt taucht aus dem Gewirr von Machtkämpfen zwischen den Provinzen und Familien erst um 410 n. Chr. ein Mann auf, der die Bezeichnung »Hochkönig« ansatzweise verdient. Sein Name ist Niall Noígiallach (»Neill der neun Geiseln«), seines Zeichens Herrscher der Provinz Munster. Er erobert das mächtige Ulster und teilt das Land unter seinen Söhnen auf. Laoghaire Uí Néill regiert von nun an das Irland südlich von Tara; seine beiden Brüder herrschen über das Gebiet des modernen Derry und Donegal. Das ist auch die Geburtsstunde der »Fünften Provinz« *Midhe*, denn Niall Noígiallach wählt diesen Ort als seine Herrschaftsresidenz. Und seine Dynastie ist außerordentlich erfolgreich; nach Niall herrschen stolze 140 Könige der Uí Neill von Tara aus.

Nialls Ehrgeiz beschränkt sich jedoch nicht auf Irland. Er ist einer der Skoten, die in den Tagen des Zusammenbruchs der römischen Macht Ende des 4. Jahrhunderts (also noch vor seiner Machtergreifung in Irland) die Küsten Britanniens heimsuchen. Die Krieger unter Niall stoßen dabei sogar bis zur Isle of Wight vor. Von den Walisern werden die Iren im Übrigen nicht *scotii*, sondern *gwyddel* genannt, wovon sich das Wort »Gälen« ableitet.

Im frühen Irland leben zwischen 500 000 und 1 000 000 Menschen. Während in Gallien Stammesräte die Regierung ausüben, sind es in Irland wie auch in Britannien Einzelherrscher. Das Land besteht zum großen Teil aus Wald und Sumpf, aus Gebieten, die oft die Grenzen der Herrschaftsbereiche und die Zuflüchte für Verstoßene und später auch Eremiten darstellen. Sklaverei ist in Irland nicht Fehlinterpretation, sondern Fakt. Dabei handelt es sich meist um Kriegsgefangene oder Kinder, die von ihren Eltern verkauft wurden. Man lebt in einzelnen Gehöften, die von einer ringförmigen Aufschüttung umgeben sind, wobei sich die Kornmühle und der Trocknungsofen für das Getreide grundsätzlich außerhalb dieser Einfriedung befinden. Der Grund: Beide stellen eine Feuergefahr für die meist aus Holz bestehenden Wohnhäuser und Ställe dar. Die Felder sind eingezäunt, das Klima lässt auch den Winteraustrieb zu, sodass kein Heu gelagert werden muss. Man ernährt sich viel von Milch und Fleisch, die Butter ist schwer gesalzen, man isst Porridge und Gerstenbrot. Weißbrot gilt als Luxus. Aufgrund des feuchten Wetters muss alles Korn vor dem Mahlen künstlich getrocknet werden. Gemüse steht eher selten auf dem Speiseplan, wenn, dann sind es meist Zwiebeln, Lauch und Bärlauch. Man produziert für den Eigenbedarf und die an den Herrn zu leistenden Abgaben; ein Handel mit Lebensmitteln ist fast nicht existent. Missernten bedeuten eine Katastrophe, Hungersnot und Krankheiten sind die Folge.

Ansonsten unterscheidet sich die irische keltische Gesellschaft nur in wenigen Aspekten von der in Gallien oder Britannien. Die Iren feiern dieselben Feste und beten dieselben Götter an, auch wenn diese in Irland andere Namen tragen. Auch die Wohnkultur, das Zusammenleben der Generationen und das Aufsplitten in verschiedene Familien, das Entstehen weitverzweigter Clans, weichen nicht vom keltischen Schema ab. Auf der Ebene der erweiterten Familie beruht auch die Rechtsprechung: Ein Individuum hat nur innerhalb des Clans eine juristische Persönlichkeit – und sein Leben einen Preis, den bereits erwähnten *eric*.

Doch unter den Uí Néills endet schließlich die irische Isolation. Handel mit dem post-römischen Britannien wird aufgebaut. Man öffnet sich für neue Einflüsse, so ändert sich zum Beispiel das Bestattungsritual; die ursprünglich römische Form der Einäscherung hält Einzug. Ebenfalls römisch inspiriert ist eine neue Form der Kommunikation: In Irland entsteht eine eigene Schrift. In der Form der römischen Ziffern schreibt man eine Art Strichcode auf die Kanten von aufrecht stehenden Steinen. Allerdings ist das *Ogham* – so der Name – keine Schrift, in der lange Dokumente abgefasst werden; sie beschränkt sich auf kurze Inschriften auf steinernen Monumenten. Dennoch ist sie ziemlich populär, denn sie findet sich nicht nur in Irland, sondern verbreitet sich von dort aus in die keltischen Siedlungsgebiete Schottlands.

Mitten in diese Gesellschaft, in der das Ideal der mutige Krieger ist, der möglichst viele seiner Feinde im ehrenvollen Kampf tötet, ihnen in waghalsigen Aktionen ihr Vieh stiehlt und damit prahlt, bis ihm keiner mehr widerspricht, verirrt sich im 5. Jahrhundert ein Mann, der diese Welt verändern will. Und wird.

Die neue Macht – die Klöster im Land der Kelten

Um das Jahr 405 n. Chr. herum fällt im nordwestlichen Britannien ein Trupp Skoten über eine Siedlung in der Nähe des modernen Carlisle her. Sie stehlen alles, was sie forttragen können, doch außer Schmuck und Vieh fällt ihnen auch noch etwas anderes in die Hände. Der sechzehnjährige Sohn eines romano-britischen Beamten wird gefangen genommen und nach Irland verschleppt. Über seinen britannischen Namen herrschen Zweifel (er könnte Magonus oder Succentus gewesen sein), ganz im Gegensatz in Bezug auf seinen römischen: Patricius.

Sechs Jahre lebt Patricius als Sklave bei den Iren, wobei sein Los dadurch etwas gemildert wird, dass er unter dem persönlichen

Schutz der Familie Uí Néill steht. Doch Sklave bleibt Sklave, und das ist nicht wirklich das Berufsbild, das man sich als Sohn aus besserer Familie für die Zukunft wünscht, und so nutzt Patricius eines Tages die Chance und versteckt sich auf einem Handelsschiff, das ihn in die Bretagne bringt.

Doch war Patricius' Vater nicht nur Beamter, sondern auch Dekan einer christlichen Kirchengemeinde in Carlisle, sodass Patricius eine entsprechende Erziehung genossen hat. Und so stellt er sich selbst eine große Aufgabe: Er will die heidnischen Iren zum Christentum bekehren.

Dabei stehen seine Chancen gar nicht so schlecht. Zunächst einmal ist er nicht der erste Christ, der irischen Boden betritt, denn Patricius' Entführungsgeschichte ist kein Einzelfall: Die Skoten haben etliche Tausend britische und romano-britische Kelten als Sklaven nach Irland verschleppt, darunter natürlich auch Christen. Aber es ist eine Sache, mit dem Glauben in sich in eine fremde Welt verschleppt zu werden und zu versuchen, sich diesen Glauben unter den schwierigen Bedingungen der Sklaverei zu erhalten. Eine andere ist es, aus freien Stücken zu kommen und den Glauben nicht für sich allein zu praktizieren, sondern ihn aktiv zu verbreiten. Nun haben das auch schon andere Missionare vor Patrick versucht, allerdings offenbar erfolglos, denn noch nicht einmal ihre Namen sind überliefert.

Anders Patrick. Knappe 20 Jahre nach seiner Flucht wird er erster Bischof christlichen Glaubens in Irland. Sein Bistum liegt in Ulster, in der Nähe des Königssitzes *Emhain Mhacha*, ein weiterer Beweis dafür, wie sehr Patrick die Gunst der Uí Néills genießt.

Die Mächtigen des Landes hinter sich zu haben, zählt zu den wesentlichen Faktoren der Erfolgsgeschichte des Christentums in Irland. Allerdings entwickelt sich die Kirche in Irland ganz anders als die römische in Europa. Die römische Kirche ist stadtbasiert, da sie nicht zuletzt auch materiell auf eine große Gemeinde angewiesen ist.

In Irland dagegen gibt es weder Dörfer noch Städte. Hier definiert man sich über Familienzugehörigkeiten, und so vermischen sich die alten Clanstrukturen mit den Glaubensvorstellungen des Christentums. Der Clanführer, der sich dazu entscheidet, die keltischen Götter aufzugeben und stattdessen zum Christentum überzutreten, wird gleichzeitig zum materiellen Gönner der Quelle seiner Erleuchtung. Es entstehen Klosterkirchen von des Herrschers Gnaden, auf dessen Grund und Boden die Kirche steht. Höhergestellte Ordensbrüder entstammen der Familie des jeweiligen Clanführers. Die Klöster sind am Ende kleine, sich selbst regierte Städte mit eigenen Regeln, eigener Organisation und eigenen Ländereien. Und gelegentlich wird solch ein Kloster auch Königssitz, wie Kildare und Emly. Diese Bindung eines religiösen Führers an ein Herrschaftshaus führt dazu, dass die Klöster zu den eigentlichen Machtzentren der jeweiligen Region heranwachsen. Hinter ihren Mauern blühen Kunst und Wissenschaft auf, denn man wird nicht durch Pflichten gegenüber einer Gemeinde abgelenkt. Die Künstler produzieren nicht mehr nur auf Auftrag, sondern kennen den Geschmack ihrer Abnehmer und können sicher sein, dass jedes gefertigte Stück auch einen Käufer findet.

Doch auch in Glaubensfragen schlägt die irische Kirche eine ganz eigene Richtung ein. Manchmal sind es nur Äußerlichkeiten, wie die Tonsur der Mönche, die angeblich der der alten Druiden ähneln soll. Auch berechnet die keltische Kirche den Osterfeiertag anders als die römische, und auch andere keltische »heidnische« Elemente finden Eingang in die Praxis der irischen Christen.

Vielleicht ist es gerade dieses Abweichen, das die irischen Klöster zu den führenden Bildungszentren Westeuropas werden lässt, die wie Clonmacnoise und Glendalough weit über die irischen Grenzen hinaus bekannt werden. Bald gilt in Irland zu studieren als Muss für jemanden, der etwas auf sich hält. Und Durchhaltevermögen hat. Das Klosterleben ist hart; fast immer sind die Mönche Vegetarier, baden in kaltem Wasser und praktizieren oft die Selbstkasteiung. Auch sind die Rituale der einzelnen Klöster nicht einheitlich.

Das Symbol der irischen Kirche ist das sogenannte »keltische Kreuz«. Dabei stammt es noch nicht einmal aus Irland und darüber hinaus aus einer Zeit, die mehr als 130 Jahre vor der Rückkehr des Patrick als Missionar liegt. Der erste christliche römische Kaiser Konstantin trug während der Schlacht an der Milvischen Brücke im Jahr 312 eine Standarte mit den ersten beiden (griechischen) Buchstaben des Wortes »Christus«: ch(i) = X und r(ho) = P. Die beiden Buchstaben wurden mit der Zeit zu einem Symbol zusammengeführt (zur Herausbildung des keltischen Kreuzes, s. Farbbildteil Abb. 33).

In abgewandelter Form findet man die frühen Exemplare außer in Irland auf der gesamten britischen Hauptinsel und vielen der vorgelagerten Inseln. Bis zum 9. Jahrhundert erreicht diese Form schließlich ihre höchste Stufe der Vollendung in den steinernen Hochkreuzen von Irland und der Insel Iona in Nordwestschottland.

Und die Druiden? Nehmen sie einfach so hin, dass sie ihren Status als heilige Männer bei den Stammesführern verlieren, dass die Götter, zu denen sie reden sollen, plötzlich unwichtig zu sein scheinen?

Natürlich nicht, und die Mittel, zu denen sie greifen, sind nicht von der feinen Sorte. Schon Patrick entgeht nur knapp einem Giftanschlag durch den Druiden Lucat Mael und wird anschließend von diesem zu einem heiligen Feuertest genötigt, den er unbeschadet übersteht. Die letzte Verzweiflungstat ist aus dem 7. Jahrhundert überliefert. Die Druiden wenden sich an den König ihrer Provinz mit der Bitte um militärische Hilfe gegen die christlichen Missionare. Doch der Sage nach stehen die Krieger wie gelähmt vor den betenden Männern, unfähig sogar, die Schwerter zu ziehen. Der König ist so tief beeindruckt von dieser geistigen Stärke, dass er selbst zum Christentum übertritt.

Es gibt allerdings auch Ausnahmen. Die heilige Bríd (Brigit) wuchs bei einem Druiden auf und unterstützte diesen neben ihrer eigenen christlichen Missionarstätigkeit. Ihr Pflegevater war von dieser Offenheit und Toleranz so beeindruckt, dass er selbst am Ende konvertierte.

Nach Patrick strömen Studenten zu Tausenden auf der Suche nach Wissen nach Irland. Monasterboice, Clonmacnoise, Glendalough und die anderen Klöster vibrieren mit Leben. Doch ab dem späten 6. bis ins 8. Jahrhundert kehrt sich die Bewegung um …

Wettlauf im Namen Gottes

Ende des 7. Jahrhunderts ist Irland ein tiefreligiöses, christliches Land. Die alten keltischen Götter gehören jetzt der Welt der Sagen, Legenden und der Folklore an. Klöster sind nicht nur Orte des Glaubens, sondern auch Zentren der Kunst und der Wissenschaft. Die Menschen nehmen die neue christliche Religion begeistert an – manche auch zu begeistert. Religiöser Fanatismus entwickelt sich. Es reicht nicht mehr, den Glauben selbst zu praktizieren. Man verspürt das unbändige Bedürfnis, diesen Glauben für sich zu vertiefen beziehungsweise ihn weiterzutragen. Manche lösen sich dafür von allem, was nicht den Glauben in seiner Reinkultur repräsentiert und suchen abgelegene Orte, an denen sie in Askese und Gebet eine neue Stufe der Erleuchtung suchen. Sie sterben den »blutlosen Tod«, indem sie sich von ihrer Gemeinschaft abtrennen.

Anders als diese Eremiten sucht die zweite Gruppe die Nähe von Menschen, um ihnen den christlichen Glauben nahezubringen. Auch das ist eine Form des »blutlosen Todes«, der Isolation: allein unter Fremden. Wobei die Motive, dafür Irland sogar zu verlassen, durchaus vielschichtig sind. Irland mag ein christliches Land sein, doch das Christentum hat nichts an der Tatsache geändert, dass es auch ein Kriegerland ist, in dem Dynastien im ständigen Krieg gegen- und untereinander liegen. Wie auch, wenn sich selbst die heiligen Männer bekriegen …

Colum Cille ist ein Angehöriger der Familie Ó Donnaill, einem Ableger des Königshauses der nördlichen Uí Néill in Donegal und Anwärter auf den Thron in Tara. Als religiös erzogener Mensch geht der zu diesem Zeitpunkt etwa 40-Jährige in das Kloster des Finnian und gerät dort in einen Streit mit dem Abt, bei dem es wohl um Urheberrechtsfragen bei einem Manuskript geht (wahrscheinlich der erste historisch dokumentierte Copyright-Streit). Der Abt erhält Recht, was Colum Cille nicht bereit ist hinzunehmen. Als sich sein eigener Clan auf die Seite Finnians stellt, revoltiert Colum Cille gegen seine Familie, wird militärisch geschlagen und muss das Land verlassen. Er überquert um 560 den North Channel und siedelt sich auf der Insel Mull an, die zu diesem Zeitpunkt noch formell Herrschaftsgebiet des piktischen Königs ist, wenig später jedoch von *Dál Riada* einverleibt wird. Colum Cille – besser bekannt als St. Columba – gründet drei Jahre später sein berühmtes Kloster, welches sich schnell zum Zentrum der keltischen Kirche in Schottland entwickelt.

Doch St. Columba ist zu sehr Aristokrat, um den weltlichen Dingen völlig abzuschwören. Im Gegenteil, er nutzt seinen Ruf um Schnittstelle zwischen Kirche und Politik zu sein. Dabei überschreitet er auch Grenzen, zum Beispiel die zum angelsächsischen Northumbria. Als König Oswald den heiligen Columba in Zeiten interner angelsächsischer Zwiste aufsucht und um Unterschlupf bittet, gewährt ihm Letzterer, ohne zu zögern, Asyl. Diese – angesichts der Tatsache, dass die Angelsachsen noch immer Heiden sind – nicht ganz ungefährliche Geste zahlt sich aus. Oswald konvertiert, und als er in Northumbria wieder an die Macht kommt, will er das Christentum in seinem Königreich einführen. Also bittet er – inspiriert durch St. Columba – in Irland darum, dass man ihm einen Bischof schicken möge. Auf diese Einladung hin reist Aidan nach Northumbria und gründet an der Nordostküste das Kloster Lindisfarne.

Allerdings verläuft der Kontakt zwischen keltischen Mönchen und Angelsachsen nicht immer so friedlich. Als Æthelfrid, König von Northumbria, um 616 nach Westen gegen das walisische Königreich Powys vorstößt, kommt es zum Eklat, als sich auf walisischer Seite 1000 keltische Mönche einfinden, um ihre Landsleute zu unterstützen. Æthelfrid, der Heide, sieht in ihnen keine Heiligen, sondern nur Männer, die sich ihm entgegenstellen, und lässt sie abschlachten.

Vor allem im Norden und Nordwesten schreitet die Christianisierung Britanniens von Irland aus schnell voran. Die intensiven Kontakte zwischen irischen Mönchen, Pikten, Skoten und auch Angelsachsen bleiben nicht ohne Folgen. Die lebendigen Formen der neu konvertierten Sachsen und Angeln, vor allem die stilisierten kraftvollen Darstellungen von Tieren, finden Eingang in die Ornamentik der Kelten. Die zu den schönsten in Irland gefundenen Metallarbeiten zählende »Tara-Brosche« ist ein eindrucksvolles Beispiel für diese neue, hiberno-sächsische Hybridkunst (s. Farbbildteil Abb. 36).

Noch viel deutlicher tritt dieser Stil in einer neuen Kunstform hervor. Die Klöster sind nicht nur Zentren der Schreibkunde, sie sind auch die Stätten, an denen die schönsten Buchillustrationen des Mittelalters entstehen. Schon allein die Herstellung der Bände ist Handwerkskunst der höchsten Stufe. Die wertvollsten Bände bestehen aus Vellum, feinem Pergament aus Kalbs- oder Schafhaut, dessen Oberfläche in einem speziellen Verfahren behandelt wird, sodass sie die Struktur eines exquisiten, feinen Wildleders hat. Die Schriftgestaltung selbst, die riesigen Anfangsbuchstaben, die wie eigene kleine Gemälde wirken, stammt ursprünglich aus dem Mittelmeerraum und gelangt unter den Pinseln der irischen Mönche zu neuer Meisterschaft (s. Farbbildteil Abb. 34). Zwei Zentren der Manuskriptkunst sind Durrow und Kells.

Die Missionarstätigkeit irischer Mönche beschränkt sich jedoch nicht auf die Britischen Inseln. Bis tief nach Mitteleuropa hinein stoßen die keltischen Mönche vor. Unzählige Klostergründungen werden von ihnen inspiriert. In den Alpen entsteht um 720 das Kloster St. Gall, benannt nach dem 612 dort gestorbenen irischen Heiligen, und wird zum Zentrum des Lernens. Auf der Suche nach Wissen können die Menschen bald europaweit von Abtei zu Abtei reisen.

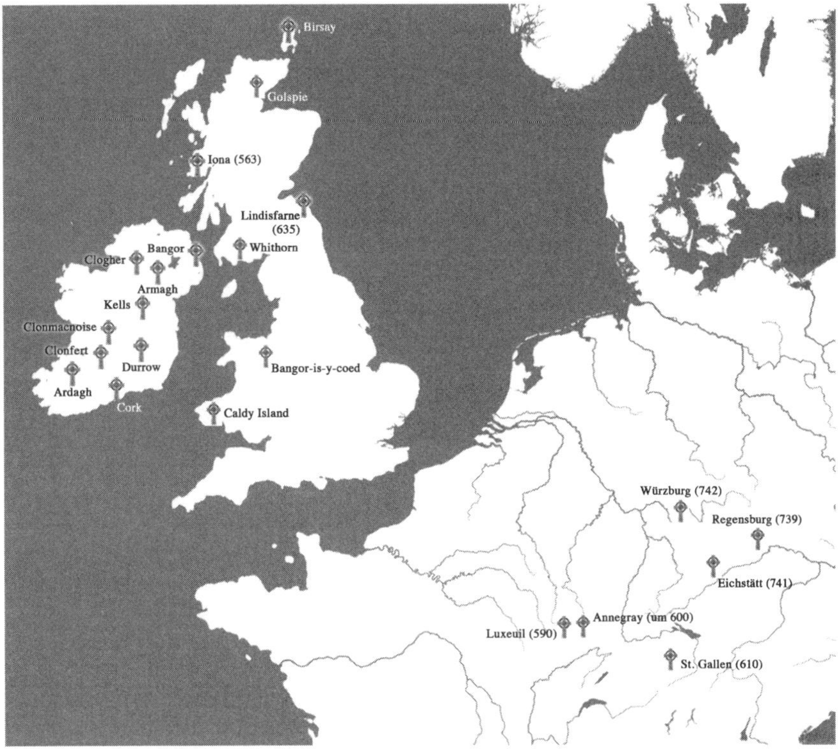

Klostergründungen irischer Mönche in Europa. Da einige der Gründungen auf dem europäischen Festland durch Missionare erfolgten, die aus von irischen Mönchen gegründeten Klöstern in Schottland stammten, spricht man auch von einer »iro-schottischen Missionierung«.

Doch die keltische Kirche hat Konkurrenz. Anfang des 7. Jahrhunderts stehen sich die keltische Klosterkirche und die römische Bischofskirche im unversöhnlichen Gegensatz gegenüber. Das angelsächsische heidnische Britannien ist der Platz, auf dem der Showdown der beiden Konkurrenten ausgetragen wird. Das Wettrennen um die Seelen der Angelsachsen hat begonnen.

Zunächst scheint der Vorteil bei den Kelten zu liegen. *Dál Riada*, Pictland, Wales und Teile Northumbrias sind aufgrund ihres keltischen Hintergrunds bereits nach dem Muster der keltischen Kirche konvertiert. Doch die römische Kirche holt schnell auf. Ihre Missionare sind dynamischer, und sie haben den Vorteil, mit ihren festen Strukturen ein einheitliches, schnell reproduzierbares System anbieten zu können. Anfang des 7. Jahrhunderts entsteht mit dem Bistum von Canterbury das wichtigste Zentrum der römischen Christianisierung. 625 verbinden sich Kent und Northumbria durch Heirat; nur zwei Jahre später konvertiert der König Northumbrias, Edwin, zur römischen Kirche. Der Vormarsch der keltischen Mönchskirche wird deutlich verlangsamt, an einigen Stellen kommt er sogar ganz zum Stillstand.

Ein kleiner Unterschied zwischen der keltischen und der römischen Kirche bringt schließlich die Entscheidung: die Berechnung des Tages der Auferstehung des Herrn, Ostern. In einem langen Streit im Jahre 664 wird im Rahmen der Synode von Whitby letztlich der römische Feiertag als verbindlich festgelegt. So gering der Unterschied auch erscheinen mag, er ist letztlich ausschlaggebend. In den Köpfen der Christen gilt von nun an der römische Kirchenkalender. Ungefähr 170 Jahre später wird er letztlich auch in die irischen Klostergründungen eingeführt. Die aufgrund ihrer nichthierachischen Struktur fehlende Einigkeit der Kelten tut ihr Übriges. Bis zum Ende des 12. Jahrhunderts wird die keltische Mönchskirche in Europa und Britannien völlig von der römischen-katholischen absorbiert. In den keltisch geprägten Klöstern werden keltische Ornamente zugunsten der durch Rom verbreiteten Stilrichtungen zurückgedrängt und gehen schließlich ganz unter.

Doch ist die »harte Konkurrenz« aus Rom nicht allein für den schnellen Untergang der keltischen Klosterkirche verantwortlich …

Und wieder Räuber und Plünderer …

Ab dem Jahr 798 wird in Irland die keltische Beschaulichkeit von Dynastiepflege, blühender Kunst und Wissenschaft in den Klöstern empfindlich gestört. Noch vor einigen Jahrhunderten waren die Iren selbst die »Seeräuber«, die Skoten; jetzt werden plötzlich ihre eigenen Küsten von eben solchen heimgesucht. Und die Vorgehensweise unterscheidet sich in keinem Detail: Auch hier sind es Angehörige von Königs- und anderen edlen Familien, die mit einem Gefolge von Kriegern von Norwegen aus losziehen, um Beute zu machen. Und die finden sie, denn an kaum einem anderen Ort ist mehr Reichtum aufgehäuft, als in den Klöstern der keltischen Kirche, die zum bevorzugten Ziel der seetüchtigen Räuber aus dem Norden, den Wikingern, werden. Für die keltischen Christen brechen harte Zeiten an, denn die Effektivität, mit der die Wikinger (die sich selbst »Ostmänner« nennen) vorgehen, ist beängstigend. Und sie beschränken sich nicht auf Irland. 793 bildet der Angriff auf Lindisfarne in Northumbria den Auftakt. 794 ziehen sie plündernd durch Britannien. Mehrere Klöster im Norden – darunter auch Iona – werden überfallen. 798 erfolgt der erste massive Angriff in Irland. Das Kloster auf St. Patricks Island bei Dublin wird niedergebrannt, der Schrein zerstört. Hier gehen die Wikinger noch weiter: Sie erheben von der umliegenden Bevölkerung einen Tribut.

802 brennt Iona erneut, doch die Klosterinsassen entscheiden sich zu bleiben. Eine fatale Entscheidung, denn 806 kehren die Wikinger zurück und ermorden 68 Mönche. Erst jetzt entscheiden sich die Überlebenden, den von Colum Cille 250 Jahren zuvor gegründeten heiligen Ort aufzugeben und nach Irland überzusiedeln, nach Kells. Der Ort ist nicht von ungefähr gewählt. Er befindet sich zum einen 35 Kilometer von der Küste entfernt, und darüber hinaus in der Provinz *Midhe,* also in unmittelbarer Nachbarschaft des Königssitzes der Uí Néill, Tara.

Die Überfälle der Wikinger nehmen zu. Bis 823 ist die gesamte irische Küstenlinie betroffen. 824 kommt es zu einem weiteren traurigen Höhepunkt, als das Inselkloster Sceilg angegriffen wird und der Abt in der Gefangenschaft der Wikinger verhungert und verdurstet.

Der Verlust der Menschen, die Zerstörung der Klöster, das alles ist schon schlimm genug. Doch während die Wikinger Gold, Silber und Edelsteine sowie Vieh und andere Vorräte einfach nur wegschleppen, haben die schreib- und leseunkundigen Heiden keinerlei Verwendung für die prachtvollen Manuskripte. Viele von ihnen enden als Brennmaterial für die Feuer der Plünderer.

Die Wikinger kommen in schnellen Schiffen mit kleinen, schwer bewaffneten Kriegerbanden. Dem einen wirksamen Widerstand entgegenzusetzen ist außerordentlich schwierig. Dennoch können die Iren ab 811 einige Erfolge feiern. Einige der Raubzüge der Wikinger enden mit deren völligen Vernichtung. Auch andere kleine Veränderungen zeigen Wirkung. Man beginnt, die Kirchen aus Stein zu bauen, so dass sie nicht mehr komplett nieder gebrannt werden können. Außerdem ist das späte 8. und frühe 9. Jahrhundert die Zeit, in der steinerne Rundtürme als Ausguck entstehen, von denen aus man das Meer nach herannahenden Wikingerschiffen absuchen kann.

Haben sich die Einwohner Irlands etwas weiter im Landesinneren noch halbwegs sicher gefühlt, so ist das mit dem Jahr 836 vorbei. Die Küstenregionen sind inzwischen so ausgeblutet, dass die Wikinger beginnen, Vorstöße in das irische Hinterland zu unternehmen. Sie ziehen mit ihren Schiffen die Flüsse Shannon, Boyne, Erne und Liffey hinauf. Eine große Streitmacht überwintert 840 am See Loch Neagh, begleitet von Plünderungen der umliegenden Klöster. Den folgenden Winter verbringen die Eindringlinge in Dublin. Doch von nun an lernen die Wikinger eine neue Seite an den christlichen Mönchen kennen.

Einige Klostervorsteher wie der Abt von Terryglass und Clonenagh sowie der zweite Abt von Kildare bewaffnen ihre Mönche, stellen sich gegen die Wikinger – und finden den Tod. Das ruft jedoch endlich die Förderer der Klöster, die irischen Provinzkönige und

Stammesführer, auf den Plan. Als sie eingreifen, kehrt sich das Bild um. Langsam aber sicher werden die Wikinger zurückgedrängt, obwohl zwischen 849 und 851 Verstärkung aus Norwegen anrückt. Zwischen 860 und 880 hören die Raubzüge in Irland auf und die Wikinger widmen sich stattdessen der britischen Hauptinsel.

Das heißt jedoch nicht, dass sich die »Ostmänner« aus Irland zurückziehen. Im Gegenteil. Sie errichten bereits Anfang des 9. Jahrhunderts befestigte Ausgangsbasen für ihre Raubzüge, die in den folgenden Jahrzehnten zu den ersten wirklichen Städten Irlands heranwachsen. Die bedeutendsten sind Dublin, Waterford und Wexford, in strategisch wichtigen Lagen an den Mündungen großer Flüsse.

Halten eine fremde Kriegermacht in Irland, die Verwüstung der Stätten des Glaubens, der Künste und der Wissenschaft die Clans und Königsfamilien von ihren internen Zwisten ab? Natürlich nicht, und so geschieht das angesichts der keltischen Mentalität Unvermeidliche: Lokale Herrscher alliieren sich mit den Wikingern und nutzen deren militärische Stärke zur Durchsetzung ihrer eigenen Interessen. Die erste Allianz dieser Art ist bereits aus dem Jahr 842 überliefert, und über die folgenden 20 Jahre werden sie gang und gäbe. Kein Wunder, dass sich die Wikinger schon bald recht heimisch in Irland fühlen.

Doch dieses warme Gefühl findet ein abruptes Ende, als die Uí Néill ab 866 beginnen, die nördlichen Stützpunkte der Wikinger zu zerstören.

Ab 915 demonstrieren die »Ostmänner«, dass es ihnen mit der Besetzung Irlands ernst ist. Große Flottenverbände landen in Waterford und dringen ins Landesinnere vor. 919 stellt sich ihnen bei Dublin die Streitmacht des Hochkönigs von Irland, Niall Glúndlub von den Uí Néill entgegen – und wird geschlagen. Um 950 ist ein gewisser Status quo erreicht: Die Iren unternehmen keine militärischen Schläge gegen die Wikinger, während diese ihre Herrschaftsbereiche mehr oder weniger auf die direkte Umgebung ihrer städtischen Siedlungen beschränken. Einige der kleinen lokalen Königreiche in unmittelbarer Nachbarschaft der Städte verschwinden, doch es gibt keine nennenswerten militärischen Aktionen, die sich gegen Provinzkönige oder gar den Hochkönig richten. Die Klöster werden zwar immer noch regelmäßig beraubt, doch kommt es zu keinen Exzessen mehr, sodass die meisten von ihnen die Periode der Besetzung durch die Wikinger überleben.

Mit dem 10. Jahrhundert übernehmen die Wikinger den irischen Handel. Sie beherrschen die Küstenstädte und den Schiffsbau und verfügen damit über die besten Voraussetzungen, wobei vor allem Sklaven ein begehrtes Handelsgut sind. Und natürlich profitieren auch die Iren von dem neuen Zustrom an Waren und neuen Märkten.

Das heißt nicht, dass die Konflikte der Iren untereinander inzwischen aufgehört haben. Im Gegenteil. Die enge Verflechtung zwischen Aristokraten und Klöstern hat dazu geführt, dass die Grenzen zwischen kirchlicher und weltlicher Sphäre verschwommen sind. Die Klöster sind jetzt mächtige Städte, deren Vorsteher aus den Reihen der jeweiligen königlichen Familie kommen. Nimmt man den materiellen Aspekt dazu, dann kann man sagen, dass die Klöster den Clans *gehören*. Folgerichtig sind Überfälle auf Klosterstädte fester Bestandteil der Kriege der Dynastien untereinander. Auf der anderen Seite sind die Klöster schon längst keine wehrlosen Orte der Beschaulichkeit mehr, sondern unterhalten eigene Kriegerschaften.

Ein Familienzwist auf höchster Ebene führt schließlich zu einem der großen Missverständnisse in der irischen Geschichte. Am Karfreitag des Jahres 1014 kommt es auf der »Bullenwiese« (zu gut Irisch *Clon Tarbh*) zu einer Schlacht, von der man später schreiben wird, dass sie der Befreiungsschlag der Iren gegen die Wikinger war.

Die Realität ist eine andere.

Bis zum 10. Jahrhundert ist in der Provinz *Mumha* (Munster) mit der Dynastie der Dál Cais eine ernsthafte Konkurrenz der Uí Néill gewachsen. Hilfreich war dabei sicher auch, dass sich die Uí Néill in verlustreichen Kämpfen den Wikingern entgegengestellt und viele Krieger verloren haben, während sich die Dál Cais in vornehmer

Zurückhaltung geübt und damit die eigenen Ressourcen geschont haben.

951 stirbt Cennétig von den Dál Cais, König von Nordmunster. Als dessen ältester Sohn durch die Wikinger von Limerick ermordet wird, fackelt sein jüngerer Bruder Brian Bóroimhe nicht lange und verfolgt die Mörder, die sich im Kloster von Scattery Island verschanzen. Ein heiliger Platz eigentlich, und Schutzsuchende genießen natürlich Immunität. Für Brian Bóroimhe ist das Kloster nichts als ein Versteck von Verbrechern. Er stürmt es und massakriert die Wikinger. Dann geht er daran, seinen Machtbereich mit atemberaubender Geschwindigkeit zu erweitern. Damit ist der Konflikt mit den Uí Néills vorprogrammiert. Allerdings gibt es ein Problem: Man stellt fest, dass man militärisch etwa gleich stark ist. Man kann sich nun also gegenseitig zerfleischen, damit am Ende ein lachender Dritter das Feld nehmen kann, oder man kann sich einigen. Das tut man 997, als sich Brian Bóroimhe von den Dál Cais und Mael Sechnaill von den Uí Néill bei Clonfert treffen und Irland zwischen sich aufteilen. Brian erhält Leinster einschließlich Dublin. Allerdings kann er sich an seinem Preis nicht lange freuen. Dublin und Leinster rebellieren, werden jedoch von ihrem neuen Herrscher brutal niedergeworfen, der von nun an darangeht, aus der nominellen Macht eine reale zu machen. Das ist der Punkt, wo die Wikinger wieder ins Spiel kommen, die Brian als Söldner zur Durchsetzung seiner Ziele einsetzt. Doch sie desertieren bei der ersten sich bietenden Gelegenheit und schlagen sich wieder auf die Seite der von Brian unterworfenen Dynastie der Könige von Leinster.

Die Leute von Leinster fassen den Entschluss, Brian zur Entscheidungsschlacht zu stellen. Mit Hilfe der Wikinger, die sogar noch Verstärkung von den westlichen schottischen Inseln und der Isle of Man heranholen, rechnen sie sich gute Chancen auf den Sieg aus.

Am Karfreitag 1014 ist es so weit. Die Schlacht bei *Clon Tarbh* hat nichts von den keltischen Kampfritualen, von heldenhaften Zweikämpfen, von ehrenvollem Streiten. Es geht nur darum, möglichst viele Krieger zu töten. Und es kommt zu Szenen, die an Grausamkeit ihresgleichen suchen. So wird einem Krieger der Bauch aufgeschlitzt, ihm ein Teil seiner Gedärme herausgezogen und an einem Baum befestigt. Dann wird er gezwungen, so lange um den Baum herumzulaufen, bis ihm seine Eingeweide aus dem Bauch herausgezogen sind.

Es ist ein Krieg zwischen Iren, in dem die Wikinger nur Statisten sind.

Die Dál Cais siegen in diesem Kampf, doch Brian Bóroimhe erlebt den Triumph seiner Dynastie nicht. Er bleibt auf dem Schlachtfeld.

In den Jahren nach *Clon Tarbh* kommt Irland etwas zur Ruhe. Zumindest, was Angreifer von außen angeht, denn die internen dynastischen Streitigkeiten gehen natürlich weiter. Doch auch die äußere Ruhe hält gerade einmal 150 Jahre.

Frauenraub mit Folgen

Eigentlich ist es ein für keltische Verhältnisse völlig normaler Vorgang: Diarmait Mac Murchada (Dermot Mac Murrough), König von Leinster, stiehlt seinem Nachbarn, Ó Ruairc (O'Rourke) von Bréifne die Frau.

Doch zeigt dieser Frauenraub, dass sich die keltische Gesellschaft in Irland in den vergangenen Jahrhunderten erheblich verändert hat. Früher definierte man sich über Zugehörigkeiten und Klientenschaften. Inzwischen hat jedoch auch der Landbesitz erheblich an Bedeutung gewonnen. Kein Wunder. Die Provinzkönige sind machthungriger denn je und verbringen viel Zeit im Feld. Diese Abwesenheit bedeutet, dass sie einen großen Teil der Administration ihrer Gebiete Verwaltern überlassen müssen. Eine Art »öffentlicher Dienst« entsteht, und der muss ernährt werden. Die Loyalität seiner Anhänger sichert man sich am besten, indem man sie territorial an sich bindet. Also verteilt der König sein Land an die, die ihm nutzen können, die ihm nicht nur das Land bewirtschaften, sondern ihn auch für die Austragung seiner Zwiste mit Kriegern versorgen. Land ist Lohn für besondere Verdienste. Und nicht zuletzt braucht ein König auch Ländereien, die er seinen geistigen Führern für die Errichtung von Klöstern zur Verfügung stellen kann, denn ein bekannter Ort des Lernens auf seinem Hoheitsgebiet hebt seinen Status ungemein. Der irische König des 11. Jahrhunderts ist nicht mehr nur oberster Feldherr; er ist Landbesitzer, Gesetzgeber, Steuerbehörde. Und so keltisch er sich im Krieg auch geben mag, in der Verwaltung unterscheidet er sich nicht von einem Feudalherrn auf dem Kontinent oder der normannisch besetzten britischen Hauptinsel.

Der Wandel hat begonnen. Und der Raub der Frau des Ó Ruairc von Bréifne zeigt, wie sehr keltische Gesellschaft und der beginnende Feudalismus miteinander harmonieren. Denn Dearbhfhorgaill – so ihr Name – ist nicht nur Ehefrau, sondern auch und vor allem Prinzessin der Provinz *Midhe*, die damit an Diarmait Mac Murchada fallen würde.

Doch nun hat dieser nicht nur Ó Ruairc von Bréifne, sondern auch noch den ehrgeizigen Ruaidhri Ó Conchobhair (Rory O Connor), König von Connaught, gegen sich, der die Hochkönigschaft von Irland anstrebt und keinerlei Machtzentren neben sich duldet. Und das demonstriert er entschlossen. Der Schlüssel zur Macht im keltischen Irland liegt in einer Stadt, die unkeltischer kaum sein könnte: das von »Ostmännern« – Wikingern – bewohnte Dublin, formell die Hauptstadt der Provinz Leinster und damit eigentlich innerhalb des Hoheitsgebietes des Diarmait Mac Murchada. Es vereint in einer genialen Kombination einen wohlhabenden Handels- und Kriegerstützpunkt miteinander. Allerdings ist Dublin in jeder Beziehung ein Fremdkörper, denn außer dass seine Bewohner aus Norwegen stammen, gehört es zur Diözese von Canterbury. Das interessiert Ruaidhri Ó Conchobhair jedoch wenig. Er marschiert nach Dublin und lässt sich dort 1166 zum König von Leinster krönen. Den Wikingern versüßt er die Anerkennung seiner Oberherrschaft mit einem kapitalen Geschenk, 4000 Schafe, die er vorher von seinen eigenen irischen Untertanen als Steuer erhoben hat. Wie groß der Status Dublins ist, zeigt die Tatsache, dass in der öffentlichen Meinung die Krönung des Ruaidhri Ó Conchobhair zum König von Dublin mit der zum Hochkönig von Irland gleichgesetzt wird.

Dieser Macht hat Diarmait Mac Murchada nach dem Wegfall seiner eigenen Hauptstadt nichts mehr entgegenzusetzen. Bei Lichte betrachtet ist die Wertschätzung, die er bei den Ostmännern von Dublin genießt, ohnehin mehr als zweifelhaft. Die Stadtherren hatten seinerzeit Diarmaits Vater ermordet und ihn zusammen mit einem toten Hund unter dem Boden ihrer Versammlungshalle begraben.

Der König von Leinster entthront und schließlich auch noch verbannt.

Eine alte Geschichte wiederholt sich. Natürlich nimmt es Mac Murchada nicht einfach so hin, dass man ihn entmachtet. Aber er braucht Hilfe. Und bei dem Mann, den er darum bittet, rennt er offene Türen ein.

Henry II. aus dem Hause Plantagenet, amtierender König von England und Herrscher über diverse Gebiete in Frankreich, hat zwei Söhne, die er zum gegebenen Zeitpunkt mit Königreichen ausstatten möchte. Und wie der Zufall will, hat er auch schon einmal den Gedanken ventiliert, sich der Nachbarinsel anzunehmen. In diesem Bestreben hat er einen starken Verbündeten, der ihm auch die notwendige moralische Unterstützung verschafft, wenn auch dessen Motive völlig andere sind. Denn es gibt zwei Dinge in Irland, die dem bislang einzigen Papst englischer Herkunft, Hadrian IV., ein Dorn im Auge sind. Zum einen ist er ein natürlicher Gegner der keltischen Kirche mit all ihren Eigenheiten, die in Irland verhindert, dass die römische Episkopalkirche dort wirklich Fuß fassen kann. Zum anderen hält er das irische Recht für unmoralisch, denn es lässt in guter keltischer Tradition die Scheidung zu. So hat er Henry II. bereits in dessen Krönungsjahr 1154 mit einer Legitimation (*Laudabiliter*) und einem päpstlichen Goldring mit Smaragd ausgestattet, um die Christen in Irland auf den einzig wahren Weg zurückzuführen. Als dann 1166 der vertriebene König von Leinster vor Henry steht und ihn um Hilfe bei der Rückforderung seiner Ansprüche bittet, nimmt der englische König das zum Anlass, seine Pläne in die Tat umzusetzen. Er erteilt Mac Murchada die Erlaubnis, Männer zu rekrutieren, um in Irland seinen Königstitel zurückzuholen. Mit einer kleinen Bedingung: Vorher muss Mac Murchada Henry natürlich seine formelle Unterwerfung erklären. Das tut dieser mehr als bereitwillig.

Henrys Interesse an Irland geht inzwischen über ein formelles weit hinaus. Zunächst einmal gilt Irland am englischen Königshof zwar als barbarisch und primitiv, auf der anderen Seite ist es unter seinem Vorgänger deutlich näher an England herangerückt. Die in den Städten (vor allem in Dublin) lebenden Wikinger und ihre Nachkommen hatten in England neue Handelspartner gefunden. Irland wurde dankbarer Abnehmer englischer Waren. Um diesen Zustrom an Luxus zu sichern, hatte der Hochkönig von Irland, Muirchertach Ó Brian, schon zu Henrys Vater, Henry I., gute Beziehungen gepflegt.

Sowohl englische als auch irische Könige mussten ein großes Interesse daran haben, sich die Kontrolle über die Wikingerstädte zu sichern. Dublins Wikinger sind Krieger, die ihre Dienstleistungen als Söldner jedem anbieten, der dafür bezahlt. Ein potenzieller Gefahrenherd.

Was auf den ersten Blick wie ein erhebliches Risiko für Henry II. erscheint, ist für ihn eigentlich der sprichwörtliche Königsweg. Was immer auch passiert, er kann nicht verlieren. Zunächst stellt er sicher, dass Mac Murchada nicht irgendjemanden rekrutiert, sondern er lenkt dessen Aufmerksamkeit auf seine westlichsten Vasallen: die unzufriedenen und aufmüpfigen Lord Marchers, die die Grenzregion zu Wales bewohnen und zu seinen unbequemsten Untertanen zählen. Die Aussicht auf neue Ländereien jenseits der Irish Sea ist Motivation genug, und so verfügt Mac Murchada schon bald über eine schlagkräftige normannische Truppe, auch wenn diese nicht gerade zur moralischen Elite Englands zählt. Dafür sorgt schon der, den Mac Murchada als ersten verpflichtet. Er trägt den beeindruckenden Namen und Titel Richard fitz Gilbert de Clare, Baron von

Pembroke, ist aber in die Geschichte unter seinem Spitznamen »Strongbow« eingegangen. Seine Motivation, als »Headhunter« für Mac Murchada zu agieren: Er soll nach dessen Tod die Provinz Leinster erhalten. Um die Vereinbarung zu besiegeln, verspricht ihm Mac Murchada seine Tochter Aoife zur Frau.

Es ist diese Vereinbarung, die Henry davon abhält, sich ruhig zurückzulehnen. Sein Plan gerät etwas ins Wanken. Dabei hatte alles so gut ausgesehen! Im günstigsten Fall hätte er in Irland ein neues Königreich, gehalten von einem loyalen, ihm verpflichteten Klientenkönig und einer Streitmacht aus eigenen Vasallen. Würde die Sache schiefgehen, hätte er denselben Status quo wie vorher, nur mit dem Bonus, dass er seine unangenehmen Vasallen los ist.

Jetzt, durch die familiäre Verbindung zwischen irischem Provinzkönig und normannischem machthungrigen Baron, könnte jenseits der Irish Sea ein unabhängiger Staat entstehen, der der englischen Krone alles andere als wohlgesonnen ist.

Und so beäugt Henry II. den guten Start des Unternehmens auch mit einer gehörigen Portion Misstrauen. Die irischen Prinzen und Kleinkönige sind viel zu sehr auf sich selbst und ihr eigenes Herrschaftsgebiet fixiert, um auf die Idee zu kommen, sich vereint den normannischen Eindringlingen entgegenzustellen. Außerdem sind sie als stolze keltische Krieger in der alten Kampfweise verhaftet und kämpfen grundsätzlich ohne Rüstung. Der Ehrbegriff der Lord Marchers unter Strongbow ist dagegen ein wenig unterentwickelt, und so nutzen sie jeden sich bietenden Vorteil aus. Viele gute irische Krieger sterben in aussichtslosen Kämpfen. Die Normannen dringen ins Landesinnere vor, errichten Befestigungen und bauen große, wehrhafte Castles. Schon bald ist die gesamte Ostküste in der Hand der Normannen und Mac Murchada wieder König von Leinster.

1171 handelt Henry. Er widerruft die Erlaubnis seiner Untertanen, nach Irland zu gehen (um Strongbow vom Nachschub an normannischen Kriegern abzuschneiden) und macht sich selbst auf den Weg nach Irland. Die päpstliche Bulle hat er wohlweislich nicht im Gepäck, denn im übertragenen Sinne tropft zu dieser Zeit von seinem

Schwert noch das Blut des Erzbischofs von Canterbury, Thomas Becket, den er hat ermorden lassen. Strongbow ahnt wohl, was ihm blüht, denn er segelt Henry entgegen. Seine offizielle Entschuldigung und Bitte um Vergebung bringt ihm die formelle Herrschaft über Leinster und 100 Ritter.

Die Iren werden immer weiter zurückgedrängt, werden Vasallen auf ihrem eigenen Land. Viele unterwerfen sich Henry II. direkt, da sie sich Schutz vor der Willkür Strongbows und anderer normannischer Barone erhoffen. Auf der Basis der Unterwerfung ganzer Clans entstehen neue Grafschaften, die vielfach den alten Clangrenzen folgen. Die Herren sind immer Normannen. Die meisten Iren können bleiben wo sie sind, nur dass sie ihr Land jetzt für einen fremden Herrn bewirtschaften. Einige müssen ihren Grund und Boden räumen, den die Normannen mit eigenen Arbeitern bevölkern, oder auf dem sie kleine Städte als Märkte für die Produkte der Äcker und Weiden errichten. Bald kommen neue Einwanderer, aus England, Wales, Frankreich und Flandern. Alle diese Neuankömmlinge sind vom Status her freie Männer – nur die einheimischen Iren nicht. Sie haben etwa denselben Status wie Straffällige in England. Wer sich nicht beugen will, wird in nicht kolonisierte Gebiete – meist Sümpfe und Wälder – verdrängt. Nur eine einzige irische Familie schafft es im Laufe der Jahre, in die Kreise der Feudalaristokratie aufzusteigen, die Abkömmlinge des letzten Königs von Dublin und ehemalige Anhänger des Strongbow.

Auch kulturelle Veränderungen finden statt, vor allem in den Städten. Dublin untersteht Henrys engsten Vertrauten, Männern aus Bristol. Neben einem Wandel in der Architektur (Kirchen entstehen jetzt im frühen englischen gotischen Stil) hält in den Städten so ganz allmählich auch die englische Sprache Einzug und verdrängt das Nordische der Wikinger. Die Könige nach Henry II. beginnen, weiträumig auch Elemente lokaler Administration einzuführen, wie den in England bereits existierenden shire-reef – den Sheriff, den Verantwortlichen für die öffentliche Ordnung; Polizist und Richter in einem. Der »Rat des Königs« in Irland besteht zunehmend aus bezahlten Beamten, sodass diese Institution schon Züge eines englischen öffentlichen Dienstes trägt. Das System der Grafschaften in Irland wächst; von 16 Counties stehen zu Beginn des 14. Jahrhundert zwölf formell unter der direkten Regentschaft der englischen Krone. Ab John, Henrys Sohn, ist dabei die verfolgte Politik, die normannisch besiedelten Gebiete (vor allem die Städte) zu stärken, und sich parallel der Loyalität der irischen Kleinkönige und Clanführer zu versichern, um sie davon abzuhalten, sich mit den normannischen Baronen zu verbünden. Provinzkönige werden lokale Herrscher von Gnaden des englischen Königs, womit ihre Ländereien – zumindest für eine gewisse Zeit – für Einwanderer tabu sind und somit der Kolonisierung entgehen.

Irland beginnt, Bestandteil des englischen Feudalsystems zu werden.

Ab 1260 gibt es keinen irischen Hochkönig mehr. Ab 1303 ist auch der letzte Erzbischof in Irland durch einen Anglo-Normannen ersetzt. Ist das schon das Ende der Kelten in Irland? Die ehemaligen Aristokraten als formelle Untertanen der englischen Krone und im täglichen Leben Vasallen anglo-normannischer Landräuber?

Hibernicis ipsis Hiberniores – »Irischer als die Iren«

Mitte des 13. Jahrhunderts ist Irland ein Land des Krieges. Iren kämpfen gegen Normannen, Normannen kämpfen untereinander, und die London treuen Dubliner, Wexforder und Waterforder kämpfen gegen alle um ihre Existenz. In dieser Zeit der Macht- und Verteidigungskämpfe hat der Beruf des Söldners Hochkonjunktur.

Die königstreuen Normannen können ihren Bedarf an professionellen Kriegern schon bald nicht mehr aus den eigenen Reihen decken. Doch Abhilfe ist bald geschaffen. Auf den westschottischen Inseln hat sich aus der Vermischung von rauen Schotten und Wikingerkriegern eine eigene Kriegerkaste herausgebildet, die *gallógláigh* (Galloglas – auf Deutsch: fremde Krieger, s. Farbbildteil Abb. 29), große, schwer bewaffnete Berufskämpfer. Sie anzuheuern ist jedoch nicht ganz ungefährlich, denn ihre Loyalität ist käuflich. Sie lassen sich von jedem Herrn kaufen (bzw. auch abwerben), der bereit ist, ein entsprechendes Entgelt für ihre Dienste zu zahlen, sei er nun Normanne aus Dublin oder auch irischer Kleinkönig. Die heute in Dublin stationierten Royal Galloglas, eine speziell für den Personenschutz ausgebildete Spezialeinheit, leiten ihre Geschichte direkt von diesen westschottischen Söldnern her.

Die *gallógláigh* stehen in direkter Konkurrenz zu den irischen *ceatharnaigh,* den Kerns. Bereits seit dem Ende des 12. Jahrhunderts ziehen diese leicht bewaffneten rauen Gesellen, die weder Kopfbedeckungen noch Schuhe kennen, in Gruppen bis zu 20 Kriegern durch die Lande und verkaufen ihre Kriegsdienste auf Zeit. Gibt es keine Auftraggeber, nutzen sie ihre kämpferischen Fähigkeiten zur Selbstversorgung. Mit diesem kriegerischen Potenzial im Hintergrund passieren in der ersten Hälfte des 14. Jahrhunderts schließlich mehrere Dinge, die so vorhersehbar wie folgenschwer sind.

Eine Einrichtung des traditionellen keltischen Rechts, dem sich viele Kleinkönige und Adlige verpflichtet fühlen, stellt für die englische Krone eine besondere Gefahr dar: die Möglichkeit, einen König frei zu *wählen,* statt der Erbfolge ihren Lauf zu lassen. Einen Warnschuss erhält England schon Mitte des 13. Jahrhunderts. Der früher intern heiß umkämpfte Titel des Hochkönigs wird sogar Ausländern angeboten, vorzugsweise erklärten Gegnern Englands. Der Kandidat des Jahres 1263 ist König Haakon IV. von Norwegen, den jedoch sein unerwarteter Tod daran hindert, die Ehre anzunehmen.

52 Jahre später landet der schottische König Edward Bruce in Ulster, ein Anglo-Normanne und Gegner des englischen Königs. Allein das qualifiziert ihn zum neuen Champion vieler irischer Aristokraten, die sich ihm anschließen, speziell als er auf Dublin zuhält. Edward Bruce wird zwar letzten Endes geschlagen, doch das Schlachten richtet im Hinterland von Dublin so viel Verwüstung an, dass

die Herrschaftsstrukturen der »Ostmänner« und Normannen dort komplett zusammenbrechen. Viele der vormals enteigneten irischen Familien nutzen die Chance und nehmen ihr Land wieder in Besitz.

Knapp 30 Jahre später zeigt ein weiteres Ereignis, dass Henry II. und seine Nachfolger mit der Stadtbevölkerung als Bollwerk in Irland auf ein äußerst unsicheres Pferd gesetzt haben. 1348/49 werden die Einwohner der Städte von der Pest heimgesucht und stark dezimiert. Die hiberno-normannische, sowie die einheimische irische Landbevölkerung bleibt davon weitestgehend unberührt. Sie lebt an frischer Luft in großzügig gestalteten Landsitzen und Gehöften direkt an der Quelle frischer Nahrungsmittel.

Es sind auch die Gebiete außerhalb der Städte, in denen von nun an verstärkt eine sogenannte Hibernisierung stattfindet. Schon in den Zeiten des Strongbow haben sich Grenz- oder »Cambro-Normannen« (i.e. die Normannen aus den Grenzgebieten zu Wales) und Iren vermischt. Übergreifende Heiraten (oft genug Zweckehen) waren und sind keine Seltenheit. Auch pflegten die Normannen von Anfang an die keltische Sitte, dass die Söhne als Pflegekinder bei hochgestellten (irischen) Familien aufwachsen. Und so wie die keltischen Iren in späteren Generationen an dem Namensteil »Mac« oder »Ó« erkennbar sind, sind es die ehemaligen Normannen an dem Element »Fitz-«, von dem normannischen – altfranzösischen – Wort *fis* = »Sohn«.

Ab Mitte des 14. Jahrhunderts beginnen die Nachfahren der ehemals mit Strongbow gekommenen normannischen Barone, sich die irische Lebensweise anzueignen, was so weit geht, dass sie das Normannische gegen das irische Gälisch eintauschen. Das Ergebnis sind Hiberno-Normannen, die nach Aussage zeitgenössischer Berichte *Hibernicis ipsis Hiberniores* – irischer als die Iren selbst sind.

Das immer noch der englischen Krone unterstehende Dublin sieht diese Entwicklung mit wachsender Besorgnis, denn die hiberno-normannischen Lords machen kein Hehl aus ihrer antienglischen Haltung. Das einzige nicht gälischsprachige Gebiet ist die Stadt und ihre unmittelbare Umgebung, genannt *the Pale*.

In Dublin wächst die Angst vor der immer fremder, immer feindlicher erscheinenden Umgebung. Man ruft London um Hilfe. Das Ergebnis: ein schwacher Versuch, dieser Entwicklung entgegenzuwirken. Man entwirft einen – bereits zur Zeit der Entstehung aberwitzig anmutenden – Katalog von Maßregeln für normannischstämmige Bewohner Irlands, die »Statuten von Kilkenny«. Neben der Sprache sind auch irische traditionelle Kleidung und vor allem natürlich die Heirat einheimischer Frauen verboten. Das in London entworfene Dokument ist schon überlebt, bevor es überhaupt die Chance hat, in Kraft zu treten.

Allmählich wird auch Dublin hibernisiert.

Ende des 14. Jahrhunderts ist die Schmerzgrenze in London erreicht. König Richard II. sammelt ein Heer und versucht zweimal, die formellen Untertanen der englischen Krone zur Raison zu bringen. Beide Expeditionen scheitern am erbitterten gemeinsamen Widerstand der Hiberno-Normannen und der Iren und geraten am Ende zum Desaster. Mit der zweiten im Jahr 1399 begeht er darüber hinaus einen innenpolitischen Fehler, der sein letzter sein soll. Sein Rivale nutzt Richards Abwesenheit und lässt sich in London vom Parlament zum König wählen. Bei seiner Rückkehr wird Richard verhaftet und in Gefangenschaft ermordet.

In den nächsten 130 Jahren ist England viel zu sehr mit sich selbst beschäftigt, um sich ernsthaft mit seiner westlichen Nachbarinsel auseinanderzusetzen. Der Hundertjährige Krieg wird gefolgt von den Rosenkriegen, sodass außer einer politischen Einheit auch gar keine militärischen Ressourcen existieren, um einen weiteren Vorstoß nach Irland zu unternehmen. Am Ende des 15. Jahrhunderts ist die Autorität der englischen Krone in Irland quasi nicht mehr existent. Das hat Folgen. Wer als irischer Aristokrat überleben will, muss sich nun mit den hiberno-normannischen Baronen arrangieren.

Während England im Krieg versinkt, wird Irland von einer hibernisierten, ehemals anglo-normannischen Familie regiert, die in den vergangenen Jahrzehnten zu beträchtlicher Macht gelangt ist, ähnlich der der alten keltischen Hochkönige. Die Dynastie des Fitzgerald, Baron von Kildare, herrscht mit einer Mischung aus eigenem Militär und wirkungsvollen Allianzen mit irischen Lords und Clanführern.

Und mögen die Mächtigen auch die keltische irische Sprache, das Gälische, sprechen und teilweise auch keltische Traditionen pflegen, so ändert das nichts an der Tatsache, dass das keltische Irland inzwischen aufgehört hat zu existieren. Es ist ein Feudalstaat nach europäischem Vorbild geworden. Die eigentlichen Machtkämpfe tragen normannische Barone untereinander aus; die irischen Kleinkönige und Clanführer sind Vasallen und willkommene Lieferanten von Kriegern. Was sie dafür erhalten, ist ein Gefühl von Unabhängigkeit.

Solange sie funktionieren.

Ein Weltreich verschwindet

In Irland vernichten im 16. und 17. Jahrhundert die ab der Regierungszeit Henry VIII. und Elisabeth I. im Rahmen der »Plantations« (ein etwas schöneres Wort für das Exilieren ungeliebter Glaubensgegner, meist Presbyterianer) »umgesiedelten« schottischen Protestanten scheinbar auch die letzten Reste keltischer Kultur.

In Schottland, das bereits seit dem 12. Jahrhundert anglo-normannisch ist, wird dieser Prozess 1688 mit der Zerschlagung des Königshauses Stuart eingeläutet. Die Zwangsunion mit England von 1707 besiegelt schließlich den Untergang der keltischen Strukturen, indem alles unter Strafe gestellt wird, was einmal die keltische Gesellschaft der Highlands ausgemacht hat. Das traditionelle Leben, die Privatkriege und Raubüberfälle hören einfach auf, vor allem nachdem England nach der Niederlage des letzten schottischen Herrschers, Bonnie Prince Charlie, der 1746 nach Frankreich flieht, Schottland militärisch besetzt hat. Von da an ist sogar die typische Kleidung des Hochlands – karierte Kleidung, die die Clanzugehörigkeit ausdrückt – verboten.

England hat nicht vor, in Schottland weitere Aufstände zu riskieren: Die wehrfähigen Männer werden in englische Regimenter zwangsrekrutiert, die Clanführer ermordet oder vertrieben, die Ländereien enteignet.

Cornwall und Wales, die beide erfolgreich den Angelsachsen widerstanden haben, sind schon längst Bestandteil des englischen Feudalsystems. 1410 stirbt der letzte keltische Rebell Owain Glyn Dwr (Owen Glendower) im Kampf – um in den folgenden Jahrhunderten als mystische Heldengestalt immer dann gesichtet zu werden, wenn die Not am größten ist. Die englischen Parlamentsbeschlüsse zwischen 1536 und 1543, die Wales mit England politisch verbinden, schreiben nur nieder, was bereits Tatsache ist. Sie sind die gesetzliche Handhabe, das walisische Recht zu verbieten und der Sängerkultur den Todesstoß zu versetzen, ein Prozess, der durch das Vordringen des Methodismus – dem krassen Gegensatz zu den lebenslustigen keltischen Bardentraditionen – ab 1660 beschleunigt wird.

Die Bretagne wird im 9. Jahrhundert zu einem einzigen großen Königreich, das 1488 seine Unabhängigkeit verliert und schließlich 1532 mit Frankreich zwangsvereinigt wird.

Wo immer die Kelten, das große Volk der Eisenzeit, geherrscht haben, wurden sie vernichtet oder vertrieben. Doch an den Rändern Europas, in Wales, Schottland, Cornwall, Irland und der Bretagne, ist der Kampf um den Erhalt der letzten keltischen Spuren noch lange nicht vorbei …

Heute hören wir »traditionelle keltische Musik«, kaufen »typisch keltischen Schmuck«, lassen uns in Tattoo-Shops auch gern »celtic tribals« stechen. Wir ergötzen uns im Urlaub an Schotten im Kilt und bilden uns ein, einen alten keltischen Krieger vor uns zu haben. Wir reisen durch Wales und Irland und sehen zweisprachige Ausschilderungen und glauben, dass das Keltische hier in Reinkultur überlebt hat. Wir fühlen uns vielleicht selbst wie halbe Kelten, wenn wir einen Irish Pub betreten, in dem »Cead Mile Fáilte« – »Ein tausendfach Willkommen« – oder »Sláinte« – »Gesundheit« – an den

Wänden steht. Doch wie viel von dem, was wir heute als »typisch keltisch« kennen, ist es wirklich? Und wie viel umgibt uns, von dem wir nicht einmal wissen, dass es keltisch ist?

»Cymru am Byth«, »Eirinn Go Bra« und »Celtic Woman«

Eine keltische Reise durch Zeit und Raum

März 2005 n. Chr.

Im Zuschauerraum ist es stockfinster. Auf der Bühne beginnt ein geheimnisvolles Lichtspiel, das mit mystisch anmutenden Farbschatten und Lichtpunkten den Rhythmus der Musik schon andeutet, noch bevor diese begonnen hat. Das Licht verändert sich kaum merklich, nur so viel, dass man die drei schlanken, hochgewachsenen Frauen in langen schwarzen Kleidern erahnen kann. Als die ersten getragenen Töne der Musik einsetzen – ein verhaltenes, dumpfes Dröhnen von einer schweren Trommel und kristallhelle Keyboardakzente – brandet Beifall auf. Jeder kennt dieses Lied, und jeder kennt die Sängerin, die jetzt aus der Mitte der drei hervortritt, in den Lichtkegel hinein, und mit ihrer markanten Stimme den Saal füllt. Kaum jemand sitzt ruhig, die Hände, die Füße bewegen sich im Takt, viele unterdrücken den Drang, einfach aufzustehen und zu tanzen. Es ist der Rhythmus, das Licht, der Sound, der die Körper der Zuhörer innerlich erbeben lässt. Alles stimmt. Die Bühne und der Saal sind perfekt ausgeleuchtet, die Beschallungsanlage hat die perfekte Lautstärke und Ausrichtung, die Mikrofone sind perfekt ausgesteuert. »Celtic Woman« ist perfekt. Eine perfekte Bühnenshow, im Jahr 2005 vom amerikanischen öffentlich-rechtlichen Sender PBS produziert als 90-minütige Fernsehaufführung. Die CD verkaufte sich bislang mehr als 1,2-Millionen-mal, das Gesamterlebnis – die DVD – 220 000-mal. Die Tournee feiert riesige internationale Erfolge, auch jetzt noch, sechs Jahre nach ihrer ersten Aufführung. Und es tut der Sache keinen Abbruch, dass das Repertoire der Show neben »keltischen« Folksongs in der Mehrheit eigentlich völlig unkeltische Elemente enthält, wie bekannte Musicalsongs (z. B. aus dem Phil-Collins-Musical »Tarzan«), oder Hits, wie Enyas »Orinoco Flow«, das den Saal gerade vibrieren lässt.

Dabei haben einige der Mitwirkenden ihre Wurzeln tatsächlich in den ehemaligen keltischen Siedlungsgebieten. So verrät bei der Musikerin Mav Ni Mhaolchatha allein schon der Name ihre irische Abstammung. Oder nehmen wir die Neuseeländerin Hayley Westenra, deren Vorfahren ebenfalls aus Irland stammen. Und nicht zu vergessen Enya selbst, deren familiäre und musikalische Wurzeln in Nordwestirland, in Donegal liegen, bei der Gruppe Clannad, die sie Mitte der 80er-Jahre verließ, um sich auf eine Solokarriere zu konzentrieren.

»Celtic Woman« ist ein feingetuntes Produkt von Leuten, die wissen, wie man das Verlangen der Menschen nach dem Geheimnisvollen, dem Mystischen bedient. Es ist in dieser Beziehung auch kein Einzelprodukt, sondern steht fest in der Tradition der gleichfalls immens erfolgreichen Shows »Lord of the Dance«, der morgenländischen Variante »Sultans of the Dance« und vor allem dem »Prototyp« dieser Tanzshows »Riverdance«. Weitere folgen in regelmäßigen Abständen, wie »Celtic Tiger« von Michael Flatley. »Celtic« verkauft sich gut. Es ist auch kein Zufall, dass etliche der Macher von »Celtic Woman« bereits an der Produktion von »Riverdance« beteiligt waren, wie Mav Ni Mhaolchatha, oder der künstlerische Leiter David Downes. »Never change a winning team«, sagt der Engländer (s. »Celtic Woman« im Farbbildteil Abb. 40).

Doch ist »Celtic« inzwischen wirklich nicht mehr als ein Label für das Geheimnisvolle? Ein Marketingtool ohne Inhalt?

Wie viel ist noch übrig von den Kelten, die das Europa der Eisenzeit beherrschten, deren geheimes Reich sich am Rande des römischen Imperiums vom westlichen Zipfel Irlands bis tief ins heutige Anatolien erstreckte?

Die Wiederentdeckung der Kelten

An den Rand gedrängt und fast vergessen

Dass in den ehemals keltischen Gebieten nun fremde Dynastien herrschen und fremdes Recht gilt, betrifft in erster Linie die Oberschicht. Doch in den Wind geschüttelten Fischerdörfern der Bretagne, den Cottages der Farmer in Irland, den unwirtlichen, kärglichen Regionen der walisischen Brecon Beacons oder den unzugänglichen Hochweiden der Scottish Highlands spricht der einfache Mann immer noch Keltisch. Man erzählt sich die alten Geschichten, singt die alten Lieder, feiert keltische Feste und bewahrt den keltischen Glauben in einem reichen Erbe an Folklore, Geistergeschichten, Riten, Sitten und Gebräuchen. Es sind kleine, in sich gekehrte Gemeinschaften, fernab vom entstehenden Wohlstand der Herrschenden, oft in bitterer Armut, belächelt, verachtet, immer mit einem gewissen Touch des Absonderlichen behaftet.

Nach und nach versinken sie für die moderne Außenwelt in der Bedeutungslosigkeit, während in der Isolation das Keltische trotz der Umstürze in der Gesellschaft unbeschadet weiterlebt. Die überlebenden keltischen Sprachen, das Gälische in Schottland und Irland, das Walisische, das *Kernewek* in Cornwall, das Bretonische sowie das Manx auf der Isle of Man, werden zum lebenden Faktor der Selbstidentifikation, der Faktor, um den sich die gesamte Kultur und das Brauchtum ranken.

Vermutlich hätten die »letzten Kelten« etliche Hundert Jahre in ihren abgeschlossenen Gemeinschaften überdauern können, wenn, ja, wenn ihnen nicht das Schlimmste passiert wäre, das hätte passieren können.

Sie werden »wieder entdeckt«.

Ihre letzten Kämpfe führen die Kelten nicht gegen Soldaten, denn ihre neuen »Feinde« sind inzwischen viel perfider und subtiler und benötigen keine Militärmaschinerie. Etliche dieser neuen »Feinde« wissen noch nicht einmal, dass sie Feinde sind, sondern sehen sich stattdessen sogar als die Retter dieser Kultur. Andere wiederum werden gar nicht als Feinde wahrgenommen.

Und lagen die Schlachtfelder früher in weiten Ebenen oder auf Waldlichtungen, so sind sie jetzt abstrakter Natur und heißen Tourismus, Politik, Religion, Wirtschaft und Medien.

Der »Edle Wilde«

Mitte des 18. Jahrhunderts kämpfen England und Frankreich um die Herrschaft in Nordamerika. Beide bedienen sich dabei einheimischer Völkerschaften. Mit diesen muss man sich im Rahmen von Bündnisverhandlungen näher auseinandersetzen; und wäre es nicht politisch inkorrekt, abfällig über die zu sprechen, die einem helfen, einen Kolonialkrieg zu führen? Im Gegenteil, man findet plötzlich, dass diese Volksstämme aus europäischer Sicht zwar auf einer niedrigeren Entwicklungsstufe stehen, aber doch etliche Eigenschaften in sich vereinigen, die eine Wertschätzung verdienen. Sie haben eine stolze, hoch organisierte Kultur mit eigener Sprache, sie sind loyal bis in den Tod und ausgesprochen gute Kämpfer. Auf einmal gelten sie als Idealmenschen, die »Unschuldigen«. Verbreitung findet dieses Bild letztlich vor allem durch Jean-Jacques Rousseau. Zu unterwerfende oder unterworfene Völker sind zwar politisch und wirtschaftlich unterlegen, aber nicht durch die Erbsünde belastet. Diese Feststellung des Status quo wird jedoch keineswegs als Aufforderung verstanden, in irgendeiner Form eine Gleichberechtigung herzustellen. Eine bequeme Philosophie, die bald in Mode kommt. Es ist schick, hochachtungsvoll über »edle Wilde« zu reden, ohne dabei Verpflichtungen eingehen zu müssen.

So richtig interessant werden die »edlen Wilden«, als man entdeckt, dass man sie eigentlich direkt vor der Haustür findet. Denn was anderes sind zum Beispiel die Highländer mit ihrer lustigen

Tracht und ihrer unverständlichen Sprache? Letztere genießen das Interesse höchster Kreise, denn Queen Victoria entdeckt ihr Herz für alles Schottische.

Das Bild vom »edlen Wilden« bietet exzellenten Stoff für Schriftsteller und Poeten. Sir Walter Scott beschreibt den »edlen Gälen« in seinen Werken »Rob Roy« und »Waverley«. William Butler Yeats, Begründer des irischen Nationaltheaters und selbst ernannter »Berufskelte«, bildet schließlich den Höhepunkt der Romantisierung der Kelten. Als Kind besucht der gebürtige Dubliner häufig Verwandte in der irischen Grafschaft Sligo und ist fasziniert von dem Reichtum an Sagen und Geschichten. Als junger Mann von 23 Jahren veröffentlicht er seine »Folk and Fairy Tales of Ireland«. Seine Dichtungen zeichnen ein Bild, das eine mystische, geheimnisvolle, magische keltische Gesellschaft verherrlicht, idealisiert, in ein verklärtes, sanftes Licht taucht, das menschliche Gemeinschaft und die Welt der Feen und Kobolde ineinanderfließen lässt. Eine Gesellschaft, in der sich jeder seiner Leser in seine eigene Heldenrolle träumen kann.

Bereits 1760, etwa 100 Jahre vor Yeats' Geburt, erscheint das Werk *Fragments of Ancient Poetry Collected in the Highlands of Scotland and Translated from the Gaelic or Erse Language*, veröffentlicht von dem Schotten James Macpherson. Eine Sensation, denn diese Texte, die laut Macpherson die im Mittelalter niedergeschriebenen Erzählungen des Barden Oisin aus dem 5. oder 6. Jahrhundert darstellen, sind eine Offenbarung hinsichtlich der keltischen Kriegergesellschaft. In den Folgejahren tauchen weitere Fragmente auf, und das Werk, welches als Ossian'scher Sagenkreis in die Literaturwissenschaft Einzug hält, feiert Bestsellererfolge. Bis 1800 wird das Buch fast jährlich neu aufgelegt. Je mehr man sich damit beschäftigt, desto häufiger tauchen allerdings auch logische Brüche auf. Jedoch werden die meist damit erklärt (so zum Beispiel von T. W. Rolleston, einem Zeitgenossen und Berufskollegen von Yeats), dass die Niederschrift in einer Zeit erfolgte, in der man nicht das notwendige Verständnis für die gesellschaftlichen Verhältnisse der alten Kelten hatte. 1763 und 1765 erscheinen kritische Analysen des *Ossian*, eine davon sogar als Doktorarbeit, doch werden die am Ende sogar mit veröffentlicht, was die Attraktivität des Buches noch steigert. Diese Marketingstrategie funktioniert bestens. Und so wird der Ossian'sche Sagenkreis weiter publiziert, analysiert, interpretiert, und das von namhaften Wissenschaftlern.

Wieso ist eigentlich niemand auf die Idee gekommen, Herrn Macpherson die schlichte Frage zu stellen, wo sich denn das keltische Manuskript befinde, von dem er die Übersetzung angefertigt hat? Erst 1952 (!) wird festgestellt, dass ihm ein genialer Coup gelungen ist: Es steht zwar außer Frage, dass er sich intensiv mit keltischen Sagen beschäftigt hat, doch die Erzählungen des Ossian sind schlichtweg eine Fälschung.

Vielleicht hätte man bereits 1761 auf Horace Walpole, jüngster Sohn des britischen Premierministers Robert Walpole hören sollen, der schon ein Jahr nach der Erstveröffentlichung Zweifel an der Echtheit des *Ossian* geäußert hatte. Dabei war Walpole nicht einmal Literaturwissenschaftler. Er stellte einfach nur in den Raum, dass er es für unwahrscheinlich halte, dass sechs nahezu komplette Bücher einer einzigen Sage überlebt haben sollen …

Das »keltische Erwachen« ist eine Bewegung der Intellektuellen, der Schöngeister, der Akademiker. Die breite Masse bleibt davon unberührt. Noch nicht einmal die, die das letzte Erbe der Kelten hüten, werden mit einbezogen, denn in den abgelegenen Regionen von Wales, Schottland und Irland gibt es keine Theater. Auch haben die Menschen andere Sorgen als Bücher zu lesen. Es würde wohl auch schon daran scheitern, dass das »keltische Erwachen« in allen möglichen Sprachen Ausdruck findet – nur nicht in den keltischen.

Aber nicht nur Schriftsteller haben zum gesteigerten Interesse an allem Keltischen beigetragen. Die Bretonen hatten sich trotz Einverleibung in den französischen Staat eine gewisse Eigenständigkeit bewahrt. Die Gleichmacherei von *Liberté, Fraternité, Egalité* der Französischen Revolution zertrampelte ab 1789 alle Wünsche nach einer individuellen Kultur und einer eigenen Sprache. Bretonisch wurde erst nach der Konterrevolution von 1815 wieder akzeptabel – und die Bretonen in den Sog des »keltischen Wiedererwachens« hineingezogen. Um 1845 sah man in ihnen, die so anders waren, sogar das »keltische Urvolk«, eine Gemeinschaft von »Druiden in Verkleidung«; die Bretagne als das letzte beschützte Refugium einer alten keltischen Ordnung. Ab 1889 erhalten die Erzählungen über die Bretonen auch Bilder. Der Maler Paul Gauguin kommt in die Bretagne und zeichnet eine Mischung aus dem, was er sieht und dem, was er sehen will: verklärte Bilder einer Gesellschaft, die es so nicht gibt und die auch nicht keltisch ist, die aber in das Schema der letzten geheimnisvollen Bewahrer der keltischen Kultur passen. Viele folgen ihm, und die alten bretonischen Frauen, die in traditionellen Gewändern religiöse Zeremonien abhalten (von denen keine einzige keltischen Ursprungs ist), geraten auf den Gemälden – und ab Beginn des 20. Jahrhunderts auch auf Postkarten – mehr und mehr zu unnahbaren Engeln, Wesen, nicht von dieser Welt.

Wie weltlich die »Engel« dann aber doch sind, das demonstriert kaum jemand deutlicher als der Vorreiter der verklärten Malerei selbst. Paul Gauguins Schwärmerei für die Bretonen endet auf abrupte Weise – während einer Schlägerei mit einem bretonischen Fischer.

Doch nicht alles, was mit dem »keltischen Wiedererwachen« zusammenhängt, ist auf halb reale Gedankenwelten beschränkt. Denn eines haben Schriftsteller, Maler oder Stückeschreiber erreicht: Die Kelten sind wieder ins Interesse einer breiteren Öffentlichkeit gerückt. Ein wichtiger Aspekt ist, dass einige Wissenschaften das Thema aufgreifen, bevor es in der Bedeutungslosigkeit verschwindet. Die vergleichende Sprachwissenschaft beginnt ab dem 17. Jahrhundert zu einer erwachsenen Disziplin heranzureifen. Sie erkennt die Zusammenhänge der europäischen Sprachen und ihre Abstammung von einem gemeinschaftlichen, ursprünglich einheitlichen Sprachsystem und gliedert sie in Sprachfamilien. Es ist eigentlich erst hier, dass über sprachliche Verwandtschaften festgestellt wird, wer zumindest linguistisch tatsächlich alles dem Begriff »Keltisch« zugeordnet werden kann.

Andere gehen noch einen Schritt weiter. Die bloße Wiederentdeckung der Kelten reicht ihnen nicht. Sie wollen mehr ...

Die zu den Göttern sprechen

Sie stehen und starren gebannt durch das Steintor auf den aufrecht stehenden *Heel Stone*. Der Himmel ist schon hellrot, doch noch scheint die Sonne sich davor zu scheuen, das Unvermeidliche zu tun, auch an diesem Morgen aufzugehen.

Die in der ersten Reihe stehenden, in lange weiße Roben gekleideten Männer heben wie auf ein Kommando die Arme. Die Umstehenden halten den Atem an. Die Trompeter führen ihre Instrumente zum Mund, die Harfenspieler legen die Finger auf die Saiten.

Da!

Die Sonne!

Die Druiden ziehen ihre Kapuzen vom Kopf für das erste Sonnenlicht des Tages nach der Sommersonnenwende. Die Trompeten und Harfen setzen ein, die Menschen stimmen einen Murmelgesang an.

James atmet tief durch. Etwas Großes ist vollbracht. Er fühlt die Gänsehaut auf seinen Armen und den Schauer, der ihm kalt über den Rücken läuft. Doch das ist nicht die Kälte des Morgens, die spürt er gar nicht. Es ist die Ergriffenheit, die ihn durchdringt, wenn ihm bewusst wird, dass er heute hier ist, dass er teilhaben darf an der Wiedererschaffung von etwas, was schon lange tot geglaubt wurde.

Doch das Wahre stirbt nie.

Hier und heute haben sie den Bund für die Ewigkeit besiegelt.

Mit einer mystischen Zeremonie zelebriert eine Gruppe verschworener Männer am 22. Juni 1781 innerhalb des Steinkreises von Stonhenge die Gründung des »Ancient Order of Druids«.

Genau 204 Jahre lang treffen sich die Angehörigen des Ordens in der Nacht vom 21. auf den 22. Juni in Stonehenge, um – nach ihrem

Verständnis – keltische Zeremonien abzuhalten. Erst Denkmalschutzregulierungen bereiten den Treffen im Jahre 1985 ein Ende. (s. eine heutige Druiden-Zeremonie im Farbbildteil Abb. 38)

Der »Ancient Order of Druids« ist im Grunde nichts anderes als eine Freimaurerloge: »Freie Männer« (so die Freimaurerterminologie) treffen sich zur Verfolgung ehrenhafter Ziele, wie der Erhaltung von Geschichte und Diensten an der Gesellschaft. Dass man zu dieser Zeit des »keltischen Hypes« die Form der Druidenkaste wählt, entspricht der Mode. Es ist *en vogue*, sich als verschworener Geheimbund an geheimen Orten in kultiger Kleidung zusammenzufinden, zu debattieren und den Intellekt spielen zu lassen, Riten zu zelebrieren, die wahrscheinlich genauso unkeltisch sind, wie Trinkrituale in Studentenverbindungen. Ein elitärer Kreis, der ebensolche Mitglieder anzieht, wie den zu dieser Zeit noch jungen Winston Churchill.

Darüber hinaus gibt es solche, die im Druidendasein ihre Bestimmung sehen. Am 22. September 1792 erklärt sich ein Mann namens Iolo Morganwg zum walisischen Erzdruiden und beginnt, vor großem Publikum selbst erfundene Riten zu zelebrieren. Damit erreicht er in nur wenigen Jahren eine Popularität, die man durchaus mit der moderner amerikanischer Fernsehprediger vergleichen kann.

Ende des 19., Anfang des 20. Jahrhunderts ist Keltisch Kult, eine Märchenwelt für Erwachsene, bestehend aus rudimentärem Wissen und jeder Menge Fantasie. Es ist eine elitäre Welt der Intellektuellen, ein Patchwork aus Riten und Ritualen, die aus jeglichem Kontext herausgelöst werden, um in ein neues, selbst erfundenes Gedankenkonstrukt hineinzupassen. Kaum einer der Verfechter dieser neuen keltischen Identität beherrscht jedoch das wichtigste der Instrumente, das notwendig ist, um nicht nur an der Oberfläche zu kratzen, sondern in die Tiefen der an den Rändern Europas immer noch existierenden Kultur einzutauchen. Die Sprache.

Wenn Sprachen sterben

Verbieten, Vergessen, Verdrängen und Verordnen: Sprachen, Politik und heimliche Helden

Seans Arm tut bereits weh, so lange hat er ihn schon in die Luft gereckt. Der Druck in seiner Blase wächst ins Unerträgliche. Jetzt muss ihn der Lehrer doch endlich sehen!

Da! Endlich dreht er sich um! Sean hebt seinen Arm noch ein ganz kleines Stück höher.

Mr Desmond hebt unwillig die Augenbrauen. »John?«

Sean ringt um die Worte, doch seine Qual ist viel zu groß, als dass er sich konzentrieren und nach dem richtigen englischen Satz suchen könnte. »*Mas e bhur toil e …*«, presst er heraus. »Bitte …«

Mr Desmonds Augenbrauen sinken wieder herab und ohne ein Wort dreht er sich wieder zur Tafel. Sean schießen die Tränen in die Augen. »Bitte…«, flüstert er noch einmal auf Gälisch, doch er weiß, dass es sinnlos ist. Mr Desmond hört seine Sprache nicht. Er will sie nicht hören. Man muss Englisch sprechen. Wer auf Gälisch fragt, wird nicht gehört. Als wäre man nicht da.

Schluchzen schüttelt den Jungen. Einige wenige lachen, als sie sehen, wie sich ein dunkler Fleck auf seiner Hose ausbreitet und der Urin schließlich unten aus dem Hosenbein zu einer Pfütze zusammenfließt. Wieder dreht sich Mr Desmond um, sieht Sean mit finsterem Blick an. »Du kleines Schwein!«, sagt er mit gefährlich leiser Stimme. »Wagst es, mein Klassenzimmer vollzupissen?« Mit zwei schnellen Schritten geht er auf Sean zu, und noch ehe der den Arm heben kann, schlägt er ihn heftig mit dem Handrücken ins Gesicht. Die Worte hat Sean nicht verstanden, den Schlag sehr wohl. Durch den Tränenschleier sieht er, wie Mr Desmond wieder zu seinem Pult geht und den »Schande-Stab« aus dem Schubfach holt. Ein Raunen geht durch die Klasse. Sie spielen wieder »das Spiel«. Mr Desmond geht auf Sean zu und drückt ihm den Stab in die Hand. Sean wird ihn an den Nächsten weitergeben, der hier im Unterricht Gälisch spricht. Wer ihn am Ende der Stunde bei sich hat, den erwartet eine Tracht Prügel.

Sean setzt sich ergeben wieder hin, dabei bemüht, sein nasses Hosenbein ein wenig mit den Fingern von der Haut wegzuziehen. Heute Abend wird er wieder wund sein, und Mutter wird ihn traurig ansehen und schnell versuchen, seine Hose zu waschen. Wahrscheinlich wird sie morgen früh immer noch **etwas klamm sein …**

Die keltischen Sprachen sind bis heute einem Kampf der Extreme ausgesetzt. Dabei ist im Laufe der Zeit ein Wandel eingetreten. Wurde die Sprache im Schottland des 19. Jahrhunderts noch aktiv unterdrückt, findet die Verdrängung heute schleichend statt. Die ursprünglichen keltischen Gebiete, die Highlands und vor allem die letzten Hochburgen des schottischen Gälisch, die westlichen Inseln, haben Jugendlichen nichts mehr zu bieten. Auf der anderen Seite sind in Stornoway, Glasgow und Inverness staatlich geförderte Zentren der gälischen Kultur entstanden. Glasgow hat darüber hinaus die größte Gälisch sprechende Kommune mit 10 000 Sprechern (fast 20 Prozent aller Gälischsprecher Schottlands). Doch allein der Stellenwert, den das Unterrichtsfach »Gälisch« hat, zeigt eine deutliche Tendenz. Man wählt es als Prüfungsfach, weil die Anforderungen so gering sind, dass man nicht durchfallen *kann*. Wirklich sprechen kann es kaum einer der Absolventen.

Im englisch regierten Irland wird Gälisch ab dem 16. und 17. Jahrhundert durch die protestantischen Siedler aus England zur Sprache der armen Landbevölkerung im Westen der Insel. Wenig hilfreich ist zudem, dass sich große Verfechter der irischen Nation gegen die Vielsprachigkeit aussprechen. Daniel O'Connell, ein wohlhabender Landbesitzer und selbst erklärter Verfechter der im Jahre 1800/01 durch den »Act of Union« verlustig gegangenen irischen Unabhängigkeit von England, hat den Status eines Nationalhelden, da er sich offen gegen die Engländer stellt und irische Selbstbestimmung fordert. Obwohl er es perfekt beherrscht, verwendet er Gälisch nur im Umgang mit seinen eigenen Angestellten (die kein Englisch können) oder gelegentlich auf öffentlichen Veranstaltungen, um die englische Polizei zu ärgern (die wiederum kein Gälisch versteht). Während der Hungersnöte in den 1840er-Jahren geht die gälische Sprache fast völlig unter.

Mit der Unabhängigkeit Irlands im Jahr 1922 muss ein Symbol her, mit dem man sich deutlich von Großbritannien abgrenzen kann. Gälisch wird erste Amtssprache. Jedes offizielle Dokument muss mindestens zweisprachig sein. Wer in den öffentlichen Dienst will, muss Gälisch beherrschen. Tausende von Beamten durchstreifen die Lande, um jeder Straße einen gälischen Namen zu verabreichen (was vor allem in Dublin, einer protestantisch und damit englischsprachig dominierten Stadt, auf arges Befremden stößt). Gälisch wird Pflichtfach an den Schulen; dementsprechend hoch ist die Motivation der Schüler (vergleichbar mit der Motivation der Schüler an den Schulen der ehemaligen DDR, Russisch zu lernen). Seit Irlands Beitritt zur Europäischen Union im Jahre 1972 muss jedes EU-Dokument auch in Gälisch abgefasst werden. In Westirland werden ab Mitte der 1990er-Jahre aus den Gaeltachts, den rein gälischsprachigen Gebieten, staatlich geförderte Wirtschaftszentren: Es entstehen hochkarätige Technical Colleges und Business Schools; die Infrastruktur speziell im Bereich der IT wird ausgebaut, ausländische Unternehmen erhalten über Fördermittel und Steuervergünstigungen Anreize, sich in diesen Gebieten anzusiedeln und Menschen aus der Region zu beschäftigen. Einzige formelle Bedingung: Sie müssen über zweisprachige Briefbögen und gälischsprachige Ausschilderungen im Unternehmen ihre Verbundenheit mit der Sprache demonstrieren. Jede Bemühung darüber hinaus ist willkommen und wird unterstützt.

Diese Entwicklung bringt der irischen Wirtschaft den Namen »Celtic Tiger« ein. Und der Tiger hat Hunger. Seine Nahrung: Mit all den fremden Einflüssen, die über die ausländischen Unternehmen ins Land kommen, frisst er den ursprünglichen Charakter der gälischsprachigen Gebiete. Die Gaeltacht wird international.

Nur eine Gaeltacht ist aus sich heraus gewachsen und authentisch geblieben. In Belfast wurde in der ständigen Auseinandersetzung zwischen ursprünglich schottischen Protestanten und ursprünglich irischen Katholiken die Sprache zum Mittel der Identifikation. Die Wandmalereien der IRA sind in Gälisch, in den katholischen Vierteln existieren viele kleine Klubs und Schulen, in denen die Menschen Gälisch lernen, in der Stadt sind viele Vereine und Gesellschaften zur Förderung und Erhaltung der Sprache und Kultur Irlands ansässig. Der Unterschied zu Dublin: Wer hier Irisch lernt, tut es, weil er es will, nicht, weil er es muss.

Dabei sehen sich auf der anderen Seite auch die Ulster-Protestanten nicht durchweg als britisch. Ihre Symbolik beinhaltet unter anderem Cuchulainn und die Rote Hand von Ulster, rein keltische Symbole (s. Farbbildteil Abb. 42). Allerdings verbinden sie Gälisch mit der katholischen Kirche, woran diese in ihrem Dominanzstreben nicht wirklich unschuldig ist.

In Wales rettet das Wort Gottes die Sprache, während im Land nach der politischen Vereinigung zwischen 1535 und 1542 der natürliche Anglisierungsprozess läuft. Die großen Auseinandersetzungen zwischen Walisern und Engländern bleiben hier aus. Wales hatte nie eine eigene Regierung, kann somit auch nicht den Verlust eines solchen Symbols der Unabhängigkeit beklagen. Die Einteilung in Grafschaften war eine reine Formsache, da sie nur mehr oder weniger bereits bestehende Gebietsansprüche festschrieb. Und Königin Elisabeth nahm es sogar auf sich, etwas Walisisch zu lernen, da sie sich mit ihren Untertanen auf Englisch nicht verständigen konnte. 1588 übersetzt William Morgan die Bibel ins Walisische. Aufgrund der aufwändigen Fertigung jener Tage und der geringen Auflage von ungefähr 1000 Stück ist der Preis von einem Pfund so hoch, dass sich selbst die Kirchen höchstens ein Exemplar kaufen können. Für den Privatmann ist sie unerschwinglich. Das ändert sich auch erst 1770 mit der ersten walisischen Familienbibel zu einem annehmbaren Preis. Letztlich sind es ausgerechnet die Methodisten (die moralischen Hardliner der Church of England), die die Sprache retten. Ihre Veranstaltungen sind nicht einfach nur religiöse Meetings, sondern gigantische Shows, zu denen die Menschen strömen wie heutzutage zu Konzerten oder Sportveranstaltungen. Die gemäßigten Nonkonformisten nutzen schließlich auch die Printmedien. Der einzige Makel: Alles, was auf Walisisch verbreitet wird, hat einen religiösen Touch.

Mit der Industrialisierung gerät die walisische Sprache wieder in Gefahr. Ähnlich wie in den Grundsätzen der Französischen Revolution hat Individualismus in der Philosophie der sozialistischen Labour Party von 1910 keinen Platz. Internationalismus ist das Gebot der Stunde, vor allem gegen den (englischsprachigen) Hintergrund der amerikanischen Vorbilder der Gewerkschaftsbewegung. Da kann man auf kleine nationale Wünsche keine Rücksicht nehmen. Als Labour 1922 zehn walisische Sitze im Parlament gewinnt, beginnt der Niedergang der walisischen Sprache, der erst 1962 gestoppt wird. Die *Welsh Language Bill* von 1967, die Walisisch Englisch als Amtssprache gleichstellt, kehrt die Abwärtsbewegung schließlich um. Heute dürfte es in Wales für jemanden ohne walisische Sprachkenntnisse eher aussichtslos sein, einen Job im öffentlichen Dienst anzustreben.

Bei aller positiver Entwicklung hat im Nachhinein betrachtet die Labour Herrschaft einen ziemlichen Flurschaden hinterlassen, was vor allem Reiseveranstalter zu spüren bekommen. Im Gegensatz zu Irland und Schottland sind die alten keltischen Heldentraditionen in Wales in den Hintergrund getreten (worden); der Region haftet stattdessen der Hauch des Proletariers und Gewerkschafters an. Für Amerikaner, Kanadier und Australier gilt es als cool, seine Wurzeln – Roots – in Schottland und Irland zu suchen und zu finden. In Wales – nein danke.

Anders als die Waliser erhielten die Bewohner Cornwalls keine Bibel auf *Kernewek*. Es bleibt die Sprache der einfachen Leute, die meist noch nicht einmal schreiben oder lesen können. Im 17. Jahrhundert beginnen einige Intellektuelle, sich Briefe auf *Kernewek* zu schreiben – oder was sie dafür halten. Niemand macht sich die Mühe, zu den letzten wirklichen Muttersprachlern zu gehen und ihnen, wie es Luther so treffend formuliert hat, »aufs Maul zu schauen«. 1777 stirbt schließlich die Letzte von ihnen, Dolly Pentreath, ein Fischweib mit einem Wortschatz der ganz üblen Sorte. Buchstäblich ihre letzten Ergüsse werden kurz vor ihrem Tod von Daines Barrington aufgezeichnet und somit der Nachwelt überliefert. Das ändert jedoch nichts mehr an der unumstößlichen Tatsache, dass die Sprache der Kernow mit Dolly Pentreath ausgestorben ist.

Ende des 19. Jahrhunderts wird sie neu erfunden, als eine Synthese aus gesicherten Informationen und Ableitungen aus anderen keltischen Sprachen, vornehmlich dem Walisischen. Anfang des 20. Jahrhunderts kommen zwei weitere – ebenfalls synthetische – Sprachvarianten dazu, was in den 1970er- und 1980er-Jahren zu einem akademischen Krieg der Linguisten führt. Doch das Interesse ist auch in der Bevölkerung nach wie vor vorhanden, es gibt sogar cornisches Kino und ein lokal ausgestrahltes Radioprogramm bei der BBC. Und seit *Kernewek* im Jahr 2003 von der Europäischen Union offiziell als Minoritätensprache anerkannt ist, stehen sogar finanzielle Mittel zur Verfügung. Allerdings wäre es falsch, sich Illusionen hinzugeben. In Cornwall leben ungefähr 400 000 Menschen. 300 sprechen und verstehen *Kernewek*, wobei 30 der letzten Muttersprachler nicht in Cornwall, sondern in London leben. In nur zehn Familien verwendet man *Kernewek* noch als Alltagssprache. Die Zahl derjenigen, die *Kernewek* quasi als Fremdsprache erlernen, liegt bei etwa 450. Tendenz fallend.

Frage: Wie geht ein Volk mit einer Minderheitensprache um, das seinen Nationalstolz unter anderem dadurch zelebriert, in dem es Gesetze erlässt, die jegliche Anglizismen in öffentlichen Dokumenten verbieten? Das sich strikt weigert, das üblich Wort »Computer« zu verwenden und stattdessen unbeirrt *ordinateur* sagt? Was, nebenbei gesagt, ein wenig der Logik entbehrt, da sich das englische

»Computer« mit den Normannen und dem altfranzösischen Wort »compter« – »zählen« – in den englischen Sprachwortschatz geschlichen hat.

Antwort: gar nicht.

Zugegebenermaßen hat ein Lapsus aus den 30er- und 40er-Jahren des 20. Jahrhunderts auch nicht unbedingt dazu beigetragen, das Verhältnis zwischen Franzosen und Bretonen zu einem freundschaftlichen werden zu lassen. Dass sich in einer Region mit einer eigenen sprachlichen und kulturellen Identität eine nationalistische Bewegung entwickelt, ist dabei ja noch völlig normal; nur ist allein der Begriff »Bewegung« schon falsch, denn es handelte sich eigentlich nur um radikale Einzelgänger aus der intellektuellen Oberschicht. Ihre Forderung: lokale Autonomie. Ihr Vorbild: die von Nazideutschland besetzten französischen Gebiete. Und auch, wenn den Vertretern dieser Politik die Basis fehlte (die eigentliche Bewegung der Kollaborateure umfasste nach neuesten Recherchen wahrscheinlich nicht einmal 100 Personen), so werden die Franzosen bis heute recht wortkarg, wenn aus bretonischer Richtung das Wort »Autonomie« fällt. Nach dem Krieg führt Frankreich insgesamt über 3000 Prozesse gegen Franzosen und Bretonen wegen Kollaboration und Verrat und lässt 129 Menschen hinrichten (Zahlen aus: Marcus Tanner, The Last of the Celts, New Haven, London 2004).

Von da an gilt Bretonisch als verteufelt und wird auf beiden Seiten mehr oder weniger totgeschwiegen. Eltern hören auf, die Sprache an ihre Kinder weiterzugeben, aus Angst, ihnen die beruflichen Chancen zu verbauen. Französisch ist die Sprache der hippen Stadt, Bretonisch die des rückständigen Landes. Die Kirchen stellen auf Französisch um, um junges Publikum anzuziehen. Erst ab 1999 wird ein Schulbuch zugelassen, das die Einführung des Teilfaches »Bretonische Geschichte« erlaubt. Bis heute ist die bretonische Sprache an Gerichten und in staatlichen Schulen verboten. Wer sich der Sprache widmen will, trifft in erster Linie auf Hindernisse. Das fängt beim Organisatorischen an: Der französische Staatsdienst sieht lediglich einen (!) Beamten zur Bearbeitung sprachlicher Belange für die gesamte Bretagne vor. Eine Schule, die Bretonisch als Sprachklasse einführen will, muss gegenüber dem Staat fünf Jahre lang nachweisen, dass sie finanziell unabhängig ohne zusätzliche öffentliche Mittel existieren kann (angesichts der Budgets öffentlicher Schulen generell an sich schon ein aussichtsloses Unterfangen). Die Fördermittel, die dann fließen, bezahlen kaum den Verwaltungsaufwand, den man mit Antragsverfahren und Führung des Verwendungsnachweises produziert.

Als Privatinitiative entstehen ab 1977 private Schulen, an denen Bretonisch als erste Sprache unterrichtet wird, seit 1988 gibt es sie auch als Mittelschulen und seit 1994 als Gymnasium, alles finanziert durch die Eltern der Kinder. Eine Anerkennung als öffentliche Schule wurde bislang auf der Grundlage von Artikel 2 der französischen Verfassung verwehrt: »Französisch ist die Sprache der Republik.« Aktuell lernen etwa 2700 Kinder Bretonisch; 8000 bis 9000 Erwachsene sind in Abend- und Wochenendkursen eingeschrieben. Einen Exzess der besonderen Art stellte das Namensgebungsgesetz von 1803 dar, das Eltern zwang, den Namen für ihre Kinder aus einem Kalender über katholische Heilige zu wählen; bretonische Namen waren verboten. Ab 1987 waren bretonische Taufnamen zwar nicht akzeptiert, aber geduldet wenn man einen gnädig gestimmten Standesbeamten vor sich hatte. Erst seit 1993 kann eine bretonische Familie die Namen ihrer Kinder frei wählen.

Doch einige der Probleme sind auch hausgemacht. Die Zersplitterung der Sprache in vier große Dialekte und das auf falschem Stolz aufbauende merkwürdige Verhalten der Verfechter der jeweiligen Mundart tun ihr Übriges. Es kommt nicht selten vor, dass man plötzlich beschließt, den Sprecher einer anderen Variante des Bretonischen nicht zu verstehen, während sich diese Sprachbarriere immer dann, wenn es um Geschäft und Geld geht, auf wundersame Weise verflüchtigt. Nicht zu übersehen ist auch die allgemeingültige und wenig motivierende Meinung der »echten« bretonischen Muttersprachler, dass all diejenigen, die Bretonisch als Zweitsprache erlernen, nie Perfektion darin erlangen werden. Dieses übersieht den Fakt, dass die sogenannten »echten« Muttersprachler Bretonisch gelernt haben, weil es immer zu Hause gesprochen wurde, dieses mit einem entscheidenden Nachteil: Sie können Bretonisch weder lesen noch schreiben. Tatsächlich beläuft sich die Zahl derjenigen, die Bretonisch lesen können, auf ca.10 000.

Auch die relativ hohe Zahl derjenigen, die Bretonisch als Alltagssprache benutzen (250 000), gibt wenig Anlass zur Freude. Mehr als zwei Drittel davon sind älter als 65 Jahre.

Aber die aufmüpfige Natur der Bretonen findet immer neue Wege. Es finden sich durchaus Persönlichkeiten, die dem Klischee von den rückständigen Bretonen hartnäckigen Widerstand entgegensetzen – und sich dabei modernster Kanäle bedienen. Aktuell feiert das Album »Bretonne« der Bretonin Nolwenn Leroy in Deutschland einen Chart-Erfolg nach dem anderen (deutlich mehr als in Frankreich ... nun, wen überrascht's ...). In dieser Kompilation zelebriert sie zum Teil sogar trotzig den Stolz auf ihre bretonische Abstammung. In dem Song »Je ne serais jamais ta Parisienne« (»Ich werde nie deine Pariserin sein«) bringt sie ihre Heimatverbundenheit ganz klar zum Ausdruck:

Qui voit Ouessant, voit son sang
Qui voit Molène, oublie sa peine
Qui voit Sein, n'a plus peur du lendemain
Qui voit le Fromveur, entrevoit le bonheur

J'aimerais tant que tu me comprennes
Je ne serai jamais ta Parisienne
J'aimerais tant que tu me comprennes
Qu'ici ma place n'est pas la mienne.

Wer Ouessant (Stadt in der Bretagne – d. Autor) sieht,
sieht sein Blut,
Wer Molène (Stadt in der Bretagne – d. Autor) sieht,
vergisst seine Schmerzen,

Wer Sein (bretonische Insel – d. Autor) sieht,
fürchtet das Morgen nicht mehr,
Wer die Fromveur-Passage (der Übergang von der Insel Ouessant
zum Archipel von Molène – d. Autor) sieht,
erhascht einen Blick vom Glück.

Ich wünschte so sehr, dass du mich verstehen würdest,
Ich werde nie deine Parisierin sein,
Ich wünschte so sehr, dass du mich verstehen würdest,
Dieser Ort hier ist nicht der meine.
(Übersetzung: Ralph Hauptmann)

Obwohl mit einer im Vergleich zu Bretonisch relativ geringen absoluten Anzahl von Sprechern gesegnet, stehen die Chancen für Manx, die alte Sprache der Isle of Man, bedeutend besser.

Die letzten beiden »echten« Muttersprachler des Manx, Mrs Sage Kinvig und Mr Edward Maddrell starben 1962 bzw. 1974. Doch anders als beim *Kernewek* hatte die Wiederbelebung der Sprache bereits mehr als 30 Jahre vorher begonnen, sodass viele Menschen seitdem Manx in seiner alten Form zumindest als Zweitsprache erlernt haben. Auch stimmt die Demografie optimistischer als beim Bretonischen. Zwar sprechen heute nur ungefähr 1700 Menschen Manx (das sind ca. 2,3 Prozent der Gesamtbevölkerung), allerdings ist etwa die Hälfte davon 19 Jahre und jünger. Tendenz steigend, was auch kein Wunder ist. Seit 1992 wird Manx in den Schulen gelehrt, und seit 2001 gibt es manxsprachige Kindergärten und Grundschulen. Anfang Dezember 2004 führten 20 Kinder der Bunscoill Ghaelgagh (Manx-Grundschule) in der St. John's Church im Rahmen eines Gottesdienstes ein manxsprachiges Weihnachtsprogramm auf. Die alte Sprache erfreut sich derartiger Beliebtheit, dass inzwischen sogar die Lehrer knapp werden …

Die Politik unterstützt die Pflege des Manx. 1985 hat das Inselparlament (Tynwald) Manx einen begrenzten offiziellen Status zugebilligt. Die Manx Heritage Foundation und der Coonceil ny Gaelge

(Manx Sachverständigenrat) wurden mit öffentlichen Mitteln ins Leben gerufen und setzen sich für eine Regulierung und Standardisierung des offiziellen Gebrauchs der Sprache ein.

Sprache, Kultur und Traditionen eines Volkes sind untrennbar miteinander verbunden. Werden sie getrennt, gehen sie unter. Die Sprache findet keine Ausdrucksmöglichkeiten mehr und die Kultur entwickelt ein Eigenleben, das sich mehr und mehr von den Ursprüngen entfernt.

In den ehemaligen keltischen Siedlungsgebieten wird diese These traurige Realität.

Die Feste Fremder

Sprache, Traditionen, Sitten und Gebräuche können nur überleben, wenn sie wie selbstverständlich und freiwillig Bestandteil des Lebens der Menschen sind. Oft genug sterben sie von allein. Mindestens genauso oft werden sie unterdrückt und verdrängt.

Irland ist ein Paradebeispiel für beides. Im Westen, dem einzigen Gebiet, das aufgrund seiner Kargheit von der Besiedlung durch die ab dem 16. Jahrhundert eingewanderten protestantischen Siedler komplett verschont wurde, bleibt Gälisch die Sprache des Alltags. Bis zur Mitte des 16. Jahrhundert ist Galway sogar im wahrsten Sinne des Wortes abgeschnitten vom Rest Irlands, denn erst seitdem gibt es Brücken über den Shannon. Während der Hungersnöte von 1840/41 stirbt fast eine Million Menschen, weitere zwei Millionen verlassen Irland im Verlauf der folgenden Jahre. Es sind Jahre der Not, der Entbehrung und des Verlustes. Eine schlimme Zeit, in der viele der alten Traditionen verschwinden. Stattdessen wendet man sich der katholischen Kirche zu, oftmals die einzige Institution, die die Menschen vorm Verhungern bewahrt.

Als die größte Not vorbei ist, endet auch das Sterben der Traditionen. Was nicht heißt, dass auch die Reste nicht dem einen oder anderen ein Dorn im Auge sind. Die Kirche wendet sich gegen die »lästerliche Musik und das unschickliche Tanzen«, die aus ihrer Sicht mit Trunksucht und Ehebruch einhergehen. 1935 kulminiert das ganze im *Public Dancehall Act*, das öffentliche Tanzveranstaltungen verbietet. Fast 30 Jahre lang sind Musik und Tanz verpönt. Parallel dazu verschwindet nach und nach das Gälische aus der Alltagssprache. Die 1960er-Jahre sehen einen Aufschwung in der Folk-Music-Bewegung – allerdings in den USA. Das nimmt der klassische Pianist und Komponist Seán O'Riada zum Anlass, sich intensiv mit traditioneller Musik zu beschäftigen. Seine Band heißt »Musiker des Chulainn« (*Ceoltóiri Chualann*). Ihr verdanken wir den von Kate Bush 1996 aufgenommenen und unter anderem 2012 von der oben erwähnten Nolwenn Leroy gecoverten Song *Mná na hÈireann*. Später wird O'Riada zum Teil parallel Mitglied der »Chieftains«. Als diese zwischen 1968 und 1970 für zwei nationalistisch angehauchte Filme, die der Premierminister Eamonn de Valera produzieren lässt, den Soundtrack schreiben dürfen, ist der Durchbruch für die Irish Folk Music geschafft.

Auf der Isle of Man sind es, wie auch schon in Wales, ausgerechnet die auf Show bedachten Methodisten, die sich bereits ab 1780 für die Erhaltung der Sprache Manx stark machen. Aber das hat seinen Preis: Gedruckt und geschrieben werden darf nur das Wort Gottes. Tabu ist dagegen alles, was nicht irdisch und auch nicht Gott ist. Also werden sie alle aus dem kollektiven Gedächtnis verbannt: die *Ny Shee* (Feen), die *Fynnodderee* (Zwerge), *Buggane* (Trolls) und nicht zu vergessen die *Glashtin* (Kobolde). Singen ist Sünde, und Tanzen sowieso. Und am Geburtstag des Herrn pflegt man bitte christliche Traditionen, und nicht etwa das *Oie Voirrey*, das keltische Weihnachtssingen!

In Wales werden im 16. und 17. Jahrhundert die Barden und Poeten endgültig aus den gründlich anglizierten Haushalten der Adligen verdrängt. Die Sängerkultur von Wales stirbt. Elisabeth I. ruft 1568 zu einem *Eisteddfod* – einem Wettstreit der Sänger und Barden –, der mit mäßiger Beteiligung stattfindet. Zu einer ähnlichen Veranstaltung irgendwann um 1620 erscheinen gerade einmal vier Sänger.

Ende des 19. Jahrhunderts wird die Institution wieder belebt, doch sie hat nichts Keltisches mehr an sich. Heute sind es Festivals nach amerikanischem Vorbild, die an eine Mischung aus Rodeo und Volksfest erinnern. Ebenfalls aus dem ausgehenden 19. Jahrhundert stammt die »walisischen Nationaltracht«: ein hoher schwarzer Hut mit einen weißen Rüschenschleier, das Ganze abgerundet mit einem langen roten Schal. Und während der *Eisteddfod* zumindest keltische Wurzeln hat, ist die Tracht eine reine Erfindung einer einzelnen Dame, Augusta Hall, Lady Llanover.

Noch immer gibt es *Céilidh, Eisteddfods,* Pubs mit Livemusik. Doch spielen die Musiker und Sänger inzwischen für ein anderes Publikum.

Für die »letzten Feinde der Kelten«.

Die neuen Feinde?

Gefunden und verloren

Mit finsterem Gesicht stehen sie auf der Klippe, eingehüllt in schwarze Umhänge, die Kopftücher enden kurz über den Augenbrauen und verdecken das Haar komplett, sodass die bleichen Gesichter noch strenger erscheinen. Die Lippen sind fest aufeinandergepresst, die Falten in den Mundwinkeln scharf, die Augen starr auf das Meer gerichtet. Es ist diesig, aber dennoch ist die riesige dunkle Silhouette nicht zu übersehen, die sich langsam aus dem Nebel schält.

So, wie die alten Frauen der Insel starren, könnte man meinen, dass sie eines Geisterschiffs ansichtig geworden sind.

Sie stehen und starren es an, als könnten sie allein mit der Kraft ihrer Blicke abwenden, was unvermeidlich ist. Das Schiff schiebt sich langsam auf die Insel zu und scheint immer weiterzuwachsen. Dann plötzlich bleibt es stehen.

An Land hegt niemand die unsinnige Hoffnung, es könnte doch noch abdrehen. Die Anlegestelle ist neu; der Kapitän manövriert vorsichtig, er hat noch keine Erfahrung mit dem neuen Hafen, der eigentlich noch gar keiner ist. Doch er sollte es bald werden, denn seine Ladung verspricht, nicht die letzte zu sein. Im Gegenteil.

Über viele Jahre war die Isle of Man ein verlorenes, trauriges, nichtsdestoweniger geheimnisvolles Eiland irgendwo auf halbem Weg zwischen Nordengland und Irland. Kaum jemand fuhr freiwillig dorthin, zudem waren die wenigen Überfahrten exorbitant teuer. Jeder hatte ein eigenes Fantasiebild im Kopf, wenn er den Namen der Insel hörte, während die Inselbewohner in ihrer Abgeschlossenheit eine verschworene Gemeinschaft bildeten, in der Fremde nur wenig Platz hatten.

Um 1820 endet die Isolation. Die alten Segelschiffe werden nach und nach außer Dienst genommen und durch die modernen, effizienteren Dampfschiffe ersetzt. Reisen wird auf einmal für einen weitaus größeren Kreis erschwinglich. Und schon bald wird die Isle of Man als nahe liegendes Kuriosum entdeckt, das einen Besuch lohnt. Die Einwohner werden mit einer Erscheinung konfrontiert, die sie bislang nicht kannten: Massentourismus. Große Gruppen Engländer, Waliser und Schotten schlendern über die Insel, bestaunen die karge Natur und finden, dass die Manx zwar ein etwas rückständiges, aber auch ganz drolliges Völkchen sind. Letztere haben plötzlich das Gefühl, in einem Freigehege zu leben, um von zahlenden Besuchern bestaunt zu werden. Und sie tun das Einzige, was sie in dieser Situation tun können: Sie entwickeln eine Tourismusindustrie. Die ersten Bemühungen gelten der Infrastruktur. Die Anlegestellen werden zu respektablen Häfen für die großen Dampfschiffe umgestaltet, und schon bald gibt es auch ein ausgedehntes Schienennetz auf der Insel, um den Touristen die Erschließung per Eisenbahn zu erleichtern. Aber auch sonst stellt man sich auf diejenigen ein, die neues Geld auf die Isle of Man bringen. Beschilderungen werden englischsprachig. Neue Gaststätten, Bars und Shops entstehen, und natürlich spricht das Personal Englisch. Wer möchte sich schon mit einer Sprache identifizieren, die gedanklich mit Rückständigkeit verbunden wird? Die wenigen Hundert Besucher pro Jahr, die sich früher auf die Insel verirrten, wurden schon fast als schrullig angesehen. 1913 ist die Isle of Man zur englischen Ferieninsel Nummer eins avanciert. Die Dampfschiffe spucken zu dieser Zeit annähernd 1,5 Millionen Touristen aus. Die letzten keltischen Elemente geraten zu inszenierten Tourismusattraktionen.

Es ist eine Geschichte, die sich überall wiederholt. In Frankreich werden die Malereien Gauguins von bretonischen Frauen in ihrer »Nationaltracht« Massenware, auf Postkarten und Werbebannern – vorzugsweise denen der Eisenbahn. Es ist auch die Tourismusindustrie, die – im Gegensatz zum französischen Staat – das bretonische Kulturerbe fördert, weil es ein hervorragendes Marketinginstrument ist. Die Bretagne mit ihren landschaftlichen Schönheiten wird zur führenden Ferienregion Frankreichs. So, wie die Stämme der Ureinwohner Nordamerikas heute »traditionelle« Tänze in »traditioneller« Tracht für die in Bussen herbeigekarrten Touristen und ihre Digitalkameras aufführen, so geraten auch die bretonischen Feste mehr und mehr zu Attraktionen für Fremde. Im Alltag tragen die Menschen Jeans, T-Shirts, Hemden, Anzüge und Kleider wie jeder andere Bewohner Frankreichs auch. Wer die »traditionelle bretonische Kleidung« als Souvenir mit nach Hause nehmen will, muss sich eine Trachtenpuppe kaufen.

In Irland hat sich der »Celtic Tiger« bis vor Kurzem noch äußerst positiv auf das Wirtschaftsgefüge Irlands ausgewirkt. Die Arbeitslosenquote lag 2006 mit 4,2 Prozent deutlich unter den 6,2 Prozent (*Quelle: Auswärtiges Amt*) des jährlichen Wirtschaftswachstums (auch wenn das durch Subventionen künstlich hochgehaltene Niveau 2010 mit aller Härte auf den Boden der Tatsachen zurückgeholt wurde; Irland gehörte zu den ersten Ländern, die Mittel aus dem EU-Krisenfonds beantragte). Doch außer Pharma- und IT-Unternehmen entdecken Mitte der 90er-Jahre auch immer mehr Touristen die westlichste Insel Europas. Wer 1990 in Donegal in einer

Cottage Urlaub machte, musste zum Teil hart im Nehmen sein und eine große Liebe zum Land mitbringen. Oft genug kein Strom, die einzige Wärmequelle ein Torffeuer und der nächste Pub eine Weltreise entfernt. Inzwischen beherbergt Donegal neben einem renommierten Technical College, einem hochmodernen Gewerbepark und einer Serverfarm auch mehrere exklusive Golfplätze. Die Hotels und Cottages sind modern, um der Klientel alle Annehmlichkeiten der Zivilisation zu bieten. Was der Tourist auch erwartet, wenn er nach Irland kommt, sind traditionelle Irish Pubs, vorzugsweise mit live Folk Music, und auch die gibt es in großer Zahl. Dieses relativ leicht reproduzierbare Konzept der »typisch irischen Gastlichkeit« hat sich zum Exportschlager entwickelt. Allerdings befinden sich inzwischen in einem solchen Pub in Irland unter den Gästen oft etwa genauso viele Iren wie beispielsweise in Deutschland. Die Jugendlichen bevorzugen die stylishen Clubs und Bars in Dublin und Belfast, in denen Jazz, Blues und Lounge Music dominieren.

Die »letzten Kelten« haben aus der Not eine Tugend gemacht. Sie haben sich nicht gegen eine Entwicklung gestellt, die aufzuhalten ohnehin nicht in ihrer Macht gestanden hat. Der Tourismus sichert die Existenzen vieler Tausend Familien, die den Preis dafür mehr als bereitwillig zahlen.

Doch manchmal ist der Preis höher, als erwartet.

Gekommen, um zu bleiben

Im Altertum und Mittelalter hat man die Kelten noch mit Lanze, Schwert, Hellebarde und Muskete von ihrem Land vertrieben. Heute kauft man einfach Häuser in der Nachbarschaft.

Die Küstenregionen der Bretagne leben nach dem Niedergang der Fischerei inzwischen fast ausschließlich vom Tourismus. In Cornwall schloss 1998 die letzte Zinnmine, South Crofty, die zwar 2004 aufgrund des weltweit steigenden Zinnbedarfs wieder eröffnet, jedoch modernisiert wurde und jetzt erheblich wirtschaftlicher (i.e. mit weniger Arbeitskräften) betrieben wird. Wie auch in Westirland oder in den schottischen Highlands gibt es so gut wie keine Landwirtschaft, oder anderweitige nennenswerte Industrie, von der die Bevölkerung leben könnte, wobei Irland noch den Vorteil der ausländischen Arbeitgeber hat.

Was all diese Regionen jedoch zweifellos haben, ist eine atemberaubende Landschaft, eine einmalige Naturschönheit. Die zerklüfteten Küsten von Cornwall oder der Bretagne haben über die Jahrtausende nichts von ihrem Reiz eingebüßt. Und viele Tausend Touristen kommen jedes Jahr, um sich diese wunderbaren Landstriche anzusehen.

Kann es etwas Schöneres geben, als hier zu leben?

Und so ist sie schließlich nicht mehr aufzuhalten, die letzte Invasion in die Siedlungsgebiete der Kelten. Die Vorboten der letzten Welle der Eroberer sind keine Krieger, sondern Grundstücksentwicklungsgesellschaften und Immobilienmakler. Und dann rücken sie an, die englischen, amerikanischen und französischen Ferienhausbesitzer und Eigentümer von exklusiven Altersruhesitzen. Eine Klientel, die – wie die vorrangig walisischen und englischen Ferienhausbesitzer in der Bretagne – am Zweitwohnsitz keine Abgaben an die Gemeinde leistet, und die weder Pfund, noch Dollar oder Euro vor dem Ausgeben zweimal umdrehen muss. Noch weniger müssen sie ihren Lebensunterhalt in der Region verdienen, in der sie sich ansiedeln.

Im Gegensatz zu den Einheimischen. Und selbst wenn der Tourismus boomt, so sind inzwischen die wenigsten noch in der Lage, die Grundstückspreise zu zahlen, die im Zuge dieser Einwanderung der Wohlhabenden astronomische Dimensionen erreicht haben. Kein Anreiz für junge Leute, in der Heimat ihrer Eltern zu bleiben. Warum auch, wenn Wohnungen und Häuser sogar in den Städten deutlich preiswerter sind?

Ein letzter Aspekt. Man stelle sich vor, eine bretonische oder schottische Familie kämpft darum, die Sprache zu bewahren und versucht deshalb, sie als Alltagssprache zu Hause am Leben zu erhalten. Und dann sitzt da doch tatsächlich tagein, tagaus jemand daneben, der partout nichts anderes als Englisch oder Französisch spricht. Was es besonders übel macht: Man hat ihn nicht nur eingeladen, sondern *gekauft*. Er gehört zur Familie wie der Hund, jedoch mit dem Unterschied, dass man ihm noch mehr Aufmerksamkeit widmet als dem Tier. Sicher, man könnte den Fernseher einfach ausschalten, doch wer tut das schon? Fernsehen ist ein normaler Bestandteil des Lebens, und es existieren vergleichsweise wenige Programme auf Gälisch, Walisisch, Kernewek, Manx oder gar Bretonisch. Die wenigen, die es gibt, haben einen schweren Stand gegen die vielfältige englisch- oder französischsprachige Konkurrenz.

Gegangen, um zu überleben

Mehr als zwei Millionen Iren verlassen während der Hungersnöte von 1840/41 und in den Dekaden danach ihre Heimat und suchen eine neue Existenz buchstäblich am anderen Ende der Welt. Klassische Einwandererländer sind die USA und Australien, wo sich große Gemeinschaften formen. Die Bindungen an die alte Heimat sind stark. Nicht nur ist der 17. März, St. Patricks Day, in den USA mindestens genau so ein großer Festtag wie in Irland selbst (nur halt mit dem »amerikanischen Touch«, dass man gelegentlich sogar das Guinness grün einfärbt ...). Ein großer Teil des irischen Unabhängigkeitskampfes wurde durch in den USA gesammelte Geldmittel finanziert, eine Quelle, auf die die Irish Republican Army noch immer zurückgreifen kann.

In sich geschlossene cornische Gemeinschaften außerhalb Cornwalls findet man heute vor allem in Südafrika und Australien, was nicht weiter verwundert. Sie haben die Arbeit in den niedergehenden Zinnminen von Cornwall gegen die in aufstrebenden Goldminen unter südlicher Sonne eingetauscht.

Im nordöstlichen Kanada liegt das Land der »Fiddler« und *Ceilidh* (Tanzveranstaltungen), Nova Scotia. Auf den ersten Blick könnte man den Eindruck gewinnen, hier ein blühendes keltisches Refugium entdeckt zu haben. Es gibt ein Gaelic College in St. Ann's, ein »traditionelles« Highlanddorf in Iona (!), und an vielen Orten sieht man die farbenfrohen Schottenröcke. Laut Touristeninformation bekommt man hier »die gälische Erfahrung pur«. Doch wenn man unter die Oberfläche schaut, sieht man, dass Nova Scotia ein Kunstprodukt ist. Beginnen wir mit dem »Kilt«, dem Schottenrock, der nichts Keltisches an sich hat. Er ist die Erfindung des englischen Industriellen Thomas Rawlinson aus dem Jahre 1730, eine Abwandlung des über die Schulter getragenen gegürteten Mantels, den dessen schottische Arbeiter tragen. Er nahm den oberen Teil weg und gestaltete den verbleibenden unteren enger anliegend, indem er Falten einnähen ließ, womit eine praktische Arbeitskleidung entstand. Es wurde von den schottischen Aristokraten wiederentdeckt, die zu dieser Zeit schon längst mehr Engländer als Schotten waren. Das Hinterteil des echten keltischen Aristokraten bedeckte eine Hose. Im Gegenteil, der ursprüngliche geworfene Mantel galt bei den anglo-normannischen Südschotten als Kleidung von elenden Viehdieben.

Aber auch die Geschichte der Entstehung Nova Scotias spricht nicht dafür, dass es eine natürliche keltische Idylle ist. Ursprünglich eigentlich französisches Siedlungsgebiet (zu dieser Zeit hieß es noch »Acadie«) wird ein Teil davon 1713 formell britisch. 1763 gerät auch der restliche französische Teil, inzwischen »Cape Breton«, unter britische Verwaltung. Erst ab Mitte des 18. Jahrhunderts, der Zeit der militärischen Niederschlagung der Hochlandschotten, beginnen die ersten Highlandaristokraten samt dem Clansvermögen in die neue Welt auszuwandern. Ende des 18. Jahrhunderts sind die Schotten in Schottland generell unerwünscht. Die englische Tuchindustrie braucht Wolle, die Grundbesitzer benötigen große, zusammenhängende Gebiete als Schafweiden, und da stören die Einwohner ganz erheblich. Nova Scotia wird als das neue Paradies vermarktet. Die Schotten verlassen ihre Heimat und siedeln sich vorrangig in Cape Breton an. Die zweite große Welle schottischer Auswanderungen beginnt 1820, allerdings sind es keine wohlhabenden Clanführer mehr, sondern in der Regel fast mittellose Menschen auf der verzweifelten Suche nach einer neuen Existenz. Sie sind es, die verstärkt die Sprache und die letzten Reste keltischer Traditionen nach Nova Scotia und Cape Breton bringen. Die Hauptsprache ist Gälisch, und das bleibt sie auch für lange Zeit. Es gibt so gut wie keine Städte, und die wenigen, die es gibt (wie die ursprünglich britische Stadtgründung Halifax) sind mangels Eisenbahn und schlecht ausgebautem Straßennetz nur schwer zu erreichen.

Doch das 20. Jahrhundert bringt Veränderungen. Die modernen Einflüsse Amerikas fordern ihren Tribut. Die Jugend bricht aus den ländlichen, traditionellen und extrem konservativen Kreisen aus. Ihre Sprache wird die der Medien und der Städte. Von dem ursprünglichen Gälisch bleibt gerade einmal ein kleiner Akzent im amerikanischen Englisch. Bereits 1904 wird der Druck der einzigen gälischsprachigen Zeitung wegen mangelndem Bedarf eingestellt. Auch hier ist es letztlich die Tourismusindustrie, die aus Eigeninteresse heraus die vermeintlich letzten Reste des keltischen Erbes konserviert und aufbereitet. Doch die Grundlage dessen, was man heute in Nova Scotia als »die keltische Erfahrung« verkauft, ist die »Kultur der Fiddler«, die ihre Wurzeln bei den Einwanderern zwischen 1820 und 1860 hat, die trotz gälischer Sprache selbst schon längst keine Kelten mehr waren (s. Karte Sprachenklaven im Farbbildteil Abb. 37).

Walisisch wird noch heute in einer Region als Alltagssprache verwendet, von der man es nicht vermuten würde: Argentinien. Um 1860 herum liegt Argentinien im Konflikt mit dem benachbarten Chile. Der Plan der Regierung: Schaffung eines Pufferstaates, den man kontrollieren kann. Die Grundlage der walisischen Kolonie in Patagonien ist ein Vertrag, nachdem die argentinische Regierung Land bereitstellt und die walisischen Partner sich verpflichten, möglichst viele Kolonisten ins Land zu holen.

Dabei hat das Unternehmen keinen wirklich guten Start. Das »Glück verheißende Land«, das Chubut-Tal, ist in Wahrheit eine Halbwüste, die regelmäßig von Überflutungen heimgesucht wird. Auch hat die argentinische Regierung keinen unerheblichen Anteil daran, dass die Umgebung alles andere als einladend ist: In den Jahren zuvor ist sie mit Mitteln gegen die einheimische Urbevölkerung vorgegangen, die man getrost als Völkermord bezeichnen kann. Die einheimischen Stämme machen in ihren Racheaktionen nun ihrerseits keinen Unterschied mehr zwischen Argentiniern und Walisern. Dennoch kommen bald die ersten Erfolge für die neuen Siedler. Diese sind dann auch das Signal für Argentinien, die walisische Kolonie verwaltungstechnisch fester an sich zu binden (also zum Beispiel, die Waliser zu den für Argentinier obligatorischen militärischen Sonntagsübungen zu verpflichten, was sie strikt ablehnen). In den 1920er-Jahren und noch mehr in den 40er-Jahren (unter Perón) leidet die walisische Kultur unter der restriktiven Politik der argentinischen Regierung, die sich strikt gegen kulturelle Vielfalt ausspricht. Erst ab 1983, nach dem Fall der Militärdiktatur, entspannt sich die Lage und das Walisische im Chubut-Tal erlebt einen Aufschwung. Heute sprechen dort noch etwa 5000 Menschen Walisisch im Alltag, die meisten davon in Gaimán, der einzigen Siedlung, in der das Walisische kein aufgepfropftes Kulturprojekt ist, sondern völlig natürlich zum Leben gehört.

Leben wir in einer keltischen Welt?

Die alten keltischen Reiche sind schon vor langer Zeit untergegangen. Was dagegen überlebt hat, ist die ungebrochene Faszination, die von dieser uralten, reichen Kultur ausgeht, die das Gesicht des modernen Europas so entscheidend mitgeprägt hat. Und sie wird ganz sicher überleben, dafür sorgen neben staatlichen Stellen und Organisationen auch viele kleine und große, »laute« und stille Helden. Einen eher paradoxen Beitrag leisten dabei auch diejenigen, die auf die eine oder andere Art und Weise die keltische Kultur zelebrieren und sich dabei auf ihre Symbole beschränken oder die diese Symbole ganz schlicht als Marketinginstrumente verwenden. Egal, ob politisch leidenschaftslos oder als engagierte Privatinitiative, ob wissenschaftlich fundiert oder mit gepflegtem Halbwissen, ob uneigennützig mit viel Herzblut oder mit einem ureigensten Geschäftsinteresse vor Augen, sie alle tun im Prinzip dasselbe: Sie halten das Interesse an den Kelten am Leben. Ihnen allen ist das letzte Kapitel dieser keltischen Zeitreise gewidmet. Gleichzeitig wird durchaus kritisch die Frage beleuchtet, wie viel von dem, was uns als »keltisch« verkauft wird, auch wirklich keltisch ist, bzw. was von dem, was uns umgibt, keltischen Ursprungs ist, ohne dass wir es wissen.

Das wichtigste Instrument der Römer bei der Romanisierung neuer Territorien (wie zum Beispiel Britannien) war die lateinische Sprache. Und auch die Kelten haben es geschafft, dass wir tagtäglich Worte verwenden, die eigentlich keltischen Ursprungs sind. Wir essen bei MacDonald's, trainieren bei McFit oder kaufen bei McGeiz oder MacPaper ein und verbinden mit der Vorsilbe allenfalls etwas Englisches oder Amerikanisches; aber wer weiß, dass *mac* das keltische Wort für »Sohn« ist? Oder: Ahnen wir, dass das deutsche Wort »Amt« ursprünglich keltisch ist? Caesar übernimmt es von den Galliern als *ambacti*, um die zu beschreiben, »die sich um den Herrn bewegen«. Auch die Worte »Reich« (*rigiom*) und »Glocke« (altirisch *clocc*) sind keltischen Ursprungs. Nicht anders als andere Völker folgten auch die Kelten dem Brauch, ihre hochgeistigen Getränke mit dem harmlosen Begriff »Wasser« oder »Wässerchen« zu bezeichnen. Bei den Russen ist es »Vodka« (von *woda*), die Skandinavier nennen ihren Kümmelschnaps »Akvavit« (von Latein *aqua vitae* –»Lebenswasser«) im Gälischen heißt es *Uisce Beatha* – ebenfalls »Wasser des Lebens«. Uisce wird auf Englisch *whiskey* geschrieben. Und wenn wir schon bei den geistigen Getränken sind: Wissen die Weinbauern, dass sie die geniale Erfindung des Fasses den Kelten verdanken?

Umgekehrt können Ignoranz, vielleicht auch Überheblichkeit dazu führen, dass keltische sprachliche Ursprünge verschwinden. In Dublin zum Beispiel: Dort gibt es einen Phoenix Park. Er verdankt seinen Namen den Engländern, die in den Landkarten verewigten, was sie hörten: *Parc na Fionn Uisce* (gesprochen: »fienischk«). Mit Phoenix gaben sie dem Namen aber einen ganz anderen Sinn. Wer Gälisch nicht versteht, denkt an den Feuervogel, der aus der Asche emporsteigt. Der gälische Name bedeutet aber: »Park des hellen Wassers«.

Es bleibt aber nicht bei der Sprache. Reales und weniger reales Keltisches durchzieht viele Lebensbereiche. Schauen wir in die Tattoo-Shops: Hier erfreuen sich die »Celtic Crosses«, die Triskelen und Knoten großer Beliebtheit. Dieselben Formen findet man in endlos vielen Variationen als Schmuck. Sie sind interessant, ästhetisch, geheimnisvoll, etwas Besonderes. Vom »Normalbürger« oft despektierlich als »Grufties« bezeichnet, pflegen die »Goths«, die Anhänger der »Gothic-Kultur« (bzw. sozialwissenschaftlich korrekt »Sub-Kultur«), ihren ganz eigenen schwarzen Stil, der viele Traditionen und Ausrichtungen fantasievoll zusammenbringt. Auch hier tauchen Schmuck, Tattoos und Deko-Elemente mit mittelalterlichen Drachen und »keltischen« Kreuzen auf.

Oft wird etwas werbewirksam als »keltisch« bezeichnet, das gar nicht keltisch ist. Souvenirshops und Stände auf Wochen-, Weihnachts- und Mittelaltermärkten verkaufen beispielsweise Anhänger mit »keltischen Runen«. Runen sind jedoch Schriftzeichen germanischer und nordischer Völker. Sogenannte keltische Schriftzeichen sind als Deko-Elemente beliebt, weil sie einen Hauch des Geheimnisvollen verbreiten. Tatsächlich sind sie nichts anderes als eine von irischen Mönchen verwendete Variante der lateinischen Schrift.

Die Esoterik bedient sich nicht nur extensiv keltischer Symbolik, sondern versteht sich zum Teil sogar als Fortsetzung keltischer Glaubensvorstellungen und Traditionen. Die Ursprünge des Wicca-Kults, einem Hexen- und Magiekult, gehen auf angelsächsische Hexenkulte zurück, die mit keltischen Elementen vermischt wurden. Die Anhänger des Wicca-Glaubens feiern die meisten der keltischen Feiertage, wie Samhain, Lughnasad und Beltaine, aber eben auch germanische wie Jul (das Weihnachtsfest). Der Name selbst weist jedoch eindeutig auf angelsächsische Wurzeln hin. Altenglisch *Wic-*

Gedenktafel in Coca, Spanien. »In Erinnerung an René Goscinny, der in seinem Buch *Asterix bei den Spaniern* das Dorf Coca unsterblich gemacht hat. 1992«

ca bedeutet »Wahrsager«; die weibliche Form, »wicce« ist der Ursprung des englischen Wortes »witch« – Hexe. In den USA ist der Wicca-Kult eine anerkannte Religion, wohingegen in Deutschland die bloße Eintragung des Begriffes als Wortmarke gescheitert ist.

Längst nicht mehr nur Lesestoff für die unter Zwölfjährigen sind die Abenteuer des Asterix. Bei allen didaktischen Zielsetzungen und schriftstellerischen Freiheiten gehören sie zu den am besten recherchierten Werken zum Thema Gallier und schlagen in puncto historischer Korrektheit streckenweise sogar Filme wie »King Arthur« oder »Gladiator«.

Nicht zuletzt hat sich auch die Filmwirtschaft das Keltische zu eigen gemacht. Über die Filme mit klaren keltischen Themen wie die schon erwähnten »King Arthur«, »Rob Roy« oder »Braveheart« hinaus, beziehen Werke wie »Harry Potter«, »Narnia«, »Der Herr der Ringe« oder »Eragon«, kurz, fast alles, was irgendwie mit Fantasy zu tun hat, ihre Inspirationen für Ornamente, Ausstattungen bis hin zu Namen aus dem reichen Fundus der keltischen Traditionen.

Es sind aber eher die stillen Helden, die die Kelten wirklich erforschen. Archäologen und Historiker wurden oft verkannt und unterfinanziert. Staatliche Förderungen, wie im Schwerpunktprogramm »Frühe Kelten« der Deutschen Forschungsgemeinschaft, sind eher rar. Lange Zeit nahm nur ein sehr begrenztes Publikum ihre Forschungsergebnisse wahr. In der Verbindung mit modernen Medien und Ausstellungsdesignern, die archäologisches und museales Wissen nach den Grundsätzen des Edutainment (Education + Entertainment) aufbereiten, eröffnen sie einer breiten, wissbegierigen Öffentlichkeit die Welt der Kelten. Die historischen Dokumentationen der BBC oder des ZDF, Sonderausstellungen wie die Landesausstellung in Stuttgart, oder Magazine wie *Geo Epoche* und *PM History* erfreuen sich großer Beliebtheit und schlagen Brücken zwischen »trockener« Wissenschaft und Geschichtserlebnis.

Es gibt staatliche Organisationen, wie *Bwrdd yr Iaith Gymreag,* die Walisische Sprachkommission, die die Schnittstelle zum öffentlichen Sektor darstellt und öffentliche Fördermittel organisiert und bereitstellt, oder *Kevas an taves Kernewek,* das Cornische Pendant. Daneben stehen Privatinitiativen wie die 1962 gegründete *Cymdeithas yr Iaith Gymreag,* die »Gesellschaft für die walisische Sprache« oder in Cornwall seit 1928 der *Gorsedd,* eine kulturelle Vereinigung, dessen Vorsitzender den klangvollen Titel »Erzdruide« trägt. Ihnen verdanken wir zweisprachige Straßenschilder, walisische, gälische oder cornische Bücher, Zeitungen, TV- und Radio-Formate. Es bedarf jedoch einer neuen Generation von Helden, um die letzten Reste des keltischen Erbes zu pflegen und vor dem Untergang zu bewahren.

Es ist der Gälischlehrer in einem Belfaster Pub, der für ein Guinness (oder auch zwei) am Abend seinen Schülern (ebenso begeisterten Hausfrauen, Arbeitern, Arbeitslosen, Studenten oder Rentnern) mit Witz und Spiel das irische Gälisch nahebringt. Mehr als 8000 Amateur- und professionelle Sänger in der Bretagne studieren Songs in bretonischer Sprache ein, komponieren, arrangieren und führen sie öffentlich auf. Damit schaffen sie das, was aufgrund der staatlichen Diskriminierung an Schulen nicht möglich wäre. Es sind überall in Europa die Mitglieder der Live-Enactment-Gruppen, die sich an Wochenenden zusammenfinden, um in exakt recherchierten Kostümen die ebenso exakt recherchierte Lebensweise nachzuempfinden, zu leben, wie die Kelten gelebt haben könnten (s. Farbbildteil Abb. 39). Es sind die Musiker, die überall in der Welt in den »Traditional Irish Pubs« mit ihren gälischen Songs oft das einzig Echte an der touristischen Fassade sind.

Die Bühne liegt im Dunklen, die Show ist zu Ende. Das Scharren der Füße der Zuschauer wird langsam leiser. Noch zehn Minuten, dann wird die Bühnencrew mit dem Abbau beginnen.

Fast zwei Stunden sind Künstler und Zuschauer eins gewesen, gefangen in der Musik und Stimmung von »Celtic Woman«. Jetzt trennen sich ihre Wege. Doch jeder, egal, wohin er jetzt geht, nimmt ein kleines Stück mit, das, wenn er ehrlich ist, eigentlich schon in ihm war, bevor er heute Abend hierher in die ausverkaufte Konzerthalle gekommen ist. Dieses kleine Stück ist es, was jetzt immer noch in vielen schwingt, auch wenn der letzte Ton der Musik inzwischen längst verklungen ist. Es hat ihnen für zwei Stunden das Gefühl gegeben, Bestandteil einer großen Gemeinschaft gewesen zu sein, die sehr, sehr alt ist. Viele hatten und haben Bilder vor ihrem inneren Auge, von Orten, an denen sie noch nie gewesen sind, und das Gefühl durch eine Zeit zu schweben, die längst vergangen ist.

Sie alle haben in sich die Kraft einer großen alten Kultur gespürt.

Ist das nicht vielleicht sogar ein Stück des letzten Kelten, der in vielen von uns steckt?

Anhang

Literaturverzeichnis

Allason-Jones, Lindsay: *Women in Roman Britain,* London 1989

Allen, Stephen: *Celtic Warrior. 300 BC – AD 100,* Oxford 2001

Audouze, Françoise/Büchsenschütz, Olivier: *Towns, Villages and Countryside of Celtic Europe,* London 1991

Baitinger, Holger (Hg.): *Das Rätsel der Kelten vom Glauberg,* Stuttgart 2002

Berresford Ellis, Peter: *Caesar's Invasion of Britain,* London 1978

Biel, Jörg/ Krausse, Dirk (Hg.): *Frühkeltische Fürstensitze. Älteste Städte und Herrschaftszentren nördlich der Alpen?,* Esslingen 2005

Bofinger, Jörg/Drauschke, Jörg/Kleingärtner, Sunhild: *Die Keltenfürsten. Glanz und Gloria,* Esslingen 2006

Branigan, Keith: *Roman Britain. Life in an imperial province,* London 1980

Brendel, Renate (Hg.): *Der Streit um das Heldenstück. Keltische Sagen aus dem alten Irland,* Leipzig/Weimar 1987

Brown, Terence: *Ireland. A Social and Cultural History, 1922-79,* Glasgow 1982

Cäsar, Gaius Iulius: *Der Gallische Krieg,* Stuttgart 1951

Campbell, Duncan B.: *Greek and Roman Siege Machinery. 399 BC – AD 363,* Oxford 2003

Casey, Patrick J.: *Roman Coinage in Britain,* Princes Risborough 1994

Chadwick, Nora: *The Celts,* Harmondsworth 1971

Cowan, Tom: *Fire in the Head. Shamanism and the Celtic Spirit,* New York 1993

Cruise, Máire/Cruise, Conor: *Ireland. A Concise History,* London 1985

Cunliffe, Barry: *The Celtic World,* London1992

De Paor, Liam: *Divided Ulster,* Harmondsworth 1971

Edwards, Owen (Hg.): *Mabinogion Tales. From the Red Book of Hergest,* Felinfach 1991

Foster, Robert F.: *The Oxford Illustrated History of Ireland,* Oxford 1989

Fraser, Antonia: *Boadicea's Chariot. The Warrior Queens,* London 1988

Gaede, Peter-Matthias: *Die Kelten. Fürsten, Krieger und Druiden (= GEO Epoche),* Hamburg 2011

Glassie, Henry (Hg.): *Irish Folk Tales,* New York 1985

Green, Miranda J.: *The Gods of Roman Britain,* Princes Risborough 1983

Hauptmann, Ralph: *Darstellung und Wertung von Politik und Ideologie des Unionismus zwischen 1880 und 1922 in ausgewählten Monographien zur irischen Geschichte und zur Nordirlandproblematik*, Berlin 1987
Helfert, Verena: *Die Kelten. Auf den Spuren der Keltenfürsten*, Stuttgart 2005
Herm, Gerhard: *Die Kelten. Das Volk, das aus dem Dunkel kam*, Herrsching 1990
Hingley, Richard/Unwin, Christina: *Boudica. Iron Age Warrior Queen*, London 2005
Hope, Murry: *Magie und Mythologie der Kelten. Das rätselhafte Erbe einer Kultur*, München 1990
James, Simon: *Exploring the World of the Celts*, London 1993
Johnston, David E.: *Roman Villas*, Princes Risborough 1994
Konstam, Angus: *Historical Atlas of the Celtic World*, London 2003
Laing, Lloyd: *Later Celtic Art in Britain and Ireland*, Aylesbury 1987
Lee, Joseph J.: *Ireland 1912-1985. Politics and Society*, Cambridge 1989
Lyons, Francis S. L.: *Ireland since the Famine*, London 1971
MacCulloch, John Arnott: *The Religion of the Ancient Celts*, Edinburgh 1911
Markale, Jean: *Die Druiden. Gesellschaft und Götter der Kelten*, München 1989
Martinez, Rafael Treviño: *Rome's Enemies. Spanish Armies*, Oxford 1986
Martínez, Alfredo Jimeno/Revilla Andía, Maria Luisa: *Numancia*, Garray 2002
Megaw, Ruth/Megaw, Vincent: *Early Celtic Art in Britain and Ireland*, Aylesbury 1986
Middleton, Haydn/Toorchen, Anthea: *Son of the Two Worlds*, London 1987
Nelson, Sarah: *Ulster's Uncertain Defenders*, Belfast 1984
Newark, Tim: *Celtic Warriors. 400 BC – AD 1600*, London 1986
Niblett, Rosalind: *Roman Hertfordshire*, Dorset 1995
Powell, Thomas G. E.: *The Celts*, London 1980
Prebble, John: *The Lion in the North. A personal view of Scotland's history*, London 1971
Prebble, John: *Scotland*, Harmondsworth 1986
Redknap, Mark: *The Christian Celts. Treasures of Late Celtic Wales*, Cardiff 1991
Ritchie, William F./Ritchie, J. N. Graham: *Celtic Warriors*, Aylesbury 1985
Rockel, Martin (Hg.): *Taliesin, Aneirin. Altwalisische Heldendichtung*, Leipzig 1989
Rolleston, T. W.: *The Illustrated Guide to Celtic Mythology*, London 1993 (Reprint)
Rolleston, T. W.: *Celtic Myths and Legends*, London 1986 (Reprint)

Rook, Tony: *Roman Baths in Britain*, Princes Risborough 1992
Ross, Anne: *Druids. Preachers of Immortality*, Stroud 1999
Rutherford, Ward: *Celtic Lore*, London 1993
Ryan, Michael (Hg.): *The Illustrated Archaeology of Ireland*, Dublin 1991
Salway, Peter: *Roman Britain*, Oxford 1981
Savage, Anne (Hg.): *The Anglo-Saxon Chronicles*, Godalming 1995
Schaefer, Andreas (Hg.): *Cornelius Tacitus. Sämtliche erhaltene Werke*, Essen 1990
Seaborne, Malcolm: *Celtic Crosses of Britain and Ireland*, Aylesbury 1989
Sills-Fuchs, Martha: *Wiederkehr der Kelten*, München 1986
Smurthwaite, David: *The Complete Guide to the Battlefield of Britain*, London 1984
Sullivan, Sir Edward: *The Book of Kells*, London 1986
Tanner, Marcus: *The Last of the Celts*, New Haven/ London 2004
Tolstoy, Nicolai: *Auf der Suche nach Merlin*, München 1985
Wacher, John: *The Towns of Roman Britain*, London 1975
Weeber, Karl-Wilhelm: *Nachtleben im alten Rom*, Darmstadt 2004
Weißmann, Karlheinz: *Druiden, Goden, weise Frauen*, Freiburg 1991
Wilcox, Peter: *Rome's Enemies. Gallic & British Celts*, Oxford 1986
Wilson, David: *The Anglo-Saxons*, Harmondsworth 1981
Wood, Michael: *In Search of the Dark Ages*, London 1981
Yeats, William Butler: *Irish Fairy Tales*, London 1892

Museen

Deutschland

Keltenmuseum Hochdorf/Enz
Keltenstraße 2
71735 Eberdingen
www.keltenmuseum.de

Heuneburg
Holzgasse 6
88518 Herbertingen
www.heuneburg.de

Pergamonmuseum Berlin
Am Kupfergraben 5
10117 Berlin
www.smb.museum/smb/standorte/index.php?p=2&objID=27

Landesmuseum Stuttgart
Schillerplatz 6
70173 Stuttgart
www.landesmuseum-stuttgart.de

Museum Manching
Im Erlet 2
85077 Manching
www.museum-manching.de

Ausland

Museum Hallstatt
Seestraße 56
A-4830 Hallstatt
Österreich
www.museum-hallstatt.at

Keltenmuseum Hallein
Pflegerplatz 5
A-5400 Hallein
Österreich
www.keltenmuseum.at

Laténium
Neuenburger Archäologie-Park
und Museum
Espace Paul Vouga
CH-2068 Hauterive
Schweiz
www.latenium.ch

Museo Capitolino, Palazzo Altemps
Piazza di Sant'Apollinare, 46
00186 Roma
Italien

Musée du Pays Châtillonnais –
Trésor de Vix
14 rue de la Libération
21400 Châtillon sur Seine
Frankreich
www.musee-vix.fr

British Museum
Great Russel Street
London
WC1B 3DG
Großbritannien
www.britishmuseum.org.uk

Colchester Castle Museum
Castle Park
Colchester, Essex
CO1 1TJ
www.cimuseums.org.uk

SEM ALESIA
25 bis rue du Rochon
21150 Alise-Sainte-Reine
Frankreich
www.alesia.com

Museo Numantino
Paseo del Espolón 8
42001 Soria
Spanien

Yacimiento-Museo Arqueológico
de Numancia
Garray (7 km nördlich von Soria)

Textquellennachweis

S. 30	Herodot: *Historien,* 2 Bände. Griechisch-Deutsch. Übersetzt von Josef Feix. München 2011, Kapitel IV., S. 40
S. 108	Cunliffe, Barry: *Die Kelten und ihre Geschichte,* Köln 1987, S. 42f.
S. 315	Cäsar, Gaius Iulius: *Der Gallische Krieg.* Übersetzt von Curt Woyte. Stuttgart 1951, S. 230
S. 458 – 462	Diese Nacherzählung basiert auf der Fassung aus Brendel, Renate (Hg.): *Der Streit um das Heldenstück. Keltische Sagen aus dem alten Irland.* Leipzig/Weimar 1987, S. 9-13

Bildquellennachweis

Schwarzweiß-Abbildungen

Der Zeitstrahl auf Seite 22 sowie die Karten auf den Seiten 45, 67, 82, 202, 236, 251, 257, 284, 333, 397, 410, 419, 438, 463, 473: Ralph Hauptmann

S. 58	Oben: Foto-Iske, Mengen; unten: Sabine Hagmann
S. 68	Zeichnung von Ralph Hauptmann nach einer Steinskulptur, die in Holzgerlingen, Württemberg, gefunden wurde und heute im Württembergischen Landesmuseum in Stuttgart zu sehen ist
S. 86	Zeichnung von Ralph Hauptmann nach dem Original im Nationalmuseum für die Geschichte Rumäniens in Bukarest
S. 93/148	Zeichnungen von Ralph Hauptmann nach einem Relief auf dem Gundestrup-Kessel, der 1891 in Himmerland, Dänemark, gefunden wurde und heute im National Museum Stockholm zu sehen ist
S. 143	Zeichnung von Ralph Hauptmann
S. 264	Zeichnungen von Ralph Hauptmann nach Keramikfunden aus Numantia, Spanien
S. 376	Foto und Bildbearbeitung: Ralph Hauptmann
S. 527	Foto und Bildbearbeitung: Ralph Hauptmann

Farbbildteil

Abb. 1 und 2:	Museum Hallstatt
Abb. 3:	Ralph Hauptmann
Abb. 4:	Simone Stork
Abb. 5 und 6:	David Wilcox / Virneth Studios
Abb. 7, 8 und 10:	Computerrekonstruktion: Ralph Hauptmann
Abb. 9:	Privatsammlung des Autors/ Foto des Originals und Computerrekonstruktion: Ralph Hauptmann

Abb. 11: Computerrekonstruktion von Ralph Hauptmann, nach einer Zeichnung von Simon James
Abb. 12: British Museum London
Abb. 13 und 14: Bild aus *Rome's Enemies (2), Gallic & British Celts*, Angus McBride, © Osprey Publishing Ltd.
Abb. 15: Bild aus *Celtic Warrior 300 BC–AD 100*, Wayne Reynolds, © Osprey Publishing Ltd.
Abb. 16: Privatsammlung des Autors / Foto: Ralph Hauptmann
Abb. 17: British Museum London
Abb. 18: bpk / Antikensammlung, Staatliche Museen zu Berlin / Foto: Ingrid Geske
Abb. 19: Privatsammlung des Autors / Fotos: Ralph Hauptmann
Abb. 20: Landesmuseum Württemberg, Stuttgart / Foto P. Frankenstein, H. Zwietasch
Abb. 21 und 22: Fotos und Bildbearbeitung: Ralph Hauptmann
Abb. 23: bpk / Antikensammlung, Staatliche Museen Berlin / Foto: Albert Hirmer
Abb. 24: Privatsammlung des Autors
Abb. 25: Ben Groves / Fotolia.com
Abb. 26: Alan Sorrell, 1972, Museum of St. Albans
Abb. 27: Lars Johansson / Fotolia.com
Abb. 28: Kupferstich eines unbekannten Künstlers in *A History of England*, 1855
Abb. 29: Bild aus *Border Reivers*, Angus McBride, © Osprey Publishing Ltd.
Abb. 30: Touchstone Pictures / Jerry Bruckheimer Films / The Kobal Collection / Hession, Jonathan
Abb. 31: Icon / Ladd Co / Paramount / The Kobal Collection
Abb. 32: Links oben: nyiragongo / Fotolia.com; Mitte: Foto: spectrumblue / Fotolia.com; rechts: Stephen Finn / Fotolia.com
Abb. 33: Computerdarstellung: Ralph Hauptmann
Abb. 34: The Art Archive / Trinity College, Dublin
Abb. 35: Steve Ball / Fotolia.com
Abb. 36: National Museum of Ireland
Abb. 37: Karte: Ralph Hauptmann
Abb. 38: Robert Harding Picture Library / Superstock
Abb: 39: Treveromagos
Abb. 40: EMI
Abb. 41: links: DIAGEO; rechts: McDonalds in Dortmund
Abb. 42: Tony Crowley / Claremont Colleges Digital Library

ORTS-, PERSONEN- UND SACHREGISTER